子どもの本

国語・英語をまなぶ2000冊

日外アソシエーツ

Guide to Books for Children

2000 Works of Japanese & English

Compiled by
Nichigai Associates, Inc.

©2011 by Nichigai Associates, Inc.
Printed in Japan

本書はディジタルデータでご利用いただくことができます。詳細はお問い合わせください。

●編集担当●高橋 朝子
装 丁：浅海 亜矢子

刊行にあたって

　「国語」である日本語の習得は大切なものだが、漢字学習では書き順や画数に苦労し、文章の読解・感想文では登場人物の心理や背景を考えるのに困難を覚えるものである。また近年国際人育成のため英語教育の重要性が説かれ、2011年度からは小学校高学年での英語必修化が開始されたが、教える側にとってもまだ手探りな状態と言える。こうした「国語」「英語」を子どもたちに学ばせるために、ドリル・ワークブックといった学習参考書を含めさまざまなものが出版されているが、まとめて調べられるツールは、ほとんど出版されていなかった。

　本書は、1990年以降に出版された小学生を対象とした「文字」「ことば」「文章」について書かれた図書2,679冊を収録した図書目録である。「国語」「英語」に大別したほか「その他の外国語」も加え、さらにテーマ別に見出しを設けて図書を分類した。本文は、現在手に入れやすい本がすぐわかるように出版年月の新しいものから順に排列し、初版と改訂版がある場合などは最新版を収録した。また、選書の際の参考となるよう目次と内容紹介を載せ、巻末には書名索引と事項名索引を付して検索の便を図った。

　本書が公共図書館の児童コーナーや小学校の学校図書館の場などで、本の選定・紹介・購入に幅広く活用されることを願っている。

2011年6月

日外アソシエーツ

凡　例

1. 本書の内容

　　本書は、小学生を対象とした国語と英語について書かれた図書を集め、テーマ別にまとめた図書目録である。

2. 収録の対象

　1) 小学生を対象とした国語・英語・その他の外国語について書かれた図書（学習漫画・学習参考書を含む）2,679冊を収録した。
　2) 原則1990年以降に日本国内で刊行された図書を対象とした。
　3) 初版と改訂版がある場合などは、最新版を収録した。

3. 見出し

　　各図書を「国語」「英語」「その他の外国語」に大別し、さらにテーマごとに小見出しを設けて分類した。
　　なお、いわゆる「学参」、問題集・ドリル・ワークブック類については、各テーマ見出しの下に「◆◆◆」を設けて別立てとした。

4. 図書の排列

　　各見出しのもとに出版年月の新しい順に排列した。出版年月が同じ場合は書名の五十音順に排列した。

5. 図書の記述

　　書名／副書名／巻次／各巻書名／各巻副書名／各巻巻次／著者表示／版表示／出版地＊／出版者／出版年月／ページ数または冊数／大きさ／叢書名／叢書番号／副叢書名／副叢書番号／叢書責任者表示／注記／定価（刊行時）／ISBN（Ⓘで表示）／NDC（Ⓝで表示）／目次／内容
　　＊出版地が東京の場合は省略した。

6．書名索引

　　各図書を書名の読みの五十音順に排列して著者名を補記し、本文での掲載ページを示した。

7．事項名索引

　　本文の各見出しの下に分類された図書に関する用語・テーマなどを五十音順に排列し、その見出しと本文での掲載ページを示した。

8．書誌事項の出所

　　本目録に掲載した各図書の書誌事項等は主に次の資料に拠っている。
　　　データベース「BOOKPLUS」
　　　JAPAN/MARC

目　次

国語 ……………………………… 1

辞書・辞典 …………………………… 1
　国語辞典 ……………………………… 6
　漢和辞典・漢字辞典 ………………… 9
国語教科全般 ……………………… 19
　ゆっくりがいい人に ………………… 36
　日本語に慣れない人に ……………… 36
ことば・文字 ……………………… 37
　かなから始める ……………………… 50
　漢字を知る …………………………… 52
　ことばで遊ぶ ………………………… 84
　熟語を知る …………………………… 94
　語源を調べる ……………………… 100
　ことわざを知る …………………… 103
　ことば・文のしくみ ……………… 117
　方言を知る ………………………… 119
　正しい敬語・あいさつ …………… 125
読む・書く ………………………… 128
　読書をしよう ……………………… 135
　　本を探す ………………………… 136
　　感想文を書く …………………… 138
　物語を読む・書く ………………… 143
　詩を読む・書く …………………… 144
　短歌・俳句を読む・作る ………… 146
　説明文を読む・書く ……………… 154
　日記・手紙文を読む・書く ……… 154
　古文・古典を読む ………………… 157
　　百人一首を味わう ……………… 159
　　中国古典を知る ………………… 162
　漢文・漢詩を読む ………………… 163
　文章を書く―作文 ………………… 164

　文字を書く―書写 ………………… 175
話す・聞く ………………………… 177
　朗読・発表をする ………………… 180
　話し合いをしよう ………………… 182

英語 …………………………… 183

英語の辞書・辞典 ………………… 183
　英和辞典 …………………………… 189
　和英辞典 …………………………… 189
はじめてまなぶ英語 ……………… 190
　ABCから始めよう ………………… 213
　英語ということば ………………… 217
　英語で遊ぼう ……………………… 222
　英語で歌おう ……………………… 226
　英語で話そう ……………………… 229
　英語で国際理解 …………………… 239
英語で読んでみよう ……………… 243
　英語で読む絵本・物語 …………… 243
　英語で読む日本の絵本・物語 …… 247
　英語で読む昔話・名作 …………… 255

その他の外国語 …………… 264

世界のことばと文字 ……………… 264
アジアのことばと文字 …………… 265
欧米のことばと文字 ……………… 268

目　次

書名索引 ……………………………… 271
事項名索引 …………………………… 301

国語

辞書・辞典

『例解学習国語辞典 第9版・例解学習漢字辞典 第7版 二冊セット』
金田一京助, 藤堂明保編 小学館 2010.11 2冊(セット) 19cm〈付属資料：漢字表1, DVD1, ポスター1〉3800円 Ⓘ978-4-09-501931-4
[目次] 例解学習国語辞典, 例解学習漢字辞典
[内容] 新常用漢字表(案)・新学習指導要領全面準拠。収録語彙数35000語の新デザインの例解学習国語辞典と慣用句・ことわざ・故事成語・四字熟語など熟語数25000語の例解学習漢字辞典の二冊セット。

『小学生のまんがカタカナ語辞典─外来語オールカラー』 学研辞典編集室編 学研教育出版 2010.8 239p 21cm〈発売：学研マーケティング 索引あり〉1000円 Ⓘ978-4-05-303102-0 Ⓝ813.7

『現代用語の基礎知識 学習版 2010→2011』 現代用語検定協会監修 自由国民社 2010.2 256p 21cm〈索引あり〉1429円 Ⓘ978-4-426-10752-9 Ⓝ302
[目次] 巻頭特集、国際情勢、政治/経済、情報/社会、環境/科学、文化/スポーツ
[内容] 『現代用語の基礎知識』の「学習版」と銘打ったこの本は、子供から大人まで、年齢を問わず、"学習"を目的とするための「現代用語集」として編集しています。現代社会を理解するために欠かせない基礎知識を"国際情勢""政治/経済""情報/社会""環境/科学""文化/スポーツ"の大分野ごとにセレクトし、小・中学生にもわかりやすいように解説を試みました。この2010年版では、各大分野から最も大切と判断される"今年のニュース"をクローズアップし、"テーマ解説"として26テーマを特集しています。

『小学生の新レインボーことばの結びつき辞典』 金田一秀穂監修 学習研究社 2009.4 287p 21cm〈索引あり〉1300円 Ⓘ978-4-05-302814-3 Ⓝ813.4
[内容] ことばはこんなにおもしろい！ことばの結びつき約2800項目！作文や発表での「書く・話す」力がアップ。用例とイラストでスッキリ明解。習熟度チェックができる赤フィルター付き。

『類語事典』 高村忠範編, 松田正監修 汐文社 2009.4 191p 27cm 3200円 Ⓘ978-4-8113-8588-4 Ⓝ813.5
[目次] あい(愛)、あいさつ(挨拶)、あいする(愛する)、あいまい、あう(会う)、あお、あかり(明かり)、あがる(上がる)、あかんぼう(赤ん坊)、あきらか(明らか) 〔ほか〕
[内容] ふだん使われていることばを中心に、その「仲間」のことばである「類語」を集めて掲載。

『こくごの図鑑─楽しく遊ぶ学ぶ』 青山由紀監修 小学館 2009.3 191p 27cm (小学館の子ども図鑑プレNEO)〈文献あり 索引あり〉2800円 Ⓘ978-4-09-213183-5 Ⓝ810.7
[目次] ぶんをつくる(なまえことば, うごきことば, ようすことば ほか)、くらしとことば(きもちをつたえる, かんようく, ことわざ ほか)、もじであらわす(かんじ, ひらがな・かたかな, ローマじ ほか)
[内容] 「ぶんをつくる」「くらしとことば」「もじであらわす」の順に、いろいろなことばや文字をとりあげながら、国語の授業が楽しくなる体験・知識を紹介。

『例解学習類語辞典─似たことば・仲間のことば』 深谷圭助監修 小学館 2009.1 719p 21cm 1800円 Ⓘ978-4-09-501661-0 Ⓝ813.5

辞書・辞典　　　　国語

『国語のふしぎおもしろ百科』　小学館　2008.2　127p　19cm　（ビッグ・コロタン　107）　476円　Ⓘ978-4-09-259107-3　Ⓝ810
[目次]　文字の物知り（文字の始まりは、何ですか。、文字のなかったころは、どうやって手紙を書きましたか。、かん字は、どうしてできたのですか。ほか）、ことばの物知り（ことばは、どうしてできたのですか。、動物もことばを話すのですか。、同じ日本なのに、どうして方言があるのですか。ほか）、文字やことばで遊ぼう（世界でいちばん古いなぞなぞは、何ですか。、文字やことばを使って、どんな遊びができますか。）

『小学生のまんがことばの使い分け辞典―オールカラー』　金田一秀穂監修　学習研究社　2007.4　255p　21cm　1000円　Ⓘ978-4-05-302413-8　Ⓝ814.5
[目次]　第1章 同音異義語・同訓異字（同音異義語・同訓異字ってなあに？、同音異義語・同訓異字クイズ！）、第2章 類義語（類義語ってなあに？、類義語クイズ！）、第3章 反対語（対義語）（反対語（対義語）ってなあに？、反対語（対義語）クイズ！）、第4章 読み方がちがうと意味が変わることば（読み方がちがうと意味が変わるって、どういうこと？、読み方がちがうと意味が変わることばクイズ！）

『反対語・対照語事典』　高村忠範編　汐文社　2006.3　170p　27cm　2800円　Ⓘ4-8113-8080-0　Ⓝ813.5
[内容]　この本には、ふだん使われていることばの反対語と対照語を載せました。あわせて、私たちがふだんあまり使わないけれども、昔からあるおもしろいことば、美しいことばも載せています。

『カタカナ語・外来語事典』　桐生りか著　汐文社　2006.2　159p　27cm　2800円　Ⓘ4-8113-8082-7　Ⓝ813.7
[目次]　語句と解説（アイディア、アウト、アクシデント、アクション、アクセス、アクセント、アシスト　ほか）、外来語ミニ情報（外来語ミニ情報、外来語の出身国（1）ポルトガル、外来語の出身国（2）オランダ　ほか）、むずかしい？外来語をわかりやすく言い換えてみよう！（「外来語」言い換え提案（第1回）～（第3回）より　分かりにくい外来語を分かりやすくするための言葉遣いの工夫）
[内容]　この本では、「ビュービュー」「ウサギ」「ニンジン」「ケータイ」「ネ」などのカタカナ語（和語・漢語）ではなく、「ノート」「デパート」のようにヨーロッパやアメリカなどから取り入れたカタカナ語（外来語）を、主に紹介します。

『外来語・カタカナ語おもしろイラスト事典　第3巻（ヒーワ）』　桐生りか著，永井けいイラスト　汐文社　2004.4　95p　22cm　1800円　Ⓘ4-8113-7828-8　Ⓝ814.7
[目次]　ヒーリング、ビジネス、ビジョン、フォーマル、ブッキング、プライド、プライバシー、ブランチ、フリー、フル〔ほか〕

『外来語・カタカナ語おもしろイラスト事典　第2巻（サーハ）』　桐生りか著，永井けいイラスト　汐文社　2004.4　95p　22cm　1800円　Ⓘ4-8113-7827-X　Ⓝ814.7
[目次]　サービス、サポート、シェア、シフト、ジャスト、ショート、ジレンマ、ジンクス、スーパー、スタンス〔ほか〕

『外来語・カタカナ語おもしろイラスト事典　第1巻（アーコ）』　桐生りか著，永井けいイラスト　汐文社　2004.3　95p　22cm　1800円　Ⓘ4-8113-7826-1　Ⓝ814.7
[目次]　アイディー、アイテム、アイデンティティー、アウト、アクション、アクセス、アップ、アトラクション、アバウト、アフター〔ほか〕
[内容]　身のまわりのカタカナ語をイラスト付きでわかりやすく解説。巻末にキーワード索引が付く。

『新レインボーにほんご絵じてん』　学習研究社　2002.4　288p　26cm　1600円　Ⓘ4-05-301163-9
[目次]　早口ことば、なぞなぞ、回文、ごろ合わせ、かん字クイズ
[内容]　童話・絵本・教科書から選んだ必要十分の3,000語を収録。イラスト・写真が豊富で、見ているだけでも楽しい。なぞなぞ・早口ことばなどのことばあそびを多数収録。用例がたくさん入っていて、意味や使い方がすぐわかる。パソコン・けいたいなどの新語も多数収録。幼児～小学校低学年向き。

『こくご絵じてん―絵を見て学ぶ』　西条正晴監修，大家みさ，末次昌子，北田和

| 国語 | 辞書・辞典 |

子編　尼崎　こくご絵じてん刊行会　2000.9　399p　22cm

『こどもにほんごじてん―ことばはともだち』　江川玟成監修　講談社　1998.3　223p　26cm〈付属資料：1枚〉1900円　①4-06-265311-7
　内容　小学校1年生から3年生までの教科書に出てくるたいせつなことばや、よくつかわれることばを集めた小学生低学年向けの辞典。

『まんが　外来語なんでも事典』　江川清監修・文、今道英治絵　金の星社　1998.3　143p　20×16cm　（まんが国語なんでも事典シリーズ）1200円　①4-323-06004-1
　目次　戦国時代から入ってきた外来語（アルコール、インク　ほか）、明治時代以降に入ってきた外来語（アイロン、アトリエ　ほか）、食べ物の外来語（イクラ、オムレツ　ほか）、日本でできたカタカナ語（インテリ、エアコン　ほか）
　内容　大きなイラストで、外来語の意味を知ろう！わかりやすいまんがで、外来語の使い方を覚える！コラムを読んで、外来語をもっと楽しもう！さっとひけて、すぐわかる、とっても便利なさくいんつき！小学校4年生～中学生むき。

『玉川こども・きょういく百科　〔17〕ことばともじ』　小原哲郎監修、川崎洋指導と執筆、梅田俊作装画　新装版　町田　玉川大学出版部　1998.2（5刷）96p　31cm　①4-472-93001-3

『小学生ことばの達人になる辞典』　川嶋優監修、三省堂編修所編　三省堂　1998.1　319p　21cm〈「小学生のことばあつめ学習辞典」（1996年刊）の改題新装版〉1400円　①4-385-13589-4

『小学事典―高学年国語』　大阪　教学研究社　〔1998〕　8,16,639p　27cm　7000円　①4-318-00911-4

『現代用語学習辞典　初級編』　現代用語学習研究会編　パテント社　1996.5　206p　19cm　（空とぶくじらブックス）1200円　①4-89357-033-1

『小学生のことばあつめ学習辞典』　三省堂編修所編　三省堂　1996.4　319p　21cm〈監修：川嶋優〉980円　①4-385-13587-8

『つよしクンゆきチャンのはじめてのことば百科じてん』　日本語文型教育研究会著　日本放送出版協会　1995.12　403p　22cm〈監修：林四郎　編集：利根書房〉1500円　①4-14-011085-6
　目次　第1部　家での生活（朝が来る、一日の始まり　ほか）、第2部　学校での体験（四年生になる、新しいクラス　ほか）、第3部　広がる世界（四季、お花見　ほか）
　内容　日常よく使われる6000語を子供の生活の場面別に収録したもの。「家での生活」「学校での体験」「広がる世界」の3部構成。合計177の場面をイラストで示し、関連語、類語、慣用句等を例文とともに掲載する。巻末に五十音索引がある。―日本ではじめての、小学校中・低学年児童のための「ことば学習」ができるじてん。

『あいう（え）じてん―ことばの図鑑』　小学館　1995.1　94p　27cm〈監修：栗岩英雄〉1900円　①4-09-213031-7

『国語ものしり大図鑑――家で使える』　学習研究社　1994.12　431p　26cm〈監修：井関義久〉3900円　①4-05-600365-3

『新エリア学習事典　第2巻　国語』　学習研究社　1994.11　420p　27cm　①4-05-500088-X

『新エリア学習事典　第1巻　こくご・さんすう・せいかつ』　学習研究社　1994.11　415p　27cm　①4-05-500087-1

『ことばの使い方辞典　総さくいん』　さ・え・ら書房　1992.4　80p　22cm　850円　①4-378-00627-8
　内容　小学校で身につけておきたい基本語がそろっています。見出し語をもとに、なかまのことば、反対のことばと、つながりの輪をひろげ、ことばの世界を広く見わたせます。ことばの意味がわかるだけでなく、自分の書き表したい気持ちにぴったりのことばをさがし出せる、表現のための辞典です。

『ことばの使い方辞典　5年生』　藤井圀

子どもの本 国語・英語をまなぶ2000冊　3

辞書・辞典　　　　　　　　　　　　　　　　　　　　　　　　　　　　　　　　国語

彦,白石範孝共著　さ・え・ら書房　1992.4　224p　22cm　1300円　Ⓘ4-378-00625-1

内容　見出し語をとりまく「なかまのことば」は、意味分類にもとづいて拾い出されています。眺めているだけでも、ことばのつながりが意識されて、知らず知らずのうちに、語彙が広がり、ことばの使い方への関心が高まります。

『ことばの使い方辞典　4年生』藤井圀彦,白石範孝共著　さ・え・ら書房　1992.4　221p　22cm　1300円　Ⓘ4-378-00624-3

内容　見出し語をとりまく「なかまのことば」は、意味分類にもとづいて拾い出されています。眺めているだけでも、ことばのつながりが意識されて、知らず知らずのうちに、語彙が広がり、ことばの使い方への関心が高まります。

『ことばの使い方辞典　3年生』藤井圀彦,寺井正憲共著　さ・え・ら書房　1992.4　223p　22cm　1300円　Ⓘ4-378-00623-5

内容　見出し語をとりまく「なかまのことば」は、意味分類にもとづいて拾い出されています。眺めているだけでも、ことばのつながりが意識されて、知らず知らずのうちに、語彙が広がり、ことばの使い方への関心が高まります。

『ことばの使い方じてん　2年生』藤井圀彦,寺井正憲共著　さ・え・ら書房　1992.3　223p　22cm　1300円　Ⓘ4-378-00622-7

内容　見出し語をとりまく「なかまのことば」は、意味分類にもとづいて拾い出されています。眺めているだけでも、ことばのつながりが意識されて、知らず知らずのうちに、語彙が広がり、ことばの使い方への関心が高まります。

『ことばの使い方じてん　1年生』藤井圀彦著　さ・え・ら書房　1992.3　222p　22cm　1300円　Ⓘ4-378-00621-9

内容　見出し語をとりまく「なかまのことば」は、意味分類にもとづいて拾い出されています。眺めているだけでも、ことばのつながりが意識されて、知らず知らずのうちに、語彙が広がり、ことばの使い方への関心が高まります。

関心が高まります。

『ことばの使い方辞典　6年生』藤井圀彦著　さ・え・ら書房　1992.3　227p　22cm　1300円　Ⓘ4-378-00626-X

内容　見出し語をとりまく「なかまのことば」は、意味分類にもとづいて拾い出されています。眺めているだけでも、ことばのつながりが意識されて、知らず知らずのうちに、語彙が広がり、ことばの使い方への関心が高まります。

『カタカナ語おもしろ辞典』村石利夫著,田沢利枝子絵　さ・え・ら書房　1990.4　183p　23cm　（さ・え・ら図書館/国語）1370円　Ⓘ4-378-02214-1

目次　おやつの時間ですよ，レストランのメニュー，街に出かけると，身につけるもの，野球場にいくと，スポーツいろいろ，メカ用語に強くなろう，空港でもさっそうと，元をたどれば同じもの，同じ音でも意味が違う，正反対のもの，どう使いわける，erのしっぽをつけると?，ingのしっぽをつけると?，ことばに帽子をかぶせると?，英語＋する=ナウイ!，略されたままで大いばり，ワタシ，ワカリマセン!

内容　毎日のくらしには、カタカナ語があふれ返っています。本や雑誌を開いて、そこに五つや六つのカタカナ語を見つけるのに、そう時間はかからないでしょう。「日本語はどこへいってしまうのか」などとなげいてもはじまりません。この本を読んで、カタカナ語とかしこくつきあう法を身につけてください。小学校中級以上。

『日本語力アップ！　深谷式辞書引き　2　いろいろなことば』大門久美子文，川上潤絵，深谷圭助監修　汐文社　2011.2　47p　27cm　〈文献あり〉2000円　Ⓘ978-4-8113-8734-5　Ⓝ814

目次　1 ことわざ・慣用句・四字熟語にチャレンジ!，2 体の部分の名前について調べよう!，3 同じ読み方のことばを調べよう!，4 日本や世界について調べよう!，5 歴史上の人物を調べよう!，6 職業に関係したことばを調べよう!，7 四季や天気について調べよう！

『日本語力アップ！　深谷式辞書引き　1　身近なことば』大門久美子文，川上潤

国語　　辞書・辞典

絵，深谷圭助監修　汐文社　2011.1　47p　27cm〈文献あり〉2000円　Ⓘ978-4-8113-8733-8　Ⓝ814
[目次]国語辞典ってどんなもの？，知っていることばをさがすところから始めよう！，1 自分の好きなものを辞書の中からさがしてみよう！，2「家」の中にあるものを引こう！，3「学校」の中にあるものを引こう！，4「動物」や「植物」を引こう！，5「食べ物」や「料理」のことばを引こう！，6「町」の中にあるものを引こう！，7「テレビ」に関係したことばを引こう！，8「新聞」に出てくることばを引こう！

『辞書引き術とノート術―学ぶ力がぐんぐん伸びる！』　深谷圭助，菊池省三監修　フレーベル館　2010.7　111p　26cm〈索引あり〉1200円　Ⓘ978-4-577-03846-8　Ⓝ015.2
[目次]国語辞典の間（言葉をたくさん集めよう，伝授！マスター術　国語辞典編），漢字辞典の間（読めない漢字をなくそう，伝授！マスター術　漢字辞典編），図鑑・百科事典の間（くわしく調べてまとめよう，伝授！マスター術　図鑑・百科事典編），辞書引きマスター免許皆伝
[内容]私たちのまわりには、たくさんの「なぜ？」「どうして？」がかくれています。そして、この「なぜ？」「どうして？」は、みなさんの世界を広げる探求へのとびらです。「辞書引き術」と「ノート術」。この2つのスキルがあれば、「なぜ？」「どうして？」を見つけたとき、自分で調べ、まとめ、疑問を知識に変えて、自分のものにすることができます。さあ、2つのスキルを学びに行きましょう。

『知識が増える辞書引き術』　深谷圭助監修　フレーベル館　2009.12　55p　27cm　（学び力アップ道場　1）〈索引あり〉3200円　Ⓘ978-4-577-03776-8　Ⓝ015.2

『辞書引き名人―自習ドリル　小学5年～6年生』　深谷圭助監修　PHP研究所　2009.3　95p　26cm　1000円　Ⓘ978-4-569-70609-2

『辞書引き名人―自習ドリル　小学1年～4年生』　深谷圭助監修　PHP研究所　2009.3　95p　26cm　1000円　Ⓘ978-4-569-70532-3

『はじめての辞書引きワーク―チャレンジ辞書引き道場　漢字辞典編』　深谷圭助著　多摩　ベネッセコーポレーション　2009.2　31p　26cm　552円　Ⓘ978-4-8288-6417-4

『国語脳ドリル　辞書引き王―入学準備～小学2年　漢字編』　深谷圭助監修　学習研究社　2008.6　32,95p　26cm　（学研頭のいい子を育てるドリルシリーズ）1000円　Ⓘ978-4-05-302771-9
[内容]漢字好きになるパズル。辞書引き学習法決定版。小学1・2年ぶしゅべつ漢字辞典つき。

『チャレンジ辞書引き道場　はじめての辞書引きワーク』　深谷圭助著　多摩　ベネッセコーポレーション　2008.4　30p　26cm〈付属資料：フセン〉552円　Ⓘ978-4-8288-6356-6
[目次]四角いものを探して、国語辞典で引いてみよう！，部屋の中で、宝物探し！，五分間でどこまで引けるかな？，どっちが先に出てくるかな？，このことば、なあんだ？，国語辞典を引いて、しりとりを完成させよう！，好きな食べ物を、何分で引けるかな？，当てはまる漢字がわかるかな？，「顔」がつくおもしろことば、わかるかな？，「犬」の仲間？「ねこ」の仲間？，反対の意味のことばがわかるかな？
[内容]いま話題の深谷圭助先生の「辞書引き学習法」が、家庭で学べるワークになりました！ゲーム感覚の問題を親子で楽しみながら国語辞典の基本的な引き方を学べます。

『辞典・資料がよくわかる事典―読んでおもしろい　もっと楽しくなる調べ方のコツ』　深谷圭助監修，クリエイティブ・スイート編集・構成　PHP研究所　2007.10　79p　29cm　2800円　Ⓘ978-4-569-68740-7　Ⓝ015.2
[目次]1　辞典には発見がいっぱい！（国語辞典を読んでみよう！，いろいろな言葉を漢字にしてみよう！，国語辞典を引いてみよう！，漢字辞典を読んでみよう！部首に注目してみよう！），2　言葉の広がりを楽しむ！（古語辞典では何がわかるの？，古語と現代用語を比べてみよう！，有名な俳句を調べてみよう！，英和・和英辞典を読んでみよう！，次つぎに知識が広がる！，類語辞典ってどんな辞典？，逆引き辞典ってどんな辞典？），3

辞書・辞典　　　　　　　　　　　　　　　　　　　　　　　　　　　　　　　　　国語

さらにくわしい知識をふやそう！（百科事典でわかること、百科事典の使い方、日本と世界の百科事典、地図帳を見てみよう！、図鑑は見ているだけで楽しい！）、4 辞典・資料を使い分けてみよう！（身近な言葉を調べてみよう！、地球について調べてみよう！、暦について調べてみよう！、桜について調べてみよう！、コンビニについて調べてみよう！）、資料ページ 辞典についてもっと知ろう！（日本と世界の辞典の歴史、国語辞典ができるまで、こんな辞典があったんだ！、国立国会図書館ってどんなところ？）

|内容| 辞典・資料を読むコツを、図解やイラストを使ってわかりやすく解説。

『辞書引き学習自学ドリル　漢字辞典編2』深谷圭助著　MCプレス　2007.7　63p　26cm　838円　Ⓘ978-4-901972-90-1

『辞書引き学習自学ドリル―国語力・漢字力がメキメキ上がる！　漢字辞典編』深谷圭助著　MCプレス　2007.5　29,55p　26cm　838円　Ⓘ978-4-901972-76-5

『パソコンで楽しい総合学習　4　辞典をつくろう』苅宿俊文文,三善和彦絵　偕成社　2001.3　31p　30×24cm　〈付属資料：CD-ROM1〉　2800円　Ⓘ4-03-637140-1

|目次| 教室じゅうがこおりついたけんか,言葉の意味は辞典でわかる？,「雷神山言葉辞典」をつくろう！,「むずむず」ってどんな意味？,「雷神山言葉辞典」はこうしてできた,「雷神山言葉辞典」をコンピュータで！,つかってみよう！「言葉のつぼ」,どんどん集まる言葉,お父さん説も登場,自分の言葉の時間,意味づけ？塩づけ？,言葉って、おもしろいね

|内容| 「むずむず」って、どんな意味？言葉の意味を自分たちで考えて、自分たちだけの辞典をつくるソフトが大活躍。自分や友だちの言葉使いの特徴もわかって、びっくり。

◆国語辞典

『例解学習国語辞典』金田一京助編　第9版 ドラえもん版　小学館　2011.3　1265p　19cm　〈付属資料：漢字表〉　2000円　Ⓘ978-4-09-501743-3

|内容| すべての漢字にふりがながついて、低学年から中学生まで使えます。新語や慣用句を2,000語追加して、類書中最大級の35,000語を収録。本書のために新しい書体「小学館アンチック」を開発。見出しが見つけやすくなりました。似たことばの使い分けがわかる表組み200点、豊富な図版と楽しいコラムを多数掲載。軽い本文用紙と丈夫な樹脂素材の表紙で、辞書引き学習にあわせた本のつくり。口絵は色にこだわって全面改訂／欄外は、47都道府県の一行情報とアルファベット略語。巻末ふろくの内容は、敬語（新しい5分類）、小倉百人一首、手紙の書き方など多数。

『くもんの学習小学国語辞典』村石昭三監修　くもん出版　2011.2　1237p　22cm　〈小学校学習指導要領準拠版『くもんの「学習」国語辞典』(1988年刊)の第4版　付(32p)：まんが辞典に強くなる木〉　1900円　Ⓘ978-4-7743-1905-6　Ⓝ813.1

|内容| 小学生のために厳選した約25000語を収録。科学・情報などの新語はもちろんことわざ・四字熟語も多数収録。総ふりがな付きなので1年生から使えます。例文が多く、意味もていねいなので、ことばの使い方がよくわかる。作文学習にも効果的に使えます。巻末には小学校で習う全漢字1006字を収録。

『三省堂例解小学国語辞典』田近洵一編　第5版 特製版　三省堂　2011.2　1208,20,10p　19cm　〈付属資料：かるた、ポスター〉　1810円　Ⓘ978-4-385-13829-9

|内容| 新学習指導要領準拠・新「常用漢字表」対応。国語だけでなく他の教科もカバーして34,000語を収録。軽くて扱いやすい専用用紙で抜群の軽さを実現。学習のための新しい工夫を満載。すべての漢字にふりがな付き。1年生から使える。

『三省堂例解小学国語辞典』田近洵一編　第5版　三省堂　2011.2　1208,20,10p　19cm　〈索引あり〉　1900円　Ⓘ978-4-385-13827-5　Ⓝ813.1

|内容| 国語だけでなく他の教科もカバーして34000語を収録。軽くて扱いやすい専用用紙で抜群の軽さを実現。学習のための新しい工夫を満載。すべての漢字にふりがな付き。1年生から使える。豊富なイラスト、わかりやすいコラム。「新いろはがるた」「百人一首」ポスター。

| 国語 | 辞書・辞典 |

『三省堂例解小学国語辞典』 田近洵一編 第5版 ワイド版 三省堂 2011.2 1208,20,10p 22cm〈索引あり〉2100円 ⓘ978-4-385-13828-2 Ⓝ813.1

内容 国語だけでなく他の教科もカバーして34000語を収録。軽くて扱いやすい専用用紙で抜群の軽さを実現。学習のための新しい工夫を満載。すべての漢字にふりがな付き。1年生から使える。豊富なイラスト、わかりやすいコラム。「新いろはがるた」「百人一首」ポスター。

『小学国語学習辞典―下村式』 下村昇編著 第2版 偕成社 2011.2 1253p 22cm〈付(7p):下村式ってなあに？使い方Q&Aブック〉2500円 ⓘ978-4-03-920170-6 Ⓝ813.1

内容 総ルビ付き。厳選した見出し語を約25000語収録。ひらがな・カタカナの書き順も唱えて学習。2011年小学校新学習指導要領準拠。

『新レインボー小学国語辞典』 金田一春彦,金田一秀穂監修 小型版 改訂第4版 学研教育出版 2011.1 1463p 19cm〈発売:学研マーケティング〉1857円 ⓘ978-4-05-303063-4 Ⓝ813.1

内容 小学校の教科書にでてくる大事な言葉や、人名、地名、新聞やテレビなどでよく使われる言葉、約3万7千語を収録。

『新レインボー小学国語辞典』 金田一春彦,金田一秀穂監修 ワイド版 改訂第4版 学研教育出版 2011.1 1463p 22cm〈発売:学研マーケティング〉2095円 ⓘ978-4-05-303064-1 Ⓝ813.1

内容 小学校の教科書にでてくる大事な言葉や、人名、地名、新聞やテレビなどでよく使われる言葉、約3万7千語を収録。

『チャレンジ小学国語辞典』 湊吉正監修 第5版 多摩 ベネッセコーポレーション 2011.1 1373p 22cm〈付(1枚):チャレンジ小学漢字ポスター〉2190円 ⓘ978-4-8288-6514-0 Ⓝ813.1

内容 こちらは通常サイズ(A5判)になります。2011年4月から施行の新学習指導要領、新しい教科書に対応した改訂版。収録語を8,700語追加し、充実の33,700語を収録。さらにパワーアップしました。小学校6年間で習う教育漢字1,006字も収録。低学年から使えるよう、すべての漢字に"ふりがな"つき。子どもが理解しやすいよう、すべての原稿を小学校の先生がチェック。初版刊行以来25年でつちかったノウハウを生かし、ベネッセが子どもの目線で編集しました。カラー版学年別漢字ポスターつき。

『チャレンジ小学国語辞典』 湊吉正監修 第5版 コンパクト版 多摩 ベネッセコーポレーション 2011.1 1373p 19cm〈付(1枚):チャレンジ小学漢字ポスター〉1857円 ⓘ978-4-8288-6515-7 Ⓝ813.1

内容 こちらはコンパクト版(B6判)になります。2011年4月から施行の新学習指導要領、新しい教科書に対応した改訂版。収録語を8,700語追加し、充実の33,700語を収録。さらにパワーアップしました。小学校6年間で習う教育漢字1,006字も収録。低学年から使えるよう、すべての漢字に"ふりがな"つき。子どもが理解しやすいよう、すべての原稿を小学校の先生がチェック。初版刊行以来25年でつちかったノウハウを生かし、ベネッセが子どもの目線で編集しました。カラー版学年別漢字ポスターつき。

『旺文社小学国語新辞典』 旺文社編,宮腰賢監修 第4版 旺文社 2010.12 1311p 19cm〈付(32p):国語辞典の使い方〉1900円 ⓘ978-4-01-077621-6 Ⓝ813.1

内容 関連語が満載！ことばが結びつくから覚えやすい。大きな見出し語/漢字にはふりがなつき。ことわざ・慣用句も充実の31000語収録。別冊「国語辞典の使い方」つき。

『旺文社小学国語新辞典』 旺文社編,宮腰賢監修 第4版 ワイド版 旺文社 2010.12 1311p 22cm〈付(32p):国語辞典の使い方〉2200円 ⓘ978-4-01-077622-3 Ⓝ813.1

内容 関連語が満載！ことばが結びつくから覚えやすい。大きな見出し語/漢字にはふりがなつき。ことわざ・慣用句も充実の31000語収録。別冊「国語辞典の使い方」つき。

『小学新国語辞典』 甲斐睦朗監修 改訂版 光村教育図書 2010.12 1303p 21cm〈付属資料:別冊1〉1714円

辞書・辞典　　　　　　　　　　　　　　　　　　　　　　　　　　　　国語

Ⓘ978-4-89572-014-4
内容　新版教科書の言葉を綿密に収録。身につけたい大切な言葉を色分け表示。百人一首・短歌・俳句・ことわざ・慣用句・四字熟語などが学べます。改定常用漢字表に完全対応。約33000語を収録。

『例解学習国語辞典』　金田一京助編　第9版　小学館　2010.11　1265p　19cm〈付属資料：漢字表1〉1900円　Ⓘ978-4-09-501708-2
内容　すべての漢字にふりがながついて、低学年から中学生まで使える。新語や慣用句を2000語追加して、類書中最大級の35000語を収録。似たことばの使い分けがわかる表組み200点、豊富な図版と楽しいコラムを多数掲載。口絵は色にこだわって全面改訂／欄外は、47都道府県の一行情報とアルファベット略語。巻末ふろくの内容は、敬語(新しい5分類)、小倉百人一首、手紙の書き方など多数。

『三省堂現代学習国語辞典』　三省堂編修所編　特製版　三省堂　2007.1　8,1364p　19cm　1500円　Ⓘ4-385-14013-8　Ⓝ813.1

『ベネッセ新修国語辞典』　中道真木男編　多摩　ベネッセコーポレーション　2006.2　1149,82p　19cm〈「チャレンジ国語辞典」(1991年刊)の改題〉2500円　Ⓘ4-8288-0463-5　Ⓝ813.1

『学習国語新辞典―はじめての国語辞典』　金田一京助編　全訂第2版　小学館　2006.1　799p　22cm〈付属資料：16p：新人名用漢字一覧〉1800円　Ⓘ4-09-501822-4　Ⓝ813.1
内容　どの漢字にもふりがながついています。学習漢字1006字が、赤い見出しになっています。学習漢字1006字に、筆順がついています。熟語がさらに充実、漢字辞典としても使えます。楽しみながら勉強できる「一行知識」が便利です。

『学習国語新辞典―はじめての国語辞典』　金田一京助編　全訂第2版　小学館　2006.1　799p　19cm　1448円　Ⓘ4-09-501805-4　Ⓝ813.1

『小学国語辞典』　柴田武監修　新版　第2版　教育同人社　2005.4　1192p　23cm　1714円　Ⓘ4-87384-014-7　Ⓝ813.1
内容　小学校の全教科・全学年の教科書から必要語なことば32000語を収録した国語辞典。をふり仮名付きでひきやすく、用例も豊富に掲載したほか、ことわざ・慣用句・四字熟語・新語も多く収録。漢字字典・学習事典としても使える。17年度版の新しい教科書に対応。

『文英堂小学国語辞典』　時枝誠記編〔増補〕第4版　コンパクト版　文英堂　2005.3　1056p　19cm　(シグマベスト)〈付属資料：1枚+8p　新学習指導要領準拠　版表示はカバーによる〉1800円　Ⓘ4-578-13149-1,4-578-13094-0　Ⓝ813.1

『ベネッセ表現読解国語辞典』　沖森卓也,中村幸弘編　特装版　多摩　ベネッセコーポレーション　2004.12　1冊　19cm〈付属資料：127p：語彙増殖ワークブック+解答冊子(17p)〉3000円　Ⓘ4-8288-0459-5　Ⓝ813.1

『クラウン学習国語百科辞典』　金田一春彦監修,三省堂編修所編　三省堂　2004.1　1078,87p　22cm　3800円　Ⓘ4-385-15048-6　Ⓝ813.1

『小学国語学習辞典』　石井庄司監修　新版　日本標準　2003.1　1223,17p　22cm〈付属資料：3枚+71p〉1900円　Ⓘ4-8208-0049-3　Ⓝ813.1
内容　新学習指導要領に完全対応。全教科の最新教科書から重要語を精選。小学生用として日本最高の見出し語数35000語。最新用語が充実。小学校で習う1006字の漢字を収録。漢字辞典としても使える。3年生以上で学習する漢字にはルビつき。3年生から使える。約600名の人名辞典や「語源コラム」「漢字の使い分けコラム」などの資料が充実。学習に役立つ2大資料つき。

『三省堂こどもこくごじてん』　三省堂編修所編　三省堂　2002.3　263p　26cm　(Sanseidoキッズセレクション)　2000円　Ⓘ4-385-14300-5
内容　あいうえお順の配列で、動詞や形容詞などを中心に約1200語を収録。巻末には、

国語　　　　　　　　　　　　　　　　　　　　　　　　　辞書・辞典

「文をつなぐことば」や「さししめすことば」など、ことばの知識を深める、テーマ別特集ページを収録。各項目には、わかりやすい用例文と、1000点以上の楽しいイラストを配置。楽しく読めるオールカラーの美しい紙面。すべての漢字にふりがな付き。2002年新学習指導要領準拠。小学1年生～3年生。

『文英堂小学国語辞典』　時枝誠記編　第4版　文英堂　2002.3　1056p　21cm（シグマベスト）1900円　Ⓓ4-578-13081-9
　内容　新しい時代のことば・新しい教科書のことばを大幅に増やした。学習漢字を含む全ての常用漢字をとりあげた。筆順は全画示した。人名用漢字も掲載。地名や歴史上の人物・事件・算数の用語、動植物の名なども掲載。そのうち350語には、英語も示した。豊富なイラスト・写真が親しみやすい。

『学研現代標準国語辞典』　林義雄、林史典、金子守編　学習研究社　2001.4　1112,32p　19cm〈「ジュニアアンカー国語辞典」の改訂版〉2200円　Ⓓ4-05-300936-7

『つよしくんゆきちゃんのはじめての国語じてん』　林四郎監修，宇留野一夫編　新版　日本放送出版協会　1999.1　610p　22cm　1600円　Ⓓ4-14-011113-5
　目次　本文，ことばの広場（自然，四季，天気を表すことば，気温・温度を表すことば，方向・位置を表すことば，ときを表すことば，家族，親せき　ほか）
　内容　児童向けの国語辞典。2400語を収録し、約2100点の挿絵を掲載。

『学習新国語辞典』　馬淵和夫監修　第3版　講談社　1998.11　955p　22cm　1800円　Ⓓ4-06-265301-X

『光村国語学習辞典』　飛田多喜雄ほか編著　3訂版2刷　光村教育図書　1998.3　1049p　19cm〈付属資料：2枚〉1600円　Ⓓ4-89572-005-5

『新国語例解辞典』　外山映次，小学館国語辞典編集部編　小学館　1997.1　1075p　19cm　2200円　Ⓓ4-09-501611-6

◆漢和辞典・漢字辞典

『例解学習漢字辞典』　藤堂明保編　第7版　ドラえもん版　小学館　2011.3　1097p　19cm　2000円　Ⓓ978-4-09-501793-8　Ⓝ813.2
　内容　小学生用として十分な漢字3,000字（新常用漢字表の2,136字も完全収録）に、読み方・筆順・なりたち・意味などをわかりやすく解説。類書中もっとも多い熟語数25,000語。慣用句・ことわざ・故事成語・四字熟語も充実。その漢字を使った言葉・表現をたくさん学べます。学んだ漢字をクイズ形式でたしかめる「"学年別"漢字あそび」。楽しみながら学力ぐんぐん。調べたい漢字がすばやくさがせる「部首ナビ」と豊富なさくいん。

『くもんの学習小学漢字字典』　和泉新監修　くもん出版　2011.2　703p　22cm〈小学校学習指導要領準拠版　『くもんの「学習」漢字字典』（1989年刊）の第4版　付(47p)：小学漢字書き方お手本帳　米本美雪執筆〉1700円　Ⓓ978-4-7743-1906-3　Ⓝ813.2
　内容　小学校で学習する全漢字1006字を学年別に収録した小学漢字字典の決定版。引きやすいので、学校の予習・復習に便利です。「成り立ち」がイラストつきでよくわかる。1画ずつ示された「筆順」や、ていねいな「書き方」の解説が漢字を書く学習に役立ちます。

『三省堂例解小学漢字辞典』　林四郎, 大村はま監修，月本雅幸，浜口富士雄編　第4版　特製版　三省堂　2011.2　1074,33p　19cm〈付属資料：ポスター，シート〉1810円　Ⓓ978-4-385-13960-9
　内容　新学習指導要領準拠・新「常用漢字表」対応。小学生用漢字辞典で最大の親字数3,000。軽くて扱いやすい専用用紙で抜群の軽さを実現。常用漢字2,136字には筆順を明示。すべての漢字にふりがな付き。1年生から使える。

『三省堂例解小学漢字辞典』　月本雅幸, 浜口富士雄編，林四郎, 大村はま監修　第4版　三省堂　2011.2　1074,33p　19cm　1900円　Ⓓ978-4-385-13958-6　Ⓝ813.2
　内容　小学生用漢字辞典で最大の親字数3000。軽くて扱いやすい専用用紙で抜群の軽さを実現。常用漢字2136字には筆順を明

子どもの本　国語・英語をまなぶ2000冊　9

辞書・辞典　　　　　　　　　　　　　　　　　　　　国語

示。すべての漢字にふりがな付き。1年生から使える。「小学校で学ぶ漢字（学年別）一覧表」ポスター。「（部首さくいんつき）漢字辞典引き方ガイド」シート。

『三省堂例解小学漢字辞典』　月本雅幸, 浜口富士雄編, 林四郎, 大村はま監修　第4版　ワイド版　三省堂　2011.2　1074, 33p　22cm　2100円　Ⓣ978-4-385-13959-3　Ⓝ813.2

内容　小学生用漢字辞典で最大の親字数3000。軽くて扱いやすい専用用紙で抜群の軽さを実現。常用漢字2136字には筆順を明示。すべての漢字にふりがな付き。1年生から使える。「小学校で学ぶ漢字（学年別）一覧表」ポスター。「（部首さくいんつき）漢字辞典引き方ガイド」シート。

『小学漢字学習辞典―下村式』　下村昇編著　第5版　偕成社　2011.2　1259p　22cm　〈付(7p)：下村式ってなあに？使い方Q&Aブック〉2500円　Ⓣ978-4-03-920160-7　Ⓝ813.2

内容　総ルビ付き。漢字の成り立ちがよくわかる（かんじのおはなし）。配列は楽しい「漢字ファミリー」の順番。書き順を唱えておぼえられる（となえかた）。2011年小学校新学習指導要領準拠。

『小学生のための漢字をおぼえる辞典』　川嶋優編, 五味太郎絵, 尾上兼英監修　第4版　旺文社　2011.2　495p　21cm　1500円　Ⓣ978-4-01-077627-8　Ⓝ811.2

目次　一年で習う漢字, 二年で習う漢字, 三年で習う漢字, 四年で習う漢字, 五年で習う漢字, 六年で習う漢字

内容　小学校で習う漢字1006字を学年ごとにまとめた。漢字にはすべてふりがなをつけ, 1年生から引けるようにした。漢字のよみかた・いみ・つかいかた・画数・部首・筆順・なりたちなど, 学習要素をわかりやすくしめした。1006字すべてに, たのしいイラストがついている。

『白川静式小学校漢字字典』　小寺誠著　大阪　フォーラム・A　2011.2　263p　26cm　2500円　Ⓣ978-4-89428-654-2

目次　一から始めよう, 授ける人・受ける人, 父・母・親, 約束を守る, 人として産まれ, 生きていく, 愛と信念で人生を切り開く, 目標に向かって進む, 天帝の犠牲, 青空に

清らかに晴れて静かなり, 農耕が勤労の基本, 実りを得て宝を貯える, 古代人は神が降りてくると考えた, 都市をつくる, ふるさとの山河, 春への希望と夢, 絹を絵のように織って衣装に, 要するに腰が大切, 君のために若菜を採る

内容　白川静博士の膨大な研究成果をもとに教育漢字全1006字を網羅した初の字典。学年配当五十音索引と教育漢字五十音索引で教室でも家庭でも検索しやすい。

『新レインボー小学漢字辞典』　加納喜光監修　改訂第4版　小型版　学研教育出版　2011.1　913p　19cm　〈発売：学研マーケティング　小型版：学習研究社2003年刊　付(24p)：引いてみよう！漢字辞典〉1762円　Ⓣ978-4-05-303040-5　Ⓝ813.2

内容　小学校で習う学習漢字1006字をふくむ新常用漢字と人名用漢字の約3000字を収めた。

『新レインボー小学漢字辞典』　加納喜光監修　改訂第4版　ワイド版　学研教育出版　2011.1　913p　22cm　〈発売：学研マーケティング　初版：学習研究社2001年刊　付(24p)：引いてみよう！漢字辞典〉2000円　Ⓣ978-4-05-303041-2　Ⓝ813.2

内容　小学校で習う学習漢字1006字をふくむ新常用漢字と人名用漢字の約3000字を収めた。

『チャレンジ小学漢字辞典』　湊吉正監修　第5版　多摩　ベネッセコーポレーション　2011.1　1021p　22cm　〈付(2枚)：部首ポスター, おたすけ使い方カード〉2095円　Ⓣ978-4-8288-6516-4　Ⓝ813.2

内容　こちらは通常サイズ（A5判）になります。改定常用漢字表に対応した改訂版。新指導要領に対応, 小学校6年間で習う1,006字を含む2,998字を収録。全ページに部首インデックス表示, 低学年から使えるよう, すべての漢字に"ふりがな"つき。別冊「おたすけ使い方カード」「カラー版部首ポスター」つき。

『チャレンジ小学漢字辞典』　湊吉正監修　第5版　コンパクト版　多摩　ベネッセコーポレーション　2011.1　1021p

国語　　　　　　　　　　　　　　　　　　　　　　　　　　　辞書・辞典

19cm〈付（2枚）：部首ポスター，おたすけ使い方カード〉1857円　Ⓘ978-4-8288-6517-1　Ⓝ813.2
|内容| こちらはコンパクト版（B6判）になります。改定常用漢字表に対応した改訂版。新指導要領に対応、小学校6年間で習う1,006字を含む2,998字を収録。全ページに部首インデックス表示、低学年から使えるよう、すべての漢字に"ふりがな"つき。別冊「おたすけ使い方カード」「カラー版部首ポスター」つき。

『旺文社小学漢字新辞典』　旺文社編，尾上兼英監修　第4版　旺文社　2010.12　1177p　19cm〈付（32p）：漢字辞典の使い方〉1900円　Ⓘ978-4-01-077624-7　Ⓝ813.2
|内容|「なりたち」「意味」「ちがい」「熟語の構成」に加え「用例」を全面改訂。意味が結びつくから覚えやすい。すべての常用漢字に「なりたち」「筆順」「意味」を掲載。親字数は約3200字。熟語は約15000語収録。低学年から安心して使える。別冊「漢字辞典の使い方」つき。

『旺文社小学漢字新辞典』　旺文社編，尾上兼英監修　第4版　ワイド版　旺文社　2010.12　1177p　22cm〈付（32p）：漢字辞典の使い方〉2200円　Ⓘ978-4-01-077625-4　Ⓝ813.2
|内容|「なりたち」「意味」「ちがい」「熟語の構成」に加え「用例」を全面改訂。意味が結びつくから覚えやすい。すべての常用漢字に「なりたち」「筆順」「意味」を掲載。親字数は約3200字。熟語は約15000語収録。低学年から安心して使える。別冊「漢字辞典の使い方」つき。

『小学自由自在 漢字字典』　小学教育研究会編著　改訂版　大阪　受験研究社　〔2010.12〕　479p　21cm　1650円　Ⓘ978-4-424-62332-8
|目次| ひらがな・かたかなの正しい書き方, 1年で習う漢字, 2年で習う漢字, 3年で習う漢字, 4年で習う漢字, 5年で習う漢字, 6年で習う漢字, 国語力を引き上げる 漢字 読み・書きのまとめ
|内容| 小学校6年間で習う学習漢字1006字をすべてとりあげ、一字一字に筆順をはじめ、意味や熟語、用例などをくわしく解説。

『小学新漢字辞典』　甲斐睦朗監修　改訂版　光村教育図書　2010.12　1261p　21cm　1714円　Ⓘ978-4-89572-015-1
|内容| 漢字のなりたちがよくわかります。身につけたい大切な言葉を大きく表示。四字熟語や慣用句も学べます。字形を整えて書くポイントがわかります。改定常用漢字表に完全対応。おもしろくて役立つコラムが満載。

『例解学習漢字辞典』　藤堂明保編　第7版　ワイド版　小学館　2010.11　1097p　22cm　2200円　Ⓘ978-4-09-501775-4　Ⓝ813.2
|内容| 小学生用として十分な漢字数3000字（新常用漢字表の2136字も完全収録）に、読み方・筆順・なりたち・意味などをわかりやすく解説。類書中もっとも多い熟語数25000語。慣用句・ことわざ・故事成語・四字熟語も充実。

『例解学習漢字辞典』　藤堂明保編　第7版　小学館　2010.11　1097p　19cm　1900円　Ⓘ978-4-09-501757-0　Ⓝ813.2
|内容| 小学生用として十分な漢字数3000字（新常用漢字表の2136字も完全収録）に、読み方・筆順・なりたち・意味などをわかりやすく解説。類書中もっとも多い熟語数25000語。慣用句・ことわざ・故事成語・四字熟語も充実。

『小学生の新レインボー漢字つかい方辞典』　加納喜光監修　学研教育出版　2010.4　495p　21cm〈発売：学研マーケティング〉1400円　Ⓘ978-4-05-302901-0　Ⓝ813.2
|目次| 1年生で習う漢字, 2年生で習う漢字, 3年生で習う漢字, 4年生で習う漢字, 5年生で習う漢字, 6年生で習う漢字
|内容| 学習漢字1006字の意味がわかります。約5400の重要語は、漢字の意味ごとに分かれています。

『新レインボー漢字早おぼえ字典』　藤堂明保,加納喜光編　学習研究社　2009.5　334p　21cm〈索引あり〉1300円　Ⓘ978-4-05-302866-2　Ⓝ813.2

『常用漢字読み書き辞典』　氷田光風,渡辺富美雄編　学習研究社　2008.5　528p　22cm　1700円　Ⓘ978-4-05-401444-2

子どもの本　国語・英語をまなぶ2000冊　11

辞書・辞典　　　　　　　　　　　　　　　　　　　　　　国語

Ⓝ813.2

『ちびまる子ちゃんの漢字辞典　3』　さくらももこキャラクター原作，川嶋優著　集英社　2008.3　250p　19cm　（満点ゲットシリーズ）〈小学校五、六年生の漢字を完全収録〉850円　Ⓘ978-4-08-314043-3　Ⓝ811.2
[目次]第1章 五年生で習う漢字（圧・移，因，永・営，衛・易，益・液 ほか）、第2章 六年生で習う漢字（異・遺，域・字，映，延・沿，我・灰 ほか）
[内容]五・六年生で習う366字の「書き順」「使い方」「成り立ち」「チェックポイント」がよくわかる。

『New漢字字典―これで安心国語の力』　村石昭三監修，漢字教育研究会編　増補改訂版　フレーベル館　2007.10　368p　22cm　890円　Ⓘ978-4-577-81219-8　Ⓝ813.2
[内容]この字典は、小学校の六年間で学習する漢字一〇〇六字を、学年別にまとめてのせてあります。覚えやすさということに重点を置いて工夫を重ね、さらに、豊富な絵を見ながら楽しく学習ができる、カラー版の画期的な漢字学習字典です。

『小学漢字1006字の書き方辞典―筆順・読み方・部首・総画数・なりたち』　卯月啓子監修　小学館　2007.9　18,269p　19cm　800円　Ⓘ978-4-09-501873-7　Ⓝ811.2
[目次]1年生で習う漢字，2年生で習う漢字，3年生で習う漢字，4年生で習う漢字，5年生で習う漢字，6年生で習う漢字
[内容]この書き方辞典には、小学校で学習する漢字、一〇〇六字の漢字一字一字について、字体、部首、音と訓、使い方や熟語、成り立ちと筆順が分かりやすく示されています。

『オールカラー学習漢字新辞典―はじめての漢字辞典』　加納喜光監修　小学館　2007.1　495p　21cm　1400円　Ⓘ4-09-501854-2　Ⓝ813.2

『小学生の新レインボー漢字書き方辞典』　氷田光風監修　学習研究社　2006.4　256p　21cm　1000円　Ⓘ4-05-301967-2

[内容]正しく美しい字の書き方を図解！学習漢字1,006字を学年別に収録。小学校で習う毛筆・こう筆のかい書体と、教科書体を明示。筆順は全画数表示。

『マンガでわかる小学生のかんじじてん』　梅沢実監修　世界文化社　2006.3　351p　26cm　1900円　Ⓘ4-418-06817-1　Ⓝ811.2
[目次]ようこそ漢字の世界へ，一年生の漢字，二年生の漢字，三年生の漢字，四年生の漢字，五年生の漢字，六年生の漢字
[内容]小学校でならう漢字が1006字。読み・書き・なりたちがすぐわかる。ローマ字つきで、パソコンもらくらく入力。関連する熟語や正しい使い方もていねいに紹介。

『文英堂小学漢字辞典』　鎌田正監修，江連隆，青木五郎編著　増補第3版　文英堂　2005.3　1024p　19cm　（シグマベスト）1800円　Ⓘ4-578-13150-5　Ⓝ813.2

『ベネッセ新修漢和辞典』　新田大作，福井文雅編　多摩　ベネッセコーポレーション　2005.3　1033p　19cm〈「チャレンジ漢和辞典」（1991年刊）の増訂〉2500円　Ⓘ4-8288-0462-5　Ⓝ813.2

『みておぼえるはじめてのかんじ絵じてん』　高橋久子監修，旺文社編　旺文社　2005.3　280p　26cm　1700円　Ⓘ4-01-077780-X　Ⓝ811.2
[目次]ひらがな・カタカナ，一年生でならうかんじ，からだのかんじ，ようびのかんじ，二年生でならうかんじ，かんじのぎもん
[内容]小学校1・2年生で学習する240の漢字を収録。イラストや写真で漢字の意味を覚えられる、楽しい紙面。読み方・意味・部首・熟語・書き順など学習情報も充実。「ひらがな・かたかな」のページも掲載。はじめの一歩にぴったりのたのしいしいかんじてん。幼児（4・5歳）〜小学校2年生。

『小学漢字辞典』　進藤英幸監修　新版第2版　教育同人社　2004.12　1016p　23cm　1714円　Ⓘ4-87384-045-7　Ⓝ813.2

『小学漢字の字典―楽しく学ぼう！』　栗岩英雄監修，栗岩英雄編著　改訂　教

国語　　　　　　　　　　　　　　　　　　　　　　　　辞書・辞典

育同人社　2004.12　400p　21cm　933円　Ⓘ4-87384-015-5　Ⓝ811.2
[内容]　小学校で習う一〇〇六字の漢字を、一年から六年まで学年ごとに分けて収録。巻末に部首さくいん、総画さくいん、音訓さくいんが付く。

『小学生のまんが漢字辞典』　加納喜光監修　学習研究社　2004.12　271p　21cm　1000円　Ⓘ4-05-301852-8　Ⓝ811.2
[目次]　漢字ワールド（漢字の起こり、漢字の成り立ち、漢字の音と訓　ほか）、漢字ランド（漢字家族、部首家族）、漢字たんけん（同じ音読みの漢字、同じ訓読みの漢字、形のにている漢字　ほか）、漢字の資料室
[内容]　まんがとイラストで、漢字や熟語を楽しくおぼえる辞典。

『例解こども漢字じてん』　神鳥武彦編　三省堂　2004.3　1133,20p　22cm　3200円　Ⓘ4-385-14151-7　Ⓝ813.2
[内容]　国語の勉強をするときも、本をよんだり、作文を書くときもわかりやすく、楽しい、小学校低学年のためのはじめての漢字＋熟語じてん。小学校1・2・3年が習う440字を完全収録。

『小学漢字学習辞典』　山田勝美, 石井庄司監修　新版　日本標準　2003.1　998p　22cm　〈付属資料：3枚＋4p＋8p〉　1900円　Ⓘ4-8208-0051-5　Ⓝ813.2
[内容]　小学生用として日本最高の、見出し漢字2800字、見出し熟語28000語。現代生活に合った収録熟語・用例文を掲載。部首で引く小学生からの本格的な漢字辞典。漢字への興味を引き出すくふうが満載（漢字の起源、なりたち、辞典の使い方・引き方などを、イラストで紹介）。学習に役立つ3大資料つき。

『パノラマ絵びきかん字じてん』　加納喜光監修、小学館学習雑誌編集部、表現研究所編　小学館　2002.12　303p　26cm　〈ドラえもんのはじめて学習ムックシリーズ　オールカラー〉〈付属資料：7枚＋15p〉　1900円　Ⓘ4-09-102085-2　Ⓝ821.2

『光村漢字学習辞典』　飛田多喜雄ほか編著　第4版　光村教育図書　2002.12　50,1117p　19cm　〈付属資料：16p〉　1714円　Ⓘ4-89572-008-X　Ⓝ813.2

『新レインボーかんじ絵じてん』　学習研究社　2002.4　247p　26cm　1600円　Ⓘ4-05-301164-7
[目次]　ひらがなのよみかき、かたかなのよみかき、漢字学習で大切なこと（おうちの方へ）、一年生でならうかん字（80字）、二年生でならうかん字（160字）、三年生で習う漢字（200字）、「漢字学習シート」を使ってみよう！
[内容]　小学校1～3年生で習う漢字440字を学年別に収録。漢字の成り立ち・読み・書き順・使い方などわかりやすくまとめてある。漢字の意味が絵で示されていて楽しく読める。漢字クイズや漢字遊びのページがあり、漢字に興味がわく。おうちの方向けに、漢字指導法のページが設けてある。幼児～小学校低学年向き。

『三省堂こどもかんじじてん』　川嶋優編　三省堂　2002.3　243,12p　26cm　（Sanseidoキッズセレクション）　2000円　Ⓘ4-385-14303-X
[目次]　一年生の漢字、二年生の漢字、三年生の漢字
[内容]　小学校1～3年生の学習漢字全440字を学年別に収録。オールカラーの美しい紙面に、音訓・意味・文例・熟語・なりたちなど、学習に役立つ情報と楽しいイラストを満載。運筆の矢印など、どのように書けば良いかがはっきり分かる筆順欄。「なかまの漢字」や「書き方の注意」など、漢字の知識を深めるコラムページ。ひきやすい、あいうえお順配列の本文のほか、学年・音訓索引など、合計5種類の検索方法。2002年新学習指導要領準拠。小学1年生～3年生。

『はじめての漢字じてん』　林四郎監修　日本放送出版協会　2002.2　273,20p　21cm　1500円　Ⓘ4-14-011179-8
[目次]　にた形（部首）から漢字を学ぶ（自然、家族、衣食住、体　ほか）、グループで漢字を学ぶ（数の漢字、四季、方角、一日　ほか）、そのほかの漢字
[内容]　小学三年生までに習う漢字440字を、豊富な熟語例と楽しいイラストで学ぶ漢字辞典。小学生がはじめて使う辞典なので、学習が楽しくなるように、全体を大きく二つに分け、さらにその中を場面やグループによっていくつかに分け、「雨のなかま」「水のなかま」「手のなかま」など、特別

子どもの本　国語・英語をまなぶ2000冊　13

辞書・辞典　　　　　　　　　　　　　　　　　　　　　　　　　国語

ページをたくさんもうける工夫をした。

『旺文社標準漢和辞典』遠藤哲夫，小和田顕監修，旺文社編　第5版　旺文社　2001.11　1003p　19cm　2300円　①4-01-077605-6
[内容] 見やすい、引きやすい、わかりやすい3段組み。パソコン、ワープロでの文章作成に役立つJISコードを掲載。漢字検定の4~2級で重視される「同音・同訓異字」「対義語・類義語」「四字熟語」をくわしく解説。漢文学習から日常語まで、必要十分な熟語、約4万語を精選して収録。

『小学生の漢字辞典　五・六年』川嶋優著　小峰書店　2000.4　223p　27cm（たのしくわかることばの辞典5）〈索引あり〉3500円　①4-338-16605-3,4-338-16600-2
[内容] 小学5・6年生で習う漢字を収録した辞典。総画数、書き方注意、読みと送りがな、部首、筆順、使い方、成り立ちなどを掲載する。音訓さくいん、総画さくいん付き。「たのしくわかることばの辞典」シリーズの第5巻。

『小学生の漢字辞典　三・四年』川嶋優著　小峰書店　2000.4　239p　27cm（たのしくわかることばの辞典4）〈索引あり〉3500円　①4-338-16604-5,4-338-16600-2
[内容] 小学3・4年生で習う漢字を収録した辞典。総画数、書き方注意、読みと送りがな、部首、筆順、使い方、成り立ちなどを掲載する。音訓さくいん、総画さくいん付き。「たのしくわかることばの辞典」シリーズの第4巻。

『小学生の漢字辞典　一・二年』川嶋優著　小峰書店　2000.4　159p　27cm（たのしくわかることばの辞典3）〈索引あり〉3300円　①4-338-16603-7,4-338-16600-2
[内容] 小学1・2年生で習う漢字を収録した辞典。総画数、書き方注意、読みと送りがな、部首、筆順、使い方、成り立ちなどを掲載する。音訓さくいん、総画さくいん付き。「たのしくわかることばの辞典」シリーズの第3巻。

『ちびまる子ちゃんの漢字辞典　2』さくらももこキャラクター原作，長野秀章監修　集英社　2000.3　222p　19cm（満点ゲットシリーズ）〈索引あり〉760円　①4-08-314004-6

『こどもかんじじてん―ことばはともだち　小学校1-3年』江川玟成監修　講談社　1999.11　236p　26cm　1900円　①4-06-265316-8
[内容] 小学校1年生から3年生までに習う漢字440字を学年別にまとめた辞典。配列は50音順。280字に「かんじのなりたち」としてどのようにしてその漢字ができたかを説明したものがついている。索引として、音訓、部首別、総画の3つの索引がある。

『ちびまる子ちゃんのかん字じてん　1』さくらももこキャラクター原作，長野秀章監修　集英社　1999.6　213p　19cm（満点ゲットシリーズ）760円　①4-08-314002-X
[目次] 一年生でならうかん字（かずにかんけいがあるかん字、ようすにかんけいがあるかん字、からだにかんけいがあるかん字、おおきさにかんけいがあるかん字、いろにかんけいがあるかん字、むきにかんけいがあるかん字、しぜんにかんけいがあるかん字　ほか）、二年生でならうかん字
[内容] 小学校1.2年生で学習する漢字をまんがで解説した事典。巻末に、50音順の音訓索引を付す。

『小学生漢字の達人になる辞典』川嶋優著　三省堂　1999.4　319p　21cm　1500円　①4-385-13582-7
[目次] 1 漢字とは（漢字の成り立ち、国字）、2 部首とは（部分と部首、主な部首の呼び名）、3 正しく読む（音読みと訓読み、いろいろな音読み、いろいろな訓読み、音の部分で読む、熟語の読み方、読み方によって意味がちがう言葉、発音が変わる、特別な読み、かなのふり方、難しい言葉を読む）、4 正しく書く（筆順、画数、正しい字画、難しい漢字を書く）、5 熟語の成り立ち（二字熟語の成り立ち、三字熟語の成り立ち、四字熟語の成り立ち）、付録　送り仮名用例集
[内容] 漢字の成り立ち、漢字の部首（へん・つくり）、漢字のいろいろな読み方、漢字の正しい書き方、熟語など、漢字に関する辞典。「送り仮名用例集」付き。

『学習新漢字辞典』小林信明，馬淵和夫監

国語　　　　　　　　　　　　　　　　　　　　　　　　　　　　辞書・辞典

修，志村和久著　新装第2版　講談社　1998.11　649p　22cm　1600円　ⓘ4-06-265314-1

『常用漢字ミラクルマスター辞典―1945字完全読みこなし』　加納喜光編　小学館　1998.4　1027p　22cm〈索引あり〉2500円　ⓘ4-09-501861-5
目次　人間（子ども，女，老人，人一般），身体（頭部，手，足，体部），自然（動物，植物，天，地），文化（武器，農工具，家具，衣食住），記号
内容　小・中9年間の教科書にも対応した1945字をあらゆる角度から調べられる漢字辞典。漢字を字源別に5つのグループに分類，読みや書き順，例文などを記載。巻末には音記号さくいん，意味記号さくいん，カタカナ字形分類さくいん，総画さくいん，書き出しパターン索引，学年別漢字索引が付く。

『動物・魚の漢字事典』　海城文也著，上村千栄絵　ポプラ社　1998.4　121p　23cm　(漢字なんでも大研究　第5巻　西本鶏介監修)〈索引あり　文献あり〉2000円　ⓘ4-591-05654-6,4-591-99223-3
目次　陸の動物・海の哺乳類の漢字，魚・海の生きもの・貝の漢字
内容　本書では，わたしたちにもっとも身近な動物や魚の漢字をあつめてあります。

『虫・鳥・植物の漢字事典』　海城文也著，藤縄泉絵　ポプラ社　1998.4　121p　23cm　(漢字なんでも大研究　第6巻　西本鶏介監修)〈索引あり　文献あり〉2000円　ⓘ4-591-05655-4,4-591-99223-3
目次　爬虫類・両生類などの漢字，虫のなかまの漢字，鳥の漢字，植物の漢字
内容　本書には爬虫類や両生類，虫や鳥などの動物と植物の漢字があつめてあります。

『例解新漢和辞典』　山田俊雄，戸川芳郎，影山輝国編著　三省堂　1998.4　1058,70p　19cm　2300円　ⓘ4-385-13675-0

『まんが難読漢字なんでも事典』　高橋秀治監修・文，関口たか広絵　金の星社　1998.2　143p　20cm〈索引あり〉1200円　ⓘ4-323-06003-3
目次　人や人の体に関する漢字，人の心や状態に関する漢字，衣服，建物，道具に関する漢字，自然に関する漢字，文化，芸能，宗教などに関する漢字
内容　大きなイラストで使い方や由来がわかる小学生向けの難読漢字事典。100語以上の言葉を人の体など身近なものに分けて収録。

『クレヨンしんちゃんのまんがかん字じてん』　永野重史監修，造事務所編・構成　双葉社　1997.12　223p　19cm　(クレヨンしんちゃんのなんでも百科シリーズ)　800円　ⓘ4-575-28798-9
内容　1、2年生のかん字240字がぜ～んぶのってるよ！新学年別配当漢字準拠『1、2年生240字』。

『小学生の漢字早わかり辞典　4・5・6年』　三省堂編修所編　三省堂　1996.11　207p　21cm　(ことば学習まんが)　980円　ⓘ4-385-13765-X
目次　1　4年生の漢字―200字，2　5年生の漢字―185字，3　6年生の漢字―181字

『小学生の漢字早わかり辞典　1・2・3年』　三省堂編修所編　三省堂　1996.11　175p　21cm　(ことば学習まんが)　880円　ⓘ4-385-13760-9
目次　1　1年生の漢字―80字，2　2年生の漢字―160字，3　3年生の漢字―200字

『ジュニア・アンカー漢和辞典』　藤堂明保編　学習研究社　1996.1　740,44p　19cm〈『学研漢和辞典』の新装版〉2000円　ⓘ4-05-300336-9

『漢字事典―まんがで学習　六年生』　竹中らんこ著　改訂新版　あかね書房　1992.3　143p　22cm〈監修：森久保安美〉1100円　ⓘ4-251-06595-6
内容　この本は、小学校6年生で習う181字の漢字が、まんがで楽しく勉強できるようになっています。

『漢字事典―まんがで学習　五年生』　田代しんたろう著　改訂新版　あかね書房　1992.3　143p　22cm〈監修：森久保安美〉1100円　ⓘ4-251-06594-8
内容　この本は、小学校5年生で習う185字の漢字が、まんがで楽しく勉強できるようになっています。

子どもの本　国語・英語をまなぶ2000冊　15

『漢字事典―まんがで学習 四年生』 北山竜著 改訂新版 あかね書房 1992.3 159p 22cm〈監修：森久保安美〉1100円 ①4-251-06593-X

[内容] この本は、小学校4年生で習う200字の漢字が、まんがで楽しく勉強できるようになっています。

『漢ピュー太君の漢字絵事典 15（漢字なぞなぞ・クイズ編）絵文字で遊字学』 下村昇編著，岩田くみ子絵 偕成社 1992.3 39p 25cm 1600円 ①4-03-541150-7

[内容] 石へんに、ソーとかいてくムとくムはなんーんだ？こたえは磁石の「磁」だ。「遠長戦・延長戦」どっちが正しいか？この本には、こんなおもしろクイズやなぞなぞが満載してあるのでーす。

『三省堂学習漢字図解辞典』 三省堂編修所編 改訂版 三省堂 1992.3 12, 1040p 22cm〈主幹：石井勲〉3900円 ①4-385-15062-1

[内容] 学習漢字1006字を、かかわりの深い順に1ページ1字を解説。見出し漢字は、部首・音訓・総画・学年のどれからでもすぐ引ける。学年配当・筆順・なりたち・いみが一目でわかる。絵を見ながら漢字が楽しく学べる。説明はわかりやすく、いろいろな言葉の読み方や、さんこう事項・はんたい語も多数収録。

『小学漢字学習辞典―漢字に強くなる』 石井勲編 三省堂 1992.3 53,998p 22cm 3600円 ①4-385-15064-8

[内容] 小・中学校で習う常用漢字1945字を楽しいイラストに入れて解説。熟語を意味ごとに分けて解説し、ことばの生きた意味、使い方がわかる。漢字の読み、画数、筆順、書く上でのポイント、成り立ちなどが一目でわかる。見出し漢字の配列は"字の形のまとまり"と"意味のまとまり"を重視した定評ある石井方式。

『漢字じてん―まんがで学習 三年生』 北山竜著 改訂新版 あかね書房 1992.2 159p 22cm〈監修：森久保安美〉1100円 ①4-251-06592-1

[内容] この本は、小学校3年生で習う200字の漢字が、まんがで楽しく勉強できるようになっています。

『かん字じてん―まんがで学習 二年生』 おのつよし著 改訂新版 あかね書房 1992.2 127p 22cm〈監修：森久保安美〉1000円 ①4-251-06591-3

[内容] この本は小学校2年生でならう160字のかん字が、まんがで楽しくべん強できるようになっています。

『かん字じてん―まんがで学習 一年生』 おのつよし著 改訂新版 あかね書房 1992.2 111p 22cm〈監修：森久保安美〉1000円 ①4-251-06590-5

[内容] この本は1年生でならう80字のかん字が、まんがでたのしくべんきょうできるようになっています。

『漢ピュー太君の漢字絵事典 14（形のないもの編）数やしるし』 下村昇編著，岩田くみ子絵 偕成社 1992.2 39p 25cm 1600円 ①4-03-541140-X

[内容] 漢ピュー太の第14巻めは、「数やしるし」の巻だって。数字は、算数だけでたくさんなのに、かんべんして～といわれそうだニャ。そこで、足し算や引き算とはひと味ちがう数字の意味や、しるしからうまれた漢字を紹介するニャ。漢字も数字も、たのしく覚えられたら一石二鳥だニャア。

『漢字なりたち辞典―藤堂方式・小学生版』 教育社編 新訂〔東村山〕教育社 1991.12 1085p 22cm〈監修：藤堂明保 発売：教育社出版サービス（東京）〉2500円 ①4-315-51204-4

『漢ピュー太君の漢字絵事典 13（道具編）道具のいろいろ』 下村昇編著，岩田くみ子絵 偕成社 1991.10 39p 25cm 1600円 ①4-03-541130-2

[内容] 良夫くんの好きな道具は、車・楽・去、お母さんは服、お父さんは斗・酒だそうだニャン。車はわかるとして、ほかのがどうして道具!?と思ったら、この「道具のいろいろ」の巻をめくってニャ。きみの好きな道具もみつかるといいんだがニャ。

『漢ピュー太君の漢字絵事典 12（住居編）門は開かれる』 下村昇編著，岩田くみ子絵 偕成社 1991.10 39p

国語　　　　　　　　　　　　　　　　　　　　　　　　　　　　　　辞書・辞典

25cm　1600円　ⓘ4-03-541120-5

内容　漢字はキライ、門外漢！なんて宣言してるきみ。ものはためし、この12巻〈住居編〉の戸をたたき、門を開けてるニャよ。百聞は一見にしかず、おもしろ漢字館の門をくぐりぬければ、きみはもう知恵の豊富な専門家かニャ。

『漢ピュー太君の漢字絵事典　11（衣服編）糸から布・衣を作る』　下村昇編著、岩田くみ子絵　偕成社　1991.10　39p　25cm　1600円　ⓘ4-03-541110-8

内容　カイコは、サナギになる前に繭を作るって知ってる？それから「繭」の字に「糸」があるのはなぜかニャ？また、カイコはどうして蚕と書くんだろうニャア？こたえは「糸」の字がにぎってるのだ。さあ、11巻をめくりながら、漢字推理の糸をたぐってニャ。

『漢ピュー太君の漢字絵事典　10（植物編2）春の花・実りの秋』　下村昇編著、岩田くみ子絵　偕成社　1991.6　39p　25cm　1600円　ⓘ4-03-541100-0

『漢ピュー太君の漢字絵事典　9（植物編1）木はたからもの』　下村昇編著、岩田くみ子絵　偕成社　1991.6　39p　25cm　1600円　ⓘ4-03-541090-X

『漢ピュー太君の漢字絵事典　8（自然編2）太陽と星と火』　下村昇編著、岩田くみ子絵　偕成社　1991.6　39p　25cm　1600円　ⓘ4-03-541080-2

内容　お小言や、テストでずっこけて、すこしばかりおちこんだときには、この「太陽と星と火」の巻がおすすめニャ。読みおわるころには、太陽エネルギーが、からだいっぱいみなぎって、こころはあつく燃え、生まれたてのきら星のようになれるニャーン。

『漢ピュー太君の漢字絵事典　7（自然編1）大自然から生まれる』　下村昇編著、岩田くみ子絵　偕成社　1991.6　39p　25cm　1600円　ⓘ4-03-541070-5

内容　1+1＝たんぼの田。これは、良夫くんおはこのなぞなぞニャン。じゃあ漢ピュー太からは、雨＋田＝口。ヒントは、大自然から生まれた字。それと、この田はたんぼの田とはかぎらニャイ。漢ピュー太も、これはこわいニャー！

『漢ピュー太君の漢字絵事典　6（動物編）いろいろな動物』　下村昇編著、岩田くみ子絵　偕成社　1991.6　39p　25cm　1600円　ⓘ4-03-541060-8

内容　人がはじめてゾウをみたとき「びっくりしたぞう！」とおどろいたかニャ？象という字は、ゾウのすがたからできたのだ。動物をあらわす字には、動物のすがたをまねした字がいろいろあるんだニャ。この巻はたのしいゾウ。

『書きこみ式　漢字学習じてん　小学6年』　三省堂編修所編　三省堂　1991.3　197p　26cm　860円　ⓘ4-385-23806-5

内容　漢字を知るためのページで、読み方、書き方、使い方がわかります。漢字4字ごとに〈れんしゅう〉のページがあり、正しい書き方や使い方が、勉強できます。漢字8字ごとに〈ふくしゅう〉のページがあり、習った漢字のふくしゅうが、できるようになっています。漢字16字ごとに〈まとめ〉のページがあり、書き方や読み方のチェックができます。

『書きこみ式　漢字学習じてん　小学5年』　三省堂編修所編　三省堂　1991.3　188p　26cm　860円　ⓘ4-385-23805-7

内容　漢字を知るためのページで、読み方、書き方、使い方がわかります。漢字4字ごとに〈れんしゅう〉のページがあり、正しい書き方や使い方が、勉強できます。漢字8字ごとに〈ふくしゅう〉のページがあり、習った漢字のふくしゅうが、できるようになっています。漢字16字ごとに〈まとめ〉のページがあり、書き方や読み方のチェックができます。

『書きこみ式　漢字学習じてん　小学4年』　三省堂編修所編　三省堂　1991.3　201p　26cm　860円　ⓘ4-385-23804-9

内容　漢字を知るためのページで、読み方、書き方、使い方がわかります。漢字4字ごとに〈れんしゅう〉のページがあり、正しい書き方や使い方が、勉強できます。漢字8字ごとに〈ふくしゅう〉のページがあり、習った漢字のふくしゅうが、できるようになっています。漢字16字ごとに〈まとめ〉のページがあり、書き方や読み方のチェックができます。

『書きこみ式　漢字学習じてん　小学3年』

子どもの本　国語・英語をまなぶ2000冊

辞書・辞典　　　　　　　　　　　　　　　　　　　　　　　　　　　　　国語

三省堂編修所編　三省堂　1991.3　196p　26cm　860円　①4-385-23803-0
[内容] 書きながら、漢字の知識が身につく新しいタイプの漢字れんしゅう帳。

『書きこみ式　漢字学習じてん　小学2年』
三省堂編修所編　三省堂　1991.3　154p　26cm　780円　①4-385-23802-2
[内容] 書きながら、漢字の知識が身に着く新しいタイプの漢字れんしゅう帳。

『書きこみ式　漢字学習じてん　小学1年』
三省堂編修所編　三省堂　1991.3　76p　26cm　580円　①4-385-23801-4
[内容] 書きながら、漢字の知識が身につく新しいタイプの漢字れんしゅう帳。

『漢ピュー太君の漢字絵事典　5（人体編5）なかよし母と子』　下村昇編著，岩田くみ子絵　偕成社　1991.3　39p　25cm　1600円　①4-03-541050-0
[内容] くのいち（くノ一）って、なんのことだか知ってるかニャ？かっこいい女忍者のこと、それから「女」という字のかきじゅんニャ。「女の人」や「お母さん」や「子ども」に関係のある字をあつめた充実した内容なのだ。

『漢ピュー太君の漢字絵事典　4（人体編4）人はさまざま』　下村昇編著，岩田くみ子絵　偕成社　1991.3　39p　25cm　1600円　①4-03-541040-3
[内容] 漢ピュー太も、たまには、大の字になってのんびり休みたいんだが、乗ってる気分でこの本をひらいてくれたきみの期待にこたえて、「人」の形からできた字のお話をしますニャン！お役に立ちますかニャ？

『漢ピュー太君の漢字絵事典　3（人体編3）食べたり話したり』　下村昇編著，岩田くみ子絵　偕成社　1991.3　39p　25cm　1600円　①4-03-541030-6
[内容] 食いしんぼうで、口のたっしゃなきみが、食べたり話したりするときに使うのが口だニャ。そこで、第3巻には「口」のつく字をあつめてみた。きみの口に合う、おいしい話がいっぱいだといいですニャ！

『漢ピュー太君の漢字絵事典　2（人体編2）見る目・聞く耳』　下村昇編著，岩田くみ子絵　偕成社　1991.3　39p　25cm　1600円　①4-03-541020-9
[内容] 「目は口ほどにもの言う」というが、どんな意味か知っているかニャ？人の「目」や「耳」に関係ある字のひみつを知りたければ、漢ピュー太君にオマカセ、オマカセ！「耳よりな話」を、たっぷりお聞かせしますニャン。

『漢ピュー太君の漢字絵事典　1（人体編1）手や足をつかう』　下村昇編著，岩田くみ子絵　偕成社　1991.3　39p　25cm　1600円　①4-03-541010-1
[内容] 漢ピュー太君は、漢字のことならなんでも知っている、おちゃめでなまいきな天才コンピュータロボット。さあ、きみも漢ピュー太君と友だちになって、人の「手」や「足」に関係ある字について、たのしく勉強しよう。

『ドラえもんの漢字辞典　ステップ2』　栗岩英雄著　小学館　1990.12　225p　19cm　（ドラえもんの学習シリーズ）　780円　①4-09-253102-8
[内容] この本は、はじめての漢字辞典としての充実した内容を持つと同時に、大人気まんがのドラえもんを読んで笑っているうちに、漢字の力がつくように工夫された、楽しい漢字辞典です。

『ドラえもんのかん字じてん　ステップ1』　栗岩英雄著　小学館　1990.12　225p　19cm　（ドラえもんの学習シリーズ）　780円　①4-09-253101-X
[内容] この本は、はじめての漢字辞典としての充実した内容を持つと同時に、大人気まんがのドラえもんを読んで笑っているうちに、漢字の力がつくように工夫された、楽しい漢字辞典です。

『なりたちのよくわかる漢字事典』　柴田武責任編集，森田拳次漫画　集英社　1990.9　287p　23cm　（集英社版・学習漫画）　980円　①4-08-288012-7
[内容] マンガで漢字のなりたちを解説。漢字の意味、熟語、使い方が学べる。正しい筆順がひと目でわかる。コラムで漢字のいろいろな知識を紹介。見やすいオール2色刷り。

『三省堂こども漢字じてん』　神鳥武彦編

国語

三省堂　1990.2　1133,20p　22cm　3500円　Ⓘ4-385-14150-9
内容　小学1・2・3年生とお母さんのための、はじめての漢字＋熟語じてん。漢字の書き取りも、漢字や熟語の意味しらべも、熟語を使った短文の宿題も安心！漢字のことならこの1冊で何でもわかります。

『小学生の絵でみる漢字字典』　学研辞典編集部編　改訂新版　学習研究社　1990.2　304p　19cm　900円　Ⓘ4-05-103301-5
内容　この字典は、1006の学習漢字を各学年にわけてあります。この字典は、一字一字になりたち（漢字がどのようにしてできたか、どんな組み立てになってるか）の説明があり、漢字の意味がよくわかります。

『はじめての学習かん字じてん―1～2年生のかん字240字』　小学館　1990.1　255p　22cm〈監修：藤堂明保〉　850円　Ⓘ4-09-253011-0
内容　新小学校学習指導要領を準拠し、1年生で習う漢字80字と2年生で習う漢字160字のすべてをとりあげています。字形・筆順・音訓・意味・文例・字源・豆知識などを、わかりやすく、楽しく説明してあります。絵本的な導入のページで、漢字に親しめるように工夫してあります。親子で楽しみながら使える本です。

国語教科全般

『国語なんてカンタンだ！』　斎藤孝著　PHP研究所　2007.7　103p　22cm（斎藤孝の「ズバリ！攻略」シリーズ）952円　Ⓘ978-4-569-65470-6　Ⓝ810

『国語のなぞ　2』　青木伸生著　草土文化　2007.4　87p　18cm（学校のなぞ・シリーズ・パート2）1400円　Ⓘ978-4-7945-0954-3　Ⓝ810.7
目次　1 文字のなぞ（「おうきいおうかみ」?、「バレエ」でアタック!?、夜道でお化けにであったら？　ほか）、2 ことばのなぞ（「は」と「が」は、どうちがうの？、数字の読み方のなぞ、「にっぽん」?「にほん」?　ほか）、3 物語のなぞ（「音読」と「朗読」はちがうの？、「語り」ってどんなこと？、桃太郎は、なまけもの？　ほか）

『IQ国語クイズ＆パズル』　ワン・ステップ編　金の星社　2007.3　126p　22cm（脳力アップめざせ！IQクイズマスター）2000円　Ⓘ978-4-323-06601-1　Ⓝ807.9
目次　1 初級レベル（ことわざ・慣用句をつくろう！、どんな動物がはいるかな？、カタカナたし算わかるかな？　ほか）、2 中級レベル（国語クロスワードパズルに挑戦！、絵文字ことばを解読しよう、かぞえかたをみつけよう！　ほか）、3 上級レベル（外来語シークワーズパズルに挑戦!、3人の共通点はなに?、おやつはどの箱にある？　ほか）

『くらしに役立つ国語』　大南英明編集代表　東洋館出版社　2007.1　132p　26cm　1300円　Ⓘ978-4-491-02228-4　Ⓝ810

『国語のなぞ』　青木伸生著　草土文化　2006.5　103p　18cm（めいろ＆クイズ学校のなぞ・シリーズ）1400円　Ⓘ4-7945-0930-8　Ⓝ810.7
目次　ことばのなぞ（「ありがとう」は、気軽に使えない?、なんてよぶ？「わたくし」「おれ」「わし」「ぼく」、なんてよぶ？「あなた」「貴様」「おたく」、他人は、なぜ「赤い」の?、「けりをつける」は、下品なことば？　ほか）、文字のなぞ（「わ行」にはなぜ「わ」と「を」しかないの?、日本語にはむかし、ひらがなはなかった?、男は漢字、女はひらがな?、カタカナはどうやってできたの?、「凸」「凹」は、記号？漢字？　ほか）

『国語―文字と言葉』　鈴木寛一ほか監修　学習研究社　2005.3　48p　29cm（発展学習・自由研究アイデア101　5）2800円　Ⓘ4-05-202157-6　Ⓝ807
目次　言葉で伝えよう言葉を理解しよう、しょうたいじょうを作ろう―誕生会のしょうたいじょうを作る、知らせたいことを分かりやすく書こう―商品のネーミングを探る、本のさがし方―図書館たんけんをしよう、漢字―漢字のしくみを調べる、標識と言葉―標識調べ、新聞記者になろう―わが家の十大ニュース、今のあなた自身を記録しよう―日記を書く、言葉の研究レポート

国語教科全般　　　　　　　　　　　　　　　　　　　　　　　　　　　　　　　国語

―（ことわざを調べる，熟語の意味を調べる），慣用句―慣用句を調べる，読書―本を読み，感想文を書く，いろいろな手紙―いろいろな手紙を書く，方言と共通語―方言を調べる，ガイドブックを作ろう―ガイドブックを作る，「作家と作品」展示コーナーを作ろう―すきな作品と作家を調べる，二つの意見から―意見文を書く，外来語と日本文化―外来語を調べる，外来語と日本文化―俳句や短歌を作る

『サラダを作って国語力をきたえよう』
井上浩子,涌井貞美著　グラフ社　2004.12　64p　26cm　（読み書きそろばん塾2（国語））667円　④4-7662-0852-8　Ⓝ810.7

『国語学習クイズ』　新樹社　2004.6　144p　19cm　1200円　④4-915838-24-2　Ⓝ811.2

『国語でかつやくパソコン大王』　中川一史監修　岩崎書店　2003.4　48p　29×22cm　（パソコン大王の教科で使おうパソコン・デジカメ　1）〈付属資料：CD-ROM1〉3000円　④4-265-05661-X
[目次]漢字の正体をさぐれ，奇想天外リレー小説，この本おすすめです！，おもしろオノマトペ発表会，これは便利！ローマ字下じき，さんぽ感想文，これが方言地図だ！，ことばの探偵屋，だれが，いつ，どこで…ゲーム，アイデアの引き出し

『学習に役立つ　ホームページガイド　1　国語編』　藤川博樹著　汐文社　2001.3　135p　21cm　1800円　④4-8113-7381-2
[目次]ホームページはおもしろい!!入門編（インターネットでホームページを楽しもう！，パソコン各部の名前を覚えよう，基本画面で覚えておきたいこと，ホームページ画面のブラウザを覚えよう！，ホームページを見てみよう），ホームページガイド国語編（学会・研究所・国の機関，ことば・日本語，手紙・作文，読書，文学，詩歌，エッセイ・観察文・説明文・その他，教科書）
[内容]インターネットのおもしろさは，ホームページやメール，掲示板など，たくさんありますが，本書は「勉強がもっとおもしろくなったり，調べ学習の時に役立つもの」ということを考えてつくりました。

『国語の教科書は，なぜたて書きなの？』
高岡昌江著　アリス館　2001.3　109p　20cm　（調べるっておもしろい！）〈文献あり〉1300円　④4-7520-0179-9
[目次]それはトイレで始まった，たて書き・よこ書きなんて，どうでもいいの？，教科書の左よこ書き第一号，日本語になやんだ人たち，たて書き・よこ書きの科学，国語の教科書は，なぜたて書きなの？
[内容]「たて書きとよこ書き，本当に読みやすいのはどっち？」疑問に思った著者は，教科書や文字の歴史を調べはじめる。むかしの算数の教科書はたて書きだった？ローマ字で日本語を書こうとした時代があった？調べに調べてたどりついたのは…。

『国語に強くなる日本語練習　6年生』
横山験也著　ポプラ社　2000.3　127p　21cm　850円　④4-591-06411-5
[目次]俳句，短歌，送りがな，横書きの決まり，漢字の音を表す部分，漢字の部首の意味，慣用句，助詞と文末表現，二字熟語，三字熟語〔ほか〕
[内容]「足」が「棒」になる？「腹」が「黒い」？ことばとことばが組み合わさると，どんな意味が生まれるでしょうか。六年生では，慣用句やことわざについて勉強しはじめます。そして，俳句や短歌にもふれてみましょう。さあ，日本語の練習をして，国語に強くなろう。

『国語に強くなる日本語練習　5年生』
横山験也著　ポプラ社　2000.3　127p　21cm　850円　④4-591-06410-7
[目次]常体の文（である・だ），接続詞・接続助詞，かなづかい，熟語づくり，漢字の成り立ち：同音異義語（熟語），形の似ている同音異義語，漢語と和語，文末表現（事実と感想），敬語（ていねい語・尊敬語）〔ほか〕
[内容]象形文字や指事文字など，五年生では漢字の成り立ちをいろいろ学びます。また，かなづかいや接続詞など，文法のきそとなることも勉強します。この本では，ぐっとむずかしくなった五年生の国語の一つ一つの内容をわかりやすく説明しています。楽しいパズルを解きながら，練習問題にもちょうせんして，国語の力をつけていきましょう。

『国語に強くなる日本語練習　4年生』
横山験也著　ポプラ社　2000.3　127p　21cm　750円　④4-591-06409-3

『国語に強くなる日本語練習　3年生』

国語　　　　　　　　　　　　　　　　　　　　　国語教科全般

横山験也著　ポプラ社　2000.3　127p　21cm　750円　⓵4-591-06408-5

『国語に強くなる日本語練習　2年生』横山験也著　ポプラ社　2000.3　127p　21cm　750円　⓵4-591-06407-7

『こくごに強くなる日本語練習　1年生』横山験也著　ポプラ社　2000.3　127p　21cm　750円　⓵4-591-06406-9

『国語の窓―見る読む楽しむ資料集』　宮腰賢監修，石井正己編　正進社〔2000〕　145p　26cm〈索引あり〉500円

『楽しい調べ学習』　山本捷子著　岩崎書店　1997.1　119p　22cm　（まるごとわかる国語シリーズ　10）2266円　⓵4-265-06230-X,4-265-10126-7
|目次| 1 調べたいこと、みいつけた！，2 調べ方いろいろ，3 図書室たんけん，4 さあ、調べよう，5 調べたことはのこしておこう，6 まとめをしよう

『洋一・真理子のザ★宿題　国語の達人』遠藤真理子著　主婦の友社　1994.8　159p　19cm〈監修：向山洋一〉980円　⓵4-07-215373-7
|目次| 1 漢字でこんなに楽しく知的に遊べるよ，5 エッ！漢字バラバラ事件だって？，3 もう、おもしろくってやめられない，4 どこまで登れる？熟語ピラミッド，5 ここまでくると、漢字・熟語・ことわざ名人，6 さて、最後は難問で知恵をしぼれ
|内容| 勉強嫌いの子も夢中になる。大人のかたい頭がやわらかくなる。

『ドラえもんのおもしろ国語クイズ館』栗岩英雄案・監修，方倉陽二絵　小学館　1993.11　190p　18cm　（てんとう虫ブックス）500円　⓵4-09-230560-5
|内容| どこからやってもおもしろい、ことばのゆかいなクイズが113問。「動物ことば」や「かいだんことば」ドラえもんが、楽しいクイズを用意してきみの挑戦をまっているよ。これで国語の成績もぐーんとアップ。

『おもしろ国語まんが館』　有馬佳代子まんが　小学館　1993.1　190p　18cm（てんとう虫ブックス）〈監修：谷脇理

史〉500円　⓵4-09-230555-9
|内容| 覚えておくと得をする。そんな言葉ばかりを紹介します。友だちとのつきあいだってもっと楽しくなるし、テストの成績だってぐんとアップ！知っているのといないのとでは大ちがいだよ。

『なぜなに1年生国語』　小学館　1991.12　143p　23cm〈新学習指導要領準拠〉850円　⓵4-09-215112-8
|内容| 小学校新学習指導要領にそった内容で、1年生の家庭学習にぴったりです。人気ラジオ番組「全国こども電話相談室」によせられた子どもたちの生の質問をもとに構成しました。

◆◆◆

『1年生がぐんぐん伸びるお母さんの国語教室』　山本正格著　文芸社　2011.2　119p　26cm　1400円　⓵978-4-286-09981-1

『「ヨコミネ式」一生使える国語力が身につく自学自習ノート』　横峯吉文著　宝島社　2010.12　80p　26cm　（別冊宝島1705号）562円　⓵978-4-7966-7952-7

『ちびまる子ちゃん小学2年生総復習ドリル―国語算数』　青山由紀，細水保宏問題監修　永岡書店　2010.11　63p　26cm　650円　⓵978-4-522-42940-2

『ちびまる子ちゃん小学1年生総復習ドリル―こくごさんすう』　青山由紀，細水保宏問題監修　永岡書店　2010.11　63p　26cm　650円　⓵978-4-522-42939-6

『東大脳ドリルこくご　伝える力編』　高浜正伸，勝谷里美著　学研パブリッシング　2010.10　88p　19×26cm　（頭のいい子を育てるドリルシリーズ）〈発売：学研マーケティング〉700円　⓵978-4-05-303256-0

『中学入試の最重要問題国語「言葉」』　学研教育出版編　学研教育出版　2010.9　160p　26cm〈発売：学研マーケティング〉1100円　⓵978-4-05-303223-2

子どもの本　国語・英語をまなぶ2000冊

国語教科全般

『夏休みドリル―1学期の算数・国語を全部復習 小学4年』 長嶋清監修 成美堂出版 2010.7 48p 30cm 540円 ⓘ978-4-415-30855-5

『夏休みドリル―1学期の算数・国語を全部復習 小学3年』 長嶋清監修 成美堂出版 2010.7 48p 30cm 540円 ⓘ978-4-415-30859-3

『ふくしま式「本当の国語力」が身につく問題集―偏差値20アップは当たり前！小学生版』 福嶋隆史著 大和出版 2010.7 158p 26cm 1400円 ⓘ978-4-8047-6173-2

『中学入試国語の合格テクニック』 山内正, 芳賀吉文共著 学研教育出版 2010.3 207p 21cm 〈発売：学研マーケティング〉 1200円 ⓘ978-4-05-303149-5

『出口の小学国語 レベル別問題集 3 難関編』 出口汪著 武蔵野 ナガセ 2010.3 119p 21cm （レベル別問題集シリーズ） 952円 ⓘ978-4-89085-465-3

『出口の小学国語 レベル別問題集 2 標準編』 出口汪著 武蔵野 ナガセ 2010.3 111p 21cm （レベル別問題集シリーズ） 952円 ⓘ978-4-89085-464-6

『東大脳ドリルこくご 初級』 高浜正伸, 勝谷里美著 学研パブリッシング 2010.3 88p 19×26cm （頭のいい子を育てるドリルシリーズ）〈発売：学研マーケティング〉 700円 ⓘ978-4-05-303145-7

『大逆転の中学受験国語―偏差値19からの御三家合格は実在する』 山本ヒサオ著, エール出版社編 エール出版社 2010.2 222p 19cm〈問題作成＆入試実践データ提供：ワタリイヌヤ〉 1500円 ⓘ978-4-7539-2924-5

『出口の小学国語 レベル別問題集 1 基礎編』 出口汪著 武蔵野 ナガセ 2010.1 127p 21cm （レベル別問題集シリーズ） 952円 ⓘ978-4-89085-463-9

『出口の小学国語レベル別問題集 0 理論編』 出口汪著 武蔵野 ナガセ 2010.1 143p 21cm （レベル別問題集シリーズ） 952円 ⓘ978-4-89085-462-2

『論理エンジン―小学生版 読解・作文トレーニング 6年生』 出口汪著 水王舎 2009.12 139p 19×26cm 1300円 ⓘ978-4-921211-17-2
[目次] 1 ノンフィクション・ダンニャバーダ わたしのネパール, 2 生活文・障がいのある人への思いやり, 3 物語・一マイル競走, 4 説明文・大切な食事とダイエット, 5 説明文・漢字のなりたち, 6 伝記・ガンジー, 7 説明文・ごみとリサイクル, 8 物語・手品師, 9 説明文・インターネットは新しいメディア, 10 説明文・ノーマライゼーションの社会をつくっていこう

『論理エンジン―小学生版 読解・作文トレーニング 5年生』 出口汪著 水王舎 2009.12 132p 19×26cm 1300円 ⓘ978-4-921211-16-5
[目次] 1 物語・わすれもの, 2 伝記・ガリレオ, 3 生活文・火力発電所の苦労がわかったよ, 4 説明文・口からはじまる食べ物の旅, 5 説明文・辞典と親しくなろう, 6 生活文・母とゴミ拾い, 7 説明文・わたしはヒトで、人間で, 8 物語・腕時計, 9 説明文・地下資源をかんがえる, 10 説明文・情報とメディアについて考えよう

『中学入試国語記述のコツのコツ』 松永暢史著 主婦の友インフォス情報社 2009.10 157p 16cm〈発売：主婦の友社 2005年刊の加筆修正〉 476円 ⓘ978-4-07-267192-4

『論理エンジン―小学生版 読解・作文トレーニング 4年生』 出口汪著 水王舎 2009.8 131p 19×26cm 1300円 ⓘ978-4-921211-15-8

『夏休みドリル―1学期の算数・国語を全部復習 小学2年』 長嶋清監修 成美堂出版 2009.7 48p 30cm 540円

国語　　　　　　　　　　　　　　　　　国語教科全般

『夏休みドリル―1学期の算数・国語を全部復習　小学1年』　長嶋清監修　成美堂出版　2009.7　48p　30cm　540円　⓵978-4-415-30626-1

『小学3年国語』　学研編　学習研究社　2009.4　175p　26cm　（中学受験プレステージ問題集）　1300円　⓵978-4-05-302946-1

『小学2年国語』　学研編　学習研究社　2009.4　175p　26cm　（中学受験プレステージ問題集）　1300円　⓵978-4-05-302945-4

『小学1年こくご』　学研編　学習研究社　2009.4　175p　26cm　（中学受験プレステージ問題集）　1300円　⓵978-4-05-302944-7

『日本一わかりやすい小学生の国語「ことば」』　青木邦容著　中経出版　2009.4　221p　26cm　1800円　⓵978-4-8061-3345-2

『伝統的な言語文化ワーク　3　5・6年で使える"古文・漢文・文語調の文章"ワーク』　大森修編　明治図書出版　2009.3　121p　19×26cm　2060円　⓵978-4-18-385326-4

『伝統的な言語文化ワーク　2　3・4年で使える"俳句・短歌・百人一首・ことわざ・慣用句・故事成語"ワーク』　大森修編　明治図書出版　2009.3　111p　19×26cm　1900円　⓵978-4-18-385217-5

『伝統的な言語文化ワーク　1　1・2年で使える"昔話・神話・伝承"ワーク』　大森修編　明治図書出版　2009.3　147p　19×26cm　2200円　⓵978-4-18-385113-0

『金田一先生と学ぶ小学生のための国語教室』　金田一秀穂監修　すばる舎　2009.2　223p　26cm　〈索引あり〉　1900円　⓵978-4-88399-785-5

『中学入試合格力問題国語』　旺文社編　新装版　旺文社　2009.2　191p　26cm　1360円　⓵978-4-01-010850-5

『英才児をつくる国語頭脳ドリル―名門私立小「知能教育」授業の教材』　園田達彦著　学習研究社　2008.9　104p　26cm　（頭のいい子を育てるドリルシリーズ）　1000円　⓵978-4-05-302817-4

『中学受験国語合格パズル―小学校高学年　2』　合格パズル研究会著，森上教育研究所監修　社会評論社　2008.9　127p　21cm　1200円　⓵978-4-7845-0636-1

『ほんとうの「国語力」が身につくドリル　2』　国語力研究所編著　長泉町　Z会国語力研究所　2008.9　186p　26cm　（国語力検定公式問題集シリーズ）〈発売：Z会（長泉町）　付属資料：CD1〉　1000円　⓵978-4-86290-020-3
　目次　国語力検定のご案内，検定問題「知識」分野編，検定問題「理解」分野編，解説「知識」分野編，解説「理解」分野編，資料編，トレーニング問題
　内容　知識分野の問題150問、理解分野（聞き取り問題＋読解問題）の問題75問を、それぞれ50分で解く「国語力検定」の問題（2008年度第1回）をまるごと収録。「読む」「書く」「聞く」「話す」「総合的国語力」のそれぞれの力を伸ばすために、設問の意図、解答を掲載し、解答にいたる詳しい考え方を解説している。2008年度第1回の平均得点や各問の解答率などを資料編として収めた。時間を計って解いてみれば、自分の国語力の到達度が測定できる。覚えておきたい語や用法など、練習問題形式でまとめて掲載した。

『考える力を育てる国語王―小学低学年対象　2』　啓進塾執筆，学研編　学習研究社　2008.7　111p　26cm　1300円　⓵978-4-05-302687-3

『考える力を育てる国語王―小学低学年対象　1』　啓進塾執筆，学研編　学習研究社　2008.7　111p　26cm　1300円　⓵978-4-05-302686-6

『くもんのことばと文法集中学習　小学6年生』　くもん出版　2008.7　144p　26cm　900円　⓵978-4-7743-1388-7

国語教科全般　　　　　　　　　　　　　　　　　　　　　　　国語

『くもんのことばと文法集中学習　小学5年生』　くもん出版　2008.7　144p　26cm　900円　ⓘ978-4-7743-1387-0

『くもんのことばと文法集中学習　小学4年生』　くもん出版　2008.7　144p　26cm　900円　ⓘ978-4-7743-1386-3

『難関中学の国語これだけやればラクラク合格!!』　小林公夫著　エール出版社　2008.5　208p　19cm　（中学受験の天才シリーズ）　1600円　ⓘ978-4-7539-2750-0

『ほんとうの「国語力」が身につく教科書』　改訂版　長泉町　Z会国語力研究所　2008.4　326p　26cm　（国語力検定オフィシャルテキスト）〈発売：Z会（長泉町）〉　1800円　ⓘ978-4-86290-010-4

|目次| 第1部　読んでおきたい本50冊（小説、エッセイ、日記、伝記 ほか）、第2部　国語の力（読む、書く、聞く、話す、総合的な国語の力）

|内容| 10代前半までにぜひ読んでほしい本を解説とともに紹介。それぞれの力を、どうやって伸ばしたらよいか、Z会が提案。豊かな言葉の使い手になるために、さまざまな「言葉」について楽しく説明している。

『ほんとうの「国語力」が身につくドリル1』　長泉町　Z会国語力研究所　2008.4　156p　26cm　（国語力検定公式問題集シリーズ）〈発売：Z会（長泉町）　付属資料：CD1〉　1000円　ⓘ978-4-86290-011-1

|目次| 国語力検定のご案内、検定問題「知識」分野編、検定問題「理解」分野編（聞き取り問題、読解問題）、解説「知識」分野編、解説「理解」分野編、資料編、トレーニング問題

|内容| 知識分野の問題150問、理解分野（聞き取り問題＋読解問題）の問題75問を、それぞれ50分で解く「国語力検定」の問題（2007年度第2回）をまるごと収録。「読む」「書く」「聞く」「話す」「総合的国語力」のそれぞれの力を伸ばすために、解答と、解答にいたる詳しい考え方を解説。2007年度第2回の平均得点や各問の解答率などを資料編として収めた。覚えておきたい語や用法など、練習問題形式でまとめて掲載している。

『くもんのことばと文ぽう集中学習　小学3年生』　くもん出版　2008.3　144p　26cm　900円　ⓘ978-4-7743-1385-6

『くもんのことばと文ぽう集中がくしゅう　小学2年生』　くもん出版　2008.3　128p　26cm　900円　ⓘ978-4-7743-1384-9

『くもんのことばと文ぽう集中がくしゅう　小学1年生』　くもん出版　2008.3　128p　26cm　900円　ⓘ978-4-7743-1383-2

『中学受験国語合格パズル―小学校高学年1』　合格パズル研究会著，森上教育研究所監修　社会評論社　2008.3　127p　21cm　1200円　ⓘ978-4-7845-0631-6

『脳トレ！パッとブック　1　国語で脳トレ！』　加賀城匡貴著　教育画劇　2008.2　75p　27×22cm　3000円　ⓘ978-4-7746-0906-5

|目次| 部首，反対語，漫画，擬音語・擬態語，イメージ力，57のリズム，漢字の読み方，音読のススメ，同音異義語・同訓異字，熟語deゲーム，世界の文字

『変わる学力活用力をつける！算数・国語―小学高学年対応』　坪田耕三監修　学習研究社　2007.10　57,55p　26cm　1000円　ⓘ978-4-05-302616-3

『国語算数ハイレベルテキスト―チャレンジ6年生　秋』　岡山　ベネッセコーポレーション　2007.9　107p　26cm　（進研ゼミ小学講座―力がつく！シリーズ）　1029円　ⓘ978-4-8288-6159-3

『中学受験必ず出てくる国語のテーマ―苦手な問題文を克服するための12の秘訣』　小泉浩明著　ダイヤモンド社　2007.9　346p　21cm　1900円　ⓘ978-4-478-00252-0

『樋口裕一のカンペキ国語塾―言葉はこんなにおもしろい！』　樋口裕一，山口雅敏，柚木利志著　朝日新聞社　2007.7　95p　30cm　1100円　ⓘ978-4-02-330381-2

『国語算数ハイレベルテキスト―チャレンジ6年生　春』　岡山　ベネッセコーポ

国語　　　　　　　　　　　　　　　　　　　　　　　国語教科全般

レーション　2007.4　107p　26cm　（進研ゼミ小学講座―力がつく！シリーズ）1029円　ⓘ978-4-8288-6145-6

『テーマ別特訓ノート 言葉―国語 国立・私立中学受験』　学研編　学習研究社　2007.4　112p　26cm　900円　ⓘ978-4-05-302462-6

『論理エンジン―小学生版 読かい・作文トレーニング　3年生』　出口汪著　水王舎　2007.4　136p　19×26cm　1300円　ⓘ978-4-921211-99-8

『論理エンジン―小学生版 読かい・作文トレーニング　2年生』　出口汪著　水王舎　2007.4　128p　19×26cm　1200円　ⓘ978-4-921211-98-1

『論理エンジン―小学生版 どっかい・さくぶんトレーニング　1年生』　出口汪著　水王舎　2007.4　112p　19×26cm　1100円　ⓘ978-4-921211-39-4

『考える力がつく国語なぞぺ―おかわり！』　高浜正伸,丹保由実著　草思社　2007.3　108p　26cm　1200円　ⓘ978-4-7942-1574-1

『基礎から発展まるわかり小4国語』　学研編　学習研究社　2007.2　16,136p　26cm　1200円　ⓘ978-4-05-302399-5

『考える力がつく国語なぞぺ～』　高浜正伸,丹保由実著　草思社　2006.11　110p　26cm　1200円　ⓘ4-7942-1543-6

『中学受験お母さんが教える国語』　早川尚子著　ダイヤモンド・ビッグ社　2006.11　288p　21cm〈発売：ダイヤモンド社〉1800円　ⓘ4-478-07945-5

『中学入試国語選択問題ウラのウラ』　松永暢史著　主婦の友インフォス情報社　2006.11　159p　21cm〈発売：主婦の友社〉1300円　ⓘ4-07-253280-0

『国語算数ハイレベルテキスト―チャレンジ5年生　秋』　岡山　ベネッセコーポレーション　2006.9　99p　26cm　（進研ゼミ小学講座―力がつく！シリーズ）1029円　ⓘ4-8288-6120-3

『国語算数発展ワーク―チャレンジ4年生　秋』　岡山　ベネッセコーポレーション　2006.9　64p　26cm　（進研ゼミ小学講座―もっと！挑戦シリーズ）933円　ⓘ4-8288-6119-X

『国語算数発展ワーク―チャレンジ3年生　秋』　岡山　ベネッセコーポレーション　2006.9　64p　30cm　（進研ゼミ小学講座―もっと！挑戦シリーズ）933円　ⓘ4-8288-6118-1

『国語算数発展ワーク―チャレンジ2年生　秋』　岡山　ベネッセコーポレーション　2006.9　56p　30cm　（進研ゼミ小学講座―もっと！挑戦シリーズ）743円　ⓘ4-8288-6117-3

『国語算数発展ワーク―チャレンジ1ねんせい　秋』　岡山　ベネッセコーポレーション　2006.8　56p　30cm　（進研ゼミ小学講座―もっと！挑戦シリーズ）743円　ⓘ4-8288-6116-5

『国語 小6』　学研編　学習研究社　2006.7　128p　19×26cm　（標準学力テスト 6）750円　ⓘ4-05-302318-1

『国語 小5』　学研編　学習研究社　2006.7　128p　19×26cm　（標準学力テスト 5）750円　ⓘ4-05-302317-3

『国語 小4』　学研編　学習研究社　2006.7　128p　19×26cm　（標準学力テスト 4）750円　ⓘ4-05-302316-5

『国語算数ハイレベルテキスト―チャレンジ5年生　夏』　岡山　ベネッセコーポレーション　2006.6　99p　26cm　（進研ゼミ小学講座―力がつく！シリーズ）1029円　ⓘ4-8288-6115-7

『国語算数発展ワーク―チャレンジ4年生　夏』　岡山　ベネッセコーポレーション　2006.6　64p　26cm　（進研ゼミ小学講座―もっと！挑戦シリーズ）933円　ⓘ4-8288-6114-9

国語教科全般　　　　　　　　　　　　　　　　　　　　　　　　　　　　　　　　　　　　　　国語

『国語算数発展ワークーチャレンジ3年生夏』　岡山　ベネッセコーポレーション　2006.6　64p　30cm　（進研ゼミ小学講座―もっと！挑戦シリーズ）　933円　ⓘ4-8288-6113-0

『国語算数発展ワークーチャレンジ2年生夏』　岡山　ベネッセコーポレーション　2006.6　56p　30cm　（進研ゼミ小学講座―もっと！挑戦シリーズ）　743円　ⓘ4-8288-6112-2

『国語算数発展ワークーチャレンジ1ねんせい　夏』　岡山　ベネッセコーポレーション　2006.6　56p　30cm　（進研ゼミ小学講座―もっと！挑戦シリーズ）　743円　ⓘ4-8288-6111-4

『ママ教えて苦手な国語』　針谷雅英著　エール出版社　2006.6　115p　26cm　1300円　ⓘ4-7539-2553-6

『ウイニングステップ　小学6年国語　3（語句・文法）』　日能研教務部企画・編集　改訂新版　横浜　日能研　2006.3　127p　26cm　（日能研ブックス―難易度・分野別問題集）〈発売：みくに出版〉　900円　ⓘ4-8403-0267-7

『ウイニングステップ　小学6年国語　2（記述）』　日能研教務部企画・編集　改訂新版　横浜　日能研　2006.3　144p　26cm　（日能研ブックス―難易度・分野別問題集）〈発売：みくに出版〉　900円　ⓘ4-8403-0266-9

『ウイニングステップ　小学6年国語　1（読解）』　日能研教務部企画・編集　改訂新版　横浜　日能研　2006.3　140p　26cm　（日能研ブックス―難易度・分野別問題集）〈発売：みくに出版〉　900円　ⓘ4-8403-0265-0

『ウイニングステップ　小学5年国語　2（文学的文章）』　日能研教務部企画・編集　改訂新版　横浜　日能研　2006.3　148p　26cm　（日能研ブックス―難易度・分野別問題集）〈発売：みくに出版〉　900円　ⓘ4-8403-0264-2

『ウイニングステップ　小学5年国語　1（説明的文章）』　日能研教務部企画・編集　改訂新版　横浜　日能研　2006.3　95p　26cm　（日能研ブックス―難易度・分野別問題集）〈発売：みくに出版〉　900円　ⓘ4-8403-0263-4

『陰山メソッド　徹底反復学年別読み書き計算プリント―国語・算数　小学校6年』　陰山英男著　小学館　2006.3　1冊（ページ付なし）　19×26cm　（教育技術mook）　500円　ⓘ4-09-105221-5

『陰山メソッド　徹底反復学年別読み書き計算プリント―国語・算数　小学校5年』　陰山英男著　小学館　2006.3　1冊（ページ付なし）　19×26cm　（教育技術mook）　500円　ⓘ4-09-105220-7

『陰山メソッド　徹底反復学年別読み書き計算プリント―国語・算数　小学校4年』　陰山英男著　小学館　2006.3　1冊　19×26cm　（教育技術mook）　500円　ⓘ4-09-105219-3

『啓明舎が紡ぐ小学国語ことばの学習　基礎篇（知識の泉）』　啓明舎教材開発室編　啓明舎　2006.3　102p　26cm　900円　ⓘ4-906478-44-1

『基礎から発展まるわかり小6国語』　学研編　学習研究社　2006.2　144　26cm　〈付属資料：16p＋20p＋1枚〉　1200円　ⓘ4-05-302186-3

『基礎から発展まるわかり小5国語』　学研編　学習研究社　2006.2　144p　26cm　〈付属資料：16p＋20p＋1枚〉　1200円　ⓘ4-05-302187-1

『ウイニングステップ　小学4年国語　2（物語と詩）』　日能研教務部企画・編集　改訂新版　横浜　日能研　2005.12　120p　26cm　（日能研ブックス―難易度・分野別問題集）〈発売：みくに出版〉　900円　ⓘ4-8403-0259-6

『ウイニングステップ　小学4年国語　1（説明文）』　日能研教務部企画・編集　改

国語　　　　　　　　　　　　　　　　　　　　　　　　　　　　　　　　　　国語教科全般

訂新版　横浜　日能研　2005.12　100p　26cm　（日能研ブックス―難易度・分野別問題集）〈発売：みくに出版〉900円　Ⓓ4-8403-0258-8

『旺文社わくわく総復習ドリル―国語と算数　小学6年生』　中村享史，中村和弘監修，旺文社編　改訂版　旺文社　2005.11　48p　30cm〈付属資料．14p＋1枚〉600円　Ⓓ4-01-010743-X

『旺文社わくわく総復習ドリル―国語と算数　小学5年生』　中村享史，中村和弘監修，旺文社編　改訂版　旺文社　2005.11　48p　30cm〈付属資料：14p＋1枚〉600円　Ⓓ4-01-010742-1

『旺文社わくわく総復習ドリル―国語と算数　小学4年生』　中村享史，中村和弘監修，旺文社編　改訂版　旺文社　2005.11　48p　30cm〈付属資料：14p＋1枚〉600円　Ⓓ4-01-010741-3

『旺文社わくわく総復習ドリル―国語と算数　小学3年生』　中村享史，中村和弘監修，旺文社編　改訂版　旺文社　2005.11　48p　30cm〈付属資料：14p＋1枚〉600円　Ⓓ4-01-010740-5

『旺文社わくわく総復習ドリル―国語と算数　小学2年生』　中村享史，中村和弘監修，旺文社編　改訂版　旺文社　2005.11　48p　30cm〈付属資料：14p＋1枚〉600円　Ⓓ4-01-010739-1

『旺文社わくわく総復習ドリル―こくごとさんすう　小学1年生』　中村享史，中村和弘監修，旺文社編　改訂版　旺文社　2005.11　48p　30cm〈付属資料：14p＋1枚〉600円　Ⓓ4-01-010738-3

『英才を育てるための小学校「国語」副読本』　石井公一郎，萩野貞樹編　PHP研究所　2005.10　289p　19cm　1500円　Ⓓ4-569-64469-4　Ⓝ375.82

『カウントダウン・カレンダ―国語と算数―国立・私立中学受験　日めくり式』　学研編　学習研究社　2005.10　1冊（ページ付なし）21cm　1200円　Ⓓ4-05-302121-9

『旺文社のわくわく夏休みドリル―国語と算数　小学6年生』　小山恵美子監修，旺文社編　改訂版　旺文社　2005.6　48p　30cm〈付属資料：17p＋12p＋1枚〉570円　Ⓓ4-01-010767-7

『旺文社のわくわく夏休みドリル―国語と算数　小学5年生』　小山恵美子監修，旺文社編　改訂版　旺文社　2005.6　48p　30cm〈付属資料：17p＋12p＋1枚〉570円　Ⓓ4-01-010766-9

『旺文社のわくわく夏休みドリル―国語と算数　小学4年生』　小山恵美子監修，旺文社編　改訂版　旺文社　2005.6　48p　30cm〈付属資料：17p＋12p＋1枚〉570円　Ⓓ4-01-010765-0

『旺文社のわくわく夏休みドリル―国語と算数　小学3年生』　小山恵美子監修，旺文社編　改訂版　旺文社　2005.6　48p　30cm〈付属資料：17p＋12p＋1枚〉570円　Ⓓ4-01-010764-2

『旺文社のわくわく夏休みドリル―国語と算数　小学2年生』　小山恵美子監修，旺文社編　改訂版　旺文社　2005.6　48p　30cm〈付属資料：17p＋12p＋1枚〉570円　Ⓓ4-01-010763-4

『旺文社のわくわく夏休みドリル―こくごとさんすう　小学1年生』　小山恵美子監修，旺文社編　改訂版　旺文社　2005.6　48p　30cm〈付属資料：17p＋12p＋1枚〉570円　Ⓓ4-01-010762-6

『子どもの「考える力」を伸ばす国語練習帳』　工藤順一著　PHPエディターズ・グループ　2005.6　159p　26cm〈発売：PHP研究所〉1400円　Ⓓ4-569-64037-0

『陰山メソッド徹底反復「こくご・さんすうプリント」―小学一年生』　陰山英男著　小学館　2005.5　143p　26cm（教育技術mook）900円　Ⓓ4-09-

国語教科全般　　　　　　　　　　　　　　　　　　　　　　　　　　　　　国語

104498-0

『NHKわかる国語読み書きのツボ－小学校3・4年生向け国語番組』　飯間浩明監修　MCプレス（発売・製作）　2005.4　104p　26cm　（MC mook）　800円　Ⓘ4-901972-31-6

『脳力アップドリル　6年国語』　川島隆太監修，学研編　学習研究社　2005.4　108p　30cm　840円　Ⓘ4-05-301809-9

『脳力アップドリル　5年国語』　川島隆太監修，学研編　学習研究社　2005.4　108p　30cm　840円　Ⓘ4-05-301808-0

『脳力アップドリル　4年国語』　川島隆太監修，学研編　学習研究社　2005.4　108p　30cm　840円　Ⓘ4-05-301807-2

『最強の国語力　小学6年以上』　斎藤孝著　旺文社　2005.3　191p　26cm　（斎藤孝やる気のワーク）〈付属資料：7p〉　1200円　Ⓘ4-01-010761-8

『最強の国語力　小学5年以上』　斎藤孝著　旺文社　2005.3　183p　26cm　（斎藤孝やる気のワーク）〈付属資料：7p〉　1200円　Ⓘ4-01-010760-X

『最強の国語力　小学4年以上』　斎藤孝著　旺文社　2005.3　159p　26cm　（斎藤孝やる気のワーク）〈付属資料：7p〉　1200円　Ⓘ4-01-010759-6

『ちゃんと国語　小学4年問題集』　改訂新版　みくに出版　2005.3　109p　26cm　〈付属資料：31p〉　900円　Ⓘ4-8403-0234-0

『ちゃんと国語　小学3年問題集』　改訂新版　みくに出版　2005.3　109p　26cm　〈付属資料：22p〉　900円　Ⓘ4-8403-0233-2

『わくわく100点ドリル　小学3年ことばと文章』　中村和弘監修，旺文社編　改訂版　旺文社　2005.3　128p　21×30cm　800円　Ⓘ4-01-010749-9

『わくわく100点ドリル　小学2年ことばと文しょう』　中村和弘監修，旺文社編　改訂版　旺文社　2005.3　112p　21×30cm　800円　Ⓘ4-01-010748-0

『わくわく100点ドリル　小学1年ことばとぶんしょう』　中村和弘監修，旺文社編　改訂版　旺文社　2005.3　112p　21×30cm　800円　Ⓘ4-01-010747-2

『くもんの小学6年の総復習ドリル－国語と算数』　くもん出版　2005.2　48p　30cm　〈付属資料：24p＋1枚〉　560円　Ⓘ4-7743-1034-4

『くもんの小学5年の総復習ドリル－国語と算数』　くもん出版　2005.2　48p　30cm　〈付属資料：24p＋1枚〉　560円　Ⓘ4-7743-1033-6

『くもんの小学4年の総復習ドリル－国語と算数』　くもん出版　2005.2　48p　30cm　〈付属資料：24p＋1枚〉　560円　Ⓘ4-7743-1032-8

『くもんの小学3年の総復習ドリル－国語と算数』　くもん出版　2005.2　48p　30cm　〈付属資料：24p＋1枚〉　560円　Ⓘ4-7743-1031-X

『くもんの小学2年の総復習ドリル－国語と算数』　くもん出版　2005.2　48p　30cm　〈付属資料：24p＋1枚〉　560円　Ⓘ4-7743-1030-1

『くもんの小学1年の総復習ドリル－こくごとさんすう』　くもん出版　2005.2　48p　30cm　〈付属資料：24p＋1枚〉　560円　Ⓘ4-7743-1029-8

『国語ベストチェック－中学受験用』　日能研教務部企画・編集　改訂新版　横浜　日能研　2004.11　147p　26cm　（日能研ブックス）〈発売：みくに出版　付属資料：18p〉　1000円　Ⓘ4-8403-0229-4

『小学6年の国語実力アップテスト』　白石範孝指導　学習研究社　2004.9　96p　19×26cm　（学研版毎日のドリル）　700円　Ⓘ4-05-301897-8

国語　　　　　　　　　　　　　　　　　　　　　　　　　　　　　　　　　　国語教科全般

『小学5年の国語実力アップテスト』　白石範孝指導　学習研究社　2004.9　96p　19×26cm　（学研版毎日のドリル）　700円　ⓣ4-05-301896-X

『小学4年の国語実力アップテスト』　白石範孝指導　学習研究社　2004.9　96p　19×26cm　（学研版毎日のドリル）　700円　ⓣ4-05-301895-1

『小学3年の国語実力アップテスト』　白石範孝指導　学習研究社　2004.9　96p　19×26cm　（学研版毎日のドリル）　700円　ⓣ4-05-301894-3

『小学2年の国語実力アップテスト』　白石範孝指導　学習研究社　2004.9　96p　19×26cm　（学研版毎日のドリル）　700円　ⓣ4-05-301893-5

『小学1年の国語実力アップテスト』　白石範孝指導　学習研究社　2004.9　96p　19×26cm　（学研版毎日のドリル）　700円　ⓣ4-05-301892-7

『脳力アップドリル　3年国語』　川島隆太監修，学研編　学習研究社　2004.6　108p　30cm　840円　ⓣ4-05-301806-4

『脳力アップドリル　2年国語』　川島隆太監修，学研編　学習研究社　2004.6　108p　30cm　840円　ⓣ4-05-301805-6

『脳力アップドリル　1年こくご』　川島隆太監修，学研編　学習研究社　2004.6　108p　30cm　840円　ⓣ4-05-301804-8

『一年生のドラえもん国語プリント』　横山都美子著，藤子・F・不二雄原作　小学館　2004.4　114p　30cm　950円　ⓣ4-09-837551-6

『ドラえもんの小学一年生こくごーぐんぐんドリル』　小学館　2004.4　154p　26cm　950円　ⓣ4-09-202801-6

『わかる！できる！国語』　白石範孝監修・指導　学習研究社　2004.3　48p　27cm　（教科別学力アップ・アイディア集　五感で学ぶ，ワクワク手作り教材 2）　2800円　ⓣ4-05-201994-6　Ⓝ375.82

『丸まる要点ノート国語ー国立・私立中学受験』　学研編　学習研究社　2003.10　136p　26cm〈付属資料：15p＋シート1枚〉　950円　ⓣ4-05-301651-7

『わかる！できる！応用自在国語』　学研編　改訂版　学習研究社　2003.10　392p　21cm〈付属資料：31p〉　2200円　ⓣ4-05-301657-6

『わかる！できる！応用自在問題集国語』　学研編　改訂版　学習研究社　2003.10　120p　26cm〈付属資料：23p＋シート1枚〉　950円　ⓣ4-05-301658-4

『夏休み「1学期復習完成」ドリルー算数と国語の力をつける！　小学6年』　学研編　改訂版　学習研究社　2003.7　41p　30cm〈付属資料：12p＋1枚〉　540円　ⓣ4-05-301594-4

『夏休み「1学期復習完成」ドリルー算数と国語の力をつける！　小学5年』　学研編　改訂版　学習研究社　2003.7　41p　30cm〈付属資料：12p＋1枚〉　540円　ⓣ4-05-301593-6

『夏休み「1学期復習完成」ドリルー算数と国語の力をつける！　小学4年』　学研編　改訂版　学習研究社　2003.7　41p　30cm〈付属資料：12p＋1枚〉　540円　ⓣ4-05-301592-8

『夏休み「1学期復習完成」ドリルー算数と国語の力をつける！　小学3年』　学研編　改訂版　学習研究社　2003.7　41p　30cm〈付属資料：12p＋1枚〉　540円　ⓣ4-05-301591-X

『夏休み「1学期復習完成」ドリルー算数と国語の力をつける！　小学2年』　学研編　改訂版　学習研究社　2003.7　41p　30cm〈付属資料：12p＋1枚〉　540円　ⓣ4-05-301590-1

『夏休み「1学期復習完成」ドリルー算数と国語の力をつける！　小学1年』　学研編　改訂版　学習研究社　2003.7　41p

国語教科全般

『楽しく学べる国語学習ワークシート 小学校6年』 滝井章著　東洋館出版社　2003.3　103p　26cm　1800円　⑬4-491-01878-2

『楽しく学べる国語学習ワークシート 小学校5年』 滝井章著　東洋館出版社　2003.3　103p　26cm　1800円　⑬4-491-01877-4

『楽しく学べる国語学習ワークシート 小学校4年』 滝井章著　東洋館出版社　2003.3　103p　26cm　1800円　⑬4-491-01876-6

『楽しく学べる国語学習ワークシート 小学校3年』 滝井章著　東洋館出版社　2003.3　114p　26cm　1800円　⑬4-491-01875-8

『楽しく学べる国語学習ワークシート 小学校2年』 滝井章,梅田芳樹共著　東洋館出版社　2003.3　103p　26cm　1800円　⑬4-491-01874-X

『楽しく学べる国語学習ワークシート 小学校1年』 滝井章,梅田芳樹共著　東洋館出版社　2003.3　103p　26cm　1800円　⑬4-491-01873-1

『合格最速チェック国語』 学研編　学習研究社　2002.11　160p　19cm〈付属資料：赤フィルター1枚〉 800円　⑬4-05-301432-8

『夏休みくもんの1学期の復習ドリル―国語と算数　小学6年生』 改訂版　くもん出版　2002.6　48p　30cm〈付属資料：15p＋1枚〉 540円　⑬4-7743-0646-0

『夏休みくもんの1学期の復習ドリル―国語と算数　小学5年生』 改訂版　くもん出版　2002.6　48p　30cm〈付属資料：15p＋1枚〉 540円　⑬4-7743-0645-2

『夏休みくもんの1学期の復習ドリル―国語と算数　小学4年生』 改訂版　くもん出版　2002.6　48p　30cm〈付属資料：15p＋1枚〉 540円　⑬4-7743-0644-4

『夏休みくもんの1学期の復習ドリル―国語と算数　小学3年生』 改訂版　くもん出版　2002.6　48p　30cm〈付属資料：15p＋1枚〉 540円　⑬4-7743-0643-6

『夏休みくもんの1学期の復習ドリル―国語と算数　小学2年生』 改訂版　くもん出版　2002.6　48p　30cm〈付属資料：15p＋1枚〉 540円　⑬4-7743-0642-8

『夏休みくもんの1学期の復習ドリル―こくごとさんすう　小学1年生』 改訂版　くもん出版　2002.6　48p　30cm〈付属資料：15p＋1枚〉 540円　⑬4-7743-0641-X

『ニューコース問題集　小6国語』 学研編　新版　学習研究社　2002.2　96p　26cm〈付属資料：23p〉 860円　⑬4-05-301129-9

『ニューコース問題集　小5国語』 学研編　新版　学習研究社　2002.2　96p　26cm〈付属資料：23p〉 860円　⑬4-05-301125-6

『小学校新しい国語―東京書籍版完全準拠　6年』 東京書籍企画・編集　あすとろ出版　〔2002〕 112p　15cm（教科書要点ぶんこ）〈発売：日教販　付属資料：赤フィルター1枚〉 600円　⑬4-88994-401-X

『小学校新しい国語―東京書籍版完全準拠　5年』 東京書籍企画・編集　あすとろ出版　〔2002〕 112p　15cm（教科書要点ぶんこ）〈発売：日教販　付属資料：赤フィルター1枚〉 600円　⑬4-88994-400-1

『小学校国語―光村図書版完全準拠　6年』 光村教育図書株式会社編　光村教育図書　〔2002〕 128p　15cm（教科書要点ぶんこ）〈発売：日教販　付属資料：赤フィルター1枚〉 600円　⑬4-88994-409-5

『小学校国語―光村図書版完全準拠　5

国語　　　　　　　　　　　　　　　　　　　　　　　　　　　　　　国語教科全般

年』　光村教育図書株式会社編　光村教育図書　〔2002〕　128p　15cm　（教科書要点ぶんこ）〈発売：日教販　付属資料：赤フィルター1枚〉　600円　ⓃISBN4-88994-408-7

『小学6年総復習ドリル―算数・国語』　学研編　学習研究社　2000.12　49p　30cm〈付属資料：12p（26cm）〉　560円　ⓃISBN4-05-300961-8

『小学5年総復習ドリル―算数・国語』　学習研究社　2000.12　49p　30cm〈付属資料：12p（26cm）〉　560円　ⓃISBN4-05-300960-X

『小学4年総復習ドリル―算数・国語』　学研編　学習研究社　2000.12　49p　30cm〈付属資料：12p（26cm）〉　560円　ⓃISBN4-05-300959-6

『こくごの力―家庭用指導書・二年生』　光村図書出版部著　光村図書出版　2000.4　176p　26cm〈付属資料：8枚〉　1900円　ⓃISBN4-89528-096-9

『こくごの力―家庭用指導書・一年生』　光村図書出版部著　光村図書出版　2000.4　176p　26cm〈付属資料：8枚〉　1900円　ⓃISBN4-89528-095-0

『10分間家庭学習プリント　小学6年生算数・国語・社会』　ピタゴラスの会編著　大阪　清風堂書店出版部　2000.3　144p　26cm　943円　ⓃISBN4-88313-187-4

『10分間家庭学習プリント　小学5年生算数・国語・社会』　ピタゴラスの会編著　大阪　清風堂書店出版部　2000.3　143p　26cm　943円　ⓃISBN4-88313-186-6

『10分間家庭学習プリント　小学4年生算数・国語・社会』　ピタゴラスの会編著　大阪　清風堂書店出版部　2000.3　143p　26cm　943円　ⓃISBN4-88313-185-8

『10分間家庭学習プリント　小学3年生算数・国語』　ピタゴラスの会編著　大阪　清風堂書店出版部　2000.3　144p　26cm　943円　ⓃISBN4-88313-184-X

『10分間家庭学習プリント　小学2年生さんすう・こくご』　ピタゴラスの会編著　大阪　清風堂書店出版部　2000.3　144p　26cm　943円　ⓃISBN4-88313-183-1

『10分間家庭学習プリント　小学1年生さんすう・こくご』　ピタゴラスの会編著　大阪　清風堂書店出版部　2000.3　144p　26cm　943円　ⓃISBN4-88313-182-3

『精解の国語―長文の読解と論法　最難関中学受験用　生徒用問題集』　萩原直三編著　学進社　2000.3　157p　26cm〈発売：星雲社　付属資料：34p〉　1500円　ⓃISBN4-7952-5757-4

『国語―ことばと漢字の知識205』　学研編　学習研究社　1999.10　142p　17cm　（国立・私立中学入試カードで合格 7）〈付属資料：リング2個〉　950円　ⓃISBN4-05-300762-3

『すいすいマークで100点　小学6年国語―弱点征服問題集』　下村哲夫監修　みくに出版　1999.4　80p　26cm〈付属資料：39p〉　880円　ⓃISBN4-89524-907-7

『すいすいマークで100点　小学5年国語―弱点征服問題集』　下村哲夫監修　みくに出版　1999.4　80p　26cm〈付属資料：39p〉　880円　ⓃISBN4-89524-909-3

『国語　小学3年』　旺文社編　新装版　旺文社　1999.3　81p　21×30cm　（100点ドリル）　600円　ⓃISBN4-01-010525-9

『こくご　小学2年』　旺文社編　新装版　旺文社　1999.3　83p　21×30cm　（100点ドリル）　600円　ⓃISBN4-01-010521-6

『こくご　小学1年』　旺文社編　新装版　旺文社　1999.3　71p　21×30cm　（100点ドリル）　600円　ⓃISBN4-01-010517-8

『学力チェックテスト　国語6年生』　くもん出版　1999.2　96p　19×26cm　（くもんの小学ドリル）　800円　ⓃISBN4-7743-0305-4

国語教科全般　　　　　　　　　　　　　　　　　　　　　　　国語

『学力チェックテスト　国語5年生』　くもん出版　1999.2　96p　19×26cm　（くもんの小学ドリル）　800円　Ⓣ4-7743-0304-6

『学力チェックテスト　国語4年生』　くもん出版　1999.2　96p　19×26cm　（くもんの小学ドリル）　800円　ⓉT4-7743-0303-8

『学力チェックテスト　国語3年生』　くもん出版　1999.2　96p　19×26cm　（くもんの小学ドリル）　800円　ⓉT4-7743-0302-X

『学力チェックテスト　国語2年生』　くもん出版　1999.2　96p　19×26cm　（くもんの小学ドリル）　800円　ⓉT4-7743-0301-1

『学力チェックテスト　こくご1年生』　くもん出版　1999.2　88p　19×26cm　（くもんの小学ドリル）　800円　ⓉT4-7743-0300-3

『記述のキソー基礎から身につく国語』　丸山あきら著　大阪　教学研究社　〔1999〕　183p　26cm〈付属資料：38p　40p〉　1400円　ⓉT4-318-00575-5

『小学6年わかるわかるテスト―1学期国語と算数の復習』　朋友出版システム学習研究会編　朋友出版　〔1999〕　16,16p　30cm〈付属資料：1冊〉　550円　ⓉT4-8324-1606-5

『小学5年わかるわかるテスト―1学期国語と算数の復習』　朋友出版システム学習研究会編　朋友出版　〔1999〕　16,16p　30cm〈付属資料：1冊〉　550円　ⓉT4-8324-1605-7

『小学4年わかるわかるテスト―1学期国語と算数の復習』　朋友出版システム学習研究会編　朋友出版　〔1999〕　16,16p　30cm〈付属資料：1冊〉　550円　ⓉT4-8324-1604-9

『小学3年わかるわかるテスト―1学期国語と算数の復習』　朋友出版システム学習研究会編　朋友出版　〔1999〕　16,16p　30cm〈付属資料：1冊〉　550円　ⓉT4-8324-1603-0

『小学2年わかるわかるテスト―1学期国語と算数の復習』　朋友出版システム学習研究会編　朋友出版　〔1999〕　16,16p　30cm〈付属資料：1冊〉　550円　ⓉT4-8324-1602-2

『小学1年わかるわかるテスト―1学期こくごとさんすうの復習』　朋友出版システム学習研究会編　朋友出版　〔1999〕　16,16p　30cm〈付属資料：1冊〉　550円　ⓉT4-8324-1601-4

『わくわくまんてんドリル国語　ステップ6（小学6年）』　教育文化研究会編　大阪　鷺書房　〔1999〕　44,8p　21×30cm　1000円　ⓉT4-379-40660-1

『わくわくまんてんドリル国語　ステップ5（小学5年）』　教育文化研究会編　大阪　鷺書房　〔1999〕　44,8p　21×30cm　1000円　ⓉT4-379-40650-4

『わくわくまんてんドリル国語　ステップ4（小学4年）』　教育文化研究会編　大阪　鷺書房　〔1999〕　44,8p　21×30cm　1000円　ⓉT4-379-40640-7

『わくわくまんてんドリル国語　ステップ3（小学3年）』　教育文化研究会編　大阪　鷺書房　〔1999〕　44,8p　21×30cm　1000円　ⓉT4-379-40630-X

『わくわくまんてんドリル国語　ステップ2（小学2年）』　教育文化研究会編　大阪　鷺書房　〔1999〕　44,8p　21×30cm　1000円　ⓉT4-379-40620-2

『わくわくまんてんドリル国語　ステップ1（小学1年）』　教育文化研究会編　大阪　鷺書房　〔1999〕　44,8p　21×30cm　1000円　ⓉT4-379-40610-5

『算数・国語総復習ドリル　小学3年』　学研編　学習研究社　1998.12　49p　30cm〈付属資料：12p〉　560円　ⓉT4-05-300691-0

国語　　　　　　　　　　　　　　　　　　　　　　　　　　　　　　国語教科全般

『算数・国語総復習ドリル　小学2年』　学研編　学習研究社　1998.12　49p　30cm〈付属資料：12p〉560円　ⓝ4-05-300690-2

『算数・国語総復習ドリル　小学1年』　学研編　学習研究社　1998.12　49p　30cm〈付属資料：12p〉560円　ⓝ4-05-300689-9

『よくわかる3年の国語』　国語基礎学力研究会著，藤子・F・不二雄キャラクター監修　小学館　1998.6　126p　23cm（ドラえもん学年別学習まんが）850円　ⓝ4-09-296585-0
　目次　野球は漢字で―同じくん・同じ音の漢字，はいくリング―送りがな，色いろの実―いろいろな意味をもつ言葉，ぶしゅ花だん―漢字の組み立て，タイム・パトロールになりたい―漢字の意味・じゅく語，ゆくえふめいのぬいぐるみ―かざる言葉，星円きょうで星さがし―主語・じゅつ語，コンサートを中止させよう―文の形，まんがで対決―記号・ふ号，トンネルのゆうれい―おしはかる言い方，ジャイアンとスネ夫をさがせ―文をつなぐ言葉，聞き取りたん知き―漢字のはたらき

『よくわかる2年の国語』　国語基礎学力研究会著，藤子・F・不二雄キャラクター監修　小学館　1998.5　126p　23cm（ドラえもん学年別学習まんが）850円　ⓝ4-09-296583-4
　目次　母ねこをさがせ「かん字の書きじゅん」，おおかみとこおろぎ「かなづかい」，かたカナリア「かたかなで書くことば」，ゲーム上のサッカー場「かん字の読み方」，ドラえもんにプレント「。」「、」と，あっち，こっち，どっち？「さししめすことば」，ドラえもんの数え方は？「ものの数え方」，国語でたし算「合わさったことば」，自分のゆめ「かざることば」，自ぜんとかん字を大切に「同じぶ分をもつかん字」，0点とっても，わるくない？「はんたいのいみのことば」，マーケットでお買いもの「なかまのかん字」

『よくわかる1ねんのこくご』　国語基礎学力研究会著，藤子・F・不二雄キャラクター監修　小学館　1998.4　110p　23cm（ドラえもん学年別学習まんが）850円　ⓝ4-09-296581-8

　目次　おとしもの―ひらがなのよみかき，どうぶつクイズ―「゜」「゛」のつくひらがな，じゃまなおきゃく―小さくかく字・のばす音，よめないかみしばい―正しいかなづかい，ジャイアンがはん人!?―文のかたち，花も生きもの―ことばのなかま，のびた，わるい子になる―はんたいのことば，しずかちゃんのあんごう文―かたかなのよみかき，ブー・バシャーン・びしょびしょ―音やようすをあらわすことば，かん字ねん土でおべんきょう―えからできたかん字，おつかいで百てん―いろいろなかん字
　内容　文字とことばの入門まんが!!ドラえもんといっしょに1年のこくごを，まんがや力だめしでべんきょうしよう。

『岸本プリント3年の国語』　岸本裕史著　大阪　清風堂書店出版部　1997.4　96p　26×37cm　1311円　ⓝ4-88313-115-7

『国語だいすき―基礎学力アップ　小学1年生』　荒木茂，朝比奈昭元編　民衆社　1997.4　213p　26cm　1748円＋税　ⓝ4-8383-0404-8

『国語だいすき―基礎学力アップ　小学4年生』　荒木茂，朝比奈昭元編　民衆社　1997.3　222p　26cm　1800円　ⓝ4-8383-0407-2
　目次　漢字・語い，文学，作文，説明文，文法，漢字・語い，文学，作文，説明文，文法

『国語だいすき―基礎学力アップ　小学3年生』　荒木茂，朝比奈昭元編　民衆社　1997.3　222p　26cm　1800円　ⓝ4-8383-0406-4
　目次　漢字・語い，文学，作文，説明文，文法

『国語だいすき―基礎学力アップ　小学2年生』　荒木茂，朝比奈昭元編　民衆社　1997.3　216p　26cm　1800円　ⓝ4-8383-0405-6

『国語だいすき―基礎学力アップ　小学6年生』　荒木茂，朝比奈昭元編　民衆社　1997.1　210p　26cm　1800円　ⓝ4-8383-0409-9

『国語だいすき―基礎学力アップ　小学5年生』　荒木茂，朝比奈昭元編　民衆社　1997.1　212p　26cm　1800円　ⓝ4-

国語教科全般　　　　　　　　　　　　　　　　　　　　　　　　　　　　　　　　国語

8383-0408-0

『実力アップ国語パワーシート　小学6年生』　荒木茂, 朝比奈昭元編著　新版　民衆社　〔1997〕　110p　37cm　1400円＋税　⑭4-8383-0719-5

『実力アップ国語パワーシート　小学5年生』　荒木茂, 朝比奈昭元編著　新版　民衆社　〔1997〕　110p　37cm　1400円＋税　⑭4-8383-0718-7

『実力アップ国語パワーシート　小学4年生』　荒木茂, 朝比奈昭元編著　新版　民衆社　〔1997〕　108p　37cm　1400円＋税　⑭4-8383-0717-9

『実力アップ国語パワーシート　小学3年生』　荒木茂, 朝比奈昭元編著　新版　民衆社　〔1997〕　109p　37cm　1400円＋税　⑭4-8383-0716-0

『実力アップ国語パワーシート　小学2年生』　荒木茂, 朝比奈昭元編著　新版　民衆社　〔1997〕　107p　37cm　1400円＋税　⑭4-8383-0715-2

『実力アップ国語パワーシート　小学1年生』　荒木茂, 朝比奈昭元編著　新版　民衆社　〔1997〕　108p　37cm　1400円＋税　⑭4-8383-0714-4

『岸本プリント2年の国語』　岸本裕史著　大阪　清風堂書店出版部　1996.4　94p　26×37cm　1350円　⑭4-88313-113-0

『国語・算数攻略満点！学習クイズ王国　小学5・6年生用』　横山験也著　小学館　1996.1　95p　20cm　（おかあさん塾セレクト 8）　880円　⑭4-09-807008-1

『国語・算数攻略満点！学習クイズ王国　小学3・4年生用』　横山験也著　小学館　1996.1　95p　20cm　（おかあさん塾セレクト 7）　880円　⑭4-09-807007-3

『国語・算数攻略満点！学習クイズ王国　小学1・2年生用』　横山験也著　小学館　1996.1　95p　20cm　（おかあさん塾セレクト 6）　880円　⑭4-09-807006-5

『国語と算数―たしかな力が大きく育つ！小学2年』　教育文化研究会編　大阪　鷺書房　〔1996〕　103p　21×30cm　（基本のスキル学習）　900円

『45日で合格圏 国語』　桐杏学園編　桐杏学園　1995.11　224p　26cm　1200円　⑭4-88681-035-7

『岸本プリント1ねんのこくご』　岸本裕史著　大阪　清風堂書店出版部　1995.5　112p　26×37cm　1350円　⑭4-88313-083-5

『4科総まとめ―国語・算数・理科・社会』　桐杏学園編　改訂版　桐杏学園　1994.9　1冊　26cm　1500円　⑭4-88681-029-2

『〈中学入試〉国語授業の実況中継　下』　和田吉弘著　語学春秋社　1994.8　279p　21cm　1500円　⑭4-87568-345-6

『〈中学入試〉国語授業の実況中継　上』　和田吉弘著　語学春秋社　1994.5　277p　21cm　1500円　⑭4-87568-333-2

『中学入試精選問題・わかる国語』　日置英剛, 日置英仁編　大阪　翔文社書店　1994.5　213p　21cm　（翔文社選書）　1000円　⑭4-88333-002-8

『応用自在高学年用小学国語』　学習研究社編　完全新版　学習研究社　1994.4　464p　21cm　（応用自在シリーズ）〈付(31p)：解答編〉　2000円　⑭4-05-300005-X

『まとめと応用 小学国語』　学習研究社編　改訂新版　学習研究社　1993.4　192p　21cm　（応用自在シリーズ）　1100円　⑭4-05-300009-2

『解説と解答―算数・社会・理科・国語』　四谷大塚進学教室編　四谷大塚進学教室　〔1993〕　1冊　30cm　（予習シリーズ 2）　1100円　⑭4-89707-041-4

『解説と解答―算数・社会・理科・国語』　四谷大塚進学教室編　四谷大塚進学教室　〔1993〕　1冊　30cm　（ジュニア

予習シリーズ 上）1300円 ①4-89707-046-5

『解説と解答—算数・社会・理科・国語』 四谷大塚進学教室編 四谷大塚進学教室 〔1993〕 1冊 30cm （予習シリーズ 1） 1100円 ①4-89707-040-6

『国語』 四谷大塚進学教室編 四谷大塚進学教室 〔1993〕 159p 30cm （予習シリーズ 2） 1300円 ①4-89707-012-0

『国語』 四谷大塚進学教室編 四谷大塚進学教室 〔1993〕 132p 30cm （予習シリーズ 4） 1300円 ①4-89707-014-7

『国語』 四谷大塚進学教室編 四谷大塚進学教室 〔1993〕 170p 30cm （予習シリーズ 3） 1300円 ①4-89707-013-9

『国語』 四谷大塚進学教室編 四谷大塚進学教室 〔1993〕 183p 30cm （予習シリーズ 1） 1300円 ①4-89707-011-2

『国語』 四谷大塚進学教室編 四谷大塚進学教室 〔1993〕 225p 30cm （ジュニア予習シリーズ 上） 1300円 ①4-89707-015-5

『楽しくおぼえる国語のまとめ—中学受験用』 学習指導会編著 エスジーインターナショナル 1992.12 286p 30cm ①4-87249-017-7

『ことば・文トレーニング 3年』 学習研究社 1992.10 100p 30cm （多湖輝の頭脳開発シリーズ 小学生版） 700円 ①4-05-106226-0

『応用自在ジュニア版4・5年用国語』 学習研究社 全訂新版 学習研究社 1992.4 280p 21cm （応用自在シリーズ） 1600円 ①4-05-106177-9

『中学合格特訓問題集国語—男女御三家・国立・早慶対策』 学習指導会編 改訂版 三省堂 1992.4 215p 26cm 〈付（50p）：解答編〉 1500円 ①4-385-25002-2

『ニューコース小6国語』 学研編 完全新版 学習研究社 1992.2 240p 21cm 1100円 ①4-05-105201-X

『ニューコース小5国語』 学研編 完全新版 学習研究社 1992.2 224p 21cm 1100円 ①4-05-105197-8

『ハイトップ問題集 小学6年 国語』 旺文社編 3訂版 旺文社 1992.2 127p 26cm 〈付（32p）：別冊解答 付（1枚）：教科書のもくじ対照表〉

『ハイトップ問題集 小学5年 国語』 旺文社編 3訂版 旺文社 1992.2 127p 26cm 〈付（31p）：別冊解答 付（1枚）：教科書のもくじ対照表〉

『ハイトップ問題集 小学4年 国語』 旺文社編 3訂版 旺文社 1992.2 119p 26cm 〈付（23p）：別冊解答 付（1枚）：教科書のもくじ対照表〉

『ハイトップもんだいしゅう 小学3年 国語』 旺文社編 改訂版 旺文社 1992.2 95p 26cm 〈付（22p）：別冊解答 付（1枚）：教科書のもくじ対照表〉

『ハイトップもんだいしゅう 小学2年 こくご』 旺文社編 改訂版 旺文社 1992.2 87p 26cm 〈付（20p）：別冊解答 付（1枚）：教科書のもくじ対照表〉

『ハイトップもんだいしゅう しょうがく1ねん こくご』 旺文社編 改訂版 旺文社 1992.2 85p 26cm 〈付（22p）：別冊解答 付（1枚）：教科書のもくじ対照表〉

『国語プリント 小学6年生』 麦の芽編集委員会編 麦の芽出版 〔1992〕 100,6p 37cm

『国語プリント 小学5年生』 麦の芽編集委員会編 麦の芽出版 〔1992〕 100,6p 37cm

『国語プリント 小学4年生』 麦の芽編

国語教科全般　　　　　　　　　　　　　　　　　　　　　　　　　　　　　国語

集委員会編　麦の芽出版　〔1992〕104,8p　37cm

『応用自在新問題集小学国語―国立・私立中学入試対策中級～上級　高学年用』学習研究社編　改訂新版　学習研究社　1991　176,32p　21cm　（応用自在シリーズ）　1030円　Ⓘ4-05-106189-2

『100点ドリル　小学6年　国語』旺文社〔1991〕　96p　15×21cm

『100点ドリル　小学5年　国語』旺文社〔1991〕　96p　15×21cm

『100点ドリル　小学4年　国語』旺文社〔1991〕　96p　15×21cm

『100点ドリル　小学3年　国語』旺文社〔1991〕　97p　15×21cm

『100点ドリル　小学2年　こくご』旺文社　〔1991〕　97p　15×21cm

『100点ドリル　小学1年　こくご』旺文社　〔1991〕　81p　15×21cm

『くもんの小学ドリル　国語　6年生のことばと文章』くもん出版　1990.11　96p　18×26cm

『くもんの小学ドリル　国語　5年生のことばと文章』くもん出版　1990.11　96p　18×26cm

『くもんの小学ドリル　国語　4年生のことばと文章』くもん出版　1990.11　96p　18×26cm

『くもんの小学ドリル　国語　3年生のことばと文章』くもん出版　1990.11　96p　18×26cm

『くもんの小学ドリル　国語　2年生のことばと文しょう』くもん出版　1990.11　88p　18×26cm

『くもんの小学ドリル　こくご　1年生のことばと文しょう』くもん出版　1990.11　88p　18×26cm

『学習自在小学高学年用国語―毎日の復習から、中学入試対策まで』旺文社編　改訂版　旺文社　1990.1　456p　21cm　〈付（別冊 22p）：答えと解き方〉1650円　Ⓘ4-01-010151-2

『学習自在問題集小学高学年用国語―毎日の復習から、中学入試対策まで』旺文社編　旺文社　1990.1　127p　21cm　〈付（別冊 22p 20cm）：答えと解き方〉680円　Ⓘ4-01-010155-5

◆ゆっくりがいい人に

『ゆっくり学ぶ子のための国語　5』江口季好編　同成社　2005.4　80p　26cm　1100円　Ⓘ4-88621-317-0　Ⓝ375.82

『ゆっくり学ぶ子のための国語　4』江口季好編　同成社　2005.4　80p　26cm　1100円　Ⓘ4-88621-316-2　Ⓝ375.82

◆◆◆

『発達障害児のためのことばの練習帳季節のもんだい』コロロ発達療育センター編　コロロ発達療育センター　2011.2　90p　19×26cm　800円　Ⓘ978-4-904950-06-7

『発達障害児のためのことばの練習帳しつもん文』コロロ発達療育センター編　コロロ発達療育センター　2010.5　92p　19×26cm　700円　Ⓘ978-4-904950-00-5

◆日本語に慣れない人に

『絵でわかるかんたんかんじ200―外国人の子どものための日本語』武蔵野市帰国・外国人教育相談室教材開発グループ編著　スリーエーネットワーク　2006.3　117p　26cm　1600円　Ⓘ4-88319-377-2　Ⓝ811.2

『海外に住むバイリンガル児童のためのにほんご1ねんせい―このゆびとまれ』Michiyo Fuchs-Shimizu,Madoka Clenin-Michigami,Mutsuko Kaiser-Aoki,Chie Persenico-Nagamori文，Michiyo Fuchs-Shimizu画　Rev. ed.

国語　　　　　　　　　　　　　　　　　　　　　　　　　　　　　　ことば・文字

〔Hasle-Ruegsau〕 Kyokashoseisakugroup VJLS 2004 102p 30cm〈他言語標題：Japanese for bilingual shildren abroad Nihongo 1 nensei〉Ⓝ810.7

◆◆◆

『Ang kanji ay kaibigan 200 kanjis―在日フィリピン人児童のための漢字教材 3年生配当漢字』 東京外国語大学多言語・多文化教育研究センター編　府中（東京都）東京外国語大学多言語・多文化教育研究センター　2010.11　237p　30cm　Ⓘ978-4-925243-71-1

『Ang kanji ay kaibigan 160 kanjis―在日フィリピン人児童のための漢字教材 2年生配当漢字』 東京外国語大学多言語・多文化教育研究センター編　府中（東京都）東京外国語大学多言語・多文化教育研究センター　2010.11　224p　30cm　Ⓘ978-4-925243-70-4

『Ang kanji ay kaibigan 80 kanjis―在日フィリピン人児童のための漢字教材 1年生配当漢字』 東京外国語大学多言語・多文化教育研究センター編　府中（東京都）東京外国語大学多言語・多文化教育研究センター　2010.11　127p　30cm　Ⓘ978-4-925243-69-8

『Meu amigo kanji 200 kanjis―在日ブラジル人児童のための漢字教材 3年生配当漢字』 東京外国語大学多言語・多文化教育研究センター編　府中（東京都）東京外国語大学多言語・多文化教育研究センター　2010.11　240p　30cm　Ⓘ978-4-925243-68-1

『Meu amigo kanji 160 kanjis―在日ブラジル人児童のための漢字教材 2年生配当漢字』 東京外国語大学多言語・多文化教育研究センター編　府中（東京都）東京外国語大学多言語・多文化教育研究センター　2010.11　226p　30cm　Ⓘ978-4-925243-67-4

『Meu amigo kanji 80 kanjis―在日ブラジル人児童のための漢字教材 1年生配当漢字』 東京外国語大学多言語・多文化教育研究センター編　府中（東京都）東京外国語大学多言語・多文化教育研究センター　2010.11　129p　30cm　Ⓘ978-4-925243-66-7

『Mi amigo kanji 200 kanjis―南米スペイン語圏出身児童のための漢字教材 3年生配当漢字』 東京外国語大学多言語・多文化教育研究センター編　府中（東京都）東京外国語大学多言語・多文化教育研究センター　2010.11　239p　30cm　Ⓘ978-4-925243-74-2

『Mi amigo kanji 160 kanjis―南米スペイン語圏出身児童のための漢字教材 2年生配当漢字』 東京外国語大学多言語・多文化教育研究センター編　府中（東京都）東京外国語大学多言語・多文化教育研究センター　2010.11　225p　30cm　Ⓘ978-4-925243-73-5

『Mi amigo kanji 80 kanjis―南米スペイン語圏出身児童のための漢字教材 1年生配当漢字』 東京外国語大学多言語・多文化教育研究センター編　府中（東京都）東京外国語大学多言語・多文化教育研究センター　2010.11　128p　30cm　Ⓘ978-4-925243-72-8

ことば・文字

『名探偵コナン推理ファイル―漢字とかなの謎』 青山剛昌原作，渡辺大監修，阿部ゆたか，丸伝次郎漫画，平良隆久シナリオ　小学館　2011.4　143p　19cm（小学館学習まんがシリーズ）900円　Ⓘ978-4-09-296127-2
［目次］巻頭カラー　私たちの文字、漢字とかな！、まんが「名探偵コナン」（「漢字の謎」、「かなの謎」）、「漢字とかな」推理メモ（漢字とかなの謎1（文字とは何か，漢字はいつごろ誕生したんだろう？　ほか），漢字とかなの謎2（かなの誕生，ひらがな・カタカナ

ことば・文字　　　　　　　　　　　　　　　　　　　　　国語

ほか））
|内容| コナンといっしょに文字の謎を探ろう！孤島の洞窟に隠された宝のありかを示す古代文字！中国のテレビスタッフと共に島に渡ったコナン達は文字の解読に挑むが…。

『日本の文字―漢字からひらがなができるまで』　町田和彦監修　ポプラ社　2011.3　55p　28×22cm　（ふしぎ？おどろき！文字の本　1）　3200円
①978-4-591-12299-0
|目次| 第1章 中国でうまれた漢字（甲骨にきざまれた文字、青銅器にきざまれた文字、金文、漢字の統一、漢字のいろいろなできかた、漢字のくみたて）、第2章 日本につたわった漢字（中国から日本へ、つかわれはじめた漢字、漢字の読みかた、万葉がなが、つかわれはじめる、カタカナがうまれる、ひらがながうまれる、国字ができる、漢字かなまじりの文、ローマ字をとりいれる）、第3章 統一されていく言葉と文字（開国して明治へ、日本語の新しい文字、当用漢字と現代かなづかい、新しくふえる196文字）

『もじもじさんのことば劇場　オノマトペの巻』　西村敏雄著　偕成社　2010.5　79p　22cm　〈文献あり〉　1400円
①978-4-03-343210-6　Ⓝ814
|内容| ぷるぷる、ぶるぶる、すいすい、ずかずか、しっちゃかめっちゃか…。日本語にはおもしろいひびきの言葉がたくさんあるね。オノマトペ（擬音語・擬態語）でもじもじさんとあそんでみよう！小学校低学年から。

『クイズにほん語の大冒険　3　表現』　池田修監修　教育画劇　2010.4　64p　29cm　〈文献あり　索引あり〉　3600円
①978-4-7746-1043-6　Ⓝ810
|目次| 発想の入り口へ（ギオンランドへようこそ、いただきま～す　ほか）、故きを温ね新しきを知る（ことわざを見つけよう、ことわざ・慣用句二択クイズ　ほか）、話し言葉をみがこう（敬語名人への道、おかしな言葉づかい　ほか）、書くことはおもしろい（ばらばら日記の正体は？、森のなかまの区切り遊び　ほか）、表現の森へ（詩の言葉、詩の技法　ほか）

『クイズにほん語の大冒険　2　言葉』
池田修監修　教育画劇　2010.4　64p　29cm　〈文献あり　索引あり〉　3600円
①978-4-7746-1042-9　Ⓝ810

|目次| 言葉が出る出る（あいさつの秘密、街にあふれる言葉たち　ほか）、言葉をどんどん増やそう（故事成語劇場、絵解き四字熟語　ほか）、まちがえやすい言葉の数々（判じ絵道場、漢字とにらめっこ　ほか）、にほん語いろいろ（自然のなかの方言、全国方言探しの旅　ほか）

『コドモの常識ものしり事典　1　ことばと文化のふしぎQ&A』　荒俣宏監修　日本図書センター　2010.4　47p　27cm　〈文献あり　索引あり〉　3000円　①978-4-284-20161-2,978-4-284-20160-5　Ⓝ049.1
|目次| ものの数え方 ウサギを「1羽、2羽」と数えるのはなぜ？、部首のはじまり「漢字の成り立ちはこわい」って聞いたけどホント？、ことばと風土「鰯（いわし）」「鱈（たら）」「鱩（はたはた）」…日本に「魚へん」の漢字が多いのはなぜ？、文字の種類と使い分け 漢字、ひらがな、カタカナ、ローマ字―日本語はなぜ文字の種類が多いの？、文字と符号「々」「ゝ」「〆」「凹」「凸」―これって文字なの？、縦書きと横書き 日本語は、縦書きのときなぜ右から書くの？、日本語の一人称「我が輩」「拙者」「わらわ」…自分をこうよぶのはだれ？、方言ができた理由 方言はどうやってできたの？、さまざまな語源「ごまかす」ということばは、どうやってできたの？、話しことばと発音 大むかしの人に、今の日本語は通じるの？〔ほか〕
|内容| さまざまな疑問を図解で解決。疑問"なぜ？"が感動"へぇー！"に変わります。

『クイズにほん語の大冒険　1　文字』
池田修監修　教育画劇　2010.2　64p　29cm　〈文献あり　索引あり〉　3600円
①978-4-7746-1041-2　Ⓝ810
|目次| 漢字を探究しよう（漢字のかくれんぼ、漢字のペア探し、ヒラメキ一字一答　ほか）、にほん語の文字ができるまで（文字の地層を調査する！、おもしろ万葉がな、迷子のカタカナはどれ？　ほか）、漢字の読み・筆順・画数（よむよむ迷路、レッツゴー！、ドキドキ相席観覧車、正しいのはどっち？　ほか）

『ことば観察にゅうもん』　米川明彦文、祖父江慎絵　福音館書店　2010.2　46p　26cm　（たくさんのふしぎ傑作集）〈他言語標題：An introduction to word-watching in Japanese〉　1300円
①978-4-8340-2493-7　Ⓝ810

38

| 国語 | ことば・文字 |

[内容] 12時、正午、午後0時…同じものでも違う「ことば」を使うことがあります。家や学校、町の中。色々なことばを観察してみよう。

『まんがで学ぶ同音語』 山口理著、やまねあつしまんが　国土社　2010.12　143p　22cm　1500円　①978-4-337-21512-2　Ⓝ814.5
[目次] 入門編　動きやようすを表すことば（動詞・形容詞）（あう―会う・合う・遭う、あける―開ける・空ける・明ける、あげる―上げる・挙げる・揚げる　ほか）、中級編　2～3種類の熟語（いがい―意外・以外、いぎ―意義・異議・異意、いしょく―異色・移植・衣食　ほか）、上級編　4種類以上の熟語（かいしん―会心・改心・回診・改新、かいとう―解答・回答・解凍・怪盗、かこう―加工・下降・河口・火口　ほか）
[内容] 同音語を楽しく学んで日本語の表現力を高めよう。

『似たもの言葉を学ぼう―「同じ」と「一緒」はどうちがう？　3　場所・動作の言葉』 ながたみかこ文と絵　汐文社　2010.3　71p　22cm　〈文献あり〉　1500円　①978-4-8113-8676-8　Ⓝ814.5
[目次] 似たもの言葉って？、場所の言葉（あちこちといたるところ、医院と病院、屋外と野外　ほか）、動作の言葉（あくとひらく、息がつまると息をつめる、行きづまると煮つまる　ほか）、物の言葉（アナウンサーとキャスター、イラストとマンガ、エキスパートとスペシャリスト　ほか）

『似たもの言葉を学ぼう―「同じ」と「一緒」はどうちがう？　2　食べ物・生き物・自然の言葉』 ながたみかこ文と絵　汐文社　2010.3　63p　22cm　〈文献あり〉　1500円　①978-4-8113-8675-1　Ⓝ814.5
[目次] 似たもの言葉って？、食べ物の言葉（アイスクリームとラクトアイス、あられとおかき、糸こんにゃくとしらたき、お茶と粗茶　ほか）、生き物・自然の言葉（生き物と生物、池と沼と湖と泉、裏通りと路地、お天道様とお日様と太陽　ほか）

『似たもの言葉を学ぼう―「同じ」と「一緒」はどうちがう？　1　数・時・状態の言葉』 ながたみかこ文と絵　汐文社　2010.2　71p　22cm　〈文献あり〉　1500円　①978-4-8113-8674-4　Ⓝ814.5
[目次] 似たもの言葉って？、時・数の言葉（～から　と　～より、朝と朝っぱら、一時間と小一時間、元日と元旦、旧年と前年　ほか）、状態の言葉（一諸と同じ、うそとはったり、大笑いと爆笑、老いると老ける、大勢とたくさん　ほか）

『目も手も足もよくしゃべる』 五味太郎著　講談社インターナショナル　2010.2　263p　20×20cm　1500円　①978-4-7700-4128-9
[目次] 目、眉、頭、顔、口、唇、喉、耳、鼻、額、顎、首、手、腕、爪、肘、脇、指、肩、胸、腹、臍、腰、尻、足、膝、脛、骨、腑
[内容] 日本語独特の身体表現をやや客観的に味わうために英訳を試みました。まず英直訳、そして本来の意味に英訳。そのまま使うと、「なんじゃこりゃ？」となるのでご注意を。五味流・カラダ表現絵辞典。

『ちびまる子ちゃんの表現力をつけることば教室―長文読解、記述問題、全科目の基礎力アップに』 さくらももこキャラクター原作、貝田桃子著　集英社　2009.10　205p　19cm　（満点ゲットシリーズ）〈索引あり〉　850円　①978-4-08-314047-1　Ⓝ814.3
[目次] あいにく（生憎）、あかのたにん（赤の他人）、あからさま、あしもとをみる（足元を見る）、あんのじょう（案の定）、いざ、いさぎよい（潔い）、いさめる（諌める）、うちょうてん（有頂天）、うらづけ（裏付け）〔ほか〕
[内容] 小学生が知っておくべき日本語がみるみる身につく。長文読解、記述問題、全科目の基礎力アップに。

『まちがえやすい日本語クイズ―めざせ！日本語クイズマスター』 北原保雄編　ハンディ版　金の星社　2009.6　126p　19cm　700円　①978-4-323-05633-3　Ⓝ810
[目次] 1　初級編（「はかる」の使いわけができる？、長くのばす音のかなづかい、「しく」と「ひく」のどちら？　ほか）、2　中級編（体を使った慣用句、「じ」と「ぢ」のどちら？、「上手」はどう読む？　ほか）、3　上級編（動物を使った慣用句・ことわざ、「やおら」の使い方、正しい漢字はどっち？　ほか）

子どもの本　国語・英語をまなぶ2000冊　39

ことば・文字　　　　　　　　　　　　　　　　　　国語

|内容| 知れば知るほどうれしくなって、うまく使えれば使えるほど、楽しくなる日本語。バラエティゆたかなクイズで、キミの日本語力をきたえちゃおう。

『カタカナ語・擬音語・擬態語クイズ―国語力アップめざせ！日本語クイズマスター』北原保雄編　金の星社　2009.3　126p　22cm　2000円　ⓘ978-4-323-05624-1　Ⓝ814
|目次| 1 初級編（鳴き声がおかしいのはだれ?、文字をつなぐと、かくれた食べ物をさがせ！ほか）、2 中級編（カタカナ語スケルトンにチャレンジ！、絵のカタカナ変換、「コン」は「コン」でも　ほか）、3 上級編（なぞなぞで世界の都市めぐり、正しくおぼえている?、名前の由来はどれ？　ほか）
|内容| 私たちが使っている言葉は、いろいろなきまりから成り立っています。また、言葉には、さまざまな文化や歴史が込められています。そういう言葉のきまりや文化・歴史に関する知識を学ぶことは、国語力アップに役立ちます。全5巻、広く深くいろいろな切り口から言葉について考えるように構成しました。楽しみながら問題に挑戦して、言葉の名人をめざしてください。

『まちがえやすい日本語クイズ―国語力アップめざせ！日本語クイズマスター』北原保雄編　金の星社　2009.3　126p　22cm　2000円　ⓘ978-4-323-05625-8　Ⓝ814
|目次| 1 初級編（「はかる」の使いわけができる?、長くのばす音のかなづかい、「しく」と「ひく」のどちら？　ほか）、2 中級編（体を使った慣用句、「じ」と「ぢ」のどちら?、「上手」はどう読む？　ほか）、3 上級編（動物を使った慣用句・ことわざ、「やおら」の使い方、正しい漢字はどっち？　ほか）
|内容| ことば使いわけクイズ、漢字変換クイズ、回文パズル、反対語クイズ、ものの数え方クイズ、正しいのはどっちクイズ、会話クイズ、まぎらわしい表現クイズ、動物ことわざクイズ、漢字書きわけクイズで構成。

『まんがで覚える反対語・同意語』三省堂編修所編　三省堂　2008.12　159p　21cm　（ことばの学習）〈「知っておきたい反対語・同意語」の改題新装版〉900円　ⓘ978-4-385-23816-6　Ⓝ814.5
|目次| 反対語編1 対立する漢字がつくる熟語の反対語（悪 - 善・良、開ける - 閉める、朝 - 夕・晩、温かい・暖かい - 冷たい・寒い　ほか）、反対語編2 重要な熟語の反対語、同意語編 重要な熟語の同意語（悪運 - 不運・不遇、悪質 - 悪性、悪人 - 悪者・悪漢・悪党、案外 - 意外　ほか）、付録 ものしり反対語

『親子で楽しむ季節のことば―なぞり書き』千代里編著　長崎出版　2008.4　103p　26cm　950円　ⓘ978-4-86095-255-6

『日本語なぞ解きの旅』赤木かん子編、佐々木瑞枝著　ポプラ社　2008.4　23p　21cm　（ポプラ・ブック・ボックス　剣の巻　18）ⓘ978-4-591-10203-9　Ⓝ810.7

『金田一先生の使ってのばそう日本語力　5 家や近所で使う敬語』金田一秀穂監修　梅沢実著　あかね書房　2008.3　55p　27cm　3000円　ⓘ978-4-251-06615-2,978-4-251-90425-6　Ⓝ810.7
|目次| 家の中でのあいさつ、ほかの家をたずねたとき、お客様がいらっしゃったとき、電話での話し方、近所の人とのあいさつ、近所の人との会話、道をたずねる・教える、買い物をするとき、病院へ行ったとき、乗り物に乗って、あやまるとき、物を借りるとき

『金田一先生の使ってのばそう日本語力　4 学校で使う敬語』金田一秀穂監修　梅沢実著　あかね書房　2008.3　55p　27cm　3000円　ⓘ978-4-251-06614-5,978-4-251-90425-6　Ⓝ810.7
|目次| 学校でのあいさつ、授業での話し方、学級会での話し方、職員室での話し方、保健室での話し方、図書室での話し方、クラブ活動での話し方、インタビューでの話し方、研究発表会での話し方、校内放送での話し方、あやまるとき、手紙での言葉づかい

『金田一先生の使ってのばそう日本語力　3 擬声語・擬態語・ひゆ』金田一秀穂監修　小林照子,荒井温子著　あかね書房　2008.3　55p　27cm　3000円　ⓘ978-4-251-06613-8,978-4-251-90425-6　Ⓝ810.7
|目次| 言葉や表現のいろいろ、体で感じる言葉、心が伝わる言葉、動きがわかる言葉、鳴き声やものの音を表す言葉、別の言葉にたとえる、文の形をくふうする、話を作りかえる

国語　　　　　　　　　　　　　　　　　　　　　　　　　　　　　　　　　　　　　　　ことば・文字

『金田一先生の使ってのばそう日本語力2　類義語・反対語・多義語』　金田一秀穂監修　井波玲子著　あかね書房　2008.3　55p　27cm　3000円　Ⓘ978-4-251-06612-1,978-4-251-90425-6　Ⓝ810.7
　[目次]　言葉のいろいろ，類義語を使い分ける，類義語と反対語を使い分ける，反対語，多義語

『金田一先生の使ってのばそう日本語力1　言葉の分類―意味と働き』　金田一秀穂監修　阪田敦子著　あかね書房　2008.3　55p　27cm　3000円　Ⓘ978-4-251-06611-4,978-4-251-90425-6　Ⓝ810.7
　[目次]　いろいろな言葉の分け方，色を表す言葉，時を表す言葉，天気を表す言葉，動作を表す言葉，ようすを表す言葉，味を表す言葉，においを表す言葉，気持ちを表す言葉，性格を表す言葉，表情を表す言葉，動作やようすをくわしくする言葉

『使ってみたくなる言い回し1000―10才までに表現力アップ！　書きこみ式』　深谷圭助監修，小学館国語辞典編集部編　小学館　2008.3　111p　26cm　（きっずジャポニカ・セレクション）1000円　Ⓘ978-4-09-227112-8　Ⓝ814.4
　[内容]　「それって，たいして違わないよね」と，ものが似ている様子を言いたいとき，キミならなんて言う？「どんぐりの背比べ」「大同小異」「五十歩百歩」などの言葉を聞いたことはないかな？この本では，こういった表現を広げる言い回しを1000問集めました。言葉は「ただ，伝わればいい」というのではなく，いろいろな言い回しを覚えて，表現の広がりを自分のものにしてください。

『小学生の読書・作文が好きになる漢字・ことばはかせ』　今村久二,香取信広著，進藤恵子絵　新装　学灯社　2007.1　159p　21cm　1700円　Ⓘ978-4-312-56032-2　Ⓝ807.9
　[目次]　ことばたんてい団結成!!，トバコにのげた道は？，悪口合戦，だじゃれで言いかえせ!，トバコの予告状，大金氏の4つの宝石，「春」という宝石はなんだ？，「夏」の宝石とは？，「秋」の宝石も探り出せ!，いよいよ「冬」の宝石だ〔ほか〕

『日本語の大常識』　金田一秀穂監修，秩父啓子文　ポプラ社　2006.11　143p　22cm　（これだけは知っておきたい！　34）880円　Ⓘ4-591-09486-3　Ⓝ810
　[目次]　その1　日本語ってどんなことば？（日本語は日本人のことば，日本語は4種類の文字をつかう　ほか），その2　日本語の文字はこうしてできた！（日本語には文字がなかった!，漢字はどうやってできたの？　ほか），その3　これって日本語？外国語？（外来語って，どんなもの？，ふえつづける外来語　ほか），その4　おもしろ表現がいっぱい！（「集団語」は仲間のしるし，縁起のいいことば，わるいことば　ほか），その5　変わっていく日本語（「方言」って，どんなもの？，どうして，いろいろな「方言」があるの？　ほか）
　[内容]　日本語がもっと好きになる！ふしぎで楽しい日本語の世界へようこそ〜！「日本語なんて知ってるよ〜，毎日しゃべってるもん！」というキミにぴったり！"目からうろこがおちる"一冊。

『言葉ってなに？―子どもと話す』　影浦峡著　現代企画室　2006.7　170p　19cm　1200円　Ⓘ4-7738-0607-9　Ⓝ801

『言葉の力がつく』　日能研指導　小学館　2006.6　191p　19cm　（ドラえもんの学習シリーズ―ドラえもんの国語おもしろ攻略）760円　Ⓘ4-09-253197-4　Ⓝ812
　[内容]　言葉を正しく理解し，使えることは大切です。熟語，ことわざ，慣用句，四字熟語等は，このシリーズにあり子どもたちに大人気です。この本では，それら以外にちょっと表現がわかりにくい難語，日本古来からの表現・和語をわかりやすく解説しました。全国的に中学入試に高い合格実績を持つ「日能研」分析のよく出題されるデータに基づいていますので，成績アップと入試の基礎準備に役立ちます。

『くらべてみよう、言葉と発音』　風間伸次郎監修・著　小峰書店　2006.4　47p　29cm　（世界のなかの日本語　4）3000円　Ⓘ4-338-22104-6　Ⓝ814

『世界に広がる日本の文字と言葉』　町田和彦監修，稲葉茂勝著　小峰書店　2006.4　55p　29cm　（世界のなかの日

子どもの本　国語・英語をまなぶ2000冊　41

ことば・文字　　　　　　　　　　　　　　　　　　　　　　　　　　　　　　　　　国語

本語 1）3000円　Ⓘ4-338-22101-1　Ⓝ810.2

『日本の文字の誕生』　町田和彦監修, 稲葉茂勝著　小峰書店　2006.4　47p　29cm　（世界のなかの日本語 2）3000円　Ⓘ4-338-22102-X　Ⓝ811

『変化する日本語』　町田和彦監修, 稲葉茂勝著　小峰書店　2006.4　47p　29cm　（世界のなかの日本語 3）3000円　Ⓘ4-338-22103-8　Ⓝ810.2

『気持ちを上手に伝える』　金田一春彦, 金田一秀穂監修, 深光富士男原稿執筆　学習研究社　2005.3　48p　27cm　（金田一先生の日本語教室 6）2800円　Ⓘ4-05-202171-1　Ⓝ816

 目次　ことばや文字を使わない伝達方法, 和歌に恋を伝える手段だった, 手書きの手紙をもっと出そうよ！, すぐに相手にとどくメールはとっても便利だけど, マナーは必ず守ってね, たて書きと横書き, 近代の作家が生み出した小説, 作文を書こう！, 40年以上の歴史がある作文コンテストに応募してみよう!!, 全国児童才能開発コンテスト事務局の木村さんに聞いたよ！, 作文の, ちょっといい話アレコレ, 昭和20年代～40年代に書かれた作文や詩, 毎週, 演劇の授業をやっている小学校があるよ！, 詩のボクシング

『現代語・新語・古語と辞典』　金田一春彦, 金田一秀穂監修, 深光富士男原稿執筆　学習研究社　2005.3　48p　27cm　（金田一先生の日本語教室 3）2800円　Ⓘ4-05-202168-1　Ⓝ813

 目次　辞典があればいつでも知識の旅に出かけられるよ！, これが, 中学生向けの辞典だ！, ただ今, 辞典制作中！, 辞典についてのさまざまな話を市川編集長に聞いたよ！, 利用者が増えている電子辞典, 古い辞典を見てみよう！ヘボン式ローマ字で有名な医師で宣教師だったヘボンが1867年に出版した和英辞典, こんな辞典もあるよ！, 国語学者の金田一秀穂先生に新語・流行語・若者ことばなどについて聞いたよ！, いくつ知ってる?!毎年暮に発表される新語・流行語大賞　新語アナリストの亀井肇さんにインタビュー, 古いことばも大切にしたい

『ことばと文章にトライ！』　学習研究社　2005.3　48p　27cm　（好きからチャレンジ！資格と検定の本 1）2800円　Ⓘ4-05-202278-5　Ⓝ810.7

『世界のことばと日本語』　金田一春彦, 金田一秀穂監修, 深光富士男原稿執筆　学習研究社　2005.3　48p　27cm　（金田一先生の日本語教室 1）2800円　Ⓘ4-05-202166-5　Ⓝ810.2

 目次　日本の国語は,「日本語」だけ,「日本語」は, いつから使われるようになったの?, 日本語とはちがう, 日本の中のもうひとつの言語, アイヌ語, 中国から伝わった漢字, 中国の漢詩を読んでみよう, 日本の古い書物, 江戸時代の俳句, 江戸時代に大人気だった本, 言文一致体を用いた新しい小説の形式が明治時代に誕生, 文豪・夏目漱石が明治39年に発表した「坊っちゃん」の自筆原稿〔ほか〕

『世界の文字と日本の文字』　金田一春彦, 金田一秀穂監修, 深光富士男原稿執筆　学習研究社　2005.3　48p　27cm　（金田一先生の日本語教室 2）2800円　Ⓘ4-05-202167-3　Ⓝ801.1

 目次　文字のない時代に描かれた絵, 文字の誕生, 約5100年前から, 3500年ものあいだ使われていた文字, 昔の筆記具, 昔から使われている世界の文字, 漢字, 昔の人は, 筆で文字を書いていた, ひらがなの誕生, ふりがなに使うひらがな, カタカナの誕生〔ほか〕

『ことばの森―小学生用』　吉田瑞穂監修　改訂版　中央教育図書研究所　2004.9　531p　21cm〈発売：土屋書店〉2200円　Ⓘ4-8069-0723-5

 内容　小学校で学習する言葉1900語と, それらと意味の上でつながりのある言葉約6000語を収録。また, 絵を多くとり入れ, 絵を見ながら楽しく学び, よくおぼえられるように工夫している。

『最新 記号の図鑑 3　科学とことばの記号』　村越愛策監修, 横田清文・構成　あかね書房　2004.4　47p　31×22cm　3000円　Ⓘ4-251-09323-2

 目次　第1章 科学や芸術で使われている記号（天気図や天気予報の記号, 地図に使われている記号, 海で使われる地図の記号 ほか）, 第2章 ことばを表す記号, 文字（絵文字から文字へ, 漢字の成り立ち, 漢字のしくみと

42

国語　　　　　　　　　　　　　　　　　　　　　　　　　　　　　ことば・文字

発展　ほか），第3章　集団の象徴としての記号（国家のシンボルマーク、国旗、都道府県のマーク、家族や一族のシンボルマーク、家紋）
[内容] 人間が、物事を考えたり、文明を発達させたりしてきた科学とことばの記号を取り上げている。天気図マークや地図記号、元素を表す化学記号や数学記号、そして、意味を伝えるひらがな、漢字、手話や点字などの文字記号を扱っている。科学や文化を発達させてきた学問の記号の図鑑。

『ことばの不思議ベスト20』　森山卓郎監修　光村教育図書　2004.2　47p　27cm（光村の国語　調べて、まとめて、コミュニケーション 1）2800円　⑪4-89572-726-2,4-89572-731-9　Ⓝ810
[目次] あいさつのことば、敬語、ことわざ・慣用句・故事成語、語源、漢字、ことばの変化、方言、擬声語・擬音語・擬態語、たとえ、外来語・和製英語、外国語、ローマ字、点字手話、話しことば 書きことば、句読点、文法、コピーライターに学べ！、新聞記者に学べ！、歌人・俳人に学べ！
[内容] なるほどなっとく、ことばはとっても不思議だね。

『子どもにもかんたん！　ニュースに出てくる時事用語がわかる本』　コスモピア著　メイツ出版　2003.11　160p　21cm　1500円　⑪4-89577-673-5　Ⓝ814.7

『おじいちゃんの日本語教室』　柴田武,井口豪著　朝日新聞社　2003.8　269p　19cm　1200円　⑪4-02-257856-4　Ⓝ810.49

『日本語を楽しもう』　永井順国監修、石田繁美編　ポプラ社　2003.4　47p　29cm　（伝統文化で体験学習 1）2950円　⑪4-591-07562-1,4-591-99491-0　Ⓝ810
[目次] 熟語で体験学習（熟語ってなんだろう、熟語で作文づくり　ほか）、短歌で体験学習（短歌をつくって、パソコンで絵をつけよう、短歌のひみつ）、俳句で体験学習（「北小岩タイム」で俳句づくり、俳句で思い出を残そう　ほか）、方言で体験学習（方言プロジェクト、全国多地点方言交流　ほか）
[内容] この巻では、もうすでに日本語の伝統文化に取り組んでいる、小学生の体験学習

を中心に、日本語のすばらしさを伝えていきます。

『小学国語　クイズことばの達人』　総合学習指導研究会著　大阪　増進堂・受験研究社　〔2001.7〕159p　19cm　680円　⑪4-424-22943-2
[目次] ベーシックコース（基本）（こ□ろぎが鳴いている、文の頭とおしり、虫は一匹、二匹… ほか）、チャレンジコース（発展）（あおむけ/うつぶせ、一日千○の思い、転がる石に生えないのは？ ほか）、チャンピオンコース（応用）（正しい数字をあてはめて！、正しい電話の応対、危機一髪！どこに立つ？ ほか）
[内容] この本は、楽しいクイズをときながら、自然に、正しいことばの知識が身につくことをねらいに、つくられています。さまざまなことばの意味や使い方、ことわざ・慣用句、四字熟語、ことばのきまり（文法）、敬語の使い方など、ふだんの生活で使うことばから、テストによく出ることばまで、はば広くとり上げています。難易度別に三コースに分けてありますので、小学四年くらいから中学受験まで、十分活用できます。

『子どものことば』　吉岡たすく著，田中伸介絵　雷鳥社　2001.4　78p　24cm（たすく先生のスケッチブック　第2集）1380円　⑪4-8441-3318-7

『まちがえやすい同音同訓異義のことば』　三省堂編修所編　三省堂　2001.4　191p　21cm　（ことば学習まんが）〈索引あり〉1000円　⑪4-385-13767-6
[目次] 合う・会う・遭う、上がる・揚がる・挙がる、明く・空く・開く、温かい・暖かい、厚い・熱い・暑い、当てる・充てる、後・跡、油・脂、荒い・粗い、表す・現す・著す〔ほか〕
[内容] 授業で教科書の補いや「ことばの一斉学習」にすぐ役立つ。まちがえやすい漢字・熟語を効果的に習得できる。ことばの生活を豊かにし、「作文」「研究発表」に応用できる。「中学入試」の準備学習や「期末テスト」の参考書として活用できる。夏休みや冬休みなどの「自由研究」の資料として役立つ。小学校高学年以上。

『親子で遊ぼう　クイズ・日本語の学校』　坂梨隆三監修　講談社　2001.3　126p　21cm　〈索引あり〉1200円　⑪4-06-

ことば・文字　　　　　　　　　　　　　　　　　　　　　　　　　　　　　　　　　　　　　国語

210488-1

[目次] 第1章 生きもの日本語クイズ，第2章 植物日本語クイズ，第3章 食べもの日本語クイズ，第4章 体・動作・運動日本語クイズ，第5章 生活日本語クイズ

[内容] この本は小学校の中・高学年のみなさんが，日本語の大切さやおもしろさを知り，楽しみながら正しい日本語を身につけることができるように工夫してあります。なによりも，全体がクイズ形式になっていますので，遊び感覚で読みすすむことができます。また，問題が「生きもの」「植物」「食べもの」「体・動作・運動」「生活」と，各章ともみなさんの身近にある物から作られているので，どれも気軽な気持ちでチャレンジできるでしょう。どの章，またどのページから問題にチャレンジしてもかまいません。両親や兄弟・姉妹と一緒に，ワイワイ，ガヤガヤとクイズ合戦を楽しんでもいいでしょう。問題を解いていくなかで，知らず知らずのうちに漢字や熟語，また，ことわざなどの日本語が学習できるというのが，この本の特徴です。

『文字と文章』 井関義久監修　学習研究社　2001.2　64p 27cm　（国語っておもしろい 1）2500円　①4-05-201374-3, 4-05-810615-8

『目からうろこ 小学生の「にほんご」大疑問100』 日本語を考える会構成・執筆，講談社編　講談社　2000.8　229p 21cm　1500円　①4-06-210047-9

[目次] 第1章 文字の不思議，第2章 音声の不思議，第3章 単語の不思議，第4章 意味の不思議，第5章 表現の不思議，第6章 敬語の不思議，第7章 文章の不思議

[内容] 広くて，深くて，面白いこれが日本語の世界！親も先生も答えにつまる難問・奇問・大疑問がいっぱい！にがてな「国語」の授業も，楽しく学べて，知ってトクするオモシロ知識の100問100答。小学高学年から。

『小学生のための「正しい日本語」トレーニング 上級編』 生越嘉治著　あすなろ書房　2000.3　111p 21cm　1100円　①4-7515-2093-8

[目次] 読み方，書き方，仮名づかい，送り仮名，語句，文章の構成，文語体，敬語

[内容] 重複は「ちょうふく」？「じゅうふく」？「お買い得」と「お徳用」どっちがトク？「貯金」と「預金」のちがいは？「おざなり」？

「なおざり」？おうちの方といっしょに，楽しみながらチャレンジしてください。

『小学生のための「正しい日本語」トレーニング 2 中級編』 生越嘉治著　あすなろ書房　2000.2　111p 21cm　1100円　①4-7515-2092-X

[目次] 読み方，書き方，かなづかい，送りがな，句読点など，文章の構成，語句，敬語など

[内容] 地面は「ぢめん」か「じめん」か？メロンは野菜か，果物か？「六才以下」と「六才未満」。「におい」と「かおり」のちがいは？ほか，おうちの方といっしょに，楽しみながらチャレンジしてください。

『小学生のための「正しい日本語」トレーニング 1 初級編』 生越嘉治著　あすなろ書房　2000.1　111p 21cm　1100円　①4 7515 2091-1

[目次] 読み方，書き方，かなづかい，おくりがな，句読点など，文章の構成，敬語など

[内容] 「おおかみ」と書くのか？「おうかみ」と書くのか？「日本」の正しい読み方は？（にっぽん？にほん？）「こんにちわ」は，まちがい？なぜちがう「右」と「左」の書き順，ほか，おうちの方といっしょに，楽しみながらチャレンジしてください。

『えもじとかんじ』 フレーベル館　1999.3　63p 24×24cm　（ピクチャーコミュニケーション）1800円　①4-577-01974-4

[目次] なにをしているのかな？，えものは，みんなで分けて，かんじは3500年前に，中国でつかわれた，なにかって（旅），はるばる旅してきた（象），たてがみをなびかせて（馬），大きな強い角（牛），かわいい尻尾（豚），かわいいまるい角（羊・美），ワンワン吠えて，ニャーニャーなく（犬・猫・苗）[ほか]

[内容] 絵文字は，その楽しい形から長い時間をかけて今の漢字の形へと変化してきました。3500年前に使われていた漢字は今も，より使いやすいように発展している文字です。その成り立ちを見ることではかりしれない人間の知恵を知ることができ，文字への関心も広がることでしょう。

『ことばのきまり』 日本話しことば協会編，高村忠範絵　汐文社　1999.3　109p 22cm　（イラストで学ぶ「話し

国語　　　　　　　　　　　　　　　　　　　　　　　　　　　　　　　　　ことば・文字

ことば」3）1400円　①4-8113-7263-8
[内容] ことばにはいろいろなきまりがあるんじゃ。自分の考えを相手に正しく伝えるには、ことばのきまりをきちんと覚えて置くことが必要じゃ。みんなで話し合いをしたり、意見を発表したりするときにきっと役立つことじゃろう。本書で、ことばのきまりについて考えてみよう。

『楽しいことば絵本』　村石昭三監修　主婦と生活社　1999.3　161p　26cm（生活シリーズ）1400円　①4-391-60896-0

『日本人は文字をどのように利用してきたのだろう―新聞・出版の歴史』PHP研究所編　PHP研究所　1998.9　39p　31cm　（絵や写真で調べる日本の文化の歴史 7）〈年表あり　索引あり〉2900円　①4-569-68127-1,4-569-29509-6

『学校では教えないカタカナ語6000』　講談社＋カタカナ語研究プロジェクト編　講談社　1998.3　303p　21cm〈索引あり〉1400円　①4-06-208051-6
[目次] 第1章 身のまわりの用具を中心に―マイホームで見かけるカタカナ語、第2章 政治・経済・時事用語など―マスコミでよくつかわれるカタカナ語(1)、第3章 芸術・芸能・映画・漫画・CMなど―マスコミでよくつかわれるカタカナ語(2)、第4章 看板・建物から小売店の商品・サービスなど―街で見かける、外で出会うカタカナ語、第5章 スポーツ・ゲームのルールからホビーなど―アウトドア＝ライフに関係のあるカタカナ語、第6章 食材から調理法、そして飲料水まで―料理・メニューはカタカナ語の大行進、第7章 ファッションの世界は、外国語の百貨店！―着る・かざる、美容・健康に関係するカタカナ語、第8章 歌はハートフルなカタカナ語でいっぱい！―ポピュラー音楽に見られるカタカナ語、第9章 科学と技術の世界は、日本語にしにくい―科学・工学・技術関係のカタカナ語、第10章 知っていると得をする、見直される―たとえ・引用でよくつかわれるカタカナ語、付章 なんの略？どんな意味？―よくつかわれる外国語の略語

『生まれることば死ぬことば―新語・流行語・隠語』湯浅茂雄著　アリス館　1997.4　142p　22cm　（ことばの探検 5）1800円＋税　①4-7520-0067-9

[目次] 新語（どんなことばを新語というのでしょう、形や意味が新しくなったことば、新語と流行語はどうちがうのでしょう ほか）、流行語（どんなことばを流行語というのでしょう、物の流行とことばの流行、流行語はどのようにして生まれるのでしょう ほか）、隠語（隠語とはどんなことばをいうのでしょう、三つの隠語、どうして隠語は生まれるのでしょう ほか）

『ことばのはじめことばのふるさと―日本語の単語』　飛田良文，荒尾禎秀著　アリス館　1997.4　142p　22cm　（ことばの探検 3）1800円＋税　①4-7520-0065-2
[目次] 第1章 単語はいくつあるの？、第2章 生きている日本語、第3章 西洋文化を反映したことば、第4章 外来語はどこからやってきたの？、第5章 外国語と外来語は同じもの？、第6章 日本人のつくった外来語、第7章 どこまでが外来語？、第8章 漢字文化圏からの外来語、第9章 アルファベット文化圏からの外来語、第10章 語源ってなあに？、第11章 語源が教えてくれること、第12章 昔の人たちの語源探検、第13章 語源探検、二つの方法、第14章 語源を探検してみよう、第15章 「語源あてゲーム」であそぼう

『日本語のルーツをさぐったら…―日本語の起源』あべせいや著　アリス館　1997.4　142p　22cm　（ことばの探検 2）1800円＋税　①4-7520-0064-4
[目次] 第1章 ことばくらべの方法（日本語はどの言語と似ている？、「基礎語彙」をくらべてみよう ほか）、第2章 日本語のルーツは中国語か？（ウマ（馬）は中国語だった!?、ことばは大陸文化とともに輸入された ほか）、第3章 日本語はウラル・アルタイ語に似ている！（古い日本語にはどんな特徴がある？、日本語は母音で終わる？ ほか）、第4章 日本語は南からやってきた!?（日本語はオーストロネシア語と似ている？、手や目を表すことばは南からやってきた？ ほか）、第5章 日本人はどこからきたか―日本人のルーツ（日本人はモンゴロイド（黄色人種）の仲間だ、寒さに適した新モンゴロイドのからだの特徴って？ ほか）、第6章 古い日本語からわかる日本語のルーツ（方言を調べてみよう、昔の日本語にも地域差があった！ ほか）

『日本語は世界一むずかしいことば？―日本語と世界の言語』吉田智行著　アリ

子どもの本 国語・英語をまなぶ2000冊　45

ス館　1997.4　142p　22cm　（ことばの探検 1）　1800円＋税　Ⓘ4-7520-0063-6

[目次]　第1章 世界には言語の数はいくつあるの？（世界のいろいろな文字，世界中に言語はいくつあるの？　ほか），第2章 世界の言語を音でみると…（言語の音と実際の音とはどうちがう？，母音と子音のちがいについて　ほか），第3章 世界の言語を文の成り立ちで分けると…（言語の構造について探検しよう，シュレーゲルの言語の分類　ほか），第4章 世界の言語を意味からみると…（言語の意味について，英語のMaybeの落とし穴　ほか），第5章 人間はどうしてことばがしゃべれるの（なぜ？どうして？ことばがしゃべれるようになるの？，人間の子どもは何語でも話せるようになる！　ほか）

『日本の文字のふしぎふしぎ―漢字・ひらがな・カタカナ』　古藤友子著　アリス館　1997.4　134p　22cm　（ことばの探検 8）　1800円＋税　Ⓘ4-7520-0070-9

[目次]　第1章 漢字探検（漢字はだれがつくったの？，ローマ字と漢字をくらべてみよう，漢字の成り立ち―四つのルール，漢字と漢字文化の広がり，道具から見た漢字のうつり変わり　ほか），第2章 かな・ローマ字探検（「かな」は「仮り名」，ひらがなとカタカナは同じ数？，もしもカタカナがなかったら，ふりがな，賛成？反対？，ローマ字の歴史，たて書き派？よこ書き派？）

『ことばの達人―ことわざ・慣用句・四字熟語』　石田佐久馬著　講談社　1997.2　207p　21cm　（国語学習なっとく事典）　1442円　Ⓘ4-06-208472-4

[目次]　第1章 おもしろいことば，第2章 身近なことば，第3章 ことばの移り変わり，第4章 ことばの広がりと敬語

『ぼくもわたしもことば博士』　河野順子著　岩崎書店　1997.1　127p　22cm　（まるごとわかる国語シリーズ 8）　2266円　Ⓘ4-265-06228-8,4-265-10126-7

[目次]　1 正しい発音，声の出し方で，2 正しい文字，くぎり記号のつかい方，3 ことばや語句をふやそう，4 ことばのきまり，5 ことばづかいのいろいろ

[内容]　本書では，大切なことばのきまりの勉強を正しくやってもらい，ゆたかなことばの世界にふれてもらえるようになっています。

『は・を・へ』　大越和孝,竹野栄作,大久保宏昭絵　太平出版社　1996.12　26p　24cm　（つくばシリーズ―はじめてのこくご 6）　1339円　Ⓘ4-8031-3246-1

『かぞえることば』　青木伸生,高木あきこ作,毛利将範絵　太平出版社　1996.11　27p　24cm　（つくばシリーズ―はじめてのこくご 11）　1339円　Ⓘ4-8031-3251-8

[内容]　おつかいにでかけたロボットのカイくんが，にくやさんで，「トンカツを一こください。」やおやさんでは，「バナナを一まいくださいっ。」―あれれ，ちょっとへんですよ。かぞえかたって，いろいろあるんだって！どんなのがあるのかな？基本的な助数詞を豊富にとりあげたストーリーを楽しみながら，ものによって数え方がちがったり，まとめて数えることばや，数によって音が変化することばがあることにも気がつくようにしました。1年生むき。

『知っておきたい反対語・同意語』　三省堂編修所編　三省堂　1996.11　159p　21cm　（ことば学習まんが）　880円　Ⓘ4-385-13776-5

[内容]　本書では，小学生として覚えてほしい反対語・同意語を熟語を中心にまとめ，理解を助ける四コマまんがをそえました。また，「反対語・同意語五十音順総まとめ」では，本文に取り上げなかった語で，中学入試や高校入試によく出題される語も加えて収録しています。

『まとめてよぶことば』　二瓶弘行,高木あきこ作,毛利将範絵　太平出版社　1996.9　31p　24cm　（つくばシリーズ―はじめてのこくご 9）　1339円　Ⓘ4-8031-3249-6

『ことばあつめ』　加賀美久男,岡田ゆたか作,宮崎耕平絵　太平出版社　1996.7　31p　24cm　（つくばシリーズ―はじめてのこくご 8）　1339円　Ⓘ4-8031-3248-8

[内容]　ランドセルのなかをのぞいてみると，あります。あります。きょうかしょ，ノート，えんぴつ…。これは，みんながっこうでつかうものですね。みつけたものをひとつひとつことばにすると，ことばあつめがどんどんできてきますよ。1年生にピタリ。こ

| 国語 | ことば・文字 |

とばって、ふしぎだな。ことばって、おもしろい。1年生が、ことばのふしぎさやおもしろさを発見できるように、新鮮な興味をそそるストーリーと、視覚的にわかりやすく絵に工夫をこらしておくる楽しいおはなし絵本シリーズ。初等教育研究のメッカ、筑波大学附属小学校の成果を初めて全公開。

『はんたいのことば』 二瓶弘行, 高木あきこ作, ひらのてつお絵 太平出版社 1996.7 28p 24cm (つくばシリーズ—はじめてのこくご 10) 1339円 ⓘ4-8031-3250-X
内容 おばけのウーエとシータは、すきなものも、することも、なんでもはんたいです。このほんのなかには、はんたいのことばばっかり。さあ、いくつでるのかな。1年生にピタリ。ことばって、ふしぎだな。ことばって、おもしろい。1年生が、ことばのふしぎさやおもしろさを発見できるように、新鮮な興味をそそるストーリーと、視覚的にわかりやすく絵に工夫をこらしておくる楽しい「おはなし絵本」シリーズ。初等教育研究のメッカ、筑波大学附属小学校の成果を初めて全公開。

『おとをあらわすことば』 青木伸生, 高木あきこ作, 大久保宏昭絵 太平出版社 1996.6 30p 24cm (つくばシリーズ—はじめてのこくご 12) 1339円 ⓘ4-8031-3252-6
内容 1年生が各教科にはじめてであうとき、生涯学習がスタートします。このときいちばん大切な「自ら学ぶ力」が楽しくしぜんに身につくように、初等教育研究のメッカ、筑波大附属小の成果を結集しておくる絵本シリーズです。パシャン、バッシャーン。ころころ、ごろんごろん。おとやようすをあらわすことばは、かぞえきれないほどたくさんあります。おもしろいことには、おとやものの大きさによって、似たようなことばが、すこしずつかわってくるのです。ことばって、ほんとにふしぎですね。

『もじ』 二瓶弘行, 竹野栄作, 毛利将範絵 太平出版社 1996.6 31p 24cm (つくばシリーズ—はじめてのこくご 5) 1339円 ⓘ4-8031-3245-3
内容 もじのくにのもじたちは、かたちがみんなちがっています。いろいろなもじがせかいじゅうにありますが、にほんにあるのは三しゅるいです。なかにはまちがえそうなくらいよくにているものもあるのでたいへんです。1ねんせいのもじがせいぞろい。うまくならぶことができるかな。

『まちがいだらけの言葉づかい 7 日記・作文』 ポプラ社 1995.4 111p 22cm 〈監修：西本鶏介〉 1950円 ⓘ4-591-04732-6

『まちがいだらけの言葉づかい 6 外来語』 ポプラ社 1995.4 111p 22cm 〈監修：西本鶏介〉 1950円 ⓘ4-591-04731-8

『まちがいだらけの言葉づかい 5 漢字・熟語』 ポプラ社 1995.4 109p 22cm 〈監修：西本鶏介〉 1950円 ⓘ4-591-04730-X

『まちがいだらけの言葉づかい 4 手紙』 ポプラ社 1995.4 109p 22cm 〈監修：西本鶏介〉 1950円 ⓘ4-591-04729-6

『まちがいだらけの言葉づかい 3 ことわざ・格言』 ポプラ社 1995.4 111p 22cm 〈監修：西本鶏介〉 1950円 ⓘ4-591-04728-8

『まちがいだらけの言葉づかい 2 ことばのきまり』 ポプラ社 1995.4 109p 22cm 〈監修：西本鶏介〉 1950円 ⓘ4-591-04727-X

『まちがいだらけの言葉づかい 1 あいさつ・ていねい語』 ポプラ社 1995.4 111p 22cm 〈監修：西本鶏介〉 1950円 ⓘ4-591-04726-1

『たのしい こどもの にほんご』 山田伸子著, 謝敏修絵 台北 大新書局 1992.5 107p 26cm 〈発売：凡人社〉 1300円 ⓘ4-89358-184-8

『外来語ふるさとたんけん』 浜憲治文, 種田瑞子画 ポプラ社 1991.4 143p 21cm （おもしろ国語ゼミナール 5） 1650円 ⓘ4-591-03805-X
目次 カタカナことばがいっぱい！, ポルトガル語やってきた！, オランダ語もやってきた！, ハロー！英語ことはじめ, ドイツ語

ことば・文字　　　　　　　　　　　　　　　　　　　　　　　　　　　　国語

は学問と登山、スキー、フランス語はおしゃれと芸術、イタリア語は食べ物と音楽、まだまだある、外来語のふるさと、カタカナことば、地名・人名さがし、英語すれちがい問答、ああ、まぎらわしい！英語、ソノエイゴ、ワカリマセーン！、カタカナことば大図鑑、外来語を書くときのきまり

『ことばのきまり大研究』　笠原秀文、山口みねやす画　ポプラ社　1991.4　143p　21cm　（おもしろ国語ゼミナール 1）1650円　④4-591-03801-7
[目次] ちんぷんかんぷんの「Oしら世」、気をつけよう！かなづかい、気をつけよう！かたかなのまちがい、かぞえられるかな？ものの数、頭とおしりに、ご注意！、「顔なし文」と「ねじれ文」〔ほか〕

『日本語はどこからきたのか―ことばと文明のつながりを考える』　大野晋著　ポプラ社　1991.4　194p　20cm　（ポプラ社教養文庫 22）1500円　④4-591-03852-1
[目次] 1 日本について考える、2 言語の比較はどういう方法でするか、3 これまでの日本語の比較研究、4 タミル語に出会う、5 日本語と日本文化と、6 日本語はどこからきたのか
[内容] 日本語はいったいどんなことばなのか。ことばを比較研究する方法とは？ことばを知ると、何がみえてくるのか。日本語をさかのぼってたどりつく世界は？ことばと文明の大きな流れを考える。

『新・ことばのきまり　6年生』　成家亘宏著　さ・え・ら書房　1990.4　161p　22cm〈監修：斎賀秀夫〉1030円　④4-378-00612-X
[目次] ようすを表すことばのなかま、複合語の形容詞、助詞のはたらき、文と文をつなぐ助詞、ことばの種類、対になる熟語、多義語、慣用句、和語（やまとことば）、漢語、故事成語〔ほか〕
[内容] 本書は、平成4年度から実施される新しい学習指導要領にもとづいて、文法や、話し方、書き方など、国語学習の基本を、たのしいイラストを見ながらおさらいできる本です。

『新・ことばのきまり　5年生』　大越和孝著　さ・え・ら書房　1990.4　159p　22cm〈監修：斎賀秀夫〉1030円　④4-378-00611-1
[目次] 形容詞、他のことばと組み合わさって、いろいろな動詞のあとにつく、つなぎことば（逆接のつなぎことば）、文の終わりにつく助詞（終助詞）、外来語、からだの部分名を使った慣用句、動物名をとってできたことば、意味の上から分けた文の種類、せる・させる（使役の文）、敬語〔ほか〕
[内容] 本書は、平成4年度から実施される新しい学習指導要領にもとづいて、文法や、話し方、書き方など、国語学習の基本を、たのしいイラストを見ながらおさらいできる本です。

『新・ことばのきまり　4年生』　大越和孝著　さ・え・ら書房　1990.3　159p　22cm　（さ・え・ら図書館/国語）〈監修：斎賀秀夫〉1030円　④4-378-00610-3
[内容] 平成4年度から実施される新しい学習指導要領にもとづいて、文法や、話し方、書き方など、国語学習の基本を、たのしいイラストを見ながらおさらいできる本です。

『新・ことばのきまり　3年生』　藤井圀彦著　さ・え・ら書房　1990.3　175p　22cm　（さ・え・ら図書館/国語）〈監修：斎賀秀夫〉1030円　④4-378-00609-X
[内容] 平成4年度から実施される新しい学習指導要領にもとづいて、文法や、話し方、書き方など、国語学習の基本を、たのしいイラストを見ながらおさらいできる本です。

『新・ことばのきまり　2年生』　成家亘宏著　さ・え・ら書房　1990.3　159p　22cm　（さ・え・ら図書館/国語）〈監修：斎賀秀夫〉1030円　④4-378-00608-1
[内容] 平成4年度から実施される新しい学習指導要領にもとづいて、文法や、話し方、書き方など、国語学習の基本を、たのしいイラストを見ながらおさらいできる本です。

『新・ことばのきまり　1年生』　藤井圀彦著　さ・え・ら書房　1990.3　159p　22cm　（さ・え・ら図書館/国語）〈監修：斎賀秀夫〉1030円　④4-378-00607-3
[内容] 平成4年度から実施される新しい学習指導要領にもとづいて、文法や、話し方、

国語　　　　　　　　　　　　　　　　　　　　　　　　　　　　　　ことば・文字

書き方など、国語学習の基本を、たのしいイラストを見ながらおさらいできる本です。

◆◆◆

『まえだまえだのめざせ！ 言葉王250―小学全学年対象』　学研教育出版編　学研教育出版　2010.3　111p　26cm〈発売：学研マーケティング　索引あり〉780円　Ⓘ978-4-05-303138-9

内容　笑える例文88本＋しっかり定着する穴埋め問題。小学全学年対象。

『4年生までに身につけたい言葉力―低学年～中学年用　季節とくらし編』　学研教育出版編　学研教育出版　2009.10　120p　26cm〈発売：学研マーケティング〉1200円　Ⓘ978-4-05-303035-1

目次　第1章 こよみの言葉（こよみのことば，干支のことば），第2章 春・夏のことば（春の天気・自然，春の植物　ほか），第3章 秋・冬のことば（秋の天気・自然，秋の植物　ほか），第4章 くらしのことば（建物のことば，道具のことば　ほか）

内容　四季の自然や年中行事の言葉、建物や道具などのくらしにまつわる言葉を紹介。イラストとともに説明をしているので、言葉をイメージしながら覚えられます。また、書き込み式の「たしかめ問題」「おさらいテスト」で、言葉がしっかりと定着します。「春の行事のうた」、「道具のことばが出てくる昔話」など、本書で学習する言葉をより身近に感じられるページを設けました。

『はるがきた―たのしいべんきょうカタカナ・かん字』　山本正格著　文芸社ビジュアルアート　2009.1　47p　26cm　900円　Ⓘ978-4-86264-887-7

内容　家のひとと話し合いながら勉強する、かきこみ式の学習絵本。入学前、小学校1年生向け。

『ことばとかんじ』　栗岩英雄監修　朋友出版　〔2008.10〕　80p　30×21cm（はじめてのがくしゅうドリルシリーズ）〈付属資料：シール〉680円　Ⓘ978-4-8324-1677-2

『言葉力ドリル―中学入試　小学3～6年生用　実戦編』　中学受験専門塾アクセス国語指導室監修，学研編　学習研究社　2008.7　128p　26cm　1200円　Ⓘ978-4-05-302759-7

『中学入試でる順　ことばの問題3000』　旺文社編　改訂版　旺文社　2008.6　143p　26cm　940円　Ⓘ978-4-01-010829-1

『間違いやすい日本語1000―10才までの基礎がため　書きこみ式』　曽根脩監修，小学館国語辞典編集部編　小学館　2008.3　111p　26cm　（きっずジャポニカ・セレクション）1000円　Ⓘ978-4-09-227111-1　Ⓝ810

内容　大人もおもわずアタマをひねる、うっかりミスを誘う日本語の落とし穴。二択・三択形式の1000連発に挑戦。

『4年生までに身につけたい言葉力1100―低学年～中学年用』　中学受験専門塾アクセス国語指導室監修，学研編　学習研究社　2008.3　208p　26cm　1800円　Ⓘ978-4-05-302671-2

『中学入試まんが攻略bon！ 言葉のきまり・敬語』　まつもとよしひろ，風林英治，かめいけんじ，黒田瑞木まんが，学研編　学習研究社　2007.9　159p　21cm　1000円　Ⓘ978-4-05-302573-9

『読む・書く力を鍛える日本語トレーニング・プリント―小学生のうちに身につけたい大切なことば』　高浜正伸監修　PHP研究所　2007.8　95p　26cm　1200円　Ⓘ978-4-569-69402-3　Ⓝ814

目次　表現力（泣く，笑う，おこる　ほか），感受性（時間，今，昔　ほか），思考力（地球を守る，生き方，人の心　ほか）

内容　本書のねらいは国語力の基本となる、語彙力を養うことにあります。とくに、豊かな表現力・感受性・思考力を養うためのことばを精選し、身に付けられるようにしています。

『10才までに身につけておきたい表現力アップのための仲間のことば1000―書きこみ式』　卯月啓子監修，小学館国語辞典編集部編　小学館　2007.6　191p　26cm　（きっずジャポニカ・セレクション）1700円　Ⓘ978-4-09-227106-7

子どもの本 国語・英語をまなぶ2000冊　49

ことば・文字　　　　　　　　　　　　　　　　　　　　　　　　　　　国語

Ⓝ814.5

内容　高笑い、爆笑、ほほえむ、苦笑、白い歯を見せる、ふき出す…同じ「笑い」を表現する言葉でも、笑いっぷりや、笑う人の立場によってバリエーション（仲間のことば）がいっぱい！75日ぶんのドリル形式問題と応用力を伸ばす短文書きこみ問題で、無理なく、しだいに表現力がアップ！幅広い表現力が身につくとニガテな作文がスイスイと書けて、子どもの深い自信につながります。

『言葉力1200―中学入試 小学3～6年生用 文章が読める！わかる！書ける！』　中学受験専門塾アクセス国語指導室監修，学研編　学習研究社　2007.4　240p　26cm　2000円　①978-4-05-302454-1

『親子で学ぶ日本語ドリル言葉をみがく―中学入試にも役立つ言葉の知識22』　高木健三郎著　学習研究社　2005.8　95p　26cm　800円　①4-05-302090-5

目次　まるでおもしろい？―副詞の呼応，「が・で・も・は」たった一字で大ちがい―助詞の使い分け，「れる」「られる」のはたらきと意味―受け身・可能・自発・尊敬の区別，「打てない」と「打たない」―可能動詞のはたらき，たとえて言えば……―比喩と擬人法の効果，「生もの」と「生きもの」―送りがな，「きれいくない」なんて言うかな？―形容詞と形容動詞の区別，目で見ない「みる」―補助動詞のはたらき，「われる」と「わる」はどうちがう？―自動詞と他動詞の区別，だから，つりに…―つなぎ言葉の役割〔ほか〕

内容　まんがで、言葉の使い方についての疑問点や問題点をとらえます。学習のテーマについて、ポイントをしぼってわかりやすく解説しています。「確かめる問題」や「中学入試問題」を解くことで、理解したことを確認でき、確実に力がつきます。

『国語 敬語・言葉のきまり』　学研編　学習研究社　2004.11　152p　15cm　〈要点ランク順 中学受験 4〉〈付属資料：シート1枚〉720円　①4-05-301780-7

◆かなから始める

『カタカナことば』　平出彰文，寺田博史絵　名古屋　晃学出版　2008.9　55p　27cm　2000円　①978-4-903742-07-6　Ⓝ811.5

『ひらがな・カタカナ』　吉永幸司監修　ポプラ社　2007.3　47p　27cm　〈日本語の力がのびることばあそび 1〉2800円　①978-4-591-09606-2　Ⓝ811.5

『歌って書けるひらがな・カタカナ』　小学館　2000.4　191p　19cm　〈ドラえもんの学習シリーズ―ドラえもんの国語おもしろ攻略〉〈指導：下村昇〉760円　①4-09-253172-9

目次　1 ひらがな・カタカナの国へ出ばつ！（ひらがな・カタカナのなりたち，歌っておぼえるじょうずな書き方，正しいしせいで字を書こう），2 ひらがな・カタカナを歌っておぼえよう！（あ，ア，い，イ ほか），3 まちがえやすい字にちゅうい！（まちがえやすい書き方，大きい「や」「よ」・小さい「ゃ」「ょ」）

内容　ひらがな、カタカナを見開きに並べて見られ、正しくじょうずにすらすらと書けるように工夫された決定版です。お子さんの大好きななぞなぞから入り、歌を歌いながらリズムよく書き順や注意点がわかり、楽しく覚えられます。予習はおうちの方と一緒に、復習や確かめはひとりでドラえもんに教わり、書き込みながら理解できるようになっています。お子さん自ら進んで勉強していくので、まさに、おうちの方の悩みにぴったりです。

『かなリンゴ―幼児から小学生のための「あいうえお」の絵本』　富永直久作，コロロ・リン絵　偕成社　1992.9　61p　27cm　1600円　①4-03-203100-2

内容　楽しく遊びながらひらがながどんどん覚えられる幼児のためのひらがな絵本。この本にはひらがな50音が美しい楷書ですべてはいっています。言葉と絵で覚えられるので、楽しく身につきます。見返しには書き順もわかる一覧表もついています。幼児～小学生。

◆◆◆

『小学1年のひらがな・カタカナ』　学研教育出版編　学研教育出版　2011.2　88p　19×26cm　〈学研版毎日のドリル 国語 1〉〈発売：学研マーケティング〉580円　①978-4-05-303335-2

『入学準備～小学1年のひらがな・カタカナ』　学研パブリッシング　2010.11

国語　　　　　　　　　　　　　　　　　　　　　　　　　　　　ことば・文字

88p　19×26cm　（ディズニードリル）〈発売：学研マーケティング〉600円　①978-4-05-303288-1

『ドリルの王様　カタカナからことばへ―入学準備〜1ねんの』　大阪　新興出版社啓林館　2010.4　72p　19×26cm〈付属資料：シール，ボード〉560円　①978-4-402-30183-5
[目次] かたかなをさがしましょう，アイウエオ，カキクケコ，かきましょう，サシスセソ，タチツテト，まとめのテスト，ナニヌネノ，ハヒフヘホ，マミムメモ〔ほか〕
[内容] カタカナを正しく練習でき，カタカナで書く言葉を身につけることができる。

『ドリルの王様　ひらがなからことばへ―入学準備〜1ねんの』　大阪　新興出版社啓林館　2010.4　72p　19×26cm〈付属資料：シール，ボード〉560円　①978-4-402-30182-8
[目次] いろいろなせんをかきましょう，あいうえお，かきくけこ，さしすせそ，ことばをかきましょう，たちつてと，なにぬねの，はひふへほ，まとめのテスト，まみむめも〔ほか〕
[内容] ひらがなを一字ずつ練習し，ひらがなの組み合わせで言葉になることが実感できる。

『1日5分でじがかけるほん―カタカナ』　あきやまかぜさぶろうさく　講談社　2009.3　64p　21×30cm　（おともだちドリルブック 10）850円　①978-4-06-366310-5　Ⓝ811.5

『しろこいくろこい―たのしいべんきょうあいうえお』　山本正格著　文芸社ビジュアルアート　2009.3　39p　26cm　900円　①978-4-86264-886-0

『カタカナ―もじとことば』　栗岩英雄監修　朋友出版　〔2008.10〕　80p　30×21cm　（はじめてのがくしゅうドリルシリーズ）〈付属資料：シール〉680円　①978-4-8324-1676-5

『1日5分でじがかけるほん―ひらがな』　あきやまかぜさぶろうさく　講談社　2008.3　64p　21×30cm　（おともだち

ドリルブック 8）850円　①978-4-06-366308-2　Ⓝ811.5

『白石先生のきれいなカタカナれんしゅうドリル―小学低学年』　白石範孝指導，荒井湧山書　学習研究社　2008.3　112p　19×26cm　800円　①978-4-05-302658-3

『白石先生のきれいなひらがなれんしゅうドリル―小学低学年』　白石範孝指導，荒井湧山書　学習研究社　2008.3　112p　19×26cm　800円　①978-4-05-302657-6

『1年生のカタカナ』　くもん出版　2007.9　72p　19×26cm　（くもんの小学ドリル　国語　カタカナ）580円　①978-4-7743-1243-9

『1年生のひらがな』　くもん出版　2007.7　80p　19×26cm　（くもんの小学ドリル　国語　ひらがな）580円　①978-4-7743-1242-2

『1年生のひらがな・カタカナのかきかた』　くもん出版　2000.3　80p　19×26cm　（くもんの小学ドリル―国語書写 1）700円　①4-7743-0352-6
[目次] じをかくしせい，えんぴつのもちかた，せんをかこう，ひらがなのれんしゅう，「゛」や「゜」のつくじ，ちいさくかくじ，ひらがなのせん，ひらがなのかたち，カタカナのれんしゅう，カタカナのかたち
[内容] お子さまが，文字を正しく書く書写能力を身につけながら，ひらがな・カタカナを，速く，正確に，きれいに書けるようになることを目的としています。きめ細かなステップとくり返し練習によって，お子さまの学年にふさわしい書写能力を生かした文字学習が無理なくできます。

『ひらがなのおけいこ―木山式子ども硬筆練習ノート』　木山稔著　文園社　1998.10　95p　30cm　1000円　①4-89336-127-9

『ひらがなカタカナかんじマスター365日　毎日できる！―1年』　日能研通信教育部企画・編集　横浜　日能研　1998.3　230p　21cm　（日能研ブックス）〈発

子どもの本　国語・英語をまなぶ2000冊　　51

ことば・文字　　　　　　　　　　　　　　　　　国語

売：みくに出版　付属資料：13p〉600円　ⓘ4-89524-771-6

内容　本書は、小学一年で学ぶひらがな・カタカナ・漢字三六五日分の学習ができるようになっています。

◆漢字を知る

『豆しばれんしゅう帳　2年生のかん字』
学研教育出版編・著　学研教育出版　2011.4　111p　26cm〈発売：学研マーケティング　付属資料：シール78〉900円　ⓘ978-4-05-303403-8

目次　枝豆しば，煮豆しば，ピスタチオしば，黒豆しば，甘納豆しば，チリビーンしば，ピーナッしば，納豆しば，グリーンピーしば，白大豆しば〔ほか〕

内容　豆しばシールが78まい。豆知しきがいっぱい。楽しいクイズ、めいろ、パズルつき。

『豆しばれんしゅう帳　1年生のかん字』
学研教育出版編・著　学研教育出版　2011.4　63p　26cm〈発売：学研マーケティング　付属資料：シール78〉850円　ⓘ978-4-05-303402-1

目次　枝豆しばのれんしゅう，白大豆しばのれんしゅう，なた豆しばのれんしゅう，虎豆しばのれんしゅう，ピスタチオしばのれんしゅう，チリビーンしばのれんしゅう，カシューナッしばのれんしゅう，黒豆しばのれんしゅう，ピーナッしばのれんしゅう，グリーンピーしばのれんしゅう〔ほか〕

内容　豆しばシールが78まい。豆ちしきがいっぱい。たのしいクイズ、めいろ、パズルつき。

『白川静さんに学ぶ漢字絵本　足の巻』
はまむらゆう文・絵・古代文字，小山鉄郎監修　論創社　2011.3　32p　27cm〈文献あり〉1300円　ⓘ978-4-8460-1026-3　Ⓝ821.2

内容　漢字は一つ一つ覚える必要はありません。みんな物語のようにつながっているからです。そんな漢字の成り立ちを解明したのが、漢字学者の白川静さんです。その白川静さんの研究に基づいて、子どもたちに楽しく漢字の世界を紹介する初めての絵本です。

『白川静博士の漢字の世界へ―小学校学習漢字解説本』　福井県教育委員会編　福井　福井県教育委員会　2011.2　286p　19cm〈発売：平凡社〉1600円　ⓘ978-4-582-40334-3

目次　白川静博士の生涯、漢字の歴史、なぜ漢字というのでしょうか？、漢字の分類「六書」、凵(さい)の発見、「はしご」がついている漢字、祭りに関する漢字、人の形から生まれた漢字、自然や動物から生まれた漢字、数を表す漢字、体を表す漢字とそこから生まれた漢字、都道府県名を古代文字で書くと…、凡例、漢字の解説（一年生、二年生、三年生、四年生、五年生、六年生）

内容　白川静の故郷福井県では、白川文字学に基づく独自の漢字教育に取り組み、めざましい成果をあげている。本書は、2008年より県内全小学校で使われ、全国の注目を集める漢字解説本の改訂版。小学校学習指導要領（国語）別表「学年別漢字配当表」の漢字、全1006字の解説を収録。おとなも学べる、漢字解説本。

『こえでおぼえる一年生のかん字の本』
min絵，栗岩英雄監修　ポプラ社　2011.1　27p　26cm（音のでる・知育絵本　14）〈企画・編集：みっとめるへん社　付(1枚)：おけいこシート　音声情報あり〉2200円　ⓘ978-4-591-12222-8　Ⓝ811.2

内容　たのしくきいて、どんどんおぼえる。よむ、かく、きく、一年生の漢字80字が全部おぼえられる。

『これなんてよむ？―どうぶつのかんじ』
砂山恵美子さく・え　ポトス出版　2010.12　31p　27cm　1300円　ⓘ978-4-901979-27-6　Ⓝ811.2

内容　土竜、河馬、海豚、河豚…大人でもちょっと考えてしまいそうな漢字が楽しく読めるようになる絵本。

『3・4年生の漢字』　学習パズル研究会編　ポプラ社　2010.11　124p　18cm（ポケットポプラディア―学習パズル50　2）700円　ⓘ978-4-591-12119-1　Ⓝ811.2

『はじめての漢字えほん―1年生の漢字がわかる！　1年生で習う80字』　後藤範行絵，グループ・コロンブス編　世界文化社　2010.10　95p　26cm　1300円　ⓘ978-4-418-10716-2　Ⓝ811.2

国語　　ことば・文字

内容　小学校1年生で習う漢字80字を、楽しいイラストとともに紹介する「漢字えほん」。

『絵でわかる「漢字使い分け」―小学生のことば事典』　どりむ社編著，丹羽哲也監修　PHP研究所　2010.9　127p　22cm　1200円　①978-4-569-78081-8　N814.5

目次　あう（会う・合う），あける（明ける・開ける・空ける），あげる（上げる・挙げる），あたたかい（暖かい・温かい），あつい（暑い・熱い・厚い），あやまる（誤る・謝る），あらわす（現す・表す），いがい（意外・以外），いぎ（異義・異議・意義），いじょう（異常・異状）〔ほか〕

内容　小学生が覚えておきたい、同音異義語・同訓異字を厳選。大きなイラストで、使い分ける場面を紹介。使い分けをするときに役立つ知識やヒントも掲載。

『漢字漫画』　大竹誠編　論創社　2010.6　189p　19cm　1200円　①978-4-8460-0924-3　N726.1

『おもしろ漢字塾　4　同音異義語―漢字の使い分け』　Willこども知育研究所編・著　金の星社　2010.3　47p　27cm〈文献あり〉2700円　①978-4-323-05544-2　N811.2

内容　同じ発音なのに、違う意味の言葉の「同音異義語」。どの漢字を使おうか迷うような漢字の使い分けが自然と身につきます。

『おもしろ漢字塾　3　まちがえやすい漢字』　Willこども知育研究所編・著　金の星社　2010.3　48p　27cm〈文献あり〉2700円　①978-4-323-05543-5　N811.2

目次　1　似ていて混乱！まちがえやすい漢字（「つくり」がいっしょ！「へん」ちがい！，これも、「つくり」がいっしょ！「へん」ちがい！，「へん」がいっしょ！「つくり」ちがい！，どっちを書くか、よくみんなが迷う漢字！，途中までいっしょ、部分に注意！ ほか），2　書き取りでうっかりミスしやすい漢字（つきぬける漢字、つきぬけない漢字，はねる漢字、はねない漢字，曲げる漢字 ほか）

内容　書き取りでミスしやすく、覚えにくい「まちがえやすい漢字」のポイントを説明。

『おもしろ漢字塾　2　チャレンジ！難読漢字』　Willこども知育研究所編・著　金の星社　2010.3　47p　27cm〈文献あり〉2700円　①978-4-323-05542-8　N811.2

目次　一月（睦月）―お正月は一族大集合，二月（如月）―スキーは転がるほうが速い!?，三月（弥生）―卒業式で大泣き，四月（卯月）―お花見は花より団子，五月（皐月）―連休は京都旅行，六月（水無月）―結婚式におよばれ，七月（文月）―キャンプで大はしゃぎ，八月（葉月）―夏祭りは最高!，九月（長月）―青空の下、運動会，十月（神無月）―芸術の秋を満喫〔ほか〕

『辞書びきえほん　漢字』　陰山英男監修　大阪　ひかりのくに　2010.3　241p　27×13cm　1800円　①978-4-564-00845-0　N813.2

内容　小学校一年から三年で習う漢字四四〇字について、読み方や部首、画数、筆順のほか、その意味、おもな使い方をイラストをまじえて解説。漢字は教科書で最初に習う読み方の五十音順になっています。

『小学漢字1006字の正しい書き方』　旺文社編　3訂版　旺文社　2010.3　351p　15cm　600円　①978-4-01-010855-0　N811.2

内容　小学校で学ぶ漢字1006字の書き順を、省略せずに1画ずつ示した。

『1年生のかん字80』　グループ・コロンブス構成・文，金田一秀穂監修　講談社　2010.2　1冊（ページ付なし）26cm（知育アルバム　7）　650円　①978-4-06-283406-3　N811.2

『おもしろ漢字塾　1　漢字の成り立ち』　Willこども知育研究所編・著　金の星社　2010.2　47p　27cm〈文献あり〉2700円　①978-4-323-05541-1　N811.2

目次　漢字の成り立ち，六つの種類，人の体にまつわる漢字，動物にまつわる漢字，植物にまつわる漢字，自然にまつわる漢字，住居と服飾にまつわる漢字，道具にまつわる漢字

『さわって！あそんで！みんなの漢字―パタパタしかけ絵本』　大塚ゆうこさく，のじままゆみえ，日本漢字能力検定協

ことば・文字　　　　　　　　　　　　　　　　　　　　　　　　　　　国語

会編　京都　日本漢字能力検定協会　2010.2　47p　27cm　1900円　Ⓘ978-4-89096-188-7　Ⓝ811.2

内容　小学一年生で習う漢字（漢検10級配当漢字）全80字を網羅。

『ななみちゃんの漢字えほん』　正村史郎作，日本放送出版協会（NHK出版）編　日本放送出版協会　2009.11　71p　26cm〈解説：円満字二郎〉1500円　Ⓘ978-4-14-036106-1　Ⓝ821.2

内容　絵から生まれたもの（象形）を中心に66字の漢字を紹介、そのうち55字は1、2年生で習う漢字。読み方、書き順も掲載。はじめて漢字を習うお子さまにピッタリです。イラストを見ながら漢字のなりたちや意味、読み方、書き方をひとまとめにおぼえることができます。

『書き方クイズの王様』　石黒奈美，畑山香織著　岩崎書店　2009.10　111p　22cm（漢字遊びの王様 3　田近洵一監修）1500円　Ⓘ978-4-265-07753-3　Ⓝ811.2

目次　レッスン1 漢字の形と書き方（漢字のなりたち，漢字の部首と組み立て，点画の種類と漢字の画数，漢字の筆順，形をまちがえやすい漢字，漢字やかなの大きさ・配列），レッスン2 漢字の読み方（音読み・訓読み，特別な読み方の熟語，同音・同訓異字，同音異義語，熟語の読み方），レッスン3 漢字の意味（漢字の意味），レッスン4 熟語の意味（熟語の組み立て，類義語・対義語，三字熟語，四字熟語），レッスン5 送りがな（送りがな），レッスン6 漢字検定にチャレンジ（王様の漢字検定）

内容　漢字の部首・画数・筆順…。この本は、はじめから終わりまで漢字についていっぱい。漢字の書き方を中心としたいろいろなクイズに挑戦して、みんなで楽しく学びましょう。クイズを解いて、漢字のおもしろさに気づいてきたら、きみも書き方クイズの王様。

『形クイズの王様』　阪田敦子，竹内順子著　岩崎書店　2009.10　111p　22cm（漢字遊びの王様 2　田近洵一監修）1500円　Ⓘ978-4-265-07752-6　Ⓝ811.2

目次　レッスン1 漢字の形と書き方（形の似ている漢字，正しい字形，漢字のなりたち，漢字の部首と組み立て，漢字の画数，漢字の書き順，漢字当てクイズ），レッスン2 漢字の読み方（いろいろな漢字の読み方，とくべつな

読み方のことば），レッスン3 漢字の意味（いろいろな漢字の意味），レッスン4 熟語の意味（熟語の意味，反対の意味のことば），レッスン5 送りがな（送りがな），レッスン6 漢字検定にチャレンジ（王様の漢字検定）

内容　形の似ている漢字・正しい字形・漢字のなりたち…。この本は、はじめから終わりまで漢字についていっぱい。漢字の形などのいろいろなクイズに挑戦して、みんなで楽しく学びましょう。クイズを解いて、漢字のおもしろさに気づいてきたら、きみも形クイズの王様。

『漢字クイズの王様』　梅沢実著　岩崎書店　2009.10　111p　22cm（漢字遊びの王様 1　田近洵一監修）1500円　Ⓘ978-4-265-07751-9　Ⓝ811.2

目次　レッスン1 漢字のでき方（漢字の起こり，ものの形からできた文字（象形文字），線や点でできた文字（指事文字）ほか），レッスン2 漢字の部分に注目（漢字の部首は意味!?一種類と意味，どんな「へん」があるかな，どんな「つくり」があるかな？ほか），レッスン3 漢字を正しく読む（漢字の読み方，熟語の読み方，特別な読み方をする言葉），レッスン4 漢字を美しく書く（筆順には基本がある!，まちがえやすい筆順!，画数をつかむ！ほか），レッスン5 漢字の仲間集め（体に関する漢字の仲間集め，家族に関する漢字の仲間集め，気象に関する漢字の仲間集め　ほか）

内容　象形文字・指事文字…。部首・筆順・画数…。この本は、はじめから終わりまで漢字についていっぱい。みんなで漢字クイズに挑戦して、楽しく学びましょう。また、じっさいに自分で漢字をつくってみましょう。クイズをといて、漢字のおもしろさに気づいてきたら、きみも漢字クイズの王様。

『読み方クイズの王様』　大野桂子，佐藤久美子著　岩崎書店　2009.10　112p　22cm（漢字遊びの王様 4　田近洵一監修）1500円　Ⓘ978-4-265-07754-0　Ⓝ811.2

目次　レッスン1 漢字の読み方（いろいろな音読み・訓読み，熟字訓，同音・同訓異義語，熟語の読み方），レッスン2 漢字の形と書き方（漢字の部首と組み立て，漢字の画数・点画の種類，漢字の筆順，形をまちがえやすい漢字，文字の大きさ・配列），レッスン3 漢字の意味（いろいろな漢字の意味），レッスン4 熟語の意味（熟語の構成，ことばの由来（起こり），類義語・対

| 国語 | ことば・文字 |

義語，三字熟語，四字熟語），レッスン5 送りがな（送りがな，かなづかい），レッスン6 漢字検定にチャレンジ（王様の漢字検定）
[内容] 漢字の音読みや訓読み，特別な読み方の熟語…。この本は，はじめから終わりまで漢字についていっぱい。漢字の読み方を中心としたいろいろなクイズに挑戦して，みんなで楽しく学びましょう。クイズを解いて，漢字のおもしろさに気づいてきたら，きみも読み方クイズの王様。

『オールカラー名文・名句でおぼえる小学校の漢字1006字』 笹原宏之監修 ナツメ社 2009.9 271p 24cm〈文献あり〉 1890円 ①978-4-8163-4754-2 Ⓝ811.2
[目次] 俳句・短歌の章，古典・漢詩の章，詩・うたの章，物語・映画のセリフの章，格言・名文の章，ことわざ・慣用句・四字熟語・故事成語・言葉遊びの章，日本国憲法の章
[内容] 小学校の漢字1006字の部首・画数・筆順・読み・用例・成り立ちが学習できる。ぜひ知っておきたい名文・名句・有名な言葉，楽しいイラストが満載。言葉の意味や作者についての解説も充実。

『読める・読めない漢字とあそぶ』 加納喜光著 星の環会 2009.7 159p 21cm〈『漢字とあそぶ』（2003年刊）の改題，加筆・改訂 索引あり〉 1200円 ①978-4-89294-480-2 Ⓝ811.2

『漢字クイズ—めざせ！日本語クイズマスター』 北原保雄編 ハンディ版 金の星社 2009.6 126p 19cm 700円 ①978-4-323-05631-9 Ⓝ811.2
[目次] 1 初級編（かくされた漢字は何？，漢字で魚つり，何画目に書く？ ほか），2 中級編（二字熟語しりとりめいろ，ちょっと変な漢字，正しい読み方はどっち？ ほか），3 上級編（四字熟語しりとりめいろ，虫めがねで見た漢字，部首をあてよう！ ほか）
[内容] 知れば知るほどうれしくなって，うまく使えれば使えるほど，楽しくなる日本語。バラエティゆたかなクイズで，キミの日本語力をきたえちゃおう。

『小学校学習漢字1006字がすべて読める漢字童話』 井上憲雄文・絵 本の泉社 2009.6 204p 21cm 1000円 ①978-4-7807-0442-6 Ⓝ811.2

[目次] 一年生の漢字八〇字 ダバラン王，二年生の漢字一六〇字 ぽん太と海の町，三年生の漢字二〇〇字 悪魔の島，四年生の漢字二〇〇字 地球をまもれ，五年生の漢字一八五字 ミステリーランド，六年生の漢字一八一字 パラレルワールド
[内容] この本では，一学年で学習することになっている漢字がすべて一つの童話のなかで使われています。欄外にその新出漢字の読み方がありますので，まだ習っていない四月の段階から読むことができます。何度も読んでいるうちに，その学年の漢字を自然にすべて覚えることができるのです。

『マゼコゼ大王のさがしもの—漢字の話 国語』 萩原昌好監修 数研出版 2009.5 111p 21cm （チャートブックス学習シリーズ）〈文献あり〉 1100円 ①978-4-410-13910-9 Ⓝ821.2

『準備いらずのクイック漢字遊び—遊んでおぼえる漢字クイズ&ゲーム』 山口理編著 いかだ社 2009.4 94p 21×12cm 1300円 ①978-4-87051-254-2
[目次] 漢字バラバラ事件，仲間はずれはだあれ？，漢字しりとり，間違い探し，ヒントがかくれんぼ，スリーヒントでバッチリあてよう！，カタカナ？えーっ，漢字なの？，てんでわからない!?，漢字迷路を突破しよう！，組みかえてみよう！，ありゃりゃ，重なっちゃった!!，漢字がかくれんぼ，横線が消えた!?，縦線が消えた!?，虫食い熟語，漢字おにぎり，漢字ジェスチャー，あて字（仮借文字）の世界，どんなときに使うのかな？，この字読めるのかな？

『漢字クイズ—国語力アップ めざせ！日本語クイズマスター』 北原保雄編 金の星社 2009.3 126p 22cm 2000円 ①978-4-323-05621-0 Ⓝ811.2
[目次] 1 初級編（かくされた漢字は何？，漢字で魚つり，何画目に書く？ ほか），2 中級編（二字熟語しりとりめいろ，ちょっと変な漢字，正しい読み方はどっち？ ほか），3 上級編（四字熟語しりとりめいろ，虫めがねで見た漢字，部首をあてよう！ ほか）

『親野智可等の楽勉カルタブック クイズ漢字』 親野智可等監修 学習研究社 2008.12 1冊 19cm 900円 ①978-4-05-302851-8
[内容] 切り取り線にそって切りはなせば，カ

子どもの本 国語・英語をまなぶ2000冊 55

ことば・文字　　　　　　　　　　　　　　　　　　　　　　　　　　　　　　　国語

ルタになります。ケースつきですので、使わないときにはケースに入れて持ち歩けます。カルタで遊んでいると、自然に漢字が覚えられるというすぐれものです。カルタをやらないときは、暗記用学習カードにもなります。1年生漢字80字のすべてを、覚えやすいクイズにしました。クイズを考えながら、漢字を楽しく楽に身につけられます。

『「新」漢字のおぼえ方―マンガだけど本格派　小・中学生用　パート2』漢字塾太郎著，宮島弘道マンガ　太陽出版　2008.12　206p　21cm　1500円　ⓘ978-4-88469-605-4　Ⓝ811.2

目次　漢字は情報のかたまり!，漢字をおぼえるポイント1―部首だけに使われる文字を見つけよう!!，漢字をおぼえるポイント2―漢字の中にかくれている「部首」を見つけ出そう，漢字をおぼえるポイント3―意味のわからない部首のおぼえ方，自然は部首のお母さん―自然にあるものからつくられた部首，部首の植物園は花盛り―植物からつくられた部首，部首の動物園で楽しく遊ぼう―動物からつくられた部首，架空動物園に竜が翔ぶ―空想の生き物からつくられた部首，光や色は虹の天使の贈り物―色の三原色は漢字の三原色，大きさや長さまで部首なんだって―大きさ・長さからつくられた部首〔ほか〕

『漢検のひみつ』大岩ピュン漫画，オフィス・イディオム構成　学習研究社コミュニケーションビジネス事業室　2008.9　128p　23cm　(学研まんがでよくわかるシリーズ 40) Ⓝ811.2

『漢検合格体験記　小学生編　漢検で力の基礎をつくろう』日本漢字教育振興会編，日本漢字能力検定協会監修　京都　日本漢字能力検定協会　2008.5　127p　21cm　1000円　ⓘ978-4-89096-168-9　Ⓝ811.2

『しずくちゃんかん字の学校―一年生のかん字』ぎぼりつこ絵，青木伸生監修　学習研究社　2008.5　114p　21cm　800円　ⓘ978-4-05-203023-9　Ⓝ811.2

目次　「かん字はつかれる!?」―かずのかん字，「ヴィーノ氏の一しゅうかん」―よう日のかん字，「しょうぎ名人」―人やからだのかん字，「かぶと虫をさがせ!!」―しぜんや天気のかん字，「し力けんさ」―ほう

うや大きさのかん字，「コンサートにいこう」―べんきょうやどうさのかん字，「ロンロンのすごい車」―いろやかたち，どうぐのかん字，「一年まえのおもい出」―そのほかのかん字

内容　しずくちゃんたちといっしょにかん字を学ぼう！小学一年生でならうかん字80字がすべてのっているよ。

『素敵な漢字』五味太郎著　講談社インターナショナル　2008.5　107p　21×24cm〈他言語標題：Fun with kanji　英語併記〉1800円　ⓘ978-4-7700-4094-7　Ⓝ811.2

内容　五味太郎が自由な発想とユニークな手法で描く漢字97種。音読み・訓読み、書き順、熟語の使用例もあわせて解説します。また、英単語も併記。

『この漢字どっちを使うの？　同音同訓異字―漢字に強くなる　3(た行て - わ行)』高村忠範文・絵　汐文社　2008.3　95p　22cm　1500円　ⓘ978-4-8113-8453-5　Ⓝ814.5

目次　てきかく　的確・適格，てんじょう　天上・天井，てんてん　点点・転転，とうき　冬期・冬季，どうし　同士・同志，とうとい　貴い・尊い，とく　解く・溶く，とくちょう　特徴・特長，ととのえる　整える・調える，とぶ　飛ぶ・跳ぶ〔ほか〕

『この漢字どっちを使うの？　同音同訓異字―漢字に強くなる　2(か行こ - た行つ)』高村忠範文・絵　汐文社　2008.3　95p　22cm　1500円　ⓘ978-4-8113-8452-8　Ⓝ814.5

目次　こうい―好意・厚意，こうえん―公演・講演，こうてい―工程・行程，こえる―越える・超える，こじん―古人・故人，さいけつ―採決・裁決，さいご・最後・最期，さいしょう―最小・最少，さす―指す・差す，さめる―冷める・覚める〔ほか〕

『色や様子を表す漢字―吃驚ってなんて読む？』学習研究社　2008.2　48p　27cm　(漢字で鍛える日本語力 7　金田一秀穂，青木伸生監修) 2200円　ⓘ978-4-05-500532-6　Ⓝ814

『暮らしと文化の漢字　2　十二単ってなんて読む？』学習研究社　2008.2　48p

国語　　　　　　　　　　　　　　　　　　　　　　　　　　　　ことば・文字

27cm　（漢字で鍛える日本語力 5　金田一秀穂,青木伸生監修）2200円　Ⓘ978-4-05-500530-2　Ⓝ814

『暮らしと文化の漢字　1　薬缶ってなんて読む？』　学習研究社　2008.2　48p　27cm　（漢字で鍛える日本語力 4　金田一秀穂,青木伸生監修）2200円　Ⓘ978-4-05-500529-6　Ⓝ814

『植物や自然の漢字―向日葵ってなんて読む？』　学習研究社　2008.2　48p　27cm　（漢字で鍛える日本語力 2　金田一秀穂,青木伸生監修）2200円　Ⓘ978-4-05-500527-2　Ⓝ814

『正しく書く読む小中学漢字―漢字検定にも役立つ「筆順」付き』　主婦の友社編　主婦の友社　2008.2　288p　19cm　1000円　Ⓘ978-4-07-259123-9　Ⓝ811.2

『食べ物の漢字―西瓜ってなんて読む？』　学習研究社　2008.2　48p　27cm　（漢字で鍛える日本語力 3　金田一秀穂,青木伸生監修）2200円　Ⓘ978-4-05-500528-9　Ⓝ814

『地名や人名を表す漢字―日本武尊ってなんて読む？』　学習研究社　2008.2　48p　27cm　（漢字で鍛える日本語力 8　金田一秀穂,青木伸生監修）2200円　Ⓘ978-4-05-500533-3　Ⓝ814

『動物の漢字―駱駝ってなんて読む？』　学習研究社　2008.2　48p　27cm　（漢字で鍛える日本語力 1　金田一秀穂,青木伸生監修）2200円　Ⓘ978-4-05-500526-5　Ⓝ814

『人に関する漢字―欠伸ってなんて読む？』　学習研究社　2008.2　48p　27cm　（漢字で鍛える日本語力 6　金田一秀穂,青木伸生監修）2200円　Ⓘ978-4-05-500531-9　Ⓝ814

『この漢字どっちを使うの？　同音同訓異字―漢字に強くなる　1（あ行―か行）』　高村忠範文・絵　汐文社　2007.11　95p　22cm　1500円　Ⓘ978-4-8113-8451-1　Ⓝ814.5

〔目次〕あう―会う・合う、あける―明ける・開ける、あげる―上げる・揚げる、あたたかい―暖かい・温かい、あつい―暑い・熱い、あやまる―謝る・誤る、あらわす―表す・現す、いがい―以外・意外、いぎ―異議・意義、いし―意志・意思〔ほか〕

〔内容〕この本は「同音同訓異字」を楽しく学べるように、例文をクイズ形式にしました。

『「新」漢字のおぼえ方―マンガだけど本格派　小・中学生用』　漢字塾太郎著,宮島弘道マンガ　太陽出版　2007.8　213p　21cm　1500円　Ⓘ978-4-88469-532-3　Ⓝ811.2

〔目次〕六書（マンガ解説）、漢字っていったい何なのサ、漢字を思い出しやすく忘れにくくするためのコツ―部首編マンガ解説、カナと漢字を読むだけで部首の名前になっている、漢字の中のカタカナが部首―だからカナを見つけるだけでいいのサ、絵文字が部首になっちゃった―だから記憶力なんかいらないのサ、漢字の中の数字を見つける―数字が漢字の部首なのサ、人間はからだ中が部首だらけ―だから記憶力なんかいらないのサ、人の心と行動がぜんぶ部首になっている、人の社会的な立場が部首になっている、漢字を思い出しやすく忘れにくくするためのコツ（音符編）…マンガ解説、漢字一個の面積の半分は音譜です、音符の解説マンガ

『1行読んでおぼえる小学生必修1006漢字―高学年506漢字』　藁谷久三著　梧桐書院　2007.7　155p　21cm　1200円　Ⓘ978-4-340-51004-7　Ⓝ811.2

『1行読んでおぼえる小学生必修1006漢字―低学年500漢字』　藁谷久三著　梧桐書院　2007.7　153p　21cm　1200円　Ⓘ978-4-340-51003-0　Ⓝ811.2

『楽しくできる！　小学生の漢字パズル　4・5・6年生』　漢字パズル研究会著　メイツ出版　2007.5　128p　21cm　1200円　Ⓘ978-4-7804-0222-3

〔目次〕ひらがなから漢字の世界へ、こわれた漢字、漢字のルーツ、漢字の生まれ方1、ちょっとだけ違う漢字　漢字の生まれ方2、お母さんはどこに？漢字の生まれ方3、かけた漢字も読みで推理　部首1、かたちをのぞくと見えてくる　部首2、漢字でかけ算　画数・筆順1、どっちが先だ　画数・筆順2〔ほか〕

子どもの本 国語・英語をまなぶ2000冊　　57

ことば・文字　　　　　　　　　　　　　　　　　　　　　　　　　　　　国語

『楽しくできる！ 小学生の漢字パズル 1・2・3年生』 漢字パズル研究会著　メイツ出版　2007.5　128p　21cm　（まなぶっく）　1200円　Ⓘ978-4-7804-0221-6
［目次］ひらがな―ひらがなのクイズで腕だめし，カタカナ―カタカナもなかなかやるもんだ，象形文字（1）―昔の字はみんな絵だった，象形文字（2）―漢字がない時代はどういう文字？，会意文字―漢字＋漢字で新しい漢字のたんじょう，形成文字―漢字を意味の部分と読みの部分に分けてみよう，部首（1）―漢字って実はとっても便利，漢字を組み立てよう―漢字を使った頭の体操だよ，部首（2）―なんて呼ぶのかちゃんと覚えよう，部首のグループ分け―同じ部首がつく漢字を集めてみよう〔ほか〕

『まんがで学ぶ漢字あそび』 白石範孝著，やまねあつしまんが　国土社　2007.5　107p　22cm　1500円　Ⓘ978-4-337-21504-7　Ⓝ811.2
［目次］漢字のしくみ，漢字の種類，漢字の筆順，熟語のしくみ，熟語の読み方，送りがなのきまり，おもしろ漢字

『漢字であそぼう』 吉永幸司監修　ポプラ社　2007.3　47p　27cm　（日本語の力がのびることばあそび　2）　2800円　Ⓘ978-4-591-09607-9　Ⓝ811.2

『漢字とことば―満点学習まんが』 新訂版　学習研究社　2007.2　576p　26cm　1700円　Ⓘ978-4-05-202620-1　Ⓝ811.2
［目次］第1章 漢字の読みと使い方（1年でならうかん字，2年でならうかん字，3年で習う漢字，4年で習う漢字，5年で習う漢字，6年で習う漢字，総画さくいん，部首さくいん，音訓さくいん）〔ほか〕

『根本式語呂あわせでおぼえる難読漢字 3巻（植物・食物編）』 根本浩著，森谷健司イラスト　汐文社　2006.11　79p　22cm　1400円　Ⓘ4-8113-8118-1　Ⓝ811.2

『根本式語呂あわせでおぼえる難読漢字 2巻（鳥・動物・虫編）』 根本浩著，森谷健司イラスト　汐文社　2006.11　79p　22cm　1400円　Ⓘ4-8113-8117-3　Ⓝ811.2
［目次］第1章 身近にいる鳥の漢字，第2章 珍しい鳥・派手な鳥の漢字，第3章 いろいろな小動物の漢字，第4章 大きい動物や猛獣の漢字，第5章 身の回りにいる虫の漢字
［内容］鳥・けもの・へん・虫のそれぞれの成り立ちについて，この本の中ではそれらの文字を偏として持つものを中心に，よく使う漢字を取り上げています。どれもこれも書く事ができれば「へぇーっ」と感心される鳥・動物・虫の漢字ばかりです。この本をしっかりとマスターすれば，ワシやキリンなどのすごく難しい漢字も絶対にかけるようになります。

『根本式語呂あわせでおぼえる難読漢字 1巻（魚編）』 根本浩著，森谷健司イラスト　汐文社　2006.9　79p　22cm　1400円　Ⓘ4-8113-8116-5　Ⓝ811.2
［目次］第1章 おすし屋さんで出てくる魚の漢字，第2章 テレビや水族館でよく見る魚の漢字，第3章 食卓・レストランで食べている魚の漢字，第4章 川でみかける魚の漢字，第5章 魚へんがつかない魚の漢字，第6章 貝や海の生物の漢字

『フシギ読み漢字―なんて読む？ カンタン漢字や知ってる言葉』 加納喜光監修　集英社　2006.3　207p　19cm　1300円　Ⓘ4-08-288088-7　Ⓝ811.2

『石井式なるほど！ 漢字ワールド―たのしく学んで・たくさん覚える　「自然」と「生活」から生まれた漢字編』 土屋秀宇著　PHP研究所　2006.2　158p　19cm　1000円　Ⓘ4-569-64719-7　Ⓝ821.2

『石井式なるほど！ 漢字ワールド―たのしく学んで・たくさん覚える　「動物」と「植物」から生まれた漢字編』 土屋秀宇著　PHP研究所　2006.2　158p　19cm　1000円　Ⓘ4-569-64718-9　Ⓝ821.2

『石井式なるほど！ 漢字ワールド―たのしく学んで・たくさん覚える　「人」から生まれた漢字編』 土屋秀宇著　PHP研究所　2006.2　158p　19cm　1000円　Ⓘ4-569-64717-0　Ⓝ821.2

『親子で挑戦!! 難読漢字おもしろパズル

国語　　　　　　　　　　　　　　　　　　　　　　　　　　　　　　　　ことば・文字

『―楽しみながらいろいろな漢字を覚えられます！』　漢字パズル研究会著　メイツ出版　2005.11　128p　21cm　（まなぶっく）　1200円　Ⓘ4-89577-958-0　Ⓝ811.2

『漢字まちがいさがしチャレンジブック―親子で挑戦!!』　漢字パズル研究会著　メイツ出版　2005.8　128p　21cm　（まなぶっく）　1200円　Ⓘ4-89577-934-3　Ⓝ811.2
[目次]　第1部　ホップ（漢字を正確に覚えよう，同じ音の漢違い，ニセモノさがし　ほか），第2部　ステップ（送りがな選択クイズ，虫めがねパズル，言葉の使い方間違いさがし　ほか），第3部　ジャンプ（間違いさがし，共通の部首，このことわざ，何かヘン？　ほか）
[内容]　楽しみながら，正しい漢字やよく使われる熟語がわかります。

『クレヨンしんちゃんの漢字おもしろクイズブック』　りんりん舎編集・構成　双葉社　2005.7　190p　19cm　（クレヨンしんちゃんのなんでも百科シリーズ）　800円　Ⓘ4-575-29819-0　Ⓝ811.2
[目次]　数字を入れて！，太い部分は何画目かな？，中国語で言える？，同じ読みのものは？，漢字でしりとりしよう！，不，無，非，未のうちどれ？，数え方は？，類義語を作ろう，前は？後ろは？，対義語を作ろう〔ほか〕

『おもしろ漢字パズル―親子で挑戦!!　2』　漢字パズル研究会著　メイツ出版　2005.4　128p　21cm　（まなぶっく）　1200円　Ⓘ4-89577-883-5　Ⓝ811.2

『子ども漢字百景』　卯月啓子著　東洋館出版社　2005.4　113p　19cm　1500円　Ⓘ4-491-02090-6　Ⓝ811.2
[目次]　必要な漢字は身につく，名前の漢字で自己紹介，漢字の力＝学力か？，漢字と仮名の助け合い，何の授業でも学べる，習ってなくても，点がある？ない？，一と一でできた熟語，出てきたとこ勝負，これも漢字で書けるんだ〔ほか〕
[内容]　知っていますか？こんな漢字。気付いていましたか？あんな漢字。テストのための暗記じゃなくて，ドリルのための練習じゃない。楽しく覚えてずっと忘れない，教養を高める漢字学習はいかが？朝日小学生新聞好評連載中。

『ちびまる子ちゃんの似たもの漢字使い分け教室―同音異義語、反対語、類語など』　さくらももこキャラクター原作，関根健一著　集英社　2005.3　207p　19cm　（満点ゲットシリーズ）　850円　Ⓘ4-08-314029-1　Ⓝ814.5

『漢字の大常識』　黒沢弘光監修，神林京子，五十嵐清治文　ポプラ社　2005.2　143p　22cm　（これだけは知っておきたい！　15）　880円　Ⓘ4-591-08341-1　Ⓝ821.2
[目次]　1　かんじ？カンジ？やっぱり漢字！（「ははのはは…」って，なんだろう？，「子子子子子…」って，なんだろう？　ほか），2　これでなっとく！漢字のなりたち（絵から生まれた！象形文字，「、」のもとは足？ひれ？それとも…　ほか），3　おぼえておこう！漢字のくみたて（部首って，なんだろう？，スリムになって「へん」になる!?　ほか），4　なるほど！漢字の読み（音は中国から！訓は日本で!!，音はいくつ？　ほか），5　つかってみよう！熟語（漢字が二字で，二字熟語，似たものどうしか，反対か？熟語の型　ほか）
[内容]　小学校4年生から，よみがな対応！知ってるとトクする漢字のひみつを徹底攻略。

『漢字の森―小学生用』　吉田瑞穂監修　改訂版　中央教育図書研究所　2004.9　375p　21cm　〈発売：土屋書店〉　1800円　Ⓘ4-8069-0724-3
[内容]　小学校で学習する漢字1006字全部を，一年から六年まで，学年ごとに，アイウエオ順に収録。絵を多くとり入れて，漢字を楽しく学び，よくおぼえられるようにくふうしている。

『漢字クイズ絵本―あそんでまなぶ　6年生』　ばばゆうじ著　偕成社　2004.2　47p　25cm　1200円　Ⓘ4-03-920460-3　Ⓝ811.2
[目次]　頭を出しているのは，かわった打ち上げ花火，三色のミニトマト，くもためがね，林にかくれんぼ，ゴジラの足あと，めいろのように見えるのは，花の四姉妹，一ふさのぶどう，点だけのてんとうむし〔ほか〕
[内容]　小学校でならう全漢字1006字が学年別のビジュアルなクイズになった！こたえのページに出ている漢字すべての音読み・訓読みや用例を収録！クイズにこたえていくうち

ことば・文字　　　　　　　　　　　　　　　　　　　　　　　　　　　　　　　　　国語

に、しぜんに漢字をおぼえることができる。

『漢字クイズ絵本―あそんでまなぶ　5年生』ばばゆうじ著　偕成社　2004.2　47p　25cm　1200円　Ⓘ4-03-920450-6　Ⓝ811.2
[目次]だるま落とし、かわった打ち上げ花火、かめのこうら、家族はそっくりさん、サッカーボールづくり、ゴジラの足あと、部屋わりを決めよう、花の四姉妹、一ふさのぶどう、点だけのてんとうむし〔ほか〕
[内容]小学校でならう全漢字1006字が学年別のビジュアルなクイズになった！こたえのページに出ている漢字すべての音読み・訓読みや用例を収録！クイズにこたえていくうちに、しぜんに漢字をおぼえることができる。

『漢字クイズ絵本―あそんでまなぶ　4年生』ばばゆうじ著　偕成社　2004.1　47p　25cm　1200円　Ⓘ4-03-920440-9　Ⓝ811.2

『漢字クイズ絵本―あそんでまなぶ　3年生』ばばゆうじ著　偕成社　2004.1　47p　25cm　1200円　Ⓘ4-03-920430-1　Ⓝ811.2

『漢字・熟語を使い分ける』小学館　2004.1　191p　19cm　（ドラえもんの学習シリーズ―ドラえもんの国語おもしろ攻略）760円　Ⓘ4-09-253189-3　Ⓝ811.2
[目次]1 同音異義語と同訓異字（あ行の同音異義語・同訓異字、か行の同音異義語・同訓異字、さ行の同音異義語・同訓異字　ほか）、2 反対語と対義語（否定語をつくる漢字と一文字の反対語、まずは同じ字をふくまない反対語、ここからは同じ字をふくむ反対語）、3 類義語と同義語（まずは同じ字をふくまない類義語・同義語、ここからは下の字が同じ類義語・同義語、ここからは上の字が同じ類義語・同義語　ほか）
[内容]本書では、テストによく出題されて、まちがいやすい漢字や熟語、特に同音異義語、同訓異字、同義語を中心に取り上げて、文章の中で意味を正しく表す使い方をまんがで楽しくわかりやすく解説した。

『漢字クイズ絵本―あそんでまなぶ　2年生』ばばゆうじ著　偕成社　2003.12　47p　25cm　1200円　Ⓘ4-03-920420-4　Ⓝ811.2

[目次]花びらにかくれんぼ、クローバーの三兄弟、くしだんご四兄弟、さくらんぼはそっくりさん、だれの先ぞかな？、八人の合しょうだん、ちょっとかわった電たく、ライバルどうしでファイト！、おねえちゃんのさん考書、上と下を入れかえると〔ほか〕
[内容]漢字は「べんきょうでやるもの」とおもっているみなさん。漢字は「とてもむずかしいもの」とおもっているみなさん。この絵本のクイズで漢字といっしょにあそんでみよう。あそんでいるうちに漢字をたくさんおぼえてしまうよ。そしていつのまにか漢字とおともだちになっているよ。小学校初級から。

『漢字クイズ絵本―あそんでまなぶ　1年生』ばばゆうじ著　偕成社　2003.12　47p　25cm　1200円　Ⓘ4-03-920410-7　Ⓝ811.2
[目次]クレヨンにかくれたいろ、サッカーボールでてん入れて！、まわるとうめいなかんばん、こわれたとけいの文字ばん、さいころにかくれたかず、木がいっぱいあるパズル、ことばになるとあくかぎ、えんぴつをじゅんばんにかさねて！、てんだけのてんとうむし、タイヤといっしょにまわる〔ほか〕
[内容]漢字は「べんきょうでやるもの」とおもっているみなさん。漢字は「とてもむずかしいもの」とおもっているみなさん。この絵本のクイズで漢字といっしょにあそんでみよう。あそんでいるうちに漢字をたくさんおぼえてしまうよ。そしていつのまにか漢字とおともだちになっているよ。小学校初級から。

『かきじゅんがわかる―一年生のかんじ』滝原愛治文・絵,久米公監修　世界文化社　2003.10　85p　26×21cm　1000円　Ⓘ4-418-03827-2
[目次]一、二、三、四、五、六、七、八、九、十〔ほか〕
[内容]本書は、小学校一年生用の学習が、お家の方々と一緒に、楽しく手順よく、効果的に進められるよう工夫されている。そのうえ、今、用いられている一年生用の全国語教科書の内容に準拠するとともに、国立国語研究所の全国調査資料や漢字指導の研究成果などもふまえている。

『親子で挑戦!!はじめての漢字パズル―初級レベル』漢字パズル研究会著　メイツ出版　2003.9　128p　21cm　1000

国語　　　　　　　　　　　　　　　　　　　　　　　　　　　　　　ことば・文字

円　①4-89577-636-0　Ⓝ807.9
[目次] 第1部 漢字を遊ぼう（消えかけた漢字, 虫メガネパズル, 立体漢字パズル ほか）, 第2部 漢字を覚えよう（イラスト漢字, 絵をヒントに, なぞなぞ―漢字の組み立て ほか）, 第3部 漢字を使おう（漢字合体パズル, 数はいくつ？, どんな花？ ほか）
[内容] ママやパパといっしょに遊びながら, 楽しく漢字が学べます。

『みんなまちがえる漢字が読める本―加納喜光のらくちん授業』 加納喜光著　小学館　2003.5　176p　19cm　（わかる！できる！のびる！ドラゼミ・ドラネットブックス―日本一の教え方名人ナマ授業シリーズ）850円　①4-09-253534-1　Ⓝ811.2
[目次] 第1章 漢字はかせになろう（みんなが読めそうで読めない漢字（初級）, みんなが読めない漢字（中級）, 第2章 漢字を読みまちがえることには理由がある, 第3章 漢字をスラスラ読めるコツを教えちゃおう！（音記号に注目しよう！, 漢字は部品の組み合わせでできている ほか）, 第4章 特別な読みをこうりゃくだ！（読めそうで読めない特別な漢字の読みをこうりゃく, 音読みだけでは読めないじゅく語 ほか）, 第5章 漢字クイズにチャレンジだ！（漢字たし算, 「バック転読み」できるかな？ ほか）
[内容] 「一入」「読点」, これなんて読む？読めないじゅく語の「読めない理由」を解明！「音記号」と「意味記号」で, 読めない漢字も読める！「和尚読み」「バック転読み」など, おもしろ読みも公開！読めない漢字は, かぎられている。ドラえもんの楽しいまんが, イラストといっしょに漢字学習にチャレンジ！小学校中・高学年向き。

『学校なぞなぞ大図鑑―漢字アニメなぞなぞ115』 横山験也, 中山明子著, 中西優子絵　ほるぷ出版　2003.2　39p　25cm　1600円　①4-593-59364-3　Ⓝ807.9
[目次] 体に関係のある漢字を集めました。, 心に関係のある漢字を集めました。, 食事に関係のある漢字を集めました。, 水に関係のある漢字を集めました。, 家に関係のある漢字を集めました。, 暑さ寒さに関係のある漢字を集めました。, 健康に関係のある漢字を集めました。, 農業に関係のある漢字を集めました。, 行動に関係のある漢字を集めました。, チャレンジ！なぞなぞ50問〔ほか〕
[内容] 漢字に関係したおもしろなぞなぞが

115問。フタバ教授やベリーちゃんたちといっしょに, 漢字の「なりたち」がわかるアニメーションを楽しむうちに, いつのまにか漢字を覚えられる！この本を読めば, 漢字が好きになること間違いなし。小学校で習う漢字のうち, 子どもたちがなかなか覚えにくいものや, どうしても覚えておいてほしいものだけを集めて解説。

『漢字パズルで頭の体操―遊びながら頭がよくなる』 本間正夫著　主婦の友社　2003.1　190p　19cm　800円　①4-07-235223-3
[目次] 第1章 漢字パズル初級編, 第2章 漢字パズル中級編, 第3章 漢字パズル上級編, 第4章 漢字パズル特上級編
[内容] 本書は, 漢字の持つ不思議で面白い要素をふんだんに駆使し, パズルとして楽しんでもらうために書きました。パッと見ただけで簡単に解けちゃう「初級編」。ちょっと考えちゃう「中級編」。さらにもっとむずかしいかもしれない「上級編」。そして, さらに, さらに, 時間をかけて考えないとできない「特上級編」の4部構成になっていますが, どこから解いても大丈夫。学校の漢字テストとはまったく違いますので, 頭をやわらかくして挑戦してみてください。

『親子で遊ぼう！ 小学生の漢字パズル 4・5・6年生』 漢字パズル研究会著　メイツ出版　2002.6　128p　26cm　1050円　①4-89577-502-X　Ⓝ807.9
[目次] ひらがなだけのせかい, 漢字の祖先登場, 漢字のルーツをたどる旅, 意味と読みが同時にわかる!?, 部首の名称を覚える, 漢字を細かくしてみると, 直感をきたえよう, さらに細かくしてみると, いつもこの順, いつもの画数, 読み方は一つじゃない〔ほか〕

『親子で遊ぼう！ 小学生の漢字パズル 1・2・3年生』 漢字パズル研究会著　メイツ出版　2002.6　128p　26cm　1050円　①4-89577-501-1　Ⓝ807.9
[目次] ひらがな, カタカナ, 象形文字, 会意文字, 形声文字, 部首, じぶんでやってみよう, 部首の名称, 部首のグループ分け, 漢字を部分に分けて〔ほか〕

『漢字の本―下村式唱えておぼえる　6年生』 下村昇著, まついのりこ絵　改訂新版　偕成社　2002.2　255p　15cm　700円　①4-03-920360-7

子どもの本 国語・英語をまなぶ2000冊　61

ことば・文字　　　　　　　　　　　　　　　　　　　　　　　　　　　　国語

『漢字の本―下村式唱えておぼえる　5年生』下村昇著，まついのりこ絵　改訂新版　偕成社　2002.2　251p　15cm　700円　Ⓝ4-03-920350-X

『漢字の本―下村式唱えておぼえる　4年生』下村昇著，まついのりこ絵　改訂新版　偕成社　2002.2　263p　15cm　700円　Ⓝ4-03-920340-2

『漢字の本―下村式唱えておぼえる　3年生』下村昇著，まついのりこ絵　改訂新版　偕成社　2002.2　267p　15cm　700円　ⓃⓃ4-03-920330-5

『漢字の本―下村式唱えておぼえる　2年生』下村昇著，まついのりこ絵　改訂新版　偕成社　2002.2　219p　15cm　700円　ⓃⓃ4-03-920320-8

『漢字の本―下村式唱えておぼえる　1年生』下村昇著，まついのりこ絵　改訂新版　偕成社　2002.2　127p　15cm　700円　ⓃⓃ4-03-920310-0

『小学漢字1006字の正しい書き方』旺文社編　旺文社　2002.2　311p　15cm　600円　ⓃⓃ4-01-013164-0

『楽しい漢字教室　続（上級・中級編）』石井勲著　ぎょうせい　2002.2　31，949p　22cm　4571円　ⓃⓃ4-324-06334-6

『おもしろ漢字パズル―親子で挑戦!!』漢字パズル研究会著　メイツ出版　2001.10　128p　21cm　1000円　ⓃⓃ4-89577-409-0

『教室で・家庭でできる漢字学習＆クイズ　高学年』田中清之助著　名古屋　黎明書房　2001.9　170p　19cm　1700円　ⓃⓃ4-654-00023-2

『教室で・家庭でできる漢字学習＆クイズ　中学年』田中清之助著　名古屋　黎明書房　2001.9　171p　19cm　1700円　ⓃⓃ4-654-00022-4

『教室で・家庭でできる漢字学習＆クイズ　低学年』田中清之助著　名古屋　黎明書房　2001.9　184p　19cm　1700円　ⓃⓃ4-654-00021-6

『まんがで楽しくおぼえる漢字　5・6年生』成美堂出版編集部編　成美堂出版　2001.5　143p　22cm〈索引あり〉800円　ⓃⓃ4-415-01639-1

内容　まんがで日本の歴史を楽しみながら漢字を学べます。小学校5・6年で学ぶ漢字366字の筆順、読み、使い方がわかります。チェックらんで今の勉強の進みぐあいがすぐわかります。漢検5・6級に対応。

『まんがで楽しくおぼえる漢字　3・4年生』成美堂出版編集部編　成美堂出版　2001.5　159p　22cm〈索引あり〉820円　ⓃⓃ4-415-01638-3

内容　まんがで世界の旅を楽しみながら漢字がおぼえられます。小学校3・4年で学ぶ漢字400字の筆順、読み、使い方がわかります。チェックらんで今の勉強の進みぐあいがすぐわかります。漢検7・8級に対応。

『まんがで楽しくおぼえるかん字　1・2年生』成美堂出版編集部編　成美堂出版　2001.5　127p　21cm　780円　ⓃⓃ4-415-01637-5

内容　絵日記をよみながら楽しくかん字がおぼえられます。小学校1・2年で学ぶかん字240字のひつじゅん、よみ、つかいかたがわかります。せいかつかのじゅぎょうでやくに立ちます。児童漢検初9・10級に対応。

『学生の面白学習漢字パズル―ゲームをたのしむ気分で漢字を料理』楢岡完治著　大阪　教学研究社　2001.4　246p　18cm〈昭和58年刊を原本としたオンデマンド版〉2200円　ⓃⓃ4-318-09004-3　Ⓝ811.2

『漢字―日本語のパワー再発見！』関口シュン絵，今泉博監修　草土文化　2001.4　54p　29cm（やってみたい総合学習　8）〈文献あり〉3000円　ⓃⓃ4-7945-0812-3

内容　漢字はむずかしい？漢字はきらい？―そんなことないよ、漢字は楽しい！おもしろくて深〜い漢字の世界をいっしょにたんけんしてみようよ。東京都清瀬市立清瀬第五小学校4年1組（今泉学級）の実践をもとに

国語　　ことば・文字

して作ったフィクション。

『小学国語　クイズ漢字チャンピオン』　鈴木成一著　大阪　増進堂・受験研究社〔2001.4〕159p　19cm　680円　①4-424-22942-4
[目次]　ベーシックコース—基本（漢字のたんじょう—象形文字，どんな字がかくれているかな？—象形文字，絵入り漢字クイズ—部首　ほか），チャレンジコース—発展（正しい漢字はどっち？—誤字訂正，ことばのなかま集まれ！—漢字の意味，しりとり熟語リング—二字熟語　ほか），チャンピオンコース—応用（万葉がなで動物さがし—漢字あそび，漢字だけの手紙—漢字あそび，消して，残して，組み合わせ—対義語　ほか）
[内容]　この本は，小学校で学習する一〇〇六字を中心にとりあげ，漢字がやさしくおもしろく楽しく学べ，本当の漢字力がつくように工夫してあります。楽しいクイズやわかりやすい絵で構成してあるので，四年生くらいから，中学入試をめざしている人にも活用できる，漢字学習の副読本です。

『まちがえやすい漢字の読み書き』　三省堂編修所編　三省堂　2001.4　191p　21cm　（ことば学習まんが）〈索引あり〉1000円　①4-385-13762-5
[目次]　読めるかな？読みまちがえやすい漢字，書けるかな？書きまちがえやすい漢字
[内容]　授業で教科書の補いや「ことばの一斉学習」にすぐ役立つ。まちがえやすい漢字・熟語を効果的に習得できる。ことばの生活を豊かにし，「作文」「研究発表」に応用できる。「中学入試」の準備学習や「期末テスト」の参考書として活用できる。夏休みや冬休みなどの「自由研究」の資料として役立つ。小学校高学年以上。

『漢字と熟語』　井関義久監修　学習研究社　2001.2　64p　27cm　（国語っておもしろい　2）2500円　①4-05-201375-1, 4-05-810615-8

『歌って書ける小学漢字1006』　小学館　2000.10　303p　19cm　（ドラえもんの学習シリーズ—ドラえもんの国語おもしろ攻略）〈指導：下村昇〉950円　①4-09-253173-7
[目次]　漢字を上手に書こう，歌っておぼえる書き順，この本の見方，1年生で習う漢字，2年生で習う漢字，3年生で習う漢字，4年生で習う漢字，5年生で習う漢字，6年生で習う漢字，音訓さくいん
[内容]　小学校で学ぶ全漢字を，歌を歌いながらリズムよく楽しく書けるように紹介しました。正しく，じょうずに，すらすらと，ドラえもんといっしょに覚えられます。もちろん，音訓読み，熟語，画数もわかるようになっています。学年別に文部省の学習指導要領に合わせて，書き方やまちがいやすい大切なポイントも説明してあります。

『漢字王挑戦クイズ—漢字王への道70問，遊んでおぼえる漢字クイズ』　大上和博作，おだぎみを絵　学習研究社　2000.8　167p　19cm　（ゲームde学習）760円　①4-05-201318-2

『小学漢字1006—読み方，書き方がすぐわかる！ポケット判』　学研編　学習研究社　2000.1　304p　15cm〈指導：白石範孝〉600円　①4-05-300825-5

『漢字の本—2年生』　花田修一監修，儀間朝善文，えびはら武司まんが　実業之日本社　1999.4　176p　21cm　（まんがで攻略）1200円　①4-408-36185-2
[目次]　引，羽，雲，園，遠，何，科，夏，家，歌，画，回，会，海，絵，外，角，楽，活，間〔ほか〕
[内容]　あなたは，どうして漢字を学習するのでしょう。それは，あなたが使っている言葉が，日本語だからです。漢字を学習するということは，日本語で，わかりやすい文や文章を書いたり，日本語で書かれた文や文章を読んだりするのにひつようだからです。この本に出ている百六十字の漢字をぜんぶ読めるようになりましょう。そして，おぼえた漢字は，どんどん使うようにしましょう。漢字をたくさんおぼえて，使えるようになると，学習や読書が楽しくなりますよ。小学生向き。

『かん字の本——年生』　花田修一監修，中西裕漫画，橋本和顕文　実業之日本社　1999.4　176p　21cm　（まんがで攻略シリーズ）1200円　①4-408-36184-4
[目次]　一，右，雨，円，王，音，下，火，花，貝，学，気，九，休，玉，金，空，月，犬，見〔ほか〕
[内容]　あなたは，どうしてかん字を学しゅうするのでしょう。それは，あなたがつかっていることばが，日本語だからです。かん字

子どもの本　国語・英語をまなぶ2000冊

ことば・文字　　　　　　　　　　　　　　　　　　　　　　　　　　　　　国語

を学しゅうするということは、日本語で、わかりやすい文や文しょうを書いたり、日本語で書かれた文や文しょうを読んだりするのにひつようだからです。この本に出ている八十字のかん字をぜんぶ読めるようになりましょう。そして、おぼえたかん字は、どんどんつかうようにしましょう。かん字をたくさんおぼえて、つかえるようになると、楽しくなりますよ。小学生向き。

『漢字―ボク＆わたし知っているつもり？』　名冨さおり文　ポプラ社　1999.2　207p　18cm　（知識の王様 7）　750円　①4-591-06012-8
目次　YES・NOで答える簡単な問題だよ！（漢字は中国の漢の時代にできたので漢字という？、ベトナムでも漢字が使われていた？ほか）、ここからは三択クイズ形式。がんばって（頭蓋骨の形からうまれた漢字はどれ？、「明」という漢字はどうやってうまれた？　ほか）、ちょっと難しい問題に挑戦しよう!!（古代中国の始皇帝は天下のほかに何を統一した？、ばらばらになった「東西南北」。正しく並べられる？　ほか）
内容　漢字にも「あし」がある？十とおり以上の読みがある漢字は？漢字で算数ができるって知ってた？など難しけどおもしろい、漢字の世界！今すぐページをめくってみよう。きみも漢字博士になれるぞ。

『漢字の書きじゅんがわかる―1年生‐3年生』　小学館　1999.2　191p　19cm　（ドラえもんの学習シリーズ―ドラえもんの国語おもしろ攻略）〈指導：下村昇〉　760円　①4-09-253167-2
目次　1　漢字をよく見てみよう（漢字のなりたちと部品のよび名、漢字の読み方「音」と「訓」）、2　歌って覚える、おもな漢字（始筆って、なんだろう？、書きじゅん（歌い方）のルール）
内容　この本では、歌を歌いながらリズムよく楽しく書き順を覚えて、漢字を正しく書けるように工夫されています。漢字に意味や成り立ちがあり、書き順の簡単なルールがあることもわかり、一層漢字が好きになるでしょう。

『パズルで特訓！　6年生の漢字』　本堂寛監修　くもん出版　1998.12　199p　15cm　660円　①4-7743-0282-1
内容　本書は、パズルを楽しみながら漢字を覚える本です。ページの上半分は六年生の漢字字典で、読み方、意味、成り立ち、書き順などを、しっかり学習することができます。下半分は、上に出ている漢字を覚えるためのパズルです。遊びのつもりでパズルを解いていくと、自然に漢字を覚えることができます。

『パズルで特訓！　5年生の漢字』　本堂寛監修　くもん出版　1998.12　199p　15cm　660円　①4-7743-0281-3
内容　本書は、パズルを楽しみながら漢字を覚える本です。ページの上半分は五年生の漢字字典で、読み方、意味、成り立ち、書き順などを、しっかり学習することができます。下半分は、上に出ている漢字を覚えるためのパズルです。遊びのつもりでパズルを解いていくと、自然に漢字を覚えることができます。

『パズルで特訓！　4年生の漢字』　本堂寛監修　くもん出版　1998.12　223p　15cm　660円　①4-7743-0280-5
内容　本書は、パズルを楽しみながら漢字を覚える本です。ページの上半分は四年生の漢字字典で、読み方、意味、成り立ち、書き順などを、しっかり学習することができます。下半分は、上に出ている漢字を覚えるためのパズルです。遊びのつもりでパズルをといていくと、自然に漢字を覚えることができます。

『パズルで特訓！　3年生の漢字』　本堂寛監修　くもん出版　1998.12　223p　15cm　660円　①4-7743-0279-1
内容　本書は、パズルを楽しみながら漢字をおぼえる本です。ページの上半分は三年生の漢字字てんで、読み方、意味、なり立ち、書きじゅんなどを、しっかり学習することができます。下半分は、上に出ている漢字をおぼえるためのパズルです。遊びのつもりでパズルをといていくと、自ぜんに漢字をおぼえることができます。

『パズルで特訓！　2年生の漢字』　本堂寛監修　くもん出版　1998.12　191p　15cm　660円　①4-7743-0278-3
内容　本書は、パズルを楽しみながらかん字をおぼえる本です。ページの上半分は二年生のかん字字てんで、読みかた、いみ、なり立ち、書きじゅんなどを、しっかり学ぶことができます。下半分は、上に出ているかん字をおぼえるためのパズルです。あそ

国語　　　　　　　　　　　　　　　　　　　　　　　　　　ことば・文字

びのつもりでパズルをといていくと、自ぜんにかん字をおぼえることができます。

『パズルで特訓！ 1年生の漢字』 本堂寛監修　くもん出版　1998.12　127p　15cm　660円　Ⓣ4-7743-0277-5
[内容] 本書は、パズルをたのしみながらかん字をおぼえる本です。ページの上はんぶんは一年生のかん字字てんで、よみかた、いみ、なり立ち、かきじゅんなどを、しっかり学ぶことができます。下はんぶんは、上に出ているかん字をおぼえるためのパズルです。あそびのつもりでパズルをといていくと、しぜんにかん字をおぼえることができます。

『漢字使いわけ大疑問？』 若林富男, 海城文也著, 中田ゆみ, 長崎訓子, 岩崎ソーダポップ絵　ポプラ社　1998.4　117p　23cm　(漢字なんでも大研究　第2巻　西本鶏介監修)〈文献あり〉2000円　Ⓣ4-591-05651-1,4-591-99223-3
[目次] おなじ音読みのことば、おなじ訓読みのことば、ちがう読みの熟語
[内容] 本書は漢字の使いわけやその方法をくわしく例をあげて説明したものです。

『クイズでちょうせん！ 漢字検定―上級編』 井美健夫, 海城文也著, とよたかずひこ絵　ポプラ社　1998.4　125p　23cm　(漢字なんでも大研究　第10巻　西本鶏介監修)〈文献あり〉2000円　Ⓣ4-591-05659-7,4-591-99223-3
[目次] 1章 基礎道場、2章 熟語道場、3章 パズル道場、4章 故事成語道場
[内容] 本書は、小学生のみなさんに向けて、漢字のクイズやゲームをたのしみながら、じぶんの力を検定できるように、独自の問題を作成・編集したものです。

『クイズでちょうせん！ 漢字検定―初級編』 井美健夫, 海城文也著, 中田ゆみ絵　ポプラ社　1998.4　126p　23cm　(漢字なんでも大研究　第9巻　西本鶏介監修)〈文献あり〉2000円　Ⓣ4-591-05658-9,4-591-99223-3
[目次] 1章 漢字入門編、2章 部首編、3章 音と訓編、4章 熟語編、5章 送りがな編
[内容] 本書は、小学生のみなさんに向けて、漢字のクイズやゲームをたのしみながら、じぶんの力を検定できるように、独自の問題を作成・編集したものです。

『食べ物の漢字大研究』 五十嵐清治著, 白川智子絵　ポプラ社　1998.4　121p　23cm　(漢字なんでも大研究　第7巻　西本鶏介監修)〈索引あり　文献あり〉2000円　Ⓣ4-591-05656-2,4-591-99223-3
[目次] ごはんですよ！, いただきま～す!!, お肉, 大好き!, 魚も, 大好き!, おいしい野菜, いい味！この味, おやつは、な～に？, おいしいものを食べにいこう！
[内容] 本書は、食べ物に関する漢字の研究事典です。伝統的な日本の食べ物から外国生まれの食べ物まで、漢字で書けるものがほとんどおさめてあります。

『地名の漢字大研究』 五十嵐清治著, 上村千栄, 中田ゆみ絵　ポプラ社　1998.4　121p　23cm　(漢字なんでも大研究　第8巻　西本鶏介監修)〈索引あり　文献あり〉2000円　Ⓣ4-591-05657-0,4-591-99223-3
[目次] 地名って、なんだろう？, なるほど！都道府県名, しらべてみよう！むかしの国名, おもしろい！市町村名, さぐってみよう！自然地名, むずかしい!?地名の書きかた, むずかしい!?地名の読みかた, 地名って、たのしい！
[内容] 本書では、日本や京都、東京という地名がどうして生まれたのか、宮城県と仙台市は、どうして県名と県庁のある市のなまえがちがうのか、また、市町村名ばかりでなく川や駅のなまえに、どうしてむかしのよびかたが多いのかなど、地名にまつわる漢字についてのさまざまな興味深い問題をとりあげて、地名の由来をまじえてしょうかいしています。

『ふしぎがいっぱい漢字のなりたち』 海城文也著, 伊東美貴絵　ポプラ社　1998.4　117p　23cm　(漢字なんでも大研究　第1巻　西本鶏介監修)〈文献あり〉2000円　Ⓣ4-591-05650-3,4-591-99223-3
[目次] 漢字のはじまり, 部首ってなんだろう, 日本語と漢字, 漢和辞典をひこう
[内容] 本書は、漢字がどんなふうにして生まれ、長い年月のあいだに字体がどのように変わってきたのか、さらに日本語に取りいれるため、いかなるくふうがくわえられたか、そのすべてをわかりやすく説明した。

子どもの本 国語・英語をまなぶ2000冊

ことば・文字　　　　　　　　　　　　　　　　　　　　　　　　　国語

『漢字くんーめいろなぞなぞまちがいさがし』　このみひかる作，田中カツミ絵　鈴木出版　1998.1　111p　26cm　（ゲームでがくしゅう）　950円　⓪4-7902-7154-4

『小学生で1945字も漢字が読めちゃう本ー加納喜光のらくちん授業』　加納喜光著　小学館　1998.1　175p　19cm　（わかる！できる！のびる！ドラゼミ・ドラネットブックスー日本一の教え方名人ナマ授業シリーズ）　850円　⓪4-09-253506-6

『漢字の達人』　石田佐久馬著　講談社　1997.2　207p　21cm　（国語学習なっとく事典）　1442円　⓪4-06-208471-6
[目次]　第1章 やさしい漢字，第2章 漢字の読み方，第3章 漢字の書き方，第4章 漢字の意味と使い方

『漢字のおぼえ方ー漢和字典「部首」攻略法』　まんが塾太郎著，小田悦望漫画　太陽出版　1997.1　140p　21cm　1200円　⓪4-88469-124-5
[目次]　第1章 部首の名前がチョウおもしろい，第2章 漢字バラバラ大作戦，第3章 字典に載らない漢字を覚えよう

『コピーして使える楽しい漢字クイズ＆パズル＆ゲーム』　田中清之助，甘利直義，杉浦重成，神吉創二著　名古屋　黎明書房　1996.7　107p　26cm　1545円　⓪4-654-01585-X
[目次]　パズルー数をあらわすかんじ・漢数字，パズルーぬけてる数字はいくつ？・漢数字，クイズーちょっとへんだぞ・似ている漢字，クイズーはねるはねない？・漢字の部分に気をつけて，パズルーくっつけて・漢字の形，パズルーどっちでしょう・同音・同訓のことば，クイズーはんたいことば・反対語，クイズーじゅんばんはへいき？・筆順，クイズーなんと数えましょうか・数え方，クイズーあみだくじ・ことばをむすぼう［ほか］
[内容]　遊びながら漢字がおぼえられ，どんどん興味がわいてくる1年から6年までの楽しい49題を収録。慶応幼稚舎グループの先生方が執筆。

『小学生の漢字はかせー藤堂方式　おぼえやすい漢字の辞典　4・5・6年用』　藤堂明保ほか共著，長坂康絵　改訂新版　学灯社　1996.6　327p　21cm　1500円　⓪4-312-56017-X

『小学生の漢字はかせー藤堂方式　おぼえやすい漢字の辞典　1・2・3年用』　藤堂明保ほか共著，長坂康絵　改訂新版　学灯社　1996.6　264p　21cm　1300円　⓪4-312-56016-1

『漢字おしえておかあさんー漢字絵辞典』　鈴木出版　1996.2　57p　21×22cm　〈監修：辰見敏夫　付（別冊 65p）：漢字学しゅうノート　ホルダー入〉　1800円　⓪4-7902-7136-6
[内容]　本書は，「漢字絵辞典」と「漢字 学しゅうノート」の二部からできている。「漢字絵辞典」は，子どもが，漢字の読み方や意味を知るためのもので，「漢字 学しゅうノート」は，漢字の書き方や，書き順を知り，その漢字を使った言葉や文を書くことによって，より効果的に，漢字を覚えるためのもの。一年生で学習する八十字の漢字を取り上げた学習書。

『ドラえもんの漢字達人クイズ』　方倉陽二まんが　小学館　1995.12　187p　18cm　（てんとう虫ブックス）〈監修：谷脇理史〉　530円　⓪4-09-230581-8

『絵が字になったー漢字のできかた』　下村昇編著，山口みねやす絵　小峰書店　1995.3　31p　27cm　（たのしくわかる漢字の本 2）　1800円　⓪4-338-12102-5

『書き順のたのしいおぼえかたー漢字の口唱法』　下村昇編著，山口みねやす絵　小峰書店　1995.3　31p　27cm　（たのしくわかる漢字の本 6）　1800円　⓪4-338-12106-8

『漢字のおこりー漢字の歴史とかな文字』　下村昇編著，山口みねやす絵　小峰書店　1995.3　31p　27cm　（たのしくわかる漢字の本 7）　1800円　⓪4-338-12107-6

『漢字の話ーおもしろい漢字』　下村昇編著，山口みねやす絵　小峰書店　1995.3　31p　27cm　（たのしくわかる漢字の本 8）　1800円　⓪4-338-12108-4

国語　　　　　　　　　　　　　　　　　　　　　　　　　ことば・文字

『漢字のよみかた―漢字の音と訓』　下村昇編著，山口みねやす絵　小峰書店　1995.3　31p　27cm　(たのしくわかる漢字の本 3)　1800円　Ⓓ4-338-12103-3

『漢字はことばだ―漢字には意味がある』　下村昇編著，山口みねやす絵　小峰書店　1995.3　31p　27cm　(たのしくわかる漢字の本 1)　1800円　Ⓓ4-338-12101-7
内容　やさしく、たのしく、おもしろく、そして、わかりやすく書かれた『漢字の本』。漢字について、より理解が深められ、ただ暗記するだけでない漢字の世界が学べる。指導要領の「文字に関する事項」にそって、漢字学習の副読本としても最適。

『へんとつくりってなに？―漢字の部首』　下村昇編著，山口みねやす絵　小峰書店　1995.3　31p　27cm　(たのしくわかる漢字の本 5)　1800円　Ⓓ4-338-12105-X

『2年生のかん字あそび―小学校学習指導要領準拠』　成美堂出版　1994.11　99p　26cm　800円　Ⓓ4-415-08096-0
内容　本書は、2年生で学ぶ漢字をお子さまの生活の中で身近なもの、覚えやすいものを中心に例として取り上げ、「読み」「意味」「書きかた」を楽しみながら学べるよう工夫し構成しました。

『1ねんせいのかんじあそび―小学校学習指導要領準拠』　成美堂出版　1994.11　71p　26cm〈監修：上田幸夫，大野幸男〉　700円　Ⓓ4-415-08095-2
内容　本書は、一年生で学ぶ漢字をお子さまの生活の中で身近なもの、覚えやすいものを中心に例として取り上げ、「読み」「意味」「書きかた」を楽しみながら学べるよう工夫し構成しました。

『うるとら漢字クイズ』　小野寺紳作，まがみばん絵　講談社　1994.6　143p　18cm　(講談社KK文庫)　680円　Ⓓ4-06-199549-9
内容　小学校で出会う漢字が主役の、漢字クイズ、パズルの本。レベルをあげてどんどんアタック。漢字のなりたちや歴史、難問などの特別コラムも充実。ゲーム感覚で、漢字とあそびながら、漢字となかよくなって、漢字に強くなれる本です。

『漢字だいすき』　鈴木悦夫作，伊藤正道絵　小学館　1993.8　1冊　27cm　(ひとりよみ必読絵本)　1300円　Ⓓ4-09-727083-4
内容　漢字っておもしろいよ。漢字をよむ力がぐんぐんついてくるすてきなえほんです。幼児から小学生へ。

『漢字のランドセル　6ねん』　木下ひさし著　らくだ出版　1993.4　127p　22×20cm　1442円　Ⓓ4-89777-166-8
目次　1 体と心，2 字の形，3 くらし，4 ことわざ・慣用句，5 政治・社会，6 学校

『漢字のランドセル　5ねん』　井上洋一著　らくだ出版　1993.4　127p　22×20cm　1442円　Ⓓ4-89777-165-X
目次　1 自然とくらし，2 字の形，3 友だち，4 学校，5 ことわざ，6 政治・社会

『漢字のランドセル　4ねん』　立尾保子著　らくだ出版　1993.4　127p　22×20cm　1442円　Ⓓ4-89777-164-1
目次　1 愛と希望，2 自然とくらし，3 字の形，4 学校，5 漢字のカルタ，6 政治と社会

『漢字のランドセル　3ねん』　宮津大蔵著　らくだ出版　1993.4　127p　22×20cm　1442円　Ⓓ4-89777-163-3
目次　1 しぜんとくらし，2 身体と心，3 字の形，4 学校，5 反対語，6 社会，7 世界旅行

『漢字のランドセル　2ねん』　清水真知子著　らくだ出版　1993.4　111p　22×20cm　1442円　Ⓓ4-89777-162-5
目次　1 きせつ，2 生活，3 学校，4 社会，5 体と心，6 はんたい

『漢字のランドセル　1ねん』　恩田方子執筆　らくだ出版　1993.4　95p　22×20cm　1442円　Ⓓ4-89777-161-7
目次　1 ようび，2 いろいろ，3 からだ，4 かぞえうた，5 しぜん，6 学校，7 くらし

『部首遊び　漢字マル秘マンガ超記憶法 1』　マンガ塾太郎原作，小田悦望漫画　学漫　1993.1　143p　21cm〈発売：太陽出版〉　1200円　Ⓓ4-906393-07-1
目次　漢字のルール・らくらくゆかいな基礎

子どもの本 国語・英語をまなぶ2000冊　　67

ことば・文字　　　　　　　　　　　　　　　　　　　　　　　　　　　　　　国語

知識，部首のルール・らくらくゆかいな基礎知識，部首遊び・ゆかいでかんたんラクラク部首名，漢字マル秘ラクラク超記憶法，漢字の種類は7種類＝「六書＋1・象形文字～国字」，漢字と部首の画数と筆順，まちがえ易い漢字一覧表

『漢字のひみつ』　飯塚よし照漫画　新訂版　学習研究社　1992.12　144p　23cm　（学研まんがひみつシリーズ　41）〈監修・指導：山田繁雄〉800円　①4-05-106296-1
[目次]　漢字のおこりとなりたち，部首をおぼえよう，音と訓を知ろう，熟語をおぼえよう，テストに強くなるための漢字教室

『たのしい漢字』　塚本馨三構成・イラスト　平凡社　1992.10　1冊　31cm　1900円　①4-582-40713-7
[内容]　保育園・幼稚園・小学1～2年生のためのイラストでみるはじめての漢字絵本。読みかた・書き順・使いかたの一覧表つき。

『漢字レモン―幼児から小学生のための漢字の絵本』　富永直久作，ココロ・リン絵　偕成社　1992.9　47p　27cm　1400円　①4-03-203110-X
[内容]　楽しく遊びながら1年生の配当漢字がらくらく覚えられる幼児と新1年生のための漢字絵本。この本には一年生で習う漢字―76字をふくめて全部で99字がおさめられています。幼児～小学生。

『部首でわかる漢字早おぼえ―まんがで学習』　マンガ塾太郎著，小田悦望画　あかね書房　1992.7　143p　22cm　1200円　①4-251-06543-3
[目次]　必勝！漢字攻略大作戦，漢字のメカを分解する，漢字のルーツを探検する，部首バラバラ大作戦，必勝！入試突破大作戦

『ぴょこたんのはじめてのかんじ』　このみひかる作・絵　あかね書房　1992.6　79p　27cm　（あそんでまなぼう）〈監修：森久保安美〉1200円　①4-251-00169-9
[内容]　この本では，一年生で習う漢字の中から，子どもたちに身近で，おぼえやすい37の漢字を取り上げました。

『ゲームでおぼえる3年生のかん字』　このみひかる作，大竹豊絵　ポプラ社　1992.5　159p　22cm　（ゲームでおぼえる漢字の本　3）880円　①4-591-04133-6
[内容]　なぞなぞ，まちがいさがし，めいろ，えもじクイズなどのゲームをたのしみながら3年生でならう200のかん字をバッチリおぼえよう。

『ゲームでおぼえる2年生のかん字』　このみひかる作，つついわかこ絵　ポプラ社　1992.3　143p　22cm　（ゲームでおぼえる漢字の本　2）880円　①4-591-04132-8

『ゲームでおぼえる1年生のかん字』　このみひかる作，いわたくみこ絵　ポプラ社　1992.2　95p　22cm　（ゲームでおぼえる漢字の本　1）880円　①4-591-04131-X
[内容]　なぞなぞ，まちがいさがし，めいろ，えときクイズなどのゲームをたのしみながら1年生でならうかん字をバッチリおぼえよう。

『おもしろ漢字クイズ館』　栗岩英雄著，松下ちよし絵　小学館　1991.10　190p　18cm　（てんとう虫ブックス）500円　①4-09-230542-7
[内容]　漢字めいろや漢字かくれんぼ，絵ときクイズにうきだしクイズ…。ゆかいで楽しいクイズがぎっしりつまっているぞ。漢字クイズ大会の開幕だ。初級，中級，上級編。

『漢字がたのしくなる本―500字で漢字のぜんぶがわかる　6　漢字の単語づくり』　宮下久夫，篠崎五六，伊東信夫，浅川満著　太郎次郎社　1991.9　68p　26cm　824円
[内容]　本巻では，漢字が文のなかで単語として，あるいは，単語づくりの要素として，どのようにつかわれているか，その単語づくりの構造をとりあげ，学習することになる。

『てのっぴい博士の漢字クイズ事典　6年生』　田中清之助，笠原秀著，てのり文庫編集委員会編　国土社　1991.7　222p　18cm　（てのり文庫）580円　①4-337-30022-8

国語　　　　　　　　　　　　　　　　　　　　　　　　　　　　　　　　　　ことば・文字

『てのっぴい博士の漢字クイズ事典　5年生』　金平正,笠原秀著、てのり文庫編集委員会編　評論社　1991.7　222p　18cm　（てのり文庫）580円　ⓐ4-566-02271-4

『てのっぴい博士の漢字クイズ事典　4年生』　田中清之助,笠原秀著、入沢宜幸画、てのり文庫編集委員会編　学習研究社　1991.7　221p　18cm　（てのり文庫）580円　ⓐ4-05-103173-X

『てのっぴい博士の漢字クイズ事典　3年生』　金平正,笠原秀著、岸井直子画、てのり文庫編集委員会編　大日本図書　1991.7　221p　18cm　（てのり文庫）580円　ⓐ4-477-00115-0

『てのっぴい博士の漢字クイズ事典　1,2年生』　北島春信著、村田行利著、てのり文庫編集委員会編　小峰書店　1991.7　221p　18cm　（てのり文庫）580円　ⓐ4-338-07922-3

『新・六年生の漢字』　友野一著　さ・え・ら書房　1991.6　184p　22cm　（新・たのしい漢字教室）1200円　ⓐ4-378-00513-1
[内容]　どのようにして山という字ができたのか、海という字ができたのか。漢字の成り立ちをわかりやすく説明しているので、興味ぶかくおぼえることができます。また、当て字やまちがった使い方もふせげます。この本で学んだ子どもは、漢字と大のなかよしになることでしょう。

『新・五年生の漢字』　友野一著　さ・え・ら書房　1991.6　186p　22cm　（新・たのしい漢字教室）1200円　ⓐ4-378-00512-3
[内容]　文字を成り立ちから学ぶと印象深く漢字を覚えることができ、まちがった使い方もふせげます。「どうしたら子どもたちが漢字を正しく、楽しみながら学べるか」と工夫しつづけた著者の集大成です。

『新・四年生の漢字』　友野一著　さ・え・ら書房　1991.6　205p　22cm　（新・たのしい漢字教室）1300円　ⓐ4-378-00511-5

[内容]　どのようにして山という字ができたのか、海という字ができたのか。漢字の成り立ちをわかりやすく説明しているので、興味ぶかくおぼえることができます。また、当て字やまちがった使い方もふせげます。この本で学んだ子どもは、漢字と大のなかよしになることでしょう。

『新・三年生の漢字』　友野一著　さ・え・ら書房　1991.6　205p　22cm　（新・たのしい漢字教室）1200円　ⓐ4-378-00510-7
[内容]　どのようにして山という字ができたのか、海という字ができたのか。漢字の成り立ちをわかりやすく説明しているので、興味ぶかくおぼえることができます。また、当て字やまちがった使い方もふせげます。この本で学んだ子どもは、漢字と大のなかよしになることでしょう。

『漢字がたのしくなる本―500字で漢字のぜんぶがわかる　5　142の音記号』　宮下久夫,篠崎五六,伊東信夫,浅川満著　太郎次郎社　1991.5　68p　26cm　824円

『新・一年生のかん字』　友野一著　さ・え・ら書房　1991.5　136p　22cm　（新・たのしい漢字教室）1030円　ⓐ4-378-00508-5
[内容]　著者が長年の漢字研究と教育現場で得た経験をもとに、子どもにわかりやすく、字源を説明している。字源が理解しやすいように適切なイラストをそえた。意味がどのように広がっていくかを豊富な文例とともに掲げたので、文字への理解が深まり、上級になっても利用できる。

『漢字大研究』　高橋美和子文、高橋タクミ画　ポプラ社　1991.4　143p　21cm　（おもしろ国語ゼミナール3）1650円　ⓐ4-591-03803-3
[目次]　漢字って、たのしい、絵のように書いた漢字―象形文字、しるしからできた漢字―指事文字、意味と意味でできた漢字―会意文字、意味と音でできた漢字―形声文字、6つもある!?六書、漢字のそっくりさん、重箱読み、湯桶読みって、なんだ?、外国の国名を漢字で書いたら?

『新・二年生のかん字』　友野一著　さ・え・ら書房　1991.4　165p　22cm

ことば・文字　　　　　　　　　　　　　　　　　　　　　　　　　　　　国語

（新・たのしい漢字教育）　1030円　ⓘ4-378-00509-3
内容　文字を成り立ちから学ぶと印象深く漢字を覚えることができ、まちがった使い方もふせげます。「どうしたら子どもたちが漢字を正しく、楽しみながら学べるか」と工夫しつづけた著者の集大成です。

『チャレンジ！漢字遊び』　神林京子文、熊谷さとし画　ポプラ社　1991.4　143p　21cm　（おもしろ国語ゼミナール 10）　1650円　ⓘ4-591-03810-6
目次　なんの暗号？絵文字文，鏡の国の漢字，落とし物は，なんですか？，部首でお話，漢字だんだんのぼり，画，書く，しかじか，かぞえてごらん，画数迷路，どっちがほんもの？，漢字のなぞなぞ，それなあに？，とんち漢字，漢字の算数，ははははは…？，名前の中にある漢字，漢字五目ならべ，ひみつひみつの万葉がな，漢字でしりとり遊び，漢字をつくろう！，熟語一家はこどもがいっぱい，熟語あみだくじ，まわる，まわる！三字熟語，漢字でつなひき，熟語かくれんぼ，決定版！漢字クロスワードパズル

『漢字がたのしくなる本―500字で漢字のぜんぶがわかる　4　146の音記号』宮下久夫，篠崎五六，伊東信夫，浅川満著　太郎次郎社　1991.2　64p　26cm　824円

『楽しい漢字教室』　石井勲著　ぎょうせい　1990.11　1034p　22cm　3500円　ⓘ4-324-02270-4
内容　この本は、だれにでも漢字が楽しく学習できて、楽々と覚えられるように工夫して作られていますので、いつも身近に置いて、漫画でも読むような気持ちで、毎日、必ず読んで下さい。そうすれば、きっと漢字に強くなれることを受けあいます。小学校で学ぶ6年間の漢字（1,006字）をすべてこの一冊に！

◆◆◆

『親子で学ぶ小学漢字―小学3年用』　北原照久著　武蔵野ナガセ　2011.3　265p　21cm　（東進ブックス―小学学参高速マスター）　1200円　ⓘ978-4-89085-506-3

『漢字の（要）step 1 マスターブック―サピックスメソッド』　進学教室サピックス小学部企画・制作　代々木ライブラリー　2011.2　187p　26cm　1200円　ⓘ978-4-86346-302-8

『ケロロ軍曹の漢字ドリル―がんばれ！小学6年生』　藁谷友紀，進学塾VAMOS監修　中経出版　2011.2　156p　19×26cm　660円　ⓘ978-4-8061-3948-5

『ケロロ軍曹の漢字ドリル―がんばれ！小学5年生』　藁谷友紀，進学塾VAMOS監修　中経出版　2011.2　159p　19×26cm　660円　ⓘ978-4-8061-3947-8

『ケロロ軍曹の漢字ドリル―がんばれ！小学4年生』　藁谷友紀，進学塾VAMOS監修　中経出版　2011.2　160p　19×26cm　660円　ⓘ978-4-8061-3946-1

『ケロロ軍曹の漢字ドリル―がんばれ！小学3年生』　藁谷友紀，進学塾VAMOS監修　中経出版　2011.2　160p　19×26cm　660円　ⓘ978-4-8061-3945-4

『ケロロ軍曹の漢字ドリル―がんばれ！小学2年生』　藁谷友紀，進学塾VAMOS監修　中経出版　2011.2　160p　19×26cm　660円　ⓘ978-4-8061-3944-7

『ケロロ軍曹の漢字ドリル―がんばれ！小学1年生』　藁谷友紀，進学塾VAMOS監修　中経出版　2011.2　143p　19×26cm　620円　ⓘ978-4-8061-3943-0

『小学3年のもっと漢字力』　学研教育出版編　新版　学研教育出版　2011.2　120p　19×26cm　（学研版毎日のドリル　国語 10）〈発売：学研マーケティング〉　580円　ⓘ978-4-05-303338-3

『小学2年のもっと漢字力』　学研教育出版編　新版　学研教育出版　2011.2　120p　19×26cm　（学研版毎日のドリル　国語 9）〈発売：学研マーケティング〉　580円　ⓘ978-4-05-303337-6

『徹底反復新漢字100日プリント　小学6年』　学力の基礎をきたえどの子も伸ばす研究会編　小学館　2011.2　112p　19×26cm　（基礎学力向上プリント）

国語　　　　　　　　　　　　　　　　　　　　　　　　　　　　　　　　　ことば・文字

700円　Ⓘ978-4-09-837724-4

『徹底反復新漢字100日プリント　小学5年』　学力の基礎をきたえどの子も伸ばす研究会編　小学館　2011.2　112p　19×26cm　（基礎学力向上プリント）　700円　Ⓘ978-4-09-837723-7

『徹底反復新漢字100日プリント　小学4年』　学力の基礎をきたえどの子も伸ばす研究会編　小学館　2011.2　112p　19×26cm　（基礎学力向上プリント）　700円　Ⓘ978-4-09-837720-6

『徹底反復新漢字100日プリント　小学3年』　学力の基礎をきたえどの子も伸ばす研究会編　小学館　2011.2　112p　19×26cm　（基礎学力向上プリント）　700円　Ⓘ978-4-09-837719-0

『徹底反復新漢字100日プリント　小学2年』　学力の基礎をきたえどの子も伸ばす研究会編　小学館　2011.2　112p　19×26cm　（基礎学力向上プリント）　700円　Ⓘ978-4-09-837718-3

『徹底反復新漢字100日プリント　小学1年』　学力の基礎をきたえどの子も伸ばす研究会編　小学館　2011.2　112p　19×26cm　（基礎学力向上プリント）　700円　Ⓘ978-4-09-837717-6

『中学入試の最重要問題国語「漢字」』　学研教育出版編　学研教育出版　2010.9　160p　26cm　〈発売：学研マーケティング〉　1100円　Ⓘ978-4-05-303219-5

『漢字博士　レベル2』　あきびんご企画　くもん出版　2010.6　80p　21×30cm　（あきびんごの創造性を育てる○つけドリル）〈付属資料：シール〉　700円　Ⓘ978-4-7743-1751-9

『漢字博士　レベル1』　あきびんご企画　くもん出版　2010.6　80p　21×30cm　（あきびんごの創造性を育てる○つけドリル）〈付属資料：シール〉　700円　Ⓘ978-4-7743-1750-2

『小学校学習漢字1006字がすべて書ける漢字童話―ドリル版4、5、6年生用』　井上憲雄文・絵　本の泉社　2010.6　267p　21cm　1429円　Ⓘ978-4-7807-0474-7

『小学校学習漢字1006字がすべて書ける漢字童話―ドリル版1、2、3年生用』　井上憲雄文・絵　本の泉社　2010.5　171p　21cm　1000円　Ⓘ978-4-7807-0248-4

『書いて覚える小学4・5・6年生の漢字566』　藤井浩治監修　小学館クリエイティブ　2010.3　159p　26cm　（きっずジャポニカ学習ドリル）〈発売：小学館　付属資料：CD-ROM1〉　1200円　Ⓘ978-4-7780-3714-7
目次　人間に関係のある部首，村に関係のある部首，自然に関係のある部首，生き物に関係のある部首，道具に関係のある部首，その他の部首
内容　中学入試の準備にも役立つ！部首ごとに分けた漢字でつくった例文を読んで、書いて覚える！部首の種類と成り立ちがわかる！お手本の漢字は特別な書体を使っているから、なぞりやすい！書きやすい！CD-ROMには漢字書き取りシートと漢字練習シート。だから、何度でもできる。

『書いて覚える小学1・2・3年生の漢字440』　藤井浩治監修　小学館クリエイティブ　2010.3　175p　26cm　（きっずジャポニカ学習ドリル）〈発売：小学館　付属資料：CD-ROM1〉　1200円　Ⓘ978-4-7780-3713-0
目次　人間に関係のある部首，村に関係のある部首，自然に関係のある部首，生き物に関係のある部首，道具に関係のある部首，その他の部首
内容　自然に身につく漢字力。部首ごとに分けた漢字でつくった例文を読んで、書いて覚える！部首の種類と成り立ちがわかる！お手本の漢字は特別な書体を使っているから、なぞりやすい！書きやすい！CD-ROMには漢字書き取りシートと漢字練習シート。だから、何度でもできる。

『金田一先生と学ぶ小学生のためのまんが＋学年別ドリル漢字教室』　金田一秀穂監修　すばる舎　2010.3　191p　26cm　1800円　Ⓘ978-4-88399-893-7
内容　2011年度実施の小学校新学習指導要領

のねらいに沿った、新しい漢字学習の参考書。小学校で学習する漢字を学年ごとに掲載し、1・2年は仲間の漢字ごとに、3～6年は部首別にまとめた。まんが・クイズ・まとめ・ドリルなど多様な構成によって、漢字の知識と使い方を習得できる内容になっている。このほかにも、学年ごとの学習内容に合わせて、部首・音訓・筆順・送りがな・類義語と反対語・書きまちがえやすい漢字などの項目を特集してある。各学年の最後には実力判定の練習問題もあり、予習・復習に最適の一冊。

『五七五でみにつく6年生の漢字―自分でつくるからおぼえられる』 田中保成著 ポプラ社 2010.3 207p 26cm 933円 ①978-4-591-11660-9
内容 6年生で習う181字(配当漢字)の例句と創作に必要な熟語を収録。

『五七五でみにつく5年生の漢字―自分でつくるからおぼえられる』 田中保成著 ポプラ社 2010.3 207p 26cm 933円 ①978-4-591-11659-3
内容 5年生で習う185字(配当漢字)の例句と創作に必要な熟語を収録。

『五七五でみにつく4年生の漢字―自分でつくるからおぼえられる』 田中保成著 ポプラ社 2010.3 231p 26cm 933円 ①978-4-591-11658-6
内容 4年生で習う200字(配当漢字)の例句と創作に必要な熟語を収録。

『五七五でみにつく3年生の漢字―自分でつくるからおぼえられる』 田中保成著 ポプラ社 2010.3 239p 26cm 933円 ①978-4-591-11657-9
内容 3年生で習う200字(配当漢字)の例句と創作に必要な熟語を収録。

『五七五でみにつく2年生のかん字―自分でつくるからおぼえられる』 田中保成著 ポプラ社 2010.3 175p 26cm 876円 ①978-4-591-11656-2
内容 2年生で習う160字(配当漢字)の例句と創作に必要な熟語を収録。

『五七五でみにつく1年生のかん字―自分でつくるからおぼえられる』 田中保成著 ポプラ社 2010.3 95p 26cm 838円 ①978-4-591-11655-5
内容 1年生で習う80字(配当漢字)の例句と創作に必要な熟語を収録。

『小学国語漢字の正しい書き方ドリル―書き順をトレーニング 6年』 旺文社編 旺文社 2010.3 95p 26cm 520円 ①978-4-01-010862-8

『小学国語漢字の正しい書き方ドリル―書き順をトレーニング 5年』 旺文社編 旺文社 2010.3 95p 26cm 520円 ①978-4-01-010861-1

『小学国語漢字の正しい書き方ドリル―書き順をトレーニング 4年』 旺文社編 旺文社 2010.3 111p 26cm 520円 ①978-4-01-010860-4

『小学国語漢字の正しい書き方ドリル―書き順をトレーニング 3年』 旺文社編 旺文社 2010.3 111p 26cm 520円 ①978-4-01-010859-8

『小学国語漢字の正しい書き方ドリル―書き順をトレーニング 2年』 旺文社編 旺文社 2010.3 87p 26cm 520円 ①978-4-01-010858-1

『小学国語漢字の正しい書き方ドリル―書き順をトレーニング 1年』 旺文社編 旺文社 2010.3 87p 26cm 520円 ①978-4-01-010857-4

『小学国語漢字の正しい読み書きドリル―漢字の使い方がわかる 4年』 旺文社編 旺文社 2010.3 87p 26cm 600円 ①978-4-01-010866-6

『小学国語漢字の正しい読み書きドリル―漢字の使い方がわかる 3年』 旺文社編 旺文社 2010.3 87p 26cm 600円 ①978-4-01-010865-9

『小学国語漢字の正しい読み書きドリル―漢字の使い方がわかる 2年』 旺文社編 旺文社 2010.3 87p 26cm 600円 ①978-4-01-010864-2

国語　　　　　　　　　　　　　　　　　　　　　　　　　　　　ことば・文字

『小学国語漢字の正しい読み書きドリル―漢字の使い方がわかる　1年』　旺文社編　旺文社　2010.3　87p　26cm　600円　Ⓘ978-4-01-010863-5

『まえだまえだのめざせ！　漢字博士1006―小学全学年対象』　学研教育出版編　学研教育出版　2010.3　111p　26cm　〈発売：学研マーケティング　索引あり〉　780円　Ⓘ978-4-05-303137-2
内容　笑える例文81本＋しっかり定着する書き込み問題。小学全学年対象。

『中学入試でる順ポケでる　国語漢字・熟語』　旺文社編　改訂版　旺文社　2009.9　159p　15cm　680円　Ⓘ978-4-01-010839-0

『早ね早おき朝5分ドリル　小6漢字』　陰山英男監修　学習研究社　2009.9　1冊　15×21cm　550円　Ⓘ978-4-05-303031-3

『早ね早おき朝5分ドリル　小5漢字』　陰山英男監修　学習研究社　2009.9　1冊　15×21cm　550円　Ⓘ978-4-05-303029-0

『早ね早おき朝5分ドリル　小4漢字』　陰山英男監修　学習研究社　2009.9　1冊　15×21cm　550円　Ⓘ978-4-05-303027-6

『これ一冊で満点!!　難関中学に合格する漢字』　針谷雅英著　エール出版社　2009.5　202p　19cm　1500円　Ⓘ978-4-7539-2848-4

『早ね早おき朝5分ドリル　小3漢字』　陰山英男監修　学習研究社　2009.4　60枚,4p　15×21cm　520円　Ⓘ978-4-05-302940-9

『部首でおぼえる漢字プリント』　深谷圭助著　小学館　2009.4　2冊　26cm　（Eduコミュニケーションmook―勉強ひみつ道具プリ具 3）〈「小学校1-3年」「小学校4-6年」に分冊刊行〉　全1300円　Ⓘ978-4-09-105312-1

『大きな字で書くかんじれんしゅうちょう　小学1年生』　笠間友季恵,笠間鏡代監修・協力　学習研究社　2009.2　80p　19×26cm　600円　Ⓘ978-4-05-302877-8

『中学入試にでる漢字読み・書きパズル―保存版』　日能研監修，大西憲司パズル・漫画　講談社　2008.11　183p　21cm　1500円　Ⓘ978-4-06-214995-2

『漢字実戦力トレーニング―中学受験』　出口汪監修　水王舎　2008.9　168p　19×26cm　900円　Ⓘ978-4-921211-13-4

『中学入試でる順　漢字3500』　旺文社編　改訂版　旺文社　2008.6　159p　26cm　940円　Ⓘ978-4-01-010828-4

『親子ではじめる漢字まるごと音読帳 2時間目―バクバクの体内で漢字読めますか？の巻』　吉本笑子著　情報センター出版局　2008.4　311p　21cm　（お母さん、もっとおしえて！シリーズ）　1500円　Ⓘ978-4-7958-3613-6
目次　第1章 凛を助け出す旅のはじまりです――年生の漢字を完全マスター（バクバクの口の中，どぼん太，どくろちゃん登場　ほか），第2章 小腸を目指せ！――二年生の漢字を完全マスター（ひとつめのガチャガチャ問題，どぼん太との長い闘い　ほか），第3章 凛が悪天魔王と結婚？――三年生の漢字を完全マスター（じゅう毛との働き，悪玉菌，腸内細菌クロストリジウム　ほか），第4章 ここは大腸、いよいよです――四年生の漢字を完全マスター（腸内細菌、くさっ!，大腸の中を進め！　ほか），第5章 やな爺の特別授業 人生ゲームすごろく編―五・六年生の漢字を完全マスター（ふりだしはいやだ―、動物がいっぱい、何で？　ほか）
内容　読むだけで理科と漢字が同時に学べる！人間の体内にもぐり込んだ主人公の冒険ストーリーから理科分野の最重要項目の一つ、人体の「消化のしくみ」と小学履修漢字1006を完璧マスターする読み物型参考書。

『クレヨンしんちゃんの漢字ドリルブック 2年生』　臼井儀人キャラクター原作，りんりん舎編集・構成　双葉社　2008.3　167p　26cm　（まんが学習シリーズ）　950円　Ⓘ978-4-575-30021-5

ことば・文字　　　　　　　　　　　　　　　　　　　　　　　　　　　国語

内容 2年生の学習漢字160の読みと書き順がぜんぶわかる。

『中学入試漢字で書けないと×になる社会科用語1000―小3からはじめる社会科漢字練習帳』　学研編　学習研究社　2008.3　127p　26cm　1300円　①978-4-05-302692-7

『クレヨンしんちゃんの漢字ドリルブック1年生』　臼井儀人キャラクター原作，りんりん舎編集・構成　双葉社　2008.2　167p　26cm　（まんが学習シリーズ）　950円　①978-4-575-30015-4

内容 1年生の学習漢字80の読みと書き順がぜんぶわかる。

『杉淵式9マス漢字パドル　中級編』　杉淵鉄良著　学習研究社　2007.12　88p　19×26cm　600円　①978-4-05-302648-4

『杉淵式9マス漢字パドル　初級編』　杉淵鉄良著　学習研究社　2007.12　88p　19×26cm　600円　①978-4-05-302647-7

『中学入試まんが攻略bon！　漢字・語句』　まつもとよしひろ，風林英治，かめいけんじ，黒田瑞木まんが，学研編　学習研究社　2007.12　159p　21cm　1000円　①978-4-05-302618-7

『10歳からはじめる漢字939字予習ブック―なぞっておぼえる，正しい筆順と書き方』　藁谷久三監修　すばる舎　2007.10　191p　26cm　1800円　①978-4-88399-664-3

目次 中学校でならう漢字939字，小学校でならう漢字1006字

内容 小学校で習う1006字にくわえ，本書でとりあげる939字をマスターすれば，小学生でも，たいていの新聞や雑誌が読めるようになります。

『たのしくみにつく!!　漢字の力　小学校6年』　紺屋冨夫，田村利樹編著，漢字指導法研究会監修　ルック　2007.6　231p　26cm　1800円　①978-4-86121-050-1

『6年生の漢字181字マスタープリント―パズルなぞなぞで楽しく学習』　高嶋和男著，教育技術研究所編　小学館　2007.4　128p　26cm　900円　①978-4-09-837776-3

『5年生の漢字185字マスタープリント―パズルなぞなぞで楽しく学習』　高嶋和男著，教育技術研究所編　小学館　2007.4　128p　26cm　900円　①978-4-09-837775-6

『4年生の漢字200字マスタープリント―パズルなぞなぞで楽しく学習』　高嶋和男著，教育技術研究所編　小学館　2007.4　128p　26cm　900円　①978-4-09-837774-9

『3年生の漢字200字マスタープリント―パズルなぞなぞで楽しく学習』　高嶋和男著，教育技術研究所編　小学館　2007.4　128p　26cm　900円　①978-4-09-837773-2

『2年生の漢字160字マスタープリント―パズルなぞなぞで楽しく学習』　高嶋和男著，教育技術研究所編　小学館　2007.4　112p　26cm　900円　①978-4-09-837772-5

『1年生の漢字80字マスタープリント―パズルなぞなぞで楽しく学習』　高嶋和男著，教育技術研究所編　小学館　2007.4　112p　26cm　900円　①978-4-09-837771-8

『たのしくみにつく!!　漢字の力　小学校5年』　漢字指導法研究会（国字研）監修，紺屋冨夫，竹谷正明編著　ルック　2007.2　222p　26cm　1800円　①978-4-86121-049-5

目次 勢，絶，授，現，情，像，解，寄，修，似〔ほか〕

『たのしくみにつく!!　漢字の力　小学校3年』　漢字指導法研究会（国字研）監修，紺屋冨夫，乗木養一，根津寿子編著　ルック　2007.2　239p　26cm　1800円　①978-4-86121-047-1

目次 商，開，真，葉，実，所，習，登，物，

国語　　　　　　　　　　　　　　　　　　　　　　　　　　　　　　　　　　　ことば・文字

事〔ほか〕

『中学受験つがわ式ラクラク漢字記憶ドリル－驚異の記憶法』　津川博義著　学習研究社　2007.1　160p　26cm　1000円　Ⓘ4-05-302446-3

『小学2年のかん字－楽しいストーリーでグングン身につく！』　笹間俊彦監修　学習研究社　2006.12　112p　26×19cm　（しずくちゃんドリル）〈付属資料：シール〉800円　Ⓘ4-05-302430-7
[目次]地・海・野・原・池・谷・岩・里・風・雲・星・雪・米・麦・肉・魚・春・夏・秋・冬・光・晴・家・親・父・母・兄・姉・弟・妹・牛・馬・鳥・羽・鳴・声・体・頭・首・顔・毛・公・園・交・番・門・戸・寺・店・市・場・売・買〔ほか〕

『小学校の「全漢字1006」を完全攻略』　向山洋一編，神谷祐子著　PHP研究所　2006.12　190p　21cm　（新「勉強のコツ」シリーズ）1200円　Ⓘ4-569-65786-9

『たのしくみにつく!!漢字の力　小学校1年』　紺屋冨夫，加藤セツ，奥村麻里子編著，漢字指導法研究会監修　ルック　2006.10　176p　26cm　1800円　Ⓘ4-86121-045-3

『たのしくみにつく!!漢字の力　小学校2年』　田村利樹，岡摂子編著，漢字指導法研究会監修　ルック　2006.8　191p　26cm　1800円　Ⓘ4-86121-046-1

『漢字練習ノート－となえて書く　小学6年生』　下村昇著，まついのりこ絵　偕成社　2006.7　95p　30cm　500円　Ⓘ4-03-921160-X

『漢字練習ノート－となえて書く　小学5年生』　下村昇著，まついのりこ絵　偕成社　2006.7　99p　30cm　500円　Ⓘ4-03-921150-2

『たのしくみにつく!!漢字の力　小学校4年』　紺屋冨夫編著，漢字指導法研究会監修　ルック　2006.5　232p　26cm　1800円　Ⓘ4-86121-048-8

『じゅもんでおぼえる漢字読み書き練習帳　小学3年』　白石範孝指導，学研編　学習研究社　2006.4　105,6p　30cm　600円　Ⓘ4-05-302250-9

『じゅもんでおぼえる漢字読み書き練習帳　小学2年』　白石範孝指導，学研編　学習研究社　2006.4　85,4p　30cm　600円　Ⓘ4-05-302249-5

『じゅもんでおぼえる漢字読み書き練習帳　小学1年』　白石範孝指導，学研編　学習研究社　2006.4　85,4p　30cm　600円　Ⓘ4-05-302248-7

『徹底反復新・漢字プリント－小学校全学年』　陰山英男著　小学館　2006.3　161p　26cm　（教育技術mook－陰山英男の徹底反復シリーズ）1600円　Ⓘ4-09-105215-0

『漢字がたのしくなる本－500字で漢字のぜんぶがわかる　3（159の部首）』　宮下久夫，篠崎五六，伊東信夫，浅川満著　改訂版　太郎次郎社　2006.2　68p　26cm　〈発売：太郎次郎社エディタス〉1000円　Ⓘ4-8118-0543-7

『漢字がたのしくなる本－500字で漢字のぜんぶがわかる　2（128字のあわせ漢字）』　宮下久夫，篠崎五六，伊東信夫，浅川満著　改訂版　太郎次郎社　2006.2　64p　26cm　〈発売：太郎次郎社エディタス〉1000円　Ⓘ4-8118-0542-9

『漢字がたのしくなる本－500字で漢字のぜんぶがわかる　1（101字の基本漢字）』　宮下久夫，篠崎五六，伊東信夫，浅川満著　改訂版　太郎次郎社　2006.2　64p　26cm　〈発売：太郎次郎社エディタス〉1000円　Ⓘ4-8118-0541-0

『小学1年のかんじ』　学習研究社　2005.12　93p　19×26cm　（しずくちゃんドリル）800円　Ⓘ4-05-302164-2

『テーマ別特訓ノート漢字－国語　国立・私立中学受験』　学研編　学習研究社　2005.8　144p　26cm　〈付属資料：

ことば・文字　　　　　　　　　　　　　　　　　　　　　国語

39p＋シート1枚〉1000円　ⓘ4-05-302081-6

『漢字練習ノート—となえて書く　小学4年生』下村昇著，まついのりこ絵　偕成社　2005.6　103p　30cm　500円　ⓘ4-03-921140-5

『漢字練習ノート—となえて書く　小学3年生』下村昇著，まついのりこ絵　偕成社　2005.6　103p　30cm　500円　ⓘ4-03-921130-8

『小学漢字らくらくマスター　6年生』金平正，北島春信，蓑田正治編　町田玉川大学出版部　2005.4　110p　21cm　952円　ⓘ4-472-05883-9

『小学漢字らくらくマスター　5年生』金平正，北島春信，蓑田正治編　町田玉川大学出版部　2005.4　103p　21cm　952円　ⓘ4-472-05882-0

『小学漢字らくらくマスター　4年生』金平正，北島春信，蓑田正治編　町田玉川大学出版部　2005.4　103p　21cm　952円　ⓘ4-472-05881-2

『小学漢字らくらくマスター　3年生』金平正，北島春信，蓑田正治編　町田玉川大学出版部　2005.4　94p　21cm　952円　ⓘ4-472-05880-4

『小学漢字らくらくマスター　2年生』金平正，北島春信，蓑田正治編　町田玉川大学出版部　2005.4　94p　21cm　952円　ⓘ4-472-05879-0

『小学漢字らくらくマスター　1年生』金平正，北島春信，蓑田正治編　町田玉川大学出版部　2005.4　93p　21cm　952円　ⓘ4-472-05878-3

『徹底反復たかしま式かんじれんしゅうちょう』高嶋喩著　小学館　2005.4　128p　19×26cm　800円　ⓘ4-09-837493-5

『わくわく100点ドリル　小学3年漢字』中村和弘監修，旺文社編　改訂版　旺文社　2005.3　142p　21×30cm　800円　ⓘ4-01-010746-4

『わくわく100点ドリル　小学2年漢字』中村和弘監修，旺文社編　改訂版　旺文社　2005.3　142p　21×30cm　800円　ⓘ4-01-010745-6

『わくわく100点ドリル　小学1年かんじ』中村和弘監修，旺文社編　改訂版　旺文社　2005.3　110p　21×30cm　800円　ⓘ4-01-010744-8

『漢字練習ノート—となえて書く　小学2年生』下村昇著，まついのりこ絵　偕成社　2004.11　83p　30cm　500円　ⓘ4-03-921120-0

『漢字練習ノート—となえて書く　小学1年生』下村昇著，まついのりこ絵　偕成社　2004.11　83p　30cm　500円　ⓘ4-03-921110-3

『漢字ペーパーチャレラン—右脳をきたえる・漢字が好きになる』伊藤亮介監修，こどもくらぶ編　国立　今人舎（発売）2004.6　55p　26cm　（大人と子どものあそびの教科書）　1500円　ⓘ4-901088-29-7

|目次| 1 同音異義語めいろチャレラン，2 同意語・反対語ペアづくりチャレラン，3 漢字めいろチャレラン，4 三字熟語あみだチャレラン，5 四字熟語ツーウェイチャレラン，6 画数タイルチャレラン，7 熟語魚つりチャレラン，8 漢字トレインチャレラン，9 熟語タイルチャレラン

|内容| 漢字に関する問題ばかりを集めた『漢字ペーパーチャレラン』。ゲームに取り組みやすいよう，各問題が何年生までに習う漢字でできているのか明記してある。また，同意語・反対語，同音意義語，四文字熟語など，漢字のもつおもしろさを意識して問題を考えた。

『漢字おぼえかたワーク—楽ラク学力アップ　小学校5・6年』帆足文宏編著　東洋館出版社　2003.7　118p　26cm　1900円　ⓘ4-491-01915-0

『漢字おぼえかたワーク—楽ラク学力アップ　小学校3・4年』帆足文宏編著　東

国語　　　　　　　　　　　　　　　　　　　　　　　　　　　　ことば・文字

洋館出版社　2003.7　115p　26cm
1900円　ⓒ4-491-01914-2

『漢字おぼえかたワーク―楽ラク学力アップ　小学校1・2年』帆足文宏編著　東洋館出版社　2003.7　118p　26cm
1900円　ⓒ4-491-01913-4

『小学3年の漢字』学習研究社　2003.7
112p　19×26cm　（学研版毎日のドリル）570円　ⓒ4-05-301585-5

『小学校の「漢字」を5時間で攻略する本』
向山洋一編，師尾喜代子著　PHP研究所　2002.9　219p　15cm　（PHP文庫―「勉強のコツ」シリーズ）552円
ⓒ4-569-57795-4

『わくわく100点ドリル　小学6年漢字』
中村和弘監修，旺文社編　旺文社
2002.2　104p　21×30cm　700円　ⓒ4-01-010706-5

『わくわく100点ドリル　小学5年漢字』
中村和弘監修，旺文社編　旺文社
2002.2　102p　21×30cm　700円　ⓒ4-01-010705-7

『わくわく100点ドリル　小学4年漢字』
中村和弘監修，旺文社編　旺文社
2002.2　112p　21×30cm　700円　ⓒ4-01-010704-9

『1日10題計算と漢字　小学6年』学研編
学習研究社　2001.4　1冊　19×26cm
800円　ⓒ4-05-300982-0

『1日10題計算と漢字　小学5年』学研編
学習研究社　2001.4　1冊　19×26cm
800円　ⓒ4-05-300981-2

『1日10題計算と漢字　小学4年』学研編
学習研究社　2001.4　1冊　19×26cm
800円　ⓒ4-05-300980-4

『1日10題計算と漢字　小学3年』学研編
学習研究社　2001.4　1冊　18×26cm
800円　ⓒ4-05-300979-0

『よくわかる・力のつく・覚える漢字120日　小学6年』桐杏学園編　桐杏学園

2000.4　123p　21cm〈付属資料：22p〉
700円　ⓒ4-88681-122-1

『よくわかる・力のつく・覚える漢字120日　小学5年』桐杏学園編　桐杏学園
2000.4　123p　21cm〈付属資料：22p〉
700円　ⓒ4-88681-123-X

『よくわかる・力のつく・覚える漢字120日　小学4年』桐杏学園編　桐杏学園
2000.7　123p　21cm〈付属資料：22p〉
700円　ⓒ4-88681-125-6

『3年生の漢字の書き方』くもん出版
2000.3　80p　19×26cm　（くもんの小学ドリル―国語書写 4）700円　ⓒ4-7743-0355-0
[目次]字を書くしせい，えんぴつのもち方，漢字の運筆，漢字の書きじゅん，画のせっし方，画の交わり方，点画の書きかこう，画の長短，画と画の間，漢字の組み立て方，文字の中心，漢字のれんしゅう
[内容]お子さまが，文字を正しく書く書写能力を身につけながら，学年で習う全ての漢字を，速く，正確に，きれいに書けるようになることを目的としています。きめ細かなステップとくり返し練習によって，お子さまの学年にふさわしい書写能力を生かした文字学習が無理なくできます。

『2年生のかん字の書き方』くもん出版
2000.3　80p　19×26cm　（くもんの小学ドリル―国語書写 3）700円　ⓒ4-7743-0354-2
[目次]字をかくしせい，えんぴつのもちかた，かん字の運筆，かん字のかきじゅん，点画のせっしかた，点画のまじわりかた，画のながさ，点画のほうこう，画と画のあいだ，文字のちゅうしん，かん字のれんしゅう，かん字のかたち，まとめのれんしゅう
[内容]お子さまが，文字を正しく書く書写能力を身につけながら，学年で習う全ての漢字を，速く，正確に，きれいに書けるようになることを目的としています。きめ細かなステップとくり返し練習によって，お子さまの学年にふさわしい書写能力を生かした文字学習が無理なくできます。

『1年生のかん字のかきかた』くもん出版
2000.3　80p　19×26cm　（くもんの小学ドリル―国語書写 2）700円　ⓒ4-

ことば・文字　　　　　　　　　　　　　　　　　　　　　　　　　　　　国語

7743-0353-4
|目次| じをかくしせい、えんぴつのもちかた、せんをかこう、かんじのかきじゅん、かんじのれんしゅう、かんじの運筆、画のながさ、画のほうこう、かんじのかたち、まとめのれんしゅう
|内容| お子さまが、文字を正しく書く書写能力を身につけながら、学年で習う全ての漢字を、速く、正確に、きれいに書けるようになることを目的としています。きめ細かなステップとくり返し練習によって、お子さまの学年にふさわしい書写能力を生かした文字学習が無理なくできます。

『らくてんドリル　小学3年漢字』　学研編　学習研究社　2000.3　97p　30cm〈付属資料：24p〉650円　①4-05-300871-9

『らくてんドリル　小学2年漢字』　学研編　学習研究社　2000.3　81p　30cm〈付属資料：20p〉650円　①4-05-300869-7

『らくてんドリル　小学1年漢字』　学研編　学習研究社　2000.3　65p　30cm〈付属資料：16p〉650円　①4-05-300867-0

『ぐんぐんのびる漢字　小学6年』　教育図書研究会編　羽曳野　オックス〔2000〕　44,4p　12×26cm　490円　①4-87239-177-2

『ぐんぐんのびる漢字　小学5年』　教育図書研究会編　羽曳野　オックス〔2000〕　44,4p　13×26cm　490円　①4-87239-176-4

『ぐんぐんのびる漢字　小学4年』　教育図書研究会編　羽曳野　オックス〔2000〕　44,4p　13×26cm　490円　①4-87239-175-6

『ぐんぐんのびる漢字　小学3年』　教育図書研究会編　羽曳野　オックス〔2000〕　44,4p　13×26cm　490円　①4-87239-174-8

『ぐんぐんのびる漢字　小学2ねん』　教育図書研究会編　羽曳野　オックス〔2000〕　44,4p　12×26cm　490円　①4-87239-173-X

『ぐんぐんのびる漢字　小学1ねん』　教育図書研究会編　羽曳野　オックス〔2000〕　44,4p　13×26cm　490円　①4-87239-172-1

『漢字―はぎとり式　小学3年』　旺文社編　新装版　旺文社　1999.3　1冊　21×30cm　（100点ドリル）600円　①4-01-010526-7

『かんじ―はぎとり式　小学2年』　旺文社編　新装版　旺文社　1999.3　1冊　21×30cm　（100点ドリル）600円　①4-01-010522-4

『かんじ―はぎとり式　小学1年』　旺文社編　新装版　旺文社　1999.3　1冊　21×30cm　（100点ドリル）600円　①4-01-010518-6

『合格をめざす漢字1031題―国語　2000年対応』　小林公夫著　トーコー企画　1999.2　167p　21cm　（有名中学合格講義シリーズ　6）〈発売：毎日新聞社〉1905円　①4-620-90550-X

『漢字書き取り帳―中学受験用』　学習指導会編著　エスジーエヌ　1998.12　142p　30cm　1200円　①4-87249-125-4

『漢字九九　3年』　学研編　学習研究社　1998.4　208p　19cm　800円　①4-05-300535-3
|内容| 本書は、『算数のかけ算九九』を唱えるように漢字の形を筆順にそって示してあります。こままんがで、新出漢字の使い方が楽しくつかめます。音読み、訓読み、部首などの新出漢字の基本は簡潔に示し、筆順は一画ごとに赤色で示してあります。テストで誤りやすい「書き方・読み方・送りがな」を『テストでちゅうい』のらんに、実例つきでバッチリ紹介しています。

『漢字九九　2年』　学研編　学習研究社　1998.4　192p　19cm　800円　①4-05-300534-5

『漢字九九　1年』　学研編　学習研究社　1998.4　192p　19cm　800円　①4-05-300533-7
|目次| 一年生で学習するかん字80字（かず、

国語　　　　　　　　　　　　　　　　　　　　　　　　　　　　　　ことば・文字

からだ，ひと，いきもの，ばしょとしぜん ほか）
|内容| 本書は、『算数のかけ算九九』を唱えるように漢字の形を筆順にそって示してあります。こままんがで、新出漢字の使い方が楽しくつかめます。音読み、訓読み、部首などの新出漢字の基本は簡潔に示し、筆順は一画ごとに赤色で示してあります。テストで誤りやすい「書き方・読み方・送りがな」を『テストでちゅうい』のらんに、実例つきでバッチリ紹介しています。

『かんじ・だいすきプリント　小学2年生の2』高嶋喩編著，川岸雅詩ほか著　大阪　フォーラム・A　1998.3　1冊　26×37cm　1476円　Ⓡ4-89428-115-5

『かんじ・だいすきプリント　小学2年生の1』高嶋喩編著，川岸雅詩ほか著　大阪　フォーラム・A　1998.3　1冊　26×37cm　1476円　Ⓡ4-89428-114-7

『漢字マスター365日毎日できる！　3年』日能研通信教育部企画・編集　横浜　日能研　1998.3　223p　21cm　（日能研ブックス）〈発売：みくに出版　付属資料：23p〉600円　Ⓡ4-89524-773-2
|内容| この一冊で、一年間の漢字学習がOK。問題はすべて日能研作成のオリジナル。実力アップに欠かせない、『漢字表・ブロック問題・まとめの問題』の3ステップ方式。

『かん字マスター365日毎日できる！　2年』日能研通信教育部企画・編　横浜　日能研　1998.3　191p　21cm　（日能研ブックス）〈発売：みくに出版〉600円　Ⓡ4-89524-772-4
|内容| この一冊で、一年間の漢字学習がOK。問題はすべて日能研作成のオリジナル。実力アップに欠かせない。『学習・ブロック問題・まとめの問題』の3ステップ方式。

『楽しく学べる小学6年の漢字』川嶋優著　旺文社　1998.1　130p　21cm〈付属資料：39p〉700円　Ⓡ4-01-010506-2

『楽しく学べる小学5年の漢字』川嶋優著　旺文社　1998.1　126p　21cm〈付属資料：39p〉700円　Ⓡ4-01-010505-4

『楽しく学べる小学4年の漢字』川嶋優著　旺文社　1998.1　134p　21cm〈付属資料：39p〉680円　Ⓡ4-01-010504-6

『楽しく学べる小学3年の漢字』川嶋優著　旺文社　1998.1　135p　21cm〈付属資料：39p〉680円　Ⓡ4-01-010503-8

『楽しく学べる小学2年の漢字』川嶋優著　旺文社　1998.1　142p　21cm〈付属資料：39p〉680円　Ⓡ4-01-010502-X

『楽しく学べる小学1年の漢字』川嶋優著　旺文社　1998.1　111p　21cm〈付属資料：39p〉680円　Ⓡ4-01-010501-1

『らくらくおぼえる漢字書き取りノート　小学6年』川嶋優編　旺文社　1998.1　108p　26cm　700円　Ⓡ4-01-010512-7

『らくらくおぼえる漢字書き取りノート　小学5年』川嶋優編　旺文社　1998.1　108p　26cm　700円　Ⓡ4-01-010511-9

『らくらくおぼえる漢字書き取りノート　小学4年』川嶋優編　旺文社　1998.1　116p　26cm　680円　Ⓡ4-01-010510-0

『らくらくおぼえる漢字書き取りノート　小学3年』川嶋優編　旺文社　1998.1　116p　26cm　680円　Ⓡ4-01-010509-7

『らくらくおぼえる漢字書き取りノート　小学2年』川嶋優編　旺文社　1998.1　124p　26cm　680円　Ⓡ4-01-010508-9

『らくらくおぼえる漢字書き取りノート　小学1年』川嶋優編　旺文社　1998.1　91p　26cm　680円　Ⓡ4-01-010507-0

『かんじ・だいすきプリント　小学1年生』高嶋喩編著，川岸雅詩ほか著　大阪　フォーラム・A　1997.8　1冊　26×37cm　1476円　Ⓡ4-89428-101-5

『漢字マスター1095題　6年』横浜　日能研　1997.4　184p　21cm　（日能研ブックス）〈発売：みくに出版〉680円　Ⓡ4-89524-670-1
|内容| 本書は、国語の基礎である漢字の力を身につけられるように、作られています。

ことば・文字　　　　　　　　　　　　　　　　　　　国語

『漢字マスター1095題　5年』　横浜　日能研　1997.4　184p　21cm　（日能研ブックス）〈発売：みくに出版〉680円　Ⓘ4-89524-669-8
|内容| 本書は、国語の基礎である漢字の力を身につけられるように、作られています。問題はすべて、中学受験で最高の実績を誇る、日能研が作成したオリジナルです。

『漢字マスター1095題　4年』　横浜　日能研　1997.4　184p　21cm　（日能研ブックス）〈発売：みくに出版〉680円　Ⓘ4-89524-668-X
|内容| 本書は、国語の基礎である漢字の力を身につけられるように、作られています。問題はすべて、中学受験で最高の実績を誇る、日能研が作成したオリジナルです。

『小学漢字の達人問題集　6年』　旺文社編　旺文社　1997.2　126p　26cm　（漢字の達人問題集シリーズ 6）824円　Ⓘ4-01-010369-8

『小学漢字の達人問題集　5年』　旺文社編　旺文社　1997.2　120p　26cm　（漢字の達人問題集シリーズ 5）824円　Ⓘ4-01-010368-X

『小学漢字の達人問題集　4年』　旺文社編　旺文社　1997.2　126p　26cm　（漢字の達人問題集シリーズ 4）824円　Ⓘ4-01-010367-1

『小学漢字のたつじん問題集　3年』　旺文社編　旺文社　1997.2　126p　26cm　（漢字の達人問題集シリーズ 3）824円　Ⓘ4-01-010366-3

『小学かん字のたつじんもんだいしゅう　2年』　旺文社編　旺文社　1997.2　127p　26cm　（漢字の達人問題集シリーズ 2）824円　Ⓘ4-01-010365-5

『しょうがくかんじのたつじんもんだいしゅう　1ねん』　旺文社編　旺文社　1997.2　79p　26cm　（漢字の達人問題集シリーズ 1）824円　Ⓘ4-01-010364-7

『小学5年生の漢字―ことばのリズムでおぼえる』　浜西正人著　角川書店　1997.2　271p　19cm　1236円　Ⓘ4-04-023050-7
|内容| 本書は百八十五の漢字の意味や読み方、なりたち、使い方を学ぶための本です。新しい漢字を早くいんしょう強くおぼえられるように、五音・七音・五音のリズムを使っています。

『小学4年生の漢字―ことばのリズムでおぼえる』　浜西正人著　角川書店　1997.2　287p　19cm　1236円　Ⓘ4-04-023040-X
|内容| 本書は二百の漢字の意味や読み方、なりたち、使い方を学ぶための本です。新しい漢字をはやくいんしょう強くおぼえられるように、五音・七音・五音のリズムを使っています。

『小学3年生の漢字―ことばのリズムでおぼえる』　浜西正人著　角川書店　1997.2　287p　19cm　1236円　Ⓘ4-04-023030-2
|内容| 本書は二百の漢字の意味や読み方、なりたち、使い方を学ぶための本です。新しい漢字をはやくいんしょう強くおぼえられるように、五音・七音・五音のリズムを使っています。

『らくらく漢字ワーク―教師の漢字授業と家庭学習に役立つ　小学4年生』　荒木茂責任編集　草土文化　1996.10　129p　26×37cm　1500円　Ⓘ4-7945-0614-7

『らくらく漢字ワーク―教師の漢字授業と家庭学習に役立つ　小学3年生』　荒木茂責任編集　草土文化　1996.10　118p　26×37cm　1500円　Ⓘ4-7945-0613-9

『三年生の漢字』　成美堂出版編集部編　成美堂出版　1996.6　140p　19cm〈漢字検定初8級試験問題付〉680円　Ⓘ4-415-08166-5

『四年生の漢字』　成美堂出版編集部編　成美堂出版　1996.1　124p　19cm〈漢字検定7級試験問題付〉680円　Ⓘ4-415-08165-7
|内容| 4年生で学習する漢字200文字につい

国語　　　　　　　　　　　　　　　　　　　　　　　　　　　　　　　　　ことば・文字

て、この一冊ですべて覚えることができる。文部省認定の漢字検定7級試験に対応した問題が6回分収められている。面白い学習クイズもあり、楽しみながら学べる本。

『漢字力テスト―小学高学年・中学受験用』　桐杏学園編　桐杏学園　1995.12　90p　21cm〈付(30p)：解答〉600円　⑪4-88681-002-0

『五年生の漢字』　成美堂出版編集部編　成美堂出版　1995.12　156p　19cm〈漢字検定6級試験問題付〉720円　⑪4-415-08164-9

『くもんの漢字集中学習　小学6年生』　くもん出版　1995.11　168p　26cm〈監修：本堂寛〉880円　⑪4-87576-976-8

『くもんの漢字集中学習　小学5年生』　くもん出版　1995.11　176p　26cm〈監修：本堂寛〉880円　⑪4-87576-975-X

『くもんの漢字集中学習　小学4年生』　くもん出版　1995.11　176p　26cm〈監修：本堂寛〉880円　⑪4-87576-974-1

『くもんの漢字集中学習　小学3年生』　くもん出版　1995.11　180p　26cm〈監修：本堂寛〉880円　⑪4-87576-973-3

『くもんのかんじ集中がくしゅう　小学2年生』　くもん出版　1995.11　144p　26cm〈監修：本堂寛〉880円　⑪4-87576-972-5

『くもんのかんじ集中がくしゅう　小学1年生』　くもん出版　1995.11　112p　26cm〈監修：本堂寛〉880円　⑪4-87576-971-7

『六年生の漢字』　成美堂出版編集部編　成美堂出版　1995.10　156p　19cm〈漢字検定5級試験問題付〉720円　⑪4-415-08163-0

『応用自在漢字読み書きの特訓―小学国語』　改訂新版　学習研究社　1995.2　144p　21cm〈応用自在シリーズ〉〈付(32p)：解答と解き方〉1100円　⑪4-05-300305-9

『漢字がたのしくなる本　ワーク6　漢字の単語あそび』　宮下久夫ほか著　太郎次郎社　1994.5　80p　26cm〈付(8p 19cm)：手引き書〉1190円　⑪4-8118-0512-7
目次　1 漢字の音よみと訓よみ，2 漢語のいろいろ，3 漢語のくみたて，4 漢字の音と意味

『漢字がたのしくなる本　ワーク5　形成文字あそび―形声文字2』　宮下久夫ほか著　太郎次郎社　1994.3　80p　26cm〈付(8p 19cm)：手引き書〉1100円　⑪4-8195-0119-4

『漢字がたのしくなる本　ワーク4　漢字の音あそび―形声文字1』　宮下久夫ほか著　太郎次郎社　1993.10　80p　26cm〈付(8p 19cm)：手引き書〉1190円　⑪4-8118-0510-0
目次　漢字の音であそぼう，漢字は、どんな音でできているかな？，おなじ形とおなじ音であそぼう，おなじ形をぬきだそう，音記号あそび，形声文字って、なに？，音記号のいろいろな位置，ふくらんだ音記号，音がかわる音記号

『漢字がたのしくなる本　ワーク3　部首あそび』　宮下久夫，篠崎五六，伊東信夫，浅川満著　太郎次郎社　1993.1　80p　26cm　1190円　⑪4-8118-0509-7
目次　1 部首って、なに？，2 人のすがたからできた部首，3 手きらできた部首，4 足からできた部首，5 人のからだからできた部首，6 人のよび名からできた部首，7 動物からできた部首，8 植物からできた部首，9 自然からできた部首，10 家と町からできた部首，11 道具からできた部首，12 神・ことばからできた部首

『漢字トレーニング　3年』　学習研究社　1992.10　100p　30cm〈多湖輝の頭脳開発シリーズ　小学生版〉700円　⑪4-05-106225-2

『5年の漢字ドリル辞典―漢字の力がぐんぐんのびる』　学習研究社　1992.4　200p　26cm〈付(16p)：答え〉

『5・6年生の書き順―学年別学習漢字　大活字』　東京ルリユール編　あゆみ出版

子どもの本　国語・英語をまなぶ2000冊　81

ことば・文字　　　　　　　　　　　　　　　　　国語

1992.4　94p　26cm　1240円　①4-7519-1178-3

『3・4年生の書き順―学年別学習漢字　大活字』　東京ルリユール編　あゆみ出版　1992.4　103p　26cm　1240円　①4-7519-1177-5

『1・2年生の書き順―学年別学習漢字　大活字』　東京ルリユール編　あゆみ出版　1992.4　81p　26cm　1240円　①4-7519-1176-7

『漢字がたのしくなる本　ワーク2　159字のあわせ漢字』　宮下久夫、篠崎五六、伊東信夫、浅川満著　太郎次郎社　1992.3　80p　26cm　〈付(8p 19cm)：手引書〉　1190円　①4-88482-121-1

『1ねんのかんじドリルじてん―かんじのちからがぐんぐんのびる』　学習研究社　1992.2　168p　26cm　〈付(8p)：こたえ〉

『漢字書き取り練習帳　小学6年』　川嶋優編　改訂版　旺文社　1992.2　108p　26cm

『漢字書き取り練習帳　小学5年』　川嶋優編　改訂版　旺文社　1992.2　108p　26cm

『漢字書き取り練習帳　小学4年』　川嶋優編　改訂版　旺文社　1992.2　116p　26cm

『漢字書き取り練習帳　小学3年』　川嶋優編　改訂版　旺文社　1992.2　116p　26cm

『漢字書き取り練習帳　小学2年』　川嶋優編　改訂版　旺文社　1992.2　124p　26cm

『漢字書き取り練習帳　小学1年』　川嶋優編　改訂版　旺文社　1992.2　91p　26cm

『3年のかん字ドリルじてん―かん字の力がぐんぐんのびる』　学習研究社　1992.2　216p　26cm　〈付(16p)：答え〉

『2年のかん字ドリルじてん―かん字の力がぐんぐんのびる』　学習研究社　1992.2　168p　26cm　950円　①4-05-101808-3
[内容]　調べて覚えるスーパー辞典。新学習指導要領に対応しているので、学校で習う2年生の漢字学習はすべてOK。

『ハイトップ問題集　小学6年　漢字』　旺文社編　3訂版　旺文社　1992.2　125p　26cm

『ハイトップ問題集　小学5年　漢字』　旺文社編　3訂版　旺文社　1992.2　120p　26cm

『ハイトップ問題集　小学4年　漢字』　旺文社編　3訂版　旺文社　1992.2　125p　26cm

『ハイトップもんだいしゅう　小学3年　漢字』　旺文社編　改訂版　旺文社　1992.2　125p　26cm　〈対照表〉

『6年の漢字ドリル辞典―漢字の力がぐんぐんのびる』　学習研究社　1992.2　192p　26cm　〈付(16p)：答え〉

『4年のかん字ドリルじてん―かん字の力がぐんぐんのびる』　学習研究社　1992.2　216p　26cm　〈付(16p)：答え〉

『漢字教室―楽しく学んで漢字力アップ　小学6年』　川嶋優著　3訂版　旺文社　1992.1　130,39p　21cm　680円　①4-01-010296-9

『漢字教室―楽しく学んで漢字力アップ　小学5年』　川嶋優著　3訂版　旺文社　1992.1　126,39p　21cm　680円　①4-01-010295-0

『漢字教室―楽しく学んで漢字力アップ　小学4年』　川嶋優著　3訂版　旺文社　1992.1　134,39p　21cm　680円　①4-01-010294-2

『漢字教室―楽しく学んで漢字力アップ　小学3年』　川嶋優著　3訂版　旺文社　1992.1　135,39p　21cm　680円　①4-01-010293-4

国語　　　　　　　　　　　　　　　　　　　　　　　　　　　　　　　　　ことば・文字

『漢字教室―楽しく学んで漢字力アップ　小学2年』　川嶋優著　3訂版　旺文社　1992.1　142,39p　21cm　680円　Ⓓ4-01-010292-6

『漢字教室―楽しく学んで漢字力アップ　小学1年』　川嶋優著　3訂版　旺文社　1992.1　111,39p　21cm　680円　Ⓓ4-01-010291-8

『一年生のかんじ』　NIIKソフトウェア　〔1991.11〕　40p　30cm　（ともだち　いっぱい　はじめてのワーク　4）〈発売：ニューズビート〉　400円　Ⓓ4-931279-24-4

『一年生の漢字―みぞをなぞって正しい字を覚えよう　下』　サンリオ　1991.11　1冊　26cm　900円　Ⓓ4-387-91238-3

『一年生の漢字―みぞをなぞって正しい字を覚えよう　上』　サンリオ　1991.11　1冊　26cm　900円　Ⓓ4-387-91237-5

『小学漢字1006字の正しい書き方―筆順・音訓読みがすぐわかる』　旺文社編　改訂版　旺文社　1991.9　309p　15cm　650円　Ⓓ4-01-013163-2
　目次　1年生でならう漢字（80字），2年生でならう漢字（160字），3年生でならう漢字（200字），4年生でならう漢字（200字），5年生でならう漢字（185字），6年生でならう漢字（181字）

『漢字がたのしくなる本　ワーク1』　宮下久夫，篠崎五六，伊東信夫，浅川満著　太郎次郎社　1991.8　80p　26cm〈付（8p 19cm）：手引書〉1190円　Ⓓ4-88482-114-9

『1ねん生のかんじ80』　大阪　ニューズビート　〔1991.6〕　48p　26cm　（はじめてのワーク　3）　480円　Ⓓ4-931279-26-0

『くもん式の新漢字おけいこ』　原ゆたか著　くもん出版　1991.3　128p　30cm　（くもん式の基礎学習シリーズ　8）　980円
　内容　1年生の配当漢字の書き方が無理なく

おぼえられます。5・6・7歳むき。

『100点ドリル　小学6年　漢字』　旺文社　〔1991〕　104p　15×21cm

『100点ドリル　小学5年　漢字』　旺文社　〔1991〕　109p　15×21cm

『100点ドリル　小学4年　漢字』　旺文社　〔1991〕　109p　15×21cm

『100点ドリル　小学3年　漢字』　旺文社　〔1991〕　113p　15×21cm

『100点ドリル　小学2年　かんじ』　旺文社　〔1991〕　104p　15×21cm

『100点ドリル　小学1年　かんじ』　旺文社　〔1991〕　96p　15×21cm

『力をつけるくもんの小学ドリル―国語　6年生の漢字』　くもん出版　1990.7　112p　18×26cm

『力をつけるくもんの小学ドリル―国語　5年生の漢字』　くもん出版　1990.7　112p　18×26cm

『力をつけるくもんの小学ドリル―国語　4年生の漢字』　くもん出版　1990.7　112p　18×26cm

『力をつけるくもんの小学ドリル―国語　3年生の漢字』　くもん出版　1990.7　112p　18×26cm

『力をつけるくもんの小学ドリル―国語　2年生のかん字』　くもん出版　1990.7　112p　18×26cm

『力をつけるくもんの小学ドリル―国語　1年生のかん字』　くもん出版　1990.7　88p　18×26cm

『かん字ポスターノート　小学1年』　新学習指導研究会編　大阪　むさし書房　1990.6　47p　26cm〈付属資料：1年生のかん字ポスター〉850円　Ⓓ4-8385-0740-2
　内容　この本は，小学生を対象とした書き込み式の漢字練習書で，漢字を無理なく覚え

子どもの本　国語・英語をまなぶ2000冊　83

ことば・文字　　　　　　　　　　　　　　　　　　　　　　　　国語

ることができるように配慮してあります。

◆ことばで遊ぶ

『ととのいました！―おやこで「脳活」！なぞかけドリル』Wコロン著　東邦出版　2010.10　144p　19cm　952円　①978-4-8094-0900-4　Ⓝ807.9

『みんなでグルグル回文あそび　青の巻』ながたみかこ文，どいまき絵　汐文社　2010.9　77p　20cm　1500円　①978-4-8113-8701-7　Ⓝ807.9

『みんなでグルグル回文あそび　金の巻』ながたみかこ文，どいまき絵　汐文社　2010.8　79p　20cm　1500円　①978-4-8113-8699-7　Ⓝ807.9
[目次] 回文ってなに？，回文のルール，金の回文大集合！，お仕事回文大集合！，回文クイズ，回文の作り方
[内容] 上から読んでも，下から読んでも同じ言葉になる回文。今回は金色にピカピカ光る回文や，職業の回文などを紹介。

『みんなでグルグル回文あそび　黒の巻』ながたみかこ文，どいまき絵　汐文社　2010.8　79p　20cm　1500円　①978-4-8113-8700-0　Ⓝ807.9
[目次] 回文ってなに？，回文のルール，黒の回文大集合！，動物回文大集合！，外国回文大集合！，回文クイズ

『あそんで身につく日本語表現力　4　ひらめきであそぼう！―表現力をのばす』半沢幹一監修　偕成社　2010.4　111p　22cm　1500円　①978-4-03-541540-4　Ⓝ807.9
[目次] ニックネームをつけよう―あだ名，にているものを連想しよう―見立て，かってに説明楽しく理解―定義文，「ナンセンス」カルタあそび，なぞなぞをつくろう―二段なぞ，なぞかけ王をめざせ！―三段なぞ，上の句をバッチリきめよう―前句づけ，キャッチフレーズをつくろう―広告コピー，パロディーであそぼう―パロディー，かえ歌はかえって歌える―替え歌〔ほか〕
[内容] イメージをふくらませて，ことばであそんでみよう。「パロディ」「なぞかけ」「替え歌」…。ひらめきのある作品がつくれるかな？あそびながら，日本語の表現力が身につくシリーズ。小学校中学年から。

『あそんで身につく日本語表現力　3　ことばをつくってあそぼう！―単語力を広げる』半沢幹一監修　偕成社　2010.4　111p　22cm　1500円　①978-4-03-541530-5　Ⓝ807.9
[目次] タテならびでつくることば―同行ことば，ヨコならびでつくることば―同段ことば，人やものに名前をつけよう―造語・命名，カタカナことばをつくってみよう―外国語造語，名前にかくれた意味を見つけよう―名前読みかえ，様子を音であらわそう―オノマトペ創作，同じ音のことばなぞなぞ―同音異義語なぞなぞ，ことばをもじれば別世界！―もじり，だじゃれをつくるのはだーれじゃ？―だじゃれ，もじりでなぞなぞ―もじりなぞなぞ〔ほか〕
[内容]「単語」は，ことばの一番小さな単位。この巻では，「なぞなぞ」「だじゃれ」「造語」など，単語をつかった親しみやすいことばあそびを紹介。小学校中学年から。

『あそんで身につく日本語表現力　2　書いてあそぼう！―文字で表現する』半沢幹一監修　偕成社　2010.4　111p　22cm　1500円　①978-4-03-541520-6　Ⓝ807.9
[目次] 一文字変えれば別のことば―ダブレット，ならべかえれば別のことば―アナグラム，どこで分けるか大問題！―きぎった読み，文字のかたちで絵ができる！―文字絵，英語をローマ字読み！―英語とローマ字，ローマ字でも回文―ローマ字・回文，数字の読み方，数字を4946！―数字おきかえ，数字で56あわせ！―数字語呂合わせ，漢字と漢字が漢字をつくる！―漢字字詰め〔ほか〕
[内容] 日本語の文字は，書いてみると，おもしろい発見がいろいろある よ。この巻では，「漢字」「かな」「数字」「ローマ字」，それぞれの文字を使ったことばあそびを紹介。小学校中学年から。

『みんなでびっくり！変身ことば　神のみぞ知る神のみそ汁の巻』ながたみかこ文，どいまき絵　汐文社　2010.3　78p　20cm　1500円　①978-4-8113-8639-3　Ⓝ807.9
[内容] 言葉が変身するって考えたことある？マルやテンをとったり，いれたり，言葉の句切りを変えてみたりすると，ほら，まるで別の文章に。変身する言葉たちで楽しみましょう。

| 国語 | ことば・文字 |

『あそんで身につく日本語表現力　1　声に出してあそぼう！－ことばのリズムを知る』　半沢幹一監修　偕成社　2010.2　111p　22cm　1500円　Ⓘ978-4-03-541510-7　Ⓝ807.9
目次　最初はしりとり―しりとり、あいさつに続けることば―無駄口、あたまの音が同じことば―頭韻、おしりの音が同じことば―脚韻、あたまとおしりが同じことば―頭脚同音、あたまを読めば一つのことば―アクロスティック、ことばのつみ木をつみかさねる―つみあげ文、同じ音でもちがう意味―同音異義語、てんでニッコリまるで変身！―清音と濁音、のばして変身ちぢめて変身―短音と長音〔ほか〕
内容　日本語は、声に出して読むと、いろいろな発見があるよ。この巻では、「しりとり」「数え歌」「回文」といった音で楽しめることばあそびを紹介。あそびながら、日本語の表現力が身につくシリーズ。小学校中学年から。

『みんなでびっくり！　変身ことば　聖徳太子は消毒大事の巻』　ながたみかこ文、どいまき絵　汐文社　2010.2　79p　20cm　1500円　Ⓘ978-4-8113-8638-6　Ⓝ807.9
内容　言葉に、濁点や半濁点をつけたり、とったりすると、どんな言葉に変わるかな？

『みんなでびっくり！　変身ことば　良い言葉！良い子とは？の巻』　ながたみかこ文、どいまき絵　汐文社　2010.1　79p　20cm　1500円　Ⓘ978-4-8113-8637-9　Ⓝ807.9

『超ばかうけ!!　ダジャレクイズ』　ながたみかこ作、藤本けいこ絵　ポプラ社　2009.10　159p　18cm　（大人にはないしょだよ　61）　700円　Ⓘ978-4-591-11183-3　Ⓝ807.9

『だジャレ大問題』　このみひかる作　小峰書店　2009.8　207p　19cm　800円　Ⓘ978-4-338-01037-5　Ⓝ807.9
目次　第1章　だジャレ先手必笑！編、第2章　だジャレ真剣笑負！編、第3章　だジャレ連戦連笑！編、第4章　だジャレ笑撃吸収！編、第5章　だジャレ一笑懸命！編、第6章　だジャレ笑利宣言！編、第7章　だジャレ完全燃笑！編
内容　さあ、はじまるよ！だジャレの天才・だジャレくんの3コマまんがとなぞなぞのウケウケスピード爆笑感！きみも友だちもクセになっちゃうぞー。フッフッフ…。

『笑撃度200%!!　ことばあそび大百科』　ながたみかこ著　成美堂出版　2009.7　237p　19cm　850円　Ⓘ978-4-415-30625-4　Ⓝ807.9

『ありがたいなら芋虫くじら―おどろきもものき！　つけたし言葉』　ながたみかこ文、むらかわまさと絵　汐文社　2009.3　79p　20cm　1500円　Ⓘ978-4-8113-8546-4　Ⓝ807.9
内容　つけたし言葉は、昔の人が考えたもの・現代で生まれたもの・地域で伝えられているものなどなど、色々ある。この本では「おもしろーい」「なるほど！」と思うようなつけたし言葉をたくさん紹介していく。動物・人物がテーマのつけたし言葉がいっぱい。

『恐れ入谷の鬼子母神―おどろきもものき！　つけたし言葉』　ながたみかこ文、アキワシンヤ絵　汐文社　2009.1　79p　20cm　1500円　Ⓘ978-4-8113-8545-7　Ⓝ807.9
内容　似たような言葉をならべてつないでいったり、関係のある言葉をつないでいったりする言葉遊びを『つけたし言葉』というんだ。つけたし言葉は、昔の人が考えたもの・現代で生まれたもの・地域で伝えられているものなどなど、色々あるんだ。この本では「おもしろーい」「なるほど！」と思うようなつけたし言葉をたくさん紹介していくよ。この巻では場所・数がテーマのつけたし言葉がいっぱい。

『大喜利ドリル―毎日やれば君もダジャレ王！　1日1問30日完成　しゃれやとんちで言葉をみがく！』　中根ケンイチ絵、茅島奈緒深文・構成、林家木久扇監修　講談社　2008.12　71p　19×28cm　857円　Ⓘ978-4-06-215174-0　Ⓝ807.9

『ごめんそうめんひやそうめん―おどろきもものき！　つけたし言葉』　ながたみかこ文、どいまき絵　汐文社　2008.12　79p　20cm　1500円　Ⓘ978-4-8113-8544-0　Ⓝ807.9

子どもの本　国語・英語をまなぶ2000冊　85

ことば・文字　　　　　　　　　　　　　　　　　　　　　　　国語

内容　似たような言葉をならべたり、つないだりする言葉遊びの「つけたし言葉」。この巻では食べ物・植物がテーマのつけたし言葉をいっぱい集めました。「おもしろーい」「なるほど」と思わせるつけたし言葉をばんばん使って、人気者を目指そう。

『超サ・カ・サ・マ!! メチャウケ回文大全集』ながたみかこ作，いけだほなみ絵　ポプラ社　2008.12　159p　18cm　（大人にはないしょだよ 58）700円　①978-4-591-10696-9　Ⓝ807.9

『遊びながら国語力up！おもしろ回文1000―まえから読んでもうしろから読んでも同じ！』言葉あそびを楽しむ会著　メイツ出版　2008.7　128p　22cm　1000円　①978-4-7804-0455-5　Ⓝ807.9
目次　1 生きもの＆自然（水の動物、陸の動物、空の動物、植物、自然、四季、その他）、2 暮らし＆道具（暮らし、衣食住、気もち、からだ、災害、趣味、道具＆物）、3 学校＆仕事（勉強、課外活動＆行事、遊び、友だち＆恋、仕事）、4 人名＆地名（人名（名字・名前・その他）、地名（日本・外国））
内容　まえから読んでもうしろから読んでも同じ。楽しみながら、頭をきたえる言葉あそびの本。

『いろんな国のオノマトペ』こどもくらぶ編　旺文社　2008.3　39p　29cm　（世界のことばあそび 5）2500円　①978-4-01-071059-3　Ⓝ801.4
目次　いろんな国のオノマトペ（動物のなき声、自然の音、世界のまちのようす ほか）、擬態語について考えよう！（擬態語って、何？、英語の擬態語、オノマトペクイズ、もっと知りたい！オノマトペ（日本のオノマトペ、3つの国のオノマトペくらべ）
内容　この本では、世界の国ぐにのオノマトペをたくさん紹介するよ。オノマトペをとおして、世界のことばと日本語とのちがいを感じていろんな国のふんいきをあじわってみよう。

『ことば遊びネタのタネ　第3巻（おうちネタ編）』しばはら・ち編集・絵　汐文社　2008.3　79p　22cm　1500円　①978-4-8113-8436-8　Ⓝ807.9

『チャレンジ！オリンピッククロスワード王』横山験也著　ほるぷ出版　2008.3　159p　19cm　1200円　①978-4-593-59390-3　Ⓝ807.9

『みんなでグルグル回文あそび　緑の巻』ながたみかこ文，どいまき絵　汐文社　2008.3　79p　20cm　1500円　①978-4-8113-8419-1　Ⓝ807.9

『ことば遊びネタのタネ　第2巻（生きものネタ編）』しばはら・ち編集・絵　汐文社　2008.2　79p　22cm　1500円　①978-4-8113-8435-1　Ⓝ807.9

『みんなでグルグル回文あそび　黄の巻』ながたみかこ文，どいまき絵　汐文社　2008.2　79p　20cm　1500円　①978-4-8113-8418-4　Ⓝ807.9

『世界の早口ことば・数え歌・回文』こどもくらぶ編　旺文社　2008.1　39p　29cm　（世界のことばあそび 2）2500円　①978-4-01-071056-2　Ⓝ807.9
目次　世界の早口ことば・数え歌・回文（東アジア、東南アジア、そのほかのアジア、ヨーロッパ、南アメリカ、アフリカ、英語をつかう国ぐに）、もっと知りたい！ことばあそび（アナグラム）
内容　この本では、早口ことば、数え歌、回文、アナグラムなどの世界のことばあそびを紹介します。

『チャレンジ！学校ダジャレ王』夢現舎編　ほるぷ出版　2008.1　159p　19cm　1300円　①978-4-593-59389-7　Ⓝ807.9

『みんなでグルグル回文あそび　赤の巻』ながたみかこ文，どいまき絵　汐文社　2008.1　79p　20cm　1500円　①978-4-8113-8417-7　Ⓝ807.9
目次　赤の回文大集合！、学校回文大集合！、動物回文大集合！、回文クイズにチャレンジ！、和歌で回文！

『ことわざ・漢字遊びの王様』田近洵一監修，小山恵美子著　岩崎書店　2007.12　95p　22cm　（ことば遊びの王様 4）1300円　①978-4-265-05044-4　Ⓝ814.6
目次　ことわざクイズ（動物のことわざ、鬼のことわざ、神や仏のことわざ、数のことわざ ほか）、漢字クイズ（漢字の部首、漢字

国語　　　　　　　　　　　　　　　　　　　　　　　　　　　　ことば・文字

の音と訓，熟語，送りがな ほか）
[内容] ことわざ・四字熟語・故事成語・漢字…。どれも，古くから使われていることばや文字です。「難しいなぁ」と思う前に，まず楽しく遊びましょう。この本には，ことわざや漢字のクイズがいっぱい。

『しゃれの王様』　田近洵一監修，梅沢実著　岩崎書店　2007.12　95p　22cm　（ことば遊びの王様 3）1300円　①978-4-265-05043-7　Ⓝ807.9
[目次] 動物園でしゃれてみよう!!，水族館でしゃれてみよう!!，虫でしゃれてみよう!!，学校でしゃれてみよう!!，食べ物でしゃれてみよう!!，日本の地名でしゃれてみよう!!，外国の地名でしゃれてみよう!!，数字でしゃれてみよう!!，ことわざでしゃれてみよう!!，しゃれの歴史を知ろう!!，キャッチコピーでしゃれてみよう!!，作品でしゃれてみよう!!，しゃれのつくり方を学ぼう!!，いろいろな場面でしゃれてみよう!!，仮装パーティーでしゃれてみよう!!
[内容] 動物・虫・学校・食べ物・地名・数字・ことわざ…。この本には，きみも知っているかんたんなものから，ちょっとむずかしいものまで，いろんなしゃれがいっぱい。

『しりとり・ことば遊び歌の王様』　田近洵一監修，木下ひさし著　岩崎書店　2007.12　95p　22cm　（ことば遊びの王様 6）1300円　①978-4-265-05046-8　Ⓝ807.9
[目次] しりとり，ことば遊び歌，早口ことば，回文，アクロスティック（折句），アナグラム，タブレット
[内容] この本にでてくるしりとりは，いつもきみたちがしているしりとりとは，少しちがいます。もちろん，ふつうのしりとりもありますが，いろんなしりとりがでてきます。今までに知らなかった，しりとりに出会って，びっくりするでしょう！ほかに，ことば遊び歌，早口ことば，回文，アクロスティック，アナグラム，タブレットもあります。さあ，この本を開いて，ことば遊びの世界にとびこみましょう。

『世界のなぞなぞ』　こどもくらぶ編　旺文社　2007.12　39p　29cm　（世界のことばあそび 1）2500円　①978-4-01-071055-5　Ⓝ302
[内容] 世界各地のなぞなぞ（東アジア，東南・南アジア，中央・西アジア，ヨーロッパ，北アメリカ・カリブ海の国，中央・南アメリカ，アフリカ・オセアニア），もっと知りたい！いろいろななぞなぞ（文字のなぞなぞ，物語のなぞなぞ）
[内容] 世界の国ぐにのいろいろななぞなぞを見ると，その国のようすを知ることができる。なぞなぞをとおして世界の国ぐにについて知る本。

『笑い話・落語の王様』　田近洵一監修，井上典子著　岩崎書店　2007.12　95p　22cm　（ことば遊びの王様 5）1300円　①978-4-265-05045-1　Ⓝ913.7
[目次] 第1部 なぞかけ（「なぞかけ」って，なあに？，初級編 だじゃれでGO！ほか），第2部 語り（客寄せ，物売りのことば，ほら話，客寄せ（口上） ほか），第3部 江戸笑い話（江戸こばなし，江戸こばなし(1)恥をいわいなおすこと ほか），第4部 落語（「落語」ってなんだろう？，落語 時そば ほか）
[内容] 「なぞかけ」って，何だろう？○○とかけて××ととく。えっ？どうして？その心は…△△。うーん，やられた！この本ではそんな楽しいなぞかけと作り方を解説！さあさあ，ご用とお急ぎでない方は…。で始まるおもしろい物売りの口上をしゃべってみよう。エー，お笑いを一席…。で始まる落語も二話掲載。読むだけでもおもしろいけれど，覚えて演じてみよう。

『クイズの王様』　田近洵一監修，広川加代子著　岩崎書店　2007.11　95p　22cm　（ことば遊びの王様 2）1300円　①978-4-265-05042-0　Ⓝ814
[目次] いろいろクイズ（○×クイズ，世界のお話クイズ，伝記の人々クイズ，生き物クイズ，体のしくみクイズ，惑星クイズ，地図記号クイズ，おかしなところはどこ？，〈新しい地図記号〉，都道府県クイズ，日本の歴史クイズ，もの知りクイズ，春夏秋冬クイズ，スポーツクイズ，道具のクイズ），ことばのクイズ（文字クイズ，かなづかいクイズ，ことばの起こりクイズ，方言いろいろクイズ，同じ音のことばクイズ，反対語・対語クイズ，外来語クイズ，様子を表すことばクイズ，敬語クイズ，ことばのパズル）
[内容] ○×クイズ！生き物クイズ！体のしくみクイズ！都道府県クイズ！日本の歴史クイズ！スポーツクイズ！文字クイズ！ことばの起こりクイズ！外来語クイズ…！この本にはきみの大好きなクイズがいっぱい！クイズを楽しんで，いろいろなことばを知ってください。いつかきみは，もの知り博士に，

ことば・文字　　　　　　　　　　　　　　　　　　　　　　　　　　　　国語

「ことば遊びの王様」に。

『ことば遊びネタのタネ　第1巻（学校ネタ編）』　しばはら・ち編集・絵　汐文社　2007.11　79p　22cm　1500円
Ⓘ978-4-8113-8434-4　Ⓝ807.9
内容 この本では、ネタの種を紹介しています。ネタの種には「語呂合わせ」や「同音異語」や「だじゃれ」などがあります。これらはどれも「ことば遊び」です。ことば遊びで、ゆかいなネタが言えるようになります。

『楽しくできる！ 小学生の国語クロスワードパズル　4・5・6年生』　学習クロスワード研究会著　メイツ出版　2007.11　128p　21cm　（まなぶっく）　1200円　Ⓘ978-4-7804-0308-4
目次 漢字を読んでみよう、音や声を表現しよう、数字をふくむことわざ、形容詞を学ぼう、この漢字、書けるかな？、たとえて表現してみよう、しりとりに挑戦だ！、感動や呼びかけの言葉、文を完成させよう、おぼえておきたい四字熟語、もののようすを表現しよう、体に関する言葉、反対の意味の言葉、日記を完成させよう、外国から入ってきた言葉、意味のよくにている言葉、物語の世界、いろいろな「言」、打ち消しの漢字、これは何の説明？、つなぎあわせる言葉、動物をふくむことわざ、いろいろな「力」、ものの数え方、漢字の部首いろいろ、いろいろな慣用句、敬語を使ってみよう、単語の種類、有名は俳句、魚の漢字、読めるかな？
内容 小学校高学年を対象にした、「国語」のクロスワードパズルの本。パズルの答えのページには、それぞれの問題の解説がくわしく書かれている「おぼえておこう！」がある。問題ページの下に書かれている「国語マメちしき」も、要チェック。

『楽しくできる！ 小学生の国語クロスワードパズル　1・2・3年生』　学習クロスワード研究会著　メイツ出版　2007.11　128p　21cm　（まなぶっく）　1200円　Ⓘ978-4-7804-0307-7
目次 文を完成させてね、この漢字、書けるかな？、ちがうのはどれ？、音をあらわす言葉、漢字を読んでみよう、ようすを表現する言葉、味を表現する言葉、外国からきた言葉、動きをあらわす言葉、反対の意味をもつ言葉、なぞなぞ、とけるかな？、アナグラムであそぼう、ものの数え方、有名な昔話、数字の入った文を解読しよう！、どんな言葉の説明かな？、上から読んでも下から読んでも、しりとりにちょうせん！、ことわざを知ろう！、動物の声をあらわす言葉、ひとつの言葉であらわすと？、目で見たものを表現する言葉、にた意味を持つ言葉、伝えたいことは何？、同じ言葉を入れよう、つなぎあわせる言葉、「手」が頭につく言葉、たとえて表現してみよう！、体で感じたことを表現する言葉
内容 小学校低学年向けにつくられた、「国語」のクロスワードパズルの本。こたえのページにある「おぼえておこう！」には、問題のかいせつがくわしく書かれてある。

『なぞなぞの王様』　田近洵一監修，野中三恵子著　岩崎書店　2007.11　95p　22cm　（ことば遊びの王様 1）　1300円
Ⓘ978-4-265-05041-3　Ⓝ807.9
目次 なぞなぞに答える（動物についてのなぞなぞ、植物についてのなぞなぞ、フルーツについてのなぞなぞ、野菜についてのなぞなぞ、食べ物や飲み物についてのなぞなぞ、季節についてのなぞなぞ、生活についてのなぞなぞ、スポーツについてのなぞなぞ、遊びについてのなぞなぞ、乗り物についてのなぞなぞ、ノンジャンルのなぞなぞ）、なぞなぞを作る
内容 動物・植物・食べ物・季節・生活にスポーツ…。この本は、はじめから終わりまでなぞなぞでいっぱい！みんなでなぞなぞをだし合って、楽しく遊びましょう。そして、じっさいに自分でも作ってみましょう。なぞなぞを通じて、ことばの意味の広がりやおもしろさにきっと気づきます。そうしたら、きみもなぞなぞの王様。

『めざせ！ 回文の達人─まさかさ、文全部さかさま？』　ながたみかこ著　大泉書店　2007.10　159p　19cm　700円
Ⓘ978-4-278-08087-2　Ⓝ807.9

『まんがで学ぶことばあそび』　青山由紀著，やまねあつしまんが　国土社　2007.5　107p　22cm　1500円　Ⓘ978-4-337-21503-0　Ⓝ807.9
目次 1 回文─さかさことば、2 しゃれ・だじゃれ、3 ダブレット──文字かえてゲーム、4 アナグラム─ならべかえゲーム、5 区切りあそび、6 なるほどカタカナことば、7 クロスワード・パズル、8 かいだんことば、9 折り句

『上から読んでも下から読んでもまさかサ

国語　　　　　　　　　　　　　　　　　　　　　　　　　　　　　　ことば・文字

『カサマ回文ゲーム』　ながたみかこ文，どいまき絵　汐文社　2007.4　123p　21cm　1300円　①978-4-8113-8178-7　Ⓝ807.9
[目次]　回文ってなあに？，回文大集合！，回文クイズであそぼう！，回文ものがたり「さかなの仲さ」

『からだことば絵事典』　ことばと遊ぶ会編，すがわらけいこ絵　あすなろ書房　2007.3　87p　22cm　（日本語おもしろ絵事典2）1500円　①978-4-7515-2247-9　Ⓝ814.4
[目次]　頭のつくことば，顔のつくことば，目のつくことば，鼻のつくことば，口のつくことば，歯・あごのつくことば，息・舌のつくことば，耳のつくことば，首・肩のつくことば，手のつくことば，足・ひざのつくことば，胸のつくことば，腹のつくことば
[内容]　頭・顔・目・口など，「体の部分」になぞらえた慣用句。慣用句というのは，二つ以上のことばがあわさって，もとの意味とはちがう意味になることばだよ。いろいろな使い方をおぼえておこう。

『攻略！日本全国おもしろ方言ダジャレ400』　土門トキオ著，造事務所編集・構成　大泉書店　2007.3　159p　19cm　700円　①978-4-278-08085-8　Ⓝ807.9
[目次]　1 北海道・東北地方（北海道・東北地方の方言ダジャレ，北海道・東北地方の地名ダジャレ　ほか），2 中部地方（中部地方の方言ダジャレ，中部地方の地名ダジャレ　ほか），3 近畿地方（近畿地方の方言ダジャレ，近畿地方の地名ダジャレ　ほか），4 九州地方（九州地方の方言ダジャレ，九州地方の地名ダジャレ　ほか），5 そのほかの地方（関東ダジャレ30連発，中国・四国スペシャルダジャレ20連発　ほか）
[内容]　方言・地名・名産物、ぜーんぶダジャレになっちゃった。北は北海道、南は沖縄までの方言をつかったダジャレから、こんな地名をつかったダジャレもはいっているよ。

『ことば遊び絵事典』　ことばと遊ぶ会編著，すがわらけいこ絵　あすなろ書房　2007.3　79p　22cm　（日本語おもしろ絵事典1）1500円　①978-4-7515-2246-2　Ⓝ814
[目次]　早口ことば―カエルぴょこぴょこ，つけたしことば―アリが十びきサル五ひき，し

りとりことば遊び―さよなら三角またきて四角，漢字しりとり遊び―夏山→山頂→頂上→上陸，ならべかえことば遊び―民家→みかん，頭だしことば―お・は・よ・う，さかさまことば―たけやぶやけた，十二支の動物たち―ね・うし・とら・う・たつ，反対ことば―高い→低い，安全→危険，数字のはいったことば――石二鳥，三寒四温［ほか］
[内容]　ことばと遊ぼう。早口ことば・つけたしことば・さかさまことば・漢字しりとり遊び…。ことばと遊んでいるうちに、しぜんに「話す、聞く、書く」ことばの力が身についてくるよ。

『ことばをあつめよう』　吉永幸司監修　ポプラ社　2007.3　47p　27cm　（日本語の力がのびることばあそび4）2800円　①978-4-591-09609-3　Ⓝ814

『友だちにつたえよう』　吉永幸司監修　ポプラ社　2007.3　47p　27cm　（日本語の力がのびることばあそび5）2800円　①978-4-591-09610-9　Ⓝ807.9

『文字であそぼう』　吉永幸司監修　ポプラ社　2007.3　47p　27cm　（日本語の力がのびることばあそび3）2800円　①978-4-591-09608-6　Ⓝ807.9

『国語のセンスをきたえよう！最強ギャグ大百科1000』　国語力向上委員会「キッズランゲージ・ステーション」著　メイツ出版　2007.1　128p　21cm　1200円　①978-4-7804-0139-4　Ⓝ807.9

『ぜんまいざむらいことば免許皆伝』　m&k原作・監修　小学館　2007.1　127p　19cm　750円　①4-09-227104-2　Ⓝ814.4
[目次]　1 ことわざ，2 早口ことば，3 四字熟語，4 慣用句，5 回上，6 回文，7 俳句と川柳，8 かけことばとダジャレ，ぜんまいことばだいじてん
[内容]　人気キャラクターのことわざぜんまいざむらいと、四字熟語、はやくちことば、回文、だじゃれなど、日本のことばを楽しみながら学びます。

『みんなでワイワイ早口ことば―だれが1番じょうずかな!?　その3』　ながたみかこ文，どいまき絵　汐文社　2007.1

ことば・文字　　　　　　　　　　　　　　　　　　　　　　　　　　　　　　国語

79p　20cm　1400円　Ⓘ978-4-8113-8127-5　Ⓝ807.9
内容　この本では、5段階のレベル別で全62の早口ことばに挑戦できます。レベル5の早口ことばに挑戦しているうちに、脳が鍛えられて大天才になっているかも。

『みんなでワイワイ早口ことば—だれが1番じょうずかな!?　その2』ながたみかこ文，どいまき絵　汐文社　2006.11　79p　20cm　1400円　Ⓘ4-8113-8126-2　Ⓝ807.9

『超バカウケ!! かえってきたダジャレ王』小野寺ぴりり紳作，いけだほなみ絵　ポプラ社　2006.10　159p　18cm　（大人にはないしょだよ 52）700円　Ⓘ4-591-09460-X　Ⓝ807.9

『ひらひらきらりーミッチーのことばあそび 擬音語・擬態語1・2・3』はせみつこ作，中畝治子絵　冨山房インターナショナル　2006.10　155p　26×22cm〈本文：日英両文〉2000円　Ⓘ4-902385-33-3
内容　絵がついているから、よくわかってうれしい。うたうような文章がついているから、声にだして読むと楽しい。英訳がついているから、外国人にも英語の勉強にも使えて便利。

『えとじのたまごとじ』　横山ふさ子著　フレーベル館　2006.9　163p　22cm　1100円　Ⓘ4-577-03239-2　Ⓝ807.9

『みんなでワイワイ早口ことば—だれが1番じょうずかな!?　その1』ながたみかこ文，どいまき絵　汐文社　2006.9　79p　20cm　1400円　Ⓘ4-8113-8125-4　Ⓝ807.9
内容　この本では、5段階のレベル別で全66の早口ことばに挑戦できます。レベル5の早口ことばに挑戦しているうちに、脳が鍛えられて大天才になっているかも。

『弥次さん喜多さんのお笑いにほんご塾』斎藤孝作　PHP研究所　2006.9　95p　26cm〈原作：十辺舎一九〉1000円　Ⓘ4-569-64847-9　Ⓝ814.4
目次　1 さぁはじまるよ—駿州府中，2 お伊勢まいりへ—江戸神田八丁堀，3 ダンゴと江ノ島—神奈川～藤沢の宿，4 風呂騒動—小田原の宿
内容　「弥次喜多」って知ってるかい？江戸時代のおはなしの主人公で、すごく楽しいはちゃめちゃコンビ。この二人と斎藤先生が、頭がよくなる日本語の本をつくっちゃったよ。

『ダジャレの王様—キャイ〜ンだよ！』キャイ〜ンナビゲーター　学校図書　2006.7　159p　19cm　（げらげらぶっく）700円　Ⓘ4-7625-0081-X　Ⓝ807.9

『ダジャレの缶ヅメ—よゐこがぎっしり！』よゐこナビゲーター　学校図書　2006.7　159p　19cm　（げらげらぶっく）700円　Ⓘ4-7625-0080-1　Ⓝ807.9

『ダジャレの宝島—マギー審司だあああ!!』マギー審司ナビゲーター　学校図書　2006.7　159p　19cm　（げらげらぶっく）700円　Ⓘ4-7625-0082-8　Ⓝ807.9

『超ウケる！ダジャレIQクイズ』土門トキオ作，ヨシムラヨシユキ絵　学習研究社　2006.7　160p　18cm　（あそナビQ 6）700円　Ⓘ4-05-202556-3　Ⓝ807.9

『語彙力アップ おもしろ言葉がいっぱい！3（反対語・慣用句ほか）』ながたみかこ文・絵　汐文社　2006.3　95p　22cm　1400円　Ⓘ4-8113-8077-0　Ⓝ814
目次　反対語，部首，しりとり熟語，熟語迷路，「虹」はなぜ「虫へん」なのか？，四字熟語，くりかえす四字熟語，数字の四字熟語クイズ，豊かな日本語，慣用句〔ほか〕

『文字と言葉のパズル』秋山仁監修　学習研究社　2006.3　56p　27cm　（秋山仁先生の作る！解く！IQパズル大百科 4）2800円　Ⓘ4-05-202342-0　Ⓝ807.9

『語彙力アップ おもしろ言葉がいっぱい！2（ことわざ・名言・難読漢字ほか）』ながたみかこ文と絵　汐文社　2006.2　95p　22cm　1400円　Ⓘ4-8113-8076-2　Ⓝ814
目次　俳句季語あてクイズ，百人一首，名言と迷言?，ことわざ，年齢，別のよびかた，先祖と子孫のよびかた，賀寿，これ，なに

国語　　　　　　　　　　　　　　　　　　　　　　　　　　ことば・文字

どし？，結婚○周年，なんてよぶ？，陰暦
〔ほか〕

『語彙力アップおもしろ言葉がいっぱい！
1（こそあど言葉・回文ほか）』　ながた
みかこ文・絵　汐文社　2006.2　95p
22cm　1400円　Ⓣ4-8113-8075-4
Ⓝ814
|目次|こそあど言葉，てにをは，オノマトペ，あいうえお作文，かいだん言葉，一文字であそはう！，いろは歌，連想言葉あそび，比喩，「小」をつけると…？〔ほか〕

『だじゃれ家族ドビンソン』　おだ辰夫著
小学館　2005.12　159p　19cm　700円
Ⓣ4-09-289672-7　Ⓝ807.9

『お笑い天国!! ダジャレの神様』　小野寺
ぴりり紳作，タダトモミ絵　ポプラ社
2005.9　159p　18cm　（大人にはない
しょだよ 48）　700円　Ⓣ4-591-08822-7
Ⓝ807.9

『だじゃれギャグ全百科』　嵩瀬ひろし著
小学館　2005.7　264p　15cm　（コロ
タン文庫 196）　760円　Ⓣ4-09-281196-
9　Ⓝ807.9

『まじめにふまじめかいけつゾロリおやじ
ギャグ大百科』　原ゆたか原作・監修
ポプラ社　2005.7　159p　18cm　700
円　Ⓣ4-591-08735-2　Ⓝ807.9

『準備いらずのクイックことば遊び―遊ん
でおぼえることばと漢字』　山口理編著
いかだ社　2005.3　93p　21cm　1300
円　Ⓣ4-87051-161-4
|目次|第1章 おもしろ・ことばワールド（どこで区切ればいいの？，楽しい，しりとり歌　ほか），第2章 おもしろ・ひらがな遊び（穴あきしりとり，ジャンル別しりとり　ほか），第3章 おもしろ・漢字遊び（この絵，何の絵？，仲間はずれを探せ！　ほか），第4章「へえ〜っ，知らなかった」の部屋（早口ことば，おもしろ・ことばのはじまり　ほか）

『ことばあそびをしよう』　村田栄一著
さ・え・ら書房　2005.1　127p　22cm
〈1989年刊の復刊〉1300円　Ⓣ4-378-
02225-7　Ⓝ807.9
|目次|名まえのうた（はてなの詩，あたまに

注意，自分の名まえでつくってみよう，友
だちの名まえでつくってみよう，アクロス
ティックの世界），名まえの中に何がある
（プラカードごっこ，クリスマス・カード，名まえうらない，名まえの中に何がある），ことばのびっくりばこ（ヘンシン―変身，変身のこつ，ブラック・ユーモア）

『アタマが良くなる!! だじゃれクイズ』
本郷陽二編，いいづか幸作絵　汐文社
2004.8　127p　19cm　1300円　Ⓣ4-
8113-7906-3　Ⓝ807.9

『攻略おもしろダジャレ360連発―バカウ
ケ！キミこそダジャレマスターだ！』
土門トキオ著，造事務所編　大泉書店
2004.6　159p　19cm　700円　Ⓣ4-278-
08077-8　Ⓝ807.9

『頭をひねってことば遊び』　白石範孝監
修　学習研究社　2004.3　47p　27cm
（「話す力・聞く力」を伸ばすことば遊び
2）　2500円　Ⓣ4-05-201865-6　Ⓝ807.9
|目次|顔や手や足が慣用句になってるよ，魚
や鳥もことわざになってるよ，見て分かる
慣用句・ことわざを作ろう，おもしろ創作漢
字になってる遊び，おもしろ創作四字熟語作
り，名前読みこみ文で自己しょうかい，い
ろいろな読みこみ文を作ってみよう，こと
ばのサンドイッチ，あべこべことば図かん，
あべこべことばにチャレンジ！〔ほか〕

『歌とゲームでことば遊び』　白石範孝監
修　学習研究社　2004.3　47p　27cm
（「話す力・聞く力」を伸ばすことば遊び
3）　2500円　Ⓣ4-05-201866-4　Ⓝ807.9
|目次|森のくまさん，おかしいゾウ，ドレミ
の歌，部首カードめくり，いろいろなしり
とり遊び，虫食いことばゲーム，リレー小
説，わたしはだれでしょう？ゲーム，連想
ゲーム，かくし字さがしゲーム〔ほか〕

『声に出してことば遊び』　白石範孝監修
学習研究社　2004.3　47p　27cm
（「話す力・聞く力」を伸ばすことば遊び
1）　2500円　Ⓣ4-05-201864-0　Ⓝ807.9
|目次|あ・い・う・え・おで笑ったりおこっ
たり，五十音，大きな声でことばをハッキ
リ読もう，自分の感じたままを声に出そう，
みんなでいっしょに読んでみよう，どうい
う意味か分かるかな？，擬声音，擬態語を
作ってみよう，語呂合わせ記念日・今日は何

子どもの本 国語・英語をまなぶ2000冊　91

ことば・文字　　　　　　　　　　　　　　　　　　　　　　　　　　　　　　　　国語

の日，勉強に役立つ語呂合わせ，昔から伝わる早口ことば〔ほか〕

『日本全国のことば遊び』　白石範孝監修　学習研究社　2004.3　47p　27cm　（「話す力・聞く力」を伸ばすことば遊び　5）　2500円　ⓘ4-05-201868-0　Ⓝ807.9
|目次| 町で見つけたおもしろことば十二か月，忍者文字のひみつをさぐれ！，あこがれのアナウンサーになりたい！，かるたでたずねる「遠野物語」，名人に習おう！「ガマの油」の口上，「ありがとう」，「びっくりする」，甲州弁の方言クイズにチャレンジ！，「わんぱくもの」，「かたぐるま」〔ほか〕

『パズルとめいろでことば遊び』　白石範孝監修　学習研究社　2004.3　47p　27cm　（「話す力・聞く力」を伸ばすことば遊び　6）　2500円　ⓘ4-05-201935-0　Ⓝ807.9
|目次| 漢字の部分アップ，漢字の階段・漢字のジグソー，部首組み立て・鏡を立てたら，漢字の合体・漢字ブロック，漢字が出るめいろ，漢字のピラミッド，穴をうめて熟語を作ろう，かくれている漢字をさがそう，ことばの推理パズル，漢字の算数〔ほか〕

『落語とお笑いのことば遊び』　白石範孝監修　学習研究社　2004.3　47p　27cm　（「話す力・聞く力」を伸ばすことば遊び　4）　2500円　ⓘ4-05-201867-2　Ⓝ807.9
|目次| しゃれことばで遊ぼう！，イカはイカでも勉強するイカは？，ネコがねころんだ，イヌがおいぬいた，落語のしゃれ小ばなしを覚えよう！，じゅげむじゅげむでことば遊び，ほんとうにある「なが〜い名前」，なぞなぞでことば遊び！，できるかな？ことば遊びのなぞなぞ，「三段なぞ」ってどんな「なぞなぞ」なの？，大むかしからあったなぞなぞ〔ほか〕

『ことば遊びチャレンジ20』　工藤直子監修　光村教育図書　2004.2　47p　27cm　（光村の国語　調べて，まとめて，コミュニケーション　5）　2800円　ⓘ4-89572-730-0,4-89572-731-9　Ⓝ807.9
|目次| 笑いをとれるか？しゃれ，さかさにしても同じ！回文，どこまで続く？しりとり，言えるかな？早口ことば，おくが深いぞ！なぞなぞ，わかる，その感じ！創作漢字，ことばがかくれんぼ　折り句，これ，読める？当て字，数字をもじって語呂合わせ，頭をひ

ねって漢字クイズ，ならべかえて　アナグラム，大人もうなる　ことばパズル，思わずはまる　ことばパズル，文字で変身！ダブレット，遊ぼう！国語辞典ゲーム，楽しい！漢字辞典ゲーム，おもしろことば　むだ口，ことばの変身クイズ，ことばのまちがいさがし，わかるかな？敬語クイズ
|内容| ことばは楽しい遊びの道具。チャレンジしよう。

『アニマルマニア』　ながたみかこ著　講談社　2003.12　103p　17cm　1000円　ⓘ4-06-212171-9　Ⓝ807.9

『おしゃれなだじゃれ　第3巻（食べ物・生活編）』　しばはら・ち編・絵　汐文社　2003.12　79p　22cm　1400円　ⓘ4-8113-7669-2　Ⓝ807.9

『おしゃれなだじゃれ　第2巻（学校・遊び編）』　しばはら・ち編・絵　汐文社　2003.12　79p　22cm　1400円　ⓘ4-8113-7668-4　Ⓝ807.9

『おしゃれなだじゃれ　第1巻（動物・植物編）』　しばはら・ち編・絵　汐文社　2003.12　79p　22cm　1400円　ⓘ4-8113-7667-6　Ⓝ807.9

『超バカウケ!!　ダジャレ王の逆襲』　小野寺ぴりり紳作，いけだほなみ絵　ポプラ社　2003.10　159p　18cm　（大人にはないしょだよ　41）　700円　ⓘ4-591-07883-3　Ⓝ807.9

『おもしろからだことば　体編』　石津ちひろ文，大島妙子絵　草土文化　2003.3　79p　17cm　1300円　ⓘ4-7945-0858-1　Ⓝ814.4
|目次| 胸，肩，腹，手，腰，尻，膝，足

『なぞなぞパワーのヒミツ―きみの知らないなぞなぞの歴史』　このみひかる著　大日本図書　2003.3　209p　19cm　（ノンフィクション・ワールド）　1400円　ⓘ4-477-01574-7
|目次| 第1章　なぞなぞ事始め（「文字なぞ」いろいろ物語，「なぞなぞなーに？」の謎），第2章　「二段なぞ」「三段なぞ」ルーツのお話（なぞ坊主・春雪物語，なぞなぞ配り願人坊主　ほか），第3章　なぞなぞ雑誌大流行！

（なぞなぞ伝説いろいろ話），第4章 昭和なぞなぞドキュメント（スペシャル座談会・戦時中のなぞなぞ体験話，「廻文」が「なぞなぞ」に変身する話），第5章 戦後のなぞなぞ流行談（おまけコーナー・なぞなぞを作ってみよう！）
|内容| 小さい子どもからおとなまで，みんなが大好きな「なぞなぞ」。そのルーツは，なんと平安時代にあったのです。宮廷でのなぞなぞ合戦，江戸時代のおもしろ判じ絵，明治時代のなぞなぞ雑誌，昭和初期のいじわるものなど，あっと驚くなぞなぞの歴史を大紹介！脈々と続くパワーのヒミツをさぐります。

『おもしろからだことば 頭編』 石津ちひろ文，石井聖岳絵 草土文化 2003.2 79p 17cm 1300円 ①4-7945-0857-3 Ⓝ814.4
|目次| 頭（頭がかたい，頭が古い ほか），目（目がこえる，目に入れてもいたくない ほか），鼻（鼻が高い，鼻がへこむ ほか），口（口がかたい，口がまがる ほか），耳（耳がこえている，耳が遠い ほか），首（首がとぶ，首に縄をつける ほか），顔（顔から火が出る，顔が売れる ほか）

『あんぽんたんのおもしろことばなんじゃらほい！ その2』 ひろかわさえこ著 草土文化 2003.1 93p 17cm 1300円 ①4-7945-0856-5 Ⓝ814
|目次| この指とまればおもしろことば，あれやこれやとおもしろことば，腹がおもしろことば，さわらぬ神にもおもしろことば，人のふり見ておもしろことば，道のはしにもおもしろことば
|内容|「あとがま」に「おもうつぼ」。「もぬけのから」に「ゆびきりげんまん」。日本語にはゆかいでわらえることばがいっぱい。

『超バカウケ!! 必殺ダジャレ王』 小西ぷん作，いけだほなみ絵 ポプラ社 2002.12 159p 18cm （大人にはないしょだよ 39） 700円 ①4-591-07420-X Ⓝ807.9

『あんぽんたんのおもしろことばなんじゃらほい！ その1』 ひろかわさえこ著 草土文化 2002.9 95p 17cm 1300円 ①4-7945-0852-2
|目次| おもしろことばはじまるよ！，手とり足とりおもしろことば，猫も杓子もおもしろことば，十人十色のおもしろことば，三度の飯よりおもしろことば
|内容|「あんぽんたん」に「とんちんかん」。「てんやわんや」に「おおわらわ」。日本語にはふしぎでおかしなことばがいっぱい。

『お江戸はやくちことば』 杉山亮文，藤枝リュウジ絵 河合楽器製作所・出版事業部 2002.3 1冊 16cm （お江戸ミニブックセット） ①4-7609-4595-4

『爆発 ダジャレじてん』 『こどもくらぶ』編，中田ゆみ絵 ポプラ社 1997.5 127p 19cm （ともだちにはないしょだよ 59） 700円 ①4-591-05394-6
|内容| この本できみもダジャレ王!! 全国のおともだちのダジャレがいっぱい。

『しりとり』 加賀美久男，高木あきこ作，ひらのてつお絵 太平出版社 1996.12 31p 24cm （つくばシリーズ—はじめてのこくご 7） 1339円 ①4-8031-3247-X

『ことばあそびだニャン』 小島貞二編著，北山竜絵 アリス館 1993.10 125p 22×15cm 1200円 ①4-7520-0004-0
|目次| 動物シャレ・コレクション，むかしの教科書の中の笑い話，すむとにごるで大ちがい，ちょいとのばすで大ちがい，あべこべ漢字あそび，ワープロ変換あそび，アナグラム，アクロスティック，なぞかけあそび，漢字のなぞかけ，しりとりあそび，あいうえおあそび〔ほか〕

『ことばあそびだワン』 小島貞二編著，北山竜絵 アリス館 1993.10 125p 22×15cm 1200円 ①4-7520-0003-2
|目次| かんむりづけあそび，くつづけあそび，なぎなた読み，早口ことば，山号寺号，落語の「オチ」，ことばあそび歌，上下づけあそび，三文字折り句，折りこみ狂歌，折りこみどどいつ〔ほか〕

『チャレンジ！ ことば遊び』 面谷哲郎文，みやわき豊画 ポプラ社 1991.4 143p 21cm （おもしろ国語ゼミナール 9） 1650円 ①4-591-03809-2
|目次| しりとり，だいすき！，文字の数を決めたら？，カタカナやローマ字でもできるよ，聞いたことあるかな？しりとり歌，な

ことば・文字　　　　　　　　　　　　　　　　　　　　　　　　　　　　国語

ぞなぞお国しらべ，県の名前でしゃれてみたら?，文字でらくがき，あとのことは，知ーらない!，これは便利!回文用語辞典，ああ，ややこしい!畳語，パズルとくなら，ぶたばこまでも

◆熟語を知る

『検定クイズ100四字熟語―国語』　検定クイズ研究会編，金田一秀穂監修　図書館版　ポプラ社　2011.3　175p　18cm　（ポケットポプラディア 3）〈索引あり〉1000円　Ⓘ978-4-591-12345-4，978-4-591-91221-8　Ⓝ814.4

『金田一先生と学ぶ小学生のためのまんが四字熟語大辞典』　金田一秀穂監修　すばる舎　2011.2　159p　26cm〈索引あり〉1600円　Ⓘ978-4-88399-995-8　Ⓝ813.4

|目次| 金田一先生の四字熟語（サッカー）教室，四字熟語について，ランクAの四字熟語，ランクBの四字熟語，三字熟語も知っておこう，四字熟語の数字の話，四字熟語の中の歴史がある言葉，四字熟語クイズ，三字熟語クイズ，入試問題にチャレンジ

|内容| 2011年度から実施の新しい学習指導要領のねらいに沿った四字熟語の辞典です。新しい学習指導要領では，昔の人の知恵を知り，日本の伝統や文化を尊重する心を育てるため，3年生から四字熟語などいわれのある言葉を習うことになっています。また，最近の国立・私立中学入試でも四字熟語の出題が増えています。本書は，まんがで楽しく四字熟語が学べます。また，くわしい用例や解説が付いていますので，文章や話の中で的確に使えるようになります。

『新レインボー写真でわかる四字熟語辞典』　学研教育出版　2010.9　87p　27cm〈発売：学研マーケティング〉1400円　Ⓘ978-4-05-303166-2　Ⓝ814.4

|目次| あつものにこりてなますをふく，異口同音，一部始終，一望千里，山紫水明，断崖絶壁，人跡未踏，一網打尽，一蓮托生，一刀両断〔ほか〕

|内容| 四字熟語や故事成語を写真とともにわかりやすく説明。

『なるほど！四字熟語じてん』　ことばハウス編　西東社　2010.8　159p　19cm　680円　Ⓘ978-4-7916-1822-4　Ⓝ814.4

|内容| 150の四字熟語が面白いほどよくわかる。

『絵でわかる「四字熟語」―小学生のことば事典』　どりむ社編著，たつみ都志監修　PHP研究所　2010.1　127p　22cm〈索引あり〉1200円　Ⓘ978-4-569-78017-7　Ⓝ814.4

|内容| 小学生が知っておきたい四字熟語を厳選！大きなイラストで，四字熟語の使い方を紹介！似た意味，反対の意味の四字熟語なども掲載。

『検定クイズ100四字熟語―国語』　検定クイズ研究会編，金田一秀穂監修　ポプラ社　2009.10　175p　18cm　（ポケットポプラディア 3）〈索引あり〉780円　Ⓘ978-4-591-11185-7　Ⓝ814.4

『熟語クイズの王様』　赤堀貴彦，野中三恵子著　岩崎書店　2009.10　111p　22cm　（漢字遊びの王様 5　田近洵一監修）1500円　Ⓘ978-4-265-07755-7　Ⓝ814.4

|目次| レッスン1　熟語の読み方と意味（熟語の読み方，同音異義語，熟語の構成，類義語・対義語，四字熟語），レッスン2　漢字の読み方（音読み・訓読み，熟字訓），レッスン3　熟語の使い方（熟語の使い方），レッスン4　漢字の部首（いろいろな漢字の部首），レッスン5　送りがなとかなづかい（送りがな，かなづかい），レッスン6　漢字検定にチャレンジ（王様の漢字検定）

|内容| 熟語の読み方・対義語や類義語・四字熟語…。この本は，はじめから終わりまで漢字についていっぱい。漢字の熟語などのいろいろなクイズに挑戦して，みんなで楽しく学びましょう。クイズを解いて，漢字のおもしろさに気づいてきたら，きみも熟語クイズの王様。

『知っておきたい四字熟語　レベル3』　桐生りか文，多田歩実絵　汐文社　2009.8　79p　22cm〈索引あり〉1500円　Ⓘ978-4-8113-8582-2　Ⓝ814.4

|目次| 人の行動にかかわる言葉，人の態度を表す言葉，人の性質を表す言葉，言葉や心にかかわる言葉，物事の状況や性質を表す言葉，教訓や真理を表す言葉，自然や方向，時間の流れにかかわる言葉ほか

『知っておきたい四字熟語　レベル2』　桐

国語　　　　　　　　　　　　　　　　　　　　　　　　　　　　　　　　ことば・文字

『生りか文，多田歩実絵　汐文社　2009.8　79p　22cm〈索引あり〉1500円　①978-4-8113-8581-5　⑩814.4
目次　人の行動にかかわる言葉，人の態度を表す言葉，人の性質を表す言葉，言葉や心にかかわる言葉，物事の状況や性質を表す言葉，教訓や真理を表す言葉，自然や方向，時間の流れにかかわる言葉ほか

『知っておきたい四字熟語　レベル1』　桐生りか文，多田歩実絵　汐文社　2009.8　79p　22cm〈索引あり〉1500円　①978-4-8113-8580-8　⑩814.4
目次　人の行動にかかわる言葉，人の態度を表す言葉，人の性質を表す言葉，言葉や心にかかわる言葉，物事の状況や性質を表す言葉，教訓や真理を表す言葉，自然や方向，時間の流れにかかわる言葉ほか

『まんがで覚える天下無敵の四字熟語』　金英，八宝漫画集団著　集英社インターナショナル　2009.2　206p　21cm〈発売：集英社〉1400円　①978-4-7976-7186-5
目次　1 易読・易書・易意＝自信はあるけれど編・天下無敵—よく知っているつもりだけど，さてどういう由来だったっけ？（悪事千里，一衣帯水 ほか），2 易読・易書・易意＝書き取りがむずかしい編・意気揚々—読みも意味も大丈夫，でも書き取りにはちょっと自信がないかも（暗送秋波，意気揚々 ほか），3 易読・易書・難意＝意味がむずかしげ編・絶類抜群—読めるし，書けるし，だけど…意味がいまいちかな？（一日三秋，九牛一毛 ほか），4 難読・難書・易意＝どうにか読めるけれど編・烏合之衆—読みにはあんまり自信ないけど，字を見れば何となくわかる（意馬心猿，烏合之衆 ほか），5 難読・難書・難意＝偏差値高そ編・衣繍夜行—これ何と読む？ちんぷんかんぷん…で，意味は？（衣繍夜行，韋編三絶 ほか）
内容　むずかしげな故事成語も，由来をちゃんと知れば一網打尽。中国の書き下ろしオリジナル漫画で覚える故事成語88語。

『こんなにあった！　国語力が身につく四字熟語1000』　学習国語研究会著　メイツ出版　2008.9　128p　21cm　1000円　①978-4-7804-0472-2　⑩814.4
内容　小学生向けにつくられた四字熟語の本の多くは，有名な四字熟語しか紹介していません。しかしこの本には，1000もの四字熟語がおさめられています。わかりやすい言葉を使い説明しているので，すんなりと意味が頭に入っていきます。解説，例文，まめ知識も充実。中学入試によく出題される四字熟語にはマークをつけています。

『まんがで覚える四字熟語』　三省堂編修所編　三省堂　2007.7　159p　21cm（ことばの学習）〈「知っておきたい四字熟語」（1996年刊）の改題新装版〉900円　①978-4-385-23813-5　⑩814.4
目次　悪戦苦闘，意気投合，意気揚揚，異口同音，以心伝心，一意専心，一言半句，一日千秋，一部始終，一望千里〔ほか〕
内容　小学生としてぜひおぼえておきたい四字熟語六二語と，中学入試・高校入試によく出される基礎的なもの一五〇語を中心に，全部で五〇〇語を収録。

『クレヨンしんちゃんのまんが四字熟語辞典』　臼井儀人キャラクター原作，江口尚純監修，りんりん舎編集・構成　双葉社　2007.6　207p　19cm（クレヨンしんちゃんのなんでも百科シリーズ）800円　①978-4-575-29970-0　⑩814.4
目次　あ行の四字熟語，か行の四字熟語，さ行の四字熟語，た行の四字熟語，な・は行の四字熟語，ま・や・ら行の四字熟語
内容　四字熟語は，お子さまの国語の勉強に役立つことはもちろん，わたしたちの人生のヒントになる思想と教訓がこめられた，日本人の財産です。本書は，『新明解四字熟語辞典』（三省堂）で校閲を担当された江口尚純先生を監修にまねき，しんちゃんのまんがを用いながら四字熟語の正しい意味と使い方や，類語・対語の紹介，四字熟語の誕生秘話，エピソードの紹介，さらに理解を深めるクイズページの三部から構成されています。お時間があれば，お子さまとごいっしょにお楽しみください。きっと，発見があるはずです。

『みんなが知りたい！　いろんな「熟語」がわかる本』　国語教育研究会著　メイツ出版　2006.11　128p　21cm（まなぶっく）1500円　①4-7804-0112-7　⑩814.4
目次　第1章 学校生活でよく使われる言葉，第2章 家庭でよく使われる言葉，第3章 ニュースでよく使われる言葉
内容　『熟語』の意味や使い方をイラストで

子どもの本　国語・英語をまなぶ2000冊　95

ことば・文字　　　　　　　　　　　　　　　　　　　　　　　　　　　　　　国語

楽しく解説しています。

『四字熟語ワンダーランド —Lionel wonderland』 藤井圀彦監修，新井洋行作・絵　フレーベル館　2006.10　61p　18×19cm　1200円　Ⓣ4-577-03312-7　Ⓝ814.4
[目次] ライオネルワンダーランド，疑心暗鬼，沈思黙考，おしゃべり四字熟語(1)ライオネル，異口同音，前途多難，おしゃべり四字熟語(2)ぼくの夢，大同小異，急転直下，おしゃべり四字熟語(3)恋のかたちは…，自画自賛〔ほか〕
[内容] 今，四字熟語がおもしろい！朝日小学生新聞の人気連載シリーズ「ライオネルワンダーランド」単行本化。楽しみながら，いつのまにか覚えちゃう！四字熟語100語収録。

『まんがで学ぶ四字熟語』 山口理著，やまねあつしまんが　国土社　2006.2　163p　22cm　1500円　Ⓣ4-337-21501-8　Ⓝ814.4
[目次] 悪戦苦闘，異口同音，一部始終，一石二鳥，右往左往，海千山千，円満具足，温故知新，開口一番，我田引水〔ほか〕
[内容] けっこう知っているようであいまいな四字熟語を五十音順に紹介。まんがで楽しみながら学習できます。

『小学生の新レインボー「熟語」辞典』 学研辞典編集部編　学習研究社　2005.4　287p　21cm　1000円　Ⓣ4-05-301773-4　Ⓝ813.4
[内容] 学習漢字を中心にした「熟語」だけの辞典。熟語のなりたち(組み立て)解説付き。三字熟語・四字熟語をふくめて約8500語収録。

『小学生の四字熟語絵事典—教科書によく出る！』 どりむ社編集部編　京都　PHP研究所　2005.4　159p　18cm　1000円　Ⓣ4-569-64057-5　Ⓝ814.4

『小学生のまんが四字熟語辞典』 金田一春彦監修　学習研究社　2005.2　255p　21cm　1000円　Ⓣ4-05-301822-6　Ⓝ814.4
[内容] まんがで四字熟語・三字熟語を楽しくおぼえる辞典。小学生が知っておきたい約250語をえらんでのせてあります。

『子どもにもかんたん！「四字熟語」がわかる本』 国語教育研究会著　メイツ出版　2004.12　128p　21cm　(まなぶっく)　1300円　Ⓣ4-89577-816-9　Ⓝ814.4
[目次] 異口同音，以心伝心，一日千秋，一心同体，一心不乱，一石二鳥，一朝一夕，一長一短，右往左往，四苦八苦〔ほか〕
[内容] イラストを使ってわかりやすく説明した四字熟語の本。例文や類義語も記載されている。巻末に索引が付く。

『四字熟語の大常識』 日本語表現研究会監修，青木一平文　ポプラ社　2004.3　143p　22cm　(これだけは知っておきたい！10)　880円　Ⓣ4-591-08041-2　Ⓝ814.4
[目次] 曖昧模糊，悪事千里，暗中摸索，異口同音，以心伝心，一衣帯水，一期一会，一日千秋，一念発起，一網打尽〔ほか〕
[内容] 小学校4年生から，よみがな対応！知ってるとトクする四字熟語を徹底攻略。

『知っているときっと役に立つ四字熟語クイズ109』 大原綾子著　名古屋　黎明書房　2002.9　124p　21cm　1500円　Ⓣ4-654-01706-2　Ⓝ814.4

『知っておきたい四字熟語—ポケット版』 三省堂編修所編　三省堂　2001.10　159p　15cm　(ことば学習まんが)　600円　Ⓣ4-385-13774-9
[目次] 悪戦苦闘，意気投合，意気揚揚，異口同音，以心伝心，一意専心，一言半句，一日千秋，一部始終，一望千里〔ほか〕
[内容] 授業で教科書の補いや「ことばの一斉学習」にすぐ役立つ。まちがえやすい漢字・熟語を効果的に習得できる。ことばの生活を豊かにし，「作文」「研究発表」に応用できる。「中学入試」の準備学習や「期末テスト」の参考書として活用できる。夏休みや冬休みなどの「自由研究」の資料として役立つ。小学校高学年以上。

『ちびまる子ちゃんの四字熟語教室』 さくらももこキャラクター原作，川嶋優著　集英社　2001.6　203p　19cm　(満点ゲットシリーズ)　760円　Ⓣ4-08-314014-3
[目次] 悪戦苦闘，異口同音，以心伝心，一衣帯水，一言居士，一期一会，一言半句，一日千秋，一念発起，一望千里〔ほか〕

| 国語 | ことば・文字 |

|内容| 四字熟語というものはおもしろいもので、いくつか知っているとキミの言葉が豊かになるんだ。役に立つ四字熟語220を収録。

『グループでおぼえる四字熟語』 三省堂編修所編　三省堂　2001.1　191p　21cm　（ことば学習まんが）〈索引あり〉　1000円　①4-385-13759-5
|目次| 1 動物の名前のついた四字熟語，2 数字のついた四字熟語，3 同じ漢字が二度使われる四字熟語，4 反対の意味の漢字のつく四字熟語，5 にた意味の言葉を重ねた四字熟語，6 気持ちに関する四字熟語，7 行動に関する四字熟語，8 自然に関する四字熟語
|内容| 一五五の四字熟語を八つにグループ分け。「意味」「使い方」「ことば」「由来」で、知りたいことがズバリわかるようにしてある。

『試験に役立つまんが四字熟語事典』 国広功監修，麻生はじめ作画　成美堂出版　2000.11　143p　21cm　800円　①4-415-01062-8
|内容| 入試の出題傾向を完全予想!!漢検（3、4、5級）合格のための四字熟語精選135収録!!まんがを楽しみながら四字熟語がわかる。

『わくわくことば挑戦四字熟語―5分でできる』 三省堂編修所編　三省堂　2000.11　79p　19cm　476円　①4-385-23809-X

『よくわかる四字熟語』 山口仲美監修，神林京子文，今井雅巳漫画　集英社　2000.1　159p　22cm　（集英社版・学習漫画）〈索引あり〉　950円　①4-08-288073-9

『クイズ漢字熟語』 草野公平作・画，横山験也監修　あかね書房　1999.11　111p　22cm　（まんがで学習）〈索引あり〉　1300円　①4-251-06607-3
|目次| とんち熟語パズル、誤字で犯人さがし、しりとり二字熟語、いろいろな二字熟語、どの漢字が先かな、同音の二字熟語、まちがい漢字さがし、同音異義の熟語パズル、いろいろな同音異義語、反対語さがし〔ほか〕
|内容| クイズをしながら漢字熟語をおぼえよう！漢字熟語が401！楽しく頭の体操ができる、クイズの本。

『学習まんが四字熟語』 前沢明監修，小山規画　有紀書房　1999.3　163p　21cm〈索引あり〉　1000円　①4-638-05275-4
|内容| 試験によくでる四字熟語!!たのしく読んでよくわかる!!英訳つきで英語力もアップ。

『早おぼえ試験によくでる漢字熟語』 国語基礎学力研究会著，立石佳太まんが　小学館　1999.2　191p　19cm　（まんが攻略シリーズ 10）〈索引あり〉　760円　①4-09-253310-1

『熟語のひみつ大研究』 神林京子著，ひらのてつお，上村千栄絵　ポプラ社　1998.4　121p　23cm　（漢字なんでも大研究 第3巻　西本鶏介監修）〈索引あり　文献あり〉　2000円　①4-591-05652-X,4-591-99223-3
|目次| 熟語って、なんだろう？，なるほど！二字熟語、なっとく！三字熟語・四字熟語，どう読む？こう読む！，おもしろい！熟語の読み、知っているかな？こんな熟語、あつまれ！熟語、熟語って、たのしい！
|内容| 本書には、熟語のひみつがくわしく書いてあります。

『二字熟語なんてこわくない！―まんがで攻略』 川村晃生監修，田中かおる文，藤井ひろし漫画　実業之日本社　1997.6　159p　21cm　1000円　①4-408-36167-4
|目次| 同音異義語―読みは同じなのに字も意味もちがう、対義語―意味が正反対。対で覚えよう、類義語―似ているけれどどこかがちがう、読み方で意味が変わる熟語―字は同じなのに読みも意味もいろいろ、故事成語―むかしむかしのお話から、特別な読み・むずかしい読み―エーッ！そんな風に読むの？

『知っておきたい四字熟語』 三省堂編修所編　三省堂　1996.11　159p　21cm　（ことば学習まんが）　880円　①4-385-13773-0
|内容| 本書では、小学生としてぜひおぼえておきたい四字熟語62語と、中学入試・高校入試によく出される基礎的なもの150語を中心に、全部で500語をのせました。そして、その意味・使い方が、まんがでおもしろくわかるようにくふうしてあります。

ことば・文字　　　　　　　　　　　　　　　　　　　　　　　　　国語

『まんが四字熟語100事典―中学入試によくでる！』　松本好博まんが　講談社　1996.5　127p　21cm〈監修：日能研〉980円　④4-06-259101-4

[目次]　一刻千金，一刀両断，意志薄弱，一部始終，一望千里，温故知新，千変万化，馬耳東風，自給自足，晴耕雨読，朝三暮四，意気投合，四面楚歌，針小棒大，因果応報，奇想天外，心機一転，七転八起〔ほか〕

[内容]　開成・麻布・武蔵・桜蔭・女子学院・双葉・慶応・早実・早稲田など，有名中学入試出題頻度数上位100の「四字熟語」を厳選した事典。

『早おぼえ四字熟語　2』　津田貞一著，方倉陽二まんが　小学館　1996.3　191p　19cm　（まんが攻略シリーズ 4）〈監修：谷脇理史〉780円　④4-09-253304-7

[内容]　小・中学校の教科書の重要な四字熟語181を掲載。大爆笑4コマまんがで，四字熟語の内容が深く印象に残る。オリジナル早おぼえフレーズで，意味がしっかり頭に入る。明快な解説で，熟語の意味や使い方，類義語，反対語がよくわかる。

『まんが四字熟語なんでも事典』　関口たか広絵　金の星社　1996.3　159p　20cm〈監修：金子守〉1200円　④4-323-01881-9

[目次]　自然や言語・文化などをあらわす熟語，状況や事態・時間の流れなどをあらわす熟語，気持ちや心などをあらわす熟語，性格や人柄などをあらわす熟語，行いや動作などをあらわす熟語，いましめや生きる態度などをあらわす熟語

[内容]　大きなイラストで，四字熟語の語源を知ろう！わかりやすいまんがで，四字熟語の使い方を覚える！コラムを読んで，四字熟語をもっと楽しもう！さっとひけて，すぐわかる，とっても便利なさくいんつき！小学校4年生から中学生むき。

『四字熟語100―ドラえもんの国語おもしろ攻略』　小学館　1995.4　191p　19cm　（ドラえもんの学習シリーズ）780円　④4-09-253155-9

『漢字をくみあわせる―熟語のできかた』　下村昇編著，山口みねやす絵　小峰書店　1995.3　31p　27cm　（たのしくわかる漢字の本 4）1800円　④4-338-12104-1

『早おぼえ四字熟語』　津田貞一著，方倉陽二まんが　小学館　1994.8　191p　19cm　（まんが攻略シリーズ 2）780円　④4-09-253302-0

[内容]　小・中学校の教科書にかならず出てくる，重要な四字熟語189がのっている。大爆笑4コマまんがで，熟語の内容が深く印象に残る。オリジナル早おぼえフレーズで，意味がしっかり頭に入る。明快な解説で，熟語の意味や使い方，類義語，反対語がよくわかる。

『できたてピカピカ熟語の話』　木暮正夫文，原ゆたか絵　岩崎書店　1993.4　111p　22cm　（おもしろ熟語話 5）980円　④4-265-05005-0

[目次]　こんなときつかおう四字熟語，四字熟語，どちらがただしい？，4時の熟語ニュース，三字熟語，どちらがただしい？〔ほか〕

『おぼえておきたい漢字熟語事典―まんがで学習』　北山竜著　あかね書房　1993.2　127p　22cm〈監修：村石昭三〉1200円　④4-251-06546-8

『こころにズッキン熟語の話』　木暮正夫文，原ゆたか絵　岩崎書店　1992.11　111p　22cm　（おもしろ熟語話 4）980円　④4-265-05004-2

[内容]　性格や生き方にかかわる14のおもしろ熟語話。小学校中学年以上。

『どうぶつゾロゾロ熟語の話』　木暮正夫文，原ゆたか絵　岩崎書店　1992.3　111p　22cm　（おもしろ熟語話 3）980円　④4-265-05003-4

[内容]　この本は，熟語博士への登竜門。さいごまで読まないと画竜点睛を欠くよ。小学校中学年以上。

『かずのかずかず熟語の話』　木暮正夫文，原ゆたか絵　岩崎書店　1991.11　111p　22cm　（おもしろ熟語話 2）980円　④4-265-05002-6

[内容]　百聞は一見にしかず，"かずの熟語博士"への近道は，この本を一心不乱に読むことからはじまるのであーる。小学校中学年以上。

『試験に強くなる漢字熟語事典』　楠高治ほか漫画　学習研究社　1991.9　208p

国語　　　　　　　　　　　　　　　　　　　　　　　　　　　ことば・文字

23cm　（学研まんが事典シリーズ）〈監修：山田繁雄〉980円　ⓘ4-05-105550-7
内容　本書は、あなたがぎ問に思っていること、知りたいと思っていることを、まんがで、わかりやすく説明した本です。入学試験や模擬試験によく出る熟語の中から、読み方のむずかしいものを中心に、四百八十語以上取り上げています。まんがを読みながら、熟語の読み方や意味をおぼえると同時に、似た意味の熟語や書きまちがいやすい漢字についても、学ぶことができます。

『おばけがヒュードロ熟語の話』　木暮正夫文，原ゆたか絵　岩崎書店　1991.7　111p　22cm　（おもしろ熟語話 1）980円　ⓘ4-265-05001-8
内容　「おばけ」や「戦い」にかかわる17のおもしろ熟語話。小学校中学年以上。

『四字熟語なんてこわくない！―まんがで攻略』　前沢明著，藤井博司画　実業之日本社　1991.5　167p　21cm　980円　ⓘ4-408-36112-7
内容　まんがを読んだだけでも四字熟語がわかる。小・中学生向きに、やさしく楽しく書いてある。使い方の例がある。有名中学・高校受験必勝本。

◆◆◆

『四字熟語プリント―小学校1～6年』　大達和彦著　小学館　2010.7　96p　26cm　（Eduコミュニケーションmook―勉強ひみつ道具プリ具 11）1100円　ⓘ978-4-09-105321-3

『中学入試でる順ポケでる　国語四字熟語、反対語・類義語』　旺文社編　旺文社　2009.9　159p　15cm　680円　ⓘ978-4-01-010841-3

『陰山メソッド 徹底反復熟語プリント　6年』　陰山英男著　小学館　2009.3　1冊（ページ付なし）19×26cm　（教育技術mook）　500円　ⓘ978-4-09-105812-6

『陰山メソッド 徹底反復熟語プリント　5年』　陰山英男著　小学館　2009.3　1冊（ページ付なし）19×26cm　（教育技術mook）　500円　ⓘ978-4-09-105811-9

『陰山メソッド 徹底反復熟語プリント　4年』　陰山英男著　小学館　2009.3　1冊（ページ付なし）19×26cm　（教育技術mook）　500円　ⓘ978-4-09-105810-2

『陰山メソッド 徹底反復熟語プリント　3年』　陰山英男著　小学館　2009.3　1冊（ページ付なし）19×26cm　（教育技術mook）　500円　ⓘ978-4-09-105809-6

『陰山メソッド 徹底反復熟語プリント　2年』　陰山英男著　小学館　2009.3　1冊（ページ付なし）19×26cm　（教育技術mook）　500円　ⓘ978-4-09-105808-9

『陰山メソッド 徹底反復熟語プリント　1年』　陰山英男著　小学館　2009.3　1冊（ページ付なし）19×26cm　（教育技術mook）　500円　ⓘ978-4-09-105807-2

『熟語で覚える漢字力560―低学年～中学年用』　中学受験専門塾アクセス国語指導室監修，学研編　学習研究社　2008.9　240p　26cm　1800円　ⓘ978-4-05-302758-0

『1行読んで書いておぼえる四字熟語―中学入試によく出る熟語を楽しく脳にインプット！』　藁谷久三監修　梧桐書院　2008.7　238p　21cm　1300円　ⓘ978-4-340-51006-1

『中学入試まんが攻略bon！　四字熟語』　まつもとよしひろ，風林英治，かめいけんじ，黒田瑞木まんが，学研編　学習研究社　2006.10　159p　21cm　1000円　ⓘ4-05-302275-4

『国語　漢字・熟語650』　学研編　学習研究社　2004.10　176p　15cm　（要点ランク順　中学受験 3）〈付属資料：シート1枚〉720円　ⓘ4-05-301779-3

『国語　四字熟語162』　学研編　学習研究社　2004.10　176p　15cm　（要点ランク順　中学受験 2）〈付属資料：シート1枚〉720円　ⓘ4-05-301778-5

『斎藤孝の日本語プリント　四字熟語編―声に出して、書いて、おぼえる！』　斎

ことば・文字　　　　　　　　　　　　　　　　　　　　　　　　　　　　　　　　　　国語

藤孝著　小学館　2003.12　63p　21×30cm〈付属資料：暗唱シート1〉800円　①4-09-837443-9

[内容] 簡潔にして明解、力強く意味を表現することにおいては右に出るもののない「四字熟語」を(1)熟語朗読(2)なぞり書き(3)伏せ字ドリル(4)なぞり書き(5)活用例ドリル(6)クロスワードパズルの6段階スパイラル学習で習得。最後に「暗唱用シート」で仕上げる。

『まんが超速理解四字熟語』　大平靖彦執筆，横山孝雄まんが　学習研究社　1997.2　159p　21cm　〈試験に役立つ合格まんが〉〈監修：高橋隆介〉979円　①4-05-200816-2

[目次] 漢数字が使われている四字熟語、同じ漢字を二回使う四字熟語、反対(対)の漢字を使った四字熟語、二つの似た言葉を重ねた四字熟語、故事成語や仏教用語から生まれた四字熟語、動物の漢字が使われている四字熟語、否定語が使われている四字熟語、人の生き方と試練・性格・心理の四字熟語、自然・そのほかの四字熟語

[内容] 有名中学の入試・漢字検定試験に役立つ。「四字熟語」126語を厳選収録。4、5年生は受験の基礎固めに。6年生の受験生は試験のポイントをチェック。

『四字熟語問題集―小学国語』　国語問題研究会編　大阪　むさし書房　〔1995〕　31p　26cm　750円　①4-8385-0832-8

◆語源を調べる

『語源ことばのはじめビジュアル事典―ことばについて考える！ことばが豊かになる！　6　自然に関することば―「たんぽぽ」って外来語？』　沖森卓也監修　学研教育出版　2011.2　63p　27cm　〈発売：学研マーケティング　文献あり　索引あり〉2500円　①978-4-05-500785-6,978-4-05-811177-2　Ⓝ812

[目次]「たんぽぽ」って外来語？，動物のことば，植物のことば，自然現象に関することば

[内容] 日常の会話や文章で使われることばから、小学校中学年から中学生が覚え、使い慣れることが望ましいものを選び、その語源を中心に解説。

『語源ことばのはじめビジュアル事典―ことばについて考える！ことばが豊かになる！　5　ようす・程度を表すことば―大げさの「けさ」ってナニ？』　沖森卓也監修　学研教育出版　2011.2　63p　27cm　〈発売：学研マーケティング　文献あり　索引あり〉2500円　①978-4-05-500784-9,978-4-05-811177-2　Ⓝ812

[目次] 大げさの「けさ」ってナニ？，事態・状況を表すことば，程度・段階を表すことば

[内容] 日常の会話や文章で使われることばから、小学校中学年から中学生が覚え、使い慣れることが望ましいものを選び、その語源を中心に解説。

『語源ことばのはじめビジュアル事典―ことばについて考える！ことばが豊かになる！　4　社会に関することば―「野球」ってだれが言い始めたの？』　沖森卓也監修　学研教育出版　2011.2　63p　27cm　〈発売：学研マーケティング　文献あり　索引あり〉2500円　①978-4-05-500783-2,978-4-05-811177-2　Ⓝ812

[目次]「野球」ってだれが言い始めたの？，あいさつのことば，経済・制度・情報に関することば，交通に関することば，時期を表すことば，文化・風習に関することば，遊びに関することば，芸術に関することば，スポーツに関することば

[内容] 日常の会話や文章で使われることばから、小学校中学年から中学生が覚え、使い慣れることが望ましいものを選び、その語源を中心に解説。

『語源ことばのはじめビジュアル事典―ことばについて考える！ことばが豊かになる！　3　くらしに関することば―「イクラ」って日本語なの？』　沖森卓也監修　学研教育出版　2011.2　63p　27cm　〈発売：学研マーケティング　文献あり　索引あり〉2500円　①978-4-05-500782-5,978-4-05-811177-2　Ⓝ812

[目次]「イクラ」って日本語なの？，食べ物・飲み物のことば，調理に関することば，住居に関することば，道具に関することば，衣類に関することば，医療に関することば

[内容] 日常の会話や文章で使われることばから、小学校中学年から中学生が覚え、使い慣れることが望ましいものを選び、その語源を中心に解説。

国語　　　　　　　　　　　　　　　　　　　　　　　　　　　　　　ことば・文字

『語源ことばのはじめビジュアル事典―ことばについて考える！ことばが豊かになる！ 2 人に関することば 2（どうして「あかんべい」って言うの？）』沖森卓也監修　学研教育出版　2011.2　63p　27cm〈発売：学研マーケティング　文献あり　索引あり〉2500円　Ⓘ978-4-05-500781-8,978-4-05-811177-2　Ⓝ812
 目次 どうして「あかんべい」って言うの？，行動に関することば，状態を表すことば，評価に関することば
 内容 日常の会話や文章で使われることばから，小学校中学年から中学生が覚え，使い慣れることが望ましいものを選び，その語源を中心に解説。

『語源ことばのはじめビジュアル事典―ことばについて考える！ことばが豊かになる！ 1 人に関することば 1（アキレスけんの「アキレス」ってナニ？）』沖森卓也監修　学研教育出版　2011.2　63p　27cm〈発売：学研マーケティング　文献あり　索引あり〉2500円　Ⓘ978-4-05-500780-1,978-4-05-811177-2　Ⓝ812
 目次 アキレスけんの「アキレス」ってナニ？，からだに関することば，立場を表すことば，性格・性質を表すことば，感覚を表すことば，関係を表すことば
 内容 日常の会話や文章で使われることばから，小学校中学年から中学生が覚え，使い慣れることが望ましいものを選び，その語源を中心に解説。

『知ってびっくり！ことばのはじまり物語』汐見稔幸監修　学研教育出版　2010.10　183p　21cm〈発売：学研マーケティング　文：鈴木あゆみ　文献あり〉800円　Ⓘ978-4-05-203336-0　Ⓝ812
 目次 食べ物のことば，生き物のことば，体のことば，遊びのことば，あいさつ・ようすのことば，衣服・すまいのことば
 内容 「おもちゃ」は「持っ遊び」が変化した!?「サンドイッチ」は人の名前だった!?「ことばのはじまり」の大発見55話。

『絵でわかる「語源」―小学生のことば事典』どりむ社編著，丹羽哲也監修　PHP研究所　2010.4　127p　22cm〈索引あり〉1200円　Ⓘ978-4-569-78045-0　Ⓝ812
 目次 あいぼう（相棒），あげあしをとる（揚げ足を取る），あとのまつり（後の祭り），あまのじゃく（天の邪鬼），あみだくじ（阿弥陀くじ），いたちごっこ，いちかばちか（一か八か），いっしょうけんめい（一生懸命），いっちょうら（一張羅）〔ほか〕
 内容 小学生がよく知っていることば，知っておきたいことばを厳選。大きなイラストで，ことばの由来や変化をわかりやすく紹介。知っておくと得する語源や，おもしろい語源を満載。

『まんがで学ぶ語源』山口理著，やまねあつしまんが　国土社　2009.1　143p　22cm　1500円　Ⓘ978-4-337-21507-8　Ⓝ812
 目次 あいさつの語源，からだの語源，食べものの語源，あそびの語源，動物・植物の語源，からだにまつわることばの語源，気になることばの語源

『「和」の名前絵事典―身の回りのものを調べよう 由来から説き起こす！』三宮庄二監修　PHP研究所　2008.6　79p　29cm　2800円　Ⓘ978-4-569-68687-5　Ⓝ812

『ちびまる子ちゃんの語源教室―言葉の誕生物語』荒尾禎秀著　集英社　2005.7　191p　19cm（満点ゲットシリーズ）〈付属資料：1枚　キャラクター原作：さくらももこ〉850円　Ⓘ4-08-314031-3　Ⓝ812

『こども語源じてん―ことばはともだち』山口佳紀編　講談社　2004.11　208p　26cm　1900円　Ⓘ4-06-211887-4　Ⓝ812
 目次 食べ物や飲み物に関係のあることば，衣類・道具・建築に関係のあることば，人間や人体に関係のあることば，動物や植物に関係のあることば，スポーツや娯楽に関係のあることば，熟語と成句
 内容 いつも使っていることばの中から，おもしろくてためになる約600語の語源を解説。語源がわかれば，ことばに興味がわいてきて，読書や国語がもっと楽しくなります。読者の皆さんと同じ小学生がかいた楽しい絵が，いっぱいのっています。

ことば・文字　　　　　　　　　　　　　　　　　　　　　　　　　　　　　国語

『小学生のまんが語源辞典』　金田一春彦監修　学習研究社　2004.11　254p　21cm　1000円　Ⓘ4-05-301824-2　Ⓝ812
[目次]　人のくらし、行いからできたことば（衣食住からできたことば、仕事、道具からできたことば、遊び、かけごとからできたことば　ほか）、文化と伝統からできたことば（昔話、言い伝えからできたことば、社会のしくみ、きまりごとからできたことば、武芸、戦いからできたことば　ほか）、外国からやってきたことば
[内容]　まんがとイラストで、日本語の由来を楽しくおぼえる辞典。

『語源辞典』　川嶋優監修　小峰書店　2000.4　172p　27cm　（たのしくわかることばの辞典 1）　3300円　Ⓘ4-338-16601-0,4-338-16600-2
[目次]　あいこ、あいづち、あいにく、赤、赤字、あかちゃん、あかつき、あかね、あかんべ、あきんど〔ほか〕
[内容]　小学生向けの、語源を集めた辞典。五十音順に配列し、巻末に外来語の語源も収録。「たのしくわかることばの辞典」シリーズの第1巻。

『こころにピカッと語源の話』　木暮正夫文、こぐれけんじろう絵　岩崎書店　1998.4　95p　22cm　（おもしろ語源話 5）〈索引あり〉1200円　Ⓘ4-265-05015-8
[目次]　オオカミがきた!、竹馬のとも、ほたるの光、まどの雪、三本の矢のおしえ、はだかの王さま、孟母三遷のおしえ、養老の酒、コロンブスのたまご

『いきものイキイキ語源の話』　木暮正夫文、こぐれけんじろう絵　岩崎書店　1998.3　95p　22cm　（おもしろ語源話 3）〈索引あり〉1200円　Ⓘ4-265-05013-1
[目次]　とらの威をかるきつね、イタチごっこ、牛にひかれて善光寺まいり、老馬は道をしる、アブハチとらず、とうろう（カマキリ）、セミをうかがう、井のなかのかわず大海を知らず、十二支にねこがいないわけ

『からだノビノビ語源の話』　木暮正夫文、こぐれけんじろう絵　岩崎書店　1998.3　95p　22cm　（おもしろ語源話 4）〈索引あり〉1200円　Ⓘ4-265-05014-X
[目次]　アダムのリンゴ、のどもとすぎれば熱さわすれる、イダテンとマラソン、アキレウスのかかと、董奉のアンズの林、良薬は口ににがし、屁っぴりよめ、へそが茶をわかす

『ごちそうパクパク語源の話』　木暮正夫文、こぐれけんじろう絵　岩崎書店　1998.2　95p　22cm　（おもしろ語源話 2）〈索引あり〉1200円　Ⓘ4-265-05012-3
[目次]　カモがネギをしょってくる、あつものにこりてなますをふく、うしの日のうなぎ、びわ湖のゲンゴロウブナ、ししをくったむくい、くさってもタイ、酒は百薬の長、目黒のサンマ

『まんが語源なんでも事典』　山田繁雄監修、内田玉男絵　金の星社　1998.2　143p　20cm〈索引あり〉1200円　Ⓘ4-323-06001-7
[目次]　人の心や状態を表す言葉（青二才、天の邪鬼、韋駄天　ほか）、世の中や人間関係に関する言葉（あだ名、妹、うやむや　ほか）、生活でよく使われる言葉（あいさつ、あいにく、一張羅　ほか）、自然や動物・植物を表す言葉（稲妻、稲、うなぎ　ほか）
[内容]　大きなイラスト言葉の語源や使い方がわかる小学生向けの語源事典。100語以上の言葉を人の体など身近なものにわけて収録。

『おばけもビックリ語源の話』　木暮正夫文、こぐれけんじろう絵　岩崎書店　1997.12　95p　22cm　（おもしろ語源話 1）〈索引あり〉1200円　Ⓘ4-265-05011-5
[目次]　鬼のかくらん、餓鬼のだんじき、地獄のさたも金しだい、ゆうれいの浜風、おいてけぼり、ほとけの顔も三度、ミイラとりがミイラになる、吸血鬼ドラキュラ

『ドラえもんのクイズ! 語源まんが事典』　方倉陽二絵　小学館　1994.12　189p　18cm　（てんとう虫ブックス）530円　Ⓘ4-09-230573-7
[目次]　入門編、中級編、上級編、難問編

『子どもとおとなのことば語源辞典』　東京私立学校言語研究会編　教育出版センター　1993.5　159p　19cm　（子どもの近くにいる人たちへシリーズ）

国語　　　　　　　　　　　　　　　　　　　　　　　　　　　　ことば・文字

1500円　Ⓘ4-7632-2523-5
内容　本書では、生活の中で使われていることばを中心に、どこからどのようにして、今使われているかを著わしてあります。また子どもたちにもわかりやすく小学校4年生以上の漢字にはふりがなをつけました。

『なぜなに大語源』　笠原秀文，みやわき豊画　ポプラ社　1991.4　143p　21cm（おもしろ国語ゼミナール　6）　1650円　Ⓘ4-591-03806-8
目次　語源動物・植物ランド，語源ゲームセンター，語源からだのクリニック，語源おいしんぼクラブ，語源にぎやか人名録，語源おたのしみシアター，語源建物・道具センター，語源うでじまん横町，語源仏教大寺院，語源にほん歴史館，語源中国故事成語博物館

◆ことわざを知る

『知っておきたい慣用句　3（自然・生活編）』　面谷哲郎文，高村忠範絵，松田正監修　汐文社　2011.4　79p　22cm〈索引あり〉　1500円　Ⓘ978-4-8113-8776-5　Ⓝ814.4
目次　天地に関係のある慣用句（雲をつかむよう，台風の目　ほか），動物に関係のある慣用句（犬の遠ぼえ，鵜の目鷹の目　ほか），植物に関係のある慣用句（青菜に塩，いもを洗うよう　ほか），衣食住に関係のある慣用句（朝飯前，味をしめる　ほか），道具に関係のある慣用句（相槌を打つ，後の祭り　ほか）

『知っておきたい慣用句　2（人のからだ手足・胴体編）』　面谷哲郎文，高村忠範絵，松田正監修　汐文社　2011.3　79p　22cm〈索引あり〉　1500円　Ⓘ978-4-8113-8775-8　Ⓝ814.4
目次　手や腕に関係のある慣用句（後ろ指をさされる，腕が鳴る　ほか），足に関係のある慣用句（あげ足をとる，足が地につかない　ほか），肩や胸に関係のある慣用句（肩で風を切る，肩の荷がおりる　ほか），腹や尻に関係のある慣用句（肝をつぶす，尻に火がつく　ほか），からだや心の働きに関係のある慣用句（泡を食う，息が合う　ほか）

『わらえる!!　やくだつ??　ことわざ大全集』　ながたみかこ作，いけだほなみ絵　ポプラ社　2011.3　159p　18cm（大人にはないしょだよ　65）　700円　Ⓘ978-4-591-12387-4　Ⓝ814.4
目次　第1章　こんなときにつかおう！必殺ことわざ，第2章　超おもしろ！慣用句であそぼ，第3章　超パニック！にた意味＆反対の意味のことわざ，第4章　メチャウケ！ことわざあるあるマンガ

『知っておきたい慣用句　1（人のからだ頭・顔編）』　五十嵐清治文，高村忠範絵，松田正監修　汐文社　2011.2　79p　22cm〈索引あり〉　1500円　Ⓘ978-4-8113-8774-1　Ⓝ814.4
目次　頭や顔に関係のある慣用句（あごで使う，あごを出す　ほか），目に関係のある慣用句（目が利く，目が肥える　ほか），鼻に関係のある慣用句（木で鼻をくくる，鼻が高い　ほか），耳に関係のある慣用句（寝耳に水，耳が痛い　ほか），口に関係のある慣用句（口がうまい，口が軽い　ほか）

『写真で読み解くことわざ大辞典』　倉島節尚監修　あかね書房　2011.2　143p　31cm〈索引あり〉　4700円　Ⓘ978-4-251-06642-8　Ⓝ813.4
目次　仲間のことわざ（鳥のことわざ，猫のことわざ，魚のことわざ，植物のことわざ，食べ物のことわざ（料理編，食卓編），手のことわざ，着物のことわざ，相撲のことわざ，戦の道具のことわざ，囲碁・将棋のことわざ），五十音順ことわざ辞典
内容　知っておきたいことわざ・慣用句・四字熟語・故事成語を五十音順に収録し，写真とともに解説。さくいんから引いて調べることができます。言葉の意味や語源，使い方の用例はもちろんのこと，ふだん聞きなれないものの名前や，知っているようで知らないことがらについて，より理解を深める「まめ知識」も充実しています。故事成語が生まれた背景をくわしく知ることができる読みもの，「故事成語のお話」を収録しています。

『小学生からのことわざ教室』　よこたきよし文　教育評論社　2010.12　119p　20cm〈索引あり〉　1400円　Ⓘ978-4-905706-56-4　Ⓝ814.4
目次　習うより慣れよ（暑さ寒さも彼岸までの巻，石橋をたたいて渡るの巻，急がば回れの巻，井の中の蛙大海を知らずの巻，馬の耳に念仏の巻　ほか），少年老い易く学なり難し（雨降って地固まるの巻，石の上にも三年の巻，一寸の虫にも五分の魂の巻，う

ことば・文字　　　　　　　　　　　　　　　　　　　　国語

そも方便の巻、海老で鯛を釣るの巻　ほか〉

『まんがで学ぶ故事成語』　八木章好著、榊原唯幸まんが　国土社　2010.10　135p　22cm〈文献あり　索引あり〉　1500円　Ⓘ978-4-337-21511-5　Ⓝ824
[目次]伝説・寓話の巻（矛盾、蛇足、助長、杞憂、五十歩百歩　ほか）、歴史物語の巻（臥薪嘗胆、管鮑の交わり、鶏鳴狗盗、孟母三遷、四面楚歌　ほか）

『子どもが夢中になる「ことわざ」のお話100—1分で読み聞かせ』　福井栄一著　PHP研究所　2010.7　237p　21cm〈『子どもが喜ぶことわざのお話』（2006年刊）の改題、加筆・再編集　索引あり〉　1200円　Ⓘ978-4-569-79055-8　Ⓝ814.4

『こんなにあった！　国語力が身につくことわざ1000』　学習国語研究会著　メイツ出版　2010.6　128p　21cm（〔まなぶっく〕）　1000円　Ⓘ978-4-7804-0832-4　Ⓝ814.4

『絵でわかる「慣用句」—小学生のことば事典』　どりむ社編著、たつみ都志監修　PHP研究所　2010.3　127p　22cm〈索引あり〉　1200円　Ⓘ978-4-569-78034-4　Ⓝ814.4
[目次]あ行の慣用句（相づちを打つ、あごで使う　ほか）、か行の慣用句（顔が広い、顔から火が出る　ほか）、さ・た行の慣用句（さじを投げる、さばを読む　ほか）、な・は行の慣用句（二の足をふむ、二の句がつげない　ほか）、ま〜わ行の慣用句（まゆをひそめる、水に流す　ほか）
[内容]小学生が知っておきたい慣用句を厳選。大きなイラストで、慣用句の使い方を紹介。似た意味、反対の意味の慣用句なども掲載。

『なるほど！　ことわざじてん』　ことばハウス編　西東社　2010.1　159p　19cm〈索引あり〉　680円　Ⓘ978-4-7916-1743-2　Ⓝ814.4
[内容]150のことわざが面白いほどよくわかる。

『まんがで学ぶ慣用句』　山口理著、やまねあつしまんが　国土社　2010.1　143p　22cm〈索引あり〉1500円　Ⓘ978-4-337-21509-2　Ⓝ814.4
[目次]体にまつわる慣用句、食べものにまつわる慣用句、動物にまつわる慣用句、気もちにまつわる慣用句、植物にまつわる慣用句、数字にまつわる慣用句、人づきあいにまつわる慣用句、身のまわりのもにまつわる慣用句、その他よくつかわれる慣用句

『希望をつなぐ七色通信—ことわざの話　国語』　安達知子監修　数研出版　2009.12　127p　21cm　（チャートブックス学習シリーズ）　1100円　Ⓘ978-4-410-13922-2　Ⓝ814.4

『金田一先生と学ぶ小学生のためのまんがことわざ大辞典』　金田一秀穂監修　すばる舎　2009.12　175p　26cm〈索引あり〉　1800円　Ⓘ978-4-88399-868-5　Ⓝ813.4
[内容]小学生が知っておきたい1300のことわざが身に付く。楽しいまんがやクイズで、ことわざのほかに慣用句・故事成語・四字熟語を解説。

『三省堂　例解小学ことわざ辞典』　川嶋優編　特製版　三省堂　2009.12　411p　19cm　1429円　Ⓘ978-4-385-13957-9
[内容]ことわざ・慣用句・故事成語・四字熟語など3500項目を収録。すべての漢字にふりがな付き。小学校1年生から使える。ていねいな意味説明、的確な用例、詳しい故事・語源説明、類義語・対義語や同義語で、幅広く奥深くことわざ学習ができる。意味説明を補う楽しいイラスト多数。

『三省堂例解小学ことわざ辞典』　川嶋優編　三省堂　2009.12　411p　19cm〈索引あり〉　1500円　Ⓘ978-4-385-13955-5　Ⓝ813.4
[内容]ことわざ慣用句・故事成語・四字熟語など3500項目を収録。すべての漢字にふりがな付き。小学校1年生から使える。ていねいな意味説明、的確な用例、詳しい故事・語源説明、類義語・対義語や同義語で、幅広く奥深くことわざ学習ができる。意味説明を補う楽しいイラスト多数。

『三省堂例解小学ことわざ辞典』　川嶋優編　ワイド版　三省堂　2009.12　411p

国語　　　　　　　　　　　　　　　　　　　　　　　　ことば・文字

22cm 〈索引あり〉 1700円　Ⓘ978-4-385-13956-2　Ⓝ813.4
[内容] ことわざ・慣用句・故事成語・四字熟語など3500項目を収録。すべての漢字にふりがな付き。小学校1年生から使える。ていねいな意味説明、的確な用例、詳しい故事・語源説明、類義語・対義語や同義語で、幅広く奥深くことわざ学習ができる。意味説明を補う楽しいイラスト多数。

『わざわざことわざ ことわざ事典　4　かずの巻』 国松俊英文、たかいよしかず絵　童心社　2009.12　79p　21cm　1500円　Ⓘ978-4-494-01126-1
[目次] 当たるも八卦当たらぬも八卦、一か八か、一難去ってまた一難、一文惜しみの百知らず、一を聞いて十を知る、一挙両得、一刻千金、一所懸命、一寸の虫にも五分の魂、海千山千〔ほか〕
[内容] 一挙両得、十人十色、千里の道も一歩から…数のことわざが、もりだくさん。

『わざわざことわざ ことわざ事典　3　せいかつの巻』 国松俊英文、たかいよしかず絵　童心社　2009.12　79p　21cm　1500円　Ⓘ978-4-494-01125-4
[目次] 後の祭り、石橋を叩いて渡る、急がば回れ、嘘から出たまこと、うどの大木、鬼の目に涙、蛙の子は蛙、亀の甲より年の功、怪我の功名、転んでもただでは起きぬ〔ほか〕
[内容] 急がば回れ、笑う門には福来る…くらしのなかで役立つことわざ。ことわざマンガもますます楽しい。

『親子で楽しむこどもことわざ塾』 西田知己著　明治書院　2009.11　111p　21cm　（寺子屋シリーズ 2）〈索引あり〉 1500円　Ⓘ978-4-625-62411-7　Ⓝ814.4
[目次] い—犬も歩けば棒に当たる、ろ—論より証拠、は—花より団子、に—二階から目薬、ほ—骨折り損のくたびれもうけ、へ—下手の長談義、と—年寄りの冷や水、ち—塵も積もれば山となる、り—綸言汗のごとし、ぬ—ぬかに釘〔ほか〕
[内容] 「和」の文化に学ぶ"生きる力""生きる知恵"江戸のいろはがるたをベースに、昔ながらのことわざを楽しく紹介。全47話のおはなし例文で楽しむ、江戸のことわざ遊びワールド。

『わざわざことわざ ことわざ事典　2　からだとたべものの巻』 国松俊英文、たかいよしかず絵　童心社　2009.11　79p　21cm　1500円　Ⓘ978-4-494-01124-7
[目次] あいた口がふさがらぬ、青菜に塩、頭かくして尻かくさず、あばたもえくぼ、合わせる顔がない、後ろ髪を引かれる、嘘を言えば舌を抜かれる、うちの米の飯よりとなりの麦飯、瓜のつるに茄子はならぬ、海老で鯛を釣る〔ほか〕
[内容] 棚からぼたもち、頭かくして尻かくさず…体のことわざ、食べもののことわざがたくさん！さあことばのわざをマスターしよう。

『わざわざことわざ ことわざ事典　1　いきものの巻』 国松俊英文、たかいよしかず絵　童心社　2009.11　79p　21cm　1500円　Ⓘ978-4-494-01123-0
[目次] 犬も歩けば棒にあたる、井の中の蛙大海を知らず、烏合の衆、牛の歩みも千里、鵜の目鷹の目、飼い犬に手をかまれる、鴨がねぎをしょってくる、烏は神様のお使い、雉も鳴かずば打たれまい、狐につままれたよう〔ほか〕
[内容] この本を読めばきみもことわざはかせ！いろんないきものの秘密もわかっちゃう。さあいっしょにことわざたんけんにGO。

『絵でわかる「ことわざ」—小学生のことば事典』 どりむ社編著、たつみ都志監修　PHP研究所　2009.10　127p　22cm 〈索引あり〉 1200円　Ⓘ978-4-569-78004-7　Ⓝ814.4
[目次] 青菜に塩、頭かくして尻かくさず、暑さ寒さも彼岸まで、雨垂れ石をうがつ、雨降って地固まる、案ずるより産むが易い、石の上にも三年、石橋をたたいてわたる、急がば回れ、一寸の虫にも五分の魂〔ほか〕
[内容] 小学生が知っておきたいことわざを厳選。大きなイラストで、ことわざの使い方を紹介。似た意味、反対の意味のことわざなども掲載。

『ことわざ・慣用句クイズ—めざせ！日本語クイズマスター』 北原保雄編　ハンディ版　金の星社　2009.6　126p　19cm　700円　Ⓘ978-4-323-05632-6　Ⓝ814.4
[目次] 1 初級編（ことわざのまちがいさがし、

子どもの本 国語・英語をまなぶ2000冊　　105

ことば・文字　　　　　　　　　　　　　　　　　　　　　　　　　　　　　　　国語

おなじことばがはいるよ！，ちがう意味のことわざはどれ？ ほか），2 中級編（ことわざしりとりめいろ，慣用句にならないのはどれ？，慣用句をつくろう！ ほか），3 上級編（ことわざのパズル，ことわざをこたえよう！，どのことばがはいる？ ほか）
内容 知れば知るほどうれしくなって、うまく使えれば使えるほど、楽しくなる日本語。バラエティゆたかなクイズで、キミの日本語力をきたえちゃおう。

『新レインボー写真でわかることわざ辞典』 学習研究社 2009.4 87p 27cm 〈索引あり〉 1400円 ①978-4-05-302900-3 Ⓝ813.4
目次 青菜に塩，一寸の虫にも五分のたましい，雨後のたけのこ，うり二つ，虎視眈々，五里霧中，コロンブスの卵，さんしょうは小つぶでもぴりりとからい，順風満帆，高ねの花〔ほか〕
内容 ことわざ・慣用句・四字熟語・故事成語がよくわかる。『見る』ことわざ辞典。

『ことわざ・慣用句クイズ―国語力アップめざせ！日本語クイズマスター』 北原保雄編 金の星社 2009.3 126p 22cm 2000円 ①978-4-323-05622-7 Ⓝ814.4
目次 1 初級編（ことわざのまちがいさがし，おなじことばがはいるよ！，ちがう意味のことわざはどれ？ ほか），2 中級編（ことわざしりとりめいろ，慣用句にならないのはどれ？，慣用句をつくろう！ ほか），3 上級編（ことわざのパズル，ことわざをこたえよう！，どのことばがはいる？ ほか）
内容 私たちが使っている言葉は、いろいろなきまりから成り立っています。また、言葉には、さまざまな文化や歴史が込められています。そういう言葉のきまりや文化・歴史に関する知識を学ぶことは、国語力アップに役立ちます。全5巻、広く深くいろいろな切り口から言葉について考えるように構成しました。楽しみながら問題に挑戦して、言葉の名人をめざしてください。

『辞書びきえほんことわざ』 陰山英男監修 大阪 ひかりのくに 2009.3 240p 27×13cm 〈文献あり 索引あり〉 1800円 ①978-4-564-00844-3 Ⓝ813.4
内容 この本は、子どもたちがふだん本やテレビなどで見たり聞いたりしていたり、親子の会話などにもよくつかわれることわざ

を集めています。ことわざのほかにも、慣用句、故事成語、四字熟語なども紹介しています。6才から。

『親野智可等の楽勉カルタブック ことわざ』 親野智可等監修 学習研究社 2008.12 1冊 19cm 900円 ①978-4-05-302850-1
内容 切り取り線にそって切りはなせば、カルタになります。ケースつきですので、使わないときにはケースに入れて持ち歩けます。カルタで遊んでいると、自然にことわざが覚えられるというすぐれものです。カルタをやらないときは、暗記用学習カードにもなります。たくさんあることわざの中から、ぜひとも知っておきたい身近なことわざを106点厳選して収録しました。

『ちびまる子ちゃんの続ことわざ教室』 さくらももこキャラクター原作，時田昌瑞著，相川晴ちびまる子ちゃんまんが・絵 集英社 2008.7 205p 19cm （満点ゲットシリーズ） 850円 ①978-4-08-314044-0 Ⓝ814.4
目次 青は藍より出でて藍より青し，悪事千里を行く，悪銭身につかず，あしたはあしたの風がふく，当たってくだけろ，当たらずとも遠からず，当たるも八卦当たらぬも八卦，暑さ寒さも彼岸まで，羮にこりて膾をふく，あばたもえくぼ〔ほか〕
内容 あの『ことわざ教室』の続編が誕生。まるちゃんの4コマまんがが、由来や使い方がよくわかる解説、コラムで、ことわざやことばの知識がよくわかる。知恵の宝石、ことわざをさらに豊かに学ぼう。

『飛んで火に入ることわざばなし―親子いっしょにひざを打つ』 福井栄一著 大阪 日本教育研究センター 2008.5 180p 19cm 1200円 ①978-4-89026-135-2 Ⓝ814.4
目次 1「たとえば」ことわざ（悪事千里を走る，後の祭り ほか），2「なるほど」ことわざ（明日は明日の風がふく，一度あることは二度ある ほか），3「からだ」ことわざ（足元を見る，親の顔が見たい ほか），4「生きもの」ことわざ（あぶはち取らず，あわを食う ほか）
内容 日本語の魅力を再発見！親子いっしょに読んで笑って楽しくことわざを身に付ける一冊。大人も子どもも楽しめる、「おもしろ"ことわざ"50選―大人のための読みもの

国語　　　　　　　　　　　　　　　　　　　　　　　　　　　　　　　ことば・文字

付き」を収録。親子でさまざまな楽しみ方ができる一冊です。

『まんがで学ぶことわざ』　青山由紀著，やまねあつしまんが　国土社　2008.5　109p　22cm　1500円　ⓘ978-4-337-21506-1　Ⓝ814.4

｜目次｜ ここ一番の勝負どきの巻，ものごとは慎重にの巻，辛抱がかんじんの巻，ひょんなこともあるものだの巻，世渡りの知恵の巻，人づきあいの心得の巻，お金の取扱いに注意の巻，悪だくみにご用心の巻，本当のかっこよさっての巻，どうにもならないこともあるの巻，それでも努力と根性だの巻，いろいろなたとえの巻

｜内容｜ 本書にのせたことわざは、くらしの中でよく使われ、知っておくと便利なものばかりです。また、「オリジナルことわざ」はすべて、筑波大学附属小学校二部四年の子どもたちが考えたものです。みなさんもぜひ、生活の中でことわざを使ったり「オリジナルことわざ」を作ったりしてください。

『ことわざ―慣用句・故事成語・四字熟語』　倉島節尚監修　ポプラ社　2008.3　215p　29cm　（ポプラディア情報館）6800円　ⓘ978-4-591-10087-5,978-4-591-99950-9　Ⓝ813.4

｜目次｜ 1章 基礎編（失敗は成功のもと，ことわざとは，慣用句とは，故事成語とは，四字熟語とは，表現を豊かに），2章 ことわざ，3章 慣用句（からだ，生き物，植物，自然，数，気持ち，食べ物，もの・道具，その他），4章 故事成語・四字熟語（故事成語，四字熟語）

｜内容｜ だれもが知っておきたいことわざ約500を、五十音順に収録し、イラストや写真資料とともに解説。日常で使う慣用句約600のほか、故事成語や四字熟語まで、幅広くとりあげました。にた意味のことばや、反対の意味のことばにどんなものがあるか、参照できます。五十音順のほか、キーワードでも探せる便利なさくいんつき。

『ことわざ・慣用句のひみつ』　井関義久監修，くぼやすひとまんが　学習研究社　2008.2　140p　23cm　（学研まんが新ひみつシリーズ）　880円　ⓘ978-4-05-202926-4　Ⓝ814.4

｜内容｜ よく使われることわざ百十一本を選び、それぞれ一ページずつわかりやすく説明。

『世界のことわざ』　こどもくらぶ編　旺文社　2008.2　40p　29cm　（世界のことばあそび 3）　2500円　ⓘ978-4-01-071057-9　Ⓝ388.8

｜目次｜ 世界のことわざ（東アジア，東南アジア，南・中央・西アジア，ヨーロッパ，英語をつかう国ぐに，中央・南アメリカ，アフリカ），もっと知りたい！いろいろなことわざ（日本のことわざに似た世界のことわざ，むかし話から生まれたことわざ，故事成語）

『まんがで覚えることわざ』　三省堂編修所編　三省堂　2007.7　191p　21cm　（ことばの学習）〈「知っておきたいことわざ」（1996年刊）の改題新装版〉　900円　ⓘ978-4-385-23814-2　Ⓝ814.4

｜目次｜ 青は藍より出でて藍より青し，秋の日はつるべ落とし，悪事千里を行く，悪銭身につかず，明日の百より今日の五十，頭隠して尻隠さず，頭でっかち尻すぼみ，あちら立てればこちらが立たぬ，暑さ寒さも彼岸まで，あつものにこりてなますを吹く〔ほか〕

｜内容｜ 小学生に覚えてほしい一五八のことわざを取り上げ、意味、由来、ことばの解説とともに、楽しい四コマまんががついてます。入試にも役立つように、関連したことわざの解説も加え、全部で約四五〇のことわざを収録。

『ことわざ絵事典』　ことばと遊ぶ会編著，すがわらけいこ絵　あすなろ書房　2007.3　79p　22cm　（日本語おもしろ絵事典 3）　1500円　ⓘ978-4-7515-2248-6　Ⓝ814.4

｜目次｜ 悪事千里を走る，浅い川も深くわたれ，足もとから鳥が立つ，頭かくして尻かくさず，暑さ寒さも彼岸まで，あとは野となれ山となれ，あぶはち取らず，雨だれ石をうがつ，雨降って地かたまる，ありの穴から堤もくずれる〔ほか〕

｜内容｜ 昔からつたわる生活に役立つ知恵や、人生の教えを説いたことばを「ことわざ」という。よく使われることばがでているよ。おぼえておいて使ってみよう。

『ことわざまんが―タクヤの毎日』　藤井ひろし著　山海堂　2007.3　151p　21cm　1200円　ⓘ978-4-381-02239-4　Ⓝ814.4

｜目次｜ 第1部 かんたんなことわざ（あいた口がふさがらない，青は藍より出でて藍より

ことば・文字　　　　　　　　　　　　　　　　　　　　　国語

青し，後は野となれ山となれ，案ずるより産むがやすし ほか），第2部 むずかしいことわざ（羹にこりて膾を吹く，暗中模索，一張一弛，因果応報 ほか）

『4コマまんがでわかることわざ150』 よだひでき著　ブティック社　2006.8　157p　21cm　（ブティック・ムックno.586）　857円　①4-8347-5586-X　Ⓝ814.4

『禍を転じて…』 吉川豊作・画　理論社　2006.4　107p　22cm　（まんがことわざ研究所 爆笑しながら読む日本語 5）　1000円　①4-652-01595-X　Ⓝ814.4
目次 禍を転じて福となす，捨てる神あれば拾う神あり，さわらぬ神にたたりなし，人はパンのみにて生くるにあらず，門前の小僧，習わぬ経を読む，石の上にも三年，壁に耳あり障子に目あり，立ち鳥跡をにごさず，明日は明日の風が吹く，初心忘るべからず，去る者は日々に疎し，冬来たりなば春遠からじ
内容 笑っているうちに，もう「ことわざ博士」。日本語を楽しく学ぶ本。

『子どもが喜ぶことわざのお話―読み聞かせにぴったりの，面白小ばなし50選』 福井栄一著　PHP研究所　2006.3　111p　26cm　1200円　①4-569-64950-5　Ⓝ814.4
目次 1「大切なこと」の巻（七転び八起き，早起きは三文の徳 ほか），2「よーく気をつけよう」の巻（売り言葉に買い言葉，君子は危うきに近寄らず ほか），3「へぇー，なるほど」の巻（子どもは風の子，清水の舞台から飛び降りる ほか），4「体のあちこち」の巻（目から鼻へ抜ける，すねをかじる ほか），5「いきものバンザイ」の巻（捕ぬたぬきの皮算用，袋のねずみ ほか）

『マンガでわかる小学生のことわざじてん』 梅沢実監修　世界文化社　2006.3　287p　26cm　1800円　①4-418-06818-X　Ⓝ814.4
目次 ようこそことわざの世界へ！，人にかかわることわざ・慣用句，気や心にかかわることわざ・慣用句，体の名前にかかわることわざ・慣用句―(1)顔・頭編，体の名前にかかわることわざ・慣用句―(2)その他の体編，動物にかかわることわざ・慣用句，植物にかかわることわざ・慣用句，数字にかかわることわざ・慣用句，神仏にかかわる

ことわざ・慣用句，物にかかわることわざ・慣用句〔ほか〕
内容 ことわざ・慣用句・四字熟語1000語。みぢかなエピソードや用法が満載で，正しい意味・使い方がすぐわかる。50音順で見やすく，すぐに調べられる。

『楽あれば…』 吉川豊作・画　理論社　2006.1　107p　22cm　（まんがことわざ研究所 爆笑しながら読む日本語 4）　1000円　①4-652-01594-1　Ⓝ814.4
目次 楽あれば苦あり，苦あれば楽あり，朱に交われば赤くなる，犬が西向きゃ尾は東，絵に描いたモチ，エビでタイを釣る，馬の耳に念仏，スズメ百まで踊り忘れず，ミイラ取りがミイラになる，まかώ種は生えぬ，のど元過ぎれば熱さを忘れる，正直者がバカをみる，亀の甲より年の劫

『小学生のまんが慣用句辞典』 金田一秀穂監修　学習研究社　2005.12　255p　21cm　1000円　①4-05-302118-9　Ⓝ814.4
目次 第1章 覚えておこう！よく使う慣用句（相づちを打つ，あおりを食う，あげ足を取る，あごで使う ほか），第2章 まだまだあるよ！いろいろな慣用句（頭が上がらない，頭が固い，頭に来る，頭を痛める ほか）
内容 まんがで慣用句を楽しくおぼえる辞典。小学生が知っておきたい約330語をえらんでのせてあります。

『好きこそ物の…』 吉川豊作・画　理論社　2005.10　107p　22cm　（まんがことわざ研究所 爆笑しながら読む日本語 3）　1000円　①4-652-01593-3　Ⓝ814.4
目次 好きこそ物の上手なれ，となりの芝生は青い，石橋をたたいて渡る，月日に上がある，アメとムチ，百聞は一見にしかず，棚からボタモチ，ほれた病に薬なし，同じ穴のムジナ，先んずれば人を制す，両雄並び立たず，年寄りの冷や水

『みんなが知りたい！「ことわざ」がわかる本』 国語学習研究会著　メイツ出版　2005.9　128p　21cm　（まなぶっく）　1500円　①4-89577-941-6　Ⓝ814.4
目次 第1章 人の体や人の生活にたとえたことわざ（体編，生活編），第2章 自然にたとえたことわざ（動物編，植物編，自然・天候・季節・虫編），第3章 数字が入ったことわざ（一を聞いて十を知る，一年の計は元旦

108

国語　　　　　　　　　　　　　　　　　　　　　　　　　　　　　　　ことば・文字

にあり，一事が万事　ほか〕

『笑う門には…』　吉川豊作・画　理論社　2005.7　107p　22cm　（まんがことわざ研究所　爆笑しながら読む日本語 2）　1000円　Ⓘ4-652-01592-5　Ⓝ814.4
　[目次]　笑う門には福来たる，目は口ほどに物を言う，親しき仲にも礼儀あり，あちらを立てればこちらが立たぬ，時は金なり，失敗は成功のもと，人は見かけによらぬもの，くさいものにフタをする，船頭多くして船山へのぼる，知らぬが仏，所変われば品変わる，情けは人のためならず

『犬も歩けば…』　吉川豊作・画　理論社　2005.5　108p　22cm　（まんがことわざ研究所　爆笑しながら読む日本語 1）　1000円　Ⓘ4-652-01591-7　Ⓝ814.4
　[目次]　犬も歩けば棒に当たる，急がばまわれ，サルも木から落ちる，ネコに小判，寝耳に水，おぼれる者はわらをもつかむ，ちりもつもれば山となる，灯台下暗し，捕らぬタヌキの皮算用，ウソつきはどろぼうのはじまり，鬼に金棒

『子どもでもかんたん！　「名言・格言」がわかる本』　国語学習研究会著　メイツ出版　2005.4　128p　21cm　（まなぶっく）　1300円　Ⓘ4-89577-826-6　Ⓝ814.4

『ことわざとことば遊び』　金田一春彦，金田一秀穂監修，深光富士男原稿執筆　学習研究社　2005.3　48p　27cm　（金田一先生の日本語教室 5）　2800円　Ⓘ4-05-202170-3　Ⓝ814.4
　[目次]　ことわざ（なにげなく使っているけど，「ことわざ」っていったい何？，ことわざに似てるけど，「慣用句」って何？，昔のできごとや，本に書かれたことから生まれた「故事成語」，国語学者の金田一秀穂先生にことわざについて聞いたよ！　ほか），ことば遊びのいろいろ（ことば遊び歌，しりとり，早口ことば，アナグラム　ほか）

『チャレンジ！ことわざ大王101』　横山験也著　ほるぷ出版　2005.2　207p　19cm　1300円　Ⓘ4-593-59373-5　Ⓝ814.4

『小学生のまんがことわざ辞典』　金田一春彦監修　学習研究社　2004.11　303p　21cm　（小学生のまんが辞典シリーズ）　1000円　Ⓘ4-05-301821-8
　[目次]　開いた口がふさがらない，相づちを打つ，阿吽の呼吸，青菜に塩，悪事千里を走る，揚げ足をとる，あごが外れる，あごで使う，あごを出す，朝起きは三文の徳〔ほか〕
　[内容]　オールカラー。まんがで，ことわざ・慣用句・四字熟語を楽しくおぼえる辞典。小学生に必要な600語をえらんでのせてあります。中学入試にも役立つよ。

『にせニセことわざずかん』　荒井良二作　のら書店　2004.10　53p　14×20cm　1200円　Ⓘ4-931129-20-X　Ⓝ388.81
　[目次]　猫に小判・豚に真珠，嘘から出た実，馬の耳に念仏，棚から牡丹餅，石の上にも三年，蛙の子は蛙・竹馬の友，とどのつまり・団栗の背比べ，捨てる神あれば拾う神あり・瓢箪から駒，旅は道連れ・隣の花は赤い，時は金なり・苦しい時の神頼み〔ほか〕
　[内容]　著者がにせてつくったことわざで，わらいながらたのしもう！ことわざであそぼうよ。

『親子で挑戦！おもしろ「ことわざ」パズル』　学習パズル研究会著　メイツ出版　2004.9　128p　21cm　（まなぶっく）　1050円　Ⓘ4-89577-788-X　Ⓝ814.4

『小学生のことわざ絵事典―教科書によく出る！』　どりむ社編集部編　京都PHP研究所　2004.4　159p　18cm　1000円　Ⓘ4-569-63426-5　Ⓝ814.4

『よくわかる慣用句』　山口仲美監修，面谷哲郎文，中村陽子漫画　集英社　2003.11　159p　22cm　（集英版・学習漫画）　1200円　Ⓘ4-08-288087-9　Ⓝ814.4
　[目次]　頭や顔に関係のある慣用句，口に関係のある慣用句，手や足に関係のある慣用句，胸や腹に関係のある慣用句，体や心のはたらきに関係のある慣用句，動物や植物のでてくる慣用句，自然に関係のある慣用句，衣食住に関係のある慣用句，道具のでてくる慣用句，数字のでてくる慣用句
　[内容]　どんどん広がる慣用句の世界。調べ学習にも役だつ！生き生きしたイメージ。オーバーでユーモラスなたとえ。慣用句を味わってみましょう。

子どもの本　国語・英語をまなぶ2000冊　　109

ことば・文字　　　　　　　　　　　　　　　　　　　　　　　　国語

『ことわざの大常識』　江口尚純監修　ポプラ社　2003.9　143p　21cm　（これだけは知っておきたい　1）　880円　Ⓘ4-591-07650-4

|目次| 悪事千里を走る、浅い川も深くわたれ、頭かくして尻かくさず、後は野となれ山となれ、虻蜂取らず、雨だれ石をうがつ、雨降って地固まる、蟻の穴から堤もくずれる、案ずるより産むがやすし、石の上にも三年〔ほか〕

|内容| ことわざってなんだろう!?「かわいい子には旅をさせよ」ってどんな意味!?「医者の不養生」と同じ意味のことわざは!?こんな場面、あんな場面で使えることわざは!?など、知ってるとトクすることわざ徹底攻略。小学校4年生から、よみがな対応。

『クレヨンしんちゃんのまんがことわざクイズブック』　永野重史監修, 造事務所編集・構成　双葉社　2003.4　207p　19cm　（クレヨンしんちゃんのなんでも百科シリーズ）　800円　Ⓘ4-575-29551-5　Ⓝ814.4

|目次| なくて七くせ・五本の指に入る、さるも木からおちる・かっぱの川ながれ、さわらぬ神にたたりなし・石橋をたたいてわたる、腕をみがく・腕を上げる、くさってもたい・えびでたいをつる、あいた口がふさがらない・あごで使う、きつねにつままれる・かめの甲より年の功、ふくろのねずみ・ねこに小判、かわいい子には旅をさせよ・薬もすぎれば毒となる、舌をまく・ごまをする〔ほか〕

|内容| 本書に収めた、ことわざや慣用句、四字熟語は、一生役に立ちます。しかも、オモシロイし、勉強にもなる！なぜかというと、(1)言ってみて口調がよい、(2)「なぞなぞ」のようなところがあって、頭を使う、(3)昔から伝わっていることばが多いので、知らず知らずのうちに、文語に親しめる、(4)人生の知恵、昔の人たちの自然観が盛り込まれている、(5)ことばによる表現がいきいきしてくるなどの特徴があるから。短いセンテンスなので、すぐに覚えられます。四字熟語なら、目でも覚えられます。勉強というより、ことば遊びといった感覚で、ことわざや慣用句、四字熟語に触れましょう。

『三省堂こどもことわざじてん』　三省堂編修所編　三省堂　2003.4　223p　26×21cm　（SANSEIDOキッズ・セレクション）　2000円　Ⓘ4-385-14306-4

|内容| あいうえお順の配列で、ことわざ・慣用句・故事成語・四字熟語約1,100項目を収録。巻末には、「なかまのことわざ」として、ことばの知識を深める、テーマ別さくいんを収録。

『ことわざ辞典』　時田昌瑞著　アリス館　2003.2　159p　19cm　（ことわざの学校 5）　1200円　Ⓘ4-7520-0220-5　Ⓝ814.4

|内容| おもなことわざの意味、使い方の例などを解説。

『ことわざで遊ぶ』　伊藤高雄著　アリス館　2002.12　142p　19cm　（ことわざの学校 4）　1200円　Ⓘ4-7520-0219-1　Ⓝ814.4

|目次| 第1章　ことわざで遊べるの？(しんけんでも遊び？, ことば遊びとしてのことわざ　ほか)、第2章　いろはカルタをさかのぼる(東京と大阪の思い出、北国の子供たちといろはカルタ　ほか)、第3章　いろはカルタ探検(カルタ屋さんへ行ってみる！, ハナ・鼻・花??―大石天狗堂さん訪問　ほか)、第4章　オモシロいろはカルタ(いろはカルタの魅力―なぜ長く用いられたのか？, 子供から老人まで―とらせことばとリハビリ　ほか)、第5章　ことわざ遊びアラカルト(さすが浅草―伝法院通り商店街の街灯、地口行灯の伝統―東京都東久留米市南沢の獅子舞　ほか)

|内容| いろはカルタを中心に、ことわざをめぐる遊びのさまざまについてさぐります。

『外国のことわざ』　北村孝一著　アリス館　2002.11　142p　19cm　（ことわざの学校 3）　1200円　Ⓘ4-7520-0218-3　Ⓝ388.8

|目次| 第1章　日本語に入った外国のことわざ(外国にもことわざはあるのだろうか…, 豚に真珠…　ほか)、第2章　外国のことわざの知恵を学ぼう(もらった馬の口はのぞくな…, 魚と客は三日めにはにおう…　ほか)、第3章　ことわざで探検しよう(肉はかんでこそ味わいがあり、ことばいってこそ味わいがある…, 大工が多いと、ゆがんだ家を建てる…　ほか)、終章　ことわざをもっと知るために(ことわざノートをつくる…, 外国人に直接聞いてみる…　ほか)

|内容| ことわざって、いったい何だろう。いつ生まれたのだろう。外国には、どんなことわざがあるのだろう。そして、ことわざは、わたしたちのくらしのなかで、どのように役立っているのだろう。そんな疑問に

『**NHKおじゃる丸ことわざ辞典—花より
だんご・プリンよりことわざ**』 藤田隆
美監修　日本放送出版協会　2002.10
191p　19cm　760円　Ⓘ4-14-011185-2
[目次]　1 動物や植物のことわざ、2 人やからだのことわざ、3 数のことわざ、4 物や行いのことわざ、5 反対のことばのことわざ、6 自然や場所のことわざ
[内容]　本書では、NHKの人気アニメ「おじゃる丸」のキャラクターたちの活躍する四コママンガで知らず知らずのうちに、ことわざの意味が理解できるようになっている。楽しみながら「ことわざ」を読み、それを生活のしかたのヒントや物ごとを考えるときの教訓として生かしてほしいと思う。

『**ことわざの探検**』 時田昌瑞著　アリス館　2002.10　142p　19cm　（ことわざの学校 2）　1200円　Ⓘ4-7520-0217-5
[目次]　第1部 身のまわりでことわざをさがす（幼稚園児でも使えることわざ、長女が拾い出したことわざ、現代のマンガや絵ではうだろう、街のなかや駅では ほか）、第2部 歴史の旅をたどってみよう（ことわざの由来をたずねて、歴史の旅のなかから、むかしの生活のなかでは、干支の世界では ほか）
[内容]　ことわざは、くらしの中でどのように使われているのかを探る。

『**ちびまる子ちゃんの慣用句教室**』 川嶋優著　集英社　2002.10　205p　19cm（満点ゲットシリーズ）〈キャラクター原作：さくらももこ〉850円　Ⓘ4-08-314019-4　Ⓝ814.4

『**ことわざの秘密**』 武田勝昭著　アリス館　2002.9　144p　19cm　（ことわざの学校 1）　1200円　Ⓘ4-7520-0216-7
[目次]　第1章 ことわざの知恵、第2章 ことわざと科学、第3章 俳句、川柳、標語とことわざ、第4章 ことわざの形式、第5章 ことわざのたとえ、第6章 ことわざの遊び、第7章 ことわざの使いかた、第8章 ことわざの変化
[内容]　ことわざの成り立ち、種類、形などいろいろな見方から解き明かす。

『**ことわざひろば**』 篠原良隆へん・え　愛育社　2002.5　31p　14×18cm　880円　Ⓘ4-7500-0126-0　Ⓝ388.81

『**新レインボーことわざ絵じてん**』 学習研究社　2002.4　239p　26cm　1600円　Ⓘ4-05-301165-5
[目次]　ことわざ絵じてん（まんがページ）、体のことわざ・かんようくのいろいろ、動物のことわざ・かんようくのいろいろ、ことわざ・まんがクイズ、かんようく・まんがクイズ、ことわざ・絵ときクイズ、ことわざ・動物クイズ、ことわざ・なぞなぞあそび、ことわざ・数字クイズ
[内容]　小学生に必要なことわざ・慣用句・四字熟語などを610収録。漫画で解説しているので、楽しく読める。ことわざ・慣用句・四字熟語・故事成語とは何か―詳しい説明がある。人体のことわざ、動物のことわざなど、おもしろい分野別ページも設けてある。楽しいことわざクイズも多数収録。小学校全般向き。

『**例解学習ことわざ辞典**』 小学館国語辞典編集部編　第2版　小学館　2002.1　415p　19cm　1300円　Ⓘ4-09-501652-3

『**知っているときっと役に立つからだの慣用句クイズ141**』 波多野総一郎著　名古屋　黎明書房　2001.10　157p　21cm　1700円　Ⓘ4-654-01694-5
[目次]　「頭打ち」とは、「頭が上がらない」とは、「頭が痛い」とは、「頭が下がる」とは、「頭が古い」とは、「頭をかかえる」とは、「頭わり」とは、「頭が高い」とは、「顔から火が出る」とは、「顔が売れる」とは〔ほか〕
[内容]　ふだんよく使われる、からだに関する141の慣用句を、三択式クイズにした。使い方や、同意語・反対語などがわかる解説もついている。ことばのおもしろさ、日本語の豊かな表現力を楽しく学んで、国語力をグーンとアップさせよう。

『**知っておきたいことわざ—ポケット版**』 三省堂編修所編　三省堂　2001.10　191p　15cm　（ことば学習まんが）　600円　Ⓘ4-385-13771-4
[目次]　青は藍より出でて藍より青し、秋の日はつるべ落とし、悪事千里を行く、悪銭身につかず、明日の百より今日の五十、頭隠して尻隠さず、頭でっかち尻すぼみ、あちら立てればこちらが立たぬ、暑さ寒さも彼岸まで、あつものにこりてなますを吹く〔ほか〕
[内容]　授業で教科書の補いや「ことばの一斉学習」にすぐ役立つ。まちがえやすい漢字・

熟語を効果的に習得できる。ことばの生活を豊かにし、「作文」「研究発表」に応用できる。「中学入試」の準備学習や「期末テスト」の参考書として活用できる。夏休みや冬休みなどの「自由研究」の資料として役立つ。小学校高学年以上。

『イラストことわざ辞典』 金田一春彦監修　改訂新版　学習研究社　2001.4　343p　21cm　1280円　⓵4-05-300774-7

『こどもことわざ新聞』 庄司和晃監修　世界文化社　2001.4　159p　24cm　（別冊家庭画報）〈索引あり〉1200円　⓵4-418-01110-2

『ことわざ・故事成語・慣用句』 井関義久監修　学習研究社　2001.2　64p　27cm　（国語っておもしろい 3）2500円　⓵4-05-201376-X,4-05-810615-8

『グループでおぼえることわざ』 三省堂編修所編　三省堂　2001.1　191p　21cm　（ことば学習まんが）1000円　⓵4-385-13764-1
[目次] 1 からだの名前の出てくることわざ, 2 動物・植物の名前の出てくることわざ, 3 数字の出てくることわざ, 4 自然に関する言葉の出てくることわざ, 5 衣食住や物などに関することわざ, 6 心・言葉・神などに関することわざ, 7 人間関係に関することわざ
[内容] 一四八のことわざを七つのグループ分け。「意味」「使い方」「語の意味」「由来」で、だいじなことがズバリわかるようにしてある。

『新レインボーことわざ辞典―オールカラー』 学研辞典編集部編　改訂最新版　学習研究社　2000.12　303p　21cm　1000円　⓵4-05-300934-0

『試験に役立つまんがことわざ・慣用句事典』 国広功監修, 岡本まさあき作画　成美堂出版　2000.11　143p　21cm　800円　⓵4-415-01082-2
[内容] 入試の出題傾向を完全予想!!入試に出ることわざ130精選収録!!まんがを楽しみながらことわざの意味がわかる。

『わくわくことば挑戦ことわざ―5分でできる』 三省堂編修所編　三省堂　2000.11　79p　19cm　476円　⓵4-385-23808-1

『ちびまる子ちゃんのことわざ教室』 さくらももこキャラクター原作, 島村直己監修　集英社　2000.10　205p　19cm　（満点ゲットシリーズ）760円　⓵4-08-314009-7
[目次] 頭隠して尻隠さず, 後は野となれ山となれ, 虻蜂取らず, 雨垂れ石をうがつ, 雨降って地固まる, 案ずるより産むが易し, 石の上にも三年, 石橋をたたいて渡る, 医者の不養生, 急がば回れ〔ほか〕
[内容] これだけは知っておきたいことわざ約350といっぱいのことば遊び。

『お江戸決まり文句』 杉山亮文, 藤枝リュウジ絵　カワイ出版　2000.4　1冊　22×19cm　1400円　⓵4-7609-4582-2
[内容] くわばらくわばら, ここであったが百年目などなど, 毎日使える傑作決まり文句の玉手箱。

『ことわざ辞典』 川嶋優著　小峰書店　2000.4　199p　27cm　（たのしくわかることばの辞典 2）3500円　⓵4-338-16602-9,4-338-16600-2
[目次] 開いた口がふさがらない, 相づちを打つ, 青菜に塩, 青は藍より出でて藍より青し, 赤子の手をひねる, 秋の日はつるべ落とし, 悪事千里を走る, 悪銭身につかず, 朝飯前のお茶の子さいさい, 当たるも八卦当たらぬも八卦〔ほか〕
[内容] 小学生向けの, ことわざや学校で習う慣用句を収録した辞典。五十音順に配列し, 巻末に「体のことわざ・慣用句」も収録。「たのしくわかることばの辞典」シリーズの第2巻。

『たのしく学ぶことわざ辞典』 林四郎監修　日本放送出版協会　2000.1　280p　21cm　1400円　⓵4-14-011123-2
[目次] いざ鎌倉, 石に立つ矢, 一炊の夢, おごる平家は久しからず, 小田原評定, 臥薪嘗胆, 株を守りてうさぎを待つ, 画竜点睛, 韓信のまたくぐり〔ほか〕
[内容] 生活の中でよく使われる, ことわざ・慣用句・故事成語など約1200項目収録したことわざ辞典。約50項目におはなし欄を設けたる。800以上のイラストを付す。

国語　　　　　　　　　　　　　　　　　　　　　　　　　　ことば・文字

『よくわかることわざ』　山口仲美監修，面谷哲郎文，中村陽子漫画　集英社　2000.1　159p　22cm　（集英社版・学習漫画）　950円　ＩＳＢＮ4-08-288072-0

[目次] 動物のでてくることわざ，植物のでてくることわざ，自然に関係のあることわざ，人の体に関係のあることわざ，ことばや行いに関係のあることわざ，親子や友だちに関係のあることわざ，衣食住に関係のあることわざ，仕事やお金に関係のあることわざ，戦いや勝負に関係のあることわざ，神や仏に関係のあることわざ〔ほか〕

[内容] ことわざは、生きるための知恵ぶくろ。一つのことわざには、七色の知恵が光っています。どれもあなたの力強い味方です。

『子どもことわざ辞典―ことばはともだち』　庄司和晃監修　講談社　1999.11　220p　26cm　1900円　ＩＳＢＮ4-06-265317-6

[内容] 小学校3年生から高学年までに知ってほしいことわざ約550を収録した辞典。配列は50音順。それぞれのことわざの表の意味と裏の意味を説明し、そのことわざの意味をヒントに小学生が作った「創作ことわざ」を掲載。

『クイズことわざ』　内田玉男作・画，横山験也監修　あかね書房　1999.9　111p　22cm　（まんがで学習）〈索引あり〉　1300円　ＩＳＢＮ4-251-06606-5

[目次] 体に関することわざ（頭・顔のつくそのほかのことわざ，口・鼻のつくそのほかのことわざ，目のつくそのほかのことわざ ほか），人や人生に関することわざ（親に関するそのほかのことわざ，子どもに関するそのほかのことわざ，学問に関するそのほかのことわざ ほか），動物や植物などに関することわざ（動物に関するそのほかのことわざ，河童・鬼に関するそのほかのことわざ，昆虫に関するそのほかのことわざ ほか），天気や季節に関することわざ，数字に関することわざ

[内容] 「ことわざ」は、むかしからいいならわされてきたことがらを、短い文に表したことばです。その意味には、世の中の教えやいましめ、生活の知恵や知識、また人をひにくったり、物事をおもしろくたとえたりしたものなど、いろいろあります。本書は、楽しいクイズを解きながら、ことわざの意味や使い方がおぼえられるように工夫してあります。ことわざを調べる辞典としても役立つようになっています。

『ドラえもんのことわざ辞典』　栗岩英雄著　改訂新版　小学館　1999.8　211p　19cm　（ドラえもんの学習シリーズ―ドラえもんの国語おもしろ攻略）〈索引あり〉　760円　ＩＳＢＮ4-09-253103-6

[内容] 小学生にわかりやすいようにドラえもんのまんがで紹介したことわざ辞典。さくいん付き。

『クイズきまりことば』　よこたとくお作・画，横山験也監修　あかね書房　1999.6　111p　22cm　（まんがで学習）〈索引あり〉　1300円　ＩＳＢＮ4-251-06605-7

[目次] 体に関係のあるきまりことば，人の動作や心に関係のあるきまりことば，動物・植物に関係のあるきまりことば，自然・気象に関係のあるきまりことば，そのほかのきまりことば

[内容] クイズをしながらきまりことばをおぼえよう！きまりことばが、297！楽しく頭の体操ができる、クイズの本。

『学習まんがことわざ』　前沢明監修，なぎさ謙二画　有紀書房　1999.3　163p　21cm　〈索引あり〉　1000円　ＩＳＢＮ4-638-05276-2

[内容] 試験によくでることわざ!!たのしく読んでよくわかる!!英訳つきで英語力もアップ。

『クレヨンしんちゃんのまんがことばことわざ辞典』　永野重史監修，造事務所編集・構成　双葉社　1999.3　207p　19cm　（クレヨンしんちゃんのなんでも百科シリーズ）　800円　ＩＳＢＮ4-575-28944-2

[目次] 開いた口がふさがらない，愛のむち，青は藍より出でて藍より青し，あごで使う，足が棒になる、頭でっかち尻すぼみ、恩をかえかえる、あちら立てればこちらが立たぬ、雨が降ろうと槍が降ろうと、過ちてはすなわち改むるに〔ほか〕

[内容] 195のことわざ、慣用句、四字熟語を解説した辞典。掲載項目は、ことばの意味、由来、使い方など。それぞれの見出し語に「クレヨンしんちゃん」のまんがが付き。

『ことわざ・格言・慣用句』　日本話しことば協会編，高村忠範絵　汐文社　1999.3　101p　22cm　（イラストで学ぶ「話しことば」 2）　1400円　ＩＳＢＮ4-8113-7262-X

子どもの本 国語・英語をまなぶ2000冊　　113

ことば・文字　　　　　　　　　　　　　　　　　　　　　　　　　　　　国語

『ことわざ―ボク＆わたし知っているつもり？』　高橋由美子文　ポプラ社　1998.10　207p　18cm　（知識の王様4）〈索引あり〉　750円　④4-591-05815-8
[内容]「うそも方便」とは、大うそつきをさすことば？「目くそ鼻くそを笑う」って、どういうことかな？「水魚の交わり」とは、どんな関係のこと？などことわざに関するおもしろクイズがいっぱい！ことわざ博士をめざして、きみもチャレンジしよう。

『顔のことわざ探偵団』　国松俊英著，藤本四郎画　童心社　1998.4　124p　18cm　（フォア文庫）〈「ことわざおもしろ探偵団4」（童心社1993年刊）の改題〉　540円　④4-494-02740-5

『故事成語ものがたり』　笠原秀著，大沢葉絵　ポプラ社　1998.4　121p　23cm　（漢字なんでも大研究　第4巻　西本鶏介監修）〈索引あり　文献あり〉　2000円　④4-591-05653-8,4-591-99223-3
[目次] 故事成語―故事成語ってなんだろう？，慣用句・ことわざ―慣用句、ことわざってなんだろう？
[内容] 本書は、よくつかわれる故事成語をくわしく解説した。

『たのしく学べることわざの本』　児童憲章愛の会企画　児童憲章愛の会　1998.4　295p　18cm　1000円

『食べもののことわざ探偵団』　国松俊英著，藤本四郎画　童心社　1998.2　124p　18cm　（フォア文庫）〈「ことわざおもしろ探偵団2」（童心社1993年刊）の改題〉　540円　④4-494-02738-3

『動物のことわざ探偵団』　国松俊英著，藤本四郎画　童心社　1998.2　124p　18cm　（フォア文庫）〈「ことわざおもしろ探偵団1」（童心社1992年刊）の改題〉　540円　④4-494-02737-5

『まんが 慣用句なんでも事典』　山田繁雄監修，北山竜絵　金の星社　1998.2　143p　20×16cm　（まんが国語なんでも事典シリーズ）　1200円　④4-323-06002-5
[目次] 人の体に関係する慣用句，人の生活に関係する慣用句，人の気持ちや動作・状態に関係する慣用句，動物や植物に関係する慣用句、そのほかの慣用句
[内容] 大きなイラストで慣用句の意味や使い方がわかる小学生向けの慣用句事典。100語以上の言葉を人の体など身近なものに分けて収録。

『虫のことわざ探偵団』　国松俊英著，藤本四郎画　童心社　1998.2　124p　18cm　（フォア文庫）〈「ことわざおもしろ探偵団5」（童心社1993年刊）の改題〉　540円　④4-494-02741-3

『まちがいさがし―ことわざボックス』　このみひかる作，モビートさんさん絵　偕成社　1997.12　79p　21cm　900円　④4-03-439210-X
[内容] ねこの手もかりたい、おにに金棒、雨ふって地かたまる、なんてことわざが、おもしろい絵になっているよ。かっぱのボーたんといっしょに、まちがいさがしや、めいろであそんで、ことわざけんきゅうしちゃおう。

『早おぼえ慣用句』　国語基礎学力研究会著，じょうさゆりまんが　小学館　1997.7　191p　19cm　（まんが攻略シリーズ 8）　760円　④4-09-253308-X
[内容] 小・中学校で習う重要な慣用句180を掲載。4コマまんがで、いつのまにか、難しい慣用句がおぼえられる。慣用句の解説と例文がわかりやすいので、意味や使い方が、よくわかる。慣用句がおぼえやすい分類でまとめてある。

『ことわざにうそはない？―ことわざと慣用句』　木下哲生著　アリス館　1997.4　142p　22cm　（ことばの探検 7）　1800円＋税　④4-7520-0069-5
[目次] ことわざ（ことわざは、どんな形をしているの？，ことわざは、どんな意味をもっているの？，ことわざは、どのようにして伝えられてきたの？，ことわざは、どのような意味で使われているの？，ことわざはどこで、どのように作られたの？　ほか），慣用句（慣用句ってどんなもの？，慣用句にはどんなはたらきがあるの？，慣用句を意味から分類してみよう，慣用句はどのようにしてできたの？，慣用句にはどんなことばが使われ

ている?，慣用句は新しく作られている?)

『鳥のことわざ探偵団』 国松俊英著，藤本四郎画 童心社 〔1997〕 124p 18cm （フォア文庫）〈「ことわざおもしろ探偵団3」（童心社1993年刊）の改題〉 540円 ①4-494-02739-1

『ことわざなんでも事典』 国松俊英著，藤本四郎画 童心社 1996.10 252p 18cm （フォア文庫 B176) 650円 ①4-494-02722-7

『早おぼえことわざ』 泉宜宏著，立石佳太まんが 小学館 1996.8 191p 19cm （まんが攻略シリーズ 6) 780円 ①4-09-253306-3

『ことわざなんてこわくない！―まんがで攻略』 前沢明著，えびはら武司まんが 実業之日本社 1996.7 166p 21cm 980円 ①4-408-36163-1
|目次| やるウ！，意外なことに!?，サスガ！，好き！好き！，ケンカだ！，アブナクナイ？，ものは考えよう，オット！これは，驚いた！，せっかくやったのに!?，バレたか!?〔ほか〕
|内容| 楽しく読んで笑って実力アップ。有名中学・高校受験必勝本。まんがを読んだだけでもことわざがわかる。使い方の例がある。小学校上級〜中学生向き。

『まんがことわざ100事典―中学入試によくでる！』 田森庸介まんが 講談社 1996.5 127p 21cm〈監修：日能研〉 980円 ①4-06-259102-2
|目次| 馬の耳に念仏，猫に小判，さるも木から落ちる，石の上にも三年，月とすっぽん，泣き面にはち，のれんにうでおし，石橋をたたいてわたる，井の中のかわず大海を知らず，知らぬが仏，立つ鳥あとをにごさず，すずめのなみだ〔ほか〕
|内容| 開成・麻布・武蔵・桜蔭・女子学院・双葉・慶応・早実・早稲田など，有名中学入試出題頻度数上位100の「ことわざ」を厳選した事典。

『まんがことわざなんでも事典』 内田玉男絵 金の星社 1996.3 159p 20cm〈監修：江villa清〉 1200円 ①4-323-01880-0
|内容| 大きなイラストで，ことわざの由来を知ろう！わかりやすいまんがで，ことわざの使い方を覚える！コラムを読んで，ことわざをもっと楽しもう！さっとひけて，すぐわかる，とっても便利なさくいんつき！小学校4年生から中学生むき。

『慣用句びっくりことば事典―ドラえもんの国語おもしろ攻略』 小学館 1995.7 191p 19cm （ドラえもんの学習シリーズ）780円 ①4-09-253156-7
|内容| 児童向けの慣用句辞典。日常使われる慣用句450語をテーマ別に収録し，各句に意味，例文，マンガ「ドラえもん」のキャラクターによる用例を示す。巻末に五十音索引がある。

『ことわざ 3（大博士編）』 山内ジョージまんが くもん出版 1995.2 119p 19cm （くもんのまんがおもしろ大事典）〈監修：木下邦茂 新装版〉880円 ①4-87576-897-4

『ことわざ 2（ものしり編）』 山内ジョージまんが くもん出版 1995.2 119p 19cm （くもんのまんがおもしろ大事典）〈監修：木下邦茂 新装版〉880円 ①4-87576-896-6

『ことわざ 1（なるほど編）』 山内ジョージまんが くもん出版 1995.2 119p 19cm （くもんのまんがおもしろ大事典）〈監修：木下邦茂 新装版〉880円 ①4-87576-895-8

『常識のことわざ探偵団』 国松俊英著，藤本四郎画 童心社 1994.11 124p 18cm （フォア文庫 B164) 550円 ①4-494-02711-1
|内容| 地獄の沙汰も金しだい，三日坊主，爪に火を点す，ミイラ取りがミイラになる，笑う門には福来たる，元の木阿弥，ねずみの嫁入り，月とすっぽん，笛吹けど踊らず，石橋を叩いて渡る〔ほか〕
|内容| ことわざって，こんなにおもしろい。この本を読んだら，家でも，学校でも，きみは，ことわざ博士。小学校中・高学年向き。

『数字のことわざ探偵団』 国松俊英著，藤本四郎画 童心社 1994.9 124p 18cm （フォア文庫）550円 ①4-494-02710-3

ことば・文字　　　　　　　　　　　　　　　　　　　　　国語

[内容] ことわざって、こんなにおもしろい。この本を読んだら、家でも、学校でも、きみは、ことわざ博士。

『ことわざあそび』　瀬川康男著　グランまま社　1994.1　59p　22cm　1800円　①4-906195-27-X

『慣用句なんてこわくない！』　前沢明著，藤井博司画　実業之日本社　1992.11　166p　21cm　（まんがで攻略）980円　①4-408-36126-7
[内容] まんがを読んだだけでも慣用句がわかる。小中学生向きに、やさしく楽しく書いてある。

『おぼえておきたいきまりことば（慣用句）事典―まんがで学習』　内田玉男著　あかね書房　1992.10　127p　22cm　〈監修：村石昭三〉1200円　①4-251-06544-1
[目次] 体に関係する慣用句，衣食住や道具に関係する慣用句，動植物に関係する慣用句，自然に関係する慣用句，ことばに関係する慣用句，文芸や娯楽に関係する慣用句，人間の動作や状態、感情などに関係する慣用句
[内容] テストによく出る慣用句重要102語。

『まんがことわざ事典』　相田克太ほか漫画　新訂版　学習研究社　1992.7　144p　23cm　（学研まんがひみつシリーズ　36）〈監修：白石大二，森久保安美〉800円　①4-05-106291-0
[内容] 犬も歩けば棒に当たる。さるも木から落ちる。ねこに小判など、全部で450以上のことわざがのっています。

『今どきことわざランド』　高嶋和男著，高松良己絵　国土社　1992.4　158p　18cm　（てのり文庫）530円　①4-337-30025-2
[内容] "所変われば品変わる"というけれど、時代が変わればことわざだって「みたかきいたか・うそかまこかか・なるほどもっとも・びっくりぎょうてん」と、ゲラゲラ・ドッキリ大変身。笑って、遊んで、ことわざがわかっちゃう本。

『おもしろことわざまんが館』　やまだ三平まんが　小学館　1991.8　190p　18cm　（てんとう虫ブックス）〈監修：

谷脇理史〉500円　①4-09-230544-3
[目次] ことわざ動物園，ことわざ植物園，ことわざ水族館，ことわざ昆虫園，ことわざ妖怪ランド，ことわざバードウォッチング，数字ことわざ，からだことわざ，ことわざの家，ことわざ神社，ことわざ寺，ことわざクリニック，ことわざレストラン，ことわざでがんばろう，おこづかい獲得作戦，計画・準備もバッチリ，ことわざでつきあい上手，元気が出ることわざ，クイズ（ことわざなぞなぞ，カード合わせ，言葉さがし，絵文字ことわざ），クイズの答え
[内容] キミが知ってることわざ、いくつある？だれだい、『腹がへっては戦ができぬ』だけ、なんて言ってるのは？では、4コマまんがで笑いながら覚えられる特選ことわざ150本をプレゼントしよう。キミはもう、『ことわざ博士』まちがいなしさ！

『学習に役立つことわざ事典―英文つき』　仲野和正文，毛利将範絵　小峰書店　1991.7　251p　18cm　（てのり文庫―事典シリーズ）580円　①4-338-07918-5

『ことわざ大発見』　川路一清文，今井雅巳画　ポプラ社　1991.4　143p　21cm　（おもしろ国語ゼミナール　7）1650円　①4-591-03807-6
[目次] 元気の出ることわざ，知恵のつくことわざ，がまん強くなることわざ，ムム、これはできる！、やったね、ラッキー！、ああ、大失敗！、失敗をしないために、失敗をしてしまったら、好きになってしまったら、友だちとうまくやっていくために、ワルにおくることば，一発必中，敵のハートをぐさり！、どっちがホント？ことわざ大合戦，いろはガルタ，西・東

『中国からやってきた故事・名言』　くもん出版　1991.3　176p　20×16cm　（くもんのまんがおもしろ大事典）910円　①4-87576-564-9
[内容] この本は、中国からやってきたたくさんのことばのなかから、いまでも日本人にしたしまれている有名なものをまんがで紹介しています。ことばの意味をしるとともに、そのことばをうみだした人間の知恵にも、目をむけてみてください。小学中級以上向き。

『学生ことわざ辞典』　教学研究社編集部編　大阪　教学研究社　〔1990.5〕　269p　19cm　630円　①4-318-02308-7

116

国語　　　　　　　　　　　　　　　　　　　　　　　　　　　　　　　　ことば・文字

|内容| この本は、対象を小・中学生中心に考え、生活・学習の中で活用できることわざや故事成語を精選して、わかりやすく、おもしろく解説したものです。

『ことわざに学ぶ生き方　西洋編』 荒井洌著　あすなろ書房　1990.3　77p　23cm　（名言・名作に学ぶ生き方シリーズ 4）　1500円　⑪4-7515-1384-2

『ことわざに学ぶ生き方　東洋編』 稲垣友美著　あすなろ書房　1990.3　77p　23cm　（名言・名作に学ぶ生き方シリーズ 3）　1500円　⑪4-7515-1383-4

◆◆◆

『中学受験ことわざ合格パズル―小学校高学年　慣用句もおぼえられる　1』 やまじもとひろ著、『合格アプローチ』編集部監修　社会評論社　2010.5　126p　21cm　1200円　⑪978-4-7845-0661-3

『ことわざプリント―小学校1〜6年』 大達和彦著　小学館　2009.11　96p　26cm　（Eduコミュニケーションmook―勉強ひみつ道具プリ具 7）　1100円　⑪978-4-09-105317-6

『中学入試でる順ポケでる　国語慣用句・ことわざ』 旺文社編　改訂版　旺文社　2009.9　175p　15cm　680円　⑪978-4-01-010840-6

『中学入試にでることわざ慣用句四字熟語400―保存版』 日能研、松原秀行監修、梶山直美カバーイラスト・本文漫画・イラスト　講談社　2007.11　259p　21cm　1500円　⑪978-4-06-214225-0
|目次| 中学入試にでることわざ・慣用句ベスト100、中学入試にでることわざ・慣用句分類・実践編（体の一部で表現いろいろ、動物集まれ！楽しい言葉、鳥・虫・植物が出てくるもの、食べ物に関わるもの、数字の入ったもの　ほか）、中学入試にでる四字熟語ベスト100、中学入試にでる四字熟語分類・実践編（数字いろいろ合わせていくつ、「一」のつくものいろいろあるぞ、同じ漢字のくり返し、反対の字の組み合わせ、こんな話知ってる？故事成語　ほか）
|内容| 青い鳥文庫の『パスワード』シリーズ

の仲間と四コマでイッキに覚える。最新中学入試問題付き。

『中学入試まんが攻略bon！　慣用句・ことわざ』 まつもとよしひろ、風林英治、かめいけんじ、黒田瑞木まんが、学研編　学習研究社　2006.10　159p　21cm　1000円　⑪4-05-302276-2

『国語　慣用句・ことわざ224』 学研編　学習研究社　2004.10　192p　15cm　（要点ランク順　中学受験 1）〈付属資料：シート1枚〉　720円　⑪4-05-301777-7

『まんが超速理解ことわざ』 内山博仁監修、山口明、金原崇指導・文、望月かつみまんが　学習研究社　2002.1　159p　21cm　（試験に役立つ合格まんが）　950円　⑪4-05-201600-9
|目次| 青菜に塩、悪事千里を走る、浅い川も深くわたれ、頭かくしてしりかくさず、暑さ寒さも彼岸まで、あとは野となれ山となれ、あぶはち取らず、雨だれ石をうがつ、雨降って地固まる、ありの穴から堤がくずれる〔ほか〕
|内容| 本書はもっといろいろな言葉を身につけたいと思うみなさんのために、ことわざの意味や使い方をわかりやすく説明して、しかも短い時間で身につくように楽しく解説することに工夫した。さらに中学校の入試によく出題されるものを中心に、中学受験を志すみなさんが勉強していてよく出てくることわざに的をしぼって取り上げた。

◆ことば・文のしくみ

『もののかぞえ方絵事典―日本語表現が豊かになる　身近なものから動物・自然まで』 村越正則監修　改訂版　PHP研究所　2010.8　79p　29cm〈文献あり　索引あり〉　2800円　⑪978-4-569-78074-0　Ⓝ815.2

『コトバッジョの秘密の旅―言葉のきまりの話　国語』 安達知子監修　数研出版　2009.9　127p　21cm　（チャートブックス学習シリーズ）　1100円　⑪978-4-410-13917-8　Ⓝ815

『小学生のまんが言葉のきまり辞典―オー

子どもの本　国語・英語をまなぶ2000冊　　117

ことば・文字　　　　　　　　　　　　　　　　　　　　　　　　　　　国語

ルカラー』　金田一秀穂監修　学習研究社　2007.12　240p　21cm　1000円　Ⓘ978-4-05-302588-3　Ⓝ815
[目次] 1章 文の組み立てを知ろう（「文」ってなに？―言葉の単位，文の中での言葉の働き，単語の種類と働き，文の種類），2章 文を作ろう（正しい言い回しの文に，文末の表現，この文，なんか"ヘン"！），3章 推敲しよう（書き誤りにご用心!!，表現を豊かに）
[内容] 文法がまんがでらくらくわかる！わかれば表現力もアップする。

『子どものための文法の本―美しい日本の言葉を書こう　3（文章の作法）』　ながたみかこ文・絵　汐文社　2007.4　87p　22cm　1400円　Ⓘ978-4-8113-8177-0　Ⓝ815
[目次] かなづかい，指示語，接続語，短文を書いてみよう！，段落の分け方，作文の書き方，原稿用紙の使い方，文体をそろえよう！，手紙の書き方

『子どものための文法の本―美しい日本の言葉を書こう　2（正しく意味を伝えよう）』　ながたみかこ文・絵　汐文社　2007.3　95p　22cm　1400円　Ⓘ978-4-8113-8176-3　Ⓝ815
[目次] 読みやすい文章って？，句読点（意味が正しく伝わる場所に打つ，できごととできごとの間に打つ，マルは文の最後に打つ），送りがな（送るときと送らないとき，読み方と送り方），品詞（動詞，形容詞，形容動詞，名詞，副詞，連体詞，接続詞，感動詞，助動詞，助詞）

『子どものための文法の本―美しい日本の言葉を書こう　1（きほんの文法）』　ながたみかこ文・絵　汐文社　2007.1　95p　22cm　1400円　Ⓘ978-4-8113-8175-6　Ⓝ815
[目次] 文法ってなんだろう？，言葉の単位―単語と文節，主語と述語1 短い文，主語と述語2 長い文，かくれる主語，動く主語述語，修飾語，独立語，接続語

『くらべてみよう、文のしくみ』　風間伸次郎監修・著　小峰書店　2006.4　47p　29cm　（世界のなかの日本語　5）3000円　Ⓘ4-338-22105-4　Ⓝ815

『かぞえ方絵事典―「なぜ？」にこたえる言葉の意味を調べよう』　村越正則監修　PHP研究所　2006.3　79p　29cm　2800円　Ⓘ4-569-68573-0　Ⓝ815.2
[目次] 第1章 かぞえ方のなぜなぜ（たんすを1棹（竿）とよぶのは，手袋を1双とよぶのはほか），第2章 かぞえ方の表現いろいろ（雲のかぞえ方，光のかぞえ方 ほか），第3章 一目瞭然 絵でわかるかぞえ方（ことがらをかぞえる一件，連続動作をかぞえる一回 ほか），第4章 かぞえ方に強くなる小事典（動物のかぞえ方，植物のかぞえ方 ほか）

『数を使ったことば』　飯田朝子監修　学習研究社　2006.2　48p　29cm　（数え方と単位の本　6）2800円　Ⓘ4-05-202485-0　Ⓝ814.4

『文法力がつく』　小学館　2005.7　191p　19cm　（ドラえもんの学習シリーズ―ドラえもんの国語おもしろ攻略）〈指導：日能研〉760円　Ⓘ4-09-253195-8　Ⓝ815
[目次] 1 文の中の主語と述語（単文・複文・重文），2 修飾語（文図で頭の中を整理する），3 10の品詞，4 短い文を作ろう！，5 敬語を正しく使おう！，6 正しいかなづかい，7 送りがな，8 句読点，9 外来語，10 ローマ字を書こう！
[内容] 文法ってなあに？と思っている子どもは，実に多くいますが，文法は読解力や作文力の基本であり，知れば知る程面白くなるものなのです。この本では，主語・述語・品詞のいろいろから入り，敬語，かなづかい，送りがな，句読点，ローマ字の基本，さらにテストを解くコツまで，わかりやすく楽しく漫画で解説しました。全国的に中学入試に高い合格実績を持つ，「日能研」の指導で，中学入試の基礎勉強に役立ちます。

『調べ学習にやくだつ もののかぞえ方絵辞典―きみも数博士になれる！』　村越正則監修　PHP研究所　2001.3　143p　30×21cm　2800円　Ⓘ4-569-68288-X
[目次] 第1章 もののかぞえ方に強くなろう，第2章 もののかぞえ方のいろいろ（自然と親しむ―里山に探検に行ってみよう，元気に遊ぶ―スポーツ競技の得点のかぞえ方，豊かに暮らす―自分の住んでいる地域を探検してかぞえてみよう，楽しく学ぶ―机にはどんなものが並んでる？，おいしく食べる―料理で使われるかぞえ方，おしゃれに着る―着物などに関するもののかぞえ方，心地

国語　　　　　　　　　　　　　　　　　　　　　　　　　　　　ことば・文字

よい住む―みんなの住んでいる家をしらべてみよう)，第3章 数博士になろう
[内容] 鉛筆は，1本，2本…人は，1人，2人…クマは，1頭，2頭…それでは，キャベツはどうかぞえるか？ものの単位とかぞえ方が，なんでもわかる本です。

◆◆◆

『出題頻度順問題集語句・文法問題ランキング―中学受験用国語』 日能研教務部企画・編集 改訂新版 横浜 日能研 2007.2 80p 21cm (日能研ブックス 3―データランキングシリーズ)〈発売：みくに出版〉800円 Ⓘ978-4-8403-0304-0

『小学国語 新しい文法・語句の解き方』 桐杏学園編 桐杏学園 1995.6 157p 26cm 1300円 Ⓘ4-88681-077-2

『完成語句文法―中学受験用』 横浜 日能研 1990.2 252,22p 26cm (日能研ブックス)〈発売：美国堂(東京)〉980円 Ⓘ4-89524-068-1

◆方言を知る

『まんがで学ぶ方言』 竹田晃子,吉田雅子著，やまねあつしまんが 国土社 2009.4 119p 22cm〈文献あり 索引あり〉1500円 Ⓘ978-4-337-21508-5 Ⓝ818
[目次] 序章 方言とは(方言って何だろう，方言の東西対立)，第1章 ものの名前の方言(雷，つらら ほか)，第2章 人のようす・呼び方の方言(弟，ひ孫 ほか)，第3章 あいさつ・気持ちの方言(こんばんは，ありがとう ほか)，第4章 動きの方言(座る，走る ほか)，第5章 方言の表現法(だから，～ない ほか)
[内容] 方言と標準語について，わかりやすく紹介。また，身近な方言と，みんなで楽しめる方言ゲームを紹介している。さくいんでは，方言と標準語の両方からことばを調べられる。

『ひと目でわかる方言大辞典―方言で感じる地方の個性』 篠崎晃一監修 あかね書房 2009.3 143p 31cm〈文献あり 索引あり〉4700円 Ⓘ978-4-251-06641-1 Ⓝ818

[目次] 1章 方言について知ろう(方言の歴史と現在，方言の特徴，方言の区画 ほか)，2章 共通語で引く五十音順方言辞典，3章 地方別 全国の方言の特徴を知ろう(北海道・東北地方の方言，北海道・東北地方の方言文化，関東地方の方言 ほか)，4章 方言について調べよう(方言調べを始める前に，実際に方言を調べる，記録した内容をまとめる)
[内容]「地方で感じる地方の個性」―地域の「話し言葉」である方言について理解が深まる一冊。方言についての基礎知識，日常よく使われる言葉を集めた「五十音順方言辞典」，地方別・都道府県別の方言の特徴を詳しく解説，方言を使った歌詞や物語などを紹介した「方言の調べ方」を学ぶことができる。

『方言と地図―あったかい47都道府県の言葉』 冬野いちこ絵，井上史雄監修 フレーベル館 2009.2 84p 24×24cm (ピクチャーコミュニケーション)〈文献あり 索引あり〉1800円 Ⓘ978-4-577-03663-1 Ⓝ818
[目次] おもしろ方言，わかるかな？，方言も，人といっしょに旅をする，「めだか」の方言・今むかし，大阪の文化と東京の文化，西の方言と東の方言，波紋のように広がる言葉，「じゃんけん」の方言，牛の鳴き声「もー」の方言，新しく生まれる方言，ご当地の方言自慢―47都道府県別
[内容] 心に響くふるさとの言葉―方言。方言のなりたちや豆知識，47都道府県のご当地自慢の方言を…楽しいイラスト，理解をより深める地図とともに大紹介。

『みんなが知りたい！「いろんな方言」がわかる本』 ペンハウス著 メイツ出版 2006.6 128p 21cm (まなぶっく)1500円 Ⓘ4-7804-0012-0 Ⓝ818
[目次]「方言ってなに？」(方言ってなに？，共通語ってなに？，方言っていつからあるの？，方言はどのように広がったの？，方言の区画，方言はおもしろい)，「どんな方言があるの？」(北海道地方の方言，東北地方の方言，関東地方の方言 ほか)，「くらべてみよう 各地の方言」(「まぶしい」「かわいい」「つらい」「だるい」「体調が悪い」 ほか)
[内容] 方言ってなに？どんな方言があるの？この言葉は何て言うの？イラストでわかりやすく解説します。

『日本の方言、世界の方言』 井上史雄監修，稲葉茂勝著 小峰書店 2006.4

子どもの本 国語・英語をまなぶ2000冊　119

ことば・文字　　　　　　　　　　　　　　　　　　　　　　　　　　　　国語

47p　29cm　（世界のなかの日本語 6）
3000円　Ⓘ4-338-22106-2　Ⓝ818

『方言の絵事典―日本語の豊かさにふれる
全国のことばを使ってみよう！』　真田
信治監修　PHP研究所　2006.2　79p
29cm　2800円　Ⓘ4-569-68577-3
Ⓝ818

|目次| 第1章 あいさつの方言（朝のあいさつ・寝る前のあいさつ，人と会ったとき・別れるとき ほか），第2章 気持ちを表す方言（しおからいものを食べたら，疲れたときはなんていう？ ほか），第3章 動作を表す方言（走る，捨てる ほか），第4章 名前を表す方言（「カタツムリ」をなんていう？，「カエル」のことをなんていう？ ほか），第5章 方言ってなに？（日本語にはいろいろな種類がある，なぜ方言ができたのか？ ほか）

『NHK21世紀に残したいふるさと日本の
ことば　6（九州・沖縄地方）』　NHK放
送文化研究所監修　学習研究社　2005.3
79p　24cm　2400円　Ⓘ4-05-202120-7，
4-05-810750-2　Ⓝ818

|目次| 福岡県，佐賀県，長崎県，熊本県，大分県，宮崎県，鹿児島県，沖縄県

『NHK21世紀に残したいふるさと日本の
ことば　5（中国・四国地方）』　NHK放
送文化研究所監修　学習研究社　2005.3
79p　24cm　2400円　Ⓘ4-05-202119-3，
4-05-810750-2　Ⓝ818

|目次| 鳥取県，島根県，岡山県，広島県，山口県，徳島県，香川県，愛媛県，高知県

『NHK21世紀に残したいふるさと日本の
ことば　4（近畿地方）』　NHK放送文化
研究所監修　学習研究社　2005.3　79p
24cm　2400円　Ⓘ4-05-202118-5，4-05-
810750-2　Ⓝ818

|目次| 三重県，和歌山県，滋賀県，京都府，奈良県，大阪府，兵庫県

『NHK21世紀に残したいふるさと日本の
ことば　3（中部地方）』　NHK放送文化
研究所監修　学習研究社　2005.3　79p
24cm　2400円　Ⓘ4-05-202117-7，4-05-
810750-2　Ⓝ818

|目次| 新潟県，富山県，石川県，福井県，山梨県，長野県，岐阜県，静岡県，愛知県

『NHK21世紀に残したいふるさと日本の
ことば　2（関東地方）』　NHK放送文化
研究所監修　学習研究社　2005.3　79p
24cm　2400円　Ⓘ4-05-202116-9，4-05-
810750-2　Ⓝ818

|目次| 茨城県，群馬県，栃木県，埼玉県，東京都，千葉県，神奈川県

『NHK21世紀に残したいふるさと日本の
ことば　1（北海道・東北地方）』　NHK
放送文化研究所監修　学習研究社
2005.3　79p　24cm　2400円　Ⓘ4-05-
202115-0，4-05-810750-2　Ⓝ818

|目次| 北海道，青森県，秋田県，山形県，岩手県，宮城県，福島県

『方言のいろいろ』　金田一春彦，金田一秀
穂監修，深光富士男原稿執筆　学習研
究社　2005.3　48p　27cm　（金田一先
生の日本語教室 4）　2800円　Ⓘ4-05-
202169-X　Ⓝ818

|目次| 日本各地の方言をどのくらい知ってる？，方言商品大集合！東日本編，北海道の方言，東北地方の方言，関東地方の方言，共通語って，どんなことば？，中部地方の方言，方言商品大集合！西日本編，近畿地方の方言，都から遠い地方に古い都のことばが残っているんだ!!〔ほか〕

『小学生のまんが方言辞典』　金田一春彦
監修　学習研究社　2004.12　255p
21cm　1000円　Ⓘ4-05-301823-4
Ⓝ818

|目次| 第1章 会話で使う方言（あいさつの方言，会話や文の最後につける方言 ほか），第2章 人に関する方言（人の呼び方の方言，人の性格を言う方言 ほか），第3章 さまざまなものの呼び名の方言（ものの名前の方言，生き物の名前の方言 ほか），第4章 各地方別の方言（北海道・東北地方の方言，関東地方の方言 ほか）

|内容| まんがとイラストで，日本各地の方言が楽しくわかる。

『沖縄の方言―調べてみよう暮らしのこと
ば』　井上史雄，吉岡泰夫監修　ゆまに
書房　2004.4　63p　27cm　2800円
Ⓘ4-8433-0916-8　Ⓝ818.99

|目次| 友だちとの会話の基本アイテム―転校生はこれをマスターしよう！，人気のある特

| 国語 | ことば・文字 |

有方言―各地のユニークなことば,新しい方言―仲間うちで使われる新しいことば,ところ変わればことばの意味も変わる,私たちの会話を記録してみよう,方言劇を演じてみよう,英語の会話を方言に訳してみよう,方言写真コーナー,琉球方言の特徴,総合的な学習に向けて―暮らしのことばを調べてみよう!

『関東の方言―調べてみよう暮らしのことば』 井上史雄,吉岡泰夫監修 ゆまに書房 2004.4 52p 27cm 2800円 Ⓘ4-8433-0911-7 Ⓝ818.3
[目次] 友だちとの会話の基本アイテム―転校生はこれをマスターしよう!,人気のある特有方言―各地のユニークなことば,新しい方言―仲間うちで使われる新しいことば,ところ変わればことばの意味も変わる,私たちの会話を記録してみよう,方言劇を演じてみよう,英語の会話を方言に訳してみよう,方言写真コーナー,関東方言の特徴,総合的な学習に向けて―暮らしのことばを調べてみよう!

『中部の方言―調べてみよう暮らしのことば』 井上史雄,吉岡泰夫監修 ゆまに書房 2004.3 55p 27cm 2800円 Ⓘ4-8433-0912-5 Ⓝ818.5
[目次] 言語地図で確認しよう,中部方言区画地図,友だちとの会話の基本アイテム―転校生はこれをマスターしよう!,人気のある特有方言―各地のユニークなことば,新しい方言―仲間うちで使われる新しいことば,ところ変わればことばの意味も変わる,私たちの会話を記録してみよう,方言劇を演じてみよう,英語の会話を方言に訳してみよう,方言写真コーナー,中部方言の特徴,総合的な学習に向けて―暮らしのことばを調べてみよう!
[内容] 中部地方は東日本と西日本の境界に位置し,北陸方言と長野・山梨・静岡(ナヤシ)方言と岐阜・愛知(ギア)方言に分けられます。東に行くほど東日本方言の特徴が強くなり,新潟県の北部は東北方言に,山梨県の東部は関東方言に分類されます。一方,西に行くほど西日本方言の特徴が強くなり,福井県の西部は近畿方言に分類されます。また,山梨県の奈良田や石川県の白峰などでは周りの方言とは異なる独自の方言が発達しています。

『北海道・東北の方言―調べてみよう暮らしのことば』 井上史雄,吉岡泰夫監修 ゆまに書房 2004.3 55p 27cm 2800円 Ⓘ4-8433-0910-9 Ⓝ818.1
[目次] 友だちとの会話の基本アイテム―転校生はこれをマスターしよう!,人気のある特有方言―各地のユニークなことば,新しい方言―仲間うちで使われる新しいことば,ところ変わればことばの意味も変わる,私たちの会話を記録してみよう,方言劇を演じてみよう,英語の会話を方言に訳してみよう,方言写真コーナー,北海道方言の特徴,東北方言の特徴,総合的な学習に向けて―暮らしのことばを調べてみよう

『九州の方言―調べてみよう暮らしのことば』 井上史雄,吉岡泰夫監修 ゆまに書房 2003.11 51p 27cm 2800円 Ⓘ4-8433-0915-X Ⓝ818.9
[目次] 友だちとの会話の基本アイテム―転校生はこれをマスターしよう!,人気のある特有方言―各地のユニークなことば,新しい方言―仲間うちで使われる新しいことば,ところ変わればことばの意味も変わる,私たちの会話を記録してみよう,方言劇を演じてみよう,英語の会話を方言に訳してみよう,方言写真コーナー,九州方言の特徴,総合的な学習に向けて―暮らしのことばを調べてみよう!

『近畿の方言―調べてみよう暮らしのことば』 井上史雄,吉岡泰夫監修 ゆまに書房 2003.11 51p 27cm 2800円 Ⓘ4-8433-0913-3 Ⓝ818.6
[目次] 友だちとの会話の基本アイテム―転校生はこれをマスターしよう!,人気のある特有方言―各地のユニークなことば,新しい方言―仲間うちで使われる新しいことば,ところ変わればことばの意味も変わる,私たちの会話を記録してみよう,方言劇を演じてみよう,英語の会話を方言に訳してみよう,近畿方言の特徴,総合的な学習に向けて―暮らしのことばを調べてみよう!

『中国・四国の方言―調べてみよう暮らしのことば』 井上史雄,吉岡泰夫監修 ゆまに書房 2003.11 53p 27cm 2800円 Ⓘ4-8433-0914-1 Ⓝ818.7
[目次] 友だちとの会話の基本アイテム―転校生はこれをマスターしよう!,人気のある特有方言―各地のユニークなことば,新しい方言―仲間うちで使われる新しいことば,ところ変わればことばの意味も変わる,私たちの会話を記録してみよう,方言劇を演

じてみよう，英語の会話を方言に訳してみよう，方言写真コーナー，中国・四国方言の特徴，総合的な学習に向けて―暮らしのことばを調べてみよう！

『小学生の新レインボー方言辞典』 金田一春彦監修　学習研究社　2002.10　295p　21cm　1000円　④4-05-301342-9
目次 あいさつの方言，行動やふるまいの方言，ものごとのようすを表す方言，ことばの最後につける方言，強調することばの方言，人のよび方の方言，人の性格をいう方言，天気・こよみの方言，気持ちを表す方言，ひとの体の名前の方言，遊びの方言，ものの名前の方言，食べものの方言，生きものの名前の方言，植物の名前の方言，行事の解説の方言
内容 全国各地で使われている方言，使われていた方言を「あいさつ」「行動やふるまい」「人のからだの名前」といったジャンルごとに分けて共通語で意味を解説した方言辞典。

『とさのおもしろ方言集』 高知県方言研究同好会著，片村恒雄監修　高松　松林社　2000.7　219p　26cm〈索引あり〉1619円　④4-921118-12-4

『ひろしまのおもしろ方言集』 広島県方言研究同好会著，友定賢治監修　高松　松林社　2000.6　150p　26cm〈索引あり〉1524円　④4-921118-14-0

『方言なぞなぞあそび』 川崎洋著，柏木牧子マンガ　草土文化　2000.6　143p　18cm〈索引あり〉1300円　④4-7945-0803-4
目次 1 こんなひとこんなもの，2 思わず出ちゃうこんなことば，3 こんなことになっちゃった
内容 日本語には，日本全国のひとがわかる共通語と，ほうぼうの土地で使われている方言があります。ひとくちに日本のおまつりといっても地方によっていろいろなおまつりがあると同じです。たくさんの日本があるということです。そのことをだいじにしましょう。本書はそういう方言のことばをなぞなぞにしたものです。楽しんでページをめくってください。お母さんやお父さんにも見せ，友だちにも見せて話題にしてください。そればかりでなく，みんなでその方言を使ってしゃべってごらんなさい。方言を共通語のなかまに入れてほしいな。

『いよのおもしろ方言集』 長谷川孝士監修，愛媛県方言研究同好会著，みやもと・やすこイラスト　高松　松林社　1999.6　161p　26cm〈索引あり〉1524円　④4-921118-11-6

『今日もいいあんべえ―浦安ことばと暮らし』 西脇いね著　草学舎　1999.6　182p　22cm〈付・浦安の屋号〉1200円　④4-9900631-5-5

『まんが方言なんでも事典』 三井はるみ監修・文，よこたとくお絵　金の星社　1998.3　143p　20cm〈索引あり　文献あり〉1200円　④4-323-06005-X
目次 全国の有名な方言―この方言，聞いたことあるかな，遊びの方言―使ったことある？遊びの方言，学校や買い物での方言―学校では，どんな方言で話すの，体と人に関する方言―体や人は，どんな呼び方かな，人の性格・動作・感情などの方言―いえるかな，ぴったりの方言，挨拶や文の終わり・敬語・おもしろい音などの方言―気持ちが通うふるさと言葉，強調の方言―強くいいたい時に便利な方言，動物の方言―知っているかな，この動物名，植物の方言―知っているかな，この植物名，食べ物や昔の言葉・言葉のきまりなどの方言―ふしぎだね，北と南で同じ方言
内容 大きなイラストで，方言の意味を知ろう！わかりやすいまんがで，方言の使い方を覚える！コラムを読んで，方言をもっと楽しもう！さっとひけて，すぐわかる，とっても便利なさくいんつき！小学校4年生〜中学生むき。

『クイズでわかる方言しらべ事典』 杉本つとむ監修　学習研究社　1998.2　157p　18cm（てのり文庫）〈文献あり〉680円　④4-05-200866-9
目次 第1章 生き物，第2章 あいさつ，第3章 人のからだ，第4章 あそび，第5章 動作
内容 クイズと4コマまんがで方言がわかる！方言地図で共通語とのちがいもわかる！この本を読んで方言をじまんしよう。

『あいさつの方言大研究』 面谷哲郎文，高村忠範絵　ポプラ社　1997.4　47p　27cm（日本の方言大研究 1）2500円＋税　④4-591-05337-7,4-591-99171-7
目次 日本全国おはよう！，元気に！ごめん

国語　　　　　　　　　　　　　　　　　　　　　　　　　　ことば・文字

ください, いえるかな？いらっしゃい, さようなら！またあいましょう, 日本列島春がきたマップ, あっちこっちでおめでとう！, 心をこめてありがとう, わかるかな？このあいさつ
[内容] 共通語と方言の違いをやさしく解説しました。日本各地の方言のもつぬくもりと, 豊かな表現を紹介。

『遊びの方言大集合』　柳川創造文, ひらのてつお絵　ポプラ社　1997.4　47p　27cm　（日本の方言大研究 3）2500円＋税　①4-591-05339-3,4-591-99171-7
[目次] この指とまれ！, 全国おにごっこマップ, 男の子あつまれ！, 全国たこの方言マップ, 女の子集合！, お手玉の方言大行進, どんな遊び？この遊び, 遊びって楽しい！, 全国じゃんけんマップ
[内容] 共通語と方言の違いをやさしく解説しました。日本各地の方言のもつぬくもりと, 豊かな表現を紹介。

『生き物の方言大探検』　渡辺一夫文, 山口太一絵　ポプラ社　1997.4　47p　27cm　（日本の方言大研究 2）2500円＋税　①4-591-05338-5,4-591-99171-7
[目次] めだかの方言大行進, 全国かえるの方言マップ, おもしろ方言魚図鑑, わくわく虫の方言採集, 動物の方言大集合！, にぎやか！動物の鳴き声, なるほど！野菜の方言, 野の草花方言あつめ
[内容] 共通語と方言の違いをやさしく解説しました。日本各地の方言のもつぬくもりと, 豊かな表現を紹介。

『ききくらべよう日本の方言』　佐藤亮一監修, 五十嵐清治構成, 福田岩緒絵　ポプラ社　1997.4　47p　26cm　（日本の方言大研究 7）〈付属資料：CD1〉4000円　①4-591-05343-1
[目次] 第1部 方言で語る「桃太郎」, 第2部 日本各地の会話, 第3部 広がる方言の世界
[内容] 共通語と方言の違いをやさしく解説しました。日本各地の方言のもつぬくもりと, 豊かな表現を紹介。

『すばらしい方言の世界』　渡辺一夫文, 福田岩緒絵　ポプラ社　1997.4　47p　27cm　（日本の方言大研究 5）2500円＋税　①4-591-05341-5,4-591-99171-7
[目次] お友だちの方言詩, 方言詩を味わお

う, 方言で五・七・五, いきいき方言の川柳, わらべ歌で遊ぼう, 楽しい方言のなぞなぞ, なるほど方言のことわざ, 方言で語る『桃太郎』, 民話へのご招待
[内容] 共通語と方言の違いをやさしく解説しました。日本各地の方言のもつぬくもりと, 豊かな表現を紹介。

『なるほど方言学入門』　佐藤亮一文, 間宮研二絵　ポプラ社　1997.4　47p　27cm　（日本の方言大研究 6）2500円＋税　①4-591-05342-3,4-591-99171-7
[目次] 方言ってなんだろう？, 方言っておもしろい！, あなたの地域の方言区画は？, やってみよう！方言の研究
[内容] 共通語と方言の違いをやさしく解説しました。日本各地の方言のもつぬくもりと, 豊かな表現を紹介。

『日本列島方言じまん』　五十嵐清治文, 山口みねやす絵　ポプラ社　1997.4　47p　27cm　（日本の方言大研究 4）2500円＋税　①4-591-05340-7,4-591-99171-7
[目次] 北海道・東北地方の方言, 関東地方の方言, 中部地方の方言, 近畿地方の方言, 中国・四国地方の方言, 九州地方の方言
[内容] 共通語と方言の違いをやさしく解説しました。日本各地の方言のもつぬくもりと, 豊かな表現を紹介。

『方言はまほうのことば！―方言と標準語』　彦坂佳宣著　アリス館　1997.4　142p　22cm　（ことばの探検 4）1800円＋税　①4-7520-0066-0
[目次] 第1章 「方言」ってなんだろう？, 第2章 日本列島、方言の旅, 第3章 方言—その歴史, 第4章 方言から標準語へ, 第5章 標準語から共通語へ, 第6章 共通語・標準語をささえる方言たち, 第7章 方言が共通語にかわっていく

『鹿沼の方言となまりことば』　安野静治編　〔鹿沼〕　鹿沼市立図書館　1996.11　131p　21cm　非売品

『さぬきのおもしろ方言集』　香川県方言研究同好会著　高松　松林社　1991.5　140p　26cm　1400円

『全国方言たんけん』　山口一夫文, 熊谷

子どもの本 国語・英語をまなぶ2000冊　　123

ことば・文字　　　　　　　　　　　　　　　　　　　　　　　　　　　　国語

さとし画　ポプラ社　1991.4　143p　21cm　（おもしろ国語ゼミナール 4）　1650円　①4-591-03804-1

[目次] 知っているかな？このことば、なきわらい!?方言のゆきちがい、あなたの地域は何弁？，東のことば・西のことば、ことばのきまり、西東、むかしのことばが生きている、気軽にあいさつ、お国ことば、方言でやさしくしかってね、エッヘン！方言動物博士、お国ことば植物さがし、遊びましょ！お国ことば

『さぬきのおもしろ国語集』　香川県方言研究同好会編著　高松　松林社　1991.3　221p　26cm　1800円

『方言をしらべよう―郷土の研究　10　絵でみる方言地図』　佐藤亮一指導　福武書店　1990.3　47p　27cm〈監修：佐藤亮一〉2000円　①4-8288-3821-X,4-8288-3811-2

[目次] 方言ってなんだろう（たいせつにしたいお国ことば、京ことばから東京語まで、お国ぶりを表す方言），絵でみる日本の方言地図，方言の自由研究（身近な方言をとりだしてみよう，郷土の方言の聞きとり調査はこうする，知らない土地の方言の調査の方法，方言アクセント調査の方法，あつめた方言の整理のしかた，方言の分布を調べてみよう，作品としての方言・方言の会話）

[内容]「方言ってなんだろう」「絵でみる日本の方言地図」「方言の自由研究」など方言の研究と調査のすべて。

『方言をしらべよう―郷土の研究　9　沖縄地方』　加治工真市指導　福武書店　1990.3　47p　27cm〈監修：佐藤亮一〉2000円　①4-8288-3820-1,4-8288-3811-2

[目次] 目で見るお国ことば　沖縄県那覇市首里，沖縄県のことばで語る「もも太郎」，沖縄地方の方言の研究，地域別お国ことば　沖縄地方

[内容] 沖縄県の沖縄本島、沖縄諸島、宮古諸島、八重山諸島、鹿児島県の奄美諸島の方言を研究。

『方言をしらべよう―郷土の研究　8　九州地方』　木部暢子指導　福武書店　1990.3　47p　27cm〈監修：佐藤亮一〉2000円　①4-8288-3819-8,4-8288-3811-2

[目次] 目で見るお国ことば　鹿児島県揖宿郡頴娃町，鹿児島県のことばで語る「もも太郎」，九州地方の方言の研究，県別お国ことば　九州地方

[内容] 福岡県、長崎県、佐賀県、熊本県、大分県、宮崎県、鹿児島県の方言を研究。

『方言をしらべよう―郷土の研究　7　四国地方』　土居重俊指導　福武書店　1990.3　47p　27cm〈監修：佐藤亮一〉2000円　①4-8288-3818-X,4-8288-3811-2

[目次] 目で見るお国ことば　高知県高知市，高知県のことばで語る「もも太郎」，四国地方の方言の研究，県別お国ことば　四国地方

[内容] 香川県、徳島県、高知県、愛媛県の方言を研究。

『方言をしらべよう―郷土の研究　6　中国地方』　虫明吉治郎指導　福武書店　1990.3　47p　27cm〈監修：佐藤亮一〉2000円　①4-8288-3817-1,4-8288-3811-2

[目次] 目で見るお国ことば　岡山県総社市，岡山県のことばで語る「もも太郎」，中国地方の方言の研究，県別お国ことば　中国地方

[内容] 鳥取県、島根県、岡山県、広島県、山口県の方言を研究。

『方言をしらべよう―郷土の研究　5　近畿・北陸地方』　佐藤虎男指導　福武書店　1990.3　47p　27cm〈監修：佐藤亮一〉2000円　①4-8288-3816-3,4-8288-3811-2

[目次] 目で見るお国ことば　大阪市住吉区，大阪府のことばで語る「もも太郎」，近畿・北陸地方の方言の研究，県別お国ことば　近畿・北陸地方

[内容] 富山県、石川県、福井県、滋賀県、京都府、三重県、和歌山県、奈良県、大阪府、兵庫県の方言を研究。

『方言をしらべよう―郷土の研究　4　中部地方』　山田達也指導　福武書店　1990.3　47p　27cm〈監修：佐藤亮一〉2000円　①4-8288-3815-5,4-8288-3811-2

[目次] 目で見るお国ことば　愛知県名古屋市，愛知県のことばで語る「もも太郎」，中部地方の方言の研究，県別お国ことば　中部地方

[内容] 新潟県、長野県、山梨県、岐阜県、静岡県、愛知県の方言を研究。

『方言をしらべよう―郷土の研究　3　関

国語　　　　　　　　　　　　　　　　　　　　　　　　　　　　　ことば・文字

東地方』　佐藤亮一指導　福武書店　1990.3　47p　27cm〈監修：佐藤亮一〉　2000円　Ⓘ4-8288-3814-7,4-8288-3811-2
|目次| 目で見るお国ことば　千葉県銚子市，千葉県のことばで語る「もも太郎」，関東地方の方言の研究，八丈島の方言の研究，県別お国ことば　関東地方
|内容| 茨城県，栃木県，千葉県，群馬県，埼玉県，東京都，神奈川県の方言を研究。

『方言をしらべよう―郷土の研究　2　東北地方』　佐藤亮一指導　福武書店　1990.3　47p　27cm〈監修：佐藤亮一〉　2000円　Ⓘ4-8288-3813-9,4-8288-3811-2
|目次| 目で見るお国ことば　山形県東田川郡三川町，山形県のことばで語る「もも太郎」，東北地方の方言の研究，県別お国ことば　東北地方
|内容| 青森県，岩手県，秋田県，山形県，宮城県，福島県の方言を研究。

『方言をしらべよう―郷土の研究　1　北海道地方』　小野米一指導　福武書店　1990.3　47p　27cm〈監修：佐藤亮一〉　2000円　Ⓘ4-8288-3812-0,4-8288-3811-2
|目次| 目で見るお国ことば　北海道旭川市，北海道のことばで語る「もも太郎」，北海道地方の方言の研究，アイヌ語の世界，地域別お国ことば　北海道地方
|内容| 北海道海岸部の方言と内陸部の方言を研究。

『方言の原っぱ』　川崎洋著　草土文化　1990.2　191p　21cm　980円　Ⓘ4-7945-0354-7

◆正しい敬語・あいさつ

『イラスト版気持ちが伝わる言葉の使い方―子どもとマスターする49の敬語』　花田修一編　合同出版　2010.3　106p　26cm〈文献あり〉　1600円　Ⓘ978-4-7726-0465-9　Ⓝ815.8
|目次| 第1章　敬語の基本を学びましょう！（ていねい語は敬語の基本です。，「お」「ご」を付けて言います。，「です」「ます」を語尾に付けてていねいに話します。　ほか），第2章　敬語を使ってみましょう！（あいさつ言葉「おはようございます」をじょうずに使います。，食事のときのあいさつ言葉「いただきます」，食事のときのあいさつ言葉

「ごちそうさまでした」　ほか），第3章　これは楽しい，敬語の練習プログラム（あいさつの言葉を集めよう。，敬語を分類しよう。，どんな言葉がふさわしいでしょう？　ほか）
|内容| わかりやすい解説と，コミュニケーションゲームやワークで，敬語がわかる！身に付く。

『まんがで学ぶ敬語』　長谷基弘著，関口たか広まんが，鈴木仁也監修　国土社　2010.3　118p　22cm〈索引あり〉　1500円　Ⓘ978-4-337-21510-8　Ⓝ815.8
|目次| 第1章　敬語はどうして必要なのか（敬語のはたらき，敬語を使うために，さまざまな敬語　ほか），第2章　場面で学ぶ敬語（自己紹介をする―丁寧語，来客と話する―尊敬語・謙譲語1，会社を訪問する―尊敬語・謙譲語1・謙譲語2　ほか），第3章　敬語の種類を学ぼう（敬語を分類してみよう，行為にかかわる人を高める敬語1（尊敬語），行為にかかわる人を高める敬語2（謙譲語1）　ほか）

『敬語クイズ―国語力アップめざせ！日本語クイズマスター』　北原保雄編　金の星社　2009.3　126p　22cm　2000円　Ⓘ978-4-323-05623-4　Ⓝ815.8
|目次| 1　初級編（敬語のまちがいなおし（初もうで），敬語になおそう！，お母さんはだれ？　ほか），2　中級編（ゴールはどこ？，敬語になおそう！（見る編），敬語のまちがいなおし（テレビを購入）　ほか），3　上級編（敬語ひろい競走，尊敬語をこたえよう！（れる・られる編），敬語のまちがいなおし（かぜが流行）　ほか）

『小学生のまんが敬語辞典』　山本真吾監修　学習研究社　2008.6　239p　21cm　1000円　Ⓘ978-4-05-302623-1　Ⓝ815.8
|目次| 敬語って，なんだろう？，第1章　五つの敬語（尊敬語って，なんだろう？，謙譲語1って，なんだろう？，謙譲語2って，なんだろう？，丁寧語って，なんだろう？，美化語って，なんだろう？），第2章　敬意表現（あいさつしよう，思いやり語を使おう），第3章　敬語を使ってみよう（運動会の巻　敬語のいらない場面がある？，遠足の巻　正しい敬語のはずなのに…，社会科見学の巻　大人の敬語をまねしてみよう，クイズ番組の巻―敬語クイズに挑戦，デパートの巻―なくなる敬語，生まれる敬語，たくさん敬語を使いましょう―リプレイまとめ）
|内容| まんがでわかる正しい敬語の使い方！

子どもの本　国語・英語をまなぶ2000冊　125

ことば・文字　　　　　　　　　　　　　　　　　　　　　　　　　　　　　　　　　　　国語

どこで、だれに、どんな言葉で。

『敬語の5分類とその使い方』　くもん出版　2008.4　47p　27cm　（場面でわかる正しいことばづかいと敬語 5　田近洵一, 宮腰賢監修）2200円　①978-4-7743-1353-5　Ⓝ815.8
[目次]　敬語について，尊敬語，謙譲語1，謙譲語2（丁重語），ていねい語，美化語
[内容]　小学生や中学生が，正しい敬語を使えるように，それぞれの敬語ごとに使い方の例を示し，解説。

『電話・メール・手紙のことばと敬語』　くもん出版　2008.4　47p　27cm　（場面でわかる正しいことばづかいと敬語 4　田近洵一, 宮腰賢監修）2200円　①978-4-7743-1352-8　Ⓝ815.8
[目次]　1 電話での言葉づかい（友だちの家に電話をかけるとき，目上の人の家に電話をかけるとき ほか），2 メールでの言葉づかい（お知らせをするとき，近況を知らせるとき ほか），3 ブログでの言葉づかい（ブログを書くとき），4 手紙の書き方・言葉づかい（近況を知らせるとき，お礼の手紙を書くとき ほか），手紙の書き方（頭語・結語と季節のあいさつ，あて名・差出人の書き方（封筒・はがき））
[内容]　この本は，小学生や中学生が，友だちや大人の人などに，電話やメール，手紙などでどのようなあいさつや言葉づかいをすればよいのかを，場面ごとに示し，解説しています。

『いろいろな人との会話と敬語』　くもん出版　2008.3　47p　27cm　（場面でわかる正しいことばづかいと敬語 2　田近洵一, 宮腰賢監修）2200円　①978-4-7743-1350-4　Ⓝ815.8
[目次]　1 先生や上級生との会話（質問をされたとき，質問をするとき ほか），2 よその人との会話（初対面の人にあいさつをするとき，声をかけるとき ほか），3 お店の人との会話（品物についてたずねるとき，お願いをきいてもらったとき），4 駅や電車の中での会話（手伝いを申し出るとき，席をゆずるとき ほか）
[内容]　この本は，小学生や中学生が，先生や上級生，大人の人などにどのような言葉づかいをすればよいのかを，生活の場面ごとに示し，解説しています。

『話し合い・発表会・インタビュー・放送のことばと敬語』　くもん出版　2008.3　47p　27cm　（場面でわかる正しいことばづかいと敬語 3　田近洵一, 宮腰賢監修）2200円　①978-4-7743-1351-1　Ⓝ815.8
[目次]　1 話し合いでの言葉づかい，2 インタビューでの言葉づかい，3 発表会での言葉づかい，4 放送での言葉づかい，5 ゲストティーチャーとの会話，6 来客との会話，7 職員室での言葉づかい，8 校長室での言葉づかい，9 図書室での言葉づかい
[内容]　この本は，小学生や中学生が，友だちや先生，大人の人などにどのような言葉づかいをすればよいのかを，生活の場面ごとに示し，解説しています。

『あいさつのことばと敬語』　くもん出版　2008.1　47p　27cm　（場面でわかる正しいことばづかいと敬語 1　田近洵一, 宮腰賢監修）2200円　①978-4-7743-1349-8　Ⓝ815.8
[目次]　1 あいさつと敬語，2 家庭でのあいさつ，3 近所でのあいさつ，4 学校の中のあいさつ，5 よその人と話すとき，6 よその家へ行ったとき，7 病院へ行ったとき，8 来客と話すとき，9 あやまるとき，10 たのむとき・引き受けるとき・ことわるとき，11 感謝するとき
[内容]　小学生や中学生が，家族や友だち，上級生・下級生，大人の人などにどのようなあいさつや言葉づかいをすればよいのかを，生活の場面ごとに示し，解説。まんがを読み，登場人物のあいさつや言葉づかいが正しいかどうか考えましょう。まんがの下のお友だちの発言がヒントになります。

『ゲームとクイズで敬語のまとめ』　蒲谷宏, 工藤直子, 高木まさき監修, 青山由紀, 関根健一編　光村教育図書　2007.12　63p　27cm　（光村の国語 楽しく演じて，敬語の達人 3）3200円　①978-4-89572-738-9　Ⓝ815.8

『知っておきたい敬語9場面』　蒲谷宏, 工藤直子, 高木まさき監修, 青山由紀, 関根健一編　光村教育図書　2007.12　63p　27cm　（光村の国語 楽しく演じて，敬語の達人 2）3200円　①978-4-89572-737-2　Ⓝ815.8

国語　　　　　　　　　　　　　　　　　　　　　　　　　　　　　　　　　　ことば・文字

『これなら使える敬語13場面』 蒲谷宏，工藤直子，高木まさき監修，青山由紀，関根健一編　光村教育図書　2007.10　63p　27cm　（光村の国語 楽しく演じて，敬語の達人 1）3200円　Ⓘ978-4-89572-736-5　Ⓝ815.8

『ちびまる子ちゃんの敬語教室―あなたも今日から会話の達人！』 さくらももこキャラクター原作，関根健一著　集英社　2007.2　207p　19cm　（満点ゲットシリーズ）850円　Ⓘ978-4-08-314038-9　Ⓝ815.8

『子どもの「敬語」―きちんとあいさつ，きちんと会話』 沢昭子，白石章代共著　京都　PHP研究所　2006.10　79p　21cm　1100円　Ⓘ4-569-64815-0　Ⓝ815.8

『まちがえやすい敬語』 ながたみかこ文・絵　汐文社　2005.12　79p　22cm　（子どものための敬語の本 美しい日本の言葉を話そう 3）1400円　Ⓘ4-8113-8017-7　Ⓝ815.8
|目次| こんなときどっち？尊敬語と謙譲語，よく使われることばって？，「お」や「ご」をどう使う？，家族のことを話すとき，まちがえやすい敬語，敬語で手紙を書いてみよう！，正しいようでちがってる?!イマドキのことば，まちがいさがし

『会話トレーニング』 ながたみかこ文・絵　汐文社　2005.11　79p　22cm　（子どものための敬語の本 美しい日本の言葉を話そう 2）1400円　Ⓘ4-8113-8016-9　Ⓝ815.8
|目次| 敬語を使うのはなぜ？（学校での敬語，家での敬語），会話トレーニング（敬語でおみおつけって？，敬語で童謡 ほか），敬語度テスト（ていねいってなに？）

『きほんのあいさつ』 ながたみかこ文・絵　汐文社　2005.9　79p　22cm　（子どものための敬語の本 美しい日本の言葉を話そう 1）1400円　Ⓘ4-8113-8015-0　Ⓝ815.8
|目次| 敬語ってなあに？，どんな場面で使うの？，敬語で話すとこんなにちがう，尊敬の敬語，謙譲の敬語，ていねいの敬語，コラム・あいさつは敬語，あいさつクイズ・朝のあいさつ，童謡・はとぽっぽ，世界のこんにちは，あいさつクイズ・昼のあいさつ〔ほか〕

『言葉づかい（敬語力）トレーニング』 生越嘉治著　あすなろ書房　2003.2　111p　22cm　（話し合いと発表力トレーニング 2）1500円　Ⓘ4-7515-2242-6　Ⓝ815.8

『あいさつと敬語』 日本話しことば協会編，高村忠範絵　汐文社　1999.2　101p　22cm　（イラストで学ぶ「話しことば」 1）1400円　Ⓘ4-8113-7261-1

『日本語にはどうして敬語が多いの？―敬語』 浅田秀子著　アリス館　1997.4　150p　22cm　（ことばの探検 6）1800円＋税　Ⓘ4-7520-0068-7
|目次| 第1章 敬語ってなあに？（敬語ってどういうもの？，神様はこわかった ほか），第2章 敬語にはどんな役割があるの？（「目上の人」ってだあれ？，身分があったから敬語があった ほか），第3章 どうすれば相手に敬意を表せるんだろう？（さわっちゃイヤ，よべる名前とよべない名前 ほか），第4章 どんなときに敬語をつかうの？（尊敬してなくても敬語はつかうぞ，敬語をつかう四つの場合 ほか），第5章 敬語についてこれからも考えていこう（敬語はどうなっていくの？，「正しい敬語」ってだれが決めるの？）

『あいさつ』 大越和孝，竹野栄作，山本まつ子絵　太平出版社　1996.10　29p　24cm　（つくばシリーズ―はじめてのこくご 1）1339円　Ⓘ4-8031-3241-0
|内容| みつるは，ブランコをよこどりしたのに，「ごめんなさい」がいえません。ところが，ひとりぼっちのみつるのブランコを，こうたがおしてくれたのです。おもわず「ありがとう」というと，とてもいいきもちになりました。「おはよう」「さようなら」「ただいま」も，これからはげんきよく，いえそうです。小学校1年生向き。

『おもしろことばのせかい・ていねいなことば 6 やってきたわかれの場面』 長崎武昭作，林幸絵　大日本図書　1995.2　47p　24cm　1500円　Ⓘ4-477-00521-0
|内容| 「ていねいなことば」ってなんだろう。

読む・書く　　　　　　　　　　　　　　　国語

少年剣士・宮寺真衛門さんの出現で、沖土敬太君は、あらためてことばづかいについて考える。小学校中学年以上。

『おもしろことばのせかい・ていねいなことば　5　ちょっと気どった電話番』　長崎武昭作，林幸絵　大日本図書　1995.2　47p　24cm　1500円　①4-477-00520-2

『おもしろことばのせかい・ていねいなことば　4　心のこもった"ありがとう"』　長崎武昭作，林幸絵　大日本図書　1995.2　47p　24cm　1500円　①4-477-00519-9

内容　「ていねいなことば」ってなんだろう。少年剣士・宮寺真衛門さんの出現で、沖土敬太君は、あらためてことばづかいについて考える。小学校中学年以上。

『おもしろことばのせかい・ていねいなことば　3　ていね語でするけんか』　長崎武昭作，林幸絵　大日本図書　1995.2　47p　24cm　1500円　①4-477-00518-0

内容　「ていねいなことば」ってなんだろう。少年剣士・宮寺真衛門さんの出現で、沖土敬太君は、あらためてことばづかいについて考えます。小学校中学年以上。

『おもしろことばのせかい・ていねいなことば　2　友だちどうしの会話』　長崎武昭作，林幸絵　大日本図書　1995.2　46p　24cm　1500円　①4-477-00517-2

『おもしろことばのせかい・ていねいなことば　1　とつぜんむかえたお客さま』　長崎武昭作，林幸絵　大日本図書　1995.2　47p　24cm　1500円　①4-477-00516-4

内容　「ていねいなことば」ってなんだろう。少年剣士・宮寺真衛門さんの出現で、沖土敬太君は、あらためてことばづかいについて考えます。小学校中学年以上。

『だれにもすかれるあいさつことばの事典』　北川幸比古著，サンタクロース画　小峰書店　1994.4　253p　18cm　（てのり文庫―事典シリーズ）　630円　①4-338-07931-2

目次　よびかける、こたえる、訪問する、お客をむかえる、朝昼晩のあいさつ、感謝の心、出入に声をかける、おいわいをいう、いのる、おねがいをする、おせじ、ことわる・反対する、友だちになる、はげます、元気になる、ときには人にゆずる、ゆずられる、苦しみ悲しみをわかちあう、お天気の話をする、すなおにあやまる、説明をする、たべる、ほめる、すきになる、メッセージ　元気になろう、おわりに　だれからもすかれるようになるには

読む・書く

『日本の文豪―こころに響く言葉　3　太宰治・三島由紀夫ほか』　長尾剛著　汐文社　2010.12　86p　20cm　〈文献あり〉　1500円　①978-4-8113-8704-8　Ⓝ910.26

『日本の文豪―こころに響く言葉　2　芥川竜之介・谷崎潤一郎ほか』　長尾剛著　汐文社　2010.11　87p　20cm　〈文献あり〉　1500円　①978-4-8113-8703-1　Ⓝ910.26

目次　きっとみんなのほんとうのさいわいをさがしに行く。，おまえは、この世界へ生まれてくるかどうか、よく考えた上で返事をしろ。，おい、地獄さ行くんだで！，我々は人間よりも不幸である。人間は河童ほど進化していない。，今も見えておりますのは、三十年来眼の底に染みついた、あの懐かしいお顔ばかりでございます。，一度でもこのくらい憎むべき言葉が、人間の口を出たことがあろうか。，今でも別におまえのことを怒ってはいないんだ。，人がその不幸をどうにかして切り抜けることができると、今度はこっちで何となく物足りないような気がする。，私は生きることが苦しくなると、故郷というものを考える。雪のような肌が燃え爛れるのを見のがすな。黒髪が火の粉になって舞い上がるさまも、よう見ておけ。〔ほか〕

『日本の文豪―こころに響く言葉　1　夏目漱石・森鴎外ほか』　長尾剛著　汐文社　2010.8　89p　20cm　〈文献あり〉　1500円　①978-4-8113-8702-4　Ⓝ910.26

『親子でやる斎藤式まとめ力をつけながら

国語　　　　　　　　　　　　　　　　　　　　　　　　　　　　　　　　　読む・書く

『読むイソップ―文章題もスラスラできるようになる』斎藤孝著　マガジンハウス　2010.3　127p　26cm　952円　⑪978-4-8387-2079-8　Ⓝ810.7
[目次]北風と太陽、金のたまごを生むメンドリ、うそつきの子ども、肉をくわえたイヌ、ウサギとカメ、農夫と子どもたち、キツネとブドウ、けちんぼう、キツネとツル、金のおの銀のお〔ほか〕
[内容]起承転結から成る文章から読解力と文脈力を、ストーリーからは現代にも活かせる人生訓を。イソップトレーニングブック。

『本をもっと楽しむ本―読みたい本を見つける図鑑　4　古典』塩谷京子監修　学研教育出版　2010.2　47p　29cm〈発売：学研マーケティング　索引あり〉2800円　⑪978-4-05-500757-3,978-4-05-811167-3　Ⓝ019.5

『本をもっと楽しむ本―読みたい本を見つける図鑑　3　作家』塩谷京子監修　学研教育出版　2010.2　47p　29cm〈発売：学研マーケティング　年表あり　索引あり〉2800円　⑪978-4-05-500756-6,978-4-05-811167-3　Ⓝ019.5

『本をもっと楽しむ本―読みたい本を見つける図鑑　2　主人公（エンターテインメント）』塩谷京子監修　学研教育出版　2010.2　44p　29cm〈発売：学研マーケティング　索引あり〉2800円　⑪978-4-05-500755-9,978-4-05-811167-3　Ⓝ019.5

『本をもっと楽しむ本―読みたい本を見つける図鑑　1　主人公（名作）』塩谷京子監修　学研教育出版　2010.2　47p　29cm〈発売：学研マーケティング　索引あり〉2800円　⑪978-4-05-500754-2,978-4-05-811167-3　Ⓝ019.5

『日本人を育む小学国語読本　高学年用』土屋道雄編著〔柏〕麗沢大学出版会　2009.4　221p　19cm〈発売：広池学園事業部（柏）〉1300円　⑪978-4-89205-573-7　Ⓝ817.7

『日本人を育む小学国語読本　低学年用』土屋道雄編著〔柏〕麗沢大学出版会　2009.4　228p　19cm〈発売：広池学園事業部（柏）〉1300円　⑪978-4-89205-572-0　Ⓝ817.7

『考える力がつくフォトリーディング―スピード、読解力が伸びる』山口佐貴子,照井留美子著,リネット・アイレス監修　PHP研究所　2009.1　140p　19cm〈他言語標題：Photoreading for kids　文献あり〉1200円　⑪978-4-569-70145 5　Ⓝ019.13

『子どもと話す文学ってなに？』蜷川泰司著　現代企画室　2008.11　195p　19cm　1200円　⑪978-4-7738-0811-7　Ⓝ901

『日本の文学』西本鶏介監修　ポプラ社　2008.3　207p　29×22cm（ポプラディア情報館）6800円　⑪978-4-591-10089-9
[目次]1章　奈良〜平安時代,2章　鎌倉〜安土桃山時代,3章　江戸時代,4章　明治〜昭和時代前期,5章　昭和時代後期以降,児童文学の作家たち,資料編
[内容]日本の古典文学作品を、時代順に解説。作品の成り立ちや内容がくわしくわかります。明治時代から現代までの作家を多数紹介。児童文学作家をふくめ、幅広くとりあげました。写真資料やコラムが豊富で、文学についての知識が、より深まります。巻末には、学習の参考になる文学館の案内をつけました。

『考える力をのばす！読解力アップゲーム　5（メディア編）』青木伸生監修　学習研究社　2008.2　47p　27cm　2800円　⑪978-4-05-202903-5　Ⓝ810.7

『考える力をのばす！読解力アップゲーム　4（ことば・漢字編）』二瓶弘行監修　学習研究社　2008.2　47p　27cm　2800円　⑪978-4-05-202902-8　Ⓝ810.7

『考える力をのばす！読解力アップゲーム　3（詩・短歌・俳句編）』青山由紀監修　学習研究社　2008.2　47p　27cm　2800円　⑪978-4-05-202901-1　Ⓝ810.7

『考える力をのばす！読解力アップゲー

子どもの本　国語・英語をまなぶ2000冊　　129

『考える力をのばす！読解力アップゲーム　2（物語編）』白石範孝監修　学習研究社　2008.2　47p　27cm　2800円　Ⓘ978-4-05-202900-4　Ⓝ810.7

『考える力をのばす！読解力アップゲーム　1（説明文編）』桂聖監修　学習研究社　2008.2　47p　27cm　2800円　Ⓘ978-4-05-202899-1　Ⓝ810.7

『斎藤孝のドラえもん読み解きクイズ　2　国語力を伸ばす』斎藤孝指導，藤子・F・不二雄漫画　小学館　2007.4　128p　19cm　（小学館学習まんがシリーズ）700円　Ⓘ978-4-09-253092-8
［目次］第1章　せりふをよく読もう，第2章　絵をじっくり見てみよう，第3章　暗号で遊んでみよう，第4章　時間の流れをおってみよう，第5章　ストーリーをきちんとつかもう，第6章　物語のポイントをさがそう，第7章　マンガをげん実の中でいかそう，第8章　マンガから大切なことを学ぼう，巻末　小学一年生から小学三年生までの配当漢字音訓読み表
［内容］良質な漫画は文脈力を伸ばし，国語力をつけます。名作マンガ＋斎藤孝，新しい国語学習本。

『えんぴつで書いて読む日本の童話』西本鶏介監修　ポプラ社　2006.7　111p　26cm　900円　Ⓘ4-591-09397-2　Ⓝ019.12
［目次］里の春，山の春（新美南吉），ぴかぴかのウーフ（神沢利子），なまえをみてちょうだい（あまんきみこ），きいろいばけつ（森山京）
［内容］書いて，読んで，自分のものに。小学生で身に付けた力は，一生もの。脳力アップで，国語力がつきます。

『えんぴつで書いて読む日本の名作』西本鶏介監修　ポプラ社　2006.7　147p　26cm　900円　Ⓘ4-591-09398-0　Ⓝ019.12
［目次］蜘蛛の糸（芥川竜之介），注文の多い料理店（宮沢賢治），ごんぎつね（新美南吉），きつねの窓（安房直子）
［内容］この本は物語を読むだけでなく，書いて読んで味わう新しい読書の本です。ノートを用意しなくても本の上からえんぴつで文字をなぞることができ，読みながら書き写せます。作者と同じ気持ちになってえんぴつを動かすのですからこんな楽しいことはありません。豊かなイメージの喚気力と情感にあふれるやわらかな文章，書き写しながら読むことによってファンタジー童話ならではの魅力を満喫できます。

『斎藤孝のドラえもん読み解きクイズー名作漫画で国語力アップ』斎藤孝指導，藤子・F・不二雄漫画　小学館　2006.4　127p　19cm　（小学館学習まんがシリーズ）700円　Ⓘ4-09-253091-9
［目次］第1章　言葉のリズムに親しむ，第2章　意味のつながりを考える，第3章　絵を文章で説明する，第4章　出来事を要約して伝える，第5章　人物の感情を読み取る，第6章　登場人物の関係を探る，第7章　起承転結を考える，第8章　次の展開を予測する，第9章　現実におきかえて考える，第10章　作者のアイデアを味わう
［内容］良質な漫画は文脈力を伸ばし国語力をつけます。低学年向けのコミックシリーズ「ぴっかぴかコミックス　ドラえもん」で掲載されたものを元に，小学校低学年児が自分一人の力で，読む楽しみを発見する事ができる教材です。

『読解力がつく』小学館　2006.1　191p　19cm　（ドラえもんの学習シリーズードラえもんの国語おもしろ攻略）〈指導：日能研〉760円　Ⓘ4-09-253196-6　Ⓝ817
［目次］1　説明文と論説文（指示語・接続語・乱文整序，理由・具体例とまとめ，大切な語句・言いかえを探そう　ほか），2　物語を読もう！（できごと・場面・情景，心情と表現の工夫，性格と主題），3　随筆（体験と感想を分ける，細部表現と表現の工夫，展開と主題）
［内容］「問われていること，求められていることを正しくつかむには」と「自分の考えや意見を持って，それをどう書き表現するか」をわかりやすくドラえもんのストーリー漫画で解説。全国的に中学入試に高い合格実績を持つ「日能研」の指導。

『小学生の名作ガイド　はかせーあらすじで読む名作案内』宮津大蔵著　学灯社　2005.10　195p　21cm　1500円　Ⓘ4-312-56031-5　Ⓝ902.3
［目次］日本編（古事記，万葉集，竹取物語，源氏物語（紫式部），枕草子（清少納言）ほか），世界編（ギリシャ神話，聖書物語，アラビアン・ナイト，アーサー王と円卓の騎

国語　　　　　　　　　　　　　　　　　　　　　　　　　　　　読む・書く

士，ロミオとジュリエット（W.シェイクスピア）ほか」

『知っておきたい日本の名作文学・文学者』　井関義久監修　学習研究社　2005.4　207p　21cm　900円　Ⓘ4-05-202164-9
[目次]　第1部　まんが文学者列伝（森鴎外，夏目漱石，樋口一葉，宮沢賢治　ほか），第2部　あらすじでみる名作文学（「当世書生気質」（坪内逍遙）「浮雲」（二葉亭四迷），「五重塔」（幸田露伴）「金色夜叉」（尾崎紅葉）「武蔵野」（国木田独歩）「不如帰」（徳冨蘆花），「高野聖」（泉鏡花）「怪談」（小泉八雲）ほか）

『世界の名作文学案内―これだけは読んでおきたい』　三木卓監修　集英社　2003.5　285p　21cm　1600円　Ⓘ4-08-288083-6　Ⓝ902.3
[目次]　第1章　イギリスの名作文学，第2章　フランスの名作文学，第3章　ドイツの名作文学，第4章　ロシアの名作文学，第5章　ヨーロッパ各国の名作文学，第6章　アメリカの名作文学，第7章　中南米の名作文学，第8章　アジア・アフリカの名作文学
[内容]　すべての作品のあらすじや作家を紹介し，文学コラムも充実。子どもも大人も楽しめる，ひと目でわかる文学案内。漫画で読む世界文学の傑作106編。

『日本の名作文学案内―これだけは読んでおきたい』　三木卓監修，石川森彦，高瀬直子漫画，笠原秀ほか文　集英社　2001.10　287p　21cm〈年表あり〉　1600円　Ⓘ4-08-288082-8

『日本文学のうつりかわり』　井関義久監修　学習研究社　2001.2　64p　27cm　（国語っておもしろい 5）　2500円　Ⓘ4-05-201378-6

『文学作品にでることば』　井関義久監修　学習研究社　2001.2　64p　27cm　（国語っておもしろい 4）　2500円　Ⓘ4-05-201377-8

『国語読解力がメキメキ身につく本―宮川俊彦のまんが授業』　宮川俊彦著　小学館　1998.1　175p　19cm　（わかる！できる！のびる！ドラゼミ・ドラネットブックス―日本一の教え方名人ナマ授業シリーズ）　850円　Ⓘ4-09-253507-4
[目次]　物語文読解の章（「そのまま読み」作戦，「そのまま読み」レベルアップ作戦　ほか），説明文読解の章（「そのまま読み」作戦，「組み立て読み」作戦　ほか），図解コツのコツ　国語の成績がぐんぐん伸びる！―国語読解おたすけトラのまき
[内容]　国語のテストって，ホントにわけがわからない…と，なやんだことはないかな？　あらすじがわからない，段落の意味がつかめない，指示語や接続語のテストはチンプンカンプン，要約ができない，主人公の気持ちが読みとれない，主題ってなんだ？　なんて聞かれるだけでゾ〜などなど，物語文や説明文の攻略ポイントのすべてを，ドラえもんのまんがで，とっちゃまん先生がおもしろ解説。小学校中・高学年向き。

『オペラでたのしむ名作文学』　中野京子著，宇田川のり子絵　さ・え・ら書房　1996.12　159p　22cm　（さ・え・ら図書館/国語）　1300円　Ⓘ4-378-02222-2

『かく』　青木伸生，岡田ゆたか作，宮崎耕平絵　太平出版社　1996.9　30p　24cm　（つくばシリーズ―はじめてのこくご 4）　1339円　Ⓘ4-8031-3244-5

『古典から現代まで126の文学―名作アルバム 6 ま〜わ』　桜井信夫編著　PHP研究所　1995.10　39p　31cm　2600円　Ⓘ4-569-58966-9

『古典から現代まで126の文学―名作アルバム 5 な〜ほ』　笠原秀編著　PHP研究所　1995.10　39p　31cm　2600円　Ⓘ4-569-58965-0

『古典から現代まで126の文学―名作アルバム 4 た〜と』　森下研編著　PHP研究所　1995.10　39p　31cm　2600円　Ⓘ4-569-58964-2

『古典から現代まで126の文学―名作アルバム 3 さ〜そ』　三浦はじめ編著　PHP研究所　1995.10　39p　31cm　2600円　Ⓘ4-569-58963-4

『古典から現代まで126の文学―名作アルバム 2 か〜こ』　藤森陽子編著　PHP研究所　1995.10　39p　31cm

読む・書く　　　　　　　　　　　　　　　　　　国語

2600円　⓵4-569-58962-6

『古典から現代まで126の文学―名作アルバム　1　あ～お』　三田村信行編著　PHP研究所　1995.10　39p　31cm　2600円　⓵4-569-58961-8

『ジュニア文学名作図書館―全国小学国語掲載作品ダイジェスト』　友人社　1993.11　239p　19cm〈監修：木暮正夫〉1500円　⓵4-946447-29-6
[内容]　本書は、このたび改訂された六出版社（大阪書籍、学校図書、教育出版、東京書籍、日本書籍、光村図書）の小学校国語科教科書の中から100編を選び出し、作品の持つ雰囲気をそこなわないよう配慮しながら、その梗概・概要をできるだけわかりやすく紹介しました。

『作家事典』　ポプラ社　1993.4　151p　26cm　（教科書にでてくる詩や文の読みかた・つくりかた 10）1650円　⓵4-591-04436-X
[内容]　この作家事典は、みなさんが小学校4年から6年の国語の教科書でであう「物語」「詩」「短歌」「俳句」「説明文」の作者と、ぜひ知っていてほしい作家たちを取り上げました。生まれた年、（死んだ年）、経歴やおもな作品をわかりやすく解説しています。

『公文式国語の「方法」―力のつけようのなかった読解力がこれでつく』　村田一夫著　くもん出版　1992.11　285p　19cm　800円　⓵4-87576-755-2
[目次]　はじめに―国語力が必要なわけ，1 こんな国語教育を望んでいた，2 3歳6カ月の「力」，3 あなたの、きみの、国語力診断―国語力のあるなしはこれで決める，4 これならできる、今からできる国語教育，あとがきにかえて―まだ見ぬ君たち自身のX君へ

『本もマンガも読む時代―マンガと本は頭脳の両輪』　百瀬昭次著　偕成社　1991.11　157p　20cm　1200円　⓵4-03-808210-5

◆◆◆

『書く力をつける―国語力の基礎　ひぐち先生の書きことば塾　小学高学年用』　樋口裕一、山口雅敏著　改訂新版　学研教育出版　2011.2　107p　30cm　（自分学習シリーズ）〈発売：学研マーケティング〉1100円　⓵978-4-05-303351-2

『書く力をつける―国語力の基礎　ひぐち先生の書きことば塾　小学中学年用』　樋口裕一、山口雅敏著　改訂新版　学研教育出版　2011.2　103p　30cm　（自分学習シリーズ）〈発売：学研マーケティング〉1100円　⓵978-4-05-303352-9

『書く力をつける―国語力の基礎　ひぐち先生の書きことば塾　小学低学年用』　樋口裕一、山口雅敏著　改訂新版　学研教育出版　2011.2　95p　30cm　（自分学習シリーズ）〈発売：学研マーケティング〉1100円　⓵978-4-05-303353-6

『小学3年の長文読解』　学研教育出版編　学研教育出版　2011.2　80p　19×26cm　（学研版毎日のドリル　国語 25）〈発売：学研マーケティング〉580円　⓵978-4-05-303341-3

『小学2年の長文読解』　学研教育出版編　学研教育出版　2011.2　80p　19×26cm　（学研版毎日のドリル　国語 24）〈発売：学研マーケティング〉580円　⓵978-4-05-303340-6

『小学1年の長文読解』　学研教育出版編　学研教育出版　2011.2　80p　19×26cm　（学研版毎日のドリル　国語 23）〈発売：学研マーケティング〉580円　⓵978-4-05-303339-0

『筑波大学附属小学校白石先生の国語図解で文章読解』　白石範孝監修，学研教育出版編　学研教育出版　2010.9　128p　26cm　（有名小学校メソッド）〈発売：学研マーケティング〉980円　⓵978-4-05-303227-0

『早ね早おき朝5分ドリル　小3文章読解』　陰山英男監修　学研教育出版　2010.2　1冊　15×21cm〈発売：学研マーケティング〉520円　⓵978-4-05-303092-4

国語　　　　　　　　　　　　　　　　　　　　　　　　　　　読む・書く

『早ね早おき朝5分ドリル　小2文章読解』
陰山英男監修　学研教育出版　2010.2
1冊　15×21cm〈発売：学研マーケティング〉520円　Ⓣ978-4-05-303090-0

『早ね早おき朝5分ドリル　小1文章読解』
陰山英男監修　学研教育出版　2010.2
1冊　15×21cm〈発売：学研マーケティング〉520円　Ⓣ978-4-05-303088-7

『中学入試国語のつまずきを基礎からしっかり「文章読解」』　学研編　学習研究社　2009.9　132p　26cm　900円　Ⓣ978-4-05-303024-5

『読解問題でねらわれる！定番作品120―中学入試　小学4年～6年生用』　中学受験専門塾アクセス国語指導室監修，学研編　学習研究社　2009.7　223p　21cm　1500円　Ⓣ978-4-05-302975-1

『ポイントはいつも3つ！読みとる力書く力トレーニング―小学校中学年以上』　斎藤孝監修　大阪　どりむ社　2008.7　111p　26cm　953円　Ⓣ978-4-925155-76-2

『中学入試でる順　国語長文読解75』　旺文社編　改訂版　旺文社　2008.6　79p　26cm　940円　Ⓣ978-4-01-010830-7

『小学校の「国語・読解問題」を9つのコツで完全攻略』　向山洋一編，伴一孝著　PHP研究所　2008.4　190p　21cm（新「勉強のコツ」シリーズ）1200円　Ⓣ978-4-569-69786-4

『陰山流・日本語トレーニング　百ます書き取り』　陰山英男著　学習研究社　2007.9　79p　19×26cm〈付属資料：CD1，別冊1〉933円　Ⓣ978-4-05-302528-9
目次　1 聴き写し―聴きながら書くワーク，2 書き写し―見ながら書くワーク
内容　ます目に直接書きこんで、書く力をつけるワークブック。文章を聴きながら書く「聴き写し」(パート1)と、文章を見ながら書く「書き写し」(パート2)の二つの学習からなっています。小学校全学年用。

『トロッコ　蜘蛛の糸』　ディスカヴァー・トゥエンティワン　2007.9　92p　22cm（読書力がラクラク身につく名作ドリル　小学校全学年用　認知工学編）1000円　Ⓣ978-4-88759-578-1
内容　自然に読書する習慣が身につく。文脈を読み取る力が身につく。自分で考える姿勢が身につく。できる子は国語ができる！国語ができる子どもを育てる決定版。

『おじいさんのランプ』　新美南吉著　ディスカヴァー・トゥエンティワン　2007.3　111p　22cm（読書力がラクラク身につく名作ドリル　小学校全学年用　認知工学編）1000円　Ⓣ978-4-88759-531-6
内容　できる子は国語ができる！国語ができる子どもを育てる決定版！

『言葉をふやす―読解の基礎　小学4年』　白石範孝監修，学研編　学習研究社　2007.3　16,92p　30cm（国語の森 12）1200円　Ⓣ978-4-05-302222-6

『言葉をふやす―読解の基礎　小学3年』　白石範孝監修，学研編　学習研究社　2007.3　16,92p　30cm（国語の森 9）1200円　Ⓣ978-4-05-302218-9

『一房の葡萄―ほか1編』　有島武郎著　ディスカヴァー・トゥエンティワン　2007.3　115p　22cm（読書力がラクラク身につく名作ドリル　小学校全学年用　認知工学編）1000円　Ⓣ978-4-88759-532-3
内容　できる子は国語ができる！国語ができる子どもを育てる決定版！

『クラスup問題集国語長文読解―よく出る問題で力をのばす！　国立・私立中学受験』　学習研究社　2006.9　160p　26cm　1300円　Ⓣ4-05-302339-4

『国語文章読解小6』　学研編　学習研究社　2006.7　128p　19×26cm（標準学力テスト 22）750円　Ⓣ4-05-302324-6

『国語文章読解小5』　学研編　学習研究社　2006.7　128p　19×26cm（標準学力

子どもの本　国語・英語をまなぶ2000冊

読む・書く　　　　　　　　　　　　　　　　　　　　　　　国語

テスト 21）　750円　Ⓘ4-05-302323-8

『国語文章読解小4』　学研編　学習研究社　2006.7　128p　19×26cm　（標準学力テスト 20）　750円　Ⓘ4-05-302322-X

『徹底反復たかしま式文章がきれいに書ける視写プリント―小学校1・2年』　高嶋喩,深沢英雄著　小学館　2006.7　112p　19×26cm　800円　Ⓘ4-09-837494-3

[目次] ひらがなどう，ししゃプリント（はきはきあいさつ，はいどうぞ，あらいえみさん，あいうえおのうた，がぎぐげごのうた，五十音，あいうえお，ありがとう，おはようっていいな，おおきなかぶ ほか）

[内容] きれいな文章が書けるようになります！教科書に載っている文章なので親しみやすい。どこに注意して書けばいいのかわかりやすい。正しい手本文字を見ながら練習できる。正しい姿勢でじっくりと練習できる。ワンポイント指導でくせ字がなおる。

『啓明舎が紡ぐ小学国語読解の基礎―3年～5年向け』　啓明舎教材開発室監修,高橋さわ子編著　啓明舎　2006.3　173p　30cm　1800円　Ⓘ4-906478-43-3

『啓明舎が紡ぐ小学国語読解の応用―4年～6年向け』　啓明舎　2005.3　143p　30cm　1800円　Ⓘ4-906478-65-4

『啓明舎が紡ぐ小学国語読解の完成―5年・6年向け』　啓明舎　2005.3　133,27p　26cm　1800円　Ⓘ4-906478-55-7

『国語文章問題元祖マンガ攻略法―小3～小6』　織田圭介著,宮島弘道画　太陽出版　2002.8　205p　21cm　1500円　Ⓘ4-88469-285-3

『楽しく考える長文読解―中学受験用 記述編』　しどう会LEF編　エスジーエヌ　1999.11　223p　30cm　1500円　Ⓘ4-87249-142-4

『楽しく考える長文読解―中学受験用 難問編』　学習指導会編著　エスジーエヌ　1998.12　235p　30cm　1500円　Ⓘ4-87249-124-6

『小学国語 新しい詩・短歌・俳句の解き方』　桐杏学園編　新装版　桐杏学園　1997.9　194p　26cm　1500円　Ⓘ4-88681-101-9

『楽しく考える長文読解―受験入門編2 3・4年生用』　学習指導会編著　エスジーエヌ　1996.3　139p　30cm　1500円　Ⓘ4-87249-085-1

『応用自在長文読解の特訓小学国語』　改訂新版　学習研究社　1995.12　160p　21cm　（応用自在シリーズ）〈付 (48p)：解答と解説〉1100円　Ⓘ4-05-300304-0

『小学国語 新しい長文問題の解き方』　桐杏学園編　第5版　桐杏学園　1995.7　256p　26cm　1300円　Ⓘ4-88681-047-0

『新小学国語長文の研究―中学受験・学習研究　第1集』　学習能率総合研究所国語部会編　改訂版　西北出版　1995.4　127,20p　30cm　950円　Ⓘ4-7925-0134-2

『楽しく考える長文読解―受験準備編2 4・5年生用』　学習指導会編著　エスジーインターナショナル　1994.7　196p　30cm　1500円　Ⓘ4-87249-047-9

『楽しく考える長文読解―中学受験用 詩歌編』　学習指導会編著　エスジーインターナショナル　1994.7　184p　30cm　1500円　Ⓘ4-87249-048-7

『楽しく考える長文読解―受験入門編1 3・4年生用』　学習指導会編著　エスジーインターナショナル　1994.4　133p　30cm　1500円　Ⓘ4-87249-032-0

『楽しく考える長文読解―受験準備編1 4・5年生用』　学習指導会編　エスジーインターナショナル　1993.11　206p　30cm　1500円　Ⓘ4-87249-030-4

『楽しく考える長文読解―中学受験用 第4集』　学習指導会編著　エスジーインターナショナル　1992.9　175p　30cm　1300円　Ⓘ4-87249-015-0

国語　　　　　　　　　　　　　　　　　　　　　　　　読む・書く

『楽しく考える長文読解―中学受験用　第3集』　学習指導会編著　エスジーインターナショナル　1992.9　227p　30cm　1500円　Ⓣ4-87249-014-2

『楽しく考える長文読解―中学受験用　第2集』　学習指導会編著　エスジーインターナショナル　1992.5　223p　30cm

『楽しく考える長文読解―中学受験用　第1集』　学習指導会編著　エスジーインターナショナル　1992.5　218p　30cm

『長文読解力テスト―中学受験国語の決め手!!』　みくに出版　1990.10　131p　26cm　800円　Ⓣ4-89524-973-5

◆読書をしよう

『小学生84人のわくわく読書体験―「平成21年度わくわく子ども読書キャンプ」報告書』　国立青少年教育振興機構　2009.11　143p　19cm〈共同刊行：文字・活字文化推進機構〉非売品　Ⓝ019.5

『頭がよくなる必殺！読書術―うまくいく魔法のじゅもん「心・技・体」』　斎藤孝著　PHP研究所　2009.8　190p　18cm（斎藤孝のガツンと一発文庫　第3巻）600円　Ⓣ978-4-569-77134-2　Ⓝ019.12
　目次　1 頭がよくなる必殺！読書術（本を読むと「いいこと」があるぞ！, 大事なのは読破感だ！, 読書は錬金術だ！,「文脈力」を鍛えろ！ ほか），2 絶対うまくいく魔法のじゅもん「心・技・体」！（じゅもんパワーを身にまとえ，「心」のなかに芯を入れよう，「技」を身につければ最強への道，「体」の調子をよくするとっておきの方法 ほか）
　内容　「らくがき読書術」って，なんだ？「かど折り読書術」って，どうやるんだ？本の選び方・読み方のマル秘テク大公開！ついでに魔法のじゅもん「心・技・体」のパワーを身につけよう。

『本はこころのともだち』　朝の読書推進協議会編　メディアパル　2005.4　231,7p　19cm（みんな本を読んで大きくなった 3）〈文献あり〉950円　Ⓣ4-89610-067-0　Ⓝ019.5

『新・こどもの本と読書の事典』　黒沢浩ほか編　ポプラ社　2004.4　502p　29cm〈年表あり　文献あり〉16000円　Ⓣ4-591-99566-6　Ⓝ019.5

『いつでも本はそばにいる』　朝の読書推進協議会編　メディアパル　2003.12　215,7p　19cm　（みんな本を読んで大きくなった 2）〈文献あり〉950円　Ⓣ4-89610-064-6　Ⓝ019.5

『みんな本を読んで大きくなった』　朝の読書推進協議会編　メディアパル　2002.12　199,7p　19cm〈文献あり〉950円　Ⓣ4-89610-059-X　Ⓝ019.5

『決定版！超カンタン速読入門―キミもこれで読書の達人』　寺田昌嗣, 玉城博正著　金の星社　2002.11　95p　20cm　1200円　Ⓣ4-323-07031-4　Ⓝ019.13

『読書を楽しもう』　水野寿美子著, すがわらけいこイラスト　ポプラ社　2001.4　49p　27cm　（学ぶ力をそだてる〈新〉図書館シリーズ 6）〈索引あり〉2400円　Ⓣ4-591-06688-6,4-591-99362-0
　目次　どこまでも広がる本の世界，くらしと読書，本とのであい，本とのつきあい（本を楽しく読むには，読み方，いろいろ），みんなでいっしょに，心のアルバム，Q&A 本がきらいな人へのアドバイス
　内容　読書を楽しみ，毎日のくらしをゆたかにするための本。くらしと読書。自分に合った本を選ぼう。本とのつきあい方。読書で，あなたは変わる！読書の記録を残そう。本がきらいな人へのアドバイス。

『楽しい読書のための本』　水野寿美子著　ポプラ社　1993.4　47p　27cm　（調べ学習にやくだつ図書館シリーズ 4）2000円　Ⓣ4-591-04455-6
　目次　第1章 よい本と出会うには，第2章 本を楽しく読むには，第3章 読書の足跡をのこそう
　内容　よい本との出会い方，本の楽しい読み方，読書感想文や感想画のかき方などを解説。小・中学生向。

『頭が良くなる小学生の国語速読法』　新日本速読研究会著　産心社　1992.10

子どもの本　国語・英語をまなぶ2000冊　　135

読む・書く　　　　　　　　　　　　　　　　　　　国語

239p　19cm　（産心ブックス S-141）　1300円　④4-87920-141-3
|目次| 第1章 創造力のある子供を育てる，第2章 小学生のための速読術，第3章 国語の創造的勉強法，第4章 算数の創造的勉強法，第5章 子供の頭を良くする家庭内教育，第6章 子供の頭を良くする食生活

◆◆本を探す

『いま、この本　2010-2011』　杉並区立中央図書館編　杉並区立中央図書館　2011.3　12p　21cm　Ⓝ028.09

『本とともだち―静岡県読書ガイドブック』　「読書ガイドブック」編集委員会編　3訂版　静岡　静岡県教育委員会会教育課　2010.6（第3刷）37p　26cm　Ⓝ019.5

『よんでみよう1ねんせい』　杉並区立中央図書館編　杉並区立中央図書館　2010.4　1冊（ページ付なし）15×21cm　Ⓝ028.09

『ほん・本・ごほん　2　こんなひとしってる？・うれしいな、たのしいな』　東京都立多摩図書館編　立川　東京都立多摩図書館　2010.3　57p　21cm　（東京都子供読書活動推進資料 2009）Ⓝ028.09

『ほん・本・ごほん　1　どうぶつだいしゅうごう・ふしぎなせかい』　東京都立多摩図書館編　立川　東京都立多摩図書館　2009.3　57p　21cm　（東京都子供読書活動推進資料 2008）Ⓝ028.09

『どれにしようかな―小学生のためのおすすめ本リスト』　荒川区立図書館　2009.1　34p　19cm　Ⓝ028.09

『子どもにおくるいっさつの本』　鈴木喜代春編　改訂版　らくだ出版　2006.7　125p　17cm　1200円　④4-89777-439-X　Ⓝ028.09

『キラキラ読書クラブ子どもの本く644冊〉ガイド』　キラキラ読書クラブ編　日本図書センター　2006.2　317p　27cm　7600円　④4-284-70000-6

Ⓝ028.09

『斎藤孝の朝読おすすめガイド 10＋100　2　ツボにはまる！』　斎藤孝著　岩崎書店　2005.5　199p　21cm　〈編集協力：宮川健郎〉1300円　④4-265-02432-7
Ⓝ028.09
|目次| 読みはじめたらとまらない10冊（天使のいる教室、板谷バカ三代、注文の多い料理店、イソップのお話 ほか）、まだまだある読みたい本100冊―「読みはじめたらとまらない10冊」の関連本ガイド（『天使のいる教室』を読んだあとに、『板谷バカ三代』を読んだあとに、『注文の多い料理店』を読んだあとに、『イソップのお話』を読んだあとに ほか）

『斎藤孝の朝読おすすめガイド 10＋100　1　絶対、感動！』　斎藤孝著　岩崎書店　2005.1　191p　21cm　1300円　④4-265-02431-9　Ⓝ028.09
|目次| 読みはじめたらとまらない10冊（きまぐれロボット、おれがあいつであいつがおれで、大どろぼうホッツェンプロッツ、盲導犬クイールの一生、怪人二十面相、坊っちゃん、杜子春・くもの糸、マザー＝テレサ、ベロ出しチャンマ、笑説 名古屋語大辞典）、まだまだある読みたい本100冊―「読みはじめたらとまらない10冊」の関連本ガイド
|内容| 読み出したらとまらない、おもしろい本が10＋100冊。

『同級生が選んだ朝の読書のおすすめガイド』　青い鳥文庫ファンクラブ編、藤田裕美絵　講談社　2004.3　190p　18cm　（講談社青い鳥文庫）460円　④4-06-148645-4　Ⓝ028.09
|目次| 小4までがすすめる9編、小5がすすめる22編、小6がすすめる36編、中1がすすめる30編、中2がすすめる26編、中3がすすめる10編、高校以上がすすめる13編
|内容| 小学1年生から高校3年生まで、すべての学年の人が、自分が好きな本を、自分の言葉ですすめている、ガイドブックです。朝の読書で、どんな本を読もうか迷っている人、本が大好きでいろいろな本にチャレンジしてみたい人、子どもにどんな本をすすめたらよいか悩んでいる大人の人。本を探しているすべての人の役に立つ本です。小学初級から。

『本・ほん―1年生になったみんなへ』　福

国語　　　　　　　　　　　　　　　　　　　　　　　　　　　　　　　　読む・書く

島市立図書館児童書担当編　〔福島〕福島市立図書館　2003.5　26p　15×22cm　Ⓝ028.09

『ヨムヨム王国―子どものガイドブック』斎藤次郎, 増田喜昭編著　晶文社出版　2000.8　175,14p　19cm〈発売：晶文社〉1400円　Ⓘ4-7949-7605-4
目次 びっくり島, そんなバカな島, 友達島, 厚いけどイケてる島, ふしぎの島, 冒険島, じぶん列島, ぼくは怒った島
内容 これから, ヨムヨム王国をふたりの案内人「ジロちゃん」と「ヒゲのおっさん」, そして5人の小学生が案内します。本が好きな人はもちろん, あまり読まない人でも楽しめるよう, 案内してくれますから, だれでもきっと気に入る本に出会えると思います。さあ, 旅のはじまり, はじまり。

『子どもの本棚―ブックリスト　こども読書年2000』　京都市伏見中央図書館編　京都　京都市生涯学習振興財団　2000.7　135p　26cm〈索引あり〉

『どの本よもうかな？　5・6年生』　日本子どもの本研究会編　国土社　2000.3　206p　22cm〈索引あり〉2500円　Ⓘ4-337-25353-X
目次 1 絵本（ウエズレーの国, 絵で読む広島の原爆 ほか）, 2 物語（日本）（雨やどりはすべり台の下で, アライグマのコンチェルト ほか）, 3 物語（外国）（合言葉はフリンドル！, アレックスとゆうれいたち ほか）, 4 詩（ゴリラはごりら, 詩集胸のどどめき ほか）, 5 科学読み物（イヌビワとコバチのやくそく, イラガのマユのなぞ ほか）, 6 伝記（命燃やす日々, ステファニー ほか）, 7 ノンフィクション（アラスカたんけん記, いのちのふるさと水田稲作 ほか）
内容 小学5・6年生向けの本をジャンル別に紹介し解説した読書ガイド。50音順配列。内容は1999年現在。索引として, 事項（テーマ）さくいん, 書名さくいん, 作者さくいんがある。

『どの本よもうかな？　3・4年生』　日本子どもの本研究会編　国土社　2000.3　206p　22cm〈索引あり〉2500円　Ⓘ4-337-25352-1
目次 1 絵本（赤牛モウサー, エタシペカムイ ほか）, 2 物語（日本）（アリーナと風になる, いぬうえくんがやってきた ほか）, 3 物語（外国）（アルフはひとりぼっち, アレックスとネコさん ほか）, 4 詩（雨のにおい星の声, いちわのにわとり ほか）, 5 科学（あめんぼがとんだ, いっぽんの鉛筆のむこうに ほか）
内容 小学3・4年生向けの本をジャンル別に紹介し解説した読書ガイド。50音順配列。内容は1999年現在。索引として, 事項（テーマ）さくいん, 書名さくいん, 作者さくいんがある。

『どの本よもうかな？　1・2年生』　日本子どもの本研究会編　国土社　2000.3　214p　22cm〈索引あり〉2500円　Ⓘ4-337-25351-3
目次 あいさつがいっぱい, あげは, アサガオ, あのときすきになったよ, あのね, わたしのたからものはね, あめがふるときちょうちょうはどこへ, あらしのよるに, あらどこだ, アンナの赤いオーバー, いしころ〔ほか〕
内容 小学1・2年生向けの本をジャンル別に紹介し解説した読書ガイド。50音順配列。内容は1999年現在。索引として, 事項（テーマ）さくいん, 書名さくいん, 作者さくいんがある。

『本選び術―よみたい本が必ず探せる　小学校版　第5巻　なみだと笑いとこわい話, 昔話や古典文学, 活躍する動物たち, ドラマ, 続き物・シリーズ物』　リブリオ出版　1995.4　288,6p　27cm〈監修：図書館資料研究会〉Ⓘ4-89784-435-5,4-89784-430-4

『本選び術―よみたい本が必ず探せる　小学校版　第4巻　推理・冒険の部屋, 空想科学物語, 空想・ファンタジーに遊ぶ』　リブリオ出版　1995.4　301p　27cm〈監修：図書館資料研究会〉Ⓘ4-89784-434-7,4-89784-430-4

『本選び術―よみたい本が必ず探せる　小学校版　第3巻　自然や生物とのかかわり, 日本を見つめる, 世界を知る, 戦争の話』　リブリオ出版　1995.4　179p　27cm〈監修：図書館資料研究会〉Ⓘ4-89784-433-9,4-89784-430-4

『本選び術―よみたい本が必ず探せる　小学校版　第2巻　心の触れ合い, 生きが

読む・書く　　　　　　　　　　　　　　　　　　　　　　　国語

い，社会の中で』リブリオ出版　1995.4　238p　27cm〈監修：図書館資料研究会〉④4-89784-432-0,4-89784-430-4

『本選び術―よみたい本が必ず探せる　小学校版　第1巻　自分を見つめる，家庭や学校で』リブリオ出版　1995.4　268p　27cm〈監修：図書館資料研究会〉④4-89784-431-2,4-89784-430-4

◆◆感想文を書く

『親子でとりくむ読書感想文―だれでも書ける楽しく書ける』村上淳子著　国土社　2010.7　1冊　26cm〈指導者用・子ども用ワークシート付〉1200円　①978-4-337-45043-1　Ⓝ019.25

『読書感想文書くときブック―とっちゃまん宮川俊彦の読書読解教室』宮川俊彦著　ディスカヴァー・トゥエンティワン　2010.6　174p　20cm　1200円　①978-4-88759-819-5　Ⓝ019.25

『読書感想文の書き方　高学年向き』笠原良郎著　ポプラ社　2010.6　143p　26cm　800円　①978-4-591-11880-1　Ⓝ019.25
目次　1 本を読むということ（いろいろな本の読み方，本を読む楽しみ　ほか），2 読書感想文を書くということは人に話したくなる，考えて読む，読んで考える　ほか，3 本を選ぶ（感想文を書きたくなるような本を探す，本屋へ行く，図書館を利用する　ほか），4 読書感想文を書く（すぐれた感想文を読んでみよう，何を書くか　ほか），5 よい感想文にするために（文の組み立てを考える，文章の決まりを守る　ほか），友だちの読書感想文を読んでみよう，感動のある毎日を過ごそう！
内容　なにを読んでどう書くか。子どもの本のスペシャリストが教えるコツとポイント。解説つき実例作文収録。

『読書感想文の書き方　中学年向き』依田逸夫著　ポプラ社　2010.6　143p　26cm　800円　①978-4-591-11879-5　Ⓝ019.25
目次　はじまりは感想（感想を話し合う，感想を書く，感想は感想文，読書は心の栄養だ），楽しい本を選ぶには（自分のことを

よく知っている人に聞く，図書館に行こう，本の選び方・買い方），じっさいに書いてみよう（書き出しの工夫，文の組み立て，題名のつけ方と結びの工夫，じょうずな感想文よりも良い感想文をめざそう，ぜったいに書いてはいけない感想文），友だちの読書感想文を読んでみよう
内容　なにを読んでどう書くか。子どもの本のスペシャリストが教えるコツとポイント。解説つき実例作文収録。

『読書かんそう文のかきかた　低学年向き』紺野順子著　ポプラ社　2010.6　127p　26cm　800円　①978-4-591-11878-8　Ⓝ019.25
目次　1 本のこと・本を読むこと，2 読書かんそう文って？，3 本えらび名人になろう，4 本読み名人になろう，5 読書かんそう文を書く名人になろう，6 どのように書いたらいいのか，7 書くときのやくそく，8 なぜ，読書かんそう文を書くのかな
内容　なにを読んでどう書くか。子どもの本のスペシャリストが教えるコツとポイント。解説つき実例作文収録。

『お父さんが教える読書感想文の書きかた』赤木かん子著　自由国民社　2009.9　79p　21cm〈索引あり〉1400円　①978-4-426-10784-0　Ⓝ019.25

『スイスイ！ラクラク!!読書感想文　小学5・6年生』成美堂出版編集部編　成美堂出版　2009.7　143p　26cm〈索引あり〉800円　①978-4-415-30620-9　Ⓝ019.25

『スイスイ！ラクラク!!読書感想文　小学3・4年生』成美堂出版編集部編　成美堂出版　2009.7　143p　26cm〈索引あり〉800円　①978-4-415-30623-0　Ⓝ019.25

『スイスイ！ラクラク!!読書感想文　小学1・2年生』成美堂出版編集部編　成美堂出版　2009.7　143p　26cm〈索引あり〉800円　①978-4-415-30622-3　Ⓝ019.25

『読書感想文からオトナの世界が見える―Writing』恩田ひさとし著　雷鳥社　2009.7　159p　17cm　（学問no近道！

国語　　　　　　　　　　　　　　　　　　　　　　　　　　　　　　　　　　読む・書く

ぬけ道？　散歩道）1200円　Ⓣ978-4-8441-3529-6　Ⓝ019.25

『とっちゃまんの読書感想文書き方ブック』　宮川俊彦著　ディスカヴァー・トゥエンティワン　2009.7　142p　20cm　1000円　Ⓣ978-4-88759-715-0　Ⓝ019.25

[目次]1章　読書感想文ってどう書くの？（本に「書いてないこと」を見つけるんだ、なぜベートーベンは笑ってない？、感想文は批評だ）、2章　こう読んでみたらどうかな？─二〇〇九年の課題図書徹底読解（『おこだでませんように』、『ちょっとまって、きつねさん！』、『てとてとてとて』ほか）、3章　世界は君の読解を待っている（感想文にマニュアルはないよ、新型インフルエンザ、不況はか）

[内容]「2009年夏休み」小学校課題図書に完全対応。みるみる読解力がつく！感想文から批評・評論にランクアップ!!ひとあじちがう『ハイレベル』感想文へのヒントがいっぱい。

『読書感想文おたすけブック─宮川俊彦の緊急特別授業　2008年度版』　宮川俊彦著　小学館　2008.7　143p　19cm　（わかる！できる！のびる！ドラゼミ・ドラネットブックス─日本一の教え方名人ナマ授業シリーズ）　900円　Ⓣ978-4-09-253556-5　Ⓝ019.25

[目次]1・2年生のおすすめ本（ぼくがラーメンたべてるとき、ガンバリルおじさんとホオちゃん、しずくのぼうけん　ほか）、3・4年生のおすすめ本（地球温暖化、しずみゆく楽園　ツバル─あなたのたいせつなものはなんですか？、3年2組は牛を飼います、やかまし村の子どもたち　ほか）、5・6年生のおすすめ本（今日からはじめる地球の守りかた　ぼくたち・わたしたちの地球温暖化問題、ブルーバック、十五少年漂流記　ほか）

[内容]感想文を書いていくためのアイディアやポイントを、課題図書や文学作品をれいにあげて、わかりやすく紹介しているよ。2008年度の課題図書は、11さつ収録。

『スラスラ書ける読書感想文　小学校5・6年生』　上条晴夫企画・監修　永岡書店　2008.6　159p　26cm　〈文献あり〉　800円　Ⓣ978-4-522-42539-8　Ⓝ019.25

『スラスラ書ける読書感想文　小学校3・4年生』　上条晴夫企画・監修　永岡書店　2008.6　159p　26cm　〈文献あり〉　800円　Ⓣ978-4-522-42538-1　Ⓝ019.25

『スラスラ書ける読書感想文　小学校1・2年生』　上条晴夫企画・監修　永岡書店　2008.6　141p　26cm　〈文献あり〉　800円　Ⓣ978-4-522-42537-4　Ⓝ019.25

『必ず書けるあなうめ読書感想文』　青木伸生監修　学習研究社　2007.7　128p　23cm　750円　Ⓣ978-4-05-202882-3　Ⓝ019.25

『すぐ書ける読書感想文─読みたい本が見つかる実例で書き方のコツがわかる　小学高学年以上対象』　あさのあつこ監修, 学研編　学習研究社　2007.6　143p　26cm　800円　Ⓣ978-4-05-302549-4　Ⓝ019.25

『すぐ書ける読書感想文─読みたい本が見つかる実例で書き方のコツがわかる　小学中学年』　あさのあつこ監修, 学研編　学習研究社　2007.6　147p　26cm　800円　Ⓣ978-4-05-302548-7　Ⓝ019.25

『すぐ書ける読書感想文─読みたい本が見つかる実例で書き方のコツがわかる　小学校低学年』　あさのあつこ監修, 学研編　学習研究社　2007.6　148p　26cm　800円　Ⓣ978-4-05-302547-0　Ⓝ019.25

『読書感想文のじょうずな書き方─小学校2年生』　立原えりか監修　成美堂出版　2007.6　143p　26cm　800円　Ⓣ978-4-415-30132-7　Ⓝ019.25

『読書感想文のじょうずな書き方─小学校1年生』　立原えりか監修　成美堂出版　2007.6　143p　26cm　800円　Ⓣ978-4-415-30131-0　Ⓝ019.25

『小学校5・6年生の読書感想文─実例作文がいっぱい！』　立原えりか監修　成美堂出版　2004.7　143p　22cm　〈文献あり〉　750円　Ⓣ4-415-02635-4　Ⓝ019.25

『小学校3・4年生の読書感想文─実例作文がいっぱい！』　立原えりか監修　成美

子どもの本　国語・英語をまなぶ2000冊　　139

堂出版　2004.7　143p　22cm　〈文献あり〉　750円　Ⓘ4-415-02634-6　Ⓝ019.25

『小学校1・2年生の読書感想文―実例作文がいっぱい！』　立原えりか監修　成美堂出版　2006.6　143p　21cm　750円　Ⓘ4-415-04213-9　Ⓝ019.25

『読書かんそう文　3・4年生―こんなにかんたん！』　藤井圀彦監修，松田正子著　成美堂出版　2001.7　127p　22cm　930円　Ⓘ4-415-01642-1
[目次]　1　本を読むよろこび　本と出会うよろこび（本を読む楽しみ，お気にいりの本との出会い，本のさがしかた），2　本を読む意味　かんそう文を書く意味（かんそうと読書かんそう文，読書かんそう文を書く意味），3　本を読んだことの記録　心にかんじたことの記録（かんそう文を書くための本の読みかた，読書メモの作りかた，かんたんな読書ノートの作りかた），4　本のかんそうと読書かんそう文（読書かんそう文を書くための本えらび，メモの見直しとしあげ，かんがえやいけんの書きかた，読書かんそう文のしあげ），ふろく　いろいろな本
[内容]　心にうかんだ気持ちやかんがえを、写しんにのこすようなかんじで、読書かんそう文を書いてみましょう。本書ではまず、本のえらびかたや読みかたについてアドバイスしています。また、じょうずにかんそう文を書くためのコツもわかりやすくかいせつしています。本書を読めば、あなたも、本を読むことや読書かんそう文を書くことが、きっと好きになりますよ。小学3・4年生向き。

『感想文書けちゃった！―読書感想文なんかこわくない』　水野寿美子著　改訂版　旺文社　2001.4　111p　21cm　〈索引あり〉　905円　Ⓘ4-01-071692-4

『これできみも読書感想文の名人だ―2000年度小学校課題図書対応』　宮川俊彦著　三省堂　2000.6　199p　21cm　1000円　Ⓘ4-385-35932-6
[目次]　感想文の組み立て，感想文の書き出しのヒケツ，きみは読解名人だ，テーマの見つけかた，感想文を書くため、考えるためのヒント集（課題図書（1・2年生用，3・4年生用，5・6年生用））
[内容]　自由に読む読書の楽しさ、のびのびと書く感想文の楽しさ、すばらしさがわかるよ。本には魅力がいっぱい。登場人物からさし絵まで、すてきな本の世界がよくわかるよ。2000年度小学校課題図書9点の読みかたと、読書感想文の書きかたのヒントがたくさん書かれているよ。

『読書感想文　5・6年生―こんなにかんたん！』　松田正子著　成美堂出版　1999.7　159p　21cm　800円　Ⓘ4-415-00869-0
[目次]　楽しみながら本を読もう，感想文を書こう（準備編，実践編），感想文を仕上げよう，困ったときのお助け集
[内容]　よい読書感想文を書くことは、まず自分の気に入った本を見つけることからはじまります。本書ではそんな本の見つけ方からアドバイスします。また、感想文の書き方のコツもていねいにわかりやすく解説してあるので、この本を読めば、原こう用紙に向かって鉛筆を動かすことがきっと楽しくてたまらなくなるはずです。

『読書感想文を書こう　4・5・6年生』　吉田幸雄著　岩崎書店　1997.1　115p　22cm　（まるごとわかる国語シリーズ　4）　2266円　Ⓘ4-265-06224-5,4-265-10126-7
[目次]　1　よい本はタイムマシン，2　本の世界は広がっている，3　感動をのこすことの大切さ，4　読書記録ののこし方，5　読書感想文を書いてみよう
[内容]　本書は、読書感想文を書くことの楽しさと、いままで気づかなかった「本のよさ」に気づいてくれるように書かれています。本のさがし方、作品の読みとり方、読書感想文の書き方の三つのことが、わかりやすく書かれています。

『読書感想文を書こう　1・2・3年生』　金久慎一著　岩崎書店　1997.1　119p　22cm　（まるごとわかる国語シリーズ　3）　2266円　Ⓘ4-265-06223-7,4-265-10126-7
[目次]　なぜ、本を読むってたのしいの？，2　どんな読み方をすればいいの？，3　感想をまとめよう，4　こんなまとめ方もあるよ，5　読書感想文を書こう，6　書くことをたのしもう

『ザ・読書感想文　1996　小学校高学年向』　宮川俊彦著　パテント社　1996.5　133p　22cm　（空とぶくじらブックス）　1300円　Ⓘ4-89357-043-9
[目次]　1　感想文てなーんだ？，2　この本、こ

う読んでみたらどうかな(帰ってきたナチ紀州犬 愛の物語,ふうちゃんのハーモニカ,さよならの日のねずみ花火,お米は生きている),3 ボクのおすすめこんな本(日本一のいじわるじいさん,ガイジイちゃんのつぼ,パパとのぼった木 ほか)
[内容] 本年度読書感想文コンクール課題図書がスイスイ読めて楽しく書ける。君の感想文がひろがるよ。小学校高学年向。

『ザ・読書感想文 1996 小学校低学年向』 宮川俊彦著 パテント社 1996.5 131p 22cm (空とぶくじらブックス) 1300円 ①4-89357-042-0
[目次] 1 感想文ってなんーんだ?,2 この本,こうよんでみたらどうかな(ゆずちゃん,でんでら竜がでてきたよ,かんすけさんとふしぎな自転車,いもむしのうんち),3 ボクのおすすめこんな本(いればのパッコンカッパにあう,たまご+うんち=いくら,うぐいす ほか)
[内容] 本年度読書感想文コンクール課題図書がスイスイ読めて楽しく書ける。君の感想文がひろがるよ。小学校低学年向。

『読書感想文の書き方おしえてよ 5・6年』 野上員行著,西村郁雄絵 改訂第2版 名古屋 KTC中央出版 1996.4 141p 22cm (地球っ子ブックス―新国語シリーズ 6) 1200円 ①4-924814-73-3
[目次] 第1部 かけ太,がんばる(かけ太と仲間たち,あしたから夏休み,何かおもしろいこと,ないかな? ほか),第2部 さあ,君もがんばろう(五・六年生と読書,読書記録は心の足あと,君自身の成長のために ほか)
[内容] 感想文を組み立てる4つのポイントがわかる。

『読書感想文の書き方おしえてよ 3・4年』 野上員行著,西村郁雄絵 改訂第2版 名古屋 KTC中央出版 1996.4 141p 22cm (地球っ子ブックス―新国語シリーズ 5) 1200円 ①4-924814-72-5
[目次] 第1部 かけ太のファミコン旅行(ファミコン大好き,かけ太君,かけ太号ロケット,飛びだす,かけ太も知ってる島にとう着 ほか),第2部 さあ,君も書いてみよう(いろいろな本があるんだ,いろいろな本を読もう,何を書こうかな ほか)

[内容] どうしておもしろかったの,なぜ悲しかったの。くわしく書くコツがわかる。

『読書かんそう文の書き方おしえてよ 1・2年』 野上員行著,西村郁雄絵 改訂第2版 名古屋 KTC中央出版 1996.4 143p 22cm (地球っ子ブックス―新国語シリーズ 4) 1200円 ①4-924814-71-7
[内容] "なんでも知ってるじま"は,読書のしま。本ぎらいのかけ太の大ぼうけん。

『楽しい読書感想文の書き方 6年』 日本作文の会編 学校図書 1994.6 179p 21cm 1300円 ①4-7625-1932-4
[目次] 1 六年生のみなさんへ,2 「だから」「なのに」はありません,3 簡単な読書の記録を書く,4 思ったことをそのまま日記に書く,5 国語の授業で学んだり感動したりしたことを書く,6 読書感想文のいろいろな書き方,7 いろいろな読書感想文,8 感想文ならどんと来い,学校図書館や公共図書館を上手に使おう,ぜひ読んでほしい三十さつの本

『楽しい読書感想文の書き方 5年』 日本作文の会編 学校図書 1994.6 179p 22cm 1300円 ①4-7625-1931-6
[目次] 1 五年生のみなさんへ,2 本を読むのが苦手なあなたに,3 えっ,こんなこと書いてもいいの,4 感想文のタマゴはあなたのそばにある,5 読書感想文,ここがポイント,6 読書感想文はこうすれば書ける,7 友達のいろいろな感想文,8 楽な気持ちで書いてみよう,学校図書館や公共図書館を上手に使おう,ぜひ読んでほしい三十さつの本

『楽しい読書感想文の書き方 4年』 日本作文の会編 学校図書 1994.6 175p 22cm 1300円 ①4-7625-1930-8
[目次] 1 四年生のみなさんへ,2 本を読むことは,新しい世界を旅すること,3 感想文はこわくない,4 どんなことを書けばいいのだろう どう書けばいいのだろう,5 友だちの感想文を読もう,学校図書館となかよくなろう,ぜひ読んでほしい三十さつの本

『どくしょかんそう文の本―1・2年生むき』 大橋富貴子著,鈴木れい子画 文渓堂 1994.6 133p 22cm 1200円 ①4-89423-038-0

読む・書く　　　　　　　　　　　　　　　　　　　　　　　　　　　　　　　　国語

[目次] どくしょ，いろいろな本を読みましょう，かんそう文，読書かんそう文の書きかた，さく文ようしの書きかた，よく書けた読書かんそう文
[内容] どくしょかんそうぶんをかくときに，こまっていることはありませんか。ほんのよみかたがわからない…どんなほんをよんだらいいのかわからない…さくぶんのかきかたがわからない…。そうしたらこのほんをよんでみてくださいね。どくしょかんそうぶんをかくのが，きっとたのしくなりますよ。1・2年生むき。

『楽しい読書かんそう文の書き方　3年』
　日本作文の会編　学校図書　1994.4
　175p　21cm　1300円　①4-7625-1929-4
[目次] 1 三年生のみなさんへ，2 この本を読んでみようと思ったのは，3 かんそう文って何を書いたらいいのだろう，4 いろいろな書き方があります，5 友だちのいろいろなかんそう文，6 読書にかかわるこんな生活がすてき，7 よいかんそう文が書ける人は
[内容] この本は，日本の各地の子どもたちが書いた読書感想文をもとにしながら，読書感想文はどう書けばいいのか，各地の三年生はどんな感想文を書いているのかを，子どもたちに知ってもらいたいと願ってまとめたものです。

『たのしいどくしょかんそう文の書きかた 2年』　日本作文の会編　学校図書　1994.4　167p　21cm　1300円　①4-7625-1928-6
[目次] 1 二年生のみなさんへ，2 本を読むのはおもしろい，3 本の中の「人」や「どうぶつ」に言ってみたい，4 本を読んでわかったこと，5 かんそう文のいろいろな書き方，6 よいかんそう文を書くには，7 友だちのいろいろなかんそう文
[内容] この本は，日本の各地の子どもたちが書いた読書感想文をもとにしながら，読書感想文をどう書いたらよいか，また，各地の二年生はどんな感想文を書いているかを子どもたちに知ってもらいたいと願って，まとめたものです。

『たのしいどくしょかんそうぶんのかきかた　1ねん』　日本作文の会編　学校図書　1994.4　167p　22cm　1300円　①4-7625-1927-8
[目次] 1 一年生のみなさんへ，2 おもしろい本をよむと，かなしいおはなしの本をよむ

と，かがくの本をよむと，3 こころがうごくのはだいじなこと，4 ほら，こうしてこころがうごく，5 おもったことをいってみたい，6 「どくしょかんそう文」ってどんなもの，7 いろいろなかきかたがあります，8 じぶんのおもったことがいい，9 おはなしのじゅんにおもったことをかく，10 ともだちのいろいろなかんそう文，11 よいかんそう文がかける人は
[内容] この本は，日本の各地の子どもたちが書いた感想文をもとにしながら，読書感想文は，どうかけばよいのか，また，各地の一年生は，どんな感想文を書いているのかを，子どもたちに知ってもらいたいと願ってまとめたものです。

『きみにも読書感想文がかけるよ　パート5 高学年向(1993年度版)』　文芸教育研究協議会編著　二期出版　1993.6　223p　21cm　1200円　①4-89050-210-6
[目次] いやなら，書くのはやめたほうがいい，読んで考えて書いてみよう，ボクがすすめる「おもしろい本」，読書感想文を書くためのヒント

『きみにも読書感想文がかけるよ　パート5 低学年向(1993年度版)』　文芸教育研究協議会編著　二期出版　1993.6　217p　21cm　1200円　①4-89050-209-2
[目次] 感想文なんか，どうでもいい，読んで考えて書いてみよう，ボクがすすめる「おもしろい本」，読書感想文を書くためのヒント

『読書感想文の本』　大橋富貴子著，鈴木れい子画　文渓堂　1993.6　223p　22cm　1300円　①4-938618-91-5
[目次] 第1章 あなたは「本読み」好きですか，第2章 感想文を書きましょう，第3章 感想文の実例集
[内容] ヒントがたくさんつまった本です。楽しく書けます。あなただけの感想文。小学校中・高年向。

『たのしく書ける読書かんそう文　5・6年生』　板橋清，鈴木喜代春，池田和子編著　金の星社　1990.7　149p　21cm　980円　①4-323-01593-3
[目次] 1 本を読むって楽しいよ，2 どんな本を，読もうかな，3 感想文を，書いてみよう，4 友だちの感想文を，読んでみよう，5 読書と，感想文，6 5・6年生のブックリスト

『たのしく書ける読書かんそう文　3・4年生』　板橋清, 鈴木喜代春, 池田和子編著　金の星社　1990.7　149p　21cm　980円　Ⓘ4-323-01592-5
目次　1 本を読むって楽しいよ, 2 どんな本を、読もうかな, 3 感想文を、書いてみよう, 4 友だちの感想文を、読んでみよう, 5 読書と、感想文, 6 3・4年生のブックリスト

『たのしく書ける読書かんそう文　1・2年生』　板橋清, 鈴木喜代春, 池田和子編著　金の星社　1990.7　165p　21cm　980円　Ⓘ4-323-01591-7
目次　1 本を読むってたのしいよ, 2 どんな本を、読もうかな, 3 かんそう文を、書いてみよう, 4 ともだちのかんそう文を、読んでみよう, 5 読書と、かんそう文, 6 1・2年生のブックリスト

『夏休みの読書感想文』　井沢忠夫著　大泉書店　1990.7　201p　19cm　〈監修：大越和孝〉800円　Ⓘ4-278-08031-X

『5・6年の読書感想文』　野上員行著, 西村郁雄絵　名古屋　中央出版　1990.2　141p　22cm　（地球っ子事典・国語シリーズ 6）1200円　Ⓘ4-924814-08-3

◆物語を読む・書く

『黒魔女さんの小説教室―チョコといっしょに作家修行！』　石崎洋司, 藤田香, 青い鳥文庫編集部作　講談社　2009.11　207p　19cm　952円　Ⓘ978-4-06-215903-6
目次　第1章 黒魔女さん、書き出しでなやむ, 第2章 キャラを考えよう、黒魔女さん, 第3章 「あたし、チョコ！」の落とし穴, 第4章 「場所」を描けば、「気持ち」がわかる⁉, 第5章 文章が変ですよ、黒魔女さん, 第6章 おもしろいアイデアはどこにある？, 第7章 そのお話はどこへ行く？, 第8章 大流行です、ファンタジー, 第9章 それでも小説家になりたいですか？
内容　「作家になりたい！」という小中学生のために、青い鳥文庫のホームページ上で石崎洋司先生が連載していたのが、「黒魔女さんの小説教室」です。「黒魔女さんが通る‼」に出てくるキャラや設定をつかって、お話を書くことを楽しもう、という連載でした。小中学生のみなさんの応募作品のあまりのレベルの高さに、作家志望の大人が断筆したという話や、石崎先生のためになる指導に、こっそり愛読しているプロの作家もいるといううわさがたえませんでした。この本は、「小説教室のバックナンバーが見たい！」という読者のみなさんからの熱い要望により、その連載をあらたにまとめなおしたものです。小中学生はもちろん、大人の作家志望の方にも役に立ちます。さあ、あなたも「黒魔女さんが通る‼」のキャラをつかって、チョコちゃんといっしょに小説を書いてみましょう。

『物語が大すき』　桑野徳隆著　岩崎書店　1997.1　127p　22cm　（まるごとわかる国語シリーズ 5）2266円　Ⓘ4-265-06225-3,4-265-10126-7
目次　1 物語を読もう（『つりばしわたれ』を読む, 人物を読む, 事件を読む, 解決を読む, 変化を読む）, 2 物語を書こう（SF物語, シナリオ, 絵本物語, ファンタジー, 冒険物語, ミステリー, 自分物語, その他）
内容　本書は、物語を読んだり、書いたりする楽しさをたっぷり味わってもらえるようになっています。「物語を読もう」では、自由の森の学校のひまおくん、ピョン子さん、チョロ吉くんの三人が登場し、物語の読み方をしめすと同時に、物語の書き方がわかるようにしています。「物語を書こう」では、いろいろな物語の作り方や作品や題材をしめしています。したがって、自分が書いてみたい物語のところをみれば、すぐ自分の力で物語を書くことができるようになっています。

『物語を読もう』　ポプラ社　1993.4　127p　26cm　（教科書にでてくる詩や文の読みかた・つくりかた 5）1650円　Ⓘ4-591-04431-9
目次　一つの花, 白いぼうし, 子ねこをだいて, ごんぎつね, 大造じいさんとがん, 木竜うるし, やまなし

『物語や感想文を書いてみよう』　ポプラ社　1993.4　127p　22cm　（教科書にでてくる詩や文の読みかた・つくりかた 6）〈監修：石田佐久馬〉1650円　Ⓘ4-591-04432-7
目次　1 物語を書こう, 2 物語を利用して書こう, 3 感想文を書こう, 4 みんなで書こう

◆◆◆

『物語文に強くなる―文章読解　小学4

読む・書く　　　　　　　　　　　　　　　　　　　　　　　　　　　　　　　　　　国語

年』白石範孝監修，学研編　学習研究社　2007.3　16,92p　30cm　（国語の森13）1200円　①978-4-05-302223-3

『物語文に強くなる—文章読解　小学3年』白石範孝監修，学研編　学習研究社　2007.3　16,92p　30cm　（国語の森10）1200円　①978-4-05-302219-6

『出題頻度順問題集物語文ランキング—中学受験用国語』日能研教務部企画・編集　改訂新版　横浜　日能研　2007.2　135p　21cm　（日能研ブックス　2—データランキングシリーズ）〈発売：みくに出版〉800円　①978-4-8403-0303-3

◆詩を読む・書く

『詩が大すきになる』小学館　1999.11　191p　19cm　（ドラえもんの学習シリーズ—ドラえもんの国語おもしろ攻略）〈指導：水内喜久雄〉760円　①4-09-253171-0
|目次| 1 詩をたくさん読もう—人によってちがう感じ方，2 同じ人でも、いろいろな見方があるよ，3 耳で楽しむ・読んで楽しむ，4 目で楽しむ・読んで楽しむ，5 ことばで遊ぼう，6 詩で変身しよう！，7 見方を変えると世界が変わる，8 詩でいちばん多いのは恋の詩，9 自分を大切に
|内容| 詩はさまざまな表現の方法を私たちに見せてくれます。そして、子どもたちは「にほんご」の特徴を知ったり、自分たちももっと学んでみようという気持ちになります。なにしろ、子どもたちは表現が好きなのですから。本書では、さまざまなジャンルのたくさんの楽しい詩を紹介しました。その中で多様な詩の表現の仕方がわかり、気楽に読む楽しさも身につけることでしょう。ぜひ、いっしょに読んでください。

『詩が大すき』阿部洋子著　岩崎書店　1997.1　131p　22cm　（まるごとわかる国語シリーズ　7）2266円　①4-265-06227-X,4-265-10126-7
|目次| ポエジー列島島わたり（ことばあそびの島、ひみつの花園、動物ランド、ふれあいの島、歌の中の「詩」を見る島　ほか）、マウント・ポエム山登り（つくってみよう、ことばあそび、なにを書けばいい？、話すように書いてみよう、したことを思いだして、よく見る目　ほか）

|内容| 本書には、教科書やいろいろな詩集にある詩や、小学生の人が書いた詩の中から、いくつかのテーマにあわせてえらんだ詩をのせています。

『詩の書き方おしえてよ　5・6年』小海永二著，西村郁雄絵　名古屋　KTC中央出版　1996.4　159p　22cm　（地球っ子ブックス—新国語シリーズ　9）1300円　①4-924814-76-8
|目次| 1 ぼくってだれ？わたしってだれ？，2 よい詩を目ざして—表現の工夫，3 読書感想詩，4 地域語の詩，5 自分の詩集を作ろう
|内容| ぼくってだれ、わたしってだれ。詩を書きながら考えてみよう。

『詩の書き方おしえてよ　3・4年』小海永二著，西村郁雄絵　名古屋　KTC中央出版　1996.4　175p　22cm　（地球っ子ブックス—新国語シリーズ　8）1300円　①4-924814-75-X
|目次| 1 遊び気分で—ことば遊びの詩，2 じいっとよく見て—観察の詩，3 「…みたいな」の詩—ひゆの詩・見立ての詩，4 ようすを表すことば集め—擬態語・擬音語（擬声語）集め，5 さあ、何をどう書こう—材料さがしと書き方のヒント，6 ほめっこ・まねっこ・直しっこ—感想の話し合いと合作
|内容| "そんなありありっこないさ"ことば遊びの詩にチャレンジ。

『しの書き方おしえてよ　1・2年』小海永二著，西村郁雄絵　名古屋　KTC中央出版　1996.4　159p　22cm　（地球っ子ブックス—新国語シリーズ　7）1300円　①4-924814-74-1
|目次| 1 先生あのね、おかあさんあのね，，2 お友だちの「し」，3 「ゆめ」と「くうそう」の「し」，4 食べものの「し」，5 行分けのひみつ，6 ことばをひっくりかえそう，7 ことばをくりかえそう，8 ことばのリズム，9 音をあらわすことば，10 声に出して読もう，11 いつ、どこで、「し」を書けばいいのだろう
|内容| 「し」を書くって、おもしろいなあ。ことばをくりかえしたり、ひっくりかえしたり。

『やさしい詩　6年生』日本作文の会編　百合出版　1994.8　76p　26cm　950円　①4-89669-163-6

| 国語 | 読む・書く |

[目次] 1 うわぁ、噴火だ!, 2 アンテナで、詩のタネをキャッチ, 3 ひとりごとのように、語りかけるように, 4 写生するように, 5 そのままのことばで, 6 一行一行、一つのことばが、いのち, 7 組みたてが決めて, 8 題はだいじな一行, 9 ぐいぐい心にせまる, 10 よい詩をいっぱい食べよう

『やさしい詩　5年生』 日本作文の会編
百合出版　1994.8　76p　26cm　950円
①4-89669-162-8
[目次] 1「詩」は、かくれている, 2 春・夏・秋・冬・一年中、生まれる「詩」, 3 詩にしたいこと、いっぱいあって、こまっちゃう, 4 目では見えない人の心が、詩でわかる, 5「作文」と『詩』が、わからないという人へ, 6 詩も、第一印象が大切です―題のつけ方と、最初の一行, 7 この技を使いこなせれば詩の達人, 8 心に浄水器をつけて、広い世界へ

『やさしい詩　3年生』 日本作文の会編
百合出版　1994.8　76p　26cm　950円
①4-89669-160-1
[目次] 1 詩は、こころのさけび, 2 さっそくですが、クイズです, 3 詩のタネは、どこにだって、ころがっている, 4 ぶきみな目、おばけみたい, 5 え?あたまのテレビがうつらない, 6 シュワッチ!ダイエットに、へんしん, 7「いで。」「悪がった。」「あんがど。」いつも、しゃべっていることばで, 8 クサラ、パッホッチョカケタカ―音を耳でとらえて、文字にうつそう, 9 題は詩の顔、詩のいのち, 10 三年生の思い出、心のアルバムを作ろう

『やさしい詩　2年生』 日本作文の会編
百合出版　1994.8　76p　21cm　950円
①4-89669-159-8
[目次] 1 さあ、出ばつ―詩のとびらのあけ方、おしえます。, 2 犬は、くすぐったくないのかな。, 3 わりこみはダメ!じゅんじょよくならんで, 4 あたまの中のビデオテープ, 5 ひといきが一行, 6 お母さんのおなかの中で聞いたコトバで, 7『月』を、おはしでつまんだ『にじ』を、のんじゃったそんなことできるの?「ハイ!詩なら、なんでもできます。」, 8 これはけっさく, 9 さいしょの一行さいしょのことば, 10 この世に一冊だけの、詩集をつくりましょう

『やさしい詩　4年生』 日本作文の会編
百合出版　1994.7　76p　26cm　950円

①4-89669-161-X
[目次] この「やさしい詩」をもとめられたあなたへ, 1「先生に言うぞ!」と言われたってかまわないぼくだってこんないたずらしてみたい, 2 友だちっていいもんだ, 3 健康にいい詩, 4 まわりはカットそのものズバリ ひとつのことを, 5 ちちをかえせ ははをかえせ としよりをかえせこどもをかえせ, 6 でこ書きするな, 7 元気のでるうその話, 8 ちょっと変わったあなたの住所ろくを作ってみませんか, 9「あっ!そうだったのか!」思わず口に出し、手をたたくとき, 10 まだ子どもなんだから、だまってろ?, 11 "詩"だけでは、いけないのです作文を書く力が土台になっていなければ

『やさしい詩　1年生』 日本作文の会編
百合出版　1994.7　76p　26cm　950円
①4-89669-158-X
[目次] この「やさしい詩」をもとめられたあなたへ, 1 詩のたまごだよたまごでも詩だよ, 2 たまごから詩がうまれたよ, 3 大きく大きくそだてよう, 4 みてください大きくなったわたしの詩ぼくたちの詩, 5 とびたとううちゅうへじゆうのあおぞらへ

『教科書にでてくる詩のわかる本　6年生』 畑島喜久生編　国土社　1993.4
141p　21cm　1800円　①4-337-23906-5
[目次] 1 詩に近づく, 2 情景や心情を声にのせて, 3 言葉のひびきを味わう, 4 するどい!, 5 人生とは?, 6 さわやかさと、しなやかさと, 7「前進」という名の言葉, 8 詩の書きかた, 9 子どもたちにおくる言葉

『教科書にでてくる詩のわかる本　5年生』 畑島喜久生編　国土社　1993.4
143p　21cm　1800円　①4-337-23905-7
[目次] 思いをふくらませて、ひびきのある声で、言葉のリズムをたのしむ、文語の「歌」を読んでみよう、犀星と暮鳥、山頂からの呼びかけ、与田準一の詩、暮らしの中から、詩の書きかた

『教科書にでてくる詩のわかる本　4年生』 畑島喜久生編　国土社　1993.4
141p　21cm　1800円　①4-337-23904-9
[目次] 1 4年生の目はカメラの目, 2 リズムにのって、生き生きと, 3 季節を見つける, 4 音とにおいと呼吸と, 5 一人の詩人の詩, 6 この気持ち, 7 詩の書きかた

『教科書にでてくる詩のわかる本　3年

読む・書く　　　　　　　　　　　　　　　　　　　　　　　　　国語

生』畑島喜久生編　国土社　1993.4　127p　21cm　1800円　⓵4-337-23903-0
[目次] 1 3年生はがむしゃら，2 気もちをこめて，いきいきと，3 ことば（うた）であそぼう，4 みいつけた，5 ふしぎなことがあるもんだ，6 日本の空の上と下で，7 詩の書きかた，8 4年生をめざして

『教科書にでてくる詩のわかる本　2年生』畑島喜久生編　国土社　1993.4　130p　21cm　1800円　⓵4-337-23902-2
[目次] 1 二年生になった！，2 こえをそろえて，3 いろいろなうた，4 ことばのダンスってしってるかい，5 ちょっとふしぎ，6 ぼくがいる，きみがいる，おにやんまがいる，7 二年生がこんなすてきな詩を書いている，8 詩の書きかた

『詩をつくってみよう』ポプラ社　1993.4　127p　21cm　（教科書にでてくる詩や文の読みかた・つくりかた 2）1650円　⓵4-591-04428-9
[目次] この本を使っての勉強のしかた―カメラの眼のように，想像するとはどんなことか―想像の翼をひろげて，表現とは？詩の表現とは？―効果的な表現を

『詩をつくろう』石毛拓郎著，大和田美鈴絵　さ・え・ら書房　1993.4　159p　22cm　（さ・え・ら図書館/国語）1300円　⓵4-378-02218-4
[目次] 第1章 詩とであう，第2章 これなら詩がつくれる，第3章 人マネでない詩をつくろう，第4章 詩を楽しく味わおう

『詩を読もう』ポプラ社　1993.4　127p　21cm　（教科書にでてくる詩や文の読みかた・つくりかた 1）1650円　⓵4-591-04427-0
[目次] 詩の読みかた（春の目覚め，太陽の輝き），詩の朗読のしかた（実り秋，冬の厳しさにたえて）

『教科書にでてくる詩のわかる本　1年生』畑島喜久生編　国土社　1993.3　125p　21cm　1800円　⓵4-337-23901-4
[目次] 1 一年生はげんき，2 あいうえおかきくけこ，3 ことばってふしぎ，ことばっておもしろい，4 大きなこえでよもう，5 しのことばって，はねてるいきてる，6 こえにだしてうたってみよう，7 小さな子がこんなすてきなこといってるよ，8 しってじぶんでもつくれるんだよ，9 しのつくりかた

◆短歌・俳句を読む・作る

『ねんてん先生の俳句の学校　3　俳句をつくろう』坪内稔典監修　教育画劇　2011.4　48p　29×22cm　3300円　⓵978-4-7746-1341-3
[目次] 第1回目 俳句ってなんだろう？，第2回目 まずは五七五！―名前で俳句をつくろう，第3回目 五七五スケッチ，第4回目 言葉をコーディネート，第5回目 課外授業 俳句じっけん教室，第6回目 句会を開こう，第7回目 俳句ハイキングに出発だ！

『ねんてん先生の俳句の学校　2　季節のことばを見つけよう　秋冬』坪内稔典監修　教育画劇　2011.4　48p　29×22cm　3300円　⓵978-4-7746-1340-6
[目次] 秋（月の夜に虫の音ひびいて，秋の空に耳をすませば，秋の大収穫祭，紅葉や草花にいろどられ，秋のいろいろな行事，生きものを観察しよう，だんだん寒くなってきて…），冬（冬のぬくぬく大作戦！，森羅万象に思いをはせて，楽しい雪の日，冬の行事―新年を迎えるまで，新年明けましておめでとう！，春に向かって）

『ねんてん先生の俳句の学校　1　季節のことばを見つけよう　春夏』坪内稔典監修　教育画劇　2011.2　48p　29×22cm　3300円　⓵978-4-7746-1339-0
[目次] 春（芽が出て，ふくらんで…，みんな動き出す，春の風・春の雨，旬ですよ！，海のもの・山のもの，行事も大切な季節の言葉，「花」といえば桜のこと，春のあれこれ，俳句鑑賞 春），夏（風薫る，夏の始まり，梅雨を楽しもう，星に願いを，夏休みがやって来た！，涼・旬，夏の短夜ワンダーランド，夏の花，俳句観賞 夏）

『親子で楽しむこども俳句教室』仙田洋子編著　三省堂　2011.1　223p　19cm　1500円　⓵978-4-385-36473-5
[目次]「学校」をよむ，「家族」をよむ，「友だち」をよむ，「恋」をよむ，「学校行事」をよむ，「生活」をよむ，「桃の節句・端午の節句・七夕」をよむ，「夏休み」をよむ，「クリスマス・バレンタインデー」をよむ，「正月」をよむ〔ほか〕
[内容]「学校」「家族」「動物」「植物」など，選べる豊富な題材。丁寧な解説と楽しめる

| 国語 | 読む・書く |

「俳句クイズ」。掲載俳句197句、総ルビ付き。

『親子で楽しむこども短歌塾』 松平盟子著 明治書院 2010.7 77p 21×19cm （寺子屋シリーズ 4） 1500円 Ⓘ978-4-625-62413-1
[目次] 1 短歌ってなぁに？, 2 短歌を楽しむ・短歌で遊ぶ, 3 短歌をつくってみよう—ホップ・ステップ・ジャンプ, 4 みんながつくった短歌, 5 短歌の名作を味わってみよう, 6 もっと短歌を楽しむ
[内容] 三十一文字に心を乗せて、自分だけの世界を紡ぎだそう。短歌で味わい育てる豊かな日本語の力。

『親子で楽しむこども俳句塾』 大高翔著 明治書院 2010.4 77p 21×19cm （寺子屋シリーズ 3） 1500円 Ⓘ978-4-625-62412-4
[目次] 1 俳句ってなぁに？（俳句って、楽しい！, 俳句ができるまで）, 2 俳句の名作を味わってみよう, 3 俳句をつくってみよう（俳句の基本ルール—五・七・五と季語で俳句をつくろう, 季語一覧 ほか）, 4 みんながつくった俳句（こどもがつくった俳句, おとながつくった俳句 ほか）, 5 俳句ができたら…（句会って、楽しい！, 句集をつくろう ほか）
[内容] 「和」の文化に学ぶ"生きる力""生きる知恵"。目の前の季節や心のなかの風景…俳句で育む豊かな心と言葉。

『親子で楽しむこども短歌教室』 米川千嘉子編著 三省堂 2010.1 207p 19cm 1400円 Ⓘ978-4-385-36439-1
[目次] はじめに—この本の楽しみ方, 短歌ってなに？, 「学校」をうたう, 「家族」をうたう, 「友だち」をうたう, 「恋」をうたう, 「春」をうたう, 「夏」をうたう, 「秋」をうたう, 「冬」をうたう〔ほか〕
[内容] 短歌にふれ、楽しみ、学習する、待望の本！「学校」「家族」「生きもの」など、選べる豊富な題材、丁寧な解説と楽しめる「短歌クイズ」、掲載短歌156首、総ルビ付き。特別付録・現代語訳付き百人一首。

『百句おぼえて俳句名人』 向山洋一監修, 森須蘭文, 角川学芸出版編 角川学芸出版 2009.6 127p 21cm 〈発売：角川グループパブリッシング 付属資料：CD1〉 1800円 Ⓘ978-4-04-621643-4
[目次] 春の句, 夏の句, 秋の句, 冬の句, 新年の句
[内容] 日本の四季の移ろいや、文化の中で生まれた行事や風習を知って、豊かな心を育てましょう。身のまわりの人や動物・植物などへの俳人のまなざしを感じて、わずか17音で表現できる日本語のすばらしさを知り、優しさや感受性をはぐくみましょう。

『四季のことば絵事典—日本の春夏秋冬に親しもう！ 俳句づくり・鑑賞にも役立つ』 荒尾禎秀監修 PHP研究所 2009.1 79p 29cm 〈文献あり 索引あり〉 2800円 Ⓘ978-4-569-68933-3 Ⓝ911.307
[目次] 春（春らしさをさがしてみよう, 春の食卓で）, 夏（夏の風物を見てみよう, 夏祭りで）, 秋（秋の気配を感じてみよう, 秋の野山へ出かけよう）, 冬（冬を感じることばを見つけよう, 年末の市場で）, 季節のことばをもっとさがそう（植物—花や草木にかかわることば, 動物—鳥や虫、魚, 動物にかかわることば ほか）
[内容] 季語は、俳句のなかで春夏秋冬をあらわすことばで、日本人の四季に対する感覚を反映したものである。この本では、季語を通して、身のまわりの四季の風物を紹介する。

『まんがで学ぶ俳句・短歌』 白石範孝著, やまねあつし漫画 国土社 2008.4 111p 21cm 1500円 Ⓘ978-4-337-21505-4
[目次] 俳句の巻（俳句ってなぁに？, 俳句のきまり, 俳句を味わう, 俳句を作ろう）, 短歌の巻（短歌ってなあに？, 短歌のきまり, 短歌を味わう, 短歌を作ろう）

『短歌・俳句—季語辞典』 中村幸弘, 藤井閑彦監修 ポプラ社 2008.3 227p 29cm （ポプラディア情報館） 6800円 Ⓘ978-4-591-10088-2,978-4-591-99950-9 Ⓝ911.07
[目次] 第1章 短歌（短歌って何？, 近・現代短歌—作者と作品, 万葉集—作者と作品, 古今和歌集—作者と作品, 新古今和歌集—作者と作品, 江戸時代の和歌—作者と作品, 枕詞一覧, 小倉百人一首）, 第2章 俳句（俳句って何？, 俳諧・俳句の歴史, 俳句の作り方, 川柳の世界, 近・現代俳句—作者と作品, 俳諧—作者と作品）, 第3章 季語辞典
[内容] 教科書に出てくるものを中心に、短歌・俳句の有名作品を多数収録。収録作品は、古典から現代作家の作品まで、幅広く

読む・書く　　　　　　　　　　　　　　　　　　　　　　国語

集めました。俳句に使う約500の季語を五十音順に配列し、豊富な写真とともに解説。わかりやすい例句をつけました。作品は五十音順に、季語は季節別に探せる便利なさくいんつき。

『ちびまる子ちゃんの短歌教室―かがやく日本語・短歌の魅力を感じてみよう』
さくらももこキャラクター原作、小島ゆかり著　集英社　2007.4　206p　19cm（満点ゲットシリーズ）850円　Ⓘ978-4-08-314040-2
目次　第1章 自然の歌・季節の歌（石走る垂水の上のさわらびの萌え出づる春になりにけるかも（万葉集）、わが園に梅の花散るひさかたの天より雪の流れ来るかも（万葉集）、春の園紅にほふ桃の花下照る道に出で立つをとめ（万葉集）ほか）、第2章 心の歌（あかねさす紫野行き標野行き野守は見ずや君が袖振る（万葉集）、われはもや安見児得たり皆人の得がてにすといふ安見児得たり（万葉集）、家にあれば笥に盛る飯を草枕旅にしあれば椎の葉に盛る（万葉集）ほか）、第3章 みんなの歌（小学生の歌、中学生の歌、特別篇　ほか）
内容　長く愛され親しまれてきた短歌は、昔から変わらない人々の思いや自然の流れが詠まれているからこそ今の時代にも受け継がれているのだと思います。たくさんある短歌の中から、みなさんにもなじみやすい歌が選ばれています。作った人たちの気持ちを感じながら読んでみましょう。

『山盛りの十七文字―俳句を楽しもう』
藤原和好, 伊藤政美, 谷口雅彦, 尾西康充, 松本吉弘, 森田高志, 山川晃史編　津　三重県生活部文化振興室　2007.3　59p　26cm　Ⓝ911.307

『小学生のまんが俳句辞典』　藤井圀彦監修　学習研究社　2005.2　255p　21cm　1000円　Ⓘ4-05-301853-6　Ⓝ911.307
目次　俳句ってなあに、俳句四つの物語（松尾芭蕉―旅に生きた人、与謝蕪村―俳句に生きる画家の目、小林一茶―弱い者への温かいまなざし、正岡子規―俳句への情熱と生涯の友）、春・夏・秋・冬の名句（雪とけて村一ぱいの子どもかな（小林一茶）、残雪やごうごうと吹く松の風（村上鬼城）、梅が香にのつと日の出る山路かな（松尾芭蕉）ほか）、俳句をつくろう（五・七・五のリズムになれよう、発見や感動を言葉にしよう、句をつくってみよう、仕上げを大切に―推敲しよう、句を発表しよう）、俳句の資料室
内容　まんがとイラストで、俳句を楽しく味わい、学ぶ辞典。

『ジュニア版 写真で見る俳句歳時記 新年・総索引』　長谷川秀一, 原雅夫監修　小峰書店　2003.4　87p　26cm（ジュニア版 写真で見る俳句歳時記 7）4000円　Ⓘ4-338-18807-3
目次　新年―新しき年・あらたまの年・年明く・年変る・初年・若き年・年頭・年立つ・年新た, 正月―お正月, 去年今年―去年・旧年・初昔・宵の年, 初春―新春・迎春・明の春・今朝の春・家の春・おらが春, 元日―お元日・年の始・月の始・日の始・鶏日・元旦・人日, 初日―初日の出・初日・初旭・初日影・初日山・初明り, 初空―初御空・初晴, 初凪, 初富士―初不二, 若水―若水汲・若水迎え・初水・福水・若井〔ほか〕
内容　冬とは別に新年の季語と俳句を紹介。巻末に7巻までの掲載季語総索引、掲載俳人総索引がつく。

『ジュニア版 写真で見る俳句歳時記 冬』　長谷川秀一, 原雅夫監修　小峰書店　2003.4　87p　26cm（ジュニア版写真で見る俳句歳時記 6）4000円　Ⓘ4-338-18806-5
目次　第1章 三冬（冬全般）の季語（冬―玄冬・冬将軍, 冬ざれ―冬され・冬ざるる　ほか）、第2章 初冬（十一月ごろ）の季語（初冬―初冬・冬初め, 十一月　ほか）、第3章 仲冬（十二月ごろ）の季語（十二月, 霜月―霜降月・雪待月・雪見月　ほか）、第4章 晩冬（一月ごろ）の季語（師走―極月, 一月　ほか）

『ジュニア版 写真で見る俳句歳時記 秋』　長谷川秀一, 原雅夫監修　小峰書店　2003.4　87p　26cm（ジュニア版写真で見る俳句歳時記 5）4000円　Ⓘ4-338-18805-7
目次　第1章 三秋（秋全般）の季語（秋, 秋の日―秋日・秋日影・秋日向　ほか）、第2章 初秋（八月ごろ）の季語（初秋―初秋・新秋, 八月　ほか）、第3章 仲秋（九月ごろ）の季語（二百十日―二百二十日・厄日, 九月　ほか）、第4章 晩秋（十月ごろ）の季語（十月, 長月―菊月・紅葉月　ほか）

『ジュニア版 写真で見る俳句歳時記 夏2』　長谷川秀一, 原雅夫監修　小峰書店

『ジュニア版 写真で見る俳句歳時記 夏2』長谷川秀一,原雅夫監修 小峰書店 2003.4 71p 26cm （ジュニア版写真で見る俳句歳時記 4）4000円 Ⓓ4-338-18804-9

[目次] 第1章 仲夏（六月ごろ）の季語（六月—六月来る・六月風,皐月—早苗月・橘月,梔子の花—梔子の香,杜若,あやめ,花菖蒲 ほか）,第2章 晩夏（七月ごろ）の季語（七月,水無月—風待月,梅雨明—梅雨あがる・梅雨の果,朝凪—朝凪ぐ ほか）

『ジュニア版 写真で見る俳句歳時記 夏1』長谷川秀一,原雅夫監修 小峰書店 2003.4 79p 26cm （ジュニア版写真で見る俳句歳時記 3）4000円 Ⓓ4-338-18803-0

[目次] 第1章 三夏（夏全般）の季語（夏—炎帝,暑し—暑さ・暑・暑気・暑き日,夏の日—夏日,夏の夕—夏夕べ・夏の暮 ほか）,第2章 初夏（五月ごろ）の季語（五月—五月来る,卯月—卯の花月・花残月,立夏—夏に入る,夏立つ・夏来る,夏めく—夏きざす・薄暑 ほか）

『ジュニア版 写真で見る俳句歳時記 春2』長谷川秀一,原雅夫監修 小峰書店 2003.4 79p 26cm （ジュニア版写真で見る俳句歳時記 2）4000円 Ⓓ4-338-18802-2

[目次] 第1章 仲春（三月ごろ）の季語（三月,如月—梅見月・初花月,雪崩,残雪—雪残る・残る雪・雪形 ほか）,第2章 晩春（四月ごろ）の季語（四月,弥生—桜月,復活祭—イースター・イースターエッグ,桃の花—花桃・緋桃・白桃・源平桃 ほか）

『ジュニア版 写真で見る俳句歳時記 春1』長谷川秀一,原雅夫監修 小峰書店 2003.4 71p 26cm （ジュニア版写真で見る俳句歳時記 1）4000円 Ⓓ4-338-18801-4

[目次] 第1章 三春（春全般）の季語（春,春暁—春の曙・春の朝,春昼—春の昼,春の暮—春夕べ ほか）,第2章 初春（二月ごろ）の季語（二月,睦月—むつみ月・太郎月,旧正月—旧正,立春—春立つ・春来る ほか）

『俳句・季語入門 5 入門俳句事典』石田郷子著,山田みづえ監修 国土社 2003.3 71p 27×22cm 2800円 Ⓓ4-337-16405-7

[目次] 俳句のなりたち,人物伝,二十四節気とは,俳句のつくりかた,俳句はじめの一歩—身近なところで季語を見つけて俳句をつくろう,句会の開きかた

『俳句・季語入門 4 冬・新年の季語事典』石田郷子著,山田みづえ監修 国土社 2003.2 79p 27×22cm 2800円 Ⓓ4-337-16404-9

[内容] 立冬（11月8日ごろ）から,立春（2月4日ごろ）の前の日までの3カ月が冬です。約470の冬・新年の季語を解説,290名あまりの作者による400句を紹介します。

『俳句・季語入門 3 秋の季語事典』石田郷子著,山田みづえ監修 国土社 2003.2 71p 27×22cm 2800円 Ⓓ4-337-16403-0

[内容] 立秋（8月8日ごろ）から,立冬（11月8日ごろ）の前の日までの3カ月が秋です。約360の秋の季語を解説,250名あまりの作者による400句を紹介します。

『俳句・季語入門 2 夏の季語事典』石田郷子著,山田みづえ監修 国土社 2003.1 79p 27×22cm 2800円 Ⓓ4-337-16402-2

[目次] 巻頭名句,監修のことば "子どもの歳時記"に祝福を,著者のことば この本の特徴—凡例に代えて,夏の季語

『俳句・季語入門 1 春の季語事典』石田郷子著,山田みづえ監修 国土社 2003.1 75p 27×22cm 2800円 Ⓓ4-337-16401-4

[内容] 現在,歳時記に収められている季語は五千ほどであるが,本書では,みなさんの生活のなかで実際に見ることができるもの,体験できるものを中心に選んだ。また,なかなかふれる機会のないものでも,知っておいていただきたいと思った季語は残した。さらに,小中学生のみなさんの作品を,例句の中にできるだけたくさん取り上げた。

『ちびまる子ちゃんの俳句教室』さくらももこキャラクター原作,夏石番矢編著 集英社 2002.3 205p 19cm （満点ゲットシリーズ）850円 Ⓓ4-08-314016-X

[目次] 俳句って,なあに?,四俳人の名句を読もう（松尾芭蕉の一生,まんが・松尾芭蕉の一生 ほか）,季節ごとの俳句を読もう

読む・書く　　　　　　　　　　　　　　　　　　　　　　　　　　　　　　　　　　　　　国語

（春，夏 ほか），季語のない自由な俳句を読もう

[内容] まる子と楽しく俳句のお勉強！芭蕉から現代の俳句まで，声に出して覚えたい俳句が全部で153句。まるちゃん流解釈まんが入りで俳句の世界が楽しく学べます。

『和歌・俳句と百人一首』 井関義久監修　学習研究社　2001.2　64p　27cm　（国語っておもしろい　6）　2500円　①4-05-201379-4,4-05-810615-8

『まんがで学習 おもしろ野鳥俳句50』 小林清之介編・著，山口太一画　あかね書房　2000.5　127p　21cm　1200円　①4-251-06608-1

[目次] 春の野鳥俳句（出前来て初鶯を逃がしたり（神蔵器），見うしないやすく雲雀を見まもりぬ（篠原梵），巣籠れる妻の燕は巣にあふれ（前田普羅） ほか），夏の野鳥俳句（得し虫を嘴にたのしも四十雀（大島三平），見えかくれ居て花こぼす目白かな（富安風生），谺して山ほととぎすほしいまま（杉田久女） ほか，秋の野鳥俳句（照りかげり路地くる顔に朝の鵙（石川桂郎），あれほどの椋鳥おさまりし一樹かな（松根東洋城），ひよどりは写真とる間も鳴きつづけ（阪井渓仙） ほか，冬の野鳥俳句（梟淋し人の如く黙る時（原石鼎），白鳥のつぎつぎに着く身を反らし（鷹羽狩行），鴨の陣ただきらきらとなることも（皆吉爽雨） ほか，無季の野鳥俳句（山鴉春立つ空に乱れけり（内田百閒），鳶の輪の上に鳶の輪冬に倦く（西東三鬼），尾長来て枯谷に色よみがえり（村田脩） ほか

[内容] かつて野鳥を愛することは，かごのなかに入れて，めんどうをみることだと思われていました。今はちがいます。自然のなかでながめたり，観察したりすることが，本当に野鳥を愛することだと考えられるようになりました。本書は，そういう立場から，野鳥の俳句を五十句選び，その解釈や，野鳥に関する知識などをまとめてみました。

『作ってみようらくらく短歌』 今野寿美著　偕成社　2000.3　153p　21cm　（国語がもっとすきになる本）　1500円　①4-03-541230-9

[目次] 1 短歌の楽しさ，おもしろさ，2 短歌をつくろうと思ったら，3 短歌になるってどんなこと?，4 どんな工夫があるかしら?，5 短歌が生まれたのはいつごろ?，6 短歌で遊んでみましょう

[内容] 短歌は日本の伝統的な詩のかたちです。そして，だれでもが作れる身近な詩なのです。作ってみよう，と思ったらこの本を読んでみましょう。短歌の作り方をわかりやすく教えます。

『作ってみようらくらく俳句』 辻桃子著　偕成社　2000.3　158p　21cm　（国語がもっとすきになる本）　1500円　①4-03-541210-4

[目次] 1 はじめての俳句，2 俳句の約束ごと，3 さあ，つくってみよう，4 句会と吟行を楽しもう，5 俳句のひろがり

[内容] 俳句はいつでもどこでもだれでも作れます。これから作ってみたいと思っている人にももっとうまく作りたいと思っている人にも作り方と上達のコツをわかりやすく教えます。

『読んでみようわくわく短歌』 今野寿美著　偕成社　2000.3　165p　21cm　（国語がもっとすきになる本）　1500円　①4-03-541240-6

[目次] 1 短歌のリズムのこころよさ，2 短歌を楽しく読むために（「百人一首」のとくい札，文語と口語，かなづかいのこと，短歌の書き方），3 名歌・秀歌のおもしろさ（一月のうた，二月のうた，三月のうた，四月のうた，五月のうた ほか）

[内容] 短歌には千年以上の歴史があります。昔の人も，いまの人も5・7・5・7・7のリズムでたくさんの短歌を作ってきました。おぼえておきたい古今の名歌をとりあげて短歌の読み方をやさしくときあかします。

『読んでみようわくわく俳句』 辻桃子著　偕成社　2000.3　163p　21cm　（国語がもっとすきになる本）　1500円　①4-03-541220-1

[目次] 1 俳句を知る（日本人の暮らしの中の俳句，俳句の歴史），2 名句を読む（鑑賞のまえに，俳句の歴史をつくった俳人たち—名人の句を読もう），3 知っておきたい四季の名句（春の俳句，夏の俳句，秋の俳句 ほか）

[内容] 俳句ってむずかしい，と思っていませんか。そんなことはありません。5・7・5のことばの中には作者のたくさんの「気持ち」がつまっています。よく知られている古今の名句をとりあげて俳句の読み方をやさしくときあかします。

| 国語 | 読む・書く |

『ケロ吉くんの楽しい川柳入門』 北野邦生著　大阪　葉文館出版　1999.8　129p　21cm　1500円　④4-89716-075-8
|目次| 1 川柳の作り方からおぼえよう（世界で一番短い詩「川柳」，川柳は心のスケッチ，川柳のやくそくごとは「五・七・五」ほか），2 川柳を作るみんなは楽しそう（一・二年生の川柳はどうかな，三・四年生の川柳はどうかな，五・六年生の川柳はどうかな），3 せんぱいのいい句をとことん味わおう（六巨頭と呼ばれる川柳作家の句から，現代川柳作家の句から），4 さあキミも川柳作家にチャレンジだ（心の動きを五・七・五に，目で見たものを五・七・五に，できごとを五・七・五に　ほか）
|内容| 子供たちの川柳は、大人の川柳の真似事の域を出ていないというのが現状であります。今ここで、子供たちに川柳というものを正しく理解させておかなければなりません。そのために是非必要なのが、子供のための「川柳の作り方の確かな手引書」。この本は、小学校三年生以上の子供ならだれでも、自力で、しかも楽しみながら勉強できます。

『ふるさとをよむ俳句』 飯田竜太著　あすなろ書房　1999.3　77p　22cm（NHK教育テレビ「シリーズ授業」―子どもたちへのメッセージ 5）1400円　④4-7515-2035-0
|目次| 日の丸べんとう，どんな俳句を知ってるかな？，俳句をつくってみる，五・七・五と季語，すなおに表現する，俳句とわたし，ふるさとをとらえる，今の気持ちを大切に

『俳句を読もう―芭蕉から現代までの二六八句』 藤井圀彦編著　さ・え・ら書房　1998.10　159p　21cm　1800円　④4-378-02263-X
|目次| 1 松尾芭蕉，2 与謝蕪村，3 小林一茶，4 現代の俳句―子規以降の俳人たち（正岡子規，高浜虚子，種田山頭火，飯田蛇笏，尾崎放哉，水原秋桜子，橋本多佳子　ほか）
|内容| 俳句をあなたの心の宝に！旅行にいったとき、何かうれしいこと、悲しいことがあったとき、そして、ほうっと空をながめているとき…ふっと心に浮かぶような俳句、おぼえておきたい俳句268句を紹介・鑑賞します。

『俳句・短歌がわかる』 小学館　1997.11　187p　19cm　（ドラえもんの学習シリーズ―ドラえもんの国語おもしろ攻略）〈指導：久保田淳〉760円　④4-09-253164-8
|目次| 俳句（俳句の歴史とことばのきまり，四季の俳句，季語のいろいろ），短歌（和歌・百人一首・短歌の歴史，テーマ別短歌のいろいろ，短歌のテクニック）
|内容| 俳句も短歌も、みなさんに味わってほしいものを各数十ずつ厳選。昔の作家から現在の作家まで、大切なものを掲載。それぞれの解説のほかに、主な作者の生活も紹介。俳句と短歌の時代の流れやテクニックも少しずつ解説。作家名さくいんやあいうえお順さくいん、俳句は四季別さくいん、短歌はテーマ別さくいんをつけた。

『短歌・俳句・川柳が大すき』 宮崎楯昭著　岩崎書店　1997.1　127p　22cm（まるごとわかる国語シリーズ 6）2266円　④4-265-06226-1,4-265-10126-7
|目次| 1 短歌を読もう，つくろう，2 俳句を読もう，つくろう，3 川柳を読もう，つくろう

『まんが 俳句なんでも事典』 石塚修文，宮坂栄一絵　金の星社　1996.1　159p　20×16cm　1200円　④4-323-01878-9
|目次| 俳句（新年の句，春の句，夏の句，秋の句，冬の句），川柳
|内容| 小学校4年生～中学生むき。

『短歌・俳句・川柳をつくってみよう』 ポプラ社　1993.4　127p　21cm（教科書にでてくる詩や文の読みかた・つくりかた 4）1650円　④4-591-04430-0
|目次| 短歌をつくってみよう，俳句をつくってみよう，川柳をつくってみよう

『短歌・俳句・川柳を読もう』 ポプラ社　1993.4　127p　21cm　（教科書にでてくる詩や文の読みかた・つくりかた 3）1650円　④4-591-04429-7
|目次| 短歌・俳句・川柳の読みかた（短歌を読もう，俳句を読もう，川柳を読もう）

『はじめてであう短歌の本　冬と春の歌』 桜井信夫編著，池田げんえい絵　あすなろ書房　1993.4　62p　23×19cm（はじめてであう俳句と短歌の本 5）1500円　④4-7515-1685-X
|内容| 小・中学校の国語教科書に載っている

俳句・短歌をもとに、古典や現代の作品より名句・秀歌を選び、やさしく解説をした「学習に役立つ子どものための俳句と短歌の入門書」。

『はじめてであう短歌の本　夏と秋の歌』
桜井信夫編著，池田げんえい絵　あすなろ書房　1993.4　62p　23×19cm　（はじめてであう俳句と短歌の本 6）　1500円　Ⓘ4-7515-1686-8

『はじめてであう短歌の本　心の歌 2』
桜井信夫編著，池田げんえい絵　あすなろ書房　1993.4　62p　23×19cm　（はじめてであう俳句と短歌の本 8）　1500円　Ⓘ4-7515-1688-4
内容　小・中学校の国語教科書に載っている俳句・短歌をもとに、古典や現代の作品より名句・秀歌を選び、やさしく解説をした「学習に役立つ子どものための俳句と短歌の入門書」。

『はじめてであう短歌の本　心の歌 1』
桜井信夫編著，池田げんえい絵　あすなろ書房　1993.4　62p　23×19cm　（はじめてであう俳句と短歌の本 7）　1500円　Ⓘ4-7515-1687-6
内容　小・中学校の国語教科書に載っている俳句・短歌をもとに、古典や現代の作品より名句・秀歌を選び、やさしく解説をした「学習に役立つ子どものための俳句と短歌の入門書」。

『わたしたちの歳時記』　ポプラ社　1993.4　127p　21cm　（教科書にでてくる詩や文の読みかた・つくりかた 9）　1650円　Ⓘ4-591-04435-1
目次　春 みんな進級うれしいな，夏 山が，海がよんでいる，秋 心も体も大きく，冬 子どもは風の子

『はじめてであう俳句の本　冬の句』　桜井信夫編著，三谷靭彦絵　あすなろ書房　1993.3　62p　23×19cm　（はじめてであう俳句と短歌の本 4）　1500円　Ⓘ4-7515-1684-1
目次　俳句のかたちが生まれるまで，俳句の世界をひろげ，ふかめる，俳句のきまり，どの句をおぼえましたか〔ほか〕

『はじめてであう俳句の本　秋の句』　桜井信夫編著，三谷靭彦絵　あすなろ書房　1993.3　62p　23×19cm　（はじめてであう俳句と短歌の本 3）　1500円　Ⓘ4-7515-1683-3

『はじめてであう俳句の本　夏の句』　桜井信夫編著，三谷靭彦絵　あすなろ書房　1993.3　62p　23×19cm　（はじめてであう俳句と短歌の本 2）　1500円　Ⓘ4-7515-1682-5

『はじめてであう俳句の本　春の句』　桜井信夫編著，三谷靭彦絵　あすなろ書房　1993.2　62p　22×19cm　（はじめてであう俳句と短歌の本 1）　1500円　Ⓘ4-7515-1681-7

『やさしくてよくわかる俳句の作り方』
小林清之介著，山口太一画　あかね書房　1993.2　127p　21cm　（まんがで学習）　980円　Ⓘ4-251-06545-X
目次　よい俳句を作るには―5・7・5はこころよい音，5・7・5を自分のものに―17音になれる方法は，季語が生み出す季節感―俳句にはどうして季語が必要なのか，季語をよく知ることから―季語にはどんなものがあるのか，季語が重複しない工夫―季重なりの句にならないために，句をひきしめる「や、けり、かな」―切れ字が生み出す効果，切れ字がなくても句が切れる―句の奥ゆきを深くする句切れ，身のまわりにいくらでもある題材―題材のさがし方，静止の句より動きの句―ものの動きや動作が見えるように作る，句の手なおし・しあげ―推敲のあれこれ，秀句鑑賞―上達のヒントは優れた句の中に
内容　この本には、俳句の作り方を、初歩からやさしく解説してあります。

『小学生のやさしい俳句』　醍醐育宏著，毛利将範絵　小峰書店　1992.11　201p　18cm　（てのり文庫 098）　580円　Ⓘ4-338-07927-4
目次　1 俳句を作ってみませんか，2 俳句の作り方，3 俳句作りの練習，4 俳句作りの目のつけどころ，5 小学生の季語

『こども俳句歳時記』　柳川創造文，高橋タクミ画　ポプラ社　1991.4　143p　21cm　（おもしろ国語ゼミナール 8）　1650円　Ⓘ4-591-03808-4

国語　　　　　　　　　　　　　　　　　　　　　　　　　　　　　　　　　　読む・書く

|目次| 春がやってきた！─春のことば，夏，だいすき！─夏のことば，秋，さわやか！─秋のことば，冬，きびしくても─冬・新年のことば，こんな俳句もあるよ─自由律の俳句

『秋の名歌百選』　藤森徳秋編　国土社
1991.3　127p　21cm　（学習　俳句・短歌歳時記 8）　1800円　①4-337-29708-1
|内容| 日本の風土に生きた先人は、心に深く触れたことを歌にし、私たちに残してくれました。これらの歌の、中心となってきたものが「短歌」であり、そして「俳句」です。この二つは、日本の伝統的な詩歌であり、世界にも例をみない短詩型文学です。本書では、これら無数の作品の中から、近代を中心に、小・中学生にぜひ味わってほしい作品を厳選しました。それぞれの作品には情景が簡潔に述べられています。絵や写真、言葉の解説なども豊富に添えられています。

『秋の名句と季語』　藤森徳秋編　国土社
1991.3　127p　21cm　（学習　俳句・短歌歳時記 3）　1800円　①4-337-29703-0
|内容| このシリーズでは、近代を中心に、小・中学生にぜひ味わってほしい作品を厳選しました。それぞれの作品には情景が簡潔に述べられています。絵や写真、言葉の解説なども豊富に添えられています。

『雑歌百選』　藤森徳秋編　国土社
1991.3　127p　21cm　（学習　俳句・短歌歳時記 10）　1800円　①4-337-29710-3

『夏の名歌百選』　藤森徳秋編　国土社
1991.3　127p　21cm　（学習　俳句・短歌歳時記 7）　1800円　①4-337-29707-3
|内容| 日本の風土に生きた先人は、心に深く触れたことを歌にし、私たちに残してくれました。これらの歌の、中心となってきたものが「短歌」であり、そして「俳句」です。この二つは、日本の伝統的な詩歌であり、世界にも例をみない短詩型文学です。本書では、これら無数の作品の中から、近代を中心に、小・中学生にぜひ味わってほしい作品を厳選しました。それぞれの作品には情景が簡潔に述べられています。絵や写真、言葉の解説なども豊富に添えられています。

『夏の名句と季語』　藤森徳秋編　国土社
1991.3　127p　21cm　（学習　俳句・短歌歳時記 2）　1800円　①4-337-29702-2

|内容| このシリーズでは、近代を中心に、小・中学生にぜひ味わってほしい作品を厳選しました。それぞれの作品には情景が簡潔に述べられています。絵や写真、言葉の解説なども豊富に添えられています。

『俳句の鑑賞とつくり方』　国土社
1991.3　119p　21cm　（学習　俳句・短歌歳時記 5）　1800円　①4-337-29705-7
|目次| 1 はっとした感動─おやっという意外性，2 季語─いつ，3 五・七・五─くみたて，4 写生・いい句を心の中に，5 切り字，6 学校の一年，7 俳句の歴史，8 学級の句会─自分の眼で見たものを，9 家庭でミニ句会を開く，10 俳句の実践例，11 季語（季題）について，12 俳句の作家紹介

『春の名歌百選』　藤森徳秋編　国土社
1991.3　127p　21cm　（学習　俳句・短歌歳時記 6）　1800円　①4-337-29706-5
|内容| 日本の風土に生きた先人は、心に深く触れたことを歌にし、私たちに残してくれました。これらの歌の、中心となってきたものが「短歌」であり、そして「俳句」です。この二つは、日本の伝統的な詩歌であり、世界にも例をみない短詩型文学です。本書では、これら無数の作品の中から、近代を中心に、小・中学生にぜひ味わってほしい作品を厳選しました。それぞれの作品には情景が簡潔に述べられています。絵や写真、言葉の解説なども豊富に添えられています。

『春の名句と季語』　藤森徳秋編　国土社
1991.3　127p　21cm　（学習　俳句・短歌歳時記 1）　1800円　①4-337-29701-4
|内容| このシリーズでは、近代を中心に、小・中学生にぜひ味わってほしい作品を厳選しました。それぞれの作品には情景が簡潔に述べられています。絵や写真、言葉の解説なども豊富に添えられています。

『冬の名歌百選』　藤森徳秋編　国土社
1991.3　127p　21cm　（学習　俳句・短歌歳時記 9）　1800円　①4-337-29709-X
|内容| 日本の風土に生きた先人は、心に深く触れたことを歌にし、私たちに残してくれました。これらの歌の、中心となってきたものが「短歌」であり、そして「俳句」です。この二つは、日本の伝統的な詩歌であり、世界にも例をみない短詩型文学です。本書では、これら無数の作品の中から、近代を中心に、小・中学生にぜひ味わってほしい

読む・書く　　　　　　　　　　　　　　　　　　　　　　　　　　国語

作品を厳選しました。それぞれの作品には情景が簡潔に述べられています。絵や写真、言葉の解説なども豊富に添えられています。

『冬の名句と季語』 藤森徳秋著　国土社　1991.3　127p　21cm　（学習　俳句・短歌歳時記 4）　1800円　④4-337-29704-9

[内容] このシリーズでは、近代を中心に、小・中学生にぜひ味わってほしい作品を厳選しました。それぞれの作品には情景が簡潔に述べられています。絵や写真、言葉の解説なども豊富に添えられています。

◆説明文を読む・書く

『記録・報告のまとめ方』 TOSS著　第2版　騒人社　2000.3　47p　27cm　（伝え合う能力を育てるじつれいじてん　新学習指導要領完全準拠）　2500円　④4-88290-029-7

[目次] 基礎編（連絡事項のメモ、観察の記録の仕方、実験の記録の仕方、算数のノートのとり方、社会科の授業のまとめ、社会科見学に言ったときの記録、自由研究（社会科）のレポート、ノートのとり方の基本）、実例編（連絡帳の書き方、友だちの意見の書きとり方、草花の観察記録、こん虫の観察記録、実験の記録（電池の実験、ホウさんの実験）、力がつく算数ノートのとり方、単元をまとめた新聞作り、社会科のまとめ方、工場見学した後のまとめ方、旅行記の作り方、まとめカルタの作り方、自由研究のまとめ方、作文で書くことがうかぶ方法（テーマについて九分法、場面をしぼって九分法）））

『説明文を読もう』 ポプラ社　1993.4　127p　22cm　（教科書にでてくる詩や文の読みかた・つくりかた 7）〈監修：石田佐久馬〉　1650円　④4-591-04433-5

[目次] 説明文ってなんだろう、説明文の読みかた（段落のまとめかた、文の構成と筆者の考えをつかもう、筆者の考えを読みとろう）、説明文の力を使って

『説明文や生活文を書いてみよう』 ポプラ社　1993.4　127p　22cm　（教科書にでてくる詩や文の読みかた・つくりかた 8）〈監修：石田佐久馬〉　1650円　④4-591-04434-3

[目次] 1 作文がじょうずになるために（いちばん大事なことは、書く材料を集めよう、組み立てを考えよう、表現のしかたを工夫

しよう　ほか）、2　さあ、実際に書いてみよう（うれしい手紙、日記って楽しい、日記から生活文で、記録文がうまくなるってほんとかな　ほか）

◆◆◆

『中学入試を制する国語の「読みテク」トレーニング説明文・論説文』 早瀬律子著　文芸社　2011.3　65p　26cm　1500円　④978-4-286-10461-4

『説明文に強くなる一文章読解　小学4年』 白石範孝監修、学研編　学習研究社　2007.3　16,92p　30cm　（国語の森 14）　1200円　④978-4-05-302224-0

『説明文に強くなる一文章読解　小学3年』 白石範孝監修、学研編　学習研究社　2007.3　16,92p　30cm　（国語の森 11）　1200円　④978-4-05-302220-2

『出題頻度順問題集説明文ランキング―中学受験用国語』 日能研教務部企画・編集　改訂新版　横浜　日能研　2007.2　115p　21cm　（日能研ブックス 1―データランキングシリーズ）〈発売：みくに出版〉　800円　④978-4-8403-0302-6

◆日記・手紙文を読む・書く

『手紙を書こう！　3　手紙のちから』 山崎順子監修　鈴木出版　2008.4　31p　27cm　2500円　④978-4-7902-3201-8　Ⓝ816.6

[目次] 人を元気にする手紙―ひさい地へ送るお見舞い状（ひさい地に手紙を出そう、みんなで考えよう！）、気持ちを手紙で伝えよう―心をこめて書くお見舞い状やおいわいの手紙（友だちにお見舞い状を書こう、みんなで出すなら、よせ書きがいい！、こんなお見舞い状で、元気を出してもらおう！、おいわいの手紙を書こう！、スゴイ手紙が来た！）、手紙のルールとおもしろ情報―もっと知りたい手紙のこと（切手のいろいろ、あらたまった手紙、手紙クイズちょっと上級編、手紙・切手の博物館、おもしろ郵便局へ行こう）

『手紙を書こう！　2　手紙だいすき！』 山崎順子監修　鈴木出版　2008.4　31p　27cm　2500円　④978-4-7902-3200-1　Ⓝ816.6

国語　　　　　　　　　　　　　　　　　　　　　　　　　　　　　読む・書く

|目次| 手紙で友だちになろう！（沖縄の子と友だちになりたい！，はじめての人に書く手紙，ちゃんととどくように手紙を出そう！，沖縄から返事が来た！，こんなときこそ手紙を書こう！（お母さんへ感謝の手紙を書こう！，あなたならどんな手紙を書く？，旅行先から絵はがきを出そう！，お礼状はかならず出そう！），手紙のルールとマナー（手紙のルールとマナー相談室，知ってると便利でトクする手紙クイズ，外国へ出す手紙，海外文通してみない？）

『手紙を書こう！　1　はじめての手紙』山崎順子監修　鈴木出版　2008.3　31p　27cm〈協力：青少年ペンフレンドクラブ〉2500円　①978-4-7902-3199-8　Ⓝ816.6

|目次| 手紙がとどいた！――おばあちゃんは手紙友だち（おばあちゃんから手紙がとどいた！，おばあちゃんに返事を書こう！，手紙を出そう），いろんな人に手紙を出そう！――会いたいのに会えない人へ（転校した友だちに手紙を書こう！，みんなは何を書いたかな？，手紙をつづけるには…，季節のたよりを出そう，運動会の招待状を出そう！），手紙のルールとマナー――きちんととどく手紙を書こう（はがきと封とうの書き方，郵便のルールQ&A）

『夏休み絵日記のじょうずな書きかた　3・4年生』沢井佳子監修　成美堂出版　2005.6　111p　26cm　900円　①4-415-02970-1　Ⓝ816.6

『夏休み絵日記のじょうずな書きかた　1・2年生』沢井佳子監修　成美堂出版　2005.6　111p　26cm　900円　①4-415-02969-8　Ⓝ816.6

『きょうから日記を書いてみよう　3　日記を長く続けるには？』向後千春著，玉城あかね絵　汐文社　2004.2　93p　22cm　1600円　①4-8113-7680-3　Ⓝ816.6

|内容| 自分の意見をもつことができる。，いろんな不満がちがって見えてくる。，書くこと3　書くことで考えが深まる。，「未来の自分」へのおくりものになる。，「将来の子ども」へのおくりものになる。，人の気持ちがわかるようになる。，手紙を書くのが好きになる。，宿題の作文もこわくなくなる。，大切な人に思いを伝えられる。，自分のことを自分に相談できる。，だれでも「芸術家」になれる。，自分のことが好きになる。

|内容| 日記を書きはじめても，とちゅうでやめてしまう人が多い。でも，「日記を書くと，いいことがある」としたらどう？やる気が出るのでは？じつは，日記を書いた人には，たくさんの『ごほうび』がまっているんだよ。みんなが気づいていない「宝もの」を，ひとつずつ教えてあげよう。

『きょうから日記を書いてみよう　2　日記をスラスラ書く方法』向後千春著，玉城あかね絵　汐文社　2004.2　93p　22cm　1600円　①4-8113-7679-X　Ⓝ816.6

|目次| りっぱな日記帳を用意する必要はない。，「天気」は書かない。「できごと」も書かない。，自分にとっておもしろいことを書く。，「トピック」をひとつ決めて書いてみる。，美しくしない。オチをつけない。，歯みがきとおなじで「毎日」がルール。，読む人を意識して書く。，日記に「正解」はない。，「書けないとき」を思いうかべてみる。，「日記センサー」の感度を上げる。，身のまわりはネタの宝庫である。，休みながら気負わず書いていく。，書くことで自分を「復活」させる。

|内容| 「日記ってめんどうくさいよなあ」「いつも書くことにこまるのよね」そんな子がたくさんいるのは，ちょっとしたコツを知らないからだよ。日記の達人、好子ちゃん＆嫌くんペアといっしょにそのコツを身につけよう！だれでも，ラクに楽しく書けるようになるよ。

『きょうから日記を書いてみよう　1　古今の名作日記から学ぼう』向後千春著，玉城あかね絵　汐文社　2004.2　101p　22cm　1600円　①4-8113-7678-1　Ⓝ816.6

|目次| その1　日本最初の日記文学『土佐日記』，その2　女の悲劇の一生を書く『かげろう日記』，その3　ハッピーエンドの恋日記『和泉式部日記』，その4　するどい観察力が光る『紫式部日記』，その5　夢に生きた人の日記『更級日記』，その6　世界一有名な少女『アンネの日記』

|内容| 千年以上もまえから，日本人は日記を書いていた。海外では，十代の少女が，世界でいちばん有名な日記を書いた。いまも昔も，たくさんの人に読まれてきた日記の数々…。そこには，どんなことが書かれて

いるのか。そして、どんな思いがつまっているのか。さあ、いっしょに、名作とよばれる日記をのぞいてみよう。

『手紙・はがきの書き方』TOSS著 第2版 騒人社 2000.3 47p 27cm （伝え合う能力を育てるじつれいじてん 新学習指導要領完全準拠）2500円 ①4-88290-027-0
[目次] 基礎編（手紙とは，手紙の書き方，はがきの書き方，書き出しの文，月別季節のあいさつ，本文の書き方，結びの書き方，表書きの書き方），実例編（先生への暑中見舞い，友だちへの暑中見舞い，暑中見舞いの返事，先生への年賀状，友達への年賀状（1，2），お礼状（1，2），お見舞い，案内状・招待状，しんせきへのお祝い，悩みや相談の手紙，悩みや相談の手紙への返事，旅先からの手紙，カードの書き方）

『絵日記のかき方おしえてよ―1・2年』太田昭臣著，岡本順絵 名古屋 KTC中央出版 1996.4 79p 22cm （地球っ子ブックス―新国語シリーズ 10）1300円 ①4-924814-77-6
[目次] 1 絵日記ってどんなもの，2 お友だちの絵日記，3 もっとじょうずにかきたいな
[内容] 絵日記は、作文の第1歩。だれでも上手に楽しくかける。

『楽しい日記と手紙の書き方 5・6年生』亀村五郎編・著，細川留美子絵 大月書店 1993.12 157p 22cm 1800円 ①4-272-40175-0
[目次] 楽しい日記を読んでみよう，立ち止まって生活を考える，さまざまな日記を書いてみよう，はがきを書こう，手紙を書こう，心をこめて書いてみよう，命のだいじさがわかる日記，文章を書く力をつける

『楽しい日記と手紙の書き方 4年生』亀村五郎編・著，多田治良絵 大月書店 1993.11 158p 22cm 1800円 ①4-272-40174-2
[目次] 四年生になった，四年生になってからの日記，日記を書くってどういうこと？，友だちとのことを書く，夏休みのはがきを書く，家族のことを書く，手紙を書く〔ほか〕
[内容] 日記を書いてみませんか。手紙も書いてみませんか。日記や手紙を書くと、いいことがたくさんあります。「どんないいことがあるの？」それは、この本を読んでからのお楽しみ。

『楽しい日記と手紙の書き方 3年生』亀村五郎編・著，多田治良絵 大月書店 1993.10 158p 22cm 1600円 ①4-272-40173-4
[内容] 日記を書いてみませんか。手紙も書いてみませんか。日記や手紙を書くと、いいことがたくさんあります。「どんないいことがあるの？」それは、この本を読んでからのお楽しみ。

『楽しい日記と手紙の書き方 2年生』亀村五郎編・著，福田岩緒絵 大月書店 1993.7 156p 22cm 1600円 ①4-272-40172-6
[目次] 2年生になった，書き方べんきょう，夏休みにはがきを書いてみよう，手紙を書いてみよう，こんな日記もあるんだよ，そしてまた春がきました，みんなすてきな日記と手紙が書けるよ

『楽しい日記と手紙の書き方 1年生』亀村五郎編・著，福田岩緒絵 大月書店 1993.7 158p 22cm 1600円 ①4-272-40171-8
[内容] 日記を書いてみませんか。手紙も書いてみませんか。日記や手紙を書くと、いいことがたくさんあります。「どんないいことがあるの？」それは、この本を読んでからのお楽しみ。日記や手紙が楽しく書けるようになる本。

『教室で楽しく使える日記のほん 6年生』日本作文の会編 百合出版 1990.11 76p 26cm 950円 ①4-89669-140-4
[目次] 12歳小学校最後の生活を書いています―（ちょっと笑われちゃったわたしの決意），ちょっといやだと思ったことも―はずかしがらずに思いきって心のうちをまっすぐに書く，ぼく、こんなことで毎日書いています―お母さんがいる お父さんがいる 仏だんのなかに赤ちゃんがいる，1番困るのは、なんにも書くことが浮かばないこと―お母さんのひとことが、書くたねを生みおとしました〔ほか〕

『教室で楽しく使える日記のほん 5年生』日本作文の会編 百合出版 1990.11 76p 26cm 950円 ①4-89669-139-3
[目次] 「きのう」と「きょう」は、おなじで

しょうか―書くことって、いっぱいあるのです。子犬が五ひき生まれました。でも…―一つのことを、つづけて調べ、観察しよう 新しい発見を、きちんと書きとめておこう、先生は、まるでサルみたい？―したこと、見たこと、聞いたことしょうじきに、ありのままに書こう、わたしできたんだ。がんばったんだ！―心の動きを中心に、勉強でがんばったことを書く〔ほか〕

『教室で楽しく使える日記のほん 4年生』
日本作文の会編 百合出版 1990.11
76p 26cm 950円 ①4-89669-138-5
目次 みんなはどうして、あんないい題が見つかるのだろう―タネの見つけ方、教えます、学校の授業のことだってりっぱな「日記」のタネになる―8つの教え守りなさい、一つのことをおい続けて―こん気のいるしごとです、書くことがない何を書いていいかわからない書きたくない！―「日記なんていやだ」〔ほか〕

『教室で楽しく使える日記のほん 1年生』
日本作文の会編 百合出版 1990.11
76p 26cm 950円 ①4-89669-135-0

『教室で楽しく使える日記のほん 3年生』
日本作文の会編 百合出版 1990.9
76p 26cm 950円 ①4-89669-137-7

『教室で楽しく使える日記のほん 2年生』
日本作文の会編 百合出版 1990.9
76p 26cm 950円 ①4-89669-136-9

◆古文・古典を読む

『名作で楽しく学べる昔のことば絵事典―古人の気持ち・くらしがわかる』 広瀬唯二監修，どりむ社編 PHP研究所 2011.3 63p 29×22cm 2800円
①978-4-569-78130-3
目次 第1章 昔の人々の気持ちを表すことばを見てみよう（『竹取物語』(1)あやしいものはうつくしかった，『竹取物語』(2)月がおもしろい ほか），第2章 昔の人々のくらしをのぞいてみよう（『枕草子』(1)雨が降っておかしい，『枕草子』(2)おどろいて外を見るほか），第3章 旅の様子や戦の舞台をのぞいてみよう（『今昔物語集』 おろかではない男の人，『土佐日記』(1)みんなでのっのし送別会 ほか），ほかにもたくさん！今とは意味・使い方がちがうことば
内容 昔のことばの意味を知って、昔の人たちのくらしを想像してみよう。『枕草子』や『徒然草』など有名な古典の中からことばを選び、イラストを交えながら解説。

『ジュニアのための万葉集 4 天平の風―大伴家持・東歌・防人歌 他』 根本浩文 汐文社 2010.3 187p 21cm 1600円 ①978-4-8113-8650-8
目次 各巻の性質、歌の分類、歌の形、時代区分、主な歌人（第四期）、防人、当時の生活の様子、大宝律令、東国、鈴が音の、韓衣、振仰けて、春の苑、うらうらに、恋ひ恋ひて、君が行く、万葉秀歌、皇室系図

『ジュニアのための万葉集 3 平城の京―山部赤人・山上憶良・大伴旅人 他』 根本浩文 汐文社 2010.3 181p 21cm 1600円 ①978-4-8113-8649-2
目次 万葉集について、各巻の性質、歌の分類、歌の形、時代区分、主な歌人（第三期）、太宰府、当時の生活の様子、国見、長屋王の変、若の浦に、あをによし、世間を、瓜食めば、塩津山、飛鳥の、万葉秀歌、皇室系図

『ジュニアのための万葉集 2 都人たち―持統天皇・志貴皇子・柿本人麻呂 他』 根本浩文 汐文社 2010.3 181p 21cm 1600円 ①978-4-8113-8648-5
目次 万葉集について（各巻の性質、歌の分類、歌の形、時代区分、主な歌人（第二期）、反歌、当時の生活の様子、近江宮・近江遷都、行幸）、春過ぎて、大名児が、朝影に、石ばしる、さし鍋に、万葉秀歌、皇室系図
内容 万葉集の和歌の背景をわかりやすいお話にして解説、代表的な歌を時代ごとに四つに分けて紹介する。第二巻では持統天皇、志貴皇子、柿本人麻呂等を収録。

『ジュニアのための万葉集 1 万葉のあけぼの―天智天皇・天武天皇・額田王 他』 根本浩文 汐文社 2010.2 199p 21cm 1600円 ①978-4-8113-8647-8
目次 万葉集について、万葉の夜明け、うまし国そ、君にしあらねば、草枕、わが背子は、豊旗雲に、熟田津に、安見児得たり、み薦刈る

『知っているときっと役に立つ古典学習クイズ55』 杉浦重成，神吉創二，片山壮吾，井川裕之著 名古屋 黎明書房 2009.7 126p 21cm 1500円 ①978-4-654-

読む・書く　　　　　　　　　　　　　　　　　　　　国語

01826-0　Ⓝ910.2
|目次| 1 短歌（和歌）のクイズ（短歌いきなりクイズ—枕詞を見つけよう，あかあかやあかあかあかや—短歌の成り立ち1 ほか），2 俳句のクイズ（俳句いきなりクイズ—俳句の中の地名をあてよう，俳句入門クイズ—五・七・五で考えよう ほか），3 古文のクイズ（古文いきなりクイズ—パズルで古語を覚えよう，古文入門クイズ1—昔と今を比べてみよう（文語表現） ほか），4 漢文のクイズ（漢文いきなりクイズ—二度読む字，漢文入門クイズ—漢文を読むには，まず送り仮名をつけよう ほか）
|内容| 小学生から大人まで気軽に古典を学べる一冊。短歌（和歌），俳句，古文，漢文の工夫をこらしたクイズで古典の世界に触れ，そのすばらしさを味わえる。くわしい解説もついている。

『短歌・俳句・近代詩・漢詩を楽しむ18のアイデア』　工藤直子，高木まさき監修，青山由紀，小瀬村良美，岸田薫編　光村教育図書　2009.1　63p　27×22cm　（光村の国語 わかる，伝わる，古典のこころ 2）3200円　①978-4-89572-744-0
|目次| 百人一首，三大歌集，近代短歌，おくのほそ道，江戸俳諧，近代俳句，近代詩，童謡・唱歌，漢詩
|内容| 日本の伝統的な言葉の文化を伝える作品を楽しみながら，より深く味わうため18のアイデアを紹介。

『物語・随筆・説話・伝統芸能を楽しむ16のアイデア』　青山由紀，小瀬村良美，岸田薫編，工藤直子，高木まさき監修　光村教育図書　2009.1　63p　27cm　（光村の国語 わかる，伝わる，古典のこころ 1）〈索引あり〉3200円　①978-4-89572-743-3,978-4-89572-746-4　Ⓝ810.7
|目次| 竹取物語，御伽草子，枕草子，平家物語，徒然草，宇治拾遺物語，伝統芸能
|内容| 日本人の心を伝える作品を楽しみながら，より深く味わうため16のアイデアを紹介。

『ことわざ・慣用句・故事成語を楽しむ14のアイデア』　青山由紀，小瀬村良美，岸田薫編，工藤直子，高木まさき監修　光村教育図書　2008.11　63p　27cm　（光村の国語 わかる，伝わる，古典の

こころ 3）〈索引あり〉3200円　①978-4-89572-745-7,978-4-89572-746-4　Ⓝ810.7
|目次| ことわざ，慣用句，故事成語，名句・名言，四字熟語，ことば遊び，口上
|内容| 昔から受けつがれ人びとの生きる知恵がたくさんつまったことわざや慣用句，故事成語を楽しみながら，より深く知るための，14のアイデアを紹介。

『まんがとカメラで歩く奥の細道 3　秋を歩く』　伊東章夫漫画，大石好文写真・文　理論社　2006.11　137p　20×16cm　1500円　①4-652-01598-4
|目次| 象潟，酒田，鶴岡，越後，市振，有磯海，金沢，小松・那谷寺，山中温泉，福井，敦賀，種（色）の浜，大垣，旅に病んで

『まんがとカメラで歩く奥の細道 2　夏を歩く』　伊東章夫漫画，大石好文写真・文　理論社　2006.8　141p　20×15cm　1500円　①4-652-01597-6
|目次| 佐藤庄司の旧跡，飯坂（飯塚）の里，笠島，武隈の松，宮城野（仙台），壷の碑，末の松山・塩釜，瑞巌寺・石巻，平泉，尿前の関，尾花沢，立石寺，最上川，出羽三山
|内容| いま，芭蕉が新しい！まんがで学び，カメラで遊ぶ。あわせて読んで旅を味わうおとなの「細道」子どもの「ほそ道」。

『まんがとカメラで歩く奥の細道　1』　伊東章夫漫画，大石好文写真　理論社　2006.6　141p　21cm　1500円　①4-652-01596-8
|目次| 少年時代，俳諧への道，旅立ち，草加・春日部，仏の五左衛門，日光，那須野ヶ原，黒羽，雲巌寺，殺生石・遊行柳，白河の関，須賀川，安積山・信夫の里
|内容| まんがで学び，カメラで遊ぶ，あわせて読んで旅を味わう。いま芭蕉が新しい。

『新・奥の細道を読もう』　藤井圀彦編著　さ・え・ら書房　1997.10　206p　21cm　2200円　①4-378-02262-1
|内容| 歌枕の地の写真を大型にし，一部カラー化しました。新しく発見された，芭蕉の自筆と思われる本の記述も参考に入れました。語注をそれぞれの節の中にくりこみ，その場で参照できるようにしました。現代語訳でたのしむ『奥の細道』。

158

| 国語 | 読む・書く |

『奥の細道を読もう』 藤井圀彦編著, 鴇田幹装画　さ・え・ら書房　1993.10　215p　22cm　（さ・え・ら図書館/国語）1370円　①4-378-02219-2
目次　『奥の細道』を読む前に（『奥の細道』とは，「芭蕉」とはどういう人だったか，『奥の細道』の旅，俳諧・歌仙・俳句），『奥の細道』―原文と現代語訳
内容　世界で一番短い詩，俳句を完成させた松尾芭蕉といえば『奥の細道』が有名です。でも多くの場合，ほんのさわりの部分を知るばかりで終わってしまいます。そこで，わかりやすい現代文で全体を読み通してみると，芭蕉がどんなことを考えながら，東北から北陸の道を一歩一歩歩いたかが，肌身に感じられるようになります。小学上級～中学向き。

『親と子のための沖縄古典文学』 平山良明著，黒潮隆きりえ　中城村（沖縄県）むぎ社　1990.10　131p　26cm　2400円

『絵で見るたのしい古典　7　奥の細道』萩原昌好，野村昇司指導　学習研究社　1990.7　64p　27cm　①4-05-104237-5

『絵で見るたのしい古典　6　平家物語』萩原昌好，野村昇司指導　学習研究社　1990.7　64p　27cm　①4-05-104236-7

『絵で見るたのしい古典　3　源氏物語』萩原昌好，野村昇司指導　学習研究社　1990.7　64p　27cm　①4-05-104233-2

『絵で見るたのしい古典　8　東海道中膝栗毛』萩原昌好，野村昇司指導　学習研究社　1990.3　64p　27cm　①4-05-104238-3

『絵で見るたのしい古典　5　今昔物語』萩原昌好，野村昇司指導　学習研究社　1990.3　64p　27cm　①4-05-104235-9

『絵で見るたのしい古典　4　枕草子・徒然草』萩原昌好，野村昇司指導　学習研究社　1990.3　64p　27cm　①4-05-104234-0

『絵で見るたのしい古典　2　竹取物語』萩原昌好，野村昇司指導　学習研究社　1990.3　64p　27cm　①4-05-104232-4

『絵で見るたのしい古典　1　古事記・風土記』萩原昌好，野村昇司指導　学習研究社　1990.3　64p　27cm　①4-05-104231-6

『おくのほそ道の世界』 横井博文，井口文秀絵　大日本図書　1990.1　155p　21cm　1200円　①4-477-16501-3
内容　この本は上段と下段に分けられています。上段は，『おくのほそ道』そのものからよりは，芭蕉とともに旅をした門人・曽良の『曽良旅日記』によりながら，旅の実際のすがたを再現してみました。下段は，上段に対応する『おくのほそ道』の本文を引用し，いくつかの語句についての説明を添えました。『おくのほそ道』の世界にわけ入りながら，芭蕉の旅と人生に思いをはせていただきたいと思います。

◆◆百人一首を味わう

『豆しばカードブック　百人一首―豆しばと勉強しよう！』 学研教育出版編　学研教育出版　2011.3　72p　19cm〈発売：学研マーケティング　付属資料：CD1，カード〉1280円　①978-4-05-303346-8
目次　百人一首とは？，百人一首の遊び方，覚え方のコツ/おうちの方へ，歌の説明（読み札），上の句さくいん，取り札カード，予備カード/対戦表/認定証

『絵でわかる「百人一首」―小学生のことば事典』 どりむ社編著，村田正博監修　PHP研究所　2010.7　127p　22cm〈索引あり〉1200円　①978-4-569-78073-3　Ⓝ911.147
目次　秋の田のかりほの庵の苫をあらみわが衣手は露にぬれつつ（天智天皇），春過ぎて夏来にけらし白妙の衣ほすてふ天の香具山（持統天皇），あしびきの山鳥の尾のしだり尾のながながし夜をひとりかも寝む（柿本人麻呂），田子の浦にうち出でて見れば白妙の富士の高嶺に雪は降りつつ（山部赤人），奥山に紅葉ふみわけ鳴く鹿の声きく時ぞ秋は悲しき（猿丸大夫），かささぎの渡せる橋におく霜の白きを見れば夜ぞふけにける（中納言家持），天の原ふりさけ見れば春日なる三笠の山に出でし月かも（阿倍仲麿），わが庵は都のたつみしかぞすむ世をうぢ山と人は

読む・書く　　　　　　　　　　　　　　　　　　　　　　　　　　国語

いふなり（喜撰法師）、花の色はうつりにけりないたづらにわが身世にふるながめせしまに（小野小町）、これやこの行くも帰るも別れては知るも知らぬも逢坂の関（蝉丸）〔ほか〕

[内容] 日本の古典文学に興味がわき、表現力がアップする。和歌の意味や和歌の背景を、わかりやすく解説。親しみやすい口語訳とイラストで、和歌の世界へ招待。知っておくと得する古典の知識も掲載。

『斎藤孝の親子で読む百人一首』　斎藤孝著　ポプラ社　2009.12　143p　22cm　〈文献あり　索引あり〉　1000円　①978-4-591-11278-6　Ⓝ911.147

[目次] 秋の田のかりほの庵の…（天智天皇）、春すぎて夏来にけらし…（持統天皇）、あしひきの山鳥の尾…（柿本人麿）、田子の浦にうち出でてみれば…（山辺赤人）、奥山に紅葉ふみわけ…（猿丸大夫）、かささぎのわたせる橋に…（中納言家持）、天の原ふりさけ見れば…（阿倍仲麻呂）、わが庵は都のたつみ…（喜撰法師）、花の色はうつりにけりな…（小野小町）、これやこの行くも帰るも…（蝉丸）〔ほか〕

[内容] 『百人一首』は日本人の基本だ！―。好きな歌をおぼえると、一生の宝もの。頭や心のなかに、いろいろなイメージをうかべて、日本人が大切にしてきた心をうけついでいこう。

『「百人一首」かるた大会で勝つための本―一冊で競技かるたの「暗記」から「試合のコツ」まで全てわかる！』　カルチャーランド著　メイツ出版　2009.1　128p　21cm　（まなぶっく）　1500円　①978-4-7804-0530-9

[目次] 百人一首の歴史・競技かるたの成り立ちと進め方とルール、決まり字一覧表と枚数別グループ一覧、競技かるたに強くなるためのポイント、上の句はなに？暗記力を試してみよう、百人一首・歌の意味と札の覚え方や決まり字、競技かるたQ&A

[内容] 決まり字やゴロ合わせなど、覚え方のページも充実しています。

『まんがで覚える百人一首』　三省堂編修所編　三省堂　2008.12　159p　21cm　（ことばの学習）〈「知っておきたい百人一首」の改題新装版〉　900円　①978-4-385-23815-9　Ⓝ911.147

[目次] 秋の田のかりほの庵の苫をあらみ我が

衣手は露にぬれつつ、春過ぎて夏来にけらし白妙の衣ほすてふ天の香具山、あしびきの山鳥の尾のしだり尾のながながし夜をひとりかも寝む、田子の浦にうち出でて見れば白妙の富士の高嶺に雪は降りつつ、奥山に紅葉踏み分け鳴く鹿の声聞く時ぞ秋はかなしき、かささぎの渡せる橋に置く霜の白きを見れば夜ぞふけにける、天の原ふりさけ見れば春日なる三笠の山に出でし月かも、我が庵は都のたつみしかぞすむ世をうぢ山と人はいふなり、花の色は移りにけりないたづらに我が身世にふるながめせしまに、これやこの行くも帰るも別れては知るも知らぬも逢坂の関〔ほか〕

『歌と絵でつづる「超早おぼえ」百人一首―超早おぼえ秘密チャート付き』　佐藤天彦著　大阪　天紋館　2007.3　171p　21cm　1400円　①978-4-903728-00-1

[目次] 百首、百人一首解説、百人一首の遊び方、詠人の関係、ことばの解説、超早おぼえ　上句練習帳、超早おぼえ　下句練習帳、横取り名人

[内容] 和歌を五乃歌（五行歌）で解説した百人一首の画期的な書。すべての和歌に印象的なカラーの絵を付けた。詠人（歌人）のことも、五乃歌（五行歌）とした。漢字にはふりがなを振った。超早おぼえの秘密のチャートを付け、記憶の体系化を図った。上句練習帳・下句練習帳を付け、書いて覚えるようにした。

『文ちゃんの百人一首―親子で学ぶ「雅」の世界』　保泉孟史著　街と暮らし社　2006.9　231p　21cm　1400円　①4-901317-36-9

[目次] 凡例、百人一首一覧、文ちゃんの学習ノート（1～2）、百首解説"各論"、文ちゃんの学習ノート（3～5）、段級認定表（五十音索引）、連想三題

[内容] 百人一首は、日本古典文学の「最高傑作和歌集」です。本書は、『百人一首を覚える』（暗記）のための「虎の巻」です。個性的な「イメージ描きのサポート本」です。詩歌を覚えるということは、若い頭脳を鍛え上げることです。「文ちゃん」と一緒に、家族みんなで百人一首を覚えましょう。本書のねらいを「描く力を育てる」ことに置き、仮想対象読者年齢を小学三年生程度（漢字は、原則一・二年配当表）からと抑え、低学年向けを「文ちゃん」に、五六年生から中学生向けを「想」に、それぞれ和歌からの連想を、文章化した例文で載せました。

国語　　　　　　　　　　　　　　　　　　　　　　　　　　　　　　　　　読む・書く

『まんがで学ぶ 百人一首』 小尾真著，杉山真理絵　国土社　2006.3　126p　21cm　（まんがで学ぶ 日本語大研究！）　1500円　Ⓘ4-337-21502-6

『小学生のまんが百人一首辞典』 神作光一監修　学習研究社　2005.12　255p　21cm　1000円　Ⓘ4-05-302119-7　Ⓝ911.147
[目次] 百人一首ってなあに（百人一首の誕生，百人一首の歌人たち，かるたとなって広まる，百人一首），百人一首の世界（秋の田のかりほの庵のとまをあらみわが衣手は露にぬれつつ（天智天皇），春過ぎて夏来にけらし白妙の衣ほすてふ天の香具山（持統天皇），あしびきの山鳥の尾のしだり尾のながながし夜をひとりかも寝む（柿本人麻呂）ほか），百人一首かるたあそびと競技（百人一首かるたであそぼう，百人一首かるたで強くなるコツ，競技かるたにチャレンジ）
[内容] まんがで百人一首を味わい楽しくおぼえる辞典。

『百人一首の大常識』 栗栖良紀監修　ポプラ社　2004.3　143p　21cm　（これだけは知っておきたい 8）　880円　Ⓘ4-591-08055-2
[目次] 秋の田のかりほの庵の…（天智天皇），春すぎて夏来にけらし…（持統天皇），あしびきの山鳥の尾の…（柿本人麻呂），田子の浦にうち出でて見れば…（山部赤人），奥山に紅葉ふみわけ…（猿丸大夫），かささぎのわたせる橋に…（中納言家持），天の原ふりさけ見れば…（安倍仲麿），わが庵は都のたつみ…（喜撰法師），花の色はうつりにけりに…（小野小町），これやこの行くも帰るも…（蝉丸）〔ほか〕
[内容] 百人一首の達人になろう！ 歌の意味や時代の背景・カルタ取りのコツを徹底解説。

『斎藤孝の日本語プリント 百人一首編―声に出して、書いて、おぼえる！』 斎藤孝著　小学館　2003.12　80p　21×30cm　〈付属資料：暗唱シート1〉　1000円　Ⓘ4-09-837444-7
[内容] 日本語の優雅さ、意味深さ、リズムの結晶体とも言える百人一首を（1）原文朗唱（2）なぞり書き（3）伏せ字ドリル（4）下の句ドリル（5）早取り用ドリル（6）春夏秋冬・花鳥風月ドリルの6段階スパイラル学習で習得。最後に「暗唱用シート」で仕上げる。

『ちびまる子ちゃんの暗誦百人一首』 さくらももこキャラクター原作，米川千嘉子著　集英社　2003.12　207p　19cm　（満点ゲットシリーズ）　850円　Ⓘ4-08-314021-6
[目次] 秋の田のかりほの庵の苫をあらみわが衣手は露にぬれつつ（天智天皇），春すぎて夏来にけらし白妙の衣ほすてふ天の香具山（持統天皇），あしびきの山鳥の尾のしだり尾の長ながし夜をひとりかも寝む（柿本人麻呂），田子の浦にうち出でて見れば白妙の富士の高嶺に雪は降りつつ（山部赤人），奥山に紅葉ふみわけ鳴く鹿の声きく時ぞ秋はかなしき（猿丸大夫），かささぎのわたせる橋におく霜の白きを見れば夜ぞふけにける（中納言家持），天の原ふりさけ見れば春日なる三笠の山に出でし月かも（安倍仲麻呂），わが庵は都のたつみしかぞすむ世をうぢ山と人はいふなり（喜撰法師），花の色はうつりにけりないたづらにわが身世にふるながめせしまに（小野小町），これやこの行くも帰るも別れては知るも知らぬも逢坂の関（蝉丸）〔ほか〕
[内容] 百人一首を覚えるというと難しい印象がありますが、何度も繰り返し読んでいるうちに、季節の移りかわりや自然の美しさ、今も昔も変わらない様々な想いが感じられ、歌を読む楽しさがもっと広がることでしょう。この本で、ひとつでも好きな歌を見つけられれば、きっと心の豊かな人になれると思いますよ。小学生のためのまんが勉強本。

『学習漫画 よくわかる百人一首』 山口仲美監修，笠原秀文，岩井渓漫画　集英社　2002.12　159p　21cm　1200円　Ⓘ4-08-288085-2
[目次] 秋の田のかりほの庵の苫をあらみわが衣手は露にぬれつつ，春すぎて夏来にけらし白妙の衣ほすてふ天の香具山，あしびきの山鳥の尾のしだり尾の長ながし夜をひとりかも寝む，田子の浦にうち出でて見れば白妙の富士の高嶺に雪は降りつつ，奥山に紅葉ふみわけ鳴く鹿の声聞くときぞ秋は悲しき，かささぎのわたせる橋におく霜の白きを見れば夜ぞふけにける，天の原ふりさけ見れば春日なる三笠の山に出でし月かも，わが庵は都のたつみしかぞすむ世をうぢ山と人はいふなり，花の色はうつりにけりないたづらにわが身世にふるながめせし間に，これやこの行くも帰るも別れては知るも知らぬも逢坂の関〔ほか〕

◆◆中国古典を知る

『親子で読むはじめての論語』 佐久協監修 成美堂出版 2010.9 127p 24cm 〈文献あり〉 1000円 Ⓘ978-4-415-30902-6 Ⓝ123.83

『小学生のための論語―声に出して、わかって、おぼえる！』 斎藤孝著 PHP研究所 2010.5 111p 21cm 1200円 Ⓘ978-4-569-77812-9

[目次] 第1章 どのように生きたらいいんだろう？（もう限界と思ったとき―今女は画れり、自分さえ得ならいい？―利に放りて行えば、怨み多し ほか）、第2章 勉強ができるようになりたい（どうして勉強するの？―学べば則ち固ならず、昔のことを学ぶ理由―故きを温めて新しきを知る ほか）、第3章 友だちと仲良くするにはどうしたらいいんだろう？（友だちを大切にしよう―朋あり、遠方より来たる、亦た楽しからずや、どんな友だちを選ぶ？―己れに如かざる者を友とすること無かれ ほか）、第4章 世の中の役に立つ人になりたい（人生はどう進むの？―吾れ十有五にして学に志す。三十にして立つ。四十にして惑わず。五十にして天命を知る、勇ましい人になりたい―勇にして礼なければ乱る ほか）

[内容] 心の奥までぐっと入ってくる『論語』の知恵は、一生の宝になります！本書の『論語』のことばは、まず声に出して読んで下さい。

『絵でわかるかんたん論語―声に出して読む』 根本浩著，ナガイトモコ絵 金の星社 2009.6 159p 20cm 1300円 Ⓘ978-4-323-07155-8 Ⓝ123.83

『こども論語塾―親子で楽しむ その2』 安岡定子，田部井文雄監修 明治書院 2009.2 61p 22×20cm 1500円 Ⓘ978-4-625-66412-0

[目次] 1 行（おこない）―毎日の行いの中で目標にしたいこと（親孝行って、なんだろう？―孟武伯、孝を問う。子曰わく、「父母は唯其の疾を之れ憂う。」、心豊かな人になるために―子曰わく、「詩に興り、礼に立ち、楽に成る。」 ほか）、2 友（とも）―お友だちと楽しく過ごすために（一緒にがんばる仲間を大切にする―曽子曰わく、「君子は文を以て友を会し、友を以て仁を輔く。」、自分より相手のことを考える―子曰わく、「利に放りて行えば、怨み多し。」 ほか）、3

学（まなぶ）―自分から進んで学ぶ気持ちが大切です（知ったかぶりはしない―子曰わく、「由、女に之を知るを誨えんか。之を知るを之を知ると為し、知らざるを知らずと為す。是れ知るなり。」、生まれた時は、みんな同じ―子曰わく、「教え有りて類無し。」 ほか）、4 仁（じん）―あなたのまわりにいる人を大切にしましょう（言葉よりも心が大切―子曰わく、「剛毅木訥、仁に近し。」、どんな時も心に仁を！―子曰わく、「苟しくも仁に志せば、悪しきこと無きなり。」 ほか）

[内容] 大好評『こども論語塾』待望の続編！思いやりの気持ち、あきらめずに続けること、『論語』には、こどもに伝えたい大切な言葉がぎっしり！思いやりの気持ちを一歩深めた「親孝行」や「友達関係」「豊かな心の育て方」などのテーマも取り上げました。

『はじめてであう論語 3 学問編』 全国漢文教育学会編著 汲文社 2008.3 79p 22cm 1500円 Ⓘ978-4-8113-8473-3 Ⓝ123.83

[目次] 子曰わく、吾十有五にして…、子曰わく、学びて時に…、曽子曰わく、吾日に吾が身を…、子曰わく、学びて思わざれば…、子曰く、憤せざれば…、子曰く、故きを温めて…、子曰く、三人行えば…、子曰く、由、女に之を知るを…、子曰く、之を知る者は…、子、子貢に謂いて曰わく…、哀公問う、弟子孰か学を、子曰く、朝に道を聞かば…

『はじめてであう論語 2 友だち編』 全国漢文教育学会編著 汲文社 2008.3 79p 21cm 1500円 Ⓘ978-4-8113-8472-6 Ⓝ123.83

[目次] 子曰わく、性は相近く…、子曰わく、巧言令色…、子曰わく、剛毅木訥…、孔子曰わく、益者三友…、子曰わく、過ちて改めざる…、子曰わく、忠信を主とし…、子貢問いて曰わく、一言にして…、樊遅仁を問う。子曰わく、子曰わく、不仁者は、以て久しく…、子曰わく、唯だ仁者のみ能く…、伯牛疾有り。子之を問う…、子路曰わく、願わくは子の志を…

[内容] 本書では、全部で十二の言葉をとりあげています。みなさんにとって身近な「友だち」について、孔先生（孔子）がさまざまなことを教えてくれます。

『はじめてであう論語 1 家族編』 全国漢文教育学会編著 汲文社 2008.3 79p 21cm 1500円 Ⓘ978-4-8113-

国語　　　　　　　　　　　　　　　　　　　　　　　　読む・書く

8471-9　Ⓝ123.83
[目次] 子曰わく、弟子、入りては則ち孝…、子曰わく、今の孝は、是れ能く…、子曰わく、孝なるかな惟れ孝…、子曰わく、父母は唯だ其の疾を…、子曰わく、父母在せば遠く…、子曰わく、父母の年は…、子曰わく、父在せば其の志を観…、孔子対えて曰わく、君は君たり…、子夏曰わく、商之を聞く…、子曰わく、才も不才も、亦各、曽子疾有り。門弟子を召して…、子曰く、己の欲せざる所は…

『こども論語塾—親子で楽しむ』 安岡定子著、田部井文雄監修　明治書院　2008.2　61p　22×20cm　1500円　Ⓘ978-4-625-66408-3
[目次] 1「学ぶ」とはどういうことでしょう（昔の人の教えを大切にする—子曰わく、「故きを温ねて新しきを知れば、以って師と為るべし。」、自分なりの考えを持つ—子曰く、「学びて思わざれば、則ち罔し。思いて学ばざれば、則ち殆し。」ほか）、2 どのように毎日を過ごしたらよいのでしょう（今日の自分をふりかえってみる—曽子曰わく、「吾日に吾が身を三省す。"人の為に謀りて、忠ならざるか。朋友と交わりて信ならざるか。習わざるを伝えしか。"」、相手から理解されるより、相手のことを理解する—子曰わく、「人の己を知らざるを患えず。人を知らざるを患う。」ほか）、3 いちばん大切なもの、それは「仁（思いやり）」です（うわべだけの言葉は、心に届かない—子曰わく、「巧言令色、鮮し仁。」、わかり合える仲間は、きっといる—子曰わく、「徳は孤ならず、必ず隣有り。」ほか）、4 理想の人＝君子とは、どんな人なのでしょう（「それは正しいことだろうか」と、自分で自分に問いかける—子曰わく、「君子は義に喩り、小人は利に喩る。」、100の言葉より、1の行動—子曰わく、「君子は言に訥して、行に敏ならんことを欲す。」ほか）
[内容] 『論語』全約五百章から、短くわかりやすい言葉二十章を選び出した、『論語』の入り口に立つ入門の書。そのどれをとってみても、だれの心にもひびく内容が融かしこまれている。

『おじいちゃんとぼく—親子で読む「言志四録」 佐藤一斎さんからの伝言』 恵那いわむら一斎塾　2006.2　32p　25cm　1050円　Ⓝ121.55

◆漢文・漢詩を読む

『小学生からの漢詩教室　2』 三羽邦美著　瀬谷出版　2010.7　103p　26cm （国語力upシリーズ　2）1400円　Ⓘ978-4-902381-17-7　Ⓝ921
[目次] 1 粒粒辛苦、2 鸛鵲楼に登る、3 江南の春、4 桃花流水、5 春のながめ、6 望湖楼の雨、7 別れの朝、8 一片の氷心、9 砂漠の旅、10 楓橋の夜

『漢文を学ぶ　6』 栗田亘著　童話屋　2009.11　75p　15cm （小さな学問の書　12）286円　Ⓘ978-4-88747-099-6　Ⓝ827.5

『漢文を学ぶ　5』 栗田亘著　童話屋　2009.5　75p　15cm （小さな学問の書　11）286円　Ⓘ978-4-88747-093-4　Ⓝ827.5

『声に出そうはじめての漢詩　3　生きかたのうた』 全国漢文教育学会編著、鴨下潤イラスト　汐文社　2009.3　47p　21×22cm　2000円　Ⓘ978-4-8113-8543-3
[目次] 漢詩ってなに？、子夜呉歌（李白）、秦淮に泊まる（杜牧）、絶句（杜甫）、竹里館（王維）、香炉峰下新たに山居をトし草堂初めて成り偶たま東壁に題す（白居易）、春望（杜甫）、秋浦の歌（李白）、岳陽楼に登る（杜甫）、桂林荘雑詠諸生に示す（広瀬淡窓）〔ほか〕

『声に出そうはじめての漢詩　2　旅のうた』 全国漢文教育学会編著、鴨下潤絵　汐文社　2009.2　47p　21×22cm　2000円　Ⓘ978-4-8113-8542-6
[目次] 漢詩ってなに？、磧中の作（岑参）、涼州詞（王翰）、元二の安西に使するを送る（王維）、峨眉山月の歌（李白）、早に白帝城を発す（李白）、静夜思（李白）、黄鶴楼にて孟浩然の広陵に之くを送る（李白）、芙蓉楼にて辛漸を送る（王昌齢）、楓橋夜泊（張継）、天草洋に泊す（頼山陽）

『声に出そうはじめての漢詩　1　自然のうた』 全国漢文教育学会編著、鴨下潤絵　汐文社　2009.2　47p　21×22cm　2000円　Ⓘ978-4-8113-8541-9
[目次] 漢詩ってなに？、春暁（孟浩然）、江南

の春（杜牧），廬山の瀑布を望む（李白），山亭夏日（高駢），湖上に飲す，初めは晴れ後に雨ふる（蘇軾），汾上秋に驚く（蘇頲），鸛鵲楼に登る（王之渙），鹿柴（王維），山行（杜牧），江雪（柳宗元）

『小学生からの漢詩教室』 三羽邦美著 瀬谷出版 2009.2 95p 26cm （国語力upシリーズ 1） 1400円 Ⓘ978-4-902381-14-6 Ⓝ921
[目次] 1 胡隠君を尋ねて，2 春の朝，3 絶句，4 柴の柵，5 川の雪，6 春の夜，7 朝早く白帝城を発って，8 山荘の夏の日，9 山道，10 涼州のうた
[内容] 名文にふれる味わう書いてみる。漢詩のなかには，宝物のような美しい名句がたくさんあります。こどものころに，良いことばをたくさん覚えることで，文章を書く力がつきます。声に出して読み，なぞって書いてみましょう。おとうさん，おかあさん，おじいちゃん，おばあちゃんもご一緒にどうぞ。

『漢文を学ぶ 4』 栗田亘著 童話屋 2004.9 75p 15cm （小さな学問の書 8） 286円 Ⓘ4-88747-046-0 Ⓝ827.5

『漢文を学ぶ 3』 栗田亘著 童話屋 2003.12 75p 15cm （小さな学問の書 7） 286円 Ⓘ4-88747-038-X Ⓝ827.5

『漢文を学ぶ 2』 栗田亘著 童話屋 2003.5 75p 15cm （小さな学問の書 6） 286円 Ⓘ4-88747-035-5 Ⓝ827.5

『漢文を学ぶ 1』 栗田亘著 童話屋 2002.12 75p 15cm （小さな学問の書 5） 286円 Ⓘ4-88747-031-2 Ⓝ827.5

◆文章を書く―作文

『今すぐ作家になれる楽しい文章教室 3巻 手紙がきちんと書ける』 教育画劇 2011.4 63p 23×18cm 3300円 Ⓘ978-4-7746-1234-8
[目次] 「手紙が書ける」から，「手紙がきちんと書ける」ようになろう！，伝える方法を考える 手紙とその仲間，使い分けのコツ，伝える作法を心得る きちんと書くための決まりごと，伝える方法その1 個性豊かな手紙の書き方，伝える方法その2 見せるハガキの書き方，伝える方法その3 プレゼントになるカードの書き方，伝える方法その4 技ありなEメールとけいたいメールの書き方，伝える方法その5 ブログとツイッターの書き方の基本，「手紙がきちんと書ける」をきわめよう

『今すぐ作家になれる楽しい文章教室 2巻 創作ができる』 牧野節子監修 教育画劇 2011.4 63p 23×18cm 3300円 Ⓘ978-4-7746-1233-1
[目次] 創作の世界にようこそ，創作の形態を知ろう，創作って何？ ジャンルいろいろ，キャラクターの設定 生きている登場人物，活やくする舞台 どこにいる？いつのこと？，作品の組み立て方 物語の構成，ワクワクドキドキストーリー プラスとマイナス，コンクールにちょうせん 読んでもらおう，魔法の力

『今すぐ作家になれる楽しい文章教室 1巻 作文が書ける』 教育画劇 2011.2 63p 23×17cm 3300円 Ⓘ978-4-7746-1232-4
[目次] 文章を書くと"いいこと"がある!?，作文はこわくない！準備をすればだいじょうぶ，テーマを決める―第一歩 何について書く？，内容をまとめる―いちばん書きたいことは？，文章を組み立てる―読む人にうまく伝えるには？，文章を書き進める―ツボをおさえれば楽しく書ける！面白く読める！，作文も，身だしなみを整えて―作文のお約束，基本の"き"，いろいろな作文1―紹介文，いろいろな作文2―日記，いろいろな作文3―読書感想文，いろいろな作文4―意見文，作文が上手になる魔法

『最強作文術―脳力さくぶんに親子でチャレンジ』 直井明子著 幻冬舎コミックス 2009.3 95p 26cm〈発売：幻冬舎〉 1800円 Ⓘ978-4-344-81602-2 Ⓝ816

『子どものための作文の本―書く力が身につく 3（感想文・観察文・生活文のコツ）』 ながたみかこ文・絵 汐文社 2008.3 80p 22cm 1500円 Ⓘ978-4-8113-8459-7 Ⓝ816
[目次] 段落の分け方，起承転結をつけよう！，原稿用紙の使い方，感想文のコツ，観察文のコツ，生活文のコツ

国語　　　　　　　　　　　　　　　　　　　　　　　　　読む・書く

『子どものための作文の本―書く力が身につく　2（短文・長文のコツ）』　ながたみかこ文・絵　汐文社　2008.1　87p　22cm　1500円　①978-4-8113-8458-0　Ⓝ816
[目次]　短い文を書いてみよう！，長文を短文に書きかえよう！，主語と述語，句読点を正しく打とう！，かなづかい，指示語，接続語，かぎかっこを使おう！

『子どものための作文の本―書く力が身につく　1（文体・表現のコツ）』　ながたみかこ文・絵　汐文社　2007.11　79p　22cm　1500円　①978-4-8113-8457-3　Ⓝ816
[目次]　「視写」にチャレンジ！，文体を統一せよう，比喩，擬人法，擬音語・擬態語，倒置法，体言止め，くりかえし

『作文なんてカンタンだ！』　斎藤孝著　PHP研究所　2007.8　95p　22cm　（斎藤孝の「ズバリ！攻略」シリーズ）952円　①978-4-569-69284-5　Ⓝ816
[目次]　１１行目なんてカンタンだ！（新しい自分に変身しよう！，紙の上で考えろ　ほか），2　原稿用紙10枚なんてカンタンだ！（十枚書くより一枚のほうがむずかしい!?，長く書く究極の方法は「会話作戦」だ！　ほか），3　これで一気に面白く書ける！（秘伝その1―「もしも」を使え！，秘伝その2―「じつは」を使え！　ほか），4　作文マイスターになろう必殺技！（不思議ゲッターになろう，立場を変えれば思わぬ発見がある　ほか）

『ブンブンどりむ楽勝！　ミラクル作文術』　斎藤孝監修　大阪　どりむ社　2007.7　45p　30cm　1600円　①978-4-925155-68-7　Ⓝ816
[目次]　あたまランド―文の基礎（いよいよ，キャンプだ！―主語とじゅつ語を合わせて，正しい一文を書こう。，なぞのくだもの，ゴロリアン！―五感を使った表現で，様子がわかるように表そう。，カレーを作ろう！―音と様子を表す言葉で，場面が浮かぶように書こう。，こわい話を書いてみよう！―原こう用紙の使い方を知ろう。），こころランド―文章の組み立て（すてき！こころランドの海の中―テーマを一つにしぼって，くわしく書こう。，ようこそ！海の底市へ―書き出しをくふうしよう。，歌おう！いっしょに―つなぐ言葉を使おう。，ものしりランド―作文のテクニック（ようこそ！ものしり遊園地へ―「事実（体験）」と「思い・考え」のちがいを知ろう。，サタンフォールでフラフラ！―「事実（体験）」と「思い・考え」を書き分けよう。），かきかたランド―読書感想文（読書感想文の書き方を知ろう！―読書感想文の書き方を知ろう。，おもしろいと感じたところに線を引こう！―いちばんおもしろいと感じたところをさがして，理由を書こう。，自分の体験と感想を書こう！―いちばんおもしろいと感じたころから思い出した自分の体験と，感想を書こう。，読書感想文を仕上げよう！―「はじめ・なか・おわり」の組み立てで読書感想文を仕上げよう。），かきかたランド・レベルアップ―情報の読み取り（グラフから何がわかるかな？―グラフの読み方を学ぼう。，グラフを比べて考えよう！―グラフから「事実」と「意見・感想」をまとめよう。，段落に分けて書こう！―二段落の作文を書こう。）
[内容]　正しい一文を書く。ものの様子を具体的に書く，場面の様子が目にうかぶように書く…キミに役立つ作文テクニックがいっぱい。

『ちびまる子ちゃんの作文教室』　さくらももこキャラクター原作，貝田桃子著　集英社　2007.3　207p　19cm　（満点ゲットシリーズ）　850円　①978-4-08-314039-6　Ⓝ816

『樋口裕一のカンペキ作文塾―ニュースで「読む」「書く」「考える」』　樋口裕一著　朝日新聞社　2006.5　95p　30cm　857円　①4-02-330368-2
[目次]　第1章　小論文の書き方（小論文の書き方の基礎，小論文での言葉の使い方，600字小論文の書き方　ほか），第2章　作文の書き方（作文はホップ・ステップ・ジャンプ・着地，作文を書くときの心構え，書き出しを工夫しよう　ほか），第3章　読書感想文の書き方（読書感想文も作文の型を使おう，樋口先生おすすめ！小学生・中学生のための推薦図書）
[内容]　小・中学生が書いた小論文，作文，読書感想文を樋口先生が添削指導。書き方のポイントが一目でわかる。

『斎藤孝とつくる本　いますぐ書けちゃう作文力―子どもたちと，むかし子どもだった大人たち，必読！』　斎藤孝著　大阪　どりむ社　2006.4　153p　21cm

子どもの本　国語・英語をまなぶ2000冊　　165

読む・書く　　　　　　　　　　　　　　　　国語

1400円　①4-925155-88-1
|目次| はじめに 作文なんて、こわくない！、1 家族・友だちと作文力！、2 マンガで作文力！、3 図書館で作文力！、4 天才になりきる作文力！、5 宇宙で作文力！、おわりに 作文コンクールにチャレンジ
|内容| 小学生からシニアまで、作文がすいすい書けちゃう斎藤メソッド、ついに公開。

『作文ダイキライ』　清水義範著　学習研究社　2001.5　285p　15cm　（学研M文庫）560円　①4-05-902018-4

『小学生のための「文章の書き方」トレーニング　3（上級編）』　生越嘉治著　あすなろ書房　2001.3　111p　22cm　1400円　①4-7515-2133-0
|目次| 文の基本、文の修飾、言葉の使い分け、文章の構成、手紙の書き方
|内容| 大好評、『小学生のための「正しい日本語」トレーニング』の姉妹編です。自分の伝えたいことを、相手に、いかにわかりやすく、的確に「ことば」に表現するか。小学生のための「文章の書き方」入門です。

『小学生のための「文章の書き方」トレーニング　2（中級編）』　生越嘉治著　あすなろ書房　2001.3　111p　22cm　1400円　①4-7515-2132-2
|目次| 文をつくる（構文）、様子を表す（修飾語）、言葉の使い分け（用語）、文章の組み立て（構成）、書き表し方（表記、推敲）、まとめ 宝を見つけろ！―宝島の地図
|内容| 大好評、『小学生のための「正しい日本語」トレーニング』の姉妹編です。自分の伝えたいことを、相手に、いかにわかりやすく、的確に「ことば」に表現するか。小学生のための「文章の書き方」入門です。

『小学生の新レインボー作文教室』　金田一春彦監修　学習研究社　2001.1　368p　21cm　1000円　①4-05-300955-3
|目次| この本の使いかたと作文の学習、学年べつのないよう、おうちの方へ、この本をつくった人、一年生のさくぶん、二年生の作文、三年生の作文、四年生の作文、五年生の作文、六年生の作文、資料編―友だちの詩と作文
|内容| この本は、まず基本となる想像力を高め、書く材料を考えるトレーニングから始まり、書いた文章をよりよいものにする推敲のしかたといったものまで、学年を追って基礎から応用までをまとめたものです。

『小学生のための「文章の書き方」トレーニング　1（初級編）』　生越嘉治著　あすなろ書房　2001.1　111p　22cm　1400円　①4-7515-2131-4
|目次| 文をつくる（構文）（「おかあさんは」？「おかあさんが」？、「は」を書くか、「が」を書くか？ ほか）、ようすをあらわす（修飾語）（まっ白い‐白い‐白っぽい、ことばをつないで文をつくろう ほか）、ことばのつかい分け（用語）（たった一字のちがいでも、「小さい」「小さな」どうちがう？ ほか）、文章のくみたて（構成）（文と文をくっつけることば、くっつけて、正しい文にしよう ほか）、書きあらわしかた（表記）（「点・丸・かぎ」をつけないと、点・丸・かぎ―まちがいさがし ほか）
|内容| 大好評、『小学生のための「正しい日本語」トレーニング』の姉妹編です。自分の伝えたいことを、相手に、いかにわかりやすく、的確に「ことば」に表現するか。小学生のための「文章の書き方」入門です。

『作文がどんどん書ける作文名人になれちゃう本―宮川俊彦のノリノリ授業』　宮川俊彦著　小学館　2000.4　175p　19cm　（わかる！できる！のびる！ドラゼミ・ドラネットブックス―日本一の教え方名人ナマ授業シリーズ）〈索引あり〉850円　①4-09-253515-5
|目次| 1『作すら』の基本をおさえて、パワーアップ！、2「伝える」作文・「伝わる」作文は、こう書く！、3 こうすれば、作文はどんどん書ける！、4 ぴかっと光る表現は、これだ！、5 おたすけパターンで自由自在！、6 作文がうまくなれば、頭がよくなる！
|内容|「作文は何とか書き上げた…」でも、本当の作文はここからがスタート。そんなとき、作文を磨きあげるワザがパッとわかる、とっても便利なマニュアル本。伝えたいことは何？確かな表現力とは？『自分作文』をとことん目指す！作文大王ワザづくし！などなど、作文名人になるためのポイントを、ドラえもんのまんがでおもしろ解説。

『書いてみようらくらく作文』　武良竜彦著　偕成社　2000.3　161p　21cm　（国語がもっとすきになる本）1500円　①4-03-541250-3
|目次| 1 作文大好き（作文ってなんだろう、

国語　　　　　　　　　　　　　　　　　　　　　　　　　　　読む・書く

どきどき、わくわくしながら話すこと ほか)，2 あなたの「心」を「詩」で伝えよう(リズムにのせて詩を書こう，散文詩 ほか)，3 伝えたい心を自由作文で書こう(詩で練習した「描写」の力を使おう，好きな人に「ひみつ」をそっとうちあけるように書く ほか)，4 記録文・観察文で事実を伝えよう(記録文と観察文のちがいは何？，記録文で事実を正しく，わかりやすく伝えよう ほか)，5 自分の考えを意見文に書こう(意見文は「記録・観察文」＋あなたの考え，「なぜ」から意見文がはじまる ほか)
[内容] 作文って、なんかいやだな…作文はにがてだ…と思っていませんか。じつは、作文を書くことはとても楽しいことなのです。どのように書いたらいいかもっとじょうずに書くにはどうしたらいいかやさしく、わかりやすく教えます。

『作文がすらすら書けちゃう本―宮川俊彦のノリノリ授業』 宮川俊彦著　小学館　1997.11　175p　19cm　(わかる！できる！のびる！ドラゼミ・ドラネットブックス―日本一の教え方名人ナマ授業シリーズ)　850円　①4-09-253501-5
[目次] とっちゃまんの作文名人への道(作文なんて、ちっともこわくない！，こうすれば作文はカンタンだ！，こうすれば、作文はみるみるうまくなる！，こうすれば、きみも作文名人になれる！)，巻末特別図解 これだけできればカンペキ！(作文おたすけトラのまき)
[内容] 学校で出される課題作文や読書感想文。困っちゃうよね。そんなとき、書き方がパッとわかる、とっても便利な「作文トラのまき」だよ！作文名人へのポイントを、ドラえもんのまんがでおもしろ解説。

『作文の達人』 石田佐久馬監修　講談社　1997.8　223p　21cm　(国語学習なっとく事典)　1400円　①4-06-208832-0
[目次] 第1章 作文大すき，第2章 心を開いて，第3章 説明を書く，第4章 感想画・感想文，第5章 見つけたこと、調べたこと，第6章 想像のつばさを広げて，第7章 手紙と日記，第8章 新聞づくり，第9章 作文上達のカギ
[内容] 本書には、全国の小学生の作品がたくさんのっています。これらの作文、表現を参考に、自分なりの情報づくりをくふうしてみましょう。文章のヒントがいっぱい。小学生の作文の書きかた、指導に最適。

『小中学生のための文章道場―わかる！書ける！作文のコツ マンガ』 沼田芳夫指導，寺沢理恵まんが，能開センター監修　改定新版　能開センター　1997.5　142p　21cm〈発売：アイキューブ〉　1000円　①4-900930-04-0
[目次] 第1章「作文はなぜ必要か」，第2章「わ・せ・い・ろのなぞ」，第3章「何を書くか」，第4章「どう書くか」，第5章「推敲10か条」，第6章「作文が試される時」
[内容] 楽しくわかる作文のコツ！作文が好きになる。小中学生のための文章道場。

『作文を書こう　4・5・6年生』 三島幸枝著　岩崎書店　1997.1　127p　22cm　(まるごとわかる国語シリーズ 2)　2266円　①4-265-06222-9,4-265-10126-7
[目次] 1 ようこそ作文教室へ，2 まとまりのある作文にするために，3 心をつづる日記・手紙，4 気軽にいろいろな記録を，5 わかりやすい説明文を，6 考えを深めて意見文を
[内容] 本書は、自分で作文の勉強ができるように考えてつくったものです。日常生活の中で書く機会のある、生活文、記録文、説明文、意見文の書き方を、例文を提示して、具体的に説明してあります。

『作文を書こう　1・2・3年生』 岡田邦子著　岩崎書店　1997.1　126p　22cm　(まるごとわかる国語シリーズ 1)　2266円　①4-265-06221-0,4-265-10126-7
[目次] 1 だれでも書ける，2 さあ、書いてみよう，3 日記を書こう，4 手紙を書こう，5 せつめい文を書こう，6 きろく文を書こう
[内容] 本書は、はじめの部分は、作文を書いていくじゅんじょがわかるようにしてあります。あとの部分は、作文のしゅるい(日記・手紙・せつめい文・きろく文)に分けて、書き方を作文ロボットコツコツくんが教えてくれます。

『宿題に役だつ作文の書き方』 小学館　1996.8　111p　23cm　(学習まんがドラえもん宿題解決シリーズ 3)　880円　①4-09-296573-7
[目次] 絵日記をかこう，日記を書こう，読書感想文を書こう，帯紙を作ってみよう，手紙を書こう，招待状を書こう，宝物をしょうかいしよう，作文で地図を書こう，イラストつき案内図をかこう，ガイドブックを作ろう〔ほか〕

子どもの本 国語・英語をまなぶ2000冊　　167

読む・書く　　　　　　　　　　　　　　　　　　　　　　　　　　　　　　　国語

|内容| スラスラ書ける作文のトラの巻だよ。ドラえもん先生がこっそり教える宿題攻略のコツのコツ第3弾。

『作文の書き方おしえてよ　5・6年』　漆原ともよし著，西村郁雄絵　改訂第2版　名古屋　KTC中央出版　1996.4　173p　22cm　（地球っ子ブックス—新国語シリーズ 3）　1300円　①4-924814-70-9

|目次| 1「ことば遊び」を楽しみながら書く—イヌが風船に乗って、空へまいあがる、2 グループノートで高め合う—友だちを温かく包みこむ、3 原こう用紙に向かうまで—題材はどこにでもある、4 働いた体験を書く—ぼくのうちは、はんぺい屋、5 ことばを選ぶ—ありきたりのことばはゴメン、6 びょう写を工夫する—からだに感じたままを書く、7 見学の体験を書く—備前焼のかま元を訪ねて、8 遊びの感動を書く—多摩川で大きなハヤがつれた、9 観察したことを書く—セミが成虫になるまで、10 意見を書く—ニックネームで呼び合うことに…、11 説明を書く—ひろし君、原ばく病に負けないで…、12 原こう用紙の使いかた—どこから書き始めたらいいのかな？

|内容| 作文を書くことは、苦しいって。「作文の土台」さえ覚えればかんたんさ。

『作文の書き方おしえてよ　3・4年』　漆原ともよし著，西村郁雄絵　改訂第2版　名古屋　KTC中央出版　1996.4　171p　22cm　（地球っ子ブックス—新国語シリーズ 2）　1300円　①4-924814-69-5

|目次| 1「作文ワンダーランド」へ急ごう、2 こころのへや—作文のこころ、3 タネさがしのへや—タイムマシンに乗って、4 組み立てのへや—ドッキリ場面をたいせつに、5 書き始めのへや—海ん中がばく発したんだよ、6 表げんのへや—とろろこんぶのような細い雲、7 すいこうのへや—「それから病」にさようなら、8 お友だちの作文のへや

|内容| 作文の好きな人は、もっと好きになる。作文のきらいな人も、きっと好きになる。さあ、"作文ワンダーランド"へ。

『作文の書き方おしえてよ　1・2年』　漆原ともよし著，西村郁雄絵　改訂第2版　名古屋　KTC中央出版　1996.4　175p　22cm　（地球っ子ブックス—新国語シリーズ 1）　1300円　①4-924814-68-7

|目次| 1 つくえの上がディズニーランド—どうして作文書くのかな？，2 うちゅうからカレーライスがふってきた—書くことをたのしもう、3 ハラハラドキドキしたことを—作文の土台作り、4 えんぴつが走っていく—いろいろな文しょう、5 お友だちの作文を読んで

|内容| 作文のスタートは、お話を楽しむことから。"かざりことば遊び"からはじめよう。

『作文が好きになる事典—3・4年』　講談社　1995.3　270p　22cm〈監修：石田佐久馬〉1500円　①4-06-123294-0

『作文がすきになるじてん—1・2年』　講談社　1995.3　221p　22cm〈監修：石田佐久馬〉1500円　①4-06-123293-2

『すらすら作文が書ける—ドラえもんの国語おもしろ攻略』　小学館　1994.9　191p　19cm　（ドラえもんの学習シリーズ）　780円　①4-09-253152-4

|内容| この本には、作文がすらすら書ける秘密がたくさんつまっています。まんがの仲間たちといっしょに、失敗し疑問を解決しながら、作文を書くコツがいつのまにか、会得できるようになっています。

『「見たこと作文」実践ネタ集』　上条晴夫編　学事出版　1994.7　134p　21cm　（ネットワーク双書—作文革命！　新・作文指導システム「見たこと作文」シリーズ）　1400円　①4-7619-0403-8

|目次|「見たこと作文」のすすめ、見いつけた！ふきのとうひみつ、一万円札に穴を見つけた!?—「お金」の追究、とびきりおいしいパンを作るには？、流氷が町にやってきた！、アメリカザリガニのなぞを追う、雪・フィールドワークで大発見、発見・追究！桜のふしぎ、タンポポのハテナが飛火する、売れるやおやさんのヒミツ—お店たんけん、ゆうれい花のなぞに挑む、「見たこと作文」の指導技術

|内容| 本書は、「作文革命＝見たこと作文」の実践記録集である。従来の回想型作文（したこと作文）に対して、自然や社会の「ふしぎ」に挑む追究型作文が、「見たこと作文」である。

『意見文・説明文を書こう』　畑島喜久生編，田中耕一郎,吉川邦弘著　国土社　1994.3　110p　23cm　（作文大すき 9

―5・6年）1800円　①4-337-26209-1

[目次] 意見文を書こう―「思うこと・考えること」をしっかり持って（意見のたね，意見文を書くには，友だちの意見文を読もう，自分の考えをはっきりさせて書こう，意見文を書くときのポイント ほか），説明文を書こう―ちょっと立ち止まってみると（身近なことの説明から，わかりやすい説明のポイント，ことばでスケッチ，自分らしさを説明しよう ほか）

『記録文・報道文を書こう』 畑島喜久生編，上野健太著　国土社　1994.3　108p　23cm　（作文大すき 8―5・6年）1800円　①4-337-26208-3

[目次] 記録文を書こう―正確な事実をのこそう（社会科見学記録を書こう，わたしの海外体験記，製作記録を書こう，観察記録を書こう ほか），報道文を書こう―新しい事実をすばやく（わたしのプロフィール，お知らせ文を書こう，テレビを見て，歳時記を作ろう ほか）

『せいかつ文をかこう』 畑島喜久生編，宮絢子著　国土社　1994.3　110p　23cm　（作文大すき 1―1・2年）1800円　①4-337-26201-6

[目次] 1 たのしいことがいっぱいあるよ，2 かくことがいっぱいあるよ，3 じゅんじょよくかこう，4 よくわかるようにかこう，5 たのしいおはなしをつくろう，6 みんなにしらせよう，7 かんじたことをみじかいことばで

『生活文を書こう』 畑島喜久生編，西田眈志，中村美和子著　国土社　1994.3　110p　23cm　（作文大すき 7―5・6年）1800円　①4-337-26207-5

[目次] 生活文を書こう―ありのままを素直に（書きたい気持ち，主題をはっきりさせて書く，組み立てを考えよう，述べ方を工夫して書く），生活文を書こう―効果的な表現の工夫（絵を描くように，会話や行動を描く，ことばを選び，ことばの使い方を考える，書き出しの工夫 ほか）

『生活文・手紙を書こう』 畑島喜久生編，西田眈志，荻原昭著　国土社　1994.3　110p　23cm　（作文大すき 4―3・4年）1800円　①4-337-26204-0

[目次] 生活文を書こう―自分のまわりを，もう一度よく見て（書くことがない，作文ノートを作ろう，思ったことを書いてみよう，取材を広げよう，中心にすることを考えて書こう ほか），手紙を書こう―手紙には心にひびくふしぎな力がある（手紙を書くのは楽しい，お母さんへのメモ，お世話になった先生への手紙，あいさつの手紙，はがきの書き方 ほか），付録・作文おたすけノート

『手紙・せつめい文をかこう』 畑島喜久生編，岩田雪枝，吉川邦弘著　国土社　1994.3　110p　23cm　（作文大すき 2―1・2年）1800円　①4-337-26202-4

[目次] 手紙をかこう―つたえたいことをおはなしするように，せつめい文をかこう―お手紙とどこがおなじでどこがちがうかな

『日記・かんさつ文をかこう』 畑島喜久生編，金田志津枝，小山万作著　国土社　1994.3　110p　23cm　（作文大すき 3―1・2年）1800円　①4-337-26203-2

[目次] 日記をかこう―かきたいことがどんどんふえる，かんさつ文をかこう―見ることもしらべることもたのしいな！

『日記・記録文を書こう』 畑島喜久生編，金田志津枝，橋本昭夫著　国土社　1994.3　110p　23cm　（作文大すき 5―3・4年）1800円　①4-337-26205-9

[目次] 日記を書こう―かがやく自分が見えてくる（日記がへた！，きょう，ここで，こんなことがあった，たねだけ日記，さけび声から書きだす！ ほか），記録文を書こう―どんな小さな発見もだいじにして（これも，りっぱな記録文，ぼくもわたしも小さな科学者，小さな記者になって，いろいろな記録文を書いてみよう）

『報道文・感想文を書こう』 畑島喜久生編，荻原昭著　国土社　1994.3　110p　23cm　（作文大すき 6―3・4年）1800円　①4-337-26206-7

[目次] 報道文（お知らせや新聞の文章）を書こう―読む人にわかりやすく，くふうして（お知らせの文を書こう，案内文を書こう，お知らせ黒板に書こう，かべ新聞を作ろう ほか），感想文を書こう―思い，感じたことを自分のことばで（感想文を書くためのじゅんび運動，感想文を書くための三つのしつ問，読書カードを利用しよう，あらすじと感想を書こう，手紙の形で，感想文を書こう，短い感想文を書こう，主人公の気持ちを考えた，感想文を書こう ほか）

読む・書く　　　　　　　　　　　　　　　　　　　　　　　　　　　　　　　国語

『物語・感想文を書こう』　畑島喜久生編，荻原昭著　国土社　1994.2　110p　23cm　(作文大すき　10―5・6年)　1800円　④4-337-26210-5
[目次]　物語を書こう―楽しく，ゆかいに(あなたが物語の主人公―物語のもととなることがらは?，「無人島がやってきた」―想像力豊かな物語，つづき物語を書こう―豊かな想像から物語の創作へ，あなたが書く，「うさぎとかめ」のお話―作者の考えを登場人物にうつしだす　ほか)，感想文を書こう―自分自身を高めるために(感想文を書く前に―見つめる目と感じる心，何をどう書いたらよいか―感動を自分のことば，生活と結びつけて，事実にもとづいた感想文―事実＝実際にあったことと，感想を区別して，感想文の組み立て―段落と段落のつながりを考えて書こう　ほか)

『作文わくわく教室』　植垣一彦，向井吉人著，大和田美鈴絵　さ・え・ら書房　1992.4　151p　22cm　(さ・え・ら図書館/国語)　1300円　④4-378-02216-8
[目次]　第1章　わくわく〈作文〉への道案内，第2章　人を動かす〈作文〉，第3章　自分を見つめる〈作文〉，第4章　ゆたかに想像する〈作文〉
[内容]　遠足や行事のあとに書くおなじみの作文とちがって，もっとのびやにか，わくわくしながら作文を書いてみませんか。たとえば，気持ちを伝える〈ファンレター〉，今だから書ける〈いたずら体験〉，ゆたかに想像〈パントマイム作文〉などなど，お友だちの楽しい作文例とともに，書き方もやさしくアドバイス。ひと味ちがうわくわく作文の世界へ，あなたを案内します。

『作文事典―中・高入試に対応した正しい国語知識をつける』　高橋謙三著　エスジーインターナショナル　1992.1　209p　21cm　1200円　④4-87249-001-0

『たのしい作文　6年生』　日本作文の会編　小峰書店　1990.7　183p　22cm　1300円　④4-338-09106-1
[目次]　たのしい作文・6年生，見つめたい自然，最後の小学校生活，家の人との楽しい話，少し遠くを見つめる目で
[内容]　作文って，たのしい。自然のこと，学校生活のこと，友人のこと，家族のこと，社会のできごと，いろんなことを書いてみよう。6年生向き。

『たのしい作文　5年生』　日本作文の会編　小峰書店　1990.7　183p　22cm　1300円　④4-338-09105-3
[目次]　たのしい作文・5年生，ふしぎがいっぱい，友だちと先生と，家のこと家族のこと，社会に目をむけよう
[内容]　作文って，たのしい。自然のこと，学校生活のこと，友人のこと，家族のこと，社会のできごと，いろんなことを書いてみよう。5年生向き。

『たのしい作文　4年生』　日本作文の会編　小峰書店　1990.7　183p　22cm　1200円　④4-338-09104-5
[目次]　たのしい作文・4年生，自然とのつながり，学校っておもしろい，生活の中に人がいる，外の世界に目をむけよう
[内容]　作文って，たのしい。鳥や草木のこと，学校のこと，おうちの人たちのこと，見たり聞いたりしたこと，いろんなことを書いてみよう。4年生向き。

『たのしい作文　3年生』　日本作文の会編　小峰書店　1990.7　183p　22cm　1200円　④4-338-09103-7
[目次]　たのしい作文・3年生，自然がいっぱい，楽しい学校，家族といっしょに，遊びにむちゅう，しごと大好き
[内容]　作文って，たのしい。鳥や草木のこと，学校のこと，おうちの人たちのこと，見たり聞いたりしたこと，いろんなことを書いてみよう。3年生向き。

『たのしい作文　2年生』　日本作文の会編　小峰書店　1990.7　175p　22cm　1200円　④4-338-09102-9
[目次]　たのしい作文・2年生，自然となかよし，友だちといっしょに，家の人たちにかこまれて，おまつりだいすき
[内容]　作文って，たのしい。花や虫のこと，先生のこと，友だちのこと，おとうさんおかあさんのこと，いろんなことをかいてみよう。2年生向き。

『たのしい作文　1年生』　日本作文の会編　小峰書店　1990.7　163p　22cm　1200円　④4-338-09101-0
[目次]　たのしい作文・1年生，ちきゅうのなかま，がっこうだいすき，ひとつのやねのしたで，はる・なつ・あき・ふゆ・くらしのなか

[内容] 作文って、たのしい。花や虫のこと、先生のこと、友だちのこと、おとうさんおかあさんのこと、いろんなことをかいてみよう。1年生向き。

『5・6年の作文』 漆原ともよし著、西村郁雄絵　名古屋　中央出版　1990.2　173p　22cm　（地球っ子事典・国語シリーズ 5）1300円　Ⓘ4-924814-07-5

◆◆◆

『すべての学力の基礎作文力をつける　小学高学年用』 樋口裕一著　改訂新版　学研教育出版　2011.3　111p　30cm　（自分学習シリーズ）〈発売：学研マーケティング〉950円　Ⓘ978-4-05-303290-4

『すべての学力の基礎作文力をつける　小学中学年用』 樋口裕一著　改訂新版　学研教育出版　2011.3　83p　30cm　（自分学習シリーズ）〈発売：学研マーケティング〉950円　Ⓘ978-4-05-303291-1

『すべての学力の基礎作文力をつける　小学低学年用』 樋口裕一著　改訂新版　学研教育出版　2011.3　75p　30cm　（自分学習シリーズ）〈発売：学研マーケティング〉950円　Ⓘ978-4-05-303292-8

『小学生のためのマインドマップで作文すらすらワーク―ブザン教育協会公認/オフィシャルマインドマップブック』 小学館　2010.10　80p　19×26cm〈指導：井上光広〉762円　Ⓘ978-4-09-253563-3

『国語脳ドリル　作文王―国語専科教室式トップレベル　小学3年～小学6年』 工藤順一、国語専科教室著　学習研究社　2009.1　112p　26cm　（頭のいい子を育てるドリルシリーズ）1000円　Ⓘ978-4-05-302863-1

『新作文だいすき書き方プリント　小学3・4年生』 酒井英克編著　大阪　フォーラム・A　2008.8　135p　26×37cm　1400円　Ⓘ978-4-89428-543-9　Ⓝ816

『新作文だいすき書き方プリント　小学2年生』 酒井英克編著　大阪　フォーラム・A　2008.8　119p　26×37cm　1400円　Ⓘ978-4-89428-542-2　Ⓝ816

『新作文だいすき書き方プリント　小学1年生』 酒井英克編著　大阪　フォーラム・A　2008.8　95p　26×37cm　1400円　Ⓘ978-4-89428-541-5　Ⓝ816

『はじめてのこくご―文を書く　1～2年生向き』 柚木利志著　学習研究社　2008.8　73p　30cm　1300円　Ⓘ978-4-05-302786-3
[目次] じゅんび（えをみておはなししよう，せんでつなごう，ぶんをかいてみよう，どんなきもちかな？，きもちをかんがえよう　ほか），れんしゅう（めぐみちゃんといぬ，うんどうかいのおもいで，デパートへいったよ，みらいのせかい，わたしのつうがくろ　ほか）
[内容] はじめて「作文」にチャレンジする、小学校1年生を中心とした子どもを対象にしたドリル。無理なく楽しみながら作文を好きになり、自然に作文の力を伸ばすノウハウの一端をまとめました。

『あなうめで完成ちかみち作文』 青木伸生監修、粟生こずえ文　学習研究社　2008.7　128p　23cm　800円　Ⓘ978-4-05-202983-7
[目次] 1「おでかけ」であなうめ，2「行事・イベント」であなうめ，3「たいせつなもの」であなうめ，4「説明文」であなうめ，5「手紙」であなうめ，レベルアップ編

『国語脳ドリル　作文王―国語専科教室式プライマリー』 工藤順一、国語専科教室著、内田かずひろ絵　学習研究社　2007.12　94p　26cm　（頭のいい子を育てるドリルシリーズ）〈付属資料：別冊1，シール〉1000円　Ⓘ978-4-05-302649-1
[目次] きほん（何が見えるかな，目をとじて，においをかごう　ほか），おうよう（コボちゃん作文，「う」と「お」のちがい，「ず」と「づ」のちがい　ほか），てんかい（まほうのポケット，おもしろマシーン，うんどうじょう　ほか）

読む・書く　　国語

[内容] ことばと五感で学ぶ、はじめての書く日本語。

『陰山流・日本語トレーニングあなうめ作文―小学校全学年用』　陰山英男著　学習研究社　2007.9　96p　19×26cm　800円　Ⓘ978-4-05-302529-6

[目次] 1 詩人になろう―基本表現トレーニング、チャレンジ―算数でも日本語トレーニング、2 小説家になろう―作文トレーニング

[内容] ます目や問題文に直接書きこんで書く力をつけるワークブック。文章を書くための基本的な表現方法を身につける「パート1」と、日記のような短い文章から小説のような長い文章まで、手順にしたがって書けるように練習する「パート2」の二つの学習からなっています。小学校全学年用。

『国語脳ドリル　作文王―国語専科教室式スタンダード』　工藤順一、国語専科教室著　学習研究社　2007.7　88p　26cm　（学研頭のいい子を育てるドリルシリーズ）1000円　Ⓘ978-4-05-302566-1

『小学校の「作文」を26のスキルで完全克服』　向山洋一編、師尾喜代子著　PHP研究所　2007.3　190p　21cm　（新「勉強のコツ」シリーズ）1200円　Ⓘ978-4-569-65983-1

『書ける子を育てる親子作文ワーク―LCAインター山口メソッド　小学校低学年～中学年対象』　山口紀生監修　オクムラ書店　2006.9　63,58p　26cm　1200円　Ⓘ4-86053-055-1

『宮川式10分作文発展プリント　小学校高学年編』　宮川俊彦著　小学館　2006.5　96p　21×30cm　800円　Ⓘ4-09-837752-7

『宮川式10分作文らくらくプリント　小学校低学年編』　宮川俊彦著　小学館　2006.4　94p　21×30cm　800円　Ⓘ4-09-837751-9

『考える力をつける―ひぐち先生の超・作文術　小学高学年用』　樋口裕一、大原理志著　学習研究社　2006.2　112p　30cm　（自分学習シリーズ）1100円　Ⓘ4-05-302143-X

『考える力をつける―ひぐち先生の超・作文術　小学中学年用』　樋口裕一、大原理志著　学習研究社　2006.2　96p　30cm　（自分学習シリーズ）1100円　Ⓘ4-05-302144-8

『考える力をつける―ひぐち先生の超・作文術　小学低学年用』　樋口裕一、大原理志著　学習研究社　2006.2　96p　30cm　（自分学習シリーズ）1100円　Ⓘ4-05-302145-6

『ひげうさぎ先生のだれでも書ける文章教室』　ひげうさぎ著　柘植書房新社　2005.11　160p　21cm　1500円　Ⓘ4-8068-0529-7

『小学3年の作文』　福山憲市指導　学習研究社　2005.8　88p　19×26cm　（学研版毎日のドリル）570円　Ⓘ4-05-302102-2

『小学2年の作文』　福山憲市指導　学習研究社　2005.8　88p　19×26cm　（学研版毎日のドリル）570円　Ⓘ4-05-302101-4

『小学1年のさく文』　福山憲市指導　学習研究社　2005.8　88p　19×26cm　（学研版毎日のドリル）570円　Ⓘ4-05-302100-6

『日本語・作文強化プリント―内藤式　小3～6年』　内藤俊昭執筆，学研編　学習研究社　2004.9　36枚,36p　30cm　950円　Ⓘ4-05-301732-7

『作文力・学力の超基礎　書く力をつける―ひぐち先生の書きことば塾　小学高学年用』　樋口裕一、山口雅敏著　学習研究社　2003.12　112p　30cm　（自分学習シリーズ）1100円　Ⓘ4-05-301682-7

『作文力・学力の超基礎　書く力をつける―ひぐち先生の書きことば塾　小学中学年用』　樋口裕一、山口雅敏著　学習研究社　2003.12　112p　30cm　（自分学習シリーズ）1100円　Ⓘ4-05-301681-9

国語　　　　　　　　　　　　　　　　　　　　　　　　　　　　　　　読む・書く

『作文力・学力の超基礎 書く力をつける―ひぐち先生の書きことば塾　小学低学年用』樋口裕一,山口雅敏著　学習研究社　2003.12　96p　30cm　（自分学習シリーズ）1100円　④4-05-301680-0

『苦手な「作文」がミルミルうまくなる本』向山洋一編,師尾喜代子著　PHP研究所　2002.9　219p　15cm　（PHP文庫―「勉強のコツ」シリーズ）571円　④4-569-57796-2

『21世紀の学力 作文力をつける　小学高学年用』樋口裕一著　学習研究社　2001.4　112p　30cm　（自分学習シリーズ）900円　④4-05-300937-5

[目次] 第1部 作文の基礎（作文を書くときの心がまえ,作文の基礎,おもしろい作文にするために）,第2部 作文の応用（読書感想文の書き方,小論文の書き方,記述式問題の書き方）

[内容] おもしろい書き込み式実戦練習。本書では,簡単な質問の答えを空欄に書き込む練習で,「ホップ・ステップ・ジャンプ・着地」という作文組み立ての基礎を楽しく身につけることができます。おもしろい文を書くヒケツを伝授。「ひねくれて書いてみる」といったユニークな練習で,読む人を引きつける力,平凡な文を印象的な文に変える力がつきます。ハイレベルな国語力がつく。作文の応用だけでなく,コンクールに入賞する読書感想文の書き方,小論文の書き方から記述式問題の答え方まで身につきます。小学高学年用。

『21世紀の学力 作文力をつける　小学中学年用』樋口裕一著　学習研究社　2001.4　80p　30cm　（自分学習シリーズ）850円　④4-05-300938-3

[目次] 第1部 ストーリー編―地球の未来を救え！（未来からかかってきた電話,お父さんは信用してくれない！,畑のジャガイモがかれている！ ほか）,第2部 書き方のき本編―やさしい作文の書き方（作文を書くときの心がまえ,作文を書くときに気をつけること,作文の書き方のヒケツ）,第3部 書き方の応用編―もっと長い作文の書き方（作文のきホンはホップ・ステップ・ジャンプ・着地,手紙を書こう！,読書感想文を書く！,資料編 見学記録文（報告文）を書く！）

[内容] ゲーム感覚で問題練習できる！第1部はマンガ＆ストーリー仕立て。途中に挿入されたクイズのような楽しい問題をお子さんが解いていくうちに,考える力・書く力が伸ばせる画期的な構成です。「書けない」悩みを解決。短い文から長い文まで,作文の書き方の基本を問題練習もまじえてわかりやすく説明。実践的なコツ「ホップ・ステップ・ジャンプ・着地」も公開！総合的な力がつく。応用編では,宿題の作文や手紙,読書感想文などの書き方も指導。総合学習などにも生かせる日常的な「国語力」がこの本でしっかり身につきます。小学中学年用。

『21世紀の学力 作文力をつける　小学低学年用』樋口裕一著　学習研究社　2001.4　80p　30cm　（自分学習シリーズ）850円　④4-05-300939-1

[目次] 第1部 ストーリー編―ゆかちゃんをすくえ！（なぞの手紙だ。なにが書いてあるのかな？,どこにとじこめられているのかな？,ゆかちゃんは,どの子かな？ ほか）,第2部 書き方のきほん編―やさしい作文の書き方（作文を書くときの心がまえ,作文を書くときに気をつけること,作文のコツは）,第3部 書き方のおう用編―もっと長い作文の書き方（作文のきほんはホップ・ステップ・ジャンプ・着地,「形」をおぼえ,自分のものにする力をつける問題,想像力と,構成力をつける問題 ほか）

[内容] ゲーム感覚で作文好きになる！第1部はストーリー仕立て。途中に挿入されたクイズのような楽しい問題をお子さんが解いていくうちに,作文力の基礎である思考力が養える,画期的な構成です。作文の「困った！」を解決。どう書いていいかわからないというお子さんのために,作文の「形」について基礎のキソからわかりやすく指導します。国語力がつく。おもしろい問題練習で,「ホップ・ステップ・ジャンプ・着地」という作文組み立ての基礎から,手紙の書き方などの応用力まで身につきます。小学低学年用。

『小学生の新・国語練習帳作文が書ける。―マンガを使って「書けない」を解決』工藤順一著　みくに出版　2000.11　79p　30cm〈付属資料：22p〉1000円　④4-8403-0099-2

『国語・短文づくり―中学受験用』学習指導会編著　エスジーエヌ　1997.9　211p　30cm　1500円　④4-87249-110-6

子どもの本 国語・英語をまなぶ2000冊　173

『さくぶんはなまるべんきょう―楽しく読んで力をつける　4・5・6年生』木俣敏著　百合出版　1995.1　94p　29cm　1300円　①4-89669-168-7

『さくぶんはなまるべんきょう―楽しく読んで力をつける　3年生』木俣敏著　百合出版　1994.12　94p　29cm　1300円　①4-89669-167-9

『さくぶんはなまるべんきょう　2年生』木俣敏著　百合出版　1994.11　94p　29cm　1300円　①4-89669-166-0

『さくぶんはなまるべんきょう―たのしくよんでちからをつける　1ねん生』木俣敏著　百合出版　1994.10　94p　28cm　1300円　①4-89669-165-2

『楽しく力がつく作文ワーク　小学6年』野口芳宏編著　明治図書出版　1994.4　95p　26cm　(「授業のネタ教材開発」ファックス版 no.6)　1200円　①4-18-473903-2

『楽しく力がつく作文ワーク　小学5年』野口芳宏編著　明治図書出版　1994.4　105p　26cm　(「授業のネタ教材開発」ファックス版 no.5)　①4-18-473809-5

『楽しく力がつく作文ワーク　小学4年』野口芳宏編著　明治図書出版　1994.4　108p　26cm　(「授業のネタ教材開発」ファックス版 no.4)　1200円　①4-18-473705-6

『楽しく力がつく作文ワーク　小学3年』野口芳宏編著　明治図書出版　1994.4　108p　26cm　(「授業のネタ教材開発」ファックス版 no.3)　1200円　①4-18-473601-7

『楽しく力がつく作文ワーク　小学2年』野口芳宏編著　明治図書出版　1994.4　104p　26cm　(「授業のネタ教材開発」ファックス版 no.2)　1200円　①4-18-473507-X

『楽しく力がつく作文ワーク　小学1年』野口芳宏編著　明治図書出版　1994.4　94p　26cm　(「授業のネタ教材開発」ファックス版 no.1)　1200円　①4-18-473403-0

『やさしい作文　3年生』日本作文の会編　百合出版　1992.8　76p　26cm　950円　①4-89669-152-0

目次　1 わあいきょうから三年生だァ，2 あっ，このこと書こう，3 ええと，それからと，思い出して，4 あららら…お金が！よかったね，よう子ちゃん，5 あなたの心の中にエンもケラもプンもいます，6 交通信号と作文信号と，7 友だち100人できたかな？，8 書きたいことが決まったら，じゅんじょを考えて，9 書く前にも，書いたあとにも，考える，10 奈穂さんの見たこと，考えたことは…，11 ぼくたちは，こうして，これからも，ものごとを，しっかり考えていく子になっていく

内容　この本は，読んでいくうちに作文の楽しさがわかってくる本です。そして，自分の書きたいことが，だんだんとうかんでくる本です。作文の書き方はこうです，こんなときには組みたてをしっかりとたてて書きましょうとやさしく書いてあります。読んでいくうちに作文の書き方もわかってくるようにつくられたほんです。

『やさしい作文　2年生』日本作文の会編　百合出版　1992.8　76p　26cm　950円　①4-89669-151-2

目次　はなしたいことがいっぱいかきたいことがいっぱい，めずらしいものみ・つ・け・た，からだのぜんぶをアンテナにして，よ～くおもいだしてごらん，あせをかくほどあそんだあとは，くらべようどっちがわかる，一つのことをしっかりと，いったことを目と耳でしっかりつかまえよう，心のこもった題にして，かぞくっていいな，友だちのよいところをまねしよう

内容　この本は，読んでいくうちに作文の楽しさがわかってくる本です。そして，自分の書きたいことが，だんだんとうかんでくる本です。作文の書き方はこうです，こんなときには組みたてをしっかりとたてて書きましょうとやさしく書いてあります。読んでいくうちに作文の書き方もわかってくるようにつくられたほんです。

『やさしい作文　6年生』日本作文の会編　百合出版　1992.7　76p　26cm　950円　①4-89669-155-5

国語　　　　　　　　　　　　　　　　　　　　　　　　　　　　　読む・書く

『やさしい作文　4年生』　日本作文の会編　百合出版　1992.7　75p　26cm　950円　Ⓘ4-89669-153-9

『やさしい作文　5年生』　日本作文の会編　百合出版　1992.4　76p　26cm　950円　Ⓘ4-89669-154-7
[目次]作文は、その中に、『ぼく』がいるから、おもしろい。『わたし』がいるから、おもしろい。、勇気を出して書くと、心が軽くなる。自信がわいてくる。、走りながら、見たこと、話したこと、思ったことを、順に思い出して書いています。、すすんで何かをしたこと、挑戦したことを書こう。、長島君の作文のいいところ。、読むのは好きだけど、感想を書くのはきらいな人いませんか。〔ほか〕
[内容]この本は、読んでいくうちに作文の楽しさがわかってくる本です。そして、自分の書きたいことが、だんだんとうかんでくる本です。作文の書き方はこうです、こんなときには組みたてをしっかりとたてて書きましょうとやさしく書いてあります。読んでいくうちに作文の書き方もわかってくるようにつくられたほんです。

『やさしい作文　1年生』　日本作文の会編　百合出版　1992.4　76p　26cm　950円　Ⓘ4-89669-150-4
[目次]おはなしいっぱいせんせいにきかせてね。、えにおはなしをつけてみましょう。、えとぶんをかきましょう。、おはなしするようにかいてみましょう。、せんそうなんかきらい―なつやすみおうちのひととよみましょう。、したことやみたことをじゅんじょよくかいてみましょう。、いったこと、きいたことを「。」をつかってかいてみましょう。、目と手をはたらかせてしぜんの『たからもの』をみつけましょう。〔ほか〕
[内容]この本は、読んでいくうちに作文の楽しさがわかってくる本です。そして、自分の書きたいことが、だんだんとうかんでくる本です。作文の書き方はこうです、こんなときには組みたてをしっかりとたてて書きましょうとやさしく書いてあります。読んでいくうちに作文の書の方もわかってくるようにつくられたほんです。

『記述作文教室―中学受験用』　横浜日能研　1990.2　225p　26cm　（日能研ブックス）〈発売：美国堂（東京）〉　1030円　Ⓘ4-89524-066-5

◆文字を書く―書写

『こうすればきれいな字が書ける』　青山浩之著　小学館クリエイティブ　2010.12　167p　19cm　（こどもスーパー新書）〈発売：小学館〉800円　Ⓘ978-4-7780-3719-2
[目次]第1章 3つのコツできれいな字が書ける、第2章 "脳内文字"できれいな字が書ける、第3章 文字トレできれいな字が書ける、第4章 こうすれば、漢字がきれいに書ける、第5章 こうすれば、きれいなひらがなが書ける、第6章 こうすれば、文がきれいに書ける、第7章 こうすれば、ノートが速くきれいに書ける、第8章 こうすれば、字を書くのがもっと楽しくなる
[内容]「き・ん・と・う」のおまじないで美文字に。"脳内文字"のコツできれいになる。直すところがすぐわかる練習法。おさらいできるチェックポイントつき。

『武田双雲・双竜の母が教えるどんな子でも字がきれいになる本』　武田双葉監修　メイツ出版　2009.7　128p　26cm　1200円　Ⓘ978-4-7804-0661-0
[目次]1章 準備編―書く前の準備が大切（体操から始めよう、背筋を伸ばして深呼吸で、気を整えよう　ほか）、2章 超基本線トレーニング―ホップ きれいな字を書くためのエクササイズ（ぐるぐるうずまきで肩のエクササイズ　ひじを中心にうで全体を動かして、ゆっくりなぞろう、○×△□…いろいな線をなぞってみよう　ほか）、3章 なぞり書きトレーニング―ステップ コツを押さえて、ひらがなのなぞり書き（1・2…3・4…5・6と数えながら、リズムをとって書く、止めるところはしっかり止め、メリハリを　ほか）、4章 お手本トレーニング―ジャンプ お手本をよく見て書くトレーニング（道具やお手本を机の上にまっすぐそろえて置く、お手本の注意をよく見てから書く　ほか）
[内容]必要なのは鉛筆と「きれいな字を書きたい！」という気持ちだけ！ちょっとしたポイントで字がみるみる上手になる！書道家として躍進を続ける兄弟を導いた母・武田双葉が書き方の基本から手ほどきします。

『森大衛のなるほど書道入門　第3巻　創作に挑戦、気持ちをこめよう！』　森大衛著　汐文社　2007.3　47p　26cm　1800円　Ⓘ978-4-8113-8155-8
[目次]書道が楽しくなる方法、表情ってなん

子どもの本 国語・英語をまなぶ2000冊　　175

読む・書く　　　　　　　　　　　　　　　　　　　国語

だ?，書いてみよう!，もっと豊かな表現にチャレンジしよう!，書いてみよう!（行書），まとめ，鑑賞しよう
|内容| はじめて筆をもつ子どもにも、大人にもわかりやすくシンプルに上達する方法を解説。

『森大衛のなるほど書道入門　第2巻　ひらがなをきれいに書くコツ』　森大衛著　汐文社　2007.2　47p　26cm　1800円　①978-4-8113-8154-1
|目次| 1 ひらがなの特徴（手本・ひらがな五十音，先生からのアドバイス），2 書いてみよう!（つ，し，ろ，い，こ，ふ，よ，す，む，の，お，ね），3 まとめ，4 鉛筆で書く，5 鑑賞しよう
|内容| はじめて筆をもつ子どもにも、大人にもわかりやすくシンプルに上達する方法を解説。これまでの指導書ではわかりづらいと思われる点を、少しちがう角度から解説しました。

『森大衛のなるほど書道入門　第1巻　やさしい漢字を堂々と書くコツ』　森大衛著　汐文社　2006.12　47p　26cm　1800円　①4-8113-8153-X
|目次| 1 書道ってなんだ?，2 文字について知ってみよう!，3 毛筆について知ってみよう!，4 道具について，5 姿勢について，6 筆の持ち方について，7 書いてみよう!，8 鑑賞しよう
|内容| この本は、はじめて筆をもつ子どもにも、大人にもわかりやすくシンプルに上達する方法を解説した本です。これまでの指導書ではわかりづらいと思われる点を、少しちがう角度から解説しました。

『ちょっとのコツでじがじょうずにかけるほん』　清水雅滋著　宝島社　2006.11　79p　19×26cm　800円　①4-7966-5552-2
|目次| メロン，カバ，おにぎり，イチゴ，しょくぱん，カタカナ，だくおん・はんだくおん，すうじのれんしゅう，いっしゅうかんれんしゅう
|内容| かんたんな文章の8割をしめるという「ひらがな」。しかし毎日書いているはずの大人でさえ、なかなか上手くならないのは、なぜでしょう?それはコツを知らないからです。さぁ、コツを知ってきれいな文章をかきましょう。

『月人石―乾千恵の書の絵本』　乾千恵書，谷川俊太郎文，川島敏生写真　福音館書店　2005.1　27p　20×27cm　（こどものとも傑作集）　800円　①4-8340-2028-2

『小中学生のための墨場必携』　筒井茂徳編　二玄社　2000.9　270p　19cm　1500円　①4-544-11215-X
|目次| 小学校で学ぶ漢字，新年の部，春の部，夏の部，秋の部，冬の部，一般の部，漢詩文より，俳句・短歌，附録
|内容| 書写教育の経験が生んだ、「題材」検索の必備書!最大級の収録語句数。季節・字数による明快な分類。配当学年など、学習レベルの明示。幅広い作品づくりへの対応。小学校の学習漢字リストなど充実した参考資料。

『いろいろなことばを書こう』　続木湖山，大房鉄陽著，田沢梨枝子絵　岩崎書店　1991.4　39p　29cm　（書写なんでも百科 5）　2000円　①4-265-04605-3

『かなは漢字の子ども』　続木湖山，長野竹軒著，うちべけい絵　岩崎書店　1991.4　39p　29cm　（書写なんでも百科 2）　2000円　①4-265-04602-9

『漢字の書き方高学年』　続木湖山，宮沢鷺州著，金成泰三絵　岩崎書店　1991.4　39p　29cm　（書写なんでも百科 4）　2000円　①4-265-04604-5

『漢字の書き方辞典』　続木湖山，長野竹軒著，うちべけい絵　岩崎書店　1991.4　39p　29cm　（書写なんでも百科 10）　2000円　①4-265-04610-X

『漢字の書き方低学年』　続木湖山，宮沢鷺州著，熊谷さとし絵　岩崎書店　1991.4　39p　29cm　（書写なんでも百科 3）　2000円　①4-265-04603-7

『漢字の点や画』　続木湖山，大房鉄陽著，田沢梨枝子絵　岩崎書店　1991.4　39p　29cm　（書写なんでも百科 1）　2000円　①4-265-04601-0
|内容| 本書は、書写の基本から応用まで、みなさんに必要な知識がたくさんのっています。小学生向。

国語　　　　　　　　　　　　　　　　　　　　　　話す・聞く

『漢字はどうできたの』　続木湖山, 小倉不折著, 村松薫絵　岩崎書店　1991.4　39p　29cm　（書写なんでも百科 8）　2000円　ⓘ4-265-04608-8

『チョークで書いてみよう』　続木湖山, 片岸香卿著, 石橋かほる絵　岩崎書店　1991.4　39p　29cm　（書写なんでも百科 6）　2000円　ⓘ4-265-04606-1

『手紙を書いてみよう』　続木湖山, 片岸香卿著, 石橋かほる絵　岩崎書店　1991.4　39p　29cm　（書写なんでも百科 7）　2000円　ⓘ4-265-04607-X

『筆はどうできてるの』　続木湖山, 小倉不折著, 村松薫絵　岩崎書店　1991.4　39p　29cm　（書写なんでも百科 9）　2000円　ⓘ4-265-04609-6

◆◆◆

『えんぴつ文字練習帳　上級編』　日本書写能力検定委員会編, 吉田宏監修, 大平恵理著　角川学芸出版　2009.3　135p　26cm〈発売：角川グループパブリッシング〉952円　ⓘ978-4-04-621453-9

『えんぴつ文字練習帳　中級編』　日本書写能力検定委員会編, 吉田宏監修, 大平恵理著　角川学芸出版　2009.3　135p　26cm〈発売：角川グループパブリッシング〉952円　ⓘ978-4-04-621452-2

『えんぴつ文字練習帳　初級編』　日本書写能力検定委員会編, 吉田宏監修, 大平恵理著　角川学芸出版　2009.3　127p　26cm〈発売：角川グループパブリッシング〉952円　ⓘ978-4-04-621451-5

『はじめてのかきかた―幼児から小学生低学年』　関岡松籟著　日本習字普及協会　2007.10　87p　26cm　1000円　ⓘ978-4-8195-0270-2

話す・聞く

『小学生に役立つ！ 表現力アップ事典』　コズモワールド編著　京都　PHP研究所　2009.6　159p　21cm　1200円　ⓘ978-4-569-70396-1　Ⓝ814.3

『小学生のための表現力アップ教室―話す力・書く力をきたえる　6　学年別書き方・話し方ルールブック』　井出一雄監修　小峰書店　2009.4　79p　27cm〈索引あり〉3200円　ⓘ978-4-338-24106-9,978-4-338-24100-7　Ⓝ816

『小学生のための表現力アップ教室―話す力・書く力をきたえる　5　5・6年生の書き方教室』　井出一雄監修　小峰書店　2009.4　79p　27cm〈索引あり〉3200円　ⓘ978-4-338-24105-2,978-4-338-24100-7　Ⓝ816

『小学生のための表現力アップ教室―話す力・書く力をきたえる　4　5・6年生の話し方教室』　井出一雄監修　小峰書店　2009.4　79p　27cm〈索引あり〉3200円　ⓘ978-4-338-24104-5,978-4-338-24100-7　Ⓝ816

『小学生のための表現力アップ教室―話す力・書く力をきたえる　3　3・4年生の書き方教室』　井出一雄監修　小峰書店　2009.4　79p　27cm〈索引あり〉3200円　ⓘ978-4-338-24103-8,978-4-338-24100-7　Ⓝ816

『小学生のための表現力アップ教室―話す力・書く力をきたえる　2　3・4年生の話し方教室』　井出一雄監修　小峰書店　2009.4　79p　27cm〈索引あり〉3200円　ⓘ978-4-338-24102-1,978-4-338-24100-7　Ⓝ816

『小学生のための表現力アップ教室―話す力・書く力をきたえる　1　1・2年生の話し方・書き方教室』　井出一雄監修　小峰書店　2009.4　79p　27cm〈索引

あり〉3200円　Ⓟ978-4-338-24101-4、978-4-338-24100-7　Ⓝ816

『声を知る―「表現力のレッスン」より』　赤木かん子編，鴻上尚史著　ポプラ社　2008.4　25p　21cm　（ポプラ・ブック・ボックス　指輪の巻 9）Ⓟ978-4-591-10234-3　Ⓝ809.2

『小学生が作ったコミュニケーション大事典―日本初！ 34の伝え合う力を調べました！』　北九州市香月小学校平成17年度6年1組34名著，菊池省三監修　北九州　あらき書店　2006.3　155p　30cm〈文献あり〉1905円　Ⓟ4-905597-30-7　Ⓝ809.2

『パフォーマンス―表現する力をきたえる』　菊池省三監修　フレーベル館　2004.4　47p　27cm　（コミュニケーションの達人　国際人を目指せ！ 4）3200円　Ⓟ4-577-02802-6　Ⓝ809

『親子で育てる「じぶん表現力」ワークブック―楽しく遊びながらコミュニケーション能力を身につけよう』　JAMネットワーク著　主婦の友社　2003.8　175p　21cm　1300円　Ⓟ4-07-238440-2　Ⓝ809.2

『イラスト版ロジカル・コミュニケーション―子どもとマスターする50の考える技術・話す技術』　つくば言語技術教育研究所編，三森ゆりか監修　合同出版　2002.3　111p　26cm　1600円　Ⓟ4-7726-0280-1
目次　基礎編（こんなときになんていう？，人に物をたのむとき，相手の目を見て話しをしよう　ほか），実践編（好きですか。きらいですか。反対の立場で考えてみよう，ナンバーリングを使って答えよう　ほか），応用編（伝言を受ける，伝言をする，スピーチをする　ほか）
内容　本書では、親と子のための"言葉のトレーニングの方法"をイラストでたっぷり紹介しました。論理的で知的な話し方のコツを学んでください。

『話してみようよもっと！』　鶴田洋子著，田沢梨枝子絵　さ・え・ら書房　1997.5

175p　22cm　（さ・え・ら図書館／国語）1300円　Ⓟ4-378-02223-0
目次　第1章　音読の楽しみ，第2章　聞き耳ずきん，第3章　話を創ろう，第4章　暗記に挑戦，第5章　もっといろいろな話を
内容　小学校高学年から中学生までを対象に、どうしたら話す力を養うことができるかをやさしく解説。「話すってどんなこと？」から始まり「話の準備体操」「聞く力、話す力」「話をまとめる」などについて写真やイラストを多く使って親しみやすい内容になっている。

『じょうずな話し方・聞き方おしえてよ　5・6年』　畑島喜久生著，西村郁雄絵　名古屋　KTC中央出版　1997.4　159p　22cm　（地球っ子ブックス―新国語シリーズ 13）1300円　Ⓟ4-924814-96-2

『じょうずな話し方・聞き方おしえてよ　3・4年』　畑島喜久生著，西村郁雄絵　名古屋　KTC中央出版　1997.4　159p　22cm　（地球っ子ブックス―新国語シリーズ 12）1300円　Ⓟ4-924814-95-4

『じょうずな話し方・聞き方おしえてよ　1・2年』　畑島喜久生著，西村郁雄絵　名古屋　KTC中央出版　1997.4　159p　22cm　（地球っ子ブックス―新国語シリーズ 11）1300円　Ⓟ4-924814-94-6

『"話しベタ"克服言葉・あそびアイデア集』　子どもの表現研究会編著，安土じょう構成・イラスト　汐文社　1997.4　51p　26cm　（みんなが変わる話し方・伝え方・演じ方　学校行事や遊びのなかで身につく自己表現 2）1600円＋税　Ⓟ4-8113-7204-2

『"話しベタ"克服言葉・あそびアイデア集』　子どもの表現研究会編著，安土じょう構成・イラスト　汐文社　1997.4　51p　27cm　（みんなが変わる話し方・伝え方・演じ方　学校行事やあそびのなかで身につく自己表現　図書館版 2）2000円　Ⓟ4-8113-0342-3

『みんなで話そう』　山本名嘉子著　岩崎書店　1997.1　103p　22cm　（まるごとわかる国語シリーズ 9）2266円

国語　　　　　　　　　　　　　　　　　　　　　　　　　　　　話す・聞く

①4-265-06229-6,4-265-10126-7
[目次] 1 みんなで話そう，2 楽しく会話をしよう，3 わかりやすく説明を，4 自分の考えをはっきりと，5 よく聞いて話そう，6 話しあって決める，7 インタビューをしよう
[内容] 本書は，友だちと話しあったり，自分の意見を発表したりするときには，どうすればよいかを，実際の場面のなかで，わかりやすく説明してあります。学校の勉強の内容にそっているので，ひとりで勉強するときにも，学校で勉強するときにも，役に立ちます。

『きく』加賀美久男，岡田ゆたか作，宮崎耕平絵　太平出版社　1996.11　28p　24cm　（つくばシリーズ—はじめてのこくご 3）1339円　①4-8031-3243-7
[内容] あきことたくやが，こねこをみつけました。すれちがったじてんしゃのおばさんが，ねこをみていました。「そのねこ，わたなべさんとこのマ…リンににてるわね。」それをききちがえたふたりは，「たなべさん？」「ちがう。わたなべさん。」「マリリン？」「ちがう。マホリン。」ねこのおうちは，ちゃんとみつかるかな？ひとの話を次つぎと聞き違えたあきことたくやは，てんてこまい！ストーリーから「正確に聞く」ことの楽しさがしぜんに納得できるうえ，聞き違えやすい語音をきっかけに，ことばのおもしろさにも気がついて，ことばに積極的な関心をむけるようになる巻です。1年生むき。

『はなす』大越和孝，高木あきこ作，大久保宏昭絵　太平出版社　1996.10　26p　24cm　（つくばシリーズ—はじめてのこくご 2）1339円　①4-8031-3242-9
[内容] ゆうたは，とりごやのなかにしろっぽいたまごをみつけました。大いそぎでせんせいにはなそうとしましたが，うまくはなせません。こんどは，かわいいひながうまれました。はやくみんなにおしえてあげよう。（「いつ」「なにが」「どこで」…）うまくはなせるといいな！小学校1年生向き。

『話してみようよ！』鶴田洋子著，田沢梨枝子絵　さ・え・ら書房　1992.4　159p　22cm　（さ・え・ら図書館/国語）1300円　①4-378-02217-6
[目次] はじめに 話をしなきゃわからない，第1章 話の準備体操，第2章 相手に伝える，第3章 聞く力，話す力，第4章 話をまとめる，第5章 話し合ってみると考えがひろがる

[内容] 「話す練習をしようにも，どんなことをしていいか分からない」という人もいるでしょう。そこでとくに小学校高学年から，中学生くらいのみなさんが話す力を養うにはどうしたらいいかということを考えて，この本を作りました。

『話しことばのひみつ—ことばのキャッチボール』斎藤美津子著　創隆社　1991.9　230p　18cm　（創隆社ジュニア選書 5）〈『ことばのキャッチボール』（1981年刊）に加筆〉720円　①4-88176-072-6
[目次] 1 ことばのキャッチボール，2 ことばの三つの性質，3 話し上手はきき上手，4 自分を伝える，5 人前で話すとき，6 心の温かさの交換
[内容] 心と心のふれあう会話とは？ことばの七つ道具とは？人前でうまく話すひけつとは？自分の心を相手に正しく伝えたい。相手の気持ちもしっかりと理解したい。そして豊かな人間関係を築きたい。そんなだれもが抱いている願いにこたえる，話しことばとコミュニケーションの本。

『学校放送作り方・伝え方』向後友恵著，松永るみ子絵　さ・え・ら書房　1991.4　111p　22cm　（さ・え・ら図書館/国語）1030円　①4-378-02215-X
[目次] 第1章 放送用の文章，第2章 構成を考える，第3章 さあ，マイクに向かってみよう！，第4章 もっといろいろためしてみよう
[内容] マイクに向かって話すために…，なにげなく使っていることばについて知るために…。もうひとつの『国語』である「話しことば」と，「生きた日本語」を，学校放送のテクニックとともに学んでみましょう。小学上級～。

『ことばづかい大研究』浜祥子文，有馬佳代子画　ポプラ社　1991.4　143p　26cm　（おもしろ国語ゼミナール 2）1650円　①4-591-03802-5
[目次] 元気に！毎日のあいさつ，いえるかな？おつきあいのあいさつ，うれしいね！お祝のことば，心から！お礼とおわびのことば，はっきりと！呼びかけと受けこたえ，わたしは，だーれ？，おとうさんのおとうさんは？，知ってるかな？敬語，うやまっていうときは？—尊敬語，へりくだっていうときは？—謙譲語，ていねいにいうときは？—ていねい語，できるかな？電話の受けこたえ，

子どもの本 国語・英語をまなぶ2000冊　　179

話す・聞く　　　　　　　　　　　　　　　　　　　国語

書けるかな？手紙とはがき

◆朗読・発表をする

『こうすれば発表がうまくなる』　池上彰著　小学館　2010.4　159p　19cm　（こどもスーパー新書）800円　Ⓘ978-4-09-253802-3　Ⓝ809.2

『どんどこよもう―ことばはたのしい』　中西摂著　文芸社　2009.8　73p　19cm　800円　Ⓘ978-4-286-07353-8　Ⓝ809.2

『素読・暗唱のための言葉集―こころの輝きを見つけよう』　まほろば教育事業団企画編集　明成社　2008.11　64p　26cm　（まほろばシリーズ 3）800円　Ⓘ978-4-944219-79-7　Ⓝ918

『音読・朗読・暗唱・群読―名詩・名文にチャレンジ』　工藤直子，高木まさき監修　光村教育図書　2006.11　63p　27cm　（光村の国語　読んで、演じて、みんなが主役！1）3200円　Ⓘ978-4-89572-732-7,4-89572-732-7　Ⓝ809.4

『じょうずに話せ、発表できる』　若林富男指導　小学館　2004.5　191p　19cm　（ドラえもんの学習シリーズ―ドラえもんの国語おもしろ攻略）760円　Ⓘ4-09-253190-7　Ⓝ809.4
[目次]　1 声を出すことは楽しいことだ！（正しい発音・発声を身につけよう！, 口の体操をしよう！ ほか），2 昔の「話しじょうず」を見習おう！（詩やカルタを音読・朗読しよう！, いろいろな詩や短歌・俳句に出会おう！ ほか），3 みんなの前で発表しよう！（スピーチをしよう！, 発表や発言をしよう！ ほか），4 みんなで楽しく話そう！（インタビュー名人になろう！, ユーモアの作り方）
[内容]　これからの国語教育の中で最も重要視される分野、「話す・発表」をまんがで楽しくわかりやすく解説しました。発声、声を鍛える言葉遊びの数々、詩や昔話の音読、落語やスピーチ、研究発表、プレゼンテーション、ディベート等々、これから国際社会で活躍する子どもたちのコミュニケーション能力をつけるねらいをもった、今までにない役立つ攻略シリーズの一巻です。

『スピーチ―伝える力をきたえる』　菊池省三監修　フレーベル館　2004.4　47p　27cm　（コミュニケーションの達人　国際人を目指せ！1）3200円　Ⓘ4-577-02799-2　Ⓝ809.4

『声に出して楽しんで読もう―日本語の美しさを味わい国語力を高める　6年生』　小森茂監修　学習研究社　2004.3　87p　23cm　1500円　Ⓘ4-05-202033-2,4-05-810740-5　Ⓝ809.4
[目次]　4月 春の朝に…, 5月 なまいきなねこ, 6月 家族へのメッセージ, 7月 神様たちの話―『古事記』より, 8月 ぶきみ～な話, 9月 しずかな秋, 10月 先生のこと, 11月 今と昔の物語, 12月 百人一首に挑戦！, 1月 有名な『平家物語』って？, 2月 友だち, 3月 出発！

『声に出して楽しんで読もう―日本語の美しさを味わい国語力を高める　5年生』　小森茂監修　学習研究社　2004.3　87p　23cm　1500円　Ⓘ4-05-202032-4,4-05-810740-5　Ⓝ809.4
[目次]　4月 春の美しさ, 5月 母の気持ち・母への気持ち, 6月 いたそうな話, 7月 日本のおばけ, 8月 ボケとつっこみ, 9月 月を見る, 10月 ヘンな話, 11月 恋する心, 12月 百人一首に挑戦！, 1月 ふるさとを思う, 2月 雪の降る日に…, 3月 冬から春へ…

『声に出して楽しんで読もう―日本語の美しさを味わい国語力を高める　4年生』　小森茂監修　学習研究社　2004.3　87p　23cm　1500円　Ⓘ4-05-202031-6,4-05-810740-5　Ⓝ809.4
[目次]　4月 春に息をのむ, 5月 大好きだよ（わが子を思う）, 6月 幸せって？, 7月 こわいけどドキドキ, 8月 海を感じる, 9月 秋の夕ぐれ…, 10月 あこがれ, 11月 友だちと自分, 12月 そうなんだ, 1月 七福神って, 言える？, 2月 なんだかさみしい, 3月 有名な「出だし」覚えちゃおう

『声に出して楽しんで読もう―日本語の美しさを味わい国語力を高める　3年生』　小森茂監修　学習研究社　2004.3　87p　23cm　1500円　Ⓘ4-05-202030-8,4-05-810740-5　Ⓝ809.4
[目次]　4月 早口言葉ぺらぺらぺら, 5月 ぐん、ぐん, 6月 動物を見ていると, 7月 海の歌, 8月 いのち, 9月 やさし～く, 10月 よだれが出そう, 11月 なりきってみよう,

国語　　　　　　　　　　　　　　　　　　　　　　話す・聞く

12月 旅する気分で，1月 日本全国お正月の歌，2月 雪の道を行く，3月 きょうだいの話

『声に出して楽しんで読もう―日本語の美しさを味わい国語力を高める　2年生』
小森茂監修　学習研究社　2004.3　87p　24cm　1500円　Ⓘ4-05-202029-4,4-05-810740-5　Ⓝ809.4
[目次] 4月 いろいろ数え歌，5月 発見，6月 お父さん，7月 むか～し，むかし…，8月 元気!，9月 外国の詩を読もう，10月 大きい，小さい，11月 ほらふきくらべ，12月 キラキラ，1月 いろはがるたをおぼえよう，2月 雪の詩，3月 うれしいなあ

『声に出して楽しんで読もう―日本語の美しさを味わい国語力を高める　1年生』
小森茂監修　学習研究社　2004.3　87p　23cm　1500円　Ⓘ4-05-202028-6,4-05-810740-5　Ⓝ809.4
[目次] 4月 こんな春だもの，5月 おかあさん，6月 友だちとあそぼう，7月 どうぶつのおはなし，8月 むかしばなしをよもう，9月 秋にさわると…，10月 山の中で，11月 つぎはなあに?，12月 おぼえてじまんしよう，1月 大きなこえで元気よく，2月 おにのはなし，3月 あそびうた

『発表・討論チャンピオン』　中川一史,高木まさき監修　光村教育図書　2003.12　47p　27×22cm　(光村の国語 調べて、まとめて、コミュニケーション 4)　2800円　Ⓘ4-89572-729-7
[目次] スピーチ、ショー・アンド・テルは元気よく!、プレゼンテーションでみんなを説得!、ポスター・セッションでわかりやすく、ワークショップで体験してもらおう、劇を通していきいきと伝えよう、ペープサートで工夫して演じよう!、読み聞かせ、ストーリー・テリングは心をこめて、ブックトーク、アニマシオンで本と仲よし、ディベートで決着をつけよう!、議論白熱!パネル・ディスカッション
[内容] いろいろな発表の方法や討論のしかたを具体例をあげて紹介しています。発表や討論のチャンピオンをめざそう。

『ちびまる子ちゃんの音読暗誦教室―子どもたちとすべての大人のために』　斎藤孝著，さくらももこキャラクター原作　集英社　2003.10　220p　19cm　1100

円　Ⓘ4-08-780381-3　Ⓝ809.4

『意見発表トレーニング』　生越嘉治著
あすなろ書房　2003.2　111p　22cm　(話し合いと発表力トレーニング 3)　1500円　Ⓘ4-7515-2243-4　Ⓝ809.4

『説明・スピーチの仕方』　TOSS著　第2版　騒人社　2000.3　47p　27cm　(伝え合う能力を育てるじつれいじてん 新学習指導要領完全準拠)　2500円　Ⓘ4-88290-028-9
[目次] 基礎編(説明の順番，説明に入れるもの，じょうずな説明の仕方，わかりやすい説明，じょうずなスピーチ，絵をかくように話す方法，ものを持ってスピーチ，話にひきつけるスピーチ)，実例編(朝の会でスピーチ，遊びに行った時のスピーチ，「学級レク」の提案，自由研究の発表，昆虫観察の発表，下級生への説明，パソコンの使い方の説明，連絡の仕方，自己しょうかいの仕方，「もしも…だったら」のスピーチ，事件のスピーチ，なりきりスピーチ，宝物をもってスピーチ，引きつける話し方，楽しい失敗談)

『朗読をたのしもう』　松丸春生著　さ・え・ら書房　1999.4　175p　21cm　(CD BOOK―すてきに朗読を)〈付属資料：CD1〉　3000円　Ⓘ4-378-02291-5
[目次] 第1章 朗読のとびらをひらいてみると……詩の朗読，第2章 声には表情があって……童話の朗読，第3章 言葉は生きていて……民話の朗読，第4章 読みひとつでまるで変わってしまい……説明文の朗読，第5章 楽しく朗読の世界にあそんでみよう……セリフの朗読，第6章 日本語のリズムもこちよく……俳句と短歌の朗読，第7章 むかしのひびきもなつかしく……古典の朗読，第8章 心ひかれてしまうでしょう，朗読に―小説の朗読，終章 もっともっと朗読を
[内容] 朗読って、するのも聴くのも、とってもたのしいものです。みなさんも、このCDブックで、朗読の世界にはいってみませんか。さまざまな文章の、その文字の奥の「声」をゆたかに聞き、ぜひそれをとどけてください、あなたの大切な人たちへ。さあ、―すてきに朗読を。

◆◆◆

『子供のための「発表力」トレーニング・プリント―自分の考えをきちんと伝え

『こどもの音読・ことば―小学1・2年』 杉田博之監修　学習研究社　2006.7　93p　19×26cm　（しずくちゃんドリル）　800円　①4-05-302365-3
|目次| しずくちゃんのシンデレラ，しずくちゃんの大きなかぶ

◆話し合いをしよう

『インタビュー―聞く力をきたえる』 菊池省三監修　フレーベル館　2004.4　47p　27cm　（コミュニケーションの達人　国際人を目指せ！　2）　3200円　①4-577-02800-X　Ⓝ809.5

『ディベート―話し合う力をきたえる』 菊池省三監修　フレーベル館　2004.4　47p　27cm　（コミュニケーションの達人　国際人を目指せ！　3）　3200円　①4-577-02801-8　Ⓝ809.6

『話し合い（説得力）トレーニング』 生越嘉治著　あすなろ書房　2003.2　111p　22cm　（話し合いと発表力トレーニング　1）　1500円　①4-7515-2241-8　Ⓝ809.6

『ディベート訓練のすすめ―みんなでディベろう！』 武長脩行監修，こどもくらぶ編　国立　今人舎（発売）　2002.5　47p　22cm　（シリーズ「21世紀の生きる力を考える」）　1200円　①4-901088-20-3　Ⓝ809.6

『ディベートをたのしもう―スピーチ・調べ学習にもチャレンジ』 伊藤園子,若林千鶴著，田島董美絵　さ・え・ら書房　2001.4　175p　21cm　（さ・え・ら図書館　国語）　1330円　①4-378-02224-9
|目次| 第1章　「声」のウォーミングアップ（ある放課後、図書館で、国語の勉強をめぐって、話はつづきます，主人公になりきって、朗読してみよう　ほか），第2章　「ディベート」レッスン（決めるための話し合い、結論をださない話し合い、ディベートって、なあに？　ほか），第3章　調べて「レポート」に（レポートにチャレンジ、レポートってなあに？，テーマはどうやって決めるの？　ほか）

|内容| 口げんかなら、へいきだけど、正式な話し合いは苦手というあなた。そんなことでは、これからの二十一世紀は生きていけないよ。人前でも堂々と自分の意見をいえる人、相手の意見をしっかり理解し、そして自分の意見もきちんと伝えられる人…そんな人が、これからの時代には本当に必要なのです。さあ「伝え合う力」にレッツ・トライ！だれでも楽しめる、初めての小・中学生向けディベートの本。

『話し合い・討論の仕方』 TOSS著　第2版　騒人社　2000.3　47p　27cm　（伝え合う能力を育てるじつれいじてん　新学習指導要領完全準拠）　2500円　①4-88290-030-0
|目次| 基礎編（じょうずな話し方，じょうずな聞き方，質問の仕方，反対の仕方　ほか），実例編（係、委員からの連絡、近くの人との話し合い，国語の授業（1、2年，3、4年，5、6年），理科の授業（3、4年，5、6年），社会科の授業（3、4年，5、6年），総合学習の授業，学級活動（1、2年，3、4年，5、6年），代表委員会

英語

英語の辞書・辞典

『くまのプーさん はじめての英語絵じてん』 学研教育出版 2010.7 192p 26cm （ディズニーイングリッシュ）〈発売：学研マーケティング　付属資料：CD1〉 2200円　Ⓘ978-4-05-303170-9
[内容] プーさんのおはなしでもっとも使われている単語を339語収録。総単語数約600収録。「くまのプーさん」の原書ストーリーブックで使われているそのままの形の例文を約460収録。親子で読める「プーさんとはちみつ」を全編収録。全単語・全用例の英語ナレーションが収録された音声CDつき。

『小学生からの英語絵辞典』 山田雄一郎，長瀬慶来著，座間陽子イラスト　研究社　2010.5　399p　22cm〈索引あり〉 1900円　Ⓘ978-4-7674-3465-0　Ⓝ833.5
[目次] 名詞（動物，植物，食べ物と飲み物，家族や友だち，スポーツ・芸能・職業，体，身に付ける物，建物，乗り物，自然，時），前置詞，形容詞，動詞，助動詞
[内容] 小学生から英語指導者まで。イラスト満載。読んで楽しい初級英語辞典。

『アルクの2000語えいご絵じてん』 久埜百合監修，アルクキッズ英語編集部制作　新装版　アルク　2009.11　207p　30cm〈付属資料：CD，別冊1〉 4200円　Ⓘ978-4-7574-1817-2
[目次] アルファベット，色，形，数，家，学校，街の中，週末，バケーション，時を表す言葉，わたしとあなた，いろいろな言葉，WORD LIST
[内容] 小学生のうちに身につけたい2000語を厳選。アメリカを舞台とした63の楽しい場面イラストで構成。単語の発音，歌，会話，クイズなど充実の音声が3枚のCDに。公立

小学校の外国語活動で学ぶ単語のほとんどを網羅。対象レベルは幼児（4歳くらい）～小学校高学年。

『えいごのくにへでかけよう—あそんで学べる英語じてん　あき・ふゆ』 わだことみさく，まろえ　アルク　2007.10　40p　28cm　1500円　Ⓘ978-4-7574-1267-5　Ⓝ834.3
[目次] どうぶつのなきごえ　どうぶつのおやこがいっぱい，おかし おかしのおしろへようこそ，からだ ポスターがやぶけちゃった！，ハロウィーン おおきなジャコランタンがいるよ，クリスマス オーナメントをかざろう！，みにつけるもの せんたくものをほそう！，みのまわりのもの おにはそと！ふくはうち！，アルファベット アルファベットのかくれんぼだよ
[内容] はじめて英語にふれる子どもが，楽しく学べるあそびがいっぱい。日本語・英語併記の絵じてんつき。ハロウィーン／クリスマス／おかし／アルファベット…など身ぢかな単語が身につきます。2歳以上～。

『えいごのくにへでかけよう—あそんで学べる英語じてん　はる・なつ』 わだことみさく，まろえ　アルク　2007.10　40p　28cm　1500円　Ⓘ978-4-7574-1266-8　Ⓝ834.3
[内容] はじめて英語にふれる子どもが，楽しく学べるあそびがいっぱい！日本語・英語併記の絵じてんつき。アルファベット／いろ／どうぶつ／くだもの…など身ぢかな単語が身につきます。2歳以上～。

『えいごのえじてんABC』 米山永一イラスト，ポール・スノードン監修　世界文化社　2007.3　223p　21cm〈「はじめてであうえいごのえじてんABCDブック」（1995年刊）の改訂〉 1600円　Ⓘ978-4-418-07802-8　Ⓝ834.3
[目次] MORNING—あさ，AT SCHOOL—学校で，IN THE TOWN—町で，AT

英語の辞書・辞典　　　　　　　　　　　　　　　　英語

HOME―いえで，FAMILY AND PEOPLE―かぞくと人々，ON HOLIDAY ―休日に，IN THE CITY―おおきなまちで，WORLD TRAVEL―せかいりょこう　|内容| 2000以上の単語を、63のテーマにわけて収録。日常のシーンでそのまま使える、幼児レベルの英会話も多数収録。全編を飾る、イギリスをイメージしたイラストで絵本のような美しさ。おおさわぎのスクールライフ、ゆかいなホリデイ、宇宙人が現れたり、世界旅行へ出かけたり、トムとその仲間が繰り広げる毎日をたどりながら英語の世界へ。3歳から。

『オールカラー英語ものしり図鑑―英語―日本語』 ジャン＝クロード・コルベイユ，アリアーヌ・アルシャンボ著，小学館外国語辞典編集部編　小学館　2007.1　88p　28cm　1600円　Ⓘ4-09-505083-7　Ⓝ834.3　|目次| 体，動いている体，衣類，家で，寝室，浴室，居間，遊戯室，台所，食事，菜園と野菜，果物，スーパーマーケット，身近な動物，農場，森，砂漠とサバンナ，海，恐竜，植物，宇宙，地球の地形，天気，水上交通，航空交通，陸上交通，都市，職業，学校，色と形，数と文字，音楽，スポーツ，キャンプ，パーティーと祝日，衣装と人物　|内容| 英米の小・中学生や高校生の日常生活と常識を知ることができる身近な言葉を約1,600語集めています。見ていて楽しいオールカラーのイラストを約1,300点集めています。ものの名称を英語と日本語の2か国語で示しています。読みやすくするために英語も日本語も大きな文字を使っています。英語には英米人の標準的な発音をかたかなで示しています。また、強く発音するところは太字にしています。日本語のほとんどの漢字には読みがなを付けています。最後には大きめの文字で英語と日本語の索引を付けています。

『メイシーちゃんのえいごがいっぱい！―英語の絵辞典』 ルーシー・カズンズ作，なぎ・ともこ訳　偕成社　2006.11　1冊（ページ付なし）28×28cm　1900円　Ⓘ4-03-347200-2　Ⓝ834.3　|内容| みてあそぼ。はなしてあそぼ。きいてあそぼ。英語とあそぼ！おはなしつくろう！はじめての英語絵辞典。小学低学年から。

『Let's Explore English！ はじめて英単語じてん ものごとのうごき』 学研辞典編集部編　学習研究社　2006.5　111p　26cm〈付属資料：CD1〉1300円　Ⓘ4-05-302127-8　|目次| PROLOGUE―プロローグ，Communicate―コミュニケーションをとる，Move―動く，Fight―戦う，Fall―落ちる，Swim―泳ぐ，Check―確認する，Inhabit―生息する，Play―遊ぶ，Look―見る〔ほか〕　|内容| 楽しいイラストとストーリーで英単語がどんどん身につく。CDでネイティブスピーカーの発音がわかる。キャラクターさがしや、パスワード集めで遊べる。WHAM！CLICK！ROAR！などの擬音語も満載。巻末付録に動詞ってなに？・動詞の不規則変化表つき。

『Let's Explore English！ はじめて英単語じてん ものごとのようす』 学研辞典編集部編　学習研究社　2006.5　111p　26cm〈付属資料：CD1〉1300円　Ⓘ4-05-302128-6　|目次| PROLOGUE―プロローグ，Away―はなれて，Unique―個性的な，Numerous―たくさんの，Transformational―変身できる，Scenic―景色のよい，Wild―野生の，Castaway―漂流した，Ashore―浜辺へ，Colorful―色が豊かな〔ほか〕　|内容| 楽しいイラストとストーリーで英単語がどんどん身につく。CDでネイティブスピーカーの発音がわかる。キャラクターさがしや、パスワード集めで遊べる。CLANG！RUMBLE！SWISH！などの擬音語も満載。巻末付録に形容詞・副詞ってなに？・テーマ別さくいんつき。

『ポケモンえいごじてん―オールカラー』 ウィン・グン監修　小学館　2006.4　108p　21cm　1300円　Ⓘ4-09-510850-9　Ⓝ834.3　|目次| アルファベット，会話レッスン1 あいさつをしよう，数字をおぼえよう，ローマ字をおぼえよう，会話レッスン2 ともだちになろう，色をおぼえよう，時間をえいごでいってみよう，会話レッスン3 相手を気づかおう，からだの名前をおぼえよう，きぶんや行動をえいごでいってみよう〔ほか〕　|内容| アルファベットや数字、かんたんな英単語から日常英会話まで。世界の国々の名前や特徴が覚えられる切り取り式カードもついてるよ！はじめての「えいご」はポケモンたちと一緒に遊びながら楽しくレッスン。

| 英語 | 英語の辞書・辞典 |

『シーン別英語絵事典―家・学校で今日から使ってみよう！ 国際理解に役立つ』PHP研究所編　PHP研究所　2006.2　79p　29cm　2800円　Ⓣ4-569-68596-X　Ⓝ834.3
目次　第1章 ジョージが家にやってきた（おはよう！，朝ごはんを食べよう！，食べ物のあじ ほか），第2章 ジョージと学校へ行こう（学校に到着！，学校を案内しよう！，自己紹介をしよう！ ほか），第3章 家族と過ごそう（ただいま！，日本の遊び，おつかいに行こう！ ほか），こよみ
内容　この本には、アメリカからやってきて、たけるくんの家にホームステイしているジョージの1日が、時間の経過にしたがって書かれています。朝起きてから夜眠るまでの様子を、見開きごとにイラストで表現しているので、家や学校で今すぐ使える身近な物の英語名や基本的な英会話が、ひと目で理解できます。日本特有の生活様式や楽器、スポーツなどを解説する英文も掲載されているので、日本と海外の国々との文化のちがいを比較する国際理解にも役立ちます。

『たのしいえいごずかん―にほんご＋えいご＋はつおん うたっておぼえよう』村田さち子作、きゃんみのる絵　PHP研究所　2005.11　31p　21cm　1000円　Ⓣ4-569-68570-6　Ⓝ834.3

『ドラえもん英語図解辞典―オールカラー』五島正一郎，ウィン・グン編，藤子・F・不二雄原作，むぎわらしんたろう画　小学館　2005.4　159p　21cm　1300円　Ⓣ4-09-510849-5　Ⓝ834.3

『こども英語辞典―PICTURE DICTIONARY』大阪　NOVA　2004.10　148p　31×25cm　〈DISNEY'S MAGIC ENGLISH〉〈発売：ノヴァ・エンタープライズ　付属資料：CD1〉3200円　Ⓣ4-86098-032-8
内容　身の回りの英単語がぜんぶイラストといっしょ！ディズニーの仲間たちと英語をはじめよう！ネイティヴの音声CD付。小学生対象。

『キッズクラウン英和・和英辞典』下薫，三省堂編修所編　三省堂　2004.4　279, 286p　21cm　〈付属資料：CD2〉3400円　Ⓣ4-385-10472-7
内容　絵を見ながら、楽しく英単語を覚えられる英和・和英辞典。収録語数は2400語。実際に聞いたり話したりする際に役立つ用例を多く集め、日本語と英語の意味や使い方の違いをわかりやすく表示。歌やチャンツのほか会話の練習もできる、豊富なCD音源を2枚が付属する。

『レインボー英語の音じてん―はじめての発音とつづり』西久保弘道，Rohini Karen Deblaise監修　学習研究社　2004.4　145p　21cm　〈付属資料：CD2〉1800円　Ⓣ4-05-301772-6
目次　第1章 子音をあらわす文字（b, c ほか），第2章 母音をあらわす文字（a, ai/ay ほか），第3章 英語らしく発音しよう（アクセント，リズムとイントネーション ほか），第4章 発音のまとめ（子音の発音，母音の発音）

『Let's Explore English！ はじめて英単語じてん みぢかなもの』学研辞典編集部編　学習研究社　2004.4　127p　26cm　〈付属資料：CD1〉1300円　Ⓣ4-05-301564-2
目次　アルファベット，色，形，宇宙，地球，動物，海の動物，家畜，鳥，昆虫〔ほか〕
内容　絵を見て、音を聞いて、物語でおぼえるみぢかな1000語！知っているようで、実は知らない英単語満載。

『ハローキティのはじめてのえいご絵じてん』守誠監修　新版　サンリオ　2003.5　96p　27cm　〈英文併記〉1400円　Ⓣ4-387-03020-8　Ⓝ834.3
内容　名詞293語、動詞68語、形容詞34語の合計395の単語とあいさつ、熟語や文章などをあつめた絵辞典。巻末に英語索引、日本語索引が付く。

『こども英辞郎―親子で楽しむ、はじめての辞書』EDP監修　アルク　2003.3　64p　30cm　〈付属資料：CD-ROM2, 別冊1〉3980円　Ⓣ4-7574-0703-3
内容　CD-ROMは、「こどもモード」と「おとなモード」の対別2つのモード。「こどもモード」では、単語（約1200語）すべてがイラストつき。「おとなモード」では、単語（約1200語）と、実用的な会話表現（約1000文）が、らくらく検索できる。400語絵辞書

子どもの本 国語・英語をまなぶ2000冊

の内容は、主要400語を収録。絵で英単語が学べる。オリジナル絵本は、3歳〜8歳の英語プリスクールに通う、日本人の子どもたちが描いたオリジナルの絵本。6歳で英検2級を取得した子どもたちも、絵本の制作に参加。おどろきのハンドライティング・原画も掲載。対象4〜8歳から。

『ロングマンピクチャー・ディクショナリーアメリカ英語版』 Julie Ashworth,John Clark著 ピアソン・エデュケーション 2002.10 96,8p 28cm〈他言語標題：The Longman picture dictionary〉 2100円 ⓘ4-89471-911-8
[目次] アルファベット、色、数、学校(学校での一日、教室)、からだ、家族、衣類、動物(世界の動物、ペット/農場の動物)、食べ物(果物と野菜、パーティー(の食べ物))、家庭(2階、1階)〔ほか〕
[内容] 実生活に役立つ1,500以上の単語を、トピックごとにカラフルなイラストや写真とともに紹介。

『ドラえもん入門ABC英語辞典』 五島正一郎,グレン・ファリア編 小学館 2002.4 203p 21cm〈付属資料：CD1〉 1300円 ⓘ4-09-510842-8
[内容] 「英和編」の見出し語数は約640語。わかりやすい例文とドラえもんたちの楽しいイラストがいっぱい。英語を読みやすくするためのカタカナ発音を付記。聞いて覚えるためのCDで、リスニングと会話も安心。英語をすぐにさがせる便利な和英索引つき。

『えいご絵じてん123』 村上勉作 あかね書房 2001.11 1冊 28cm 1400円 ⓘ4-251-09828-5
[内容] えいごでかずがおぼえられる。こえをだしてよんでみましょう。

『はじめてのABC辞典―名詞500語』 桑原文子著,阿曽沼一司イラスト 蝸牛新社 2001.8 74p 26cm 2000円 ⓘ4-87800-155-0
[内容] 絵を見ながら、ものの名前(名詞)を自然におぼえる辞典。まいにちの生活でよく見るものの名前を約500選んだ。

『CDをききながらつくる！ シールでつくろう！ 英語の絵じてん―レベル2(動詞・形容詞・副詞中心)Yachi,the Wizard Boy』 ルミコ・バーンズ監修 ジオス出版 2001.7 88p 26cm〈付属資料：シール64、CD1、絵カード215〉 2850円 ⓘ4-916171-82-9
[目次] Hi! I'm Yachi., I want to be a great wizard., Wizards' daily life, Classroom, Math, Science, PE, Music, Art, Cooking〔ほか〕
[内容] この本は小学生のお子様が使用可能な、アクティビティを中心にした「えいごの絵じてん」です。小学生〜。

『CDをききながらつくる！ シールでつくろう！ 英語の絵じてん―レベル1(名詞中心)The Day with Sho』 ルミコ・バーンズ監修 ジオス出版 2001.7 96p 26cm〈付属資料：CD1、シール96、絵カード186〉 2850円 ⓘ4-916171-81-0
[目次] Hi! I'm Sho., Hello. This is my family., Colors, Good morning., Wash and brush., Breakfast, Laundry, My pet, Change your clothes., Have a good day.〔ほか〕
[内容] 本書は英語がはじめてのお子様が使用可能な、アクティビティを中心にした「えいごの絵じてん」です。主に「絵」と「会話のリスニング」により状況理解をさせ、聞き取りのキーワードとしての「単語」を音で学び、それをシールアクティビティによって確認するという方法を基本にしています。和訳を使うことなく、音とものを連動させてそれが何で、何と言うのかを理解させるリスニング中心のアクティビティブックです。

『ドラえもん英語学習辞典』 五島正一郎,グレン・ファリア,アンナーマリー・ファリア編 小学館 2001.4 281p 21cm〈付属資料：CD1〉 1300円 ⓘ4-09-510846-0
[目次] のび太くん、おはよう。、やぁ、しずかちゃん。元気?、あなたの名前はなんですか。、のび太、ぼくのママはなんだい。、しずかちゃん、さようなら。、じゃ、また来週。、楽しい週末をね、のび太さん。、私たちの学校へようこそ。、日本語が話せますか。、これはなんですか。、あなたは何をしたいの。〔ほか〕
[内容] 本書は、「ドラえもん」のおもな登場人物が各ページに出てきてみなさんの英語学習のお手伝いをしてくれる楽しい辞典です。

英語　　　　　　　　　　　　　　　　　　　　　　　　　英語の辞書・辞典

『親子であそぶはじめてのえいご絵じてん』三省堂編修所編　三省堂　2001.3　95p　26×21cm　〈キッズセレクション〉〈付属資料：CD1〉2200円　ⓘ4-385-15891-6

[目次]えいごでなんていうのかな？、えいごであそぼう、えいごではなそう、えいごであそぼう、えいごでうたおう、アルファベットってなあに？

[内容]絵本のような素敵なイラストとCDで、親子で楽しみながら、英語の世界を体験できる入門書。CDには、7曲の英語の歌と、会話をリズムで覚えられる8つの「チャンツ」を収録。5歳～小学校中学年向き。

『子ども英語絵じてん　ハロー！　みんなで英語』行広泰三監修、つるたきみえ編著、村田収絵　講談社　2001.2　111p　26×21cm　〈付属資料：CD1〉2300円　ⓘ4-06-210023-1

[目次]家庭生活、学校生活、毎日の生活、休日の楽しみ、未来へむかって

[内容]家庭、学校など子どもの日常生活にそった、やさしい会話。ストーリー性のある41の場面展開で、自然に覚えられることば約950。あそび感覚で英語に親しめる、歌、ことばクイズなどのページも充実。CDは、一人で聞いてもわかりやすい、日本語による進行案内付き。小学3年から。

『ムーミンえいごじてん―ムーミンとえいごであそぼう！』かさいたかゆき編　CD付き版　旺文社　2000.10　224p　26cm　〈付属資料：CD2〉2800円　ⓘ4-01-075211-4

[目次]じてん、ムーミンのおはなし（新しいお友だち、森へ行こう、ねがいごと、まほうのぼうし　ほか）、なかまの単語（動物のなかま、野菜のなかま、建物のなかま、鳥のなかま　ほか）

[内容]あのムーミンが、スナフキンが、英語でしゃべるCDつきになりました。「小学校の英語教育」に対応しています。ムーミンと英語で遊んで、楽しく学びましょう。「児童英検1級」ていどの926語が収めてあります。

『音と絵で覚える子ども英語絵じてん』久埜百合、アーサー・ビナード編、ながたはるみ、村山鉢子絵　三省堂　2000.6　65p　26×21cm　（三省堂ワードブック2）〈付属資料：CD2〉2400円　ⓘ4-385-10861-7

[目次]Shota's Room, Cleaning Up, Vegetables,Fruit,Fish and Flowers, Cooking, Relaxing in the Living Room, Shopping, At the Restaurant, Underground, The Post Office, Sending E-Mail〔ほか〕

[内容]身近な言葉により英語に慣れ親しむための児童用ワードブック。Shota'sRoom、CleaningUpなど場面を設定して小学生にとって身近な全28項目のテーマから英単語を紹介。附属資料としてCD2を枚収録。巻末にアルファベット順の単語索引を付す。

『玉川こども・きょういく百科〔18〕こどもえいご　1』小原哲郎監修、トミー植松編、青木昌三装画　新装版　町田　玉川大学出版部　1998.2（5刷）96p　31cm〈付属資料：カラードプラスチック1枚＋録音カセット2巻〉ⓘ4-472-93001-3

『ビーチャム・ベアーの英絵辞典』津田直美画・文　実業之日本社　1997.11　27p　27cm　〈他言語標題：Beauchamp bear's pictorial English dictionary　英文併録〉1300円　ⓘ4-408-36181-X

『レインボー英和・和英辞典―絵から英語が覚えられる』羽鳥博愛監修　増補改訂版　学習研究社　1997.8　287,287p　22cm　〈ワークつき　索引あり〉2600円　ⓘ4-05-300464-0

『絵でわかる英語じてん　5　ことば』学習研究社　1997.2　56p　31cm　2884円　ⓘ4-05-500215-7,4-05-810499-6

『絵でわかる英語じてん　4　遊び・行事』学習研究社　1997.2　56p　31cm　2884円　ⓘ4-05-500214-9,4-05-810499-6

『絵でわかる英語じてん　3　町・自然』学習研究社　1997.2　56p　31cm　2884円　ⓘ4-05-500213-0,4-05-810499-6

『絵でわかる英語じてん　2　身のまわり』学習研究社　1997.2　56p　31cm　2884円　ⓘ4-05-500212-2,4-05-810499-6

『絵でわかる英語じてん　1　学校』学

英語の辞書・辞典　　　　　　　　　　　　　　　　　　　　　　　　　英語

習研社　1997.2　56p　31cm　2884円　④4-05-500211-4,4-05-810499-6

『21世紀こども英語館』　小学館　1996.11　255p　29×22cm〈付属資料：CD1〉4500円　④4-09-221181-3
[目次]　ACTION―行動、AIRPORT―飛行場、ALPHABET―アルファベット、ANIMAL―動物、AUSTRALIA―オーストラリア、BASEBALL―野球、BICYCLE―自転車、BIRD―鳥、BIRTHDAY―誕生日、BODY―体〔ほか〕
[内容]　"小学生から英語"の時代に対応する新編集。見てわかる、聞いておぼえるCDつき英語図鑑。

『レインボー英語図解百科』　学習研究社　1996.4　256p　22cm〈監修：羽鳥博愛〉1600円　④4-05-300251-6
[目次]　Body―体、Family―家族、Clothing―衣料品、House―家、Food―食べもの、Town―町、School―学校、Animals―動物、Nature―自然〔ほか〕
[内容]　絵を見ながら学ぶ形式の英語辞典。小学生・中学生向け。身近な単語を「学校」「動物」「花」など112の場面に分類し、4000語を収録する。すべての英単語・英文にカタカナで読み方を付す。英会話表現や英米生活情報、手紙・カードの書き方などの紹介に加え、英語あそびやクイズ・パズル・ゲームも掲載。巻末に和文索引・英文索引がある。

『セサミストリート英語大辞典』　リンダ・ヘイワード著、ジョー・マシュー絵　偕成社　1995.5　268p　28cm〈日本語版監修：阿部恵子〉3500円　④4-03-347090-5
[内容]　アメリカの幼児テレビ番組「セサミストリート」のキャラクターを使った子供用の英和辞典。子供が日常生活でよく使う1318語を収録する。例文が多い。見出し語の発音はひらがな表記。オールカラーイラスト入り。―遊びながら学ぼう。セサミストリートの世界がそのまま英語辞典に。

『セサミストリートのえいご絵じてん』
トム・リー絵、岩倉千春訳　フレーベル館　1994.12　71p　37cm　2000円　④4-577-01299-5

『はじめてであうえいごのじてん―絵と写真で楽しむ1,000の英語』　ベティ・ルート作、ジョナサン・ラングレー絵、さだまつただし訳　フレーベル館　1994.4　96p　34cm　2300円　④4-577-00599-9
[内容]　この新しい図解英和辞典は、幼い子どもたちを、英語の世界へ案内しその英語の意味を把握させるように作られています。採りあげられている1,000の単語には、それぞれ、カラー写真またはすばらしい絵がうまく添えられ、一つ一つの単語の意味が、簡潔にわかりやすく説明されています。

『ドラえもんのまんがで覚える英語辞典―まず覚える！中学必修英単語』　五島正一郎、グレン・ファリア編　小学館　1993.7　255p　19cm（ドラえもんの学習シリーズ）950円　④4-09-253121-4
[内容]　この本は中学校で必ず学習する「必修英単語」を身につけるために、解説とまんがで構成された、読んでおもしろい『初めての英語辞典』です。

『リトルスター英絵辞典』　島岡丘、鳥飼玖美子編、飯田貴子画　小学館　1993.4　215p　27cm　1800円　④4-09-510831-2
[内容]　やさしい会話文とすてきな絵で展開する小学生用英語辞典。

『すぐに役立つ小学生の英語事典』　てのり文庫編集委員会編、速川和男ほか著　学習研究社　1992.3　208p　18cm（てのり文庫―事典シリーズ）〈監修：速川和男〉550円　④4-05-103169-1

『絵でわかる楽しい英語辞典　6　スポーツ』　小峰書店　1991.4　39p　27cm〈監修：平尾邦宏〉1900円　④4-338-09406-0
[目次]　野球、サッカー、バレーボール、バスケットボール、テニス、卓球、トラック競技、フィールド競技、体操、いろいろなスポーツ、水泳、海辺のスポーツ、キャンプ、スキーとスケート、やさしい英会話

『絵でわかる楽しい英語辞典　5　自然』　小峰書店　1991.4　39p　27cm〈監修：平尾邦宏〉1900円　④4-338-09405-2
[目次]　宇宙、太陽と月、地球、世界地理、天気、山、森、花とこん虫、川、海と陸地、海の生物、草原、サバク、恐竜、やさしい英会話

188

英語　　　　　　　　　　　　　　　　　　　　　　　　　　　　英語の辞書・辞典

『絵でわかる楽しい英語辞典　4　産業と社会』　小峰書店　1991.4　39p　27cm〈監修：平尾邦宏〉1900円　Ⓘ4-338-09404-4
[目次] 町、職業、駅、港、空港、郵便局、テレビ局、病院、気象庁、消防署、警察、土木工事、農業、政治、やさしい英会話

『絵でわかる楽しい英語辞典　3　町』　小峰書店　1991.4　39p　27cm〈監修：平尾邦宏〉1900円　Ⓘ4-338-09403-6
[目次] 町、パン屋、八百屋、肉屋、くだもの屋、スーパーマーケット、洋服屋、美容院・理髪店、電気屋、カメラ屋、自動車販売店、公園、遊園地、教会、やさしい英会話

『絵でわかる楽しい英語辞典　2　家庭』　小峰書店　1991.4　39p　27cm〈監修：平尾邦宏〉1900円　Ⓘ4-338-09402-8
[目次] わたしの家族、カレンダー、一日の生活、近所、家、居間、台所、子ども部屋、バスルーム、食べ物、家事、女の子の生活、男の子の生活、お父さんとお母さん、やさしい英会話

『絵でわかる楽しい英語辞典　1　学校』　小峰書店　1991.4　39p　27cm〈監修：平尾邦宏〉1900円　Ⓘ4-338-09401-X
[目次] 学校構内、教室、机の上、授業、地理、科学、数学、美術、音楽、図書室、体育祭、学園祭、卒業旅行、学校行事、やさしい英会話
[内容] イラストで目からおぼえる英単語。小学校高学年以上。

『アメリカンキッズ英語辞典』　日本英語教育協会編　日本英語教育協会　1991.3　311p　19cm　1200円　Ⓘ4-8177-2768-3
[内容] いつもTV「アメリカンキッズ」を見てくれている人、そして英語を勉強しはじめたばかりの人、この辞書はみんなのものだよ。わからない英単語、英語でいいたい日本語を調べるだけではなく、ただ読んでみるのもおススメです。

◆英和辞典

『はじめての英和じてん』　日本公文教育研究会教務部英語教材チーム監修　改訂版　くもん出版　2011.3　293p　21cm　1100円　Ⓘ978-4-7743-1922-3
[内容] 基本的な単語約1000語を収録。とても引きやすく、はじめての辞書引きに最適です。すぐに役立つ身近な会話の例文がいっぱいです。小学校での英語学習・英語活動にも役立ちます。イラストがいっぱいで、楽しくページをひらけます。

『英和えじてん』　外山節子監修、てづかあけみ絵、高津由紀子文・編集　ピエ・ブックス　2007.11　209p　22cm〈他言語標題：Picture dictionary English-Japanese〉2400円　Ⓘ978-4-89444-644-1　Ⓝ833.3

『ジャンプ英和辞典』　五島正一郎編　第3版　小学館　2004.1　591p　20cm〈他言語標題：Shogakukan's jump English-Japanese dictionary〉1500円　Ⓘ4-09-510805-3　Ⓝ833.3

『くもんのグリーン英和辞典』　高橋潔監修　改訂版　くもん出版　2002.2　576p　19cm〈他言語標題：Kumon's green English-Japanese dictionary〉1360円　Ⓘ4-7743-0604-5

『英和じてん絵本』　アン・ヘリング監修、とだこうしろう作・絵　戸田デザイン研究室　1999.9　215p　24×11cm〈他言語標題：English-Japanese picture dictionary〉2400円　Ⓘ4-924710-44-X
[内容] 英語を学ぶための重要単語を全て含む1200以上のことばを掲載した絵本。配列はアルファベット順。発音は、カタカナと発音記号で表示している。

『レインボー英和辞典―絵から英語が覚えられる』　羽鳥博愛監修　増補改訂版　学習研究社　1997.8　287p　22cm〈ワークつき　索引あり〉1400円　Ⓘ4-05-300462-4

◆和英辞典

『はじめての和英じてん』　くもん出版編集部編　くもん出版　2011.3　191p　21cm〈『初級和英辞典』全面改訂・改題書〉700円　Ⓘ978-4-7743-1924-7
[内容] 小学生にとっての身近なことば約1800を見出し語として収録。身のまわりのものを英語で何というのか、楽しく調べられま

子どもの本　国語・英語をまなぶ2000冊　　189

はじめてまなぶ英語

『和英えじてん』 外山節子監修，てづかあけみ絵，高津由紀子文・編集　ピエ・ブックス　2006.3　209p　22cm〈他言語標題：Picture dictionary Japanese-English〉2400円　Ⓘ4-89444-510-7　Ⓝ833.2

す。小学校での英語学習・英語活動にも役立ちます。イラストがいっぱいで，楽しくページをひらけます。

『キッズクラウン和英辞典』 下薫，三省堂編修所編　三省堂　2004.4　286p　21cm〈付属資料：CD1〉1900円　Ⓘ4-385-10476-X

内容 絵を見ながら，楽しく英単語が覚えられる和英辞典。収録語数は約3500語。実際に聞いたり話したりする際に役立つ用例を多く集め，日本語と英語の意味や使い方の違いをわかりやすく表示。会話の練習ができる豊富なCD音源を付属。

『こども和英じてん―これって英語でなんていうの？』 田上善浩編，テリー・ラスカウスキー英文校閲　ポプラ社　2003.6　271p　28cm　2000円　Ⓘ4-591-07748-9　Ⓝ833.2

内容 英単語約4500語がよくわかる。オールカラーのイラストが楽しい。英語の読みかたがひらがなでわかる。アルファベットさくいん付き。ものしりボックスであいさつや時間の言いかたがすぐわかる。楽しい英語ミニゲームを12こ紹介。

『はじめての和英じてん―あいうえおで英語がすぐわかる』 田上善浩編　ポプラ社　2003.4　271p　29cm　6800円　Ⓘ4-591-07576-1　Ⓝ833.2

内容 生活の中でよく使う約4500語の英単語をしょうかい。英語の読みかたはすべてひらがななので，だれでもすぐに読むことができる。英和じてんとしても使えるアルファベットさくいんつき。しらべたことばのなかまのことば（関連語）や反対のことば（反対語）もわかる。ものしりボックスでテーマごとに英語のことばや，英語を話す国の文化がわかる。巻末の12の英語ミニゲームで，しらべた英語をすぐに使うことができる。

『和英じてん絵本』 アン・ヘリング監修，とだこうしろう作・絵　戸田デザイン研究室　2002.2　247p　24×11cm〈他言語標題：Japanese-English picture dictionary〉2500円　Ⓘ4-924710-47-4

内容 英語を学ぶための最重要単語を全て含む1350以上の言葉を収録したイラスト付き和英辞典。発音の目安として英語にはカタカナでルビを付与している。

『レインボー和英辞典―絵から英語が覚えられる』 羽鳥博愛監修　増補改訂版　学習研究社　1997.8　287p　22cm〈ワークつき〉1400円　Ⓘ4-05-300463-2

『アメリカンキッズ和英辞典』 日本英語教育協会編　日本英語教育協会　1992.3　316p　19cm　1200円　Ⓘ4-8177-2770-5

はじめてまなぶ英語

『親子で楽しむこども英語塾』 ミサコ・ロックス！著　明治書院　2011.3　77p　21×19cm（寺子屋シリーズ 6）1500円　Ⓘ978-4-625-62415-5

目次 春（ひなまつり，お花見），夏（七夕，お盆），秋（お月見，七五三），冬（年越し，お正月），付録 アメリカの小学校をのぞいてみよう！（教室のようす，お昼 ほか）

内容 「和」の文化に学ぶ"生きる力""生きる知恵"。マンガで楽しく異文化コミュニケーション。

『サムソン先生のダジャレ英語学習帳』 よしながこうたくさく，ルーカス・B.B.英語監修　長崎出版　2011.3　101p　21cm　1500円　Ⓘ978-4-86095-446-8　Ⓝ834.3

内容 ありがあーんとあくびする。笑って学べる英語入門書の決定版!?英語バイリンガル絵本。50音順ダジャレ英語＋類語も充実。

『レッツ・トライ・イングリッシュ！ 3 英語で知ろう世界の文化』 トミー植松著，PERSIMMON絵　評論社　2011.3　63p　26cm〈付属資料：CD1〉2800円

ⓘ978-4-566-03061-9
[目次]「はじめまして」が言えるかな?,「ありがとう」と「ごめんね」、いろいろなジェスチャー、世界の食べ物、エコロジーな生活をめざそう!、動物大すき、お正月、古都を訪ねよう、いろいろな遊び、日本のスポーツ〔ほか〕
[内容] 外国の人に自己しょうかいする方法や、外国と日本のジェスチャーのちがい、日本の遊びや行事を英語で説明する方法など、役に立つ情報がいっぱい。

『レッツ・トライ・イングリッシュ! 2 英語で遊ぼうゲームとコント』トミー植松著、PERSIMMON絵 評論社 2011.3 63p 26cm〈付属資料:CD1〉2800円 ⓘ978-4-566-03060-2
[目次] 借り物競争、伝言ゲーム、ジェスチャー・ゲーム、命令ゲーム、20のとびら、色当てゲーム、まちがいさがし、「ぼくを知ってる?」、「ニューヨークまで」、「静かしにしなさい!」〔ほか〕
[内容] 教室の中で、友だち同士で、楽しく遊べる英語のゲームやコントをたくさんしょうかいします。英語のなぞなぞや早口言葉、短い劇にもレッツ・トライ。

『レッツ・トライ・イングリッシュ! 1 英語で話そう学校の1日』トミー植松著、PERSIMMON絵 評論社 2011.3 63p 26cm〈付属資料:CD1〉2800円 ⓘ978-4-566-03059-6
[目次] さあ、学校がはじまる!、教室で、算数のじゅぎょう、社会科のじゅぎょう、休み時間、理科のじゅぎょう、給食の時間、図画工作のじゅぎょう、音楽のじゅぎょう、体育のじゅぎょう、下校時間、いろいろな係、学校を見てまわろう!
[内容] 学校についたら、まずは英語で"Good morning!"(おはよう!)。算数、理科、音楽、休み時間に給食の時間、どんなことが英語で言えるかな?みんなで楽しく英語にトライ。

『小学えいご大型絵本 第8巻 What can you see?―何が見えるかな?』直山木綿子監修、市原淳絵、井上よう子作 学研教育出版 2011.2 31p 37cm〈発売:学研マーケティング 付属資料:CD1〉2500円 ⓘ978-4-05-500825-9

『小学えいご大型絵本 第7巻 What do you want to be?―何になりたいの?』直山木綿子監修、たちもとみちこ絵、井上よう子作 学研教育出版 2011.2 31p 37cm〈発売:学研マーケティング 付属資料:CD1〉2500円 ⓘ978-4-05-500824-2

『小学えいご大型絵本 第6巻 Where do you want to go?―どこに行きたいの?』直山木綿子監修、コージー・トマト絵、井上よう子作 学研教育出版 2011.2 31p 37cm〈発売:学研マーケティング 付属資料:CD1〉2500円 ⓘ978-4-05-500823-5

『小学えいご大型絵本 第5巻 What can you do?―何ができるの?』直山木綿子監修、高畠那生絵、井上よう子作 学研教育出版 2011.2 31p 37cm〈発売:学研マーケティング 付属資料:CD1〉2500円 ⓘ978-4-05-500822-8

『小学えいご大型絵本 第4巻 Events of 12 months―世界の様々な行事』直山木綿子監修、てづかあけみ絵、井上よう子作 学研教育出版 2011.2 31p 37cm〈発売:学研マーケティング 付属資料:CD1〉2500円 ⓘ978-4-05-500821-1

『小学えいご大型絵本 第3巻 What would you like?―何にしましょうか?』直山木綿子監修、すがわらけいこ絵、井上よう子作 学研教育出版 2011.2 31p 37cm〈発売:学研マーケティング 付属資料:CD1〉2500円 ⓘ978-4-05-500820-4

『小学えいご大型絵本 第2巻 Where are you from?―どこの出身なの?』直山木綿子監修、西片拓史絵、井上よう子作 学研教育出版 2011.2 31p 37cm〈発売:学研マーケティング 付属資料:CD1〉2500円 ⓘ978-4-05-500819-8

『小学えいご大型絵本 第1巻 How are you?―ごきげんいかが?』直山木綿子監修、大島妙子絵、井上よう子作 学研

はじめてまなぶ英語　　　　　　　　　　　　　　　英語

教育出版　2011.2　31p　37cm〈発売：学研マーケティング　付属資料：CD1〉2500円　①978-4-05-500818-1

『スキャリーおじさんのおおきなことばえほん―えいごもいっぱい！たのしいビジータウン』　リチャード・スキャリーさく，BL出版編集部訳，松本守，松本加奈子監修　神戸　BL出版　2010.2　1冊（ページ付なし）61cm　6000円　①978-4-7764-0380-7　Ⓝ834.3

『サンタがくれたふしぎ時計―はじめての英語の話　英語』　松崎博監修　数研出版　2009.12　127p　21cm（チャートブックス学習シリーズ）1100円　①978-4-410-13923-9　Ⓝ830.7

『小学6年生これだけ英単語英会話―これだけはおぼえておこう！』　こどもくらぶ編　ポプラ社　2009.4　127p　15cm　850円　①978-4-591-10938-0　Ⓝ834.3

『小学5年生これだけ英単語英会話―これだけはおぼえておこう！』　こどもくらぶ編　ポプラ社　2009.4　127p　15cm　850円　①978-4-591-10937-3　Ⓝ834.3

『小学4年生これだけ英単語英会話―これだけはおぼえておこう！』　こどもくらぶ編　ポプラ社　2009.4　95p　15cm　750円　①978-4-591-10936-6　Ⓝ834.3

『小学3年生これだけ英単語英会話―これだけはおぼえておこう！』　こどもくらぶ編　ポプラ社　2009.4　95p　15cm　750円　①978-4-591-10935-9　Ⓝ834.3

『小学2年生これだけ英単語英会話―これだけはおぼえておこう！』　こどもくらぶ編　ポプラ社　2009.4　63p　15cm　600円　①978-4-591-10934-2　Ⓝ834.3

『小学1年生これだけ英単語英会話―これだけはおぼえておこう！』　こどもくらぶ編　ポプラ社　2009.4　63p　15cm　600円　①978-4-591-10933-5　Ⓝ834.3

『はじめての英語』　早見優監修　文研出版　2009.2　4冊（セット）30cm〈付属資料：CD4〉10000円　①978-4-580-88326-0

[目次] 1 みんなでたのしく外あそび（ほうきおに，ホットポテト　ほか），2 うたっておどって室内あそび（アルファベットの歌，大きい，小さい　ほか），3 つくってあそぼうテーブルゲーム（アルファベットカードゲーム，しんけいすいじゃく　ほか），4 やってみよう日本のあそび（お手玉，紙ずもう　ほか）

『レインボーマジックが英語で楽しく学べる解説book　5』　大石由紀解説　ゴマブックス　2008.9　63p　19cm　480円　①978-4-7771-1086-5　Ⓝ830.7

『レインボーマジックが英語で楽しく学べる解説book　4』　大石由紀解説　ゴマブックス　2008.9　63p　19cm　480円　①978-4-7771-1085-8　Ⓝ830.7

『レインボーマジックが英語で楽しく学べる解説book　3』　大石由紀解説　ゴマブックス　2008.8　63p　19cm　480円　①978-4-7771-1031-5　Ⓝ830.7

『レインボーマジックが英語で楽しく学べる解説book　2』　大石由紀解説　ゴマブックス　2008.8　63p　19cm　480円　①978-4-7771-1030-8　Ⓝ830.7

『レインボーマジックが英語で楽しく学べる解説book　1』　大石由紀解説　ゴマブックス　2008.8　63p　19cm　480円　①978-4-7771-1029-2　Ⓝ830.7

『あいらんどけいさつ・ロコモコップ―ハワイのえほん　えいごとハートのおべんきょう。』　宮島伸浩作・プロデュース，北沢直樹絵　CCRE　2008.7　1冊（ページ付なし）14×19cm　1300円　①978-4-903352-03-9　Ⓝ726.6

[内容] ハワイ101FMの朗読から誕生したハワイの絵本。

『英語が大好きになっちゃう本』　鈴木佑治監修・著　小学館　2008.6　159p　19cm（わかる！できる！のびる！ドラゼミ・ドラネットブックス）950円　①978-4-09-253553-4　Ⓝ830.4

[目次] 序章「外国語（英語）って，なに？」

（世界には、いろんなことばがある！, 英語って、どんなことば？ ほか）, 1章「どうして英語って、必要なの？」（世界はどんどん小さくなっている？, インターネット上の共通語も英語！ ほか）, 2章「だれでも英語を知っているって、ホント？」（知っている英語はこんなにたくさん！, みんなが知っているカタカナことば！ ほか）, 3章「どうしたら、英語が好きになるの？」（好きなことからはじめよう！, 英語で野球解説だって、できちゃう！ ほか）, 4章「さあ、英語を話してみよう！」（ネイティブスピーカーのように話せなくても問題なし！, 英語は1つだけじゃない！ ほか）

内容 英語って、楽しいものなんだ！好きなことからはじめれば、小学校の英語だって、へっちゃらさ。外国語（英語）って、なに？どうして英語って、必要なの？誰でも英語を知っているって、ホント？どうしたら、英語が好きになるの？お子さんのギモンにこたえる本。

『おしゃべりイングリッシュ』 若竹孝行文・出題, さとう有作漫画, 朝日小学生新聞編 南雲堂 2008.6 78p 21×30cm〈付属資料：CD1, CD-ROM1〉2500円 ①978-4-523-42284-6

目次 英語で自己紹介―あなたの名前は？, 家族の紹介―あつまれ家族, すきな科目―図工がすき, 文房具いろいろ―ペンがあそこに, サファリパークにて―あれは何？ワニ？, デザートの時間―ワクワクデザート, いろんな虫たち―むし, むし, むし, 植物園は花ざかり―見て, 花いっぱい, 週末のおでかけ―週末, いざ山へ, 野菜だいすき―ここほれ, イモほれ, 宝島も旅行プラン―宝島へなにでいく？, ペット選び―ペット大好き, とし, いくつ？―いつまでも20歳, 起きる時間は？―早起きは…〔ほか〕

内容 朝日小学生新聞で大好評連載中の『おしゃべりイングリッシュ』から, 27編を1冊にまとめました。でんわブタ, クワッキーなど, すてきな仲間たちといっしょに英語で遊びましょう！日常生活で使うかんたんな英語表現を, ゲームやマンガ, 練習問題で覚えます。

『英語なんてカンタンだ！』 斎藤孝著 PHP研究所 2008.1 87p 22cm（斎藤孝の「ズバリ！攻略」シリーズ）952円 ①978-4-569-69617-1 Ⓝ830.7

目次 1 英語なんて「イッツ・ソウ・イージィ」！（英語ができるとキミの世界が広が

る！, 英語はぜったい得意になれる！ ほか）, 2 英語は「音楽」だ！（「世界モノマネ選手権」だと思えばラクなもんさ！, リズムとメロディーを覚えよう ほか）, 3 英語の上達とっておきテクニック！（英語の最強必殺勉強法は「声に出す」, おうむ返しイングリッシュと超高速反射トレーニング ほか）, 4 キミはどんどん英語が楽しくなる！（「ルー語」は使える！, キミにも英語の本は読めるぞ ほか）, 5 なんのために英語を勉強する？（アジアの王者となれ, 日本語できちんと話せるか!? ほか）

内容 中学に入ったら英語は大得意！読めて, 聞けて, 話せるイングリッシュが身につく。キーワードは, リズムとモノマネ！斎藤流・英語必勝法を伝授。

『季節の英語イベントアイディア集―この1冊で, イベントはおまかせ！』 アルクキッズ英語編集部編 アルク 2007.12 128p 28×21cm（子ども英語BOOKS）2380円 ①978-4-7574-1311-5

目次 1 イースター, 2 母の日・父の日, 3 夏, 4 ハロウィーン, 5 サンクスギビング, 6 クリスマス, 7 バレンタイン

内容 児童英語教育界をリードする著者たちによる, ゲームのシートや工作の型紙を集めた便利な1冊です。ハロウィーンやクリスマスなど, 季節のイベントにあわせてすぐに使えるものばかり！イベントの背景となる基礎知識も掲載しているので, 教室のレッスンでも, 小学校の英語活動でも活躍します。

『名探偵コナンえいごで推理ブック』 青山剛昌原作, 金井正幸絵 小学館 2007.12 96p 26×21cm〈付属資料：CD1〉1600円 ①978-4-09-253032-4

目次 探偵英語, アルファベット, あいさつ, 体の部分, 身につけるもの, 家の中, 学校生活, 遊びとスポーツ, 町の中, 乗り物〔ほか〕

内容 「名探偵コナン」の推理まんがと, イラストを楽しみながら, 視覚的に英語が学べます。本に出てくる英語は, すべてCDに収録。アメリカ英語の発音を聞きながら, 実際に自分で声を出して練習することができます。CDの進行役は, 声優高山みなみさんによるコナン！テレビや映画でおなじみのコナンに呼びかけられて, 学習意欲が高まります。

『小学生からの英語は絶対, 勉強するな！

『一学校行かない・お金かけない・だけどペラペラ』鄭讃容著，宮本尚寛訳　サンマーク出版　2007.11　234p　21cm〈付属資料：CD1〉1700円　Ⓘ978-4-7631-9774-0

|目次| 1 英語の勉強は今みたいにするな！（ぼくも英語がうまくなりたい，不思議な転校生の少女，ソンイはほんとうに宇宙人なのか？ほか），2「勉強」やめたら英語が伸びた！（英語の勉強のためのヨンヨン条約，おれの耳にも英語虫が暮らしている，自然に口が動く ほか），3 英語は訓練だ！（言語は勉強ではなく，訓練だ，英語の単語が自然に覚えられる，シュレックになって英語で話す ほか），CD STORYBOOK—Gulliver's Travels（『ガリバー旅行記』作・ジョナサン・スウィフト）

|内容| 腕白少年のヨンジェのクラスに，かわいくて英語ペラペラの女の子・ソンイが転校して来た。仲良しになったヨンジェは，英語を教えてもらうが，なんとその秘訣は「勉強しないこと」だった。100万部を超えた『英語は絶対，勉強するな！』シリーズのノウハウを小学生でもわかるようにストーリー仕立にした，子ども大人も楽しめる，目からウロコの一冊。

『シナモンえいごえほん—English Fun with Cinnamon！シナモンといっしょに英語の旅へでかけよう！』小学館　2007.10　48p　18×20cm　〈創作絵本シリーズ〉〈付属資料：CD1〉1300円　Ⓘ978-4-09-726281-7

|目次| お空のシナモン，シナモン＆フレンズ，寝室，からだ，着るもの，家族，リビング，キッチン，ダイニング，バスルーム，おうちとお庭，学校，空想の世界，街，スーパー，ピクニック，公園，動物園，山と海，色

|内容| おうちや学校の身の回りのものから山や海，ファンタジーの世界まで—中学で英語を学ぶ前に覚えておきたい英単語を集めました！シナモンのおはなしを楽しみながら英語が覚えられるよ！アルファベット一覧ポスター＆音声CDつき。

『ママとキッズのはじめての英語—ゆびさし・おしゃべりレッスン』長尾和夫，アンディ・バーガー著　すばる舎　2007.9　111p　26×22cm〈付属資料：CD1〉1800円　Ⓘ978-4-88399-663-6

|目次| アルファベット，あいさつ，サイズ・形，いろいろな色，くだもの・スイーツ，たべもの・のみもの，やさいなど，のりもの，スポーツ，どうぶつ〔ほか〕

|内容| イラストをゆびさしながら英語であれこれ問いかけ練習。身近なテーマごとに遊びながら，自然に英語が身につく。

『あそぼう★おどろうラスカル ENGLISH』泉忠司著　青春出版社　2007.8　59p　30×21cm〈付属資料：DVD1，カード〉2857円　Ⓘ978-4-413-00903-4

|目次| ロックリバーへ，からだ，たべもの，すうじ，かぞくとともだち，どうぶつ，おうち，のりもの，しぜん，いろ，うごき，アルファベット，あいさつ，ラスカルはどこ？，はじめまして，ラスカル，おいでラスカル

|内容| 最新の英語教育論に基づいた，最高の英語スタートブックがついに登場！段階をおってステップアップできる構成！カード，塗り絵，お絵かき，歌，ダンスなど，子どもたちが大好きな遊びを取り入れたアクティビティ！だから遊びながら自然に英語が身につきます。

『音筆でたのしく学ぶはじめての英語』高橋作太郎監修，田中ひろし著　国立今人舎　2007.7　119p　28×21cm　3000円　Ⓘ978-4-901088-53-4

|目次| 1 世界のあそびや歌を英語でたのしもう，2 日本へようこそ，3 あなたのことを教えて！，4 英語の国のマナー，5 ダニエルの会話集，6 こんなことやってみよう（家族編），7 こんなことやってみよう（学校編），8 総合的な学習に使える英語まず，これだけ！，9 英語で話そう自分のこと

『Have fun！学校の1日』下薫監修　あかね書房　2007.4　47p　31cm（話せる！遊べる！英語2）2800円　Ⓘ978-4-251-09402-5　Ⓝ834.3

|目次| 学級活動，算数，図画工作，体育，給食，理科，家庭科，社会，国語，放課後

|内容| この本では，学校の1日をテーマにして，楽しく英語を学習していきます。

『Let's try！学校の行事』下薫監修　あかね書房　2007.4　47p　31cm（話せる！遊べる！英語1）2800円　Ⓘ978-4-251-09401-8　Ⓝ834.3

|目次| 新学期，遠足，参観日，林間学校，交

流活動，運動会，学芸会，社会科見学，作品展，お別れ会

『さあ出発！トイ・ストーリー』 大阪 NOVA 2007.2 95p 20×16cm 〈たのしいフォニックス〉〈付属資料：CD1〉 2000円 ⓘ978-4-86098-163-1
[目次] 1 A Hat for Hamm—ハムのぼうし, 2 A Drop from the Top—てっぺんから落っこちた, 3 A Big Kiss—心からのキス, 4 Run and Jump！—走ってとんで!, 5 The Best Dog—最高のペット, 6 Let's Play with Phonics—音遊びクイズ, 7 Jessie Is Sad—悲しいジェシー, 8 Can You Spot Them？—見つけられるかな？, 9 Zip and Zoom！—元気よく動き回る！, 10 Is It Fun？—楽しい？, 11 Rex Yells—レックスはさけぶよ, 12 Let's Play with Phonics—音遊びクイズ
[内容] 映画『トイ・ストーリー』の個性豊かなキャラクターたちは、今日もとんだり、はねたり、踊ったり、笑ったり。人間が知らない世界で起こる、楽しい10の物語をつうじて、英語の「音」を学ぼう。小学生対象。

『3語でできる！小学校の教室英語フレーズ集』 吉田研作監修 アルク 2007.2 80p 26cm 〈付属資料：CD1〉 1600円 ⓘ978-4-7574-1156-2
[目次] 1 まずはこの6フレーズに挑戦！(OK., Let's…, Please…./_,please. ほか), 2 英語で授業に挑戦しましょう（基本フレーズを練習しましょう、いろいろな場面で英語を使いましょう), 3 実践練習をしましょう（ALTとコミュニケーション，実践練習でステップアップしましょう）
[内容] 本書は、3つのパートで構成されています。Part1では、汎用性の高い基本の6フレーズを、Part2では、授業の場面ごとに使えるフレーズのさまざまなバリエーションを紹介しています。Part3ではALTとの会話で使える表現をまとめ、またCDに合わせて授業の流れを想定して実践練習ができるような構成となっています。

『ディズニー英語ポストカードブック』 大阪 NOVA 2007.1 63p 19cm 1000円 ⓘ978-4-86098-183-9
[目次] 1 どんなメッセージを書こうかな？ (Birthday（お誕生日), Thank you.（ありがとう), New Year（お正月), Valentine's Day（バレンタイン・デー), You're the best！（君って最高！) ほか), 2 カードを送ろう！, 3 WORD LIST
[内容] お誕生日やクリスマスには「おめでとう！」の気持ちをこめて、元気のないお友だちには「元気を出して！」とはげましの気持ちをこめて。この本では、ディズニーキャラクターたちがふだんやり取りをしているカードを通じて、英語のポストカードの書き方が学べます。さらに、切手を貼れば郵送できるポストカードページ付き。さあ、お友だちや家族にカードを書いて送ってみよう。

『ぼくもわたしもバイリンガル』 ひきまのりこさく，ひきまよしこえ 神戸 大盛堂書房 2006.12 30p 16×22cm 〈他言語標題：We are bilinguals 英語併記〉 1200円 ⓘ4-88463-102-1 Ⓝ834.3

『オッキーとなかよし3人組—楽しく学ぼう英語の発音』 げんかともあき作，砂川公美，山岡由果絵 那覇 新星出版 2006.10 47p 27cm 1333円 ⓘ4-902193-49-3 Ⓝ831

『ちびまる子ちゃんの英語教室』 さくらももこキャラクター原作，池田紅玉著 集英社 2006.9 173p 19cm（満点ゲットシリーズ）〈付属資料：CD1〉 1200円 ⓘ4-08-907012-0
[目次] ジョン万次郎の英語発音物語，英会話に挑戦，英語の数に挑戦，暗誦に挑戦

『スティーブのレストラン』 NOVA編 大阪 NOVA 2006.3 1冊 23×19cm （NOVAのえいごえほん 3）〈付属資料：CD1〉 952円 ⓘ4-86098-144-8
[内容] ライム（韻）を使ったテンポのよい言葉。見開きごとのわかりやすいストーリー展開。巻末に日本語訳を収録。

『ぞうさんがみえるよ』 NOVA編 大阪 NOVA 2006.3 1冊 23×19cm （NOVAのえいごえほん 1）〈付属資料：CD1〉 952円 ⓘ4-86098-142-1
[内容] ライム（韻）を使ったテンポのよい言葉。見開きごとのわかりやすいストーリー展開。巻末に日本語訳を収録。

『どんないろかな？』 NOVA編 大阪

はじめてまなぶ英語　　　　　　　　英語

NOVA　2006.3　1冊　23×19cm　〈NOVAのえいごえほん 4〉〈付属資料：CD1〉　952円　Ⓘ4-86098-145-6

内容　ライム（韻）を使ったテンポのよい言葉。見開きごとのわかりやすいストーリー展開。巻末に日本語訳を収録。

『なにがみえるかな？』　NOVA編　大阪NOVA　2006.3　1冊　23×19cm　〈NOVAのえいごえほん 2〉〈付属資料：CD1〉　952円　Ⓘ4-86098-143-X

内容　ライム（韻）を使ったテンポのよい言葉。見開きごとのわかりやすいストーリー展開。巻末に日本語訳を収録。

『マンガでわかる小学生のはじめての英語』　中山兼芳監修　世界文化社　2006.3　287p　26cm　1800円　Ⓘ4-418-06819-8　Ⓝ834.3

目次　1 すぐに使える！あいさつ＆ものの名前辞典（英語のあいさつや短い会話を覚えよう！，ものの名前のよび方辞典），2 楽しく使える！英語のことば辞典（もののようすをあらわすことば，行動やふるまいをあらわすことば，人の性格をあらわすことば　ほか），3 日常会話集英語で話そう（いい天気だね，歯みがきと着がえ，朝ご飯を食べよう　ほか）

内容　みぢかによく使う英語が1200語。学校・公園・家の中などの場面別に，かんたんな英会話ができるようになる。かんたんな英会話から自然に英単語に親しめる。

『クボジュンのえいごっこ』　久保純子著　朝日出版社　2005.6　1冊　21×22cm　〈付属資料：CD1〉　1700円　Ⓘ4-255-00318-1

目次　Good Morning! み・ら・い, Wandering in the Zoo, Vegetable Carnival !, キッチンおんがくかい, Exploring the House, Let's Play in the Park !, あめのちはれのちげんき, にじいろクレヨン, Ready to Go, Momotaro

内容　絵本とCDががっちりリンク！目と耳で，そしてリズムにのって体を動かしながら，楽しく英語が学べます！クボジュンと子どもたちが歌う，オリジナルソング9曲を収録。各曲が異なる学習テーマへ導きます。歌の世界を，いま人気のイラストレーターたちが，すてきな絵にして印象づけます。歌のテーマに関連した英単語や会話例を，クボジュンらのナレーションで収録。時には図鑑的にわかりやすく，時にはのびのび・自由に・かわいく，図示します。日本の昔話「桃太郎」を，クボジュンが英語で読み聞かせします。CDに収録されている英文とその日本語訳は，巻末に文字としてすべて記載されています。

『こどもからはじめる英語科学的上達法』　ATR人間情報科学研究所編　講談社　2005.6　86p　26×21cm　〈付属資料：別冊，CD‐ROM1〉　2500円　Ⓘ4-06-211384-8

目次　1 英語の文字，2 英語の音，3 英語のリズム，4 英語の単語，5 実力をためす

内容　CD-ROMを使ってトレーニングすればネイティブの発音がこどものころに身につく。バイリンガルも夢じゃない。

『英語圏の文字と言葉』　高橋作太郎監修　小峰書店　2005.4　47p　30cm　〈世界の文字と言葉入門 9〉〈付属資料：CD1〉　3200円　Ⓘ4-338-19709-9

目次　1 英語のアルファベットの基礎知識（英語かな？，日本には世界のラテン文字がいっぱい，アルファベットって何？　ほか），2 世界の英語の国を見てみよう（世界の共通語，英語の国々，英語であいさつ，自己紹介，英語とともにほかの言葉を使う国々　ほか），3 英語について，もっと知ろう（英語で日本を紹介しよう，紹介しよう文化，習慣）

内容　世界にはいろいろな英語がある。さまざまな英語をくらべながら，英語の文字の秘密をさぐろう。

『こどもといっしょにたのしくえいごレッスン 英語でよむ絵本 Happy Birthday』　まきたみのる監修　国際語学社　2005.2　1冊　21cm　（CDブック）〈付属資料：CD1〉　1600円　Ⓘ4-87731-247-1

内容　対訳式ではないので，英語を英語としてとらえる頭脳を育てます。英語に自信のないおかあさんでもらくらくレッスン。付属CDでネイティブの発音を身につけます。

『マナちゃんのカタカナ英語アドベンチャー』　斎藤史郎著　静岡　斎藤総合研究所　2005.2　115p　21cm　（英語の魔術師 第2弾）　980円　Ⓘ4-902478-01-3　Ⓝ834.3

『ハリー博士のえいご聞き取り特訓教室—小学生のえいごタイム』金森強著　アルク　2004.8　113p　26×21cm〈付属資料：CD2、別冊1〉2380円　⑭4-7574-0809-9

目次　基礎編（英語の文を聞いてみよう、何の絵かわかるかな、いろいろな情報を聞き取ろう、気持ちを表現しよう）、応用編（アルファベットと数、天気や曜日のいい方、場所のあらわし方、いろいろな食べ物の名前ほか）

内容　これまでの英語教材では満足できなかった方に最適！聞き取り力のほか、話す・読む・書く力もつく！小学校中・高学年の児童のためのユーモアいっぱいで、学習効果の高いワークが満載！4・6年生対象。英語レベル中級以上。

『ウッサとまほうのことば』いとうひろみ文、acco絵　メタローグ　2004.5　26p　29×24cm〈付属資料：CD1〉1890円　⑭4-8398-2034-1

内容　"Mom,milk"。でも、おかあさんは知らんぷり。そこでウッサはいいかえました。"I want to drink milk." "May I drink milk?"…それでも、おかあさんは首をふるばかり。「わたしは、まほうのことばがききたいの。それさえあれば、なんでもかなうことばよ」。さて、ウッサはまほうのことばをみつけることができるでしょうか。

『エリート英語—さあ始めましょう　3　小学5年生・6年生』永野順一著、宮沢ナツ絵　三修社　2004.4　132p　26cm〈付属資料：CD2〉2800円　⑭4-384-03450-4

目次　これは新しいものですか?、あの勇敢な人はだれですか?、あなたはポケットにいくつかコインを持っていますか?、あなたのお父さんは今夜おひまですか?、これはだれのパソコン（個人用コンピューター）ですか?、あれらはだれの馬ですか?、これらの写真はだれのものですか?、どちらが私へのプレゼントですか。これ（このもの）ですかあれ（あのもの）ですか?、その動物は長い首を持っている、このコアラには赤ちゃんがいません〔ほか〕

内容　「英語を聞く力や正しい発音を身につけるには児童期が最適であり、またこの時期であれば、英語を聞いたり英語で問答を行うなど自然な言語活動を通して、文法や文型の習得が無意識のうちに比較的容易に行

われる」ということは、もう十分おわかりのことと思います。この考えに基づき、小学3・4年生を対象につくられた『エリート英語』も今回で3冊目となり、対象も5・6年生とあげてます。アメリカに留学することを夢見ている主人公のMamiちゃんが、Tonyおじさん、みどりおばさんの家にホームステイして英語の勉強を続けているという設定のもとに本書もレッスンが展開します。

『Hello！　学校・ともだち』WILLこども知育研究所編著　金の星社　2004.3　47p　30cm　（あそびながらおぼえるはじめて英語ランド　3）2800円　⑭4-323-04183-7　Ⓝ830.7

目次　1 学校、2 学校で会う人、3 文ぼう具、4 教科、5 クラスのなかまと、6 休み時間に、7 学級活動、8 クラブ活動、9 学校行事

『Let's go！　自然・生きもの』WILLこども知育研究所編著　金の星社　2004.3　47p　30cm　（あそびながらおぼえるはじめて英語ランド　5）2800円　⑭4-323-04185-3　Ⓝ830.7

目次　1 動物と話そう、2 花や木を育てよう、3 虫を観察しよう、4 山にのぼろう、5 海でおよごう、6 空を見上げよう、7 鳥を見つけよう、8 お天気について話そう、9 自然をかんじよう

内容　動物、花、木、虫、海の生き物。みんな名前があるね。日本語の名前、英語の名前。どちらもたいせつな名前だね。

『Thank you！　家・かぞく』Willこども知育研究所編著　金の星社　2004.3　47p　30cm　（あそびながらおぼえるはじめて英語ランド　2）2800円　⑭4-323-04182-9　Ⓝ830.7

目次　1 わたしの家族、2 わたしの家、3 居間で、4 台所で、5 食たくで、6 おふろやトイレで、7 わたしのねる部屋で、8 家の仕事、9 家族の行事

内容　大すきな家族のこと、家の中にある物の名前、食べ物や家の手つだいの仕事のこと、毎日せっしているものを全部、英語で。

『This is me！　ぼく・わたし』WILLこども知育研究所編著　金の星社　2004.3　47p　30cm　（あそびながらおぼえるはじめて英語ランド　1）2800円　⑭4-

はじめてまなぶ英語　　　　　　　　　　　　　　　　　　　　　英語

323-04181-0　Ⓝ830.7
|目次| 1 わたしの名前，2 わたしの体，3 わたしの洋服，4 わたしの誕生日，5 わたしの一日，6 わたしのお気に入り，7 わたしのゆめ，8 わたしの気もち，9 わたしの友だちと
|内容| 体や洋服の名前，自分のお気に入りの物の名前。みんな，英語でいえたら楽しいね。ゆかいだね。

『Wonderful！ 町・人びと』WILLこども知育研究所編著　金の星社　2004.3　47p　30cm　〈あそびながらおぼえるはじめて英語ランド 4〉2800円　Ⓘ4-323-04184-5　Ⓝ830.7
|目次| 1 わたしの町，2 町の人びと，3 のり物，4 買い物，5 標識，6 レジャー，7 よく知られている場所，8 人びとのうごき，9 ボディ・ランゲージ
|内容| あなたのすんでいる町はどんな町？どんな人がすんでいるの？町で出会う人，物，けしき。みんな，英語でいってみよう。

『NOVAうさぎ ほのぼのバイリンガルえほん』NOVA英訳・監修　宙出版　2004.2　63p　19cm　〈本文：日英両文〉880円　Ⓘ4-7767-9003-3
|目次| NOVAうさぎ登場で章，NOVAうさぎ大活躍で章，NOVA うさぎ謎だらけで章
|内容| 英語がしみこむ！いやし系2言語絵本。英語アレルギーのアナタにお薦め。

『50イングリッシュキッズ―子どもと一緒にペラペラになろう！』サムパク著，青柳優子訳　ダイヤモンド社　2004.2　1冊　20×21cm　1800円　Ⓘ4-478-98058-6
|目次| 1 100単語暗記―100単語がすらすらと！(100の単語で始めましょう，100の単語の位置を決めます，100の単語を順番通りに覚えましょう，200の対話文を覚えましょう)，2 基礎会話を身につける―200文がぺらぺらと！(0〜99までの数字を言ってみましょう，200の英文を暗記しましょう)
|内容| 早期留学をしなくても，塾に高い費用をかけなくても，子供達は英語がよく出来るようになります。韓国で，「50イングリッシュ学習法」による英語学習熱ブームを起こしてきたサム・パク先生が，子供のために新しく著した「50イングリッシュキッズ」，子どもと一緒に英語を征服しよう。

『New ABC of ENGLISH　基本編』飯塚佐一著　新装改訂新版　創英社/三省堂書店　2004.2　79p　26cm　〈付属資料：別冊1，CD1〉933円　Ⓘ4-88142-114-X
|目次| How are you?, This is my pen., Is this your cap?, "a" and "an", What is this?, a b c, I have a clock., I like apple juice., one,two,three, There is a chalkboard.〔ほか〕
|内容| 「聞くこと」「話すこと」を重視した英語の初心者向け。子ども達に身近な場面を題材としています。小学3、4年生〜。

『エリート英語―さあ始めましょう　2 小学4年生』永野順一著，宮沢ナツ絵　三修社　2004.1　115p　26cm　〈付属資料：CD2〉2800円　Ⓘ4-384-03388-5
|目次| わたしの名前はマミです，わたしは4年生です，わたしは日本の少女ではありません，あなたはこわいからこつです，あなたは料理が上手ではありません，あなたは泳ぐのが上手ですか？，あなたは歌うのが上手ですか下手ですか？，これは台所です，あれはソファーです，これはチキンではありません〔ほか〕
|内容| 高校生になったらアメリカに留学することを夢見ている10歳になる主人公の真美が夏休みごとにTonyおじさん、みどりおばさんの家にホームステイして英語の勉強を続けているという設定のもとにレッスンが展開します。文法的にはbe動詞とhaveを含む一般動詞の現在形に慣れ、所どころ過去形にも触れます。各レッスンの到達目標を最小限に細分化し、1レッスン1ポイントの構成により理解と習得の徹底をめざします。本文の対話は、小学低学年生がおかあさんやお友達とたやすく練習できるように短く簡単なものになっています。文法的には多少先行した学習内容も含まれていますが、気にせずなじんで下さい。

『NHK英語であそぼ JBのひみつ―JB's Secret Story』かめだますを作，エリック・ジェイコブセン英訳，あらまきさちこ絵　旺文社　2003.11　1冊　22×24cm　〈ヤミーボックスえほん〉〈付属資料：DVD1、本文、日英両文〉1500円　Ⓘ4-01-064603-9
|内容| 英語を身につけるには子どものころから、遊びながら英語に触れることがなによ

り大切。それが「カジュアル・バイリンガル」。この絵本は「カジュアル・バイリンガル」をコンセプトに，「英語であそぼ」のスタッフによって作られています。付属のDVDで生の英語の音に触れながら，絵本で繰り返し遊んでみてください。

『声に出すえいご絵本―子どもの脳をぐんぐん育てる』 和田秀樹総監修，おおごもりもとい，亀山千佳監修 アルク 2003.11 60p 26×21cm〈付属資料：CD1〉1900円 Ⓘ4-7574-0744-0
[目次] 音が楽しいね！(Skidamarink／スキダマリンク，Icky Bicky／イッキー、ビッキーほか），自然を愛する心（Haiku (by Basho)／俳句・松尾芭蕉作，For the Children (by Gary Snyder)／子どもたちへ ほか），お話ハイライト（The Three Little Pigs／3匹のこぶた，The Three Billy Goats Gruff／3匹のやぎのがらがらどん ほか），マザーグース（Humpty Dumpty／ハンプティ・ダンプティ，Four Seasons／四季のうた ほか），日本の心を伝える～日本の童謡（Where Is the Springtime?／春がきた，Pigeon Coo Coo／はとぽっぽ）
[内容] 子ども向け英語の暗唱・朗読えほんの決定版！英語をくり返し聞く、読む、声に出す練習は、子どもの記憶力をよくし、脳を育てます。発表会や劇にも！子どもが心をこめて、口に出せるお話や詩がいっぱい！4歳から。

『こどものためのそうさくえいごげき』 柚木圭著 文芸社 2003.8 177p 14×20cm 1700円 Ⓘ4-8355-6094-9
[目次] 指導のしかた，しらゆきひめ，きんのおのとぎんのおの，つるのものがたり，げんだいうらしまたろう，アリとキリギリス，ひつじかいとおおかみ
[内容] 大人も子どもも，幼児も、家族で、クラスで、友だちどうしで…有名なおはなしを劇あそびとして楽しみながら英語に親しんじゃおう！たのしくえいごのげきあそび。

『えいごでなんていうの？』 学習研究社 2003.7 127p 19cm〈付属資料：チェックシート1枚〉800円 Ⓘ4-05-201887-7 Ⓝ834
[目次] たんご編（モンスター・物語の登場人物，遊び・スポーツ，動物・ペット，虫・植物，おかし・飲み物・料理 ほか），ミニミニなんていうの？（身につける物を表すことば，自然を表すことば，曜日や月を表すことば），ひとこと編
[内容] ふだんの生活の中で、「これは英語でなんて言うんだろう？」と、ふと思ったことはありませんか？「○○って、英語でなんて言うの？」と、おうちの人や学校の先生に聞いたことはありませんか？この本は、そんな質問にかんたんにこたえてくれる本である。

『エリート英語―さあ始めましょう 1 小学3年生4年生』 永野順一著，宮沢ナツ絵 三修社 2003.7 120p 26cm〈付属資料：CD2〉2800円 Ⓘ4-384-03118-1
[目次] わたしはマミです，わたしは生徒です，わたしは大学生ではありません，あなたは銀行員です，あなたは悪い少年ではありません，あなたはマミですか?，あなたはマミですか，それともマリですか?，これは台所です，あれは長いすです，これはテーブルナイフではありません〔ほか〕
[内容] アメリカ留学を夢みる小学校3年生のマミちゃんといっしょに、さあ、英語の勉強をはじめましょう。

『みんなあつまれ！ はじめての子どもえいご』 粕谷恭子著 アルク 2003.7 51p 26×21cm〈付属資料：CD1，別冊1〉1900円 Ⓘ4-7574-0730-0
[目次] 英語で数えてみよう，歌っておどって―Teddy Bear，いろいろな乗り物，体を動かして元気に歌おう―Head and Shoulders，遊園地で遊ぼう，手遊び歌を楽しもう―Pease Porridge Hot，洋服のなまえ，輪になっておどろう―Hokey Pokey，家族をさがせ！，ボートをこいで―Row,Row,Row Your Boat〔ほか〕
[内容] 児童英語教育界で活躍する現役の先生によるアイデアを24のトピックに！おうちの人や先生にも役立つ、テーマにそった豊富な会話例。対象4歳以上。

『ゆびさしキッズ！ えいごードキドキ！ はじめてのおつかい』 ロビソンことみ著，むろふしかえ絵 情報センター出版局 2003.7 60p 20×16cm〈付属資料：CD1〉1500円 Ⓘ4-7958-2353-7
[目次] おつかいにいってね、いっしょにいこうね、しょうてんがいについたよ、やおやさん、くだものやさん・さかなやさん、なくしちゃったかな?、まちのようす、スーパーマーケット、とどかないなー、かぞえてみよ

う，いくらになるかな？，これもかっちゃおうかな…，すごろくかえりみち，ただいまー，お台所でおてつだい，さあ，ばんごはん，おいしいね！，おかたづけもしよう，たのしかったね！
[内容] 指をさしながら自然に英語が身につく絵本。

『ゆびさしキッズ！ えいごーワクワク！どうぶつえんにいく』 ロビソンことみ著，むろふしかえ絵　情報センター出版局　2003.7　1冊　20×16cm〈付属資料：CD1〉 1500円　①4-7958-2363-4
[目次] おはよう，したくをしよう，いいおてんきだね，どうやっていくの？，どうぶつえんについたよ！，おはながいっぱい，おおきいなあ，たかいなあ，どうぶつえんのなかまたち，なにをたべるのかな？，おべんとうたべよう，ゴミバコをさがそう，なにができるかな，もっとできるよ，きせつの木だね，よーく見えるよ！，どんなどうぶつがいたかな？，じゃあ，またね，おやすみ…
[内容] 指をさしながら自然に英語が身につく絵本。

『音のでるえいごのえほん』 和田ことみ監修，青木菜穂子イラスト　ポプラ社　2003.6　1冊（ページ付なし）19×27cm〈付属資料：ペン1本　音声情報あり〉 1980円　①4-591-07675-X　Ⓝ830.7
[内容] ボタンを押すと，英語の言葉がとびだす絵本。聞こえる言葉には，ひらがなで読み方と日本語としての意味が書かれています。色，数，会話のほか，歌も4曲取り上げました。

『えほんで楽しむ英語の世界』 リーパーすみ子著　一声社　2003.5　177p　21×17cm　1400円　①4-87077-175-6
[目次] 第1章　英語の絵本をこんなふうに読み聞かせよう（繰り返しを楽しもうーpattern books，次はどうなる？ー推測しようーpredictions，絵本の中をお散歩しようーbook walk ほか），第2章　英語の絵本で遊ぼう（英語のリズムを楽しもうーrhyming，何色か言えるかな？ーcolors，今日は何曜日？ーdays of the week ほか），第3章　もっと英語で遊んじゃおう（みんなで遊ぼう！手遊び・仲間遊びーplaytime，歌も一緒に歌ってみようーsongs，英語でカルタ遊びーmatching games ほか）

『まんが de Englishーネイティブ英語への近道』 Jerry Zhou監修，小沢朝子，崎山紀代著，松下麻衣イラスト　ごま書房　2003.5　98p　21cm　900円　①4-341-13077-3　Ⓝ831.1

『英語で占い』 菊地康著　三修社　2003.4　2冊　26cm（三修社児童英語シリーズ）〈「クエスチョン・ブック」「アンサー・ブック」に分冊刊行〉全2800円　①4-384-05109-3，4-384-05110-7，4-384-05111-5　Ⓝ830.7

『英語でバトル!!』 菊地康著　三修社　2003.4　2冊　26cm（三修社児童英語シリーズ）〈「アタッカー・ブック」「ディフェンダー・ブック」に分冊刊行〉全2800円　①4-384-05106-9，4-384-05107-7，4-384-05108-5　Ⓝ830.7

『足し算英語 for fun！』 デイヴィッド・セイン作　あすなろ書房　2003.4　1冊（ページ付なし）14×19cm　950円　①4-7515-2252-3　Ⓝ834

『どうわでおぼえるえいご』 トミー植松編　町田　玉川大学出版部　2003.4　90p　26cm（玉川学園のこどもえいご1）〈付属資料：CD1〉 1800円　①4-472-05874-X
[目次] どうわとえいご（アラジンとまほうのランプ，ながぐつをはいたねこ，おおかみと7ひきのこやぎ，マッチうりのしょうじょ ほか），かいわとたんご（しょうかい，がっこう，これはなんですか，マザーグース）
[内容] 楽しい童話の一場面に英語がつきました。無理なく，しぜんに英語に親しむこどもえいご入門。CDを使って日常英会話の練習ができます。

『親子で楽しむ小学生英語ー声に出す！体で覚える！』 尾崎哲夫著　JTB　2003.1　174p　19cm　1200円　①4-533-04574-X　Ⓝ830.7

『英語ペーパーチャレラン　3（中級編）』 伊藤亮介監修，こどもくらぶ編　国立今人舎　2002.5　47p　26cm（大人と子どものあそびの教科書） 1500円　①4-901088-16-5　Ⓝ830.7

『はじめてのフォニックス　レベル2』ジオス出版編　ジオス出版　2002.3　85p　26cm〈付属資料：CD1〉1700円　Ⓘ4-916171-91-8
[目次] 子音＋y, ck, ng, ch, sh, wh/ph, th/th, Magic e
[内容] フォニックスとは、文字と音をむすびつけて覚える勉強法です。アメリカやイギリスの子どもたちは、この勉強法で読み方を覚えます。このフォニックスのルールを覚えるだけで、かなりの英語を読むことができます。また日本語（ローマ字）の発音で読むことがなく、きれいな発音で英語を話し、読むということも可能になるのです。レベル2では子音が2つくっついて1つの音をあらわす2文字子音と、magic eを勉強します。

『はじめてのフォニックス　レベル1』ジオス出版編　ジオス出版　2002.3　95p　26cm〈付属資料：CD1〉1700円　Ⓘ4-916171-90-X
[目次] AB, CD, EF, GH, IJ, KL, MN, OP, QR, ST〔ほか〕
[内容] フォニックスとは、文字と音をむすびつけて覚える勉強法です。アメリカやイギリスの子どもたちは、この勉強法で読み方を覚えます。このフォニックスのルールを覚えるだけで、かなりの英語を読むことができます。また日本語（ローマ字）の発音で読むことがなく、きれいな発音で英語を話し、読むということも可能になるのです。レベル1ではまずはアルファベット26文字の基本の音を勉強します。

『Bop'n Pop English 幼児・小学低学年からのはじめての英語』永野光一著、永野順一監修　茂原　M.E.I.出版局　2001.12　111p　30cm〈発売：三修社　付属資料：CD1、別冊1〉2400円　Ⓘ4-384-01597-6
[目次] あいさつ、かぞく、からだのぶぶん、かず、いろ、くだもの、どうぶつ、スポーツ、へや、おもちゃ〔ほか〕
[内容] 小さな子供たちが一番興味をもつものは、"Here and now"（「今ここにある」）ものである。そして、自然な言語習得は、音とその表す意味とを結び付け、身の周りのものの名前を知ることから始まる。本書は子供たちに身近な23のトピックを中心とした25のレッスンで構成されており、英単語や簡単な会話表現を関連付けながら、楽しい歌やチャントやアクティビティーを通して、効率的・

英語

はじめてまなぶ英語

[目次] カード集めチャレラン、工事中チャレラン、好きな物順チャレラン、ペアづくりチャレラン、あみだでペアさがしチャレラン、計算めいろチャレラン

『英語ペーパーチャレラン　2（初級編）』伊藤亮介監修、こどもくらぶ編　国立　今人舎　2002.5　47p　26cm（大人と子どものあそびの教科書）1500円　Ⓘ4-901088-15-7　Ⓝ830.7
[目次] ひろって集めて！チャレラン、カード集めチャレラン、工事中チャレラン、好きなもの順チャレラン、ペアづくりチャレラン、あみだでペアさがしチャレラン！

『英語ペーパーチャレラン　1（アルファベット・ローマ字編）』伊藤亮介監修、こどもくらぶ編　国立　今人舎　2002.5　47p　26cm（大人と子どものあそびの教科書）1500円　Ⓘ4-901088-14-9　Ⓝ830.7
[目次] アルファベット編（アルファベット〇△チャレラン、アルファベットタイルチャレラン）、ローマ字編（ローマ字ツーウェイチャレラン、カード集めチャレラン、ローマ字工事中チャレラン）

『「はじめての英語」基本セット』らくだ出版　2002.4　35冊（セット）36×27cm〈付属資料：CD7〉37590円　Ⓘ4-89777-378-4
[目次] はじめてのことば絵本、ABCブック、リーディング・ツリー、チャーリーローマへいく、詩と童謡セット、新ナーサリーライム

『はじめてのフォニックス　レベル3』ジオス出版編　ジオス出版　2002.3　96p　26cm〈付属資料：CD1〉1700円　Ⓘ4-916171-92-6
[目次] er/ar, ir/ou, ee/ea, oo/oo, ay/ai, ow/ow, al/all
[内容] フォニックスとは、文字と音をむすびつけて覚える勉強法です。アメリカやイギリスの子どもたちは、この勉強法で読み方を覚えます。このフォニックスのルールを覚えるだけで、かなりの英語を読むことができます。また日本語（ローマ字）の発音で読むことがなく、きれいな発音で英語を話し、読むということも可能になるのです。レベル3では二重母音を中心に勉強します。

効果的に学習できるようになっている。

『わだこ とみのえいごでダンス』 わだこ とみ作，やまだよしみ絵　学習研究社　2001.11　1冊　22×19cm　〈CDつきえほん〉〈付属資料：CD1〉1200円　①4-05-201561-4

[目次] あなたのなまえは？ぼくはテディベア。，どこへいくの？そらにいくよ。わたしとべるわ。，アルファベット，かぞえよう。，10このちいさなかぼちゃ，もうかえるじかんだよ。，ホーキーポーキー，なにがみえる？うしがいるわ。，あひるはなんてなくの？，あやかはどこ？わたしはここよ！，わあきれい！，あれはなに？チョコレートだよ！，キャンディーはすき？うん，すきよ。，ほしがひかっているよ。おやすみなさい。

『マヨケチャ プレイランド』 久埜百合監修，潮永光生作，木下洋子イラスト　ほるぷ出版　2001.9　35p　30cm　〈NHK「えいごリアン」キャラクターCDブック〉〈付属資料：CD1〉2200円　①4-593-82004-9

[目次] 1 Where is my house?，2 How is the weather today?，3 Let's exercise!，4 What's wrong?，5 Don't put plastics in this box.

[内容] NHK教育テレビ「えいごリアン」のマヨケチャたちが，楽しい絵本とCDに。マヨやケチャたちの，かわいいおしゃべりや歌に親しんでいるうちに，いつのまにか英語の世界の住人になってしまいます。さあ，楽しいマヨケチャ・プレイランドへ子どもも大人もごいっしょに。

『マヨケチャ レストラン』 久埜百合監修，潮永光生作，木下洋子イラスト　ほるぷ出版　2001.9　35p　30cm　〈NHK「えいごリアン」キャラクターCDブック〉〈付属資料：CD1〉2200円　①4-593-82003-0

[目次] 1 What will you have?，2 What color do you want?，3 What time is it now?，4 When is your birthday?，5 Whose is this?

[内容] NHK教育テレビ「えいごリアン」のマヨケチャたちが，楽しい絵本とCDに。マヨやケチャたちの，かわいいおしゃべりや歌に親しんでいるうちに，いつのまにか英語の世界の住人になってしまいます。さあ，楽しいマヨケチャ・レストランへ子どもも大人もごいっしょに。

『えいごとなかよし』 山下明子作，クロダヒロ絵　大阪　むさし書房　2001.7　29p　22×28cm　〈他言語標題：Hi, English!　英文併記〉1400円　①4-8385-0882-4

『ドクタースランプ アラレちゃんの私案小学校英語教科書』 鳥山明キャラクター原作，池田紅玉著　集英社　2001.7　207p　19cm　〈満点ゲットシリーズ〉〈付属資料：CD1〉1400円　①4-08-314015-1

[目次] アラレちゃん英語『魔法の仮名』道場へ入門する。（『魔法の仮名』ってなあに？，歌・Ten Little Apples，アルファベット表ほか），「子供の島」に出発する前に覚える英語（元気の出る英語，英語で挨拶，自分について話す ほか），アラレちゃんの英語が，「子供の島」で通じた！（アラレちゃんの日本についてのスピーチ，俳句・古池や蛙飛びこむ水の音，歌・Sakura,Sakura）

[内容] 小学校英語の決定版！『魔法の仮名』と「英語発音CD」があるから，正しい発音の習得が，簡単です。発信型の英語だから，勉強したら，しゃべれる，しゃべりたくなる。物語仕立てになっているから，誰でも，最後まで，勉強できる。

『ぶぶチャチャイングリッシュ』 朝日出版社　2001.6　63p　22×19cm　〈付属資料：CD1，別冊1〉2600円　①4-255-00080-8

[内容] NHKBS2で放送のアニメが，英語教材になった。小学生のための，どうしても身につけたい，英語表現50を収録。

『きいて，しゃべって，おぼえる英語―English for Kids』 英語教材研究会編　民衆社　2001.4　189p　26cm　〈付属資料：CD1，カード1〉2500円　①4-8383-0833-7

[目次] おはよう。，歌「おはよう」，おやすみなさい。，ありがとう。どういたしまして。，くだものの名前，ゲーム「かるた取り」，こんにちは。やあ。，さようなら。，ようすをあらわすことば，うれしいな。〔ほか〕

[内容] 本書では，子どもと一緒に英語づけになれるようお手伝いします。子どもと英語で会話する楽しい場面をたくさん持てるよ

うお手伝いします。アルファベットもいつのまにか覚えて、書けるようになり、英語で言えることばもいつのまにか増えていくことでしょう。英語の興味と関心を育て、英語学習をしていくために。

『マヨケチャーNHK「えいごリアン」キャラクターCDブック 2』 久埜百合監修、潮永光生作、木下洋子イラスト ほるぷ出版 2001.4 35p 29×22cm〈付属資料：CD1〉2200円 ④4-593-82002-2
目次 1 Where do you live?（カラケチャ、ボカキチャノート）、2 Do you like mayonnaise?、3 Bring me an egg.、4 How many peas do you have?、5 Can you do this？
内容 「えいごリアン」に登場するマヨやケチャ、マージにオミー、ブロッコリーズ、そしてソイニシキ。これらのゆかいなキャラクターたちがくりひろげるおはなしが、表情豊かなイラストで楽しめます。英語のCDも付いて、かれらのおしゃべりや歌をきいているうちに、あなたもいつのまにか英語の世界の住人になっているはず。さあ、子どもも大人もごいっしょに。

『マヨケチャーNHK「えいごリアン」キャラクターCDブック 1』 久埜百合監修、潮永光生作、木下洋子イラスト ほるぷ出版 2001.4 35p 25×22cm〈付属資料：CD1〉2200円 ④4-593-82001-4
目次 1 Hi.I'm Mayo.Nice to meet you.（カラケチャ、ボカキチャノート）、2 Hello.How are you?、3 Who is this?、4 Do you have a crayon?、5 What's this？
内容 「えいごリアン」に登場するマヨやケチャ、マージにオミー、ブロッコリーズ、そしてソイニシキ。これらのゆかいなキャラクターたちがくりひろげるおはなしが、表情豊かなイラストで楽しめます。英語のCDも付いて、かれらのおしゃべりや歌をきいているうちに、あなたもいつのまにか英語の世界の住人になっているはず。さあ、子どもも大人もごいっしょに。

『新・レッツ・プレイEnglish!!―CD付 小学校中学年向け』 永野順一著 三修社 2001.2 127p 26cm〈付属資料：CD2〉1800円 ④4-384-00693-4
目次 わたしはマミです、わたしは生徒です、わたしは大学生ではありません、あなたは銀行員です、あなたは悪い少年ではあ

りません、あなたはマミですか？、あなたはマミですか、それともマリですか？、これは台所です、あれは長いすです、これはテーブルナイフではありません〔ほか〕
内容 高校生になったらアメリカに留学することを夢見ている10歳になる主人公の真美が夏休みごとにTonyおじさん、みどりおばさんの家にホームステイして英語の勉強を続けているという設定のもとにレッスンが展開します。小学4年生程度を対象にしています。

『やさしいEnglish―基本構文のマスター』 Peter Ujlaki監修 大阪 むさし書房 2000.12 1冊 31×23cm 1500円 ①4-8385-0879-4
目次 a dog, a bag, a cup, a ball, an onion, This is a marker., That's a chair., This is a key and that's a piano., Is this a tiger?, Is that a house？〔ほか〕
内容 この本では、「疑問文は…」とか「形容詞の用法は…」とか説明的なものはいっさい出さず、それぞれが絵カードのように反復練習できるスタイルをとり、理論ではなく、くり返しで子供たちが自然に覚えられるように構成しました。初歩の英語教育で必要な基本構文と、基本的な名詞・代名詞・動詞・形容詞・前置詞などを、原則として1レッスンで1つずつ教えられるように構成しています。

『やさしいEnglish―基本構文のマスターCD』 Peter Ujlaki監修 大阪 むさし書房 2000.12 1冊 31×23cm〈付属資料：CD1〉2300円 ①4-8385-0880-8
目次 a dog, a bag, a cup, a ball, an onion, This is a marker., That's a chair., This is a key and that's a piano., Is this a tiger?, Is that a house？〔ほか〕
内容 この本では、「疑問文は…」とか「形容詞の用法は…」とか説明的なものはいっさい出さず、それぞれが絵カードのように反復練習できるスタイルをとり、理論ではなく、くり返しで子供たちが自然に覚えられるように構成しました。初歩の英語教育で必要な基本構文と、基本的な名詞・代名詞・動詞・形容詞・前置詞などを、原則として1レッスンで1つずつ教えられるように構成しています。

『みんなでLet's Go 入門編』 仲田利津子、バーバラ・ホスキンス、カレン・フレ

イジャー著　オックスフォード大学出版局　2000.11　90p　26cm〈付属資料：CD2〉1990円　⓪4-7552-0022-9

[内容] 本書には、教室やご家庭でできるゲームやアクティビティが満載です。楽しく遊びながらアルファベットや単語、発音、会話が学べます。

『ドクタースランプ アラレちゃんの小学生からはじめる 続これだけ英語』鳥山明キャラクター原作，池田紅玉著　集英社　2000.9　207p　19cm（満点ゲットシリーズ）760円　⓪4-08-314008-9

[内容]『魔法の仮名』は、アメリカ発音を忠実に再現したものです。『魔法の仮名』の通りに、強弱をはっきり付けて発音すると、英語らしいリズムが自然に身につき、日本人を悩ませ続けてきたカタカナ発音からも解放されます。本書で、ばっちり発音をマスターしましょう。

『いろのほん』アナエル・ドゥナぶん，クリステル・デムワノーえ，いしづちひろやく　三起商行　2000.5　44p　30cm（ミキハウスの絵本―ミキハウスのあそんでまなべるえいごシリーズ 4）〈英文併記〉1500円　⓪4-89588-461-9

[内容] リズミカルなことばやいろんなゲームをたのしむうちに、いろやもようのさまざまなことが、えいごにほんごでしぜんに身につきます。

『ドクタースランプ アラレちゃんの小学生からはじめるこれだけ英語』鳥山明キャラクター原作，池田紅玉著　集英社　2000.3　206p　19cm（満点ゲットシリーズ）760円　⓪4-08-314006-2

『NHK「英語であそぼ」クリスのまほうえほん』日本放送出版協会　1999.12　64p　23cm（語学シリーズ）850円　⓪4-14-187949-5

『英語がへっちゃらになっちゃう本―三枝幸夫のコミュニカティブ授業』三枝幸夫著　小学館　1999.10　175p　19cm（わかる！できる！のびる！ドラゼミ・ドラネットブックス―日本一の教え方名人ナマ授業シリーズ）850円　⓪4-09-253510-4

[目次] 第1章 英語はいつから始めればいいの？（アメリカ人ならしゃべれて当たり前！まず、英語にふれるチャンスを作ろう，知ってた？きみたちの耳ってこんなにびんなんだ ほか），第2章 どうしたらしゃべれるようになるの？（日本人でも英語ペラペラの人がいるのはどうして？，きみたちだってもうこんなに英語を使っているんだ ほか），第3章 どうして英語って必要なの？（英語ができれば世界中の人と話すことができるんだ，英語がしゃべれれば、きみの未来はグーンと広がる ほか），第4章 きれいな発音って大切なの？（日本語にない音があるからむずかしい，英語のリズムになれるようにしよう ほか）

[内容]「聞ける」「話せる」「通じる」将来、英語ペラペラになるために今やっておくことはこれだ！小学校中・高学年向き。

『みんなの英語―CDブック』児童英語研究グループ編　大阪　むさし書房　1999.4　97p　26cm〈付属資料：CD1〉1800円　⓪4-8385-0868-9

[目次] アルファベット，あいさつ，英語の書き方，This is Emily.This is a piano., This is a good cat., This is my book., This is not a lemon., Is this a desk?, Is this a clock or a watch?, What is this？〔ほか〕

[内容] 英語を英語のままに表現し、理解していただくために、本書は日本語をほとんど使用していません。発音の仕方はカタカタを使わず、すべて発音記号（米音）で表しています。各ページの欄外にNEW WORDS（初めて学ぶたん語）を出してありますから初めて習ったその時にすぐ覚えこんでしまいましょう。各課のタイトル文の一部分をPRACTICE（練習）の絵に合わせて言い換えると幾度も反復練習ができます。

『Big Kids　Vol.2　ワードパーフェクト』チュルドレンズ・イングリッシュ・ワークショップ編著　町田　ユニ出版会　1999.3　55p　30cm〈発売：星雲社〉980円　⓪4-7952-9337-6

[目次] Bird, Animal, Insect&Flower, Vegetable, Fruit, Bathroom, Food, Living&Kitchen, School, Education〔ほか〕

『ABCD English―いれかえ方式による構文練習』大阪　むさし書房　1999.1　1

1冊　26cm　850円　①4-8385-0857-3
|目次| a dog, an egg, This is a watch., Is this a hat?, Is this a dog?, Is this an apple or an orange?, What's this?, What's this?, bags, These are spoons.〔ほか〕
|内容| 初歩の英語教育で必要な基本構文と、基本的な名詞・代名詞・動詞・形容詞・副詞・前置詞などを、それぞれが絵カードのように反復練習できるスタイルをとり、理論ではなく、くり返しで子供たちが自然に覚えられるように構成しました。

『Big Kids Vol.1 ABCマスター』チュルドレンズ・イングリッシュ・ワークショップ編著　町田　ユニ出版会　1999.1　53p　30cm〈発売：星雲社〉980円　①4-7952-9336-8

『すうじのほん』アナエル・ドゥナぶん, クリステル・デムワノーえ, いしづちひろやく　三起商行　1998.11　42p　30cm（ミキハウスの絵本—ミキハウスのあそんでまなべるえいごシリーズ 1）〈英文併記〉1500円　①4-89588-458-9
|内容| リズミカルなことばやいろんなゲームをたのしむうちに、1から100までの数がえいごとにほんごでしぜんに身につきます。

『はんたいことばのほん』アナエル・ドゥナぶん, クリステル・デムワノーえ, いしづちひろやく　三起商行　1998.11　42p　30cm（ミキハウスの絵本—ミキハウスのあそんでまなべるえいごシリーズ 2）〈英文併記〉1500円　①4-89588-459-7
|内容| リズミカルなことばやいろんなゲームをたのしむうちに、—おおきい、ちいさい、つめたい、あたたかい、まえに、うしろに—などのはんたいことばが、えいごとにほんごでしぜんに身につきます。

『フィンガーフォニックス 7　qu ou oi ue er ar』スー・ロイド, サラ・ワーナム著, 高橋一幸監訳, リブ・ステファン絵　洋販出版　1998.8　1冊　23×21cm〈発売：洋販〉1560円　①4-89684-883-7
|内容| 初歩的なつづり字と発音の関係を学習します。文字と発音を結びつけて学べます。切り抜き文字を指でなぞって文字を覚えられます。音の組み合わせで単語の発音がわかります。お子さまの英語の力が短期間で飛躍的に向上します。

『フィンガーフォニックス 6　y x ch sh th th』スー・ロイド, サラ・ワーナム著, 高橋一幸監訳, リブ・ステファン絵　洋販出版　1998.8　1冊　23×21cm〈発売：洋販〉1560円　①4-89684-882-9
|内容| 初歩的なつづり字と発音の関係を学習します。文字と発音を結びつけて学べます。切り抜き文字を指でなぞって文字を覚えられます。音の組み合わせで単語の発音がわかります。お子さまの英語の力が短期間で飛躍的に向上します。

『フィンガーフォニックス 5　z w ng v oo oo』スー・ロイド, サラ・ワーナム著, 高橋一幸監訳, リブ・ステファン絵　洋販出版　1998.8　1冊　23×21cm〈発売：洋販〉1560円　①4-89684-881-0
|内容| 初歩的なつづり字と発音の関係を学習します。文字と発音を結びつけて学べます。切り抜き文字を指でなぞって文字を覚えられます。音の組み合わせで単語の発音がわかります。お子さまの英語の力が短期間で飛躍的に向上します。

『フィンガーフォニックス 4　ai j oa ie ee or』スー・ロイド, サラ・ワーナム著, 高橋一幸監訳, リブ・ステファン絵　洋販出版　1998.8　1冊　23×21cm〈発売：洋販〉1560円　①4-89684-880-2
|内容| 初歩的なつづり字と発音の関係を学習します。文字と発音を結びつけて学べます。切り抜き文字を指でなぞって文字を覚えられます。音の組み合わせで単語の発音がわかります。お子さまの英語の力が短期間で飛躍的に向上します。

『フィンガーフォニックス 3　g o u l f b』スー・ロイド, サラ・ワーナム著, 高橋一幸監訳, リブ・ステファン絵　洋販出版　1998.8　1冊　23×21cm〈発売：洋販〉1560円　①4-89684-879-9
|内容| 初歩的なつづり字と発音の関係を学習します。文字と発音を結びつけて学べます。切り抜き文字を指でなぞって文字を覚えられます。音の組み合わせで単語の発音がわかります。お子さまの英語の力が短期間で

はじめてまなぶ英語　　　　　　　　　　　　英語

『フィンガーフォニックス　2　c k e h r m d』スー・ロイド，サラ・ワーナム著，高橋一幸訳，リブ・ステファン絵　洋販出版　1998.8　1冊　23×21cm　〈発売：洋販〉1560円　④4-89684-878-0

[内容] 初歩的なつづり字と発音の関係を学習します。文字と発音を結びつけて学べます。切り抜き文字を指でなぞって文字を覚えられます。音の組み合わせで単語の発音がわかります。お子さまの英語の力が短期間で飛躍的に向上します。

『フィンガーフォニックス　1　s a t i p n』スー・ロイド，サラ・ワーナム著，高橋一幸訳，リブ・ステファン絵　洋販出版　1998.8　1冊　23×21cm　〈発売：洋販〉1560円　④4-89684-877-2

[内容] 初歩的なつづり字と発音の関係を学習します。文字と発音を結びつけて学べます。切り抜き文字を指でなぞって文字を覚えられます。音の組み合わせで単語の発音がわかります。お子さまの英語の力が短期間で飛躍的に向上します。

『BINGO！　2　Student Book』Ken Methold, Linda Curtis著，大久保洋子日本語版監訳　洋販出版　1998.7　72p　30cm　〈YOHAN Kids Club〉〈発売：洋販　本文：日英両文〉1300円　④4-89684-858-6

[目次] 歩いてはいけません，いくら？，だれのCD？，食事の時間！，わたしたちの家，ふくしゅう，それは何色ですか？，大きな鳥！，あついスープ！，モッキーの店，青いみ

『BINGO！　2　アクティビティブック』Ken Methold, Linda Curtis著，大久保洋子日本語版監訳　洋販出版　1998.7　48p　30cm　〈YOHAN Kids Club〉〈発売：洋販　本文：日英両文〉950円　④4-89684-866-7

[目次] 歩いてはいけません！，いくら？，だれのCD？，食事の時間！，わたしたちの家，ふくしゅう，それは何色ですか？，大きな鳥！，あついスープ！，モッキーの店，青いみ

『BINGO！　1　アクティビティブック』Ken Methold, Linda Curtis著，大久保洋子日本語版監訳　洋販出版　1998.6　48p　30cm　〈発売：洋販〉950円　④4-89684-865-9

[目次] 1 こんにちは！, 2 これはダニー・ディアです。, 3 あれはだれですか？, 4 あれはわたしの家ぞくです。, 5 わたしの父です。, 6 ふくしゅう, 7 それはようなしですか？, 8 これらはトマトですか？, 9 あなたはかえるではありません！, 10 いくつ？, 11 わたしはのぼれます。

[内容] 本書は初めて英語を学ぶ子どものためのテキストです。テキストは、子どもたちが自分から英語を学びたくなるストーリー仕立てになっています。子どもたちは空想の世界でたくさんの楽しい登場人物たちに出会います。場面ごとに英語を使う機会も、数多く用意されています。このシリーズは、ことばの機能面の学習に重点をおき、文の構造を段階的に導入しながら作られています。語いもきびしく精選されています。

『キッズえいごデビュー　STEP3　身近なできごと』坂巻潤子監修　創育　1998.2　63p　23×19cm　〈付属資料：CD1〉1800円　④4-88229-619-5

[目次] たのしい英単語＆なかよし英会話, フォニックス, 物語

[内容] 本書では、主にみなさんの身近で起こるできごとの中でよく使われる言葉を学んでいきます。

『キッズえいごデビュー　STEP2　みのまわりのえいご』坂巻潤子監修　創育　1998.2　63p　23×19cm　〈付属資料：CD1〉1800円　④4-88229-618-7

[目次] たのしいえいたんご＆なかよしえいかいわ, フォニックス, ものがたり

[内容] 本書では、おもにふだんの生活の中でよく使うことばを学んでいきます。

『キッズえいごデビュー　STEP1　はじめてのえいご』坂巻潤子監修　創育　1998.2　79p　23×19cm　〈付属資料：CD1〉1800円　④4-88229-617-9

[内容] 本書では、アルファベットのかきかたと、それぞれが「たんご」のなかでつかわれるときの、よみかたのきまりを、べんきょうします。

『BINGO！　1　Student Book』Ken Methold, Linda Curtis著，大久保洋子

日本語版監訳　洋販出版　1998.2　72p　28×22cm〈発売：洋販〉1300円　①4-89684-857-8

|目次| こんにちは!、これはダニー・ディアです。、あれはだれですか?、あれはわたしの家ぞくです。、わたしの父です。、ふくしゅう、それはようなしではないですか?、これらはトマトですか?、あなたはかえるではありません!、いくつ?、わたしはのぼれます。、ブッキーおじさんのABC

|内容| 本書は初めて英語を学ぶ子どものためのテキストです。テキストは、子どもたちが自分から英語を学びたくなるストーリー仕立てになっています。子供たちは空想の世界でたくさんの楽しい登場人物たちに出会います。場面ごとに英語を使う機会も、数多く用意されています。

『CDとイラストで楽しく学ぶ　らくらくマイイングリッシュ　ステップ3』大阪教学研究社　〔1997.10〕64p　26cm〈付属資料：CD1〉2600円　①4-318-00853-3

『CDとイラストで楽しく学ぶ　らくらくマイイングリッシュ　ステップ2』大阪教学研究社　〔1997.10〕64p　26cm〈付属資料：CD1〉2600円　①4-318-00852-5

『CDとイラストで楽しく学ぶ　らくらくマイイングリッシュ　ステップ1』大阪教学研究社　〔1997.10〕64p　26cm〈付属資料：CD2〉2600円　①4-318-00851-7

|内容| リスニング力がめきめきアップ!もうスピーキングもこわくない!児童英検にも充分対応。

『入学前の…中1英語マスターブック　2』永野順一,James A.Miller著　三修社　1997.10　102p　26cm（CDブック）〈付属資料：CD1〉1500円　①4-384-01437-6

|目次| これは誰の車ですか。、これらは誰のアルバムですか。、これは誰のものですか。、どちらが私の手紙ですか。、これですか、あれですか。、私の姉は新しいコンピューターを持っています。、このコアラには赤ちゃんがいません。、あなたの先生はペットを持っていますか。、ルミはたくさん本を読みま

す。、彼女はバイオリンをひきません。、あなたのお父さんは毎日車で仕事に出かけますか。〔ほか〕

|内容| 本書は小学生を対象に、中学入学までに英語の基本的な知識と運用能力の習得をめざしたものです。内容的には中学1年生で学習する範囲を、各レッスンの到達目標を最小限に細分化し、理解の徹底をはかります。しかし、単語の面では、レッスンの内容に応じて、中学1年の学習範囲を越えて、かなり自由に提示してあります。

『入学前の…中1英語マスターブック　1』永野順一,James A.Miller著　三修社　1997.10　126p　26cm　（CDブック）〈付属資料：CD1〉1500円　①4-384-01436-8

|目次| 私はエミリー・スミスです。、私は生徒です。、私は先生ではありません。、あなたはエミリー・スミスです。、あなたは、ゆうびん屋さんではありません。、あなたはネッドですか。、私は少年ですか。、あなたは生徒ですか、それとも先生ですか。、これはボートです。、あれはネコです。〔ほか〕

|内容| 本書は小学生を対象に、中学入学までに英語の基本的な知識と運用能力の習得をめざしたものです。内容的には中学1年生で学習する範囲を、各レッスンの到達目標を最小限に細分化し、理解の徹底をはかります。しかし、単語の面では、レッスンの内容に応じて、中学1年の学習範囲を越えて、かなり自由に提示してあります。

『レッツ・プレイEnglish!!』永野順一著　三修社　1997.10　127p　26cm　（CDブック）〈付属資料：CD2〉1800円　①4-384-01435-X

|目次| わたしはマミです、わたしは生徒です、わたしは大学生ではありません、あなたは銀行員です、あなたは悪い少年ではありません、あなたはマミですか?、あなたはマミですか、それともマリですか?、これは台所です、あれは長いすです、これはテーブルナイフではありません〔ほか〕

|内容| 本書は、小学4年生程度を対象につくられた。高校生になったらアメリカに留学することを夢見ている10歳になる主人公の真美が夏休みごとにTonyおじさん、みどりおばさんの家にホームステイして英語の勉強を続けているという設定のもとにレッスンが展開する。

『あるはクン・しいたちゃんの英語すき!

子どもの本　国語・英語をまなぶ2000冊　207

『はじめてまなぶ英語　　　　　　　　　　　　　　　　　　　　　　　　英語

すき！　パート3（U-Z編）』　大森淑子著　明日香出版社　1997.7　201p　21cm　（Asuka business & language books）1000円　⓪4-7569-0024-0

『英語らくらく学習王国　入門編』　吉井淳一著　あゆみ出版　1997.7　135,38p　26cm　1150円　⓪4-7519-1740-4
[目次]　1　ローマ字の練習，2　英語の読み方，3　英単語総復習，4　辞書の引き方練習
[内容]　2か月でスラスラ読み書きができるらくらく英語学習法。

『絵を見てまなぶ小学生のやさしい英語―2色刷』　土屋修著　改訂第2版　大阪弘文社　1997.5　207,9p　22cm　（小学生の英語シリーズ　1）800円　⓪4-7703-4010-9

『あるはクン・しいたちゃんの英語すき！すき！　パート2（O-T編）』　大森淑子著　明日香出版社　1997.4　174p　22cm　（Asuka business & language books）1000円　⓪4-7569-0002-X
[内容]　本書は今までなかった，発音記号と発音が楽しみながら，しっかり身につく画期的な本です。

『あるはクン・しいたちゃんの英語すき！すき！』　大森淑子著　明日香出版社　1996.12　142p　22cm　（Asuka business & language books）951円　⓪4-87030-971-8

『10歳で中学英語がマスターできる』　有楽出版社　1996.9　215p　19cm　〈監修：隈部直光　発売：実業之日本社〉1500円　⓪4-408-59084-3
[目次]　1　英語の文字を覚えましょう（みんなもうアルファベットを知っている！，アルファベットは26こ），2　英語の単語を覚えましょう（英語の単語はもう知っている？，英語の単語ってどんなもの？，母音の発音のしかた，子音の発音のしかた，このほか覚えておきたい発音のしかた），3　英語で話しましょう（英語の文），英語文の特徴，名詞につくもの，「これは～です」の表現，「これは～ではありません」の表現，「わたしは～です」の表現　ほか）
[内容]　本書では，わかりにくい文法用語はほとんど使わず，子どもたちが理解しやすい説明をしています。英文の内容も子どもたちが関心を持つことや身近な生活環境のなかですぐに使えるようなものになっていますので，楽しみながら学べます。10歳前後向き。

『えいごでなあに？』　アンジェラ・ウィルクス編，洋販出版編集部訳　洋販出版　1994.10　21p　29cm　〈発売：洋販〉2060円　⓪4-89684-914-0

『小学生の英語ABC―CD付』　成美堂出版　1994.9　79p　26cm　（楽しくまなぶ）〈付属資料：コンパクトディスク1〉1800円　⓪4-415-07589-4

『楽しくまなぶ小学生の英語ABC』　河上源一著　成美堂出版　1994.6　79p　26cm　〈監修：曲田光雄〉850円　⓪4-415-07577-0
[内容]　どのページにもユーモアのある楽しいイラストがあります。イラストの単語をおぼえると，ABC（アルファベット）の読みかたの基本が自然に身につくようになっています。

『英語のひみつ』　高峰至，スタジオ・ネコマンマ漫画　新訂版　学習研究社　1993.1　144p　23cm　（学研まんがひみつシリーズ）〈監修：横井忠彦〉800円　⓪4-05-106301-1
[目次]　英語を知りたい，みんな英語を食べている，トム君は肉が大すき!?，トム君のかんげいパーティー，おふろはあわだらけ，羊を数えるとねむくなる？，「おはよう」はよい朝？，テレビは英語でいっぱい！，さよなら，トム君！

『やさしいイングリッシュ』　大阪ニューズビート　1992.11　40p　30cm　（英語であそぼ　2）

『小学上級生の英語学習―絵を見てまなぶ』　土屋修著　第25版　大阪　弘文社　1992.7　167p　21cm　（小学生の英語シリーズ　6）650円　⓪4-7703-4006-0

『やさしい基本文型―絵を見てまなぶ』　土屋修著　第25版　大阪　弘文社　1992.7　140p　21cm　（小学生の英語シリーズ　8）650円　⓪4-7703-4008-7

『はじめてのえいご』　アンジェラ・ウィルクス編，洋販出版編集部訳　洋販出版　1992.5　64p　34cm　2980円　①4-89684-906-X
[内容] フルカラーの写真とイラストで1,000語を覚える、絵本英和辞典。

『絵を見てまなぶ小学上級生の英語学習』　土屋修著　第24版　大阪　弘文社　1991.1　167p　21cm　（小学生の英語シリーズ 6）650円　①4-7703-4006-0
[目次] アルファベットをおぼえましょう、英語の発音とアクセント、英語の品詞、月の名前、時間のいい方、基本文型、基本単語

『絵を見てまなぶ小学生の英語』　英語教育研究会著　第25版　大阪　弘文社　1991.1　168p　21cm　（小学生の英語シリーズ 2）730円　①4-7703-4002-8
[目次] アルファベットをおぼえましょう、英語のことば（単語）をおぼえましょう、英語の文字の書き方れんしゅう、英語で数をかぞえましょう、英語の話しかたをおぼえましょう、発音とアクセント（音調）、英語のことば（単語）をおぼえましょう、英語のことばとやさしい文章〔ほか〕

『絵を見てまなぶやさしい基本文型』　土屋修著　第24版　大阪　弘文社　1991.1　140p　21cm　（小学生の英語シリーズ 8）650円　①4-7703-4008-7

『はじめての英語』〔オールカラー版〕　南雲堂　1990.7　6冊（セット）　19×13cm　（南雲堂レディバード）　4500円　①4-523-80101-0
[内容] ABCをおぼえよう、数をかぞえる、いろいろな色、いろいろな形、時間をおぼえよう、大きい、小さい

『小学生用 英語はともだち』　樋口忠彦、志賀孝雄共著　大阪　むさし書房　1990.1　64P　26cm〈第11刷〉770円　①4-8385-7196-8
[内容] この本は、初めて英語を学ぶ"小学校中・高学年の児童を対象に、英語教室や小学校の"テキスト用"に作成したのもです。

◆◆◆

『楽しくはじめる児童英検ゴールド』　日本英語検定協会編集協力，旺文社児童英検プロジェクト編　旺文社　2011.4　62p　26×21cm〈付属資料：シール1，別冊1，CD2〉1900円　①978-4-01-094199-7
[目次] 1 絵にあう文は？，2 ちがうものはどれ？，3 返事をしよう，4 お話をきこう，5 文字にあう絵は？，6 絵を見て答えよう，7 どんなお話？，8 質問してみよう，9 4コマまんが

『わくわく英語ドリル―親子で遊びながら確実に覚える150単語』　ズゥニィズ編著　楓書店　2010.11　79p　26cm〈発売：ダイヤモンド社　付属資料：CD1〉1600円　①978-4-478-01500-1
[目次] アルファベット、いろ、かず、かたち、どうぶつとしょくぶつ、たべもの、かお、からだ、かぞくなど、のりもの、いえのなか、わたしのへや、じかん、どうさのことば、きもちのことば
[内容] 小学校英語の予習教材に最適。ネイティブの子供たちの学び方を徹底研究。ゲームやパズルで楽しく学べる。

『マンガで学ぶ小学生英語ドリル―読む！切る！並べる！』　石崎秀穂著　マガジンハウス　2010.10　126p　26cm　1500円　①978-4-8387-2173-3
[目次] 1章 修行編 "荒野"日本語の勉強をしよう（文節とは？，主語とは？，目的語とは？ほか）、2章 冒険編 "鉄壁の町"英語の勉強をしよう（人と物の名前を英語にする、代名詞を英語にする、動詞を英語にする　ほか）、3章 決戦編 "お城"英会話の勉強をしよう（自己しょうかいをする、自分の年を言う、代名詞+be動詞で話す　ほか）
[内容] 主人公のショウは、両親と村に住む少年。ある日「悪の黒魔導士」のまほうによって、猫に姿を変えられる。人間にもどるために、少女・ナナミと魔法の修行の旅に出る。二人は「正義の魔法使い」に魔法を教えてもらう。魔法とは実は「英語」で、魔法の力が強くなれば、黒魔導士をたおし、元の姿にもどれるのだ…。さあ、この本を開こう！二人といっしょに、いろいろな冒険を乗り越えて「魔法力=英語力」を身につけよう！小学校3・4年生から。

『ハピえいご―小学5・6年生英語』　日本放送協会,日本放送出版協会編　日本放

はじめてまなぶ英語　　　　英語

送出版協会　2010.9　80p　26cm　〈語学シリーズ〉　524円　Ⓘ978-4-14-189666-1

『小学英語これだけ！ノート』　安河内哲也著　東京書籍　2010.4　143p　21×19cm　〈付属資料：CD1，別冊1〉　1700円　Ⓘ978-4-487-80443-6

[目次]　1 アルファベットを勉強しよう！，2 フォニックスで英語らしい音を身につけよう！，3 はじめての英語 be動詞から学習しよう！，4 一般動詞でいろいろな文にチャレンジ！，5 人称代名詞の使い方をマスターしよう！，6 最後のがんばり「3単現のs」を覚えよう！

[内容]　アルファベットの書き方からフォニックス，基本的な文法事項をわかりやすく解説。豊富なイラストや付属のCDで，英語をはじめて学ぶ子どもも楽しく学べます。

『ドリルの王様　アルファベットから英単語へ一書いて！聞いて！楽しく学ぶ！』　大阪　新興出版社啓林館　2010.4　96p　19×26cm　〈付属資料：CD1，カード〉　760円　Ⓘ978-4-402-30190-3

[目次]　大文字A〜G，大文字H〜O，大文字P〜W，大文字XYZ，まとめのテスト，小文字a〜g，小文字h〜o，小文字p〜w，小文字xyz，大文字と小文字〔ほか〕

[内容]　小学生のあいだに身につけておきたいアルファベット，英単語を学びます。

『ドリルの王様　英単語から文へ一書いて！聞いて！楽しく学ぶ！』　大阪　新興出版社啓林館　2010.4　96p　19×26cm　〈付属資料：CD1，カード〉　760円　Ⓘ978-4-402-30191-0

[目次]　家にあるもの，食べ物・飲み物を表す単語，生き物を表す単語，学校に関係のある単語，まとめのテスト，スポーツに関係のある単語・楽器を表す単語，町に関係のある単語・乗り物を表す単語，家族・人を表す単語，職業を表す単語，服・身につけるものを表す単語〔ほか〕

[内容]　小学生のあいだに身につけておきたい英単語，基本的な英文を学びます。

『サバイバルイングリッシュはじめて英語の学校に通うお子さんへ』　海外子女教育振興財団編　海外子女教育振興財団　2010.1　61p　19cm　762円

Ⓘ978-4-902799-16-3

『英語ノート　2』　文部科学省著　教育出版　2009.4　80p　26cm　145円　Ⓘ978-4-316-30015-3　Ⓝ375.893

『英語ノート　1』　文部科学省著　教育出版　2009.4　80p　26cm　145円　Ⓘ978-4-316-30014-6　Ⓝ375.893

『子供のための英語で自己表現ワーク　3』　宮清子，松下恵子執筆　松香フォニックス研究所　2009.4　63p　26cm　〈他言語標題：Speech adventure for kids〉　800円　Ⓘ978-4-89643-302-9　Ⓝ830.7

『子供のための英語で自己表現ワーク　2』　宮清子監修，岩本由美子他執筆　松香フォニックス研究所　2008.12　64p　26cm　Ⓘ978-4-89643-301-2

『子供のための英語で自己表現ワーク　1』　宮清子監修，山下千里，岩本由美子執筆　松香フォニックス研究所　2008.9　63p　26cm　〈他言語標題：Speech adventure for kids〉　800円　Ⓘ978-4-89643-300-5　Ⓝ830.7

『NHKえいごであそぼ　はじめての英語ワークえほん　DVDつき』　えいごであそぼプラネット編集部編　旺文社　2008.4　46p　26×21cm　〈付属資料：シール，DVD1〉　1200円　Ⓘ978-4-01-064610-6

[目次]　ケボ＆モッチとうたお・おどろ Dancing Days，アルファベットであそぼ，いろであそぼ，かたちであそぼ，キーワードであそぼ1 BIG & SMALL，キーワードであそぼ2 UP & DOWN，キーワードであそぼ3 What's Different？，えいごふだ1 キャラクターずかん，えいごふだ2 How old are you？のまき，えいごふだ3 めいろ〔ほか〕

『えいご大好き！ママとキッズのはじめてのフォニックス』　ジュミック今井著　すばる舎　2007.12　143p　26×21cm　〈付属資料：CD1〉　1800円　Ⓘ978-4-88399-683-4

[目次]　1「アルファベットのかきかた」と「アルファベットのよみかた」(「アルファベットよみ」と「フォニックスよみ」のれん

しゅう）、2「フォニックスよみ」をれんしゅうしよう！（BとPのフォニックスよみ、DとTのフォニックスよみ、Hard CとHard Gのフォニックスよみ ほか）、3 じぶんのちからでたんごをよんでみよう！（「フォニックスよみ」でたんごをよむれんしゅう）
[内容] かわいいキャラクターがたくさん登場する、絵本じたての英語ドリルです。英語が初めてでも、だいじょうぶ。「あ、できた！」ちいさな達成感のひとつひとつが、子どもの世界を、ぐーんとひろげてくれます。

『中学さきどり！ ENGLISH スタンダード―アルファベットから始めたい人に！』 ベネッセコーポレーション 2007.9 84p 30cm〈付属資料：別冊1、CD1〉933円 ①978-4-8288-6157-9
[目次] 1 アルファベットを覚えよう！（大文字A〜F、大文字G〜N、大文字W〜Zと大文字のまとめ、小文字a〜h、小文字i〜p、小文字q〜x、小文字y・zと小文字のまとめ、大文字と小文字の確認！、まとめドリル）、2 身の回りにある英単語100（家族と季節、学校、ボクの部屋、公園で、数、カレンダー、12ヶ月、世界の国と文化、状態・動作、まとめドリル）、3 こんなとき英語でなんて言う？（はじめて人に会ったとき、「元気？」とたずねられたとき、行動を指示されたとき、まとめドリル）、4 友達になるときの表現（自己紹介をしよう！、相手をほめよう！、友達を紹介しよう！、友達に質問しよう！、自分の名前を書こう！まとめドリル）

『中学さきどり！ ENGLISH ハイレベル―長文読解までマスターできる！』 ベネッセコーポレーション 2007.9 76p 30cm〈付属資料：別冊1、CD1〉933円 ①978-4-8288-6158-6
[目次] 1 中学の文法マスター編―中学で習う英文法のルールがわかる！（be動詞の肯定文、be動詞の疑問文・否定文、一般動詞の肯定文、一般動詞の疑問文・否定文、Whatのある疑問文）、2 中学英語長文マスター編―英語の長文を読み解くコツがわかる！（ミキの先生、トムの好きなこと、ケンタの好きなこと）、中学ですぐに使える重要単語100練習シート―中学で習う重要単語100語のつづりがわかる！

『幼児からの英語 ABCドリル―たのしいアルファベット』 児童英語研究グループ編 大阪 むさし書房 2005.12 64p 26cm 700円 ①4-8385-0927-8
[目次] アルファベット大文字（文字さがし）、アルファベット小文字（文字さがし）、アルファベットA〜Z、アルファベットワーク

『教室ですぐに役立つ『英語ワークシート＆クラフト集』』 アルクキッズ英語編集部編 アルク 2005.2 123p 28×21cm （子ども英語BOOKS）〈付属資料：CD〉2380円 ①4-7574-0848-X
[目次] すぐに使えるワークシート編（動物パズル/迷路、食べ物 推測ゲーム/すごろく、数・形・色 間違いさがし/ぬり絵、夏のイベント メモリーゲーム/聞きとりゲーム ほか）、カンタン手づくりクラフト・アイディア編（動物＆イースター、食べ物、数・形・色、夏のイベント ほか）
[内容] 児童英語教育界をリードする、総勢9名の著者によるワークシート＆クラフト集。テーマは、児童英語のレッスンで、必ず学習するベーシックなものばかり！何度でもコピーできるワークシートや工作の型紙を多数掲載！付属のCDには、本書のキーワードのナレーションのほか、教室のレッスンや、イベントで大活躍する音源集も収録。BGM、効果音、チャンツのカラオケと、多彩なラインアップ。

『わかる！できる！英語』 成田市立成田小校、中山兼芳監修・指導 学習研究社 2004.3 48p 27cm （教科別学力アップ・アイディア集 五感で学ぶ、ワクワク手作り教材 1） 2800円 ①4-05-201998-9 Ⓝ375.893

『英語となかよし―フォニックス‐発音とつづりの楽しいレッスン「ワークブック」』 フォニックス英語研究会著 改訂版 開拓社 2003.6 149p 26cm 1900円 ①4-7589-8020-9

『英語となかよし―フォニックス‐発音とつづりの楽しいレッスン「カード」』 フォニックス英語研究会著 改訂版 開拓社 2003.6 1冊 19×26cm 1200円 ①4-7589-8022-5

『マメタロウのABCランド ことばと文―英検5級対応』 旺文社編 旺文社 2002.2 72p 26×22cm （旺文社ジュ

ニアイングリッシュシリーズ）〈付属資料：別冊1，CD2〉 1900円　①4-01-093934-6

|目次| 1 Our Home―家の中を見てみよう！（Family Members, The Living Room, The Kitchen ほか）, 2 Our Daily Life―毎日楽しくすごしてる？（A Calendar, Our School, Club Activities ほか）, 3 Our Surroundings―探検しよう！（At a Zoo, At a Department Store, Our Town ほか）

『マメタロウのABCランド　ことばと文―英検4級対応』 旺文社編　旺文社　2002.2　80p　26×22cm　（旺文社ジュニアイングリッシュシリーズ）〈付属資料：別冊1，CD2〉 1900円　①4-01-093932-X

|目次| 1 Free Time―自由な時間は何してすごす？（Let's Talk !, Let's Cook !, Let's Do Catalog Shopping ! ほか）, 2 Going Outside―いろいろなところへ出かけよう！（At School, At the School Festival, At a Zoo ほか）, 3 The World Around Us―身のまわりのことを調べよう！（Hometown, Working People, Foreign Countries ほか）

『マメタロウのABCランド　リスニング―英検5級対応』 旺文社編　旺文社　2002.2　71p　26×22cm　（旺文社ジュニアイングリッシュシリーズ）〈付属資料：別冊1，CD2〉 1900円　①4-01-093935-4

|目次| 1 はじめまして。よろしくね！（おはよう、Jim！、これは何だろう？、Jimの本、Megのソックス ほか）, 2 あのね、聞きたいことがあるんだ。（サッカーボールはどこ？、テニスはすき？、ピアノをひける？ ほか）, 3 ねえ、お話しようよ！（音楽を聞いているんだ。、ねえ、お願い！、ごめんね、知らないの。 ほか）

『マメタロウのABCランド　リスニング―英検4級対応』 旺文社編　旺文社　2002.2　71p　26×22cm　（旺文社ジュニアイングリッシュシリーズ）〈付属資料：別冊1，CD2〉 1900円　①4-01-093933-8

|目次| 1 ねえ、ぼくの話を聞いて。（この前の日曜日のこと、何をしていたの？、お手伝いしましょうか？ ほか）, 2 これからの計画について話そうよ。（夏休みは何をするの？、宿題をしなくちゃ！、切手を買いに行くんだ。 ほか）, 3 いろいろ比べてみよう！（Jimの夢、Megの夢、どっちが速い？、走るのが一番速いのはだれ？ ほか）

『はじめての英語問題集　小学生用―英語ってだいすき準拠』 児童英語研究グループ編　大阪　むさし書房　2000.1　159p　26cm　850円　①4-8385-0872-7

|目次| a pen, an apple, This is a dog., That's a chair., This is a key and that's a piano., Is this a tiger ?, Is that a house ?, Is this an apple ?, Is that a car ?, Is this a desk or a table ? Is that a lion or a cat ?〔ほか〕

『英語でダッシュ―CDブック』 北村豊太郎著，Elizabeth Kitamura監修　大阪　むさし書房　1999.4　95p　26cm 〈付属資料：CD1〉 1800円　①4-8385-0867-0

|内容| 本書は、初めて英語を学ぶ小学生のための児童英語テキストです。第1部は基本構文と単語のいれかえ練習のレッスンです。第2部は第1部で学んだ構文・単語を使ったリーダーの頁で、後半は会話文の練習まで展開させてあります。

『児童英語教室―CDブック』 北村豊太郎著，Elizabeth Kitamura監修　大阪　むさし書房　1999.3　95p　26cm 〈付属資料：CD1〉 1800円　①4-8385-0869-7

|目次| This is…., That is…., What is this ? What is that ? It is…., Is this…? Is that…? Yes,it is.No,it isn't., Is this…or…? It is…., What color is it ? It is…., There is a dog.It is black., Here is a book.It is my….It is your…., This is…and that is….These are…and those are…., Are these…? Yes,they are.Are those…,too ? No,they are not.〔ほか〕

『児童英検3級スーパードリル』 松崎博監修・問題作成　アルク　1997.9　47p　26cm 〈付属資料：CD1〉 1700円　①4-87234-723-4

|目次| この本の使い方, 児童英検Q&A, 児童英検3級ドリル, 児童英検3級用　おぼえておきたい単語・表現リスト, 児童英検3級模擬試験

英語　　　　　　　　　　　　　　　　　　　　　　　　　　はじめてまなぶ英語

『英語でたのしく』 Peter Ujlaki,Atsuko Sugimoto校閲　大阪　むさし書房　1996.3　94p　26cm　980円　①4-8385-0836-0

『児童英語教室』 北村豊太郎著　大阪　むさし書房　1996.3　95p　26cm　650円　①4-8385-0838-7

『児童英検クリアもんだいしゅう―CDつき』 中村彰伸執筆　成美堂出版　1995.10　87p　26cm〈付属資料，CD1〉1700円　①4-415-08170-3

[内容] 児童英検の1級・2級・3級の勉強ができるようになっている。2級と3級はCDに模擬試験を収録。

『子どものための英語検定試験』 永野順一著　三修社　1994.10　192p　21cm　1600円　①4-384-01312-4

『児童英検チャレンジ問題集―楽しくできる！コツがわかる！94年版』 OBSエディタ編　旺文社　1994.4　96p　26cm　900円　①4-01-093892-7

[内容] 本書は、児童英検受験を希望するみなさんのご要望にこたえ、1994年度第1回に実際に出題された問題と、同じ形式の予想問題を、3級・2級・1級の順に掲載し「正解と説明」をつけてまとめたものです。

『大人も子供も漫画でおぼえるトラミの英語＋英会話　2 ドリル』 中津路子著　大阪　弘文社　1994.6　175p　26cm　1000円　①4-7703-4506-2

[内容] テキスト2の内容を項目ごとにチェック　親子で楽しく理解を深める問題集。

『大人も子供も漫画でおぼえるトラミの英語＋英会話　2 テキスト』 中津路子著　大阪　弘文社　1994.6　215p　26cm　1000円　①4-7703-4505-4

[内容] 中学英語の文法に初歩の英会話をプラス。親子で楽しく学べる英語入門テキスト。

『大人も子供も漫画でおぼえるトラミの英語＋英会話　1 テキスト』 中津路子著　大阪　弘文社　1994.4　206p　26cm　1000円　①4-7703-4503-8

[内容] 中学英語の文法に初歩の英会話をプラス。親子で楽しく学べる英語入門テキスト。

『大人も子供も漫画でおぼえるトラミの英語＋英会話　1 ドリル』 中津路子著　大阪　弘文社　1994.4　126p　26cm　1000円　①4-7703-4504-6

[内容] テキスト1の内容を項目ごとにチェック。親子で楽しく理解を深める問題集。

『英語でスタート』 新田等著　大阪　むさし書房　1994.2　105p　26cm　800円　①4-8385-0813-1

『ジュリーさんのゼロからの英語ワークブック―楽しい＆ぐんぐん身につく VOL.2』 ジュリー・ソルマーク著　S.S.コミュニケーションズ　1991.5　64p　30cm　1500円　①4-8275-1323-6

[内容] ジュリー先生の長い経験から生まれた、親子でできる、はじめての「英語教室」。

『ジュリーさんのゼロからの英語ワークブック―楽しい＆ぐんぐん身につく』 ジュリー・ソルマーク著　S.S.コミュニケーションズ　1991.4　64p　30cm（Julie's workbook 1）1500円　①4-8275-1321-X

[目次] アルファベットの書き方、あいさつ、家族、年れい1から10までの数、名詞、a, an、the、文のパターン、「はい」と「いいえ」、単数と複数、色、曜日、形容詞、theseとthose、isとare、10より上の数（11-20）、前置詞、代名詞、話してみましょう、動作をあらわすことば（動詞）、動詞の-s, like、解答、ボキャブラリー

[内容] ジュリー先生の長い経験から生まれた、親子でできる、はじめての「英語教室」。

『英語でダッシュ』 北村豊太郎著　大阪　むさし書房　1990.4　95p　26cm　700円　①4-8385-0736-4

[内容] この本は、初めて英語を学ぶ小学生のための児童英語テキストです。

◆ABCから始めよう

『楽しいローマ字―読んでみよう！書いてみよう！ひとりでも、初めてでも、きちんと学べる！5　おぼえよう！なれよう！ローマ字入力』 田中博史監修

子どもの本 国語・英語をまなぶ2000冊　213

はじめてまなぶ英語　　　　　　　　　　　英語

学習研究社　2009.2　35p　27cm　2300円　ⓘ978-4-05-500607-1,978-4-05-810995-3　Ⓝ811.8

『楽しいローマ字―読んでみよう！　書いてみよう！　ひとりでも、初めてでも、きちんと学べる！　4　ことわざや詩・物語―はなよりだんご』　田中博史監修　学習研究社　2009.2　35p　27cm　2300円　ⓘ978-4-05-500606-4,978-4-05-810995-3　Ⓝ811.8

『楽しいローマ字―読んでみよう！　書いてみよう！　ひとりでも、初めてでも、きちんと学べる！　3　地図にあることば―にっぽん、ふじさん』　田中博史監修　学習研究社　2009.2　35p　27cm　2300円　ⓘ978-4-05-500605-7,978-4-05-810995-3　Ⓝ811.8

『楽しいローマ字―読んでみよう！　書いてみよう！　ひとりでも、初めてでも、きちんと学べる！　2　生きものや自然―つばめ、さくら、たいふう』　田中博史監修　学習研究社　2009.2　35p　27cm　2300円　ⓘ978-4-05-500604-0,978-4-05-810995-3　Ⓝ811.8

『楽しいローマ字―読んでみよう！　書いてみよう！　ひとりでも、初めてでも、きちんと学べる！　1　身のまわりのことば―がっこう、かぞく、まち』　田中博史監修　学習研究社　2009.2　35p　27cm　2300円　ⓘ978-4-05-500603-3,978-4-05-810995-3　Ⓝ811.8

『わくわくABC―おしゃべりするペンでたのしいおべんきょう』　ポプラ社　2007.11　3冊　21×21cm〈音声情報あり　箱入（26cm）〉　3980円　ⓘ978-4-591-09967-4　Ⓝ834.3

目次　1　わくわくさがしっこえいご、2　どきどきえいごめいろ、3　えいごでぺらぺらおしゃべり

内容　おしゃべりするペンでえほんのもじやえにタッチすると、ペンからおとがきこえるよ。

『セサミストリートABCかきかたブック』　五島正一郎監修　小学館　2005.9　1冊（ページ付なし）15×15cm　800円　ⓘ4-09-734691-1　Ⓝ831.5

『日本のローマ字と点字』　川村大監修, 稲葉茂勝著　小峰書店　2005.4　47p　29cm　（世界の文字と言葉入門　15）　3200円　ⓘ4-338-19715-3,4-338-90033-4　Ⓝ811.8

目次　1　ローマ字の基礎知識（英語かな？、そもそも日本のローマ字って何？、ローマ字1文字1文字の名前　ほか）、2　ローマ字をとおして日本語の音について考えよう（日本語の母音と子音、ローマ字と日本語の音、日本語の変化　ほか）、3　もっと知ろう！ローマ字と点字（ローマ字で日本を紹介しよう、ローマ字で書いた「日本はこんな国」、日本のまちで見かける点字）

内容　日本でローマ字が使われるのはなぜ？いつから使われているの？そもそもローマ字とは。

『はじめてのヘボン式ローマ字』　児童英語研究グループ編　大阪　むさし書房　2004.11　64p　26cm　700円　ⓘ4-8385-0909-X

内容　ローマ字の字体、マヌスクリプト体の書き方、ローマ字のつづり表、あいうえおの練習、ことばの練習、人名・地名・国名、あいさつの練習、ローマ字文の練習

『アルファベット絵本』　児島なおみ作・絵　偕成社　2003.11　61p　26cm〈他言語標題：The alphabet picture book　英文併記〉　1500円　ⓘ4-03-440310-1　Ⓝ834

内容　みて、よんで、たのしむ"はじめての英語絵じてん"。よくつかわれる単語441語をアルファベットごとにまとめました。"ABCのうた"と、アクセントがわかる単語のリストもついています。小学校高学年から。

『ABCあそび』　中山兼芳監修　学習研究社　2003.11　32p　30cm　（頭脳開発えいごCDシリーズ）〈付属資料：シール、CD1〉　900円　ⓘ4-05-201909-1

内容　まず「聞く」ことで英語の世界に導く方法を採用しています。絵や場面と共に英語をくり返し聞くうちに、英語の音、リズム、雰囲気を身体でとらえ、場にふさわし

い英語の使い方、表現の仕方に慣れてきます。また想像力、推理力、創造力を高め、楽しみながら英語の基礎が身につくように、考える要素を持ったクイズやゲーム的な活動を盛りこんでいます。

『世界の文字とローマ字』 日本のローマ字社編・著、Realizeイラスト・構成　汐文社　2003.4　47p　27cm　（はじめてのローマ字の本 3）1800円　Ⓣ4-8113-7632-3　Ⓝ811.8
目次　ことばと文字、日本語をあらわす文字、世界のいろいろな文字、世界で使われている日本語、日本でのローマ字のはじまり、日本語のローマ字を発展させた3人の人、日本式、訓令式、ヘボン式ってなんだ？、ローマ字も絵からできたってホント？、タイプライター、漢字とローマ字、どっちが早い、パソコンの文字のキーのならび方ってふしぎ？〔ほか〕
内容　ローマ字とほかの文字をくらべたり、ローマ字の歴史をしらべたり、小学生の書いたローマ字を読んだり、いろいろおもしろいことが学べます。

『ローマ字で遊ぼう』 日本のローマ字社編・著、Realizeイラスト・構成　汐文社　2003.3　47p　27cm　（はじめてのローマ字の本 2）1800円　Ⓣ4-8113-7631-5　Ⓝ811.8
目次　ローマ字であそぼう、さかさことば、e（え）とi（い）の発音、aとuと続けていうと、「ちょうちょう」と「てふてふ」—eとuを続けて言うと、書く→書いた—「音」が消えたり変わったり、おきなわの歌、なぜローマ字はかなとちがう書き方なの？、漢字の区別は中国語の区別です、単語が集まって文になります〔ほか〕

『ローマ字ってなんだ』 日本のローマ字社編・著、Realizeイラスト・構成　汐文社　2003.2　47p　27cm　（はじめてのローマ字の本 1）1800円　Ⓣ4-8113-7630-7　Ⓝ811.8
目次　まちへでてみよう、アルファベットとABCのうた、アルファベットの文字のかたちにしたしもう、ローマ字の「アイウエオ」、ローマ字の「マミムメモ」、キロ（K）、グラム（g）、トン（t）、ローマ字はこれで全部です、大文字と小文字、野球（やきゅう）はどうやって書くの？、kkはどう読む—小さな「っ」の書き方〔ほか〕

『ABCブック』 ほんまちひろ作・絵，ポール・インカー監修，キャサリン・ジドニス歌・英語，日渡奈那作曲・演奏　らくだ出版　2002.4　41p　30cm〈付属資料：CD1〉2200円　Ⓣ4-89777-374-1

『ABCと123』 松崎博著　ポプラ社　2001.4　47p　29cm　（ゲームでおぼえるはじめての英語 1）〈索引あり〉2600円　Ⓣ4-591-06689-4,4-591-99363-9
目次　アルファベット・大文字/小文字、数字、時間と時計、曜日・月、たし算・ひき算

『ABCのほん』 アナエル・ドゥナぶん，クリステル・デムワノーえ，いしづちひろやく　三起商行　2000.5　44p　30cm　（ミキハウスのあそんでまなべるえいごシリーズ 3）〈英文併記〉1500円　Ⓣ4-89588-460-0
内容　リズミカルなことばやいろんなゲームをたのしむうちに、ABCの大文字・小文字がえいごとにほんごでしぜんに身につきます。

『ABCあそび』 羽鳥博愛監修　学習研究社　2000.3　76p　30cm　（学研の英語ずかん 新訂版 6）2600円　Ⓣ4-05-300784-4,4-05-300785-2

『NHK「英語であそぼ」ゲームブック—あそぼうはなそうABC』 日本放送出版協会　1997.12　64p　26cm　（語学シリーズ）850円　Ⓣ4-14-187928-2

『ABCDブック』 世界文化社　1995.12　223p　27×22cm　（はじめてであうえいごのえじてん）〈付属資料：CD1〉2900円　Ⓣ4-418-95809-6
内容　2000以上の単語を、63のテーマにわけて収録。日常のシーンでそのまま使える、幼児レベルの英会話も41テーマ収録。幼稚園児〜小学生低学年向き。

『アルファベット』 〔新装版〕 アスク　1994.3　1冊　21×22cm　（HAPPY TALK）〈発売：明日香出版社　付属資料：コンパクトディスク1〉2500円　Ⓣ4-87030-690-5
内容　アルファベットは英語の基本。楽しい

はじめてまなぶ英語　　　　　　　　　　　　　英語

リズムにあわせて体を動かせば、ABCのきれいな発音が自然に身につきます。詳しい解説書つき。3歳から小学校6年生まで。

『はじめての筆記体―The Alphabet』児童英語研究グループ編　大阪　むさし書房　1994.1　48p　26cm（Handwriting Book 2）650円　Ⓣ4-8385-0812-3

『はじめてのブロック体―The Alphabet』児童英語研究グループ編　大阪　むさし書房　1994.1　47p　26cm（Handwriting Book 1）650円　Ⓣ4-8385-0811-5

『はじめてのローマ字―書き方読み方』児童英語研究グループ編　改訂新版　大阪　むさし書房　1994.1　48p　26cm　650円　Ⓣ4-8385-0671-6
目次　ローマ字の字体、マヌスクリプト体の書き方、ローマ字のつづり表、アイウエオの練習、ことばの練習、年・月・日・曜日の書き方、住所の書き方、ことばと短い文の練習、ローマ字文のしるし、ローマ字文の練習、筆記体の書き方、ことばの練習、ローマ字文の練習

『ABCえじてん』あべつせこ絵　大阪　ニューズビート　c1993　1冊　13×19cm　（NHK英語であそぼ―はじめてのABC 1）〈監修：宮前一広〉680円　Ⓣ4-89070-231-8

『できるかなABCパズル』大阪　ニューズビート　1992.12　40p　30cm　（NHK英語であそぼ 3）450円　Ⓣ4-931279-38-4
内容　NHK「英語であそぼ」のゆかいな仲間たちといっしょに、めいろや線結び、ぬりえなどのパズル遊びをとおして、親子でたのしく、英語の勉強ができます。

『はじめてのABC』大阪　ニューズビート　1992.4　40p　30cm　（英語であそぼ 1）

『アルファベットずかんABC』きたむらさとし作　アルク　1991.3　1冊　27×22cm　1500円　Ⓣ4-87234-062-0

『小学生のためのはじめての英習字―アルファベットの書き方』むさし書房編集部編　大阪　むさし書房　〔1990.2〕80p　26cm　520円　Ⓣ4-8385-0695-3

◆◆◆

『ドリルの王様 3年のローマ字』大阪　新興出版社啓林館　2010.4　72p　19×26cm〈付属資料：シール，ボード〉560円　Ⓣ978-4-402-30184-2
目次　あ行，あ行を使った言葉，か行，さ行，まとめのテスト，た行，な行，は行，ま行，や行〔ほか〕
内容　教科書と同じ学習方法でローマ字を正しく読み・書きできるようになる。

『はじめてのアルファベット練習ノート―遊んで楽しく英語のおけいこ』国際語学社編集部編　国際語学社　2010.3　110p　26cm　952円　Ⓣ978-4-87731-506-1
目次　1 アルファベットのレッスン（アルファベットA〜Z，書いてみよう！ぬってみよう！（部屋の中，学校，公園 ほか），おさらいレッスン1），2 ローマ字のレッスン（ローマ字，ローマ字のルール，書いてみよう！ぬってみよう！（地名，なまえ，日本の文化），おさらいレッスン2）
内容　アルファベットとローマ字。大きな文字がなぞりやすい。暮らしでよく使う身近な単語を練習。ぬりえやクイズなど楽しみながら覚えられる。

『1日5分でじがかけるほん―アルファベット』あきやまかぜさぶろうさく　講談社　2009.3　71p　21×30cm　（おともだちドリルブック 11）880円　Ⓣ978-4-06-366311-2　Ⓝ831.5

『キッズクラウンはじめて書くABC』下薫，三省堂編修所編　三省堂　2006.4　48p　26cm　700円　Ⓣ4-385-36258-0

『ローマ字おけいこ―8・9・10歳』新装版　くもん出版　2004.10　128p　21×30cm　（えいご 4）940円　Ⓣ4-7743-0826-9

『ABC―たのしいおけいこノート』学習研究社　2002.2　40p　26cm　320円

216

『アルファベットとローマ字—English』くもん出版 2000.3 96p 19×26cm（くもんの小学ドリル）800円 ①4-7743-0377-1

『ABCことばあそびワーク』宮前一広監修, あおやまみなみ絵 大阪 ニューズビート 〔1999.4〕 48p 30cm（NHK英語であそぼ—ABCおけいこ帳 4）952円 ①4-89070-300-4

内容 ハッピー・ランドのゆかいななかまたちとたのしくえいごであそびましょう。きょうから、あなたもえいごとおともだち！めいろや線結びなどで遊びながら、名詞だけでなく、形容詞・動詞などの英単語も覚えられます。

『ABCパズルワーク』宮前一広監修 大阪 ニューズビート 〔1999.4〕 48p 30cm（NHK英語であそぼ—ABCおけいこ帳 2）952円 ①4-89070-298-9

『ABCもじあそびワーク』宮前一広監修, あおやまみなみ絵 大阪 ニューズビート 〔1999.4〕 47p 30cm（NHK英語であそぼ—ABCおけいこ帳 3）952円 ①4-89070-299-7

内容 ハッピー・ランドのゆかいななかまたちとたのしくえいごであそびましょう。きょうから、あなたもえいごとおともだち！アルファベットの読み書きをマスターして、簡単な英単語を書くおけいこもできます。

『はじめてのABCワーク』宮前一広監修 大阪 ニューズビート 〔1999.4〕 48p 30cm（NHK英語であそぼ—ABCおけいこ帳 1）952円 ①4-89070-297-0

『ABCワーク—Joyful alphabet』児童英語研究グループ著 大阪 むさし書房 〔1998〕 32p 26cm 700円 ①4-8385-0854-9

『ABCことばあそび』宮前一広監修, あおやまみなみえ 大阪 ニューズビート 1997.4 48p 30cm（NHK英語であそぼ ザ・プラネット・クラブ—ABCワークブック 4）952円 ①4-89070-296-2

『ABCもじのおけいこ』宮前一広監修, あおやまみなみえ 大阪 ニューズビート 1997.4 48p 30cm（NHK英語であそぼ ザ・プラネット・クラブ—ABCワークブック 3）952円 ①4-89070-295-4

『ABCパズルブック』あおやまみなみ絵, れんげ舎編 大阪 ニューズビート 〔1996.2〕 48p 30cm（NHK英語であそぼ ザ・プラネット・クラブ—ABCワークブック 2）980円 ①4-89070-294-6

内容 めいろ・ぬりえ・パズルなどで、ゆかいに遊びながら、英語の勉強ができる。

『はじめてのABC』あおやまみなみ絵, れんげ舎編 大阪 ニューズビート 〔1996.2〕 48p 30cm（NHK英語であそぼ ザ・プラネット・クラブ—ABCワークブック 1）980円 ①4-89070-293-8

内容 わたしたちといっしょにあそびながら、たのしくえいごのおべんきょうをしようね。きょうから、えいごとおともだち。AからZまでのアルファベットを読んだり、書いたり、楽しくおけいこ。

『ABCおけいこ—8～10歳』3版 くもん出版 1992.3 128p 21×30cm（くもん式の基礎学習シリーズ 17）〈監修：公文公〉

『アルファベットABC26』大阪 ニューズビート 〔1991.6〕 48p 26cm（はじめてのワーク 4）480円 ①4-931279-27-9

『ABCノートプラスアルファベット・ポスター』児童英語研究グループ編 大阪 むさし書房 1990.1 80p 26cm〈第8刷〉 850円 ①4-8385-0601-5

内容 本書は小学生および中学生の初学年を対象としたアルファベットの練習帳です。

◆英語ということば

『絵でわかる小学生の英単語』学研教育

はじめてまなぶ英語　　　　　　　　　　　　　　　英語

出版編　学研教育出版　2011.3　207p　19cm〈発売：学研マーケティング　付属資料：CD1〉1000円　Ⓘ978-4-05-303363-5
[目次]料理，主食（パンやご飯），おかし，飲み物，野菜，果物，乳製品・ジャム，肉・魚・卵，調味料・味，調理器具など〔ほか〕
[内容]小学生のうちに知っておきたい重要単語、計950語（名詞・動詞・形容詞）をすべてイラストつきで紹介。「料理」「動物」「教科」など、ジャンル別に収録し、単語を五十音順に並べている。

『スヌーピーと音読するフォニックス式こども英単語　Level1』牧野武彦監修，浅井嘉彦著，チャールズ・M.シュルツイラスト　岩崎書店　2010.12　176p　15×18cm〈付属資料：CD1〉2200円　Ⓘ978-4-265-05711-5
[目次]short‐a, long‐a, short‐e, long‐e, short‐i, long‐i, short‐o, broad‐o, long‐o, short‐u, long‐u, short‐oo, long‐oo

『えいごで日記―文法　動詞・時制』能島久美江著　三修社　2010.8　95p　30cm　1500円　Ⓘ978-4-384-05610-5　Ⓝ836.6

『キクタンキッズ―見て聞いて覚える英単語帳　中級編　児童英検シルバーレベル』キッズ英語編集部著　アルク　2009.9　119p　26cm〈付属資料：CD1〉1600円　Ⓘ978-4-7574-1606-2
[目次]1 学校、放課後・休みの日にすること、2 家にあるもの、体、数、3 病気、身につけるもの、自然、4 食べもの、人、時を表すことば、5 まちの中、様子や時間・場所を表すことば、6 動作・じょうたいを表すことば、世界の国
[内容]リズムに乗って単語を覚える「キクタンキッズ」シリーズ第2弾。小学生に身近な中級レベルの約380語を掲載。児童英検シルバー対策にも最適。

『ともだち英語Eメール＆手紙の文例集』ヴォリューム・エイト監修　成美堂出版　2008.4　207p　19cm　950円　Ⓘ978-4-415-30344-4　Ⓝ836.6

『えいごで日記―英語で発想・英語で表現！』能島久美江著　三修社　2007.8　95p　30cm〈他言語標題：Let's write a diary in English！〉1500円　Ⓘ978-4-384-05475-0　Ⓝ836.6
[目次]1（Date/Season/Time―日付・季節・時間, Weather―天気, Daily Routine―1日の行動, Feeling―今日の気持ち, Monthly Sheets―毎月の行動シート）, 2（About Myself and My Family―自分のことや家族のこと, Around Me―周りの物のこと）, 3（Everyday Activities：Morning―毎日の行動・朝, Everyday Activities：Day―毎日の行動・昼, Everyday Activities：Evening―毎日の行動・夕方, Everyday Activities：Night―毎日の行動・夜）, 4（Making Questions and Answers―自分や周りへの質問）
[内容]子どもたちは、パズルのように物事を当てはめて学ぶのが好き。シートに沿って英語を当てはめるだけなら楽しい。文法用語を一切使わずに英文構造を理解できる、オリジナルシート。子どもたちが英語で文章を書く楽しみを知り、英語で自分を表現する段階にまでたどりつく本。対象年齢6～13歳。

『くるくる英単語―動物・食べ物編』ダイヤルブック制作委員会編　講談社　2007.8　19p　25×25cm　1300円　Ⓘ978-4-06-378700-9
[目次]動物（あひる‐duck, いぬ‐dog, うさぎ‐rabbit, うし‐ox, うま‐horse ほか）, 食べ物（あめ‐candy, オレンジ‐orange, キウイ‐kiwi, ぎゅうにゅう‐milk, クッキー‐cookie ほか）
[内容]遊びながら英語のスペルが分かるようになる。正しいスペルを覚えて英語力をアップしよう。

『さいしょの英単語333　3　動物と自然』大阪NOVA　2007.2　87p　21×19cm（DISNEY'S MAGIC ENGLISH）〈付属資料：CD1〉1400円　Ⓘ978-4-86098-182-2
[目次]好きなキャラクターはだあれ？, シンバのいる大平原（大平原）, バンビの森の仲間たち（森のなか）, 101匹わんちゃん、農場を訪ねる（農場）, グーフィーがとったサファリの写真（サファリ）, シンバやナラといっしょにかんれんぼ（位置）, リロ、ペットショップへ行く（ペットショップ）, リロの野生動物の本（野生動物）, ザズーの鳥の仲間たち（鳥）, フリックが虫のサーカス団を発見！（昆虫）〔ほか〕

『イラストで学ぶ日常英単語 トムソンピクチャーディクショナリー』 ハインリー著 トムソンラーニング 2007.1 293p 28×22cm〈発売：日本出版貿易〉2200円 ⓘ978-4-88996-220-8

目次 基本単語, 学校, 家族, 人々, コミュニティー, 住居, 食物, 衣服, 交通, 健康, 仕事, 地球と宇宙, 動物, 植物, 生息地, 学校の教科, 芸術, レクリエーション

内容 本書は, イラストや写真を用いながら, 新しい語句を文脈の中で紹介し, さまざまな演習を通して語彙を学習・応用できるように工夫された, 画期的な辞書です。見出し語4,000を, 人間, 食べ物, 住宅, 仕事, 学校, 娯楽, 衣服など, テーマ別の16ユニットに分けて収録。カラフルでバラエティに富んだイラストや写真をふんだんに使って, 語句を紹介。ユニットで扱う語句を組み込んだ短い読みものや, 使用頻度の高いフレーズやコロケーション, 演習などを掲載。

『さいしょの英単語333 2 町へようこそ!』 大阪 NOVA 2007.1 87p 21×19cm（DISNEY'S MAGIC ENGLISH）〈付属資料：CD1〉1400円 ⓘ978-4-86098-181-5

目次 好きなキャラクターはだあれ?, ミッキーと仲間たちの町探検!(町), 郵便局にいるリロとスティッチ(郵便局), ドナルド, 消防署を訪ねる(消防署), おもちゃ屋にいるバズ(おもちゃ屋), デパートにやってきたミニー(デパート), モンスターズ・インクの映画館(映画館), すしレストランにいるマイクとセリア(レストラン), 動物のお医者さんにみてもらうレディとトランプ(獣医), ミッキーと仲間たち, 空港へ(空港) [ほか]

内容 『My First 333 Words』は, ネイティヴの子どもたちが言葉を身につけていただくためのディズニーの絵本『My First 1000 Words』を, 日本の小学生向けに, より気軽に英単語に触れられるよう, NOVAがテーマをしぼって再編集したものです。この『(2) Welcome to Town! 町へようこそ!』では, いろんなお店や学校, 公園, レストランなどのさまざまな場所やそこで見かけるモノやひと, 乗り物など, 外の世界で目にする言葉を集めています。

『さいしょの英単語333—My First 333 Words 1 - 小学生対象』 大阪 NOVA 2007.1 87p 21×19cm（DISNEY'S MAGIC ENGLISH）ⓘ978-4-86098-180-8

『小学生のための英文法365日』 ハヒョンジュ原著 すばる舎 2006.12 1冊 18×23cm〈付属資料：CD1〉2800円 ⓘ4-88399-552-6

目次 My name is, My phone number is, My address is, My e‐mail address is

『キッズクラウンはじめて書く英単語』 下薫,三省堂編修所編 三省堂 2006.4 40p 26cm 700円 ⓘ4-385-36259-9

『小学生のための英単語365日―CD付』 ハヒョンジュ原著 すばる舎 2005.10 1冊 18×23cm〈付属資料：CD1〉2800円 ⓘ4-88399-470-8

『小学生のための英単語365日』 ハヒョンジュ原著 すばる舎 2004.10 1冊 16×23cm 2200円 ⓘ4-88399-394-9

『さいしょの英単語1000』 大阪 ノヴァ 2004.9 144p 31×25cm（DISNEY'S MAGIC ENGLISH）〈発売：ノヴァ・エンタープライズ 付属資料：CD1〉3200円 ⓘ4-86098-031-X

目次 好きなキャラクターはだあれ?, 身の回り, 家, 町のいろんな場所, 自由時間, 自然の世界

内容 身の回り, 家, 町のいろんな場所, 自由時間, 自然の世界…5つのカテゴリー別に約1000の英単語を収録! まず子どもたちが知っておきたい英単語が, ディズニーの仲間と一緒に楽しく身につきます。小学生対象。

『New ABC of ENGLISH 単語編』 飯塚佐一著 新装改訂新版 創英社/三省堂書店 2004.2 79p 26cm〈付属資料：別冊1, CD1〉933円 ⓘ4-88142-104-2

目次 アルファベット, 食べ物, デザートと飲み物, 色と形, わたしの顔と体, 身につけるもの, 立ってください。, 数, せかい, わたしの家族 [ほか]

内容 子ども達の身近なことばから, 興味のあることばまで, 約700語を収録。簡単な文章を使って練習します。小学1, 2年生〜。

『みつけた! みぢかな英単語』 学習研究

社編，長谷川淳一監修，Daniel Stewart英文校閲　学習研究社　2003.11　96p　26cm　〈小学生の英語ひろば〉〈付属資料：CD1〉1200円　⑪4-05-301638-X

|目次| リビング，子ども部屋，文ぼう具，家族，家，朝食，ファーストフード，料理，おかし，やさい・くだもの〔ほか〕

|内容| 「ベッド」や「チョコレート」など，カタカナ語として小学生になじみのある英単語を中心に収録。意味を覚える負担が少ないので，英語に接するのがはじめてという小学生でも無理なく英語に親しめる。ネイティブスピーカーの音声が収録された付属CDを聞きながら使うことで，英語の発音に慣れることができる。CDの音声は，誌面の単語を無理なく追っていけるように，ゆったりと余裕をもって収録。楽しいイラストやクイズ・読み物など，英語に対する興味・関心を育むためのくふうがいっぱい。

『はじめてのボキャブラリー　3　気もち・しごと・食べ物・自然など』　ジオス　2002.10　93p　26cm　〈付属資料：CD1〉1900円　⑪4-916171-99-3

|目次| 1 Workers, 2 Meals, 3 Talking about time, 4 People are…, 5 Kitchen, 6 Classroom, 7 Farm, 8 Ocean, 9 Country, 10 Celebrations

『はじめてのボキャブラリー　2　のり物・たて物・服・体など』　ジオス　2002.10　93p　26cm　〈付属資料：CD1〉1900円　⑪4-916171-98-5

|目次| 1 Body parts, 2 Things are…, 3 Outside the house, 4 Inside the house, 5 Things you wear, 6 In the town, 7 Supermarket, 8 Going places, 9 Seasons, 10 People

『はじめてのボキャブラリー　1　くだもの・色・動物・数など』　ジオス　2002.10　95p　26cm　〈付属資料：CD1〉1900円　⑪4-916171-97-7

|目次| 1 Fruit, 2 Colors, 3 Numbers, 4 Scale, 5 Family, 6 My room, 7 Vegetables, 8 Animals, 9 Birds, 10 The weather

『楽しくまなぶ小学生の英単語』　安吉逸季監修　成美堂出版　2001.10　63p　26cm　〈付属資料：CD1〉1200円　⑪4-415-01852-1

|目次| からだ，人々，家族，居間，私の部屋，いろいろな動作(1)―毎日の生活，時，いろいろな動作(2)―日課，家，台所・浴室，食べ物〔ほか〕

|内容| 本書は中学校レベルで覚えておきたい重要単語約750語を，36項目の英絵辞典形式にまとめてあります。各ページには練習用の例文を用意しました。

『はじめておぼえるえいごのたんご― Around the world in English！』　下薫著　ジャパンタイムズ　2001.5　91p　30cm　〈付属資料：CD1〉2500円　⑪4-7890-1048-1

|目次| 単語(アルファベット，あいさつ，数と教室にあるもの，色と洋服，ペットと農場にいる動物　ほか)，世界を知ろう(世界の国と国旗，世界のあいさつ「こんにちは」，世界のお金，世界の衣装，世界の動物の鳴き声　ほか)

|内容| 英語学習と国際理解教育に役立つ世界と友だちになるための本。対象：幼児～小学生。

『この中学英単語，知ってる？』　中学英単語を覚える会著　中経出版　2001.4　261p　19cm　〈他言語標題：Take the challenge！ master junior high school-level English vocabulary　索引あり〉1300円　⑪4-8061-1466-9

『小学生の英単語レッスン　これ英語でなんていうの―CDつき』　五島正一郎，グレン・ファリア監修　成美堂出版　2001.4　127p　26cm　〈付属資料：CD1〉1300円　⑪4-415-01521-2

|目次| アルファベット，数，色，形，農場，動物園，鳥，魚，昆虫，花〔ほか〕

|内容| 日常生活でよく使う英単語約950を，子供にとって身近な場所や場面を，絵で表しました。絵本のように，親子でいっしょに楽しみながら，英語を学ぶことができます。付属のCDには，ネイティブスピーカーによる発音がおさめられていますので，正確な発音を覚えることができます。

『ひとりでできる単語ゲーム』　松崎博著　ポプラ社　2001.4　47p　29cm　(ゲームでおぼえるはじめての英語　2)〈英文併記　索引あり〉2600円　⑪4-591-

06690-8,4-591-99363-9

[目次] ぼくの家族，朝，ぼくの学校，教科，色と形，ぼくたちの校庭，楽器，スポーツ，乗りもの，仕事，店，レストラン，スーパーマーケット，花と昆虫，動物園，ふろ場，夜，季節と天候，英語とカタカナ語

『みんなでできる単語ゲーム』 松崎博著 ポプラ社 2001.4 47p 29cm （ゲームでおぼえるはじめての英語 3） 2600円 ⓘ4-591-06691-6,4-591-99363-9

[目次] イス？それともボール？，つづり伝言ゲーム，形ビンゴゲーム，箱の中身はなあに？，トン，トン！だあれ？，あついもの・つめたいものさがし，ジャンケンゲーム，まぜこぜゲーム，ターゲットの単語をさがせ，魚つりゲーム，動物ジェスチャーゲーム，つづりゲーム，イエス・ノーゲーム，絵カードゲーム，スポーツ クラップ クラップ，ふうせんバレーボール，ペアゲーム，国さがしゲーム，行事（アメリカの行事とゲーム），誕生日（アメリカの誕生日パーティー）

『これ英語でなんていうの？―はじめの一歩は単語から』 門井幸子構成・絵，渡辺裕美子,Kurt Mahoney監修，講談社編 講談社 2001.3 115p 22cm〈英文併記 索引あり〉 1300円 ⓘ4-06-210584-5

[目次] COLOR, HOUSE, CLOTHES, BODY, PEOPLE, SCHOOL, PLAY, SPORT, CITY, TOWN, CAR, FOOD, LANDSCAPE, SEASON/WEATHER, SPACE, FANTASY, SHAPE, NUMBER/TIME

[内容] 子どもの知的好奇心がいっぱいの、47場面から自然に、むりなくおぼえられる英語入門書。小学初級から。

『はじめての英語パズル―中学で習う単語がスラスラ覚えられる』 英語パズル研究会著 メイツ出版 2001.3 127p 21cm 1000円 ⓘ4-89577-347-7

『あそびことば』 羽鳥博愛監修 学習研究社 2000.3 80p 30cm （学研の英語ずかん 新訂版 4） 2600円 ⓘ4-05-300782-8,4-05-300785-2

『たんごあそび』 羽鳥博愛監修 学習研究社 2000.3 88p 30cm （学研の英語ずかん 新訂版 3） 2600円 ⓘ4-05-300781-X,4-05-300785-2

『英単語』 メイ・コン絵・編，笠井貴征日本語版訳 洋販出版 1999.4 91p 30cm （キッズ・イングリッシュ英語絵じてんシリーズ 1）〈発売：洋販 付属資料：CD1〉 2500円 ⓘ4-89684-853-5

[目次] 家族，体，着るもの，家，台所，おふろ，教室，公園，病院，庭〔ほか〕

[内容] 本書は、お子様の身の回りのものから動物や乗り物などの単語を、グループごとに紹介するように構成されております。約1000語の単語には、たとえば自転車や自動車のように、ふだんお子様が身近に接するようなものや、ダンプカーやトレーラートラックのような車に関連した少し難しい単語も含まれています。このように関連する単語を紹介することで、お子様は新しい言葉に興味を持つようになるでしょう。また、本書は、お子様が親しみやすいように、子供たちが登場する楽しいイラストがたくさん出てきます。イラストに対応する単語には、英語の発音のカナ表記と日本語訳が併記されています。

『ゴールデンカブのえいごことばえほん』 バーバラ・ニクラウス監修，デビー・ゲイル絵 小学館プロダクション 1998.7 49p 29cm〈他言語標題：Golden Cub's English picture dictionary〉 1300円 ⓘ4-7968-7206-X

『WORD BOOK―絵で見て覚える英単語』 久埜百合原案 ぽーぐなん 1993.11 65p 30×21cm〈発売：洋販〉 1500円 ⓘ4-938749-33-5

[内容] ストーリー性のあるユーモアいっぱいのイラスト。子どもが、ふだん経験することや目にするものをぜ～んぶ集めました。

『歌でおぼえるえいたんご』 学習研究社 1993.3 63p 26×21cm （はじめての英語えほん）〈付属資料：カセットテープ2巻〉 2000円 ⓘ4-05-200043-9

『こどもの日常英単語』〔オールカラー版〕 南雲堂フェニックス 1991.12 5冊（セット） 18cm〈発売：南雲堂〉 3000円 ⓘ4-523-81519-4

|内容| イギリスの著名な児童図書出版社レディバード社が新しく出版した「ピクチャー・ワード・ブック」シリーズは、4冊から成り、シンプルでカラフルなイラストを通じて基本的な英単語が学べるように作られています。別冊手引き付き。

『ドラえもんのなぞなぞ英単語』 ヨシダ忠作・構成，猪又ヒ庄三ほか編　小学館　1990.11　256p　19cm　（ビッグコロタン 53）〈監修：藤子・F・不二雄〉①4-09-259053-9

|内容| この本では、ドラえもんがなぞなぞを出題し、その答えがすべて英単語になっています。小学生のうちから、少しでも英語に親しむことができるようにくふうしました。なぞなぞが解けたら、下にある答えのカコミを見て、単語の発音や意味などをおぼえましょう。

◆◆◆

『みんなのえいご日記ドリル―1日の出来事を英語で書く力がつく』 石原真弓監修　アルク　2007.7　64p　30cm　1143円　①978-4-7574-1241-5

|目次| Day1～Day10 毎日のことを書いてみよう（どこに行ったのか書いてみよう―I went to_.（～に行ったよ）、何を食べたのか書いてみよう―I ate_./I had_.（～を食べたよ）、何を勉強したのか書いてみよう―I studied_.（～を勉強したよ）、何をして遊んだのか書いてみよう―I played_.（～をして遊んだよ）ほか）、Day11～Day20 日記に使える表現を増やしていこう（楽しんだことについて書いてみよう―I enjoyed_.（～を楽しんだよ）、何をしに行ったのか書いてみよう―I went_-ing.（～しに行ったよ）、何を手に入れたのか書いてみよう―I got_.（～をもらったよ）、何をあげたのか書いてみよう―I gave_.（～をあげたよ）ほか）

|内容| 1日2行のトレーニングで長い日記が書けるようになる。20の表現と身近な単語450以上を収録。小学生以上対象。

『たのしい英単語』 くもん出版　2000.9　95p　19×26cm　（くもんの小学ドリル）800円　①4-7743-0407-7

|目次| 第1部 基本ルールをしっかり身につけよう（アルファベットの表、アルファベットの復習、ローマ字の復習、a,i,u,e,oの読み方、子音だけの発音になれる ほか）、第2部 い

ろいろなつづりになれよう（特に注意したいポイントのまとめ、母音の文字がつづく単語、rのつく単語、いろいろなつづり、単語であそぼう、いろいろな単語）

|内容| 本書は、ローマ字を学習したあと、ひきつづいてスムーズに英語の学習へ進むことができるようにつくられています。ここでは、身近なものをあらわす206の英単語を学習します。しかし、このドリルの目的は、その単語を暗記して、つづりを正確に書けるようになることではありません。第一の目的は、英語の"文字のしくみ"の基本をしっかりと身につけることです。英語のことばはどのような文字の組み合わせであらわされるのか、それをどのように読んだらいいのか―そうした基本ルールを学習することです。本書は、その基本ルールを、スモールステップで、むりなくたのしく学習できるようにつくられています。

◆英語で遊ぼう

『発音が身につくしりとり英語』 いなばしげかつ文，のぶみ絵　はるぶ出版　2010.3　2冊（セット）22×23cm〈付属資料：CD1，ポスター1〉5800円　①978-4-593-09904-7

|目次| STEP1 バス・ストゥリート―文字もいっしょ！、STEP2 パーク・ケイブ―文字がちがう！

|内容| しりとりで音のつながりを意識でき、自然に英語の発音が身につきます。小学校低学年～高学年向き。

『こども英語学習トランプ 動詞　第2集』 山口俊治，T.D.ミントン監修　語学春秋社　〔2009.2〕　37p　21cm〈付属資料：CD1〉2200円　①978-4-87568-704-7

|目次| トランプの構成と遊び方、トランプ英単語104語、トランプ英文104、遊び方（英語トランプゲーム、単語を使ってのカルタゲーム、文例を使ってのカルタゲーム）、アルファベットの発音のしかた

|内容| 英語学習の入門段階で習得しておきたい動詞104語を新たに厳選し、文例とあわせて、遊びの中でたのしく無理なく覚えることができる画期的な教材。

『こども英語学習トランプ 名詞　第2集』 山口俊治，T.D.ミントン監修　語学春秋社　〔2009.1〕　53p　21cm〈付属資料：CD1〉2200円　①978-4-87568-703-

英語　　　　　　　　　　　　　　　　　　　　　　　　　　はじめてまなぶ英語

0
|目次| トランプの構成と遊び方, トランプ英単語104語, トランプ英文104, 遊び方（英語トランプゲーム, 単語を使ってのカルタゲーム, 文例を使ってのカルタゲーム）, アルファベットの発音のしかた
|内容| トランプゲームから始まって、カルタ遊び、フラッシュカードといろいろな用途に使える、とても便利で、楽しいカード。すべてのカードに、「役に立つやさしい文例」がついています。

『英語で動こう　直感力アップゲーム』　田島信元, 新田新一郎監修・著　学習研究社　2008.2　48p　27cm　（毎朝5分の英語で脳元気ゲーム　4）2800円　①978-4-05-500519-7　Ⓝ830.7

『英語で知ろう　単語力アップゲーム』　田島信元, 新田新一郎監修・著　学習研究社　2008.2　48p　27cm　（毎朝5分の英語で脳元気ゲーム　5）2800円　①978-4-05-500520-3　Ⓝ830.7

『英語で伝えよう　表現力アップゲーム』　田島信元, 新田新一郎監修・著　学習研究社　2008.2　48p　27cm　（毎朝5分の英語で脳元気ゲーム　2）2800円　①978-4-05-500517-3　Ⓝ830.7

『英語で話そう　コミュニケーション力アップゲーム』　田島信元, 新田新一郎監修・著　学習研究社　2008.2　48p　27cm　（毎朝5分の英語で脳元気ゲーム　1）2800円　①978-4-05-500516-6　Ⓝ830.7

『英語で読みとろう　判断力アップゲーム』　田島信元, 新田新一郎監修・著　学習研究社　2008.2　48p　27cm　（毎朝5分の英語で脳元気ゲーム　3）2800円　①978-4-05-500518-0　Ⓝ830.7

『幼児から小学生まで使える！　英語のゲーム＆クラフト集』　アルクキッズ英語編集部編　アルク　2006.10　128p　28×21cm　（子ども英語BOOKS）〈付属資料：CD1〉2380円　①4-7574-1065-4
|目次| 幼児向け　クラフト編（動物, 食べ物, 数, 形, 家族　ほか）, 小学生向け　ワークシート編（食べ物, 乗り物, 天気・季節・曜日, 街のなか, 道案内　ほか）
|内容| 児童英語教育界をリードする10名の著者による、ゲームのシートや工作の型紙を集めた便利な1冊です。学習テーマや季節のイベントにあわせて、すぐに使えるものばかり！教室のレッスンでも、小学校の英語活動でも活躍します。

『親子で挑戦!! おもしろ英語パズル』　英語パズル研究会著　メイツ出版　2006.1　128p　21cm　（まなぶっく）1200円　①4-89577-970-X　Ⓝ834.3

『英語のゲーム　音であそぼうー　SANSEIDO'S GAME BOOK　1』　下薫著　三省堂　2005.3　63p　26×21cm　（SANSEIDO Kids Selection）〈付属資料：CD1〉1900円　①4-385-36224-6
|目次| アルファベットでお口のたいそう, 洋服はどんな色？, ミサの家族しょうかい, だれの鳴き声かな？, くだものと野菜さがし, 数字と形のめいろへようこそ, なわとび歌で遊ぼう, クリスマスまちがいさがし, 買い物に行こう, のりもの絵かき歌〔ほか〕
|内容| 歌やゲームがいっぱい！ぬりえ、すごろく、まちがいさがし…あなたはいくつできるかな？フロギーたちといっしょに、英語をはなしてみよう。

『英語のゲーム　文字であそぼうー　SANSEIDO'S GAME BOOK』　下薫著　三省堂　2005.3　63p　26×21cm　（SANSEIDO Kids Selection）〈付属資料：CD1〉1900円　①4-385-36223-8
|目次| アルファベットをさがそう, アルファベットぬり絵, リズムでかこう線と丸, なぞって書こうABC, ナオキの家族しょうかい, 教室ぬり絵をしよう, 洋服めいろで遊ぼう, トントン, なんの音？, 動物の名前パズル, 数字で遊ぼう〔ほか〕
|内容| 歌やゲームがいっぱい！めいろ、点つなぎ、クロスワード…あなたはいくつできるかな？パギーたちといっしょに、英語をかいてみよう。

『ルック・ブックーことばあそびのabc　えいごのえほん』　こうだてつひろ作, みうらえりこ絵　ピエ・ブックス　2005.2

はじめてまなぶ英語　　　　　　　　　　　　　　　　英語

1冊（ページ付なし）16×22cm〈他言語標題：Look book　英語併記〉1200円
Ⓘ4-89444-408-9　Ⓝ726.6
|内容| 英語が楽しくなる、大人も子供も楽しめる、オシャレで楽しい、ことば遊びの絵本。イラストとストーリーを楽しみながら、英単語の1文字を替えて別の意味にしていく言葉遊びの絵本です。0歳児から大人まで幅広い層が楽しめる絵本です。

『英語を「じゅげむ」みたいにおぼえちゃおう！』斎藤孝著　角川書店　2004.7　61p　21cm〈本文：日英両文、付属資料：CD1〉1100円　Ⓘ4-04-883884-9
|目次| ABCの歌、あたま、かた、ひざ、とつまさき、くまさんの歌、カッコー、大きなクリの木、ケーキをパタパタしてねパンやさん、ロンドンばしがおちちゃうよ、白雪ひめ、この子ぶたはマーケットへ行った、きらきら小さな星よ、いなかみち、星の王子さま
|内容| みんな、「じゅげむ」ってぜんぶ言えるかな？「じゅげむ」って、あんまりよくいみがわからないけど、いちどおぼえたらさいごまでぜんぶ、いっきに言えるよね。英語も「じゅげむ」みたいにおぼえられるんだよ！あんきがとくいなのは、大人よりも子どもなんだ。だから、子どものうちにあんきしちゃえば、あとで英語をしゃべるときになっても、「こうだったのか！」ってわかることがたくさんあるんだよ。そう、英語のアタマで、英語がしゃべれるようになる。だから、英語はアタマがやわらかいときにおぼえちゃおう。小学校1・2年生以上対象。

『小学生のよくわかる英語―英語であそぼう！』土屋修編著　大阪　弘文社　2004.3　234p　21cm〈小学生の英語シリーズ〉1000円　Ⓘ4-7703-1814-6
|目次| アルファベットをおぼえましょう（アルファベットの歌です、アルファベットの表、アルファベットを書いてみよう　ほか）、単語をおぼえましょう（部屋の中、家族、家　ほか）、文章をおぼえましょう（あいさつ、人に会った時、別れる時　ほか）

『親子であそぼう！ノリノリ英語ゲーム』松崎博著　改訂版　旺文社　2003.8　207p　21cm　1238円　Ⓘ4-01-064601-2
|目次| 1 手軽にできる！単語で遊ぶかんたんゲーム15（Alphabet Cards（アルファベット・カードめくり）、How Do You Spell It？（スペルおぼえよう）、Family（仲間探しゲーム）ほか）、2 挑戦しよう！やさしいフレーズでノリノリゲーム15（Let's Go Find（動物を探そう）、Guess The Number（数あてゲーム）、What Time Is It Now？（何時ですか？）ほか）、3 みんなで遊ぼう！体も使ってワイワイゲーム10（Clap,Clap,！（リズムゲーム）、One,Three,Five…（いくつまで数えられるかな？）、t,c,a…cat！（ならべかえゲーム）ほか）
|内容| たんに遊べる人気のゲーム40種類を厳選。イラストいっぱいで、もっとわかりやすくなった改訂版。ご家族のお子さんに英語を教えてみようかな、と考えていらっしゃるお母さん、お父さんをはじめ、小学校や教室で英語を指導されている先生方にも役立つ、楽しい英語ゲームのアイディアがいっぱい。

『子どもと英語であそびなさい』戸張郁子著　情報センター出版局　2003.8　1冊　19cm〈付属資料：CD1〉1300円　Ⓘ4-7958-4052-0
|目次| 一生のお願い。、正直がいちばんよ。、練習第一。、ガッツあるね。、なにをお願いする？、やってごらん。、ヒロミおばさんに赤ちゃんが生まれたのよ。、めんどくさいなあ。、そうするしかないわね。、緊張してるみたいね。〔ほか〕
|内容| 13種類のあそびが楽しめる親子の会話カード128枚。

『ポケモンえいごであそぶモン！』小学館ホームパル監修,吉野恵美子絵　小学館　2003.8　32p　24×19cm〈付属資料：CD1〉1300円　Ⓘ4-09-727137-7
|目次| あいさつ、いろ、どうさ、かず、しぜん、気ぶん、からだのぶぶん、おかしとのみもの、たべもの、ふゆの生かつ、はんたいのことば、ポケモンひとことえいかいわ、ポケモンABC！
|内容| 日本人とアメリカ人のナレーターによるバイリンガルCDつき英語絵本。

『しりとり英語 for fun！』デイヴィッド・セイン作　あすなろ書房　2003.4　1冊（ページ付なし）14×19cm　950円
Ⓘ4-7515-2251-5　Ⓝ834
|内容| この本は3つのセクションで構成されています。まずは言葉（単語）です。単語の最後の文字と次の単語の最初の文字がつながっていき、「しりとり」になっています。最初のセクションで、まず子供たちは子音（t, p, s, chなど）で終わる音があることを

英語　　　　　　　　　　　　　　　　　　　　　　　　　はじめてまなぶ英語

発見し、英語の音がどのように構成されているかを何となくつかんでいくのです。次が数単語からなるフレーズ。そして最後のセクションでは、言葉の組み合わせによるかんたんでしかもおもしろい文章がでてきます。ここで、子どもたちは英語を使って、楽しく意味を表すことを知るというわけです。

『小学生のよくわかる英語―英語で遊ぼう！』　土屋修編著　第6版　大阪　弘文社　2002.3　234p　22cm　（小学生の英語シリーズ）　1000円　④4-7703-1670-4

『おしゃべりアンパンマンえいごであそぼう』　やなせたかし原作，東京ムービー作画　アガツマ　2002.2　1冊　25cm〈発売：フレーベル館　付属資料：アルファベット表1枚　ホルダー入（31cm）音声情報あり〉　2800円　④4-577-02363-6

『親子で遊ぼう！　小学生の英語パズル』　英語パズル研究会著　メイツ出版　2001.12　127p　26cm　1050円　④4-89577-424-4
[目次]　身近なことばをおぼえましょう，同じ音のあるか，からだのことば，からだのことばはどこにある？，海の生きもの，あわせると何ができるかな？，動物の名前を知っているかな？，かくれているのは？，野菜の名前をおぼえましょう，これ，なんだっけ？〔ほか〕
[内容]　アルファベットと単語の基本が学べる楽しいパズル。

『迷路ゲーム・ブックえいごでパズル』　横山験也著　ほるぷ出版　2001.12　44p　25cm　1600円　④4-593-59357-3

『英語あそび　勉強編』　田中ひろし監修，藤川雅行著，こどもくらぶ編　国立　今人舎　2001.8　55p　26cm　（大人と子どものあそびの教科書）　1500円　④4-901088-13-0

『まこちゃんとチューリップ―えいごであそぼう』　かなざわあつこえとぶん　泉書房　2001.7　1冊　22cm　1500円　④4-900138-60-6

『英語あそび―あなたにもすぐできる　屋外編』　田中ひろし監修，こどもくらぶ編　国立　今人舎（発売）　2001.6　55p　26cm　（大人と子どものあそびの教科書）　1500円　④4-901088-12-2
[目次]　1　いろいろなおにごっこVarious Tags，2　なわとびあそびJump Rope，3　世界のボールあそびBall Games in the World，4　世界のスポーツSports in the World，5　自然の中であそぼうLet's play in nature，6　作ってあそぼうMaking Toys

『英語あそび―あなたにもすぐできる　入門編』　田中ひろし監修，こどもくらぶ編　国立　今人舎（発売）　2001.5　55p　26cm　（大人と子どものあそびの教科書）　1500円　④4-901088-11-4
[目次]　1　ペーパーチャレラン・英語あそび，2　早口ことばTongue Twisters，3　おり紙Paper Folding，4　おもちゃ作りMaking Toys，5　歌あそびSinging and Dancing，6　みんなのあそびPlaying Together，7　科学あそびSience Experiments

『親子でできる！　英語のゲーム』　ジオス出版編　ジオス出版　2000.11　215p　21cm〈付属資料：CD1〉　2000円　④4-916171-75-6
[目次]　練習，異文化理解―春，身体を使ってするゲーム，異文化理解―夏，身の周りにあるものを使うゲーム，異文化理解―秋，よく行くところでできるゲーム，異文化理解―冬，子どもといっしょに英語でお料理，子どもに教えたい「お話」
[内容]　子どもにとっては生活そのものが「学習」の場です。そして、幼年時の子どもにとっては、「遊び」が何よりの成長の場です。だから、生活に密着した「英語の遊び」をあつめました。親子のコミュニケーションが大切な時期のお子様にちょっと時間と手間と本当の笑顔をあげて下さい。3歳〜8歳程度。

『Look look cat―えいごゲームランド　ねこくんをみつけよう』　松下ちよしさく・え　小学館プロダクション　1997.5　28p　32cm　1300円＋税　④4-7968-7205-1

『セサミストリートABC迷路ブック』　Nuts絵，嵩瀬ひろし構成・絵　小学館　1995.5　87p　19cm　（キッズ・ポケット・ブックス　17）　680円　④4-09-

子どもの本　国語・英語をまなぶ2000冊　　225

はじめてまなぶ英語　　　　　　　　　　　　　　　英語

280017-7
|目次| 第1章 誕生日，第2章 ピクニック，第3章 夢

『英語であそぼう！ 小学生のよくわかる英語』 土屋修編著　大阪　弘文社　1994.7　234p　21cm　（小学生の英語シリーズ）1000円　①4-7703-4009-5
|目次| アルファベットをおぼえましょう，単語をおぼえましょう，文章をおぼえましょう

『ハロー！ マリオ―英語で遊ぼう』 小学館　1993.12　87p　19cm　（キッズ・ポケット・ブックス 2）680円　①4-09-280002-9
|目次| 英語がいっぱい(アルファベットをさがせ!!，アルファベットをおぼえよう，ゲームは英語だらけ，ゲームの中にも英語がいっぱい，世界の国からハローマリオ!!，英語であいさつ，きみのまわりを見てごらん)，ようこそ!!恐竜ランドへ(ヨースター島，ドーナツ平野，バニラドーム・バニラ台地，ツインブリッジ，まよいの森，チョコレー島，クッパの谷)

『ドン・ガバチョとえいごであそぼう』 ポプラ社　1991.10　25p　29cm　（ひょっこりひょうたん島であそぼう 2）1380円　①4-591-03912-9
|内容| ひょっこりひょうたん島のえいごの絵本。

◆英語で歌おう

『パパ歌って！ 英語のうた』 おかみさと絵，小学館外国語編集部編　小学館　2010.2　39p　22×19cm〈付属資料：CD1〉1400円　①978-4-09-726399-9
|目次| 大きなくりの木のしたで，ハッシュ・リトル・ベイビー，ぶんぶんぶん，ヤンキー・ドゥードル，ロンドン橋，ジョン・ブラウンの赤ちゃん，線路はつづくよどこまでも，ロウ・ロウ・ロウ・ユア・ボート，ゆかいなまきば，聖者の行進〔ほか〕
|内容| 親子で「聴いて」「歌って」「お話しして」すてきな絵と英語の歌が一緒になった新しい「歌えほん」。「ロンドン橋」から「スタンド・バイ・ミー」まで全15曲を歌入りでCD収録(カラオケ付き)。

『ママ歌って！ 英語のうた』 岡美里絵，小学館外国語編集部編　小学館　2010.2　39p　22×19cm〈付属資料：CD1〉1400円　①978-4-09-726398-2
|目次| DO‐RE‐MI★ドレミの歌（映画『サウンド・オブ・ミュージック』），ROCK‐A‐BYE,BABY★ロッカバイ・ベイビー（子守唄），"SANPO"（STROLL）★さんぽ（映画『となりのトトロ』），TWINKLE,TWINKLE,LITTLE STAR★きらきら星，THE OTHER DAY I MET A BEAR★森のくまさん，MARY HAD A LITTLE LAMB★メリーさんのひつじ，THE CUCKOO★かっこう，SILENT NIGHT★きよしこの夜，GRANDFATHER'S CLOCK★大きな古時計，ARE YOU SLEEPING？★アー・ユー・スリーピング〔ほか〕
|内容| 幼児から楽しく英語の音に親しめます。親子で「聴いて」「歌って」「お話しして」すてきな絵と英語の歌が一緒になった新しい「歌えほん」。だれでも知っている童謡からカーペンターズまで全15曲を歌入りでCD収録(カラオケ付き)。

『えいごのうた＆ダンスえほん―人気16曲入り 振り・うた付』 宝島社　2010.1　31p　15×21cm　1600円　①978-4-7966-7334-1
|目次| ちいさなせかい，ABCのうた，あたま，かた，ひざ，つまさき，ホーキー・ポーキー，ひらいてとじて，10にんのインディアン，ロンドンばし，ビンゴ，3びきのこざる，きらきらぼし〔ほか〕
|内容| 体を動かしながら英語が身に付く。

『はじめての英語の歌―歌でおぼえるらくらくイングリッシュ』 大野恵美監修　学習研究社　2006.8　95p　26×22cm〈付属資料：CD1〉1500円　①4-05-202559-8
|目次| 春にうきうきさせる歌(数え歌，こんにちは ほか)，夏をたのしむ歌(ビンゴ，ゆらゆらくもさん ほか)，秋にうたいたい歌(ヘイ・ディドゥル・ディドゥル，ヒッコリー・ティッコリー・ドック ほか)，冬をわくわくさせる歌(へやをかざろう，かわいい雪だるま ほか)，いつでもうたえる歌(しあわせなら手をたたこう，線路はつづくよどこまでも ほか)
|内容| 英語の歌詞と楽譜がそろってうれしい。対訳の日本語歌詞あり。CD41曲収録時間1時間12分。

226

英語　　　　　　　　　　　　　　　　　　　　　　はじめてまなぶ英語

『英語のあそびうた　第2集』広瀬量平音楽監修，村上康成絵，ラボ教育センター編著　新装第2版　ラボ教育センター　2004.3　77p　26cm〈付属資料：CD1〉2400円　①4-89811-079-7
[目次]Eency Weency Spider, I'm a Little Teapot, Eenie Meenie Miney Mo, A Tisket a Tasket, Counting Out, Animal Talk, The Farmer in the Dell, Scotland's Burning, Billy Boy, Zoo Tra-la-la〔ほか〕
[内容]ひとりであそぶみんなであそぶおやこであそぶ。美しく楽しい絵と音楽。はじめて英語にであう幼児から，歌ってあそべる小学生まで，こどもにふさわしい17曲。全曲に楽譜とあそび方イラストと解説付。絵本とCD（30分）のセット。

『英語のあそびうた　第1集』広瀬量平音楽監修，村上康成絵，ラボ教育センター編著　ラボ教育センター　2004.3　90p　26cm〈付属資料：CD1〉2400円　①4-89811-078-9
[目次]Hello, How Are You,My Friend?, ABC, What's This?, My Balloon, One, One,One, Seven Steps, Open,Shut Them, One Little Finger, Knock at the Door〔ほか〕
[内容]ひとりであそぶみんなであそぶおやこであそぶ。美しく楽しい絵と音楽。はじめて英語にであう幼児から，歌ってあそべる小学生まで，こどもにふさわしい19曲。全曲に楽譜とあそび方イラストと解説付。絵本とCD（41分）のセット。

『楽しく歌える英語のうた』伊勢誠監修　成美堂出版　2003.12　95p　26×21cm〈本文：日英両文，付属資料：CD1〉1400円　①4-415-02440-8
[目次]アルファベットのうた，寝ているって？，メリーさんのひつじ，ロンドン橋，お誕生日おめでとう，犬のビンゴ，こげこげボートを，セブン・ステップス（なゝほ），この指おじさん，バスのタイヤ〔ほか〕
[内容]英語・日本語両方の歌詞と楽譜つき。CDでくりかえし練習できる29の人気曲を収録。ふんいきだけで楽しんでいた英語曲の歌詞とその意味がわかる。CD音声でくり返し聴いているうちに，英語で歌えるようになる。歌の練習がしやすいように，全曲楽譜つき。日本語の歌詞のあるものは収録し，

ないものには訳をつけました。

『エリックと英語でうたおう！』エリック・ジェイコブセン歌・著　アルク　2003.7　59p　26×21cm〈付属資料：CD1〉1900円　①4-7574-0728-9
[目次]うたとアクティビティ（ABCのうた，ロンドン橋，森のなかのいっけんや，大きなクリの木のしたで，インシィ・ウィンシィ・スパイダー　ほか），ボーナストラック，たのしい！えいごライム＆早口ことば（イーニーミーニーマイニーモウ，子ブタ市場へいく，笛ふきピーター，ワン・ポテト，ウッドチャック）
[内容]子ども向けテレビ番組やイベントでおなじみのエリック・ジェイコブセンさんが「ABCのうた」など，有名な曲を楽しくアレンジ。子どもが自然に英語にしたしめる，エリックさん作詞・作曲のオリジナルソングも収録。歌といっしょに楽しめる踊りやゲームのほかにも，マフィンの作り方やハロウィーンのカボチャちょうちんの作り方など，ほかの歌の本では見たことのないアクティビティがいっぱい。子どもが簡単にいえる英語フレーズや，「Eeny Meeny Miney Moe」「Peter Piper」など，米英の子どもたちにはおなじみのライムや早口ことばを紹介します。CDにはもちろん音声も収録。対象3歳～。

『えいごのうた』小川恵子，駕谷道子，マシュー・リーダー編　町田　玉川大学出版部　2003.4　55p　26cm（玉川学園のこどもえいご　2）〈付属資料：CD1〉1800円　①4-472-05875-8
[目次]たのしいうた，マザー・グースのうた，動きながらうたううた，みんなでうたううた，アメリカ・イギリスのうた，おとなとうたううた，クリスマスのうた
[内容]玉川学園小学部ではこんなふうに英語のうたを学んでいます。教え方・遊び方のノウハウ満載。うたをうたって，英語に親しもう。CDに全24曲収録。

『親子でうたう英語うたの絵じてん　2』三省堂編修所編　三省堂　2002.4　46p　26×21cm〈付属資料：CD1〉1700円　①4-385-15890-8
[目次]うたおう！おどろう！―童謡・マザーグース（しあわせなら手をたたこう，ホーキー・ポーキー　ほか），サンタクロースがやってくる―クリスマスソング（ジングル・

子どもの本　国語・英語をまなぶ2000冊　227

はじめてまなぶ英語　　　　　　　　　　　　　　　　　　　　　　　　　　英語

ベル，おめでとう，クリスマス），つたえよう，時代をこえて―世界の民謡（ヤンキー・ドゥードゥル，おお，スザンナ　ほか），カーペンターズをうたおう―ポップスの定番（イエスタディ・ワンス・モア，トップ・オブ・ザ・ワールド），思い出のシーンがよみがえる―映画の中の音楽（スカボロー・フェア，メロディー・フェア　ほか）

|内容| 英語にはじめてふれる幼児も，英語が苦手な大人も楽しめる25曲。

『こどもと遊ぶ英語「ミュージック・ボックス」』Susannah Malpasアクティビティ，久保野雅史，久保野りえ日本語版監修　ピアソン・エデュケーション　2002.1　61p　22×27cm〈付属資料：CD1〉2500円　④4-89471-862-6

|目次| ABCの歌，ABCチャンツ，虹の歌，5本の太ったソーセージ，聞いて！，頭・肩・ひざ・つま先，バスのタイヤ，大きな黒いクモ怖いのはだれ？，カーニバル，ハッピー・ヒポ・ホリデイ（幸せなカバの休暇），マクドナルドじいさん農場持ってた，お風呂にクモが，ドラゴザウルスの歌，輪，星まで一緒に

|内容| この本には，子ども達と一緒に楽しめる愉快な英語の歌が15曲入っています。有名な曲もあれば，オリジナルの曲もあります。歌に合わせて，色をぬったり，線で結んだり，体を動かしたりしながら，歌ったり遊んだりしている中で，英語のことば（学べる表現）に自然と親しめるように構成されています。

『あそびうた』ジェリー・ソーレス編　ポプラ社　2001.4　47p　29×22cm（ゲームでおぼえるはじめての英語5）〈付属資料：CD1〉4600円　④4-591-06693-2

|目次| 大きなくりの木の下で，頭，かた，ひざとつま先，手をたたきましょう，ビンゴ，谷に住んでるお百しょうさん，犬のおまわりさん，おじょうさんにあったことある？，しあわせなら手をたたこう，汽車ポッポ，マフィン・マン，ディス・イズ・ザ・ウェイ，アー・ユー・スリーピン？，かえるのうた，森のくまさん，アップル・ソング，動物ごっこ，線路はつづくよどこまでも，マクドナルドおじさん

『親子でうたう英語うたの絵じてん』三省堂編修所編　三省堂　2001.3　47p　26×21cm　（キッズセレクション）〈付属資料：CD1〉1700円　④4-385-15889-4

|目次| みんなでうたおう！―童謡・マザーグース，サンタさんの贈り物―クリスマスソング，ぼくもわたしもうたえるよ―やさしいポップス，古きよき時代へのタイムトリップ―イギリス・アメリカ民謡，ちょっぴり大人の香り―お父さん・お母さんの十八番，あそびうた―体を動かしながら，うたおう！

|内容| 童謡，クリスマスソングからフォークソング，ポップスまで，やさしい英語のうた25曲を紹介した絵本。うたを通じて，英語の音の流れが自然に身につく。あそびうたには振りつけのイラスト付き。小学校全般向き。

『うたおう！マザーグース―家庭で，教室で楽しむ，英語のあそびうた　下』アルク　2000.5　96p　26cm〈付属資料：CD1〉1800円　④4-7574-0191-4

|目次| 1 楽しくうたおう！マザーグース（ディドル・ディドル・ダンプリング，とんまなサイモン，ハンプティ・ダンプティ，リトル・ボーピープ　ほか），2 元気にうたおう！あそびうた（スキップ・トゥ・マイ・ルウ，マフィン・マン，ホーキー・ポーキー，ちいちゃなピーターラビット　ほか）

|内容| イギリスやアメリカで生まれ，200年以上もの長いあいだ歌いつがれてきたマザーグース。親しみやすい歌詞とメロディーは，世界中に広がり愛唱されています。その種類は，あそび歌や子守歌ばかりでなく，風刺のきいた歌や残酷で恐ろしい歌など，実に多彩です。本書は，そんなマザーグースと英米の子どもたちに人気のあるあそび歌を29曲集めました。

『うたおう！マザーグース―家庭で，教室で楽しむ，英語のあそびうた　上』アルク　2000.4　95p　26cm〈付属資料：CD1〉1800円　④4-7574-0190-6

|目次| 1 楽しくうたおう！マザーグース（メリーさんのひつじ，ハバードおばさん，笛ふきのむすこトム，ラベンダーズ・ブルー　ほか），2 元気にうたおう！あそびうた（サリー，ゴー・ラウンド，マクドナルドじいさん，6羽のあひる，チクタク時計　ほか）

|内容| 本書は，マザーグースと英米の子どもたちに人気のあるあそび歌を29曲紹介しています。すべての歌に楽譜と英語の歌詞を掲載しました。あそび歌として親しまれている14曲については，歌にあわせた遊び方

も、イラストでわかりやすく説明しました。

『HELLO FRIENDS―歌ってあそんで英語のスタート　2』飯高治子，蔵田道子共著，ブルース・スターク監修・音楽，柴田則子イラスト　旺文社　1998.10　31p　30cm　〈旺文社こども英語CDブック〉〈付属資料：CD1〉1500円　①4-01-029903-7

[目次] 日・月・火…，月よう日には，「トランペットがふけるよ」，本を読んでいます，スケートボード・レース，十二か月のうた，おたんじょう日はいつ，カードとプレゼント，春・夏・秋・冬，買物〔ほか〕

[内容] よく聞いて、歌いながら英語の音やリズムに親しませることを目的として本書を構成しました。他国のことばや文化にふれるとともに、日本語と日本の文化も大切にしてほしいとの願いから、日本の行事や習慣についてのページも入れてあります。単に、ことばを覚えるだけでなく、心のともなったことばで他国の人と交流出来るような未来の地球人が、一人でも多く育ってほしいとの私どものささやかな願いがこめられています。

『HELLO FRIENDS―歌ってあそんで英語のスタート　1』飯高治子，蔵田道子共著，ブルース・スターク監修・音楽，柴田則子イラスト　旺文社　1998.10　31p　30cm　〈旺文社こども英語CDブック〉〈付属資料：CD1〉1500円　①4-01-029902-9

[目次] こんにちは，立ちましょう，わたしの家族，これは何ですか，にじは何いろ，ぐうちょきぱあ，輪になってあそぼう，ABC，数，電話〔ほか〕

[内容] よく聞いて、歌いながら英語の音やリズムに親しませることを目的として本書を構成しました。他国のことばや文化にふれるとともに、日本語と日本の文化も大切にしてほしいとの願いから、日本の行事や習慣についてのページも入れてあります。単に、ことばを覚えるだけでなく、心のともなったことばで他国の人と交流出来るような未来の地球人が、一人でも多く育ってほしいとの著者のささやかな願いがこめられています。

『マザーグースとあそぼうよ―えいごのあそびうた図鑑　No.3』Kiddy CAT編集部編　アルク　1990.11　99p　26cm　1240円　①4-87234-039-6

[内容] この本は、欧米でふるくから親しまれてきたマザーグースとあそびうたを全22曲収録しています。この全22曲の歌には、それぞれ家庭でたのしく演奏できる、合奏スコアがついています。

『マザーグースとあそぼうよ―えいごのあそびうた図鑑　続』Kiddy CAT編集部編　アルク　1989.11　95p　26cm　1240円　①4-900105-92-9

[目次] 第1章「マザーグースとあそぼうよ」，第2章「マザーグースのポケット事典」，第3章「あそびうたであそぼうよ」

[内容] 本書は、イギリスやアメリカで生まれ長いあいだ親しまれてきたマザーグースとあそびうたを全22編おさめています。

『マザーグースとあそぼうよ―えいごのあそびうた図鑑』Kiddy CAT編集部編　アルク　1988.12　96p　26cm　1200円　①4-900105-47-3

[内容] この本には、イギリスやアメリカで生まれ200年以上もの長いあいだ歌いつがれてきたマザーグースと、英米の子どもたちに人気のあるあそび歌が全22曲おさめられています。いずれも、リズム感あふれ詩に親しみやすいメロディがつけられた歌で、英語圏においてはもちろんのこと、日本やヨーロッパの国々などでは各国語に翻訳されて、今日も多くの人々に愛され、口ずさまれています。本書では、これらの歌を英詩特有の音の美しさやリズムの快さとともに味わい、お子さんやおともだちといっしょに歌っていただけるよう、すべての歌に楽譜と英語の歌詞を掲載しました。

◆英語で話そう

『絵でわかる小学生の英会話』学研教育出版編　学研教育出版　2011.3　143p　19cm　〈発売：学研マーケティング　付属資料：CD1〉1000円　①978-4-05-303362-8

[目次] 英会話編（いろいろなあいさつ，自己しょうかいをしよう，好みを聞こう，何が好きか聞こう　ほか），教室で使われる英語編（教室でのあいさつ，動作の指示，音声教材での指示，絵カードでの指示　ほか）

[内容]「あいさつ」「好みのたずね方」「買い物」など、日常の身近な場面や小学英語でよく使う表現から、先生が授業を進める上

| はじめてまなぶ英語 | 英語 |

で使うさまざまな英語の指示などをイラストつきで紹介。

『たった3語で話せる！ はじめての英会話 3　質問する・こたえるほか』 大門久美子文，はらだゆうこ絵　汐文社　2010.12　47p　21×22cm　2000円　Ⓘ978-4-8113-8773-4　Ⓝ837.8

『たった3語で話せる！ はじめての英会話 2　気持ちを伝えるほか』 大門久美子文，サトウナオミ絵　汐文社　2010.12　47p　21×22cm　2000円　Ⓘ978-4-8113-8772-7　Ⓝ837.8

『たった3語で話せる！ はじめての英会話 1　あいさつほか』 大門久美子文，どいまき絵　汐文社　2010.12　47p　21×22cm　2000円　Ⓘ978-4-8113-8771-0　Ⓝ837.8

『英語で言えるかな―かぞくとの会話』 石原真弓監修，Z会編集部編　長泉町　Z会　2010.7　95p　26cm　〈Z会小学英語シリーズ〉〈付属資料：CD1〉1200円　Ⓘ978-4-86290-063-0

目次　おはよう！，いい天気！，おなかがすいた！，さあ，行こう！，音楽のじゅ業があるよ，夕ごはんは何？，おなか，すいてる？，ごはんよ！，お皿をあらうよ，テレビを見よう，キャンプに行きたい！，ぼくのほうしはどこ？，なんておいしいの！，ジュースを取って，たん生日おめでとう！，どれがほしい？，その女の子，何さい？，はじめまして

内容　おうちの人と英語で話してみよう。身近なことばを英語で言ってみよう。

『英語で言えるかな―友だちとの会話』 石原真弓監修，Z会編集部編　長泉町　Z会　2010.7　95p　26cm　〈Z会小学英語シリーズ〉〈付属資料：CD1〉1200円　Ⓘ978-4-86290-064-7

目次　どこかに行こうよ，いつでもいいよ，こわ～い！，いいかおり！，もう行かなくちゃ，なんて大きい学校なの！，あれがぼくのつくえだよ，どこでお昼ごはん食べるの？，どの科目がとく意？，月曜日はじゅくに行くよ，ハンバーガーを1つください，女のきょうだいはいるの？，うちに行かない？，ピアノ，ひける？，何か飲む？，テレビを見ているよ，バーベキュー，すき？，待ちきれ

ないよ！

内容　おともだちと英語で話してみよう。身近なことばを英語で言ってみよう。

『親子ではじめる英会話絵じてん―CD付き 2　ふだんの場面編』 A.G.ウェインライト監修，三省堂編修所編　三省堂　2010.5　63p　26×21cm〈付属資料：CD1〉1900円　Ⓘ978-4-385-15888-4

目次　ONE 1日のできごと（おはよう！，授業のまえに　ほか），TWO 休日に/まちで（ファーストフード店で，友だちの家で　ほか），THREE マナー（電話，道をおしえる　ほか），FOUR イベント・学校行事（お誕生日パーティで，遊園地で　ほか），FIVE 海外で使う英会話（空港で，飛行機のなかで）

内容　英語の"音の素地"を楽しく養う，場面別英会話絵じてんの決定版。カナ発音付き。

『親子ではじめる英会話絵じてん―CD付き 1　らくらくひとこと編』 A.G.ウェインライト監修，三省堂編修所編　三省堂　2010.5　63p　26×21cm〈付属資料：CD1〉1900円　Ⓘ978-4-385-15886-0

目次　ONE あいさつする，TWO お礼をいう/あやまる，THREE たのむ/ことわる，FOUR いわう/ほめる，FIVE 自分の気持ち・意志・状態をつたえる，SIX さそう/はげます/注意する，SEVEN たずねる，EIGHT じかん/てんき

内容　英語の"音の素地"を楽しく養う，ひとこと英会話絵じてんの決定版。カナ発音付き。

『豆しばカードブック 英会話』 学研教育出版　2010.4　1冊　19cm〈発売：学研マーケティング〉780円　Ⓘ978-4-05-303159-4

内容　豆しばと一緒だから，日常英会話で役立つフレーズが遊びながら覚えられる。切り取って遊べるカード式だから楽しい。しかもオリジナルケースつき。

『もっと，はなせたらな～』 すずきのぞみ著　日本医療企画　2009.8　93p　31cm　〈親子で学ぶ英語シリーズ 3―1歳からはじめるえいご〉〈他言語標題：I want to speak more！〉1700円　Ⓘ978-4-89041-848-0　Ⓝ837.8

目次　質問，助動詞，注意，時制，授業やあ

そぶとき，かいものや電話のかけかた，関係，時間，1日のすごしかた，会話に便利な表現
内容 どんどん英語が上達する。質問のしかたから時間の表現まで，子どもといっしょに大人も学習できる。ハンドメイド英語テキスト第3弾。

『はじめての英会話レッスン―絵とCDで楽しく学べる』 マスミ・オーマンディ監修 大阪 どりむ社 2007.10 75p 26cm 〈付属資料：CD1〉 1200円 ①978-4-925155-71-7
目次 朝だ！おはよう！，何時？，いただきます！，どこにあるの？，行ってきます，元気？，ごめんなさい，え？なんていったの？，がんばれ！，ジェットコースターがすき〔ほか〕
内容 96シーンで英会話が身につく。オールカラーのかわいいイラストとネイティブの発音で，目と耳から自然に覚えられる。

『ドラえもんのはじめてのえいかいわ―音がとびだす！』 藤子・F・不二雄原作，むぎわらしんたろう絵，藤子プロ監修 小学館 2007.3 47p 30cm （小学館のサウンド・ブック）〈英語併記 音声情報あり〉 1980円 ①978-4-09-734256-4 Ⓝ837.8
内容 あさおきてからよるねるまで，おうちでつかえるえいごがいっぱい。

『小学生のやさしい英会話レッスン』 桑原ゆ次著 ナツメ社 2007.2 127p 21cm 〈付属資料：CD1，別冊1〉 1400円 ①978-4-8163-4264-6
目次 1章 カンタン英文法（これは，自転車です，これは，カメラですか？，これは，何ですか？ ほか），2章 基本の会話（おはよう！，元気？，はじめまして，ケンゴです ほか），3章 暮らしの会話（朝ごはんができましたよ！，学校に行こう！，1時間目は，国語です ほか）

『飛びこめ！ファインディング・ニモ』 大阪 NOVA 2007.2 95p 20×16cm （たのしいフォニックス）〈付属資料：CD1〉 2000円 ①978-4-86098-164-8
目次 1 Let's Make Shapes―形をつくろう，2 Go！Go！Go！―どんどん進め！，3 Isn't That Nice？―すてきでしょ！，4 How Cute！―なんてかわいい！，5 A Gleam from the Deep―深海の光，6 Let's Play with Phonics―音遊びクイズ，7 Down the Drain―配水管を通って，8 Float！―ぷかぷか，9 A Wide Smile―大きな笑顔，10 A Cute Tune―かわいい曲，11 What Do You See？―なにが見える？，12 Let's Play with Phonics―音遊びクイズ
内容 小さな魚たちが集まって大きな魚や船の形をつくって遊んでいたり，とっても大きなくじらがハミングしていたり…海のなかはすてきなできごとがいっぱい！海を舞台にくり広げられるニモと仲間たちの10の物語をつうじて，英語の「音」を学ぼう。小学生対象。

『ポケモンとえいかいわ』 ウィングン監修 小学館 2007.2 111p 21cm 〈付属資料：CD1〉 1700円 ①978-4-09-510847-6
目次 あいさつ，ありがとう/ごめんなさい，どうしたの？/だいじょうぶ？，～してもいい？/～してくれる？/～しましょうか？，～が好き/～が欲しい/～したい/～しなさい/～しないで，～しよう/～はいかが？/～しませんか？，すばらしい！/すごく～！，だれ？/いつ？/どこ？/なぜ？/どっち？，なに？，どんな？/どのくらい？，～でしょう/～するところ/できる・できない
内容 「たんご」を覚えたら，つぎは「かいわ」をしてみましょう。毎日の生活でよくつかう会話を100通りほどのせました。CDで英語を聞くことができます。はじめての「えいご」でこんなに会話ができる！シンオウ地方のポケモン大集合。

『セインカミュの遊ぶだけで英語が話せる本』 セイン・カミュ著，造事務所編集・構成 東邦出版 2006.12 110p 21cm 1300円 ①4-8094-0577-X Ⓝ837.8
目次 1月 January，2月 February，3月 March，4月 April，5月 May，6月 June，7月 July，8月 August，9月 September，10月 October，11月 November，12月 December

『親子でまなぶ英会話レッスン―CD付き』 デイビッド・セイン，小池信孝著 主婦の友社 2006.9 95p 21×19cm （FamilyセレクトBOOKS）〈付属資料：CD1〉 1300円 ①4-07-252032-2

[目次] 1 あいさつやじこしょうかいふだんのかいわ(ぼくリック。、おはよう!、ありがとう。 ほか)、2 おともだちとのたのしいかいわ(できるよ。、テレビをみてもいい?、わたしも。 ほか)、3 いろいろなためになるはなしかた(マイク、たんじょうびおめでとう!、どうぞ。、これはなんですか? ほか)
[内容] 子どもたちは、好きなことでないと興味を持ちません。本書は、主人公のRickとLucy一家以外はみんな動物のキャラクター。キツツキが気に入る子、ペンギンが大好きな子とそれぞれのお気に入りをつくりましょう。学習が早く深く進みます。英語を覚えるうえで大切なのは、繰り返し。フレーズは1回では覚えられません。2回目でなんとなくわかり、3回目でしっかり身につく。自然に繰り返せるように、一生懸命考えてスキットを組みました。子どもたちと一緒に、ワクワクしながら英語の世界に入ってください。3才〜小学生向け。

『金色のガッシュ!!と覚える英会話100日100フレーズ』雷句誠原作、ウィン・グン監修 小学館 2005.12 110p 22cm 1900円 Ⓘ4-09-227101-8 Ⓝ837.8
[内容] 机の上に置いて1日1ページ!いますぐ使える基本英会話100フレーズをガッシュたちと一緒に楽しんで覚えよう。組み立てて卓上カレンダーとしても使えるよ。

『小学生のための英会話365日—CD付』ハヒョンジュ原著 すばる舎 2005.10 1冊 18×23cm〈付属資料:CD1〉2800円 Ⓘ4-88399-471-6

『名探偵コナン わかる!できる!話せる!アメリカ英会話探検ノート』青山剛昌原作、巽一朗、巽スカイ・ヘザー著 小学館 2004.12 207p 21cm〈付属資料:CD1〉1300円 Ⓘ4-09-510861-4
[目次] 話しかける、なかよくやっていく、質問する、行動開始、運動する、天気、注意をひく、礼儀ただしく、時間、誕生日を祝う、すすんだ会話、わが家で
[内容] いまアメリカの小学生がいちばんよく使う英語表現を集めたよ!アメリカの子どもたちがもっともよく使う英会話がいっぱい。音声CDで耳から、ノートに書き込んで指先から英語が覚えられる。

『小学生のための英会話365日』ハヒョンジュ原著 すばる舎 2004.10 1冊 18×23cm 2200円 Ⓘ4-88399-395-7

『レインボー英会話辞典』羽鳥博愛監修 改訂新版 学習研究社 2004.4 177p 21cm〈付属資料:CD2〉1800円 Ⓘ4-05-301571-5
[内容] 朝起きてから夜寝るまで、日常会話の決まり文句を約800項収録。家庭、学校を90の場面に細かく分類。「そうじ」、「洗たく」、「ゴミ出し」、「給食」、「健康診断」、「兄弟ゲンカ」など、これまでにないユニークな場面を設定。日米の「年中行事」紹介、「ホームステイ」、「海外旅行」の英会話も収録。「英米文化はどうなっているの」の疑問にズバリ答える「Q&A」つき。入試や英語検定試験に出題される、頻度の高い表現をすべて収録。

『魔法のラップ英会話―歌って、踊って、リズムにあわせて』English House著 角川書店 2004.2 141p 21cm〈付属資料:CD1〉1400円 Ⓘ4-04-883867-9
[目次] かわいいどうぶつの英単語、英語で話そう!、どのどうぶつが好き?、英語で話そう!、大好きな虫はなに?、目で見て、手できいて、リズムにあわせて!、英語でかずがいえるかな?、英語で話そう!、かぞくはなんていうの?、色がぜんぶわかるかな?〔ほか〕
[内容] 一日10分間でみるみる英語を口ずさむ!楽しいリズムを聴くだけで覚えられる超最短!英単語記憶法を紹介。カテゴリー別に頻度100%の日常単語を一冊に集大成。0歳〜小学生向き。

『New ABC of ENGLISH 会話編』飯塚佐一著 新装改訂新版 創英社/三省堂書店 2004.2 79p 26cm〈付属資料:別冊1、CD1〉933円 Ⓘ4-88142-125-5
[目次] 1 Kei's day(Good morning,Kei., On the way to school, Kei and Nami meet Jane. ほか)、2 On Sunday(In the morning, During the drive, Ice cream or sightseeing ほか)、3 Happenings(A telephone call, Where is the condominium?, Jane's birthday party ほか)
[内容] 日常生活でよく使われる英語表現中心の上級者向け。生きた英語を身につけることができます。小学5、6年生〜。

『すぐできる！はじめての英会話』 学習研究社編，三浦邦子監修，Dave Telke英文校閲　学習研究社　2003.11　112p　26cm　〈小学生の英語ひろば〉〈付属資料：CD1〉 1200円　Ⓣ4-05-301637-1

|目次| 遊園地で初デート（ボブ，元気？，ウォーターシュートがすき　ほか），はじめてのアメリカ旅行（ニューヨークのお天気は？，つかれたかい？　ほか），お祭りを楽しもう（お祭りに行こう！，おさしみ食べられる？　ほか），もっとおぼえよう！使いたい表現（お礼・あやまる表現など，自分のことをつたえる表現　ほか）

|内容| 小学校の英語活動でよく扱われる，小学生にとって身近な英会話表現の中から，特に重要な表現をセレクトし収録。ストーリー仕立ての楽しいイラストと臨場感あふれるCDを楽しみながら，英会話表現が自然に身につけられる。ネイティブスピーカーの音声が収録された付属CDを聞きながら使うことで，英語の発音に慣れることができる。さらに，CDを使ったワークやクイズで，小学校の英語で大切な「聞く」「話す」活動が，無理なくできるように工夫されている。楽しいイラストやクイズ，歌やチャンツなど，英語に対する興味・関心を育むためのくふうが誌面と音声にいっぱい。

『マンガでおぼえるはじめて英会話―チャッピー＆ビスケット　上巻』 タカクボジュン作・絵，モリス美代子訳・解説　健学社　2003.11　135p　21cm　1000円　Ⓣ4-906310-53-2　Ⓝ837.8

|目次| あいさつ，勉強しよう，春に咲く花，ある日…，自転車にのって，テレビ，家事，誕生日，森の生活，おねがい〔ほか〕

『絵とCDで楽しく学べる小学生の英会話レッスン』 マスミ・オーマンディ監修，どりむ社児童英語研究会編　PHP研究所　2003.9　75p　26cm　〈付属資料：CD1〉 1200円　Ⓣ4-569-63078-2

|目次| 朝だ！おはよう！，何時？，いただきます！，どこにあるの？，行ってきます，元気？，ごめんなさい，え？なんていったの？，がんばれ！，ジェットコースターがすき〔ほか〕

|内容| 96シーンで英会話が身につく！オールカラーのかわいいイラストとネイティブの発音で，目と耳から自然に覚えられる。何度も聴いたら，巻末の「表現絵カード」で覚えているかどうかをチェック。英語早期教育30年のパイオニアが，英会話学校のノウハウを余すところなく盛り込んだ，子どもが「本当の英会話」を身につけるための一冊！CDブック・表現絵カード付き。

『マックスのわくわくフレンズ』 キャンベルのりこ作，ルイ・シン絵　東京学参　2002.12　32p　28×22cm　〈親と子の楽しい英会話〉〈付属資料：CD1，別冊1〉 2200円　Ⓣ4-8080-0746-0

|内容| 絵本で英語を！やさしい会話で自然に身につく　今，イチオシのわくわくシリーズ。

『小学生の英会話日常生活はかせ―友だちとスクールライフを話そう』 作田喜久子著　学灯社　2002.10　135p　22cm　1500円　Ⓣ4-312-56028-5

|目次| 学校が始まるよ（新学年・新学期，休み，行事　ほか），いろいろな授業では（好きな教科，国語，算数　ほか），学校が終わったら（下校，放課後，帰宅後　ほか）

『マックスのわくわくスクール』 キャンベルのりこ作，ルイ・シン絵　東京学参　2002.9　32p　28×22cm　〈親と子の楽しい英会話〉〈付属資料：CD1，別冊1〉 2200円　Ⓣ4-8080-9705-2

『英語ではなそう楽しい一日―はじめの一歩は身近なことば』 講談社編，門井幸子構成・絵，渡辺裕美子，カート・マホーニー監修　講談社　2002.7　111p　21cm　〈付属資料：CD1〉 1600円　Ⓣ4-06-211394-5

|目次| おはようございます，いまなんじですか？，ぼくのTシャツはどこですか？，わたしははちみつがだいすきです，どちらですか？，いってらっしゃい，あぶない！，げんきですか？，ごめんなさい，こんにちは〔ほか〕

|内容| 本書は，はじめて英語に出会う小さいお子さんから，すでに英語を学習している小学生まで，楽しみながら英語にふれられるように，2001年に刊行した『はじめの一歩は単語から　これ英語でなんていうの？』の姉妹編として編集。子どもの日常生活に身近な題材となるよう，『これ英語でなんていうの？』のときから少しおとなになった，小学生の「こうたくん」と「あかねちゃん」が一日をすごす学校や家庭での会話を，や

さしい英文にしてまとめている。子どもたちの身のまわりのものを中心に、「ものの名前」のみをとりあげた「はじめの一歩」から「次の一歩」へ、たくさんの英語が話せるように、応用のきく表現を選んである。小学校初級から。

『マックスのわくわくハウスへようこそ』キャンベルのりこ作，ルイ・シン絵　東京学参　2002.6　32p　28×22cm　〈親と子の楽しい英会話〉〈付属資料：CD1，解説書1〉2200円　④4-8080-0745-2

[内容]宇宙からPopがやってきた。絵でわくわく、音楽でわくわく、ストーリーでわくわく、PopとMaxの楽しい絵本のミュージカル。

『MIKAのイケてる英会話』　小学館　2002.5　142p　21cm〈付属資料：CD1〉1500円　④4-09-253031-5

[目次]1 春，2 夏，3 秋，4 冬，5 役だつ一言！，6 いろいろQuestions，7 使える単語集

[内容]学校・家庭・旅行などですぐに役立つ基本フレーズ約300を紹介。MIKAが発音するお手本を、付録CDに収録。ミニモニ。コナッツ娘。で大人気のMIKAといっしょにカンタン英会話をはじめよう。小学校中・高学年、中学校向き。

『マリさんの英語』　鷲田マリ著，矢崎まりんイラスト　自由国民社　2001.11　32p　26×21cm　〈カードで覚える英会話えほん〉〈付属資料：CD1〉1905円　④4-426-69400-0

[目次]たちあがったらどうですか(学校の授業風景です。)，ふきましょう(お誕生日パーティーです。)，かきましょうですか(キャンプに来ました。)，すわるな(秋の公園です。)，たべたいです(バレンタインデーです。)，いきたくありません(おばあちゃんの家に来ました。)，みせたらどうですか(遊園地です。)，そうじしましょう(動物園です。)，うごきたいです(発表会です。)，あじみしたらどうですか(ファミリーレストランでお食事です。)，さあ、やってみましょう！，教室風景

[内容]ひらがな・カタカナ2枚のカードで英語がしゃべれる。子どもも大人も、家庭で学校で楽しみながらカッコイイ英会話が身につく。

『わだことみのえいごグッドモーニング』わだことみ作，やまだよしみ絵　学習研究社　2001.11　1冊　22×19cm　〈CDつきえほん〉1200円　④4-05-201562-2

[目次]おきて、テディ。，おはよう、あやか。，はじめまして。，はをみがいて。，くわのきのまわりをまわろうよ、いただきます！，きょうはなんようび？，ぼくのたんじょうびパーティーにぜひきてね。，こんにちは。，げんき？，ゆらゆらくもさん，あかいくま。あおいくま。，なんさい？ぼく、4さい。，これ、あなたへのプレゼントよ。どうもありがとう。，これはだれのティーポット？，さようなら。またね。，8じよ。

[内容]本書は、日常の簡単な英会話を、マザーグースの替え歌やリズムでくりかえして覚える本である。

『楽しくまなぶ小学生の英会話』　小笠原八重監修，河上源一著　成美堂出版　2001.10　63p　26cm〈付属資料：CD1〉1200円　④4-415-01851-3

[目次]あいさつ、初対面のあいさつ、自己紹介、出身地を聞く、別れのあいさつ、友だちを訪ねる、人を紹介する、プレゼント、家族の写真、何歳ですか？〔ほか〕

[内容]リスニングとネイティブの発音をCDでくりかえし練習できる。いろいろな場面の会話例を収録。よく使われる会話を通して生きた英語が自然に身につく。

『ドラえもんらくらく英会話コミック　入門編―CDつき　2』藤子・F・不二雄原作，田中道明，西谷恒志，中村秀和著　小学館　2001.9　128p　21cm〈付属資料：CD1〉1200円　④4-09-253022-6

[目次]気分・気持ち、依頼・質問、勧誘・許可、値段・年れい、許可・質問、彼・彼女の言い方、お出かけ、はげまし、復習

[内容]CDでは、のび太と2人のアメリカ人が登場して、英語まじりの日本語のゆかいなドラマが展開します。そうそう、あののび太くんも、少しずつ英語が上達しているようです。さあ、のび太くんと一緒にらくらく英会話レッスンのスタート。

『くもんのはじめての英会話じてん』　くもん出版　2001.8　191p　21cm〈付属資料：CD1〉1400円　④4-7743-0470-0

[目次]第1部　基本的な会話(あいさつ・よびかけ、相手のことをたずねる、身のまわり

のことについてたずねる ほか），第2部 場面別会話（家の中で，学校で，誕生日 ほか），第3部 キーワード別会話
　[内容] 本辞典には，英会話の"決まり文句"だけでなく，日常生活の中の生き生きとした会話が，1場面1対話で，わかりやすくおさめられています。家庭や学校で，たのしく英会話にふれてみてください。小学生から。

『外交官が書いた小学生の英会話―ワンダートレイン』 さえぐさ・あつお著　蝸牛新社　2001.4　143p　21cm　1600円　①4-87800-150-X
　[目次] ワンダートレイン北斗七星，王様ジョセフとママル姫，つよい女王エリザベス一世，信長のねがい，ヤルート島のひとびと
　[内容] 本書は，子どもが英会話に飽きないように歴史的空想の童話を通じて英語に馴染むよう工夫しました。西洋と日本の歴史をとおして「戦争と平和」をテーマにし，思考力の強化をはかるよう工夫しています。発音は目安としての「ひらがな」で表記しました。

『会話ゲーム』 松崎博著　ポプラ社　2001.4　47p　29cm　（ゲームでおぼえるはじめての英語　4）2600円　①4-591-06692-4,4-591-99363-9
　[目次] こんにちは/私の名前は〜です，私は〜です/あなたは〜です，こちらは〜です/あちらは〜です，これは〜?/あれは〜?，私は〜が好きです/あなたは〜が好きですか?，私は〜を持っています/あなたは〜を持っていますか?，私は〜へ行きます，これは何?/それは〜です，これは何色?/あなたは〜をすることができますか?，ひとくち表現集

『小学生の英語レッスン　絵で見て学ぼう英会話―CDつき』 五島正一郎，グレン・ファリア監修　成美堂出版　2001.4　127p　26cm〈付属資料：CD1〉1300円　①4-415-01522-0
　[目次] こんにちは!，はじめまして，ありがとう，おはよう!，いただきます!，いってきます，教室で，授業，ランチタイム，校庭で〔ほか〕
　[内容] 日常生活でよく使う英会話文約500例を，こどもにとって身近な場所や場面から，絵で表しました。絵本のように，親子でいっしょに楽しみながら，英語を学ぶことができます。付属のCDには，ネイティブスピーカーによる発音がおさめられていますので，正確な発音を覚えることができます。

『ドラえもんらくらく英会話コミック 入門編―CDつき 1』 藤子・F・不二雄原作，田中道明，西谷恒志，中村秀和著　小学館　2001.4　128p　21cm（ドラえもん新英語シリーズ）〈付属資料：CD1〉1200円　①4-09-253021-8
　[目次] 第1話 自己紹介 あいさつ，第2話 あいさつ，第3話 家族の紹介，第4話 好きなもの・きらいなもの，第5話 質問，第6話 気持ち・気分，第7話 時間とお天気，第8話 場所，第9話 可能・不可能，第10話 おさそい・予定
　[内容] 小学生のための「耳から英語」リスニングコミック。

『きもちをつたえることば』 アリキ作・絵，谷地元雄一日本語　偕成社　2001.3　32p　27cm　（絵でわかる英語でおはなし）〈他言語標題：Feelings　英文併記〉1800円　①4-03-406410-2
　[目次] きもち，はるのにおい，てがみがきたよ，トムがつくった，ジョンがこわした，こわいはなし，ヒコーキとばした，てんこうせいがやってきた，ねずみのウィスカーズ，たくさんのことばで，バクハツ!，たったひとこと，やーだ!，いっしょにたべた，そこにでんわがかかってきたよ，まいごのきもち，わたしみずぼうそうだったの，たんじょうびがやってきた，こっちむいて，おねがい!，どんなきもち?
　[内容] 英語に日本語を併記したバイリンガル絵本。人と人とのコミュニケーションへの理解を深めるというテーマを，絵を見ながら英語と日本語両方の会話で楽しみ学ぶシリーズです。本書では，うれしい，こわい，いやだなど，さまざまな人の気持ちをいろいろな方法で表現します。小学初級から。

『つたえあうことば』 アリキ作・絵，谷地元雄一日本語　偕成社　2001.3　32p　27cm　（絵でわかる英語でおはなし）〈他言語標題：Communication　英文併記〉1800円　①4-03-406430-7
　[目次] つたえあうこと，きもちをわかってもらうには…，はなす・きく・かく・よむ，だけど…，ほかにもあるよ，どうぶつだって，にんげんは，たくさんはなしあう，どうしたの?，おしえてやるよ，つたえるのがかんたんなことってある，いうのがむずかしいことって，あるよね，でも，いってみたらだいじょうぶ，にっき，ちゃんときいてる?，

ちゃんとこたえてよ，はなしてくれて，ありがとさん，てがみをかこう，こんなつたえかたもある，じぶんできかなきゃ，わかんないよ，レイチェルとアレクサ，たんじょうびおめでとう，ちゃんとわかってる？
[内容] 英語に日本語を併記したバイリンガル絵本。人と人とのコミュニケーションへの理解を深めるというテーマを，絵を見ながら英語と日本語両方の会話で楽しみ学ぶシリーズです。本書では，人と人とが気持ちをつたえあうことのたいせつさ，伝え方の方法などをおもしろく表現します。小学初級から。

『マナーをしることば』 アリキ作・絵，谷地元雄一訳 偕成社 2001.3 32p 27cm （絵でわかる英語でおはなし）〈英文併記〉1800円　④4-03-406420-X
[目次] マナー，あんなときなんていう？こんなときどうする？，あかちゃんは，わからない，いろんなあいさつ，エレナがしってるまほうのことば，レストランごっこしよう，じゃまじゃまくん，ごめんなさい，すなのおしろができました，とりあいっこ〔ほか〕
[内容] 英語に日本語を併記したバイリンガル絵本。人と人とのコミュニケーションへの理解を深めるというテーマを，絵を見ながら英語と日本語両方の会話で楽しみ学ぶシリーズです。本書では，レストランやバスの中でなど，こんなときどうする？といった基本的なマナーを楽しく表現します。小学初級から。

『首都圏小学生の英会話スクールガイド』晶文社出版編集部編　晶文社出版 2000.12 161p 21cm 1400円　④4-7949-9341-2

『耳から覚える英会話はじめの一歩—聴く話KIDS英会話』御園和夫監修 旺文社 2000.9 71p 12×15cm〈付属資料：CD1〉800円　④4-01-033016-3
[目次] 1 基本編—基礎会話編（あいさつなど，遊び，飲食，電話，病気・けが，日常表現），2 応用編—おはようからおやすみまでの表現（朝・登校前，昼間（学校で・近所で），下校後〜夜，週末の会話）
[内容] 日常の家庭や学校でよくある様々な会話の場面の中から60シーンを選び，簡単な英会話にしました。CDは，各シーンをネイティブスピーカーと串田美保子さんが会話しています。聴くだけでも自然な英語が身につきます！小学校中学年から高学年まで。

『おもしろかいわ 2 場面別表現集』羽鳥博愛監修　学習研究社 2000.3 64p 30cm （学研の英語ずかん 新訂版 2）2200円　④4-05-300780-1,4-05-300785-2

『おもしろかいわ 1 ひとくち表現集』羽鳥博愛監修　学習研究社 2000.3 48p 30cm （学研の英語ずかん 新訂版 1）2200円　④4-05-300779-8,4-05-300785-2

『親子で楽しむ英会話』池田和子著，武内祐人絵 大阪 ノヴァ 1999.11 55p 26×21cm （NOVA BOOKS）〈発売：ヴァ・エンタープライズ 付属資料：CD1〉2000円　④4-931386-38-5
[目次] 1 りんごがいっぱい，2 おはよう，おやすみ，3 ピンクのテディー・ベア，4 いそがしい朝，5 痛い！，6 おいしそう！，7 学校と幼稚園，8 ペットじまん，9 楽しいバースデーパーティ，10 世界の子どもたち
[内容] 本物の英語に出会える。家でよく使う会話・単語が身につく。親子で楽しみながら練習できる。覚えた英語をすぐに使える。CD付きだから…臨場感あふれる「会話」が英語と日本語で聴ける。身近な「単語」が，イラストだけでなく音からも身につく。親子でいっしょに「歌」「ゲーム」が楽しめる。3歳〜8歳向。

『英語をはなそう—CDブック』 Peter Ujlaki著　大阪　むさし書房 1999.4 1冊 26cm〈付属資料：CD1〉1850円 ④4-8385-0866-2
[目次] GETTING UP, IN THE LIVING ROOM, THE BREAKFAST TABLE, BEFORE LEAVING, IN THE CLASSROOM, LUNCHTIME, THE SCHOOLYARD, BACK IN THE CLASSROOM, FREE TIME, BACK HOME〔ほか〕
[内容] 本書は初めて英会話を学ぶ小学生のためのテキストです。子供たちにとって日常生活を背景にした英会話は，英語が言語として定着するためにかなり有効な手段であると考えられます。

『はじめての英会話　レベル3』 ジオス出版 1999.4 86p 26cm〈付属資料：CD1〉1980円　④4-916171-44-6
[目次] 世界の国の名前を言おう，体調をつた

えよう、店がどこにあるかきこう、何時に起きるかきこう、窓を開けてくれるようにたのもう、放課後することを話そう、何かをさがしていると言おう、好きな教科をこたえよう、昨日したことについて話そう、今何をしているか言おう〔ほか〕

内容 中学英語もこれでバッチリ。

『はじめての英会話　レベル2』　ジオス出版　1999.4　86p　26cm〈付属資料：CD1〉1980円　Ⓘ4-916171-43-8

目次 自己紹介をしよう、友達を紹介しよう、あいさつをしよう、だれかにたずねてみよう、何年生かを答えてみよう、〜しないように言おう、食べ物や飲み物をすすめてみよう、仕事をたずねてみよう、できるかどうか聞いてみよう、〜するようにたのもう〔ほか〕

内容 英語を自由に使いこなそう。

『はじめての英会話　レベル1』　ジオス出版　1999.4　86p　26cm〈付属資料：CD1〉1980円　Ⓘ4-916171-42-X

目次 あいさつをしよう、自分のことについて話そう、友達を紹介しよう、年をたずねよう、何かたずねよう、プレゼントをわたそう、食べものの好ききらいをたずねよう、ごめんなさいを言おう、どこにいるかたずねよう、住んでいる場所をたずねよう〔ほか〕

内容 日常会話のパターンを覚えよう。

『小学生の英会話はかせーママといっしょにハウ・アー・ユー！』作田喜久子著、下西早苗絵　学灯社　1998.11　142p　21cm〈索引あり〉1300円　Ⓘ4-312-56022-6

目次 あいさつ、自己紹介、相手のことをたずねる、家族、学校、時間、電話、天気、飛行機で、空港で〔ほか〕

内容 本書は、子供向けの英会話の本で、自分一人で身につけることができます。英文の下には、カタカナでなるべく英語らしい読み方を示しました。強く言うところは太い字（赤字）にしてあります。よく使う会話を31の内容に分けてのせました。

『ハロー、バイリンガル・キッズ！』永野順一著　三修社　1997.10　127p　26cm　（CDブック）〈付属資料：CD1〉1500円　Ⓘ4-384-01432-5

内容 本書は母と子のダイアローグ（対話）が20の項目別に100話収められています。1日に1ページ（1つのダイアローグ）、月曜日から始まり金曜日まで、1週間で5つのダイアローグを勉強するという無理のない構成になっています。土曜日と日曜日はお休みの日で、ゲームと歌を楽しみます。このスケジュールに乗って20週間勉強していけば、お母さんとお子さんだけでも自然な日常英会話がマスターできるよう構成されています。

『リトルスター英会話辞典』島岡丘,鳥飼玖美子編,飯田貴子画　小学館　1996.11　175p　22cm　1600円　Ⓘ4-09-510821-5

『楽しくまなぶ小学生の英会話』河上源一著　成美堂出版　1994.6　63p　26cm〈監修：小笠原八重〉850円　Ⓘ4-415-07578-9

内容 アメリカ人の少年が日本人のお友だちの家をたずね、おたがいの家族のことや趣味についてお話する。こういう場面のなかに英会話の基本がおりこまれています。中学校でまなぶ英文法の基本も、自然に理解できるようになっています。

『佐藤さんちのゲラゲラ英会話ー101回笑ってマスター基礎表現　まんがでチャレンジ！』ぼーぐなんイングリッシュ・スクール編　ぼーぐなん　1994.4　227p　26cm〈発売：日本洋書販売配給〉971円　Ⓘ4-938749-31-9

『みぶりでえいごがはなせるよーパントマイム絵本　2』尾崎真吾構成・絵　偕成社　1994.1　39p　27cm〈監修：木下和好〉1600円　Ⓘ4-03-319120-8

内容 身ぶりや手ぶりは言葉のちがう国の人どうしにもわかる、いちばんかんたんな"ことば"です。この本では、生活の場面をパントマイムとイラストで演じながら、ひとつひとつの動作を英語の単語で表わしました。目で見ながら英語をおぼえる絵本です。

『みぶりでえいごがはなせるよーパントマイム絵本　1』尾崎真吾構成・絵　偕成社　1994.1　39p　27cm〈監修：木下和好〉1600円　Ⓘ4-03-319110-0

内容 身ぶりや手ぶりは言葉のちがう国の人どうしにもわかる、いちばんかんたんな"ことば"です。この本では、生活の場面をパントマイムとイラストで演じながら、ひとつ

はじめてまなぶ英語　　　　　　　　　　　英語

ひとつの動作を英語の単語で表わしました。目で見ながら英語をおぼえる本です。

『歌でおぼえるえいかいわ』　学習研究社　1993.3　63p　26×21cm　〈はじめての英語えほん〉〈付属資料：カセットテープ2巻〉2000円　Ⓘ4-05-200044-7

『やさしい英会話』　木村光雄絵　大阪　ニューズビート　c1993　1冊　13×19cm　（NHK英語であそぼ―はじめてのABC 3）〈監修：宮前一広〉680円　Ⓘ4-89070-233-4

『ハロー！ イングリッシュたのしい英会話』　大阪　ニューズビート　1992.12　40p　30cm　（NHK英語であそぼ 4）450円　Ⓘ4-931279-39-2
内容　NHK「英語であそぼ」のゆかいな仲間たちといっしょに、基本的なやさしい英会話を親子で練習できます。

『絵で見るスキット英会話』　坂巻潤子構成・英文　学習研究社　1992.3　5冊（セット）26cm　15000円　Ⓘ4-05-810277-2
目次　1 すてきな1日、2 学校生活・部活、3 ファッション・趣味、4 ホームステイ、5 海外旅行

『えいごではなそう―たのしくおぼえよう、はじめての英語　4』　五味太郎作　アルク　1991.6　1冊　27cm　1030円　Ⓘ4-87234-078-7
目次　おとがめのことば、おしかりのことば、おほめのことば、たたえのことば、おことわりのことば、おもいやりのことば
内容　じぶんのいまの気持ち、英語ではなんていうのかな。絵本のなかのおともだちが、笑ったり、おこったり、いたずらしたり、元気にかけまわりながらいきいきとした英会話をお話しします。各巻とも、全24場面のことばを収録。

『えいごではなそう―たのしくおぼえよう、はじめての英語　3』　五味太郎作　アルク　1991.6　1冊　27cm　1030円　Ⓘ4-87234-077-9
目次　つよがりのことば、できるよのことば、じまんのことば、いちばんのことば、はげましのことば、けついのことば

内容　じぶんのいまの気持ち、英語ではなんていうのかな。絵本のなかのおともだちが、笑ったり、おこったり、いたずらしたり、元気にかけまわりながらいきいきとした英語をお話しします。各巻とも、全24場面のことばを収録。

『絵を見てまなぶ小学生の英会話』　土屋修著　第24版　大阪　弘文社　1991.1　130p　21cm　（小学生の英語シリーズ 4）650円　Ⓘ4-7703-4004-4
目次　基礎篇（人に会った時、別れる時、紹介する時、感謝する時、おわびする時、人にたのむ時）、応用篇（学校生活、スポーツ、買物、食事、道案内、旅行、娯楽、通信、病院）、ふろく（外国のエチケットと習慣、時間の言い方、数字のよみ方、英語の発音）

◆◆◆

『英語で話そう！ いただきます！―LET'S EAT！』　大阪　NOVA　2005.3　36p　27×21cm　（DISNEY'S MAGIC ENGLISH NOVA WORKBOOK）〈付属資料：CD1〉1200円　Ⓘ4-86098-044-1
目次　英語のアルファベット、ご飯の時間、朝ご飯の時間、食卓で、昼ご飯の時間、楽しい遊園地！、晩ご飯の時間、料理しよう！、ピクニックの時間、レストランで、言ってみよう！、単語リスト、答えはどっち？、答え

『英語で話そう！ わたしの休日―MY HOLIDAYS』　大阪　NOVA　2005.3　36p　27×21cm　（DISNEY'S MAGIC ENGLISH NOVA WORKBOOK）〈付属資料：CD1〉1200円　Ⓘ4-86098-046-8
目次　英語のアルファベット、お休みだ！、荷物をまとめよう、出発！、ビーチで、ドナルドの旅行、キャンプで、歩いて行こう、冬、わたしの絵ハガキ、言ってみよう！、単語リスト、答えはどっち？、答え

『英語で話そう！ 雨の日、晴れの日―RAIN AND SHINE』　大阪　NOVA　2004.12　36p　27×21cm　（DISNEY'S MAGIC ENGLISH NOVA WORKBOOK）〈発売：ノヴァ・エンタープライズ　付属資料：CD1〉1200円　Ⓘ4-86098-045-X

| 英語 | はじめてまなぶ英語 |

|目次| 英語のアルファベット，天気の言葉，今日の天気，晴れた日，季節，いろんな天気！，雨の日，12か月，こんな日がすき，雪の日，言ってみよう！，単語リスト，答えはどっち？，答え
|内容| ディズニーの仲間と一緒に，楽しみながら英語を学ぼう！音声CDには，リズムをつけて読まれる，楽しい英語フレーズがたっぷり入っているから，英語を話す・聞く練習もできるよ！小学生対象。

『英語で話そう！ 動物大すき！─ANIMAL FUN！』 大阪 NOVA 2004.12 36p 27×21cm （DISNEY'S MAGIC ENGLISH NOVA WORKBOOK）〈発売：ノヴァ・エンタープライズ 付属資料：CD1〉1200円 Ⓘ4-86098-043-3
|目次| 英語のアルファベット，農場，わたしのペット，大きい，小さい，グーフィーの動物たち，プルートの散歩，サファリ，海のなか，動物の動き，いくつある？，言ってみよう！，単語リスト，答えはどっち？，答え
|内容| ディズニーの仲間と一緒に，楽しみながら英語を学ぼう！音声CDには，リズムをつけて読まれる，楽しい英語フレーズがたっぷり入っているから，英語を話す・聞く練習もできるよ！小学生対象。

『英語で話そう！ わたしの町─MY TOWN』 大阪 NOVA 2004.12 36p 27×21cm （DISNEY'S MAGIC ENGLISH NOVA WORKBOOK）〈発売：ノヴァ・エンタープライズ 付属資料：CD1〉1200円 Ⓘ4-86098-042-5
|目次| 英語のアルファベット，お店，食べ物，建物，どこかな？，家に帰ろう！，お出かけ，仕事，通り，公園，言ってみよう！，単語リスト，答えはどっち？，答え
|内容| ディズニーの仲間と一緒に，楽しみながら英語を学ぼう！音声CDには，リズムをつけて読まれる，楽しい英語フレーズがたっぷり入っているから，英語を話す・聞く練習もできるよ！小学生対象。

『英語で話そう！ わたしの家』 大阪 ノヴァ 2004.9 35p 27×21cm （DISNEY'S MAGIC ENGLISH）〈発売：ノヴァ・エンタープライズ 付属資料：CD1〉1200円 Ⓘ4-86098-037-9

|目次| 英語のアルファベット，わたしの家，なかを見よう！，家具，数字，引越ししよう！，家族，親戚，おもちゃ，なかに，上に，下に，言ってみよう！，単語リスト，答えはどっち？，答え
|内容| ディズニーの仲間と一緒に，楽しみながら英語を学ぼう！音声CDには，リズムをつけて読める，楽しい英語フレーズがたっぷり入っているから，英語を話す・聞く練習もできる。小学生対象。

『英語で話そう！ わたしの1日』 大阪 ノヴァ 2004.9 35p 27×21cm （DISNEY'S MAGIC ENGLISH）〈発売：ノヴァ・エンタープライズ 付属資料：CD1〉1200円 Ⓘ4-86098-036-0
|目次| 英語のアルファベット，昼と夜，毎日の暮らし，時間，ムーランの1週間，エイリアンの迷路，リロの日記，学校，遊びの時間，スポーツ大好き！，言ってみよう！，単語リスト，答えはどっち？，答え
|内容| ディズニーの仲間と一緒に，楽しみながら英語を学ぼう！音声CDには，リズムをつけて読める，楽しい英語フレーズがたっぷり入っているから，英語を話す・聞く練習もできる。小学生対象。

『英語で話そう！ わたしの友だち』 大阪 ノヴァ 2004.9 36p 27×21cm （DISNEY'S MAGIC ENGLISH）〈発売：ノヴァ・エンタープライズ 付属資料：CD1〉1200円 Ⓘ4-86098-038-7
|目次| 英語のアルファベット，こんにちは！，友だち，色，わたしの好きな〜，ジャングルゲーム，数字，誕生日！，女の子たちと男の子たち，スポーツ，言ってみよう！，単語リスト，答えはどっち？，答え
|内容| ディズニーの仲間と一緒に，楽しみながら英語を学ぼう！音声CDには，リズムをつけて読める，楽しい英語フレーズがたっぷり入っているから，英語を話す・聞く練習もできる。小学生対象。

◆英語で国際理解

『英語ってこんなにかんたん』 桑原功次文，藤立育弘イラスト 汐文社 2006.3 47p 27cm （日本文化を英語でガイド イラスト図解 第1巻） 1800円 Ⓘ4-8113-8047-9 Ⓝ830.7
|目次| あいさつは大きな声で，はじめまして，外国のお友だち，ありがとう，ごめん

ね，数を数える，算数も楽勝！，今，何時ですか？，月と季節，今日は何日，何曜日？，日本の祝日，わたしの家族〔ほか〕

|内容| 『イラスト図解日本文化を英語でガイド』（全3巻）では，日本の文化をカンタンな英語で紹介しています。第1巻では，あいさつや時間など身の回りのことについて書かれています。基本的なやさしい表現と，おもしろい内容のイラストがいっぱいです。

『現代の日本文化を話そう』 桑原功次文，藤立育弘イラスト　汐文社　2006.3　47p　27cm　（日本文化を英語でガイド　イラスト図解　第2巻）1800円　①4-8113-8048-7　Ⓝ830.7

|目次| わたしたちの住んでいるところ，学校へ行こう！，日本の学校行事，スポーツをしよう，大きくなったら…，遊園地で遊ぼう，何して遊ぶ？，テレビ大好き！，好きなこと得意なこと，きらいなものこわいもの〔ほか〕

『昔ながらの日本文化を話そう』 桑原功次文，藤立育弘イラスト　汐文社　2006.3　47p　27cm　（日本文化を英語でガイド　イラスト図解　第3巻）1800円　①4-8113-8049-5　Ⓝ830.7

|目次| 日本の伝統行事，お祭りだ！，自然と日本人，日本人の心，日本の歴史，歴史のある街，日本の着物，日本食を紹介する，おやつを食べよう！，伝統芸能〔ほか〕

|内容| 第3巻『昔ながらの日本文化を話そう』は，日本の伝統と文化を紹介しています。

『地球村のエイズHIV/AIDSの問題―アフリカの首の長い大きな犬』 吉村峰子，吉村稔著　鈴木出版　2004.5　39p　27×21cm　（チャレンジ！　地球村の英語）3000円　①4-7902-3129-1

|目次| エイズ（HIV/AIDS）について考えよう，アフリカってどんなところ？，日本ってどんなところ？，エマニュエルくんの物語，日本語でしっかり考えよう，みんなで話し合ってみよう，アフリカの問題を考えよう，アフリカの子どもたちが野生動物を見られるようになるために，バナナナガ・プログラム，日本から応援している子どもたち，アフリカの問題をもっともっと考えてみよう，アフリカの問題を解決するために，地球村のみなさんへ

|内容| 本書では，エイズ（HIV/AIDS）によって悲しい思いをしているアフリカの子どもたちのことを紹介している。

『地球村の環境の未来―みんなが豊かにくらすために』 吉村峰子，吉村稔著　鈴木出版　2004.5　39p　27×21cm　（チャレンジ！　地球村の英語）3000円　①4-7902-3130-5

|目次| 地球村の環境について考えよう，豊かな生活をするために必要なものは？，おとなになったときに住みたい環境は？，地上にのこされた船のなぞ，人間は開発によって環境を破壊する？，想像してみよう，もし，とつぜん停電になったら，日本語でしっかり考えよう，環境にやさしい開発はできないのか？，正しく知ろう，開発とは？，環境ロールプレイをやってみよう，みんなで話し合ってみよう，わたしたちの環境の未来，地球村のみなさんへ

|内容| 環境破壊の大きな原因となっているのが，人間がおこなってきた開発。では，環境をこれ以上破壊しないために，開発をやめればよいのだろうか。たとえば，発電所を新しくつくらないまま，日本の人口が今の2倍になり，2日に一度しか電気がこないことになったとしたら，みんなならどうする？発電所をつくる？それとも環境への影響を考えて，がまんする？地球村の住民として，自分たちの住む地球の環境と開発について考えていく一冊。

『地球村の子どものけんり―生きるけんり・育つけんり』 吉村峰子，吉村稔著　鈴木出版　2004.5　39p　27×21cm　（チャレンジ！　地球村の英語）3000円　①4-7902-3131-3

|目次| 「子どものけんり」について考えよう，「子どものけんり」って何だろう？，子どものけんりABC，日本語でしっかり考えよう，守られている？子どものけんり1～3，けんりが守られていない地球村の子どもたち，みんなで話し合ってみよう，地球村のすべての子どものけんりが守られるには？，地球村のみなさんへ，巻末資料

|内容| 「子どものけんり」は，おとなのけんりとどうちがうのだろうか。自分たちのけんりについて，いっしょに考え，たしかめていこう。そして，地球村のほかの場所に住む子どもたちのけんりが守られているかどうか，見ていこう。

『地球村の平和の願い―ネルソン・マンデ

ラさんといっしょに』吉村峰子,吉村稔著　鈴木出版　2004.5　39p　27×21cm　(チャレンジ！地球村の英語)　3000円　①4-7902-3128-3

|目次| 平和について話し合ってみよう、わたしたちの共通点は何でしょう？、マディーバおじさんの10000日の忍耐、日本語でしっかり考えよう、そのときマディーバおじさんは、平和って何だろう？、世界の平和でない状態、あなたは今、平和？、教えて、マディーバ！、みんなで話し合ってみよう、どうすれば平和になるんだろう？、地球村のみなさんへ、巻末資料

|内容| 地球村の平和がテーマ。地球村全体の平和という大きな問題は、自分たちの身のまわりでおきていることと、じつはとても深いつながりがある。どうすれば、わたしたちも地球村にくらすほかの人びとも平和でいられるのか、本当の意味での平和について、考えていく一冊。

『地球村のお茶文化―お茶で味わう多様な文化』吉村峰子,吉村稔著　鈴木出版　2004.3　39p　27×21cm　(チャレンジ！地球村の英語)　3000円　①4-7902-3132-1

|目次| お茶を飲むのはどんなとき？、世界じゅうにお茶がある！、ぼくらはお茶調査隊、友だちの家族を紹介するね、Etterさんの家を訪問、Godakumburaさんの家を訪問、世界ではお茶は何とよばれているのだろう？、Tea break！お茶博士にチャレンジ！、おいしい紅茶のいれかた、Patelさんの家を訪問〔ほか〕

|内容| 本書では、イギリス、スリランカ、インド、中国、マラウィ、そして日本の家族を訪問し、お茶の楽しみかたを紹介している。

『英語ではじめよう国際理解　4　英語で国際交流！』樋口忠彦監修、今井京、梅本多執筆　学習研究社　2003.3　55p　27×22cm　3500円　①4-05-301386-0

|目次| 1 世界を知ろう(世界の7つの大陸、世界の人びととことば　ほか)、2 世界のなかまのことを調べてみよう(どんな勉強をしているの？、どんな遊びをしているの？　ほか)、3 世界の文化や生活のことを調べてみよう(いろいろなジェスチャー、色の感じかたいろいろ　ほか)、4 国際交流を楽しもう(作品を交換しよう、インタビュー活動にちょうせんしよう　ほか)

『英語ではじめよう国際理解　3　英語で歌おう！』樋口忠彦監修、衣笠知子執筆　学習研究社　2003.3　55p　27×22cm〈付属資料：CD1〉3500円　①4-05-301385-2

|目次| こんにちは、おはよう、世界のみんなにこんにちは、ABCのうた、色のうた、セブンステップス、2羽のかわいい小鳥さん、曜日のうた、月のうた、ヘッドアンドショルダーズ〔ほか〕

『英語ではじめよう国際理解　2　英語で話そう！』樋口忠彦監修、国方太司著　学習研究社　2003.3　55p　27×22cm〈付属資料：CD1〉3500円　①4-05-301384-4

|目次| 自己しょうかいをしよう、名前をきいてみよう、ジュリー先生の授業、友だちをしょうかいしよう、動物園へ行こう、おべんとうを食べよう、公園でスポーツをしよう、いちばんすきな教科をたずねてみよう、得意な楽器について話そう、ペットについて話そう〔ほか〕

『英語ではじめよう国際理解　1　英語で遊ぼう！』樋口忠彦監修、小川恵子著　学習研究社　2003.3　55p　27×22cm〈付属資料：CD1〉3500円　①4-05-301383-6

|目次| 教室、スポーツ、わたしの部屋(女の子の部屋)、わたしの家族、スーパーマーケット、レストラン、わたしたちの町、動物園、自然、身につけるもの、体、数、色

『英語でできる国際交流アイディア集　4　英語絵じてん―総合的な学習に使える英語　まず、これだけ英語で話そう、自分のこと』高橋作太郎監修、ダニエル・カールアドバイザー、片岡輝著　岩崎書店　2001.4　47p　29×22cm〈付属資料：CD1〉3000円　①4-265-02544-7

|目次| 1 総合的な学習に使える英語　まず、これだけ！、2 英語で話そう自分のこと(My daily life わたしの毎日、My house わたしの家、My School わたしの学校、My town わたしの町、My Favorites わたしの大好きなもの、My dream わたしの夢)

『英語でできる国際交流アイディア集　3　ダニエル・カールの英語の世界をひろげよう―ダニエルの会話集/こんなこと

やってみよう』高橋作太郎監修，ダニエル・カール著　岩崎書店　2001.4　47p　29×22cm〈付属資料：CD1〉3000円　④4-265-02543-9

目次　1 ぼくの息子はこうしてなったバイリンガル，2 ダニエルの会話集，3 こんなとやってみよう 家族編，4 こんなことやってみよう 学校編（教室にあるものを英語にしよう!，英語で学校生活をおくろう!）

『英語でできる国際交流アイディア集　2　英語で世界とともだち―教室・町で国際交流』高橋作太郎監修，ダニエル・カールアドバイザー，平田淳，平田由里子著　岩崎書店　2001.4　47p　29×22cm〈付属資料：CD1〉3000円　④4-265-02542-0

目次　1 日本へようこそ（学校に英語を話す人がきたとき，町で英語を話すとき，外国人を家に招待しよう，日本の文化を紹介しよう），2 あなたのことを教えて!（どんな家に住んでるの，外国のおともだちの生活，外国の行事のようすを見よう），3 英語の国のマナー

『英語でできる国際交流アイディア集　1　英語であそぼう―世界と日本のあそび・歌/インターネット』高橋作太郎監修，ダニエル・カールアドバイザー，田中ひろし著　岩崎書店　2001.4　47p　29×22cm〈付属資料：CD1〉3000円　④4-265-02541-2

目次　1 世界のあそびや歌を英語でたのしもう（英語の国のあそびを体験しよう，英語でやろう，世界のスポーツ，世界の歌をうたおう），2 日本のあそびや歌を英語でたのしもう（英語で日本のあそびを世界のともだちに紹介しよう，英語で日本の歌をうたおう），3 たのしく文通しよう（英語で手紙を書こう，英語でいろんなカードを書こう，英語でEメールを書こう）

『国際理解に役立つ　英語で広がるわたしたちの世界　5　もっと知りたい!　世界の国ぐに』吉村峰子，グローブ・インターナショナル・ティーチャーズ・サークル編著　金の星社　2001.3　47p　30cm　2800円　④4-323-05315-0

目次　1 世界七大陸，2 季節，3 北極，4 南極大陸，5 砂ばくに生きる人びと

内容　世界地図で世界七大陸への興味を深め，その中で自分たちの居場所を見直します。また，砂漠や北極圏のきびしい自然環境に住む人々の伝統的な暮らしや素晴らしい知恵，さまざまな生き物も紹介。小学校中学年～中学生向き。

『国際理解に役立つ　英語で広がるわたしたちの世界　4　もっと知りたい!　いろいろな文化』吉村峰子，グローブ・インターナショナル・ティーチャーズ・サークル編著　金の星社　2001.3　47p　30cm　2800円　④4-323-05314-2

目次　1 色（あなたのまわりには，どんな色があるかな?，Skin colorって，どんな色? ほか），2 学校（学校から思いうかぶことは?，わたしのこと，学校のこと　ほか），3 家（「家」ということばから，なにを思いうかべますか?，世界中のいろいろな家を見てみよう!　ほか），4 ほかの国からきた人びと（どんな国とかかわりがあるかな?，ほかの国の人にインタビュー　ほか），5 豆（どんな豆があるかな?，世界の豆料理，大集合! ほか）

内容　このシリーズでは，英語を通じて楽しい発見をしながら，子どもたち自身の世界を広げ，ものの考え方を養います。本巻では，世界中の人たちの肌の色の違い，家や学校のようすの違いなどを，クイズやゲームを交えて紹介します。異文化に親しみながら，ものの見方や感じ方，表現のしかたの多様性や普遍性を発見します。小学校中学年～中学生向き。

『国際理解に役立つ　英語で広がるわたしたちの世界　3　もっと知りたい!　環境について』吉村峰子，グローブ・インターナショナル・ティーチャーズ・サークル編著　金の星社　2001.3　47p　30cm　2800円　④4-323-05313-4

目次　1 ごみ（これって，なに?，ごみをわけてみよう!　ほか），2 地震（ある日曜日の午後のこと…，地震!あなたはどうしますか? ほか），3 恐竜（ふしぎなものを見つけたよ，地球の歴史をのぞいてみよう!　ほか），4 くじら（くじらと人間の骨をくらべてみよう!，くじらたちはなにをしているの?　ほか），5 野生動物（見たことのある動物がいるかな?，ぜつめつしそうな動物たち　ほか）

内容　このシリーズでは，英語を通じて楽しい発見をしながら，子どもたち自身の世界を広げ，ものの考え方を養います。本巻で

英語　　　　　　　　　　　　　　　　　　　　　　　　　　英語で読んでみよう

は、ごみの処理やリサイクルのこと、地震のこと、絶滅した恐竜や野生動物のことなど、環境の問題について紹介します。身の回りの環境のために、地球の環境のために、何が実践できるか考えます。小学校中学年～中学生向き。

『国際理解に役立つ　英語で広がるわたしたちの世界　2　もっと知りたい！　平和について』　吉村峰子，グローブ・インターナショナル・ティーチャーズ・サークル編著　金の星社　2001.3　47p　30cm　2800円　①4-323-05312-6
[目次] 1 チョコレート，2 地球の1日，3 戦争と子ども，4 難民，5 地球家族
[内容] アフリカの難民少女のお話や、多くの国に埋められている地雷の現状など、世界のできごとをわかりやすく、英単語や英会話を交えて紹介します。また、世界各国の家族写真から価値観の違いを発見します。

『国際理解に役立つ　英語で広がるわたしたちの世界　1　もっと知りたい！　人間について』　吉村峰子，グローブ・インターナショナル・ティーチャーズ・サークル編・著　金の星社　2001.3　47p　30cm　2800円　①4-323-05311-8
[目次] 1 名前(names)(あなたはだれ？，世界にはどんな名前があるのかな？　ほか)，2 五感(the five senses)(五感って、なあに？，すきなものはなあに？ほか)，3 誕生日(birthdays)(誕生日はいつですか？，考えてみよう！なにが必要？　ほか)，4 仕事(occupations)(あなたのまわりには、どんな職業の人がいるかな？，将来、なりたい職業は？　ほか)，5 食生活(people's diets)(朝食になにを食べますか？，食べものの栄養について知ろう！　ほか)
[内容] 人の名前の大切さ、五感で感じるいろいろなこと、生きていることを感謝する誕生日などについて、歌も交え楽しく紹介します。自分のこと、人間のこと、人の関わり合いを学びます。小学校中学年～中学生向き。

『英語をつかって遊ぼう一国際理解』　国土社（発売）2001.1　35p　27cm　（みんなで学ぶ総合的学習　10　高野尚好監修）〈索引あり〉2600円　①4-337-16110-4
[目次] ウェルカム・パーティ、どこから来たの？、年はいくつ？、たんじょう日はいつ？、家族をしょうかい、これは何？、好きなもの、ジェスチャー、これできる？、今、何時？、ランチタイム、道案内、ショッピング、パーティ大好き、いっしょに歌おう、いっしょに遊ぼう

『アメリカンライフ』　羽鳥博愛監修　学習研究社　2000.3　96p　30cm　（学研の英語ずかん　新訂版 5）2600円　①4-05-300783-6,4-05-300785-2

英語で読んでみよう

◆英語で読む絵本・物語

『ぽちぽちいこかー英語でもよめる』　マイク・セイラーさく，ロバート・グロスマンえ，いまえよしともやく　偕成社　2011.2　32p　26cm〈他言語標題：What can a hippopotamus be？〉1600円　①978-4-03-201610-9　Ⓝ726.6

『大きい犬…小さい犬』　P.D.イーストマン作・絵，木原悦子訳　鈴木出版　2010.3　1冊（ページ付なし）24cm（英語を楽しむバイリンガル絵本）〈他言語標題：Big dog,little dog〉1800円　①978-4-7902-3231-5　Ⓝ726.6
[内容] 大きい犬・フレッドと小さい犬・テッド。フレッドは緑色が好きで、テッドは赤が好き。何もかもちがうけれど、とってもなかよし。アメリカで半世紀近く愛され続けている絵本のバイリンガル版。

『リトル・マーメイド』　学研教育出版編　学研教育出版　2010.3　41p　26cm（ディズニーの英語ストーリーブック　1―ディズニー・イングリッシュ）〈発売：学研マーケティング　付属資料：シール，CD1〉1200円　①978-4-05-203241-7
[目次] リトル・マーメイド、おはなしにでてきたえいご、シールゲーム、えいごのうた、おはなしえいご版、ボキャブラリー・ボックス
[内容] ディズニーの名作映画『リトル・マー

子どもの本　国語・英語をまなぶ2000冊　243

英語で読んでみよう　　　　　　　　　　　　　　　　　　英語

メイド』を日本語＋英語で絵本化。日本語のお話の中に時々英語が出てくるバイリンガル形式で、巻末の歌やゲームを通して自然に英語表現も学べます。ネイティブ・スピーカーの朗読や、英語の歌などが収録されているCD付き。シールで遊ぶ英語ゲームや、単語リストも掲載しました。

『リロ&スティッチ』　学研教育出版編　学研教育出版　2010.3　41p　26cm　（ディズニーの英語ストーリーブック 2―ディズニー・イングリッシュ）〈発売：学研マーケティング　付属資料：シール，CD1〉1200円　ⓘ978-4-05-203242-4

|目次| リロ&スティッチ，おはなしにでてきたえいご，シールゲーム，えいごのうた，おはなしえいご版，ボキャブラリー・ボックス

|内容| ディズニーの名作映画『リロ&スティッチ』を日本語＋英語で絵本化。日本語のお話の中に時々英語が出てくるバイリンガル形式で、巻末の歌やゲームを通して自然に英語表現も学べます。ネイティブ・スピーカーの朗読や、英語の歌などが収録されているCD付き。シールで遊ぶ英語ゲームや、単語リストも掲載しました。

『くまのプーさん ハッピーバースデー、ママ』　学研教育出版編　学研教育出版　2010.2　33p　20×20cm　（ディズニーの英語ストーリーブック 2―ディズニーイングリッシュ）〈発売：学研マーケティング　付属資料：CD1，シール〉1200円　ⓘ978-4-05-203235-6

|目次| ハッピーバースデー、ママ，おはなしにでてきたえいご，シールゲーム，えいごのうた，おはなしえいご版，ボキャブラリー・ボックス

|内容| 日本語のお話に時々英語が出てくる、親しみやすい構成。情操教育にも役立つ、心温まるストーリー。CDにはネイティブ・スピーカーの朗読を収録。シールで楽しめる英語ゲームつき。

『くまのプーさん プーさんとはちみつ』　学研教育出版編　学研教育出版　2010.2　33p　20×20cm　（ディズニーの英語ストーリーブック 1―ディズニーイングリッシュ）〈発売：学研マーケティング　付属資料：CD1，シール〉1200円　ⓘ978-4-05-203234-9

|目次| プーさんとはちみつ，おはなしにでてきたえいご，シールゲーム，えいごのうた，おはなしえいご版，ボキャブラリー・ボックス

|内容| 日本語のお話に時々英語が出てくる、親しみやすい構成。情操教育にも役立つ、心温まるストーリー。CDにはネイティブ・スピーカーの朗読を収録。シールで楽しめる英語ゲームつき。

『魚（さかな）を水に入れましょう』　ヘレン・パーマー作，P.D.イーストマン絵，木原悦子訳　鈴木出版　2010.2　64p　24cm　（英語を楽しむバイリンガル絵本）〈他言語標題：A fish out of water〉1800円　ⓘ978-4-7902-3230-8　Ⓝ726.6

『ミッキーマウスクラブハウス ミニーのピクニック』　学研教育出版編　学研教育出版　2010.2　33p　20×20cm　（ディズニーの英語ストーリーブック 3―ディズニーイングリッシュ）〈発売：学研マーケティング　付属資料：CD1，シール〉1200円　ⓘ978-4-05-203236-3

|目次| ミニーのピクニック，おはなしにでてきたえいご，シールゲーム，えいごのうた，おはなしえいご版，ボキャブラリー・ボックス

|内容| 日本語のお話に時々英語が出てくる、親しみやすい構成。情操教育にも役立つ、心温まるストーリー。CDにはネイティブ・スピーカーの朗読を収録。シールで楽しめる英語ゲームつき。

『羽をパタパタさせなさい』　P.D.イーストマン作・絵，木原悦子訳　鈴木出版　2010.1　1冊（ページ付なし）24cm　（英語を楽しむバイリンガル絵本）〈他言語標題：Flap your wings〉1800円　ⓘ978-4-7902-3229-2　Ⓝ726.6

『あなたがぼくのおかあさん？』　P.D.イーストマン作・絵，木原悦子訳　鈴木出版　2009.12　64p　24cm　（英語を楽しむバイリンガル絵本）〈他言語標題：Are you my mother?〉1800円　ⓘ978-4-7902-3228-5　Ⓝ726.6

『それいけ、わんちゃん！』　P.D.イース

英語　　　　　　　　　　　　　　　　　　　　　英語で読んでみよう

トマン作・絵，木原悦子訳　鈴木出版　2009.12　64p　24cm　〈英語を楽しむバイリンガル絵本〉〈他言語標題：Go, dog.Go！〉1800円　①978-4-7902-3227-8　Ⓝ726.6
[内容] とにかく大勢の犬が走る、というワクワク絵本。彼らの行き先は？

『あおいろねずみときいろねずみ』　大江パトリシア絵・文　アールアイシー出版　2006.11　21p　20×27cm　（R.I.C.Story Chest）〈本文：英文，付属資料：CD1〉2000円　①4-902216-90-6
[内容] 青色ねずみの国はなにもかも青色。黄色ねずみの国はすべてが黄色。では、黄色ねずみが青色ねずみの国に行って住むとどうなるでしょう。これは冒険好きのねずみの愉快なお話です。異なる環境にも心を開いて欲しいという、子どもたちへの願いが込められています。CDにはナレーションだけでなく、オリジナル曲、チャンツ、発音練習も入っています。

『しましまのクリスタ』　大江パトリシア絵・文　アールアイシー出版　2006.11　21p　20×27cm　（R.I.C.Story Chest）〈本文：英文，付属資料：CD1〉2000円　①4-902216-89-2
[内容] クリスタはさんご礁に住む熱帯魚。ある日、きれいなしま模様がなぜか消えはじめました。一体どうすればいいのでしょう？困ったクリスタは、タコさんやヒトデさんにも聞いてみるのですが、だれも答えがわかりません…。子どもたちが、さんご礁と生態系の関係を考えるきっかけにもして欲しい一冊です。CDには、ナレーションほか、オリジナル曲、歌、発音練習も収録しています。

『くまさんくまさんなにみてるの？―英語でもよめる』　ビル・マーチンぶん，エリック・カールえ，偕成社編集部やく　偕成社　2006.10　1冊（ページ付なし）28cm〈他言語標題：Brown bear,brown bear,what do you see？　英語併記〉1400円　①4-03-201560-0　Ⓝ726.6

『はらぺこあおむし―英語でもよめる』　エリック・カールさく，もりひさしやく　偕成社　2006.10　1冊（ページ付なし）22×31cm〈他言語標題：The very hungry caterpillar　英語併記〉1600円　①4-03-328320-X　Ⓝ726.6

『ふしぎの国のアリス』　平田昭吾翻案，高橋信也画　サンスポ開発　2006.8　24p　19×21cm　（世界の名作童話 動く絵本 10）〈発売：産経新聞出版　付属資料：DVD1，本文：日英両文〉952円　①4-902970-50-3
[内容] 「ふしぎの国のアリス」はオックスフォード大学の教授でチャールズ・ドジソンが娘のアリスのために作ったお話で、1866年にルイス・キャロルのペンネームで出版、世界中の人々から今も愛される作品です。

『海ぞくの冒険―プーさんの英語絵本』　大阪　NOVA　2006.7　39p　27×22cm〈付属資料：CD1〉2400円　①4-86098-169-3
[目次] 登場するキャラクター，使い方，海ぞくの冒険，スクリプトと日本語訳，単語リスト
[内容] ある日、ティガーが木の幹にはりつけられた地図を発見しました。宝の地図だと信じたプーさんや森の仲間たちは、海ぞくの服そうに着替えて、クリストファー・ロビンと宝探しに向かいます！この本の特長は…くまのプーさんの楽しい物語をつうじて、英語に触れ、親しむことができます。付属のCDには、ネイティヴが情感たっぷりに読み上げた英語音声を収録。英語で「読み・聞く」力がつく英語絵本です。小学生対象。

『キャンプへ行こう―プーさんの英語絵本』　大阪　NOVA　2006.7　39p　27×22cm〈付属資料：CD1〉2400円　①4-86098-168-5
[目次] 登場するキャラクター，使い方，キャンプへ行うこ，スクリプトと日本語訳，単語リスト
[内容] プーとピグレットは森へキャンプをしに行きます。仲間たちとテントを立てて、夜にはキャンプファイヤーも！ところが、遊びつかれたみんなが寝てしまったあとも、ピグレットは眠れません…。この本の特長は…くまのプーさんの楽しい物語をつうじて、英語に触れ、親しむことができます。付属のCDには、ネイティヴが情感たっぷりに読み上げた英語音声を収録。英語で「読み・聞く」力がつく英語絵本です。小学生対象。

英語で読んでみよう　　　　　　　　　　　　　　　　英語

『トゥースフェアリーの大冒険―パックンの英語絵本』　パトリック・ハーラン絵・文　小学館　2006.5　31p　27cm　〈他言語標題：The Tooth Fairy's big adventure　英語併記〉1200円　Ⓘ4-09-726161-4　Ⓝ726.6
[内容]　アメリカに昔からいたこんなかわいい妖精、知ってた？英語が学べる本格的絵本。

『あるふぁべっと』　ジョン・バーニンガム作，あかね書房出版部訳　あかね書房　2004.5　1冊（ページ付なし）20cm　（バーニンガムのえいごえほん）〈英語併記〉600円　Ⓘ4-251-00118-4　Ⓝ726.6

『いろ』　ジョン・バーニンガム作，あかね書房出版部訳　あかね書房　2004.5　1冊（ページ付なし）20cm　（バーニンガムのえいごえほん）〈英語併記〉600円　Ⓘ4-251-00119-2　Ⓝ726.6

『かず』　ジョン・バーニンガム作，あかね書房出版部訳　あかね書房　2004.5　1冊（ページ付なし）20cm　（バーニンガムのえいごえほん）〈英語併記〉600円　Ⓘ4-251-00117-6　Ⓝ726.6

『はんたいことば』　ジョン・バーニンガム作，あかね書房出版部訳　あかね書房　2004.5　1冊（ページ付なし）20cm　（バーニンガムのえいごえほん）〈英語併記〉600円　Ⓘ4-251-00120-6　Ⓝ726.6

『おばあちゃんとぼくと』　インタープログ編，マーサー・メイヤー作　インタープログ　2004.3　31p　26cm　（リビングブックス）〈発売：ディー・アート　付属資料：CD-ROM1〉1280円　Ⓘ4-88648-723-8
[内容]　本書は、子どもも大人も楽しめる、動く、そしておしゃべりする「生きている絵本」です。物語の中にはいりこんで、登場人物たちといっしょに素敵な世界を体験してください。「日本語」「英語」「スペイン語」の3つの言葉で読み書きされる物語を通じて、遊びながら自然に外国語に親しむこともできます。本書には、リビングブックス「おばあちゃんとぼくと」を楽しんでいただくための使い方と英語の解説が載っています。3歳～10歳。

『ハリー君とおばけやしき』　インタープログ編，マーク・シュリクティング作　インタープログ　2004.3　31p　26cm　（リビングブックス）〈発売：ディー・アート　付属資料：CD-ROM1〉1280円　Ⓘ4-88648-725-4
[内容]　本書は、子どもも大人も楽しめる、動く、そしておしゃべりする「生きている絵本」です。物語の中にはいりこんで、登場人物たちと一緒に素敵な世界を体験してください。「日本語」「英語」「スペイン語」の3つの言葉で読み書きされる物語を通じて、遊びながら自然に外国語に親しむこともできます。本書には、リビングブックス「ハリー君とおばけやしき」を楽しんでいただくための使い方と英語の解説が載っています。3歳～10歳。

『オズワルドのびっくりバースデー―はじめてえいごえほん』　ダン・ヤッカリーノキャラクター原案，ね～ね～編集部構成，菊池美智代イラストレーション　主婦と生活社　2003.12　1冊（ページ付なし）21×21cm　952円　Ⓘ4-391-12877-2　Ⓝ726.6
[内容]　きょうはいいてんき。オズワルドはともだちとあそびたいのにみんななんだかいそがしそう。「どうしてだろう？ウィニー。」それにはひみつがあったのです…。アメリカの幼児アニメーションNO.1のオズワルドといっしょにはじめて英語に親しむ絵本。

『おしゃべりレオくんやってきた！―はじめてえいごでよむおはなし』　オパール・ダンぶん，キャシー・ゲイルえ，かがみてつおやく　評論社　2003.4　1冊（ページ付なし）22×28cm　（児童図書館・絵本の部屋―しかけ絵本の本棚）1300円　Ⓘ4-566-00521-6　Ⓝ726.6
[内容]　Chatty Leo（おしゃべりレオくん）といっしょにえいごをならおう。ねこのレオはとってもわんぱくだよ。Chatty Leoはスケートボードにのってぼうけんにでかける！ぼうけんにはきみもいっしょにつれていくんだって！かんたんなえいごのことばをよんでみて。よんだらえいごをめくって

| 英語 | 英語で読んでみよう |

ほんごではなんていうかみつけてね。

『あつがりパティーPatt's Hot Day』 上原エイミー著　小金井　ネット武蔵野　2002.12　23p　26cm〈本文：日英両文，付属資料：CD1〉1143円　Ⓘ4-944237-61-8
内容　北アメリカ大陸の大草原に生きるプレーリードッグの絵本。

『ひとりぼっちのパイナップル―Peter the Lonely Pineapple』 大江パトリシア著　小金井　ネット武蔵野　2002.12　23p　26cm〈本文：日英両文，付属資料：CD1〉1143円　Ⓘ4-944237-60-X
内容　「いっしょにあそんでもいい？」ピーターは、バナナたちにききました。「だめだ！きみはパイナップルだもん！ぼくたちはバナナだもん！」といいました。

『いろ』 シアン・タッカーさく　三起商行　1995.12　1冊　8.5×8.5cm（ミキハウスのえいごえほん）400円　Ⓘ4-89588-431-7

『かず』 シアン・タッカーさく　三起商行　1995.12　1冊　8.5×8.5cm（ミキハウスのえいごえほん）400円　Ⓘ4-89588-433-3

『おうち』 シアン・タッカーさく　三起商行　1995.9　1冊　8.5×8.5cm（ミキハウスのえいごえほん）400円　Ⓘ4-89588-435-X

『おそと』 シアン・タッカーさく　三起商行　1995.9　1冊　8.5×8.5cm（ミキハウスのえいごえほん）400円　Ⓘ4-89588-436-8

『おもちゃ』 シアン・タッカーさく　三起商行　1995.9　1冊　8.5×8.5cm（ミキハウスのえいごえほん）400円　Ⓘ4-89588-437-2

『きるもの』 シアン・タッカー作　三起商行　1995.9　1冊　8×8cm（ミキハウスのえいごえほん）400円　Ⓘ4-89588-438-4

『おおきさ』 シアン・タッカーさく　三起商行　1995.8　1冊　8.5×8.5cm（ミキハウスのえいごえほん）400円　Ⓘ4-89588-434-1

『おと』 シアン・タッカーさく　三起商行　1995.8　1冊　8.5×8.5cm（ミキハウスのえいごえほん）400円　Ⓘ4-89588-432-5

『おかいもの』 シアン・タッカーさく　三起商行　1995.5　1冊　8.5×8.5cm（ミキハウスのえいごえほん）400円　Ⓘ4-89588-429-5

『だれのおうち』 シアン・タッカーさく　三起商行　1995.5　1冊　8.5×8.5cm（ミキハウスのえいごえほん）400円　Ⓘ4-89588-430-9

『どうぶつ』 シアン・タッカーさく　三起商行　1995.5　1冊　8.5×8.5cm（ミキハウスのえいごえほん）400円　Ⓘ4-89588-427-9

『のりもの』 シアン・タッカーさく　三起商行　1995.5　1冊　8.5×8.5cm（ミキハウスのえいごえほん）400円　Ⓘ4-89588-428-7

◆英語で読む日本の絵本・物語

『おきてよおきてよ　きょうりゅうのあかちゃん』 はたつね作，マーク・アイルランド絵，アイルランド法子訳　幻冬舎ルネッサンス　2011.3　1冊　22×31cm〈本文：日英両文〉1200円　Ⓘ978-4-7790-0669-2
内容　「まだうまれないすこしもうごかない。わたしたちのあかちゃんはなにをしているのでしょう？」ワクワクするお話とリズミカルな英語で子どもの想像力と英語力を育みます。

『ある朝、お城で目ざめたら』 沢田暢作，かとうまふみ絵　岩崎書店　2010.2　32p　25×22cm（英語が身につく絵本わくわくストーリーズ 4）〈付属資料：CD1〉2200円　Ⓘ978-4-265-02524-4
目次　調子をたずねる，調子を言う，時間をたずねる，時間を言う，曜日を言う，いつ，なにをするかたずねる，何時にするか言う，

英語で読んでみよう　　　　　　　　　　　　　　　　　　　　　　　　英語

ていねいな表現でたずねる，ていねいに答える，どうしたのかたずねる
|内容|トシキが目をさますと，そこはお城だった⁉そして，そこはなんと英語の国だった。友だちの王子さまと一緒に，王子さまならではの，なかなかハードな朝の日課をこなしていく。英語でスケジュールを確認して，自分の意思も伝えられるようになっていく。しかし，次に目をさましたとき，トシキがいたところは―。

『大きくなったら，なにになる？』　沢田暢作，小林ゆき子絵　岩崎書店　2010.2　32p　25×22cm　（英語が身につく絵本　わくわくストーリーズ 5）〈付属資料：CD1〉2200円　①978-4-265-02525-1
|目次|誕生日などをたずねる，誕生日を言う，なりたいものをたずねる，なりたいものを言う，好きなことを言う，これは～と言う，できることをたずねる，できること，できないことを言う
|内容|アメリカのいとこの家に遊びにきているミウは，タクミの幼稚園の発表会に出かける。子どもたちは，大きくなったらなりたいものの格好をして，発表をする。なにができるか，なにが好きかなどを英語で伝えていく。夢いっぱいの子どもたち。最後にブラウン先生は，ミウの夢をたずねる。

『動物園であっちこっちどっち？』　沢田暢作，タミ☆ヒロコ絵　岩崎書店　2010.2　32p　25×22cm　（英語が身につく絵本　わくわくストーリーズ 3）〈付属資料：CD1〉2200円　①978-4-265-02523-7
|目次|～への行きかたをたずねる，～への行きかたを説明する
|内容|サヤとルーシーは，日曜日に動物園へ出かける。目あての動物を見にいくまでに，さまざまな人と出会う一日となる。行きかたを英語で確認し，人からたずねられたときにも，サヤは英語で説明ができるようになる。いろんな動物を見て回り，最後に出会ったのは―。

『ワールドマーケットへ行こう！』　沢田暢作，藤田ヒロコ絵　岩崎書店　2010.2　31p　25×22cm　（英語が身につく絵本　わくわくストーリーズ 2）〈付属資料：CD1〉2200円　①978-4-265-02522-0
|目次|なにかたずねる，なにかを言う，なにがほしいかたずねる，好き，きらいをたずねる，好き，きらいを言う，ほしいかどうかをたずねる，ほしいと答える，ほしいものを言う，数をたずねる，数を言う
|内容|マリコとメアリーは，公園で行われているワールドマーケットへ遊びにいく。シンガポールやケニアなど，いろいろな国の屋台を見て歩く。知らないものと出会ったり，おいしいものを食べたり…。お店の人とは英語でやりとりする。わからないものをたずね，数をかぞえ，好き，きらい，ほしいものを伝え，買うことを覚える。いつのまにかマリコはメアリーに頼らず，買い物ができるようになる。

『つみきのいえ―英語版』　illustrations by Kunio Kato, text by Kenya Hirata, translatid by Arthur Binard　白泉社　2009.11　1冊（ページ付なし）26cm〈他言語標題：Once upon a home upon a home　原文併載〉1500円　①978-4-592-76140-2

『魔法の地図で世界旅行』　沢田暢作，山田美津子画　岩崎書店　2009.10　31p　25×22cm　（英語が身につく絵本　わくわくストーリーズ 1）〈付属資料：CD1〉2200円　①978-4-265-02521-3

『おとうさんのて』　いのうえたかお作，さいとうたいこ絵，デレック・ウェスマン訳　鈴木出版　2008.4　1冊（ページ付なし）23cm　（えいごのじかん）〈他言語標題：Daddy's hands　英語併記〉1500円　①978-4-7902-3207-0　Ⓝ726.6

『くつくつくつだれのくつ』　直江みちる作，今井俊紀，デレック・ウェスマン訳　鈴木出版　2008.4　1冊（ページ付なし）23cm　（えいごのじかん）〈他言語標題：Shoes,shoes,shoes,whose shoes？　英語併記〉1500円　①978-4-7902-3206-3　Ⓝ726.6

『だれかなぁ？』　みやにしたつや作・絵，デレック・ウェスマン訳　鈴木出版　2008.4　1冊（ページ付なし）23cm　（えいごのじかん）〈他言語標題：Who could it be？　英語併記〉1500円　①978-4-7902-3208-7　Ⓝ726.6

『きらいですき』 みやもとただお作・絵，デレック・ウェスマン訳　鈴木出版　2008.3　1冊（ページ付なし）23cm（えいごのじかん）〈他言語標題：But I like you　英語併記〉1500円　⑪978-4-7902-3205-6　Ⓝ726.5

『だれかしら』 多田ヒロシ絵・文，ミア・リン・ペリー英訳　アールアイシー出版　2008.3　23p　20×21cm　（R.I.C.Story Chest）〈本文：英文，付属資料：CD1〉2000円　⑪978-4-902216-80-6
内容　とんとんとん…まどからちょこっとだけ見えているお友だち、だれかしら？

『はじめてのおるすばん』 しみずみちを作，山本まつ子絵，サコ・ラクラン英訳　アールアイシー出版　2008.3　31p　25×22cm　（R.I.C.Story Chest）〈本文：英文，付属資料：CD1〉2400円　⑪978-4-902216-49-3
内容　はじめておるすばんをする小さな女の子を愛情こめてやさしく描いた心に残るロングセラー。

『はじめまして』 新沢としひこ作，大和田美鈴絵　鈴木出版　2008.2　1冊（ページ付なし）23cm　（えいごのじかん）〈他言語標題：How do you do？英語併記　翻訳：デレック・ウェスマン〉1500円　⑪978-4-7902-3203-2　Ⓝ726.5
内容　自分の生まれた国で話されていることばを母国語といいます。英語は、英語を母国語とする人たちだけが話すことばではなくなっています。母国語がちがう人同士の共通語として、世界中で話されています。では、英語ってどんなことばでしょう？「えいごのじかん」は、英語を絵本で楽しむシリーズです。文法とかスペルとか、そんなむずかしいことはしばらく忘れて、声に出して英語を読んでみましょう。英語なんて自信がないという人にも、ぜんぜんわからないという人にも、英語がおもしろいと思っている人にも、きっと楽しんでいただけます。

『あめのひのえんそく―英語版』 間瀬なおかた絵・文，ミア・リン・ペリー英訳　アールアイシー出版　2006.9　24p　25×25cm〈付属資料：CD1，本文・英文〉2600円　⑪4-902216-47-7
内容　今日はせっかくの遠足なのに、朝から雨が降っています。ぶどう山につくまでに雨は止むのかな？色とりどりの景色の中を、みんなを乗せて遠足のバスは走ります。ぶどう園につくと、雨がやんで、通ってきた景色が合わさった大きな虹で…アッと驚くしかけが楽しい乗りもの絵本。

『でんしゃでいこう　でんしゃでかえろう―英語版』 間瀬なおかた絵・文，ミア・リン・ペリー英訳　アールアイシー出版　2006.9　24p　25×25cm〈付属資料：CD1，本文・英文〉2600円　⑪4-902216-48-5
内容　雪がつもる山の駅を小さな電車が出発します。村を出て、トンネルを抜けて、山を登り、鉄橋を渡り、電車は海辺の丘へ。そして一面の菜の花畑を抜けると、海の駅に着きました。山の駅から出発して海の駅へ到着するまでの電車の様子を描いたお話です。前から読んでも後ろから読んでも楽しめます。

『ゆきのひのころわん―英語版』 間所ひさこ作，黒井健絵，ピーター・ハウレット訳　アールアイシー出版　2006.8　26p　25×25cm　（R.I.C.Story Chest）〈本文：英文，付属資料：CD1〉2400円　⑪4-902216-45-0
内容　ころわんは、ころころとしてやんちゃな子犬です。今日ははじめての雪の日。雪の上につく足跡が面白くてしかたがありません。ところが、元気に走り回っていたら、何か赤いものを見つけました…。

『だるまちゃんとうさぎちゃん―英語版CDつき』 加古里子著，ピーター・ハウレット，リチャード・マクナマラ英訳　チャールズ・イー・タトル出版　2005.12　29p　19×27cm〈付属資料：CD1，本文：英文〉1900円　⑪4-8053-0836-2
内容　雪がつもったある日、だるまちゃんとだるまこちゃんは、2ひきのうさぎちゃんとお友だちになります。雪うさぎや、手ぶくろ人形を作ったり、だるまちゃんは楽しいあそびをいろいろおしえてくれます。いつもゆかいなことがいっぱいの「だるまちゃん」シリーズ英語版第3作です。

英語で読んでみよう

『だるまちゃんとかみなりちゃん―英語版 CDつき』 加古里子著，ピーター・ハウレット，リチャード・マクナマラ英訳 チャールズ・イー・タトル出版 2005.12 28p 19×27cm 1900円 ④4-8053-0835-4

内容 だるまちゃんと一緒なら雨の日も楽しく過ごせます。かみなりちゃんと出会っただるまちゃんは、雲の中の不思議な世界でおおはしゃぎ。だるまちゃんと一緒にわくわくする冒険に出かけましょう。大人気の「だるまちゃん」シリーズ英語版第2作です。

『だるまちゃんとだいこくちゃん―英語版 CDつき』 加古里子著，ピーター・ハウレット，リチャード・マクナマラ英訳 チャールズ・イー・タトル出版 2005.12 30p 19×27cm〈付属資料：CD1，本文：英文〉1900円 ④4-8053-0838-9

内容 だるまちゃんはだいこくちゃんのふしぎな「うちでのこづち」がうらやましくてなりません。じゅもんをとなえてふると、おかしやおもちゃがどんどんでてくるからです。そこで、だるまちゃんはすてきなアイデアを思いつきます。夢が広がるだるまちゃんシリーズ英語版第5作です。

『だるまちゃんとてんぐちゃん―英語版 CDつき』 加古里子著，ピーター・ハウレット，リチャード・マクナマラ英訳 チャールズ・イー・タトル出版 2005.12 29p 19×27cm〈付属資料：CD1，本文：英文〉1900円 ④4-8053-0834-6

内容 うちわや帽子に下駄。だるまちゃんはてんぐちゃんの素敵な持ち物がうらやましくてたまりません。だるまちゃんはてんぐちゃんの"おはな"が欲しいとお父さんにお願いするのですが…。子供たちに楽しい夢をお届けする、だるまちゃんシリーズの第1巻です。

『だるまちゃんとてんじんちゃん―英語版 CDつき』 加古里子著，リチャード・カーペンター英訳 チャールズ・イー・タトル出版 2005.12 32p 19×27cm〈付属資料：CD1，本文：英文〉1900円 ④4-8053-0839-7

内容 ひとついけに出かけただるまちゃん。大きな魚をつりあげようとがんばっていると、3人のてんじんちゃんがやってきます。みんなでちからを合わせてつりざおをひっぱると、一体なにが起こるのでしょうか？だるまちゃんとおともだちのゆかいな一日を描いた、シリーズ英語版第6作です。

『だるまちゃんととらのこちゃん―英語版 CDつき』 加古里子著，ピーター・ハウレット，リチャード・マクナマラ英訳 チャールズ・イー・タトル出版 2005.12 31p 19×27cm〈付属資料：CD1，本文：英文〉1900円 ④4-8053-0837-0

内容 だるまちゃんは、とらのまちでペンキ屋さんをしているとらのこちゃんに会いにでかけました。ぺんきぬりが楽しくてしょうがないだるまちゃんととらのこちゃんは、ペンキでまちをカラフルにぬりかえてしまいます。そこへ大人たちがやってきて…。だるまちゃんシリーズ英語版第4作です。

『ブルくんとかなちゃん―英語版』 ふくざわゆみこ絵・文，ミア・リン・ペリー訳 アールアイシー出版 2005.12 24p 22×21cm〈付属資料：CD1，本文：英文〉2000円 ④4-902216-40-X

内容 大きなブルドッグのブルくんに、かなちゃんはどうしても怖がって仲良くしてくれません。いろいろと気を引こうと頑張ってみるのですが、かなちゃんに嫌われているようで、理由が分からず戸惑うブルくん。でもある日、二人を仲良しコンビに変える出来事が…。

『あひるのたまご―英語版』 さとうわきこ作・絵 チャールズ・イー・タトル出版 2005.11 30p 19×27cm〈付属資料：CD1，本文：英文〉1900円 ④4-8053-0806-0

内容 ある日、おなかをかかえて帰ってきたばばばあちゃん。ばばばあちゃんが病気だと思った森の仲間はたくさんのお見舞いをもって、おうちをおとずれますが…。大人気のばばばあちゃんしリーズ、第4作。

『そりあそび―英語版』 さとうわきこ作・絵 チャールズ・イー・タトル出版 2005.11 30p 19×27cm〈付属資料：CD1，本文：英文〉1900円 ④4-8053-0805-2

内容 あるつめたい雪の日。森の動物たち

は、ストーブをたいたばばばあちゃんのおうちに駆け込みます。そこでばばばあちゃんがみんなに教えるのは、冬ならではの楽しい暖まりかたでした。大人気のばばばあちゃんシリーズ英語版、第3作。

『どろんこおおそうじ―英語版』 さとうわきこ作・絵　チャールズ・イー・タトル出版　2005.11　31p　19×27cm〈付属資料：CD1, 本文：英文〉1900円　①4-8053-0808-7
内容 おおそうじをはじめたはずなのに、こいぬとこねこは森の動物たちと泥まみれの大げんか。それを見たばばばあちゃん、しかりつけるかと思ったらなぜだか腕まくりをして…。

『ばばばあちゃんのマフラー―英語版』 さとうわきこ作・絵, リチャード・カーペンター英訳　チャールズ・イー・タトル出版　2005.11　27p　24×28cm〈付属資料：CD1, 本文：英文〉1900円　①4-8053-0810-9
内容 ばばばあちゃんは自分のマフラーを、お月さんにあげる約束をします。でもいろんな仲間とマフラーを使いながら一年が過ごると、いつのまにかほろほろに…。

『ことりのうち―英語版』 さとうわきこ作・絵, リチャード・カーペンター英訳　チャールズ・イー・タトル出版　2005.10　31p　19×27cm〈付属資料：CD1, 本文：英文〉1900円　①4-8053-0812-5
内容 ことりのきれいな声を聞くのが大好きなばばばあちゃん。「ことりのうちをたくさん作っておくれね。ことりがいっぱい来るようにね。」ところが、バサバサとやってきたのは、おおきくてへんてこな鳥…。

『たいへんなひるね―英語版』 さとうわきこ作・絵　チャールズ・イー・タトル出版　2005.10　31p　19×27cm〈付属資料：CD1, 本文：英文〉1900円　①4-8053-0804-4
内容 4月だというのに雪が降るある日。そとでお昼ねしたいばばばあちゃんは、春を呼ぶための楽しいアイデアを思いつきます。森の仲間とかみなりさんも参加して、みんなで暖かい季節を呼ぶことができるのでしょうか。大人気のばばばあちゃんシリーズ英語版、第2作。

『やまのぼり―英語版』 さとうわきこ作・絵　チャールズ・イー・タトル出版　2005.10　31p　19×27cm〈付属資料：CD1, 本文：英文〉1900円　①4-8053-0809-5
内容 山のぼりに行きたいけれど、荷物が多すぎて運ぶのが大変そう。そこでばばばあちゃんはあっとおどろく名案を思いつきます。「山をこっちに作っちゃえばいいじゃない！」。

『あめふり―英語版』 さとうわきこ作・絵　チャールズ・イー・タトル出版　2005.9　31p　19×27cm〈付属資料：CD1, 本文：英文〉1900円　①4-8053-0807-9
内容 みんなで遊びにでたいのに、雨が振り続く毎日。ばばばあちゃんは雲の上のあめふらしさんに、すこし休んでくれるように言ったのですが…。

『いそがしいよる―英語版』 さとうわきこ作・絵　チャールズ・イー・タトル出版　2005.9　27p　19×27cm〈付属資料：CD1, 本文：英文〉1900円　①4-8053-0803-6
内容 星の輝く夜、ばばばあちゃんはゆりいすを外に持ち出します。すれきな夜空を一晩中眺めるため、次にはベッドを持ち出して…。大人気のばばばあちゃんシリーズ英語版、第1作。

『すいかのたね―英語版』 さとうわきこ作・絵　チャールズ・イー・タトル出版　2005.9　28p　19×27cm〈付属資料：CD1, 本文：英文〉1900円　①4-8053-0811-7
内容 威勢がよくて、ちょっと気のいいばばばあちゃん。なんと土の中のスイカの種に向かって「いい加減に芽を出して大きくおなり！」と叫んだ。するとスイカの種も怒って…。

『14ひきのあさごはん―英語版』 いわむらかずお作, アーサー・ビナード英訳　童心社　2005.8　32p　27×19cm〈本文：英文〉1200円　①4-494-00781-1

『14ひきのおつきみ―英語版』 いわむら

英語で読んでみよう　　　　　　　　　　　　　　　　　　　　　英語

かずお作，アーサー・ビナード英訳　童心社　2005.8　32p　27×19cm〈本文：英文〉1200円　④4-494-00783-8

『14ひきのかぼちゃー英語版』　いわむらかずお作，アーサー・ビナード英訳　童心社　2005.8　32p　27×19cm〈本文：英文〉1200円　④4-494-00784-6

『14ひきのぴくにっくー英語版』　いわむらかずお作，アーサー・ビナード英訳　童心社　2005.8　32p　27×19cm〈本文：英文〉1200円　④4-494-00782-X

『14ひきのひっこしー英語版』　いわむらかずお作，アーサー・ビナード英訳　童心社　2005.8　32p　27×19cm〈本文：英文〉1200円　④4-494-00780-3

『ぐりとぐらとくるりくらー英語版』　中川李枝子文，山脇百合子絵，ピーター・ハウレット，リチャード・マクナマラ訳　チャールズ・イー・タトル出版　2005.5　32p　19×27cm〈付属資料：CD1，本文：英文〉1900円　④4-8053-0762-5

|内容| はるのあさ，野原へ出かけたぐりとぐらは，ふしぎな手ぶくろうさぎに出会いました。いっしょに朝ごはんを食べたあと，高い木にのぼった3人は，くもをあつめてボートを作ると，楽しいぼうけんにでかけます。

『みんなのたあ坊の菜根譚ー英語版』　辻信太郎著　サンリオ　2005.5　128p　15cm〈本文：日英両文〉680円　④4-387-05029-2

『ぐりとぐらー英語版』　中川李枝子著，山脇百合子絵，ピーター・ハウレット，リチャード・マクナマラ訳　チャールズ・イー・タトル出版　2004.10　27p　19×27cm〈付属資料：CD1，本文：英文〉1900円　④4-8053-0757-9

|内容| 森の中で運べないくらいの大きな卵を見つけたら，あなたはどうします？ぐりとぐらは大きなボールと大きなフライパンでふわふわの大きな大きなカステラを焼くことにします。ふたりのカステラをあなたも食べてみたいと思いませんか？「ぐりとぐら」とはじめて出会うシリーズ第1作。

『ぐりとぐらのおきゃくさまー英語版』　中川李枝子文，山脇百合子絵，ピーター・ハウレット，リチャード・マクナマラ訳　チャールズ・イー・タトル出版　2004.10　28p　26cm〈付属資料：CD1，本文：英文〉1900円　④4-8053-0760-9

|内容| 森で雪がっせんをしていたぐりとぐらは，雪の上に大きな穴を発見。その穴をたどってみるとふたりの家へと続いています。げんかんには大きな長ぐつ，かべにはまっ赤なオーバー，だんろには手ぶくろ。そして，キッチンからはおいしそうなにおい！ふたりをおどろかせたおきゃくさまとは？大人気シリーズ第4作。

『ぐりとぐらのうたうた12つきー英語版』　中川李枝子文，山脇百合子著，リチャード・カーペンター訳　チャールズ・イー・タトル出版　2004.7　27p　24×28cm〈本文：英文〉1500円　④4-8053-0719-6

|内容| ぐりとぐらが，どんな1年をすごしているのかご存知ですか？1月はおしゃれして雪だるま作り，2月は雪のワルツを踊り，3月は陽のあたる部屋で編物…。楽しい歌を歌いながら，ぐりとぐらをめぐる12つきのお話しです。大人気シリーズ英語版第9作。

『注文の多い料理店ー英語版』　宮沢賢治作，佐藤国男絵，ピーター・ハウレット，リチャード・マクナマラ英訳　アールアイシー出版　2004.6　31p　23×31cm〈本文：英文，付属資料：CD1〉2200円　④4-902216-24-8

『スーホの白い馬ー英語版』　大塚勇三再話，赤羽末吉絵，ピーター・ハウレット，リチャード・マクナマラ英訳　アールアイシー出版　2004.4　47p　23×31cm〈本文：英文，付属資料：CD1〉2800円　④4-902216-17-5

|内容| 貧しいけれど働き者の羊飼いの少年スーホ。ある日草原で拾った白い子馬を一生懸命に育てるのだが…少年と馬との悲しくも美しいモンゴルの民話。その出会いと別れの物語から，「草原のチェロ」とも呼ばれる馬頭琴（モリンホール）の由来が描かれる。

『ぐりとぐらのいちねんかんー英語版』　中川李枝子文，山脇百合子絵，ピーター・ハウレット，リチャード・マクナ

| 英語 | 英語で読んでみよう |

マラ訳　チャールズ・イー・タトル出版　2003.11　27p　24×28cm〈本文：英文〉1500円　Ⓘ4-8053-0683-1

内容　「ぐりとぐら」とすごす楽しい1年間。さむい冬の雪ぞりあそび、ぽかぽか春のハイキング、雨ふる6がつには、みずたまりのたんけん。そして太陽のふりそそぐ夏にはなにが待っているのでしょう？「ぐりとぐら」と季節をめぐれば新しいはっけんがいっぱいです。大人気シリーズ英語版第7作。

『ぐりとぐらのおおそうじ―英語版』　中川李枝子文，山脇百合子絵，リチャード・カーペンター訳　チャールズ・イー・タトル出版　2003.11　32p　19×27cm〈本文：英文〉1500円　Ⓘ4-8053-0692-0

内容　ぽかぽかの春がやってきたのに、ぐりとぐらのおうちにはほこりがたくさん。せっかく見つけたほうきやぞうきんも、ふるくて役立ちそうにありません。ところが2ひきは素敵なアイデアを思いついて、おへやをぴかぴかにしていきます。ぐりとぐらの楽しいおおそうじを描いた、大人気シリーズ英語版第8作。

『みんなのえほん―アワブック』　五味太郎作・絵　岩崎書店　2003.11　23p　21×21cm　（えいごはいかが）〈他言語標題：Our book　英文併記〉800円　Ⓘ4-265-90017-8　Ⓝ726.6

内容　自然と英語のある風景が感じとられ、お話としても楽しめる。一人称複数形でつづる初めて出会う英語の絵本。日本語も併記。

『あなたのえほん―ユアブック』　五味太郎作・絵　岩崎書店　2003.10　23p　21×21cm　（えいごはいかが）〈他言語標題：Your book　英文併記〉800円　Ⓘ4-265-90016-X　Ⓝ726.6

内容　your windowあなたのまど、your flagあなたのはた、your houseあなたのおうち。英語で学ぶ絵本。

『ぐりとぐらのえんそく―英語版』　中川李枝子文，山脇百合子絵，ピーター・ハウレット，リチャード・マクナマラ英訳　チャールズ・イー・タトル出版　2003.5　31p　19×27cm　（Tuttle for Kids）〈本文：英文〉1500円　Ⓘ4-8053-0681-5

内容　よく晴れたある日、ぐりとぐらはおべんとうをリュックにつめて野原へやってきました。そこでふたりが、たいそうやマラソンをしていると長い毛糸がからまってしまいます。毛糸をころころたどっていきつくとたどり着いたのは森のむこうのおうちです。そこで大きな友だちに出会ったぐりとぐらは、楽しいえんそくにさそいます。大人気シリーズ英語版第5作。

『クーちゃんとテクテク　わくわく英語3　うみだいすき』　角野栄子作，長崎訓子絵　クーちゃんとテクテク製作委員会　2002.9　51p　19cm〈発売：ポプラ社　付属資料：1，本文：日英両文〉2800円　Ⓘ4-591-07288-6

目次　おはなし，うたとことばあそび（クーちゃんのレッツダンス，キャンプにいこう，くらべてみよう，いちねんじゅうたのしいね，こうえんであそぼ，おいしいよ，いろんなどうさ，これなんだ？　ほか）

内容　クーちゃんと仲間たちが繰り広げるおはなし。日常のあそびや小さな冒険を通して楽しみながら自然に英語が身に付く。日本語でも英語でも見られるDVD。簡単に切り替えが可能。字幕も選択できる。ユニークな「うたとことばあそび」の10のコーナー。おはなしに出てきたいろいろな単語をうたや楽しい動画でリプレイ。おはなしが対訳になった絵本。何度も繰り返すことが楽しい、DVDにリンクした絵本。身近なことばが目や耳から身体に入る。ことばはふだんの生活やあそびの中で体得。うたやことばのリズムを重視している。

『クーちゃんとテクテク　わくわく英語2　なかよしはらっぱ』　角野栄子作，長崎訓子絵　クーちゃんとテクテク製作委員会　2002.8　51p　19cm〈発売：ポプラ社　付属資料：DVD1〉2800円　Ⓘ4-591-07287-8

目次　おはなし（はらっぱであそぼう，がっこうごっこ，ロバさんのラッパ，クーちゃんのラッパさがし，テクテクのラッパさがし　ほか），うたとことばあそび（はるがきた，かぞえてみよう！，アルファベットのうた，おつかいのうた，ぼくのかぞく　ほか）

内容　クーちゃんと仲間たちが繰り広げるおはなし。日常のあそびや小さな冒険を通して楽しみながら自然に英語が身に付きます。日本語でも英語でも見られるDVD。簡単に切り替えが可能。字幕も選択できます。ユ

英語で読んでみよう　　　　　　　　　　　　　　　　　　英語

ニークな「うたとことばあそび」の11の
コーナー。おはなしに出てきたいろいろな
単語をうたや楽しい動画でリプレイ。おは
なしが対訳になった絵本。何度も繰り返す
ことが楽しい、DVDにリンクした絵本。

『クーちゃんとテクテク わくわく英語
1 みんなであそぼ』 角野栄子作，長
崎訓子絵　クーちゃんとテクテク製作
委員会　2002.6　51p　19cm〈発売：
ポプラ社　付属資料：DVD1〉2800円
①4-591-07286-X
[目次]おはなし（いつもなかよし、クーちゃ
んのあさ、テクテクのあさ、チビッチョの
あさ、はらっぱへ ほか）、うたとことばあ
そび（かぞえてみよう！、どんないろかな？、
あいさつしよう！、1しゅうかんのうた、テ
クテクたいそう ほか）
[内容]日常のあそびや小さな冒険を通して楽
しみながら自然に英語が身に付きます。お
はなしが対訳になった絵本。

『よだかの星』 宮沢賢治原作，カレン・
コリガン・テーラー訳　国際言語文化振
興財団　2000.8　1冊　21×21cm （英
語版　宮沢賢治絵童話集 10）〈発売：サ
ンマーク　本文：英文〉1500円　①4-
7631-2320-3
[内容]みにくさゆえに嫌われていたよだか
は、星になりたいとオリオンに頼みま
すが…。

『月夜のでんしんばしら』 宮沢賢治原作，
Sarah M.Strong英訳，Hiromi Nikaido
絵　国際言語文化振興財団　2000.7　1
冊　21×21cm （英語版　宮沢賢治絵童
話集 9）〈発売：サンマーク　本文：英
文〉1500円　①4-7631-2319-X
[内容]ある晩、電気総長が引き連れているで
んしんばしらの行軍を見た恭一は…。

『にっぽんのかみさまのおはなし―英語
版』 いずもいあきえとぶん、アデュア
ヨム・カンコエやく　産経新聞ニュース
サービス　2000.6　1冊　31cm〈他言
語標記：Tales of Japanese gods　英文
併記　発売：扶桑社〉1333円　①4-594-
02920-5

『どんぐりと山猫』 宮沢賢治原作，サ
ラ・ストロング訳　国際言語文化振興財
団　2000.6　1冊　21×21cm （英語版
宮沢賢治絵童話集 8）〈発売：サンマー
ク〉1500円　①4-7631-2318-1

『雪渡り』 宮沢賢治原作，カレン・コリ
ガン・テーラー訳，井堂雅夫絵　国際言
語文化振興財団　2000.3　1冊　21×
21cm （英語版　宮沢賢治絵童話集 7）
〈発売：サンマーク　本文：英文〉1500
円　①4-7631-2317-3
[目次]The Fox Pup, Konzaburo, The
Magic Lantern Show at the Elementary
School
[内容]子狐の紺三郎に誘われて、雪の十五夜
に幻灯会に行った四郎とかん子は…。

『虔十公園林』 宮沢賢治原作，カレン・
コリガン・テーラー英訳　国際言語文化
振興財団　1999.1　1冊　21×21cm
（英語版　宮沢賢治絵童話集 6）〈発売：
サンマーク　本文：英文〉1500円
①4-7631-2316-5
[内容]ばかにされ、いじめられていた虔十が
裏の野原に植えた杉の木々は…。

『なめとこ山の熊』 宮沢賢治原作，カレ
ン・コリガン・テイラー英訳，井堂雅夫
イラスト　国際言語文化振興財団
1998.10　1冊　21×21cm （英語版 宮
沢賢治絵童話集 5）〈発売：サンマーク
本文：英文〉1500円　①4-7631-2315-7
[内容]猟師小十郎はただ生活のために熊を
捕っていましたが、ある夏の日…。原作の
小冊子付。

『双子の星』 宮沢賢治原作，サラ・M.ス
トロング訳，支倉美雪本文イラスト
国際言語文化振興財団　1998.3　1冊
21×21cm （英語版 宮沢賢治絵童話集
4）〈発売：サンマーク　本文：英文〉
1500円　①4-7631-2314-9

『貝の火』 宮沢賢治原作，サラ・M.スト
ロング訳　国際言語文化振興財団
1997.12　1冊　21×21cm （英語版 宮
沢賢治絵童話集 3）〈発売：サンマーク
本文：英文〉1500円　①4-7631-2313-0
[内容]ひばりの子を助けた兎の子ホモイは、

宝珠「貝の火」を王様から授けられましたが…。

『水仙月の四日』 宮沢賢治原作, サラ・ストロング訳 国際言語文化振興財団 1997.4 1冊 21×21cm （英語版 宮沢賢治絵童話集 2）〈発売：サンマーク〉 1200円 Ⓘ4-7631-2312-2

『ひかりの素足』 宮沢賢治原作, サラ・M.ストロング訳 国際言語文化振興財団 1997.2 1冊 21×21cm （英語版 宮沢賢治絵童話集 1）〈発売：サンマーク 本文：英文〉 1500円 Ⓘ4-7631-2311-4
[内容] 英語で読み、見る宮沢賢治の世界。美しい英語とすばらしい絵があなたを賢治の幻想世界へ導きます。

『THE NEW KINDAICHI FILES』 天城征丸文, 玉置百合子訳 講談社 1996.4 219p 15cm （講談社英語文庫） 540円 Ⓘ4-06-186129-8
[内容] パリの『オペラ座』の地下に棲みついた怪人が、美しいオペラ歌手のクリスティーヌに恋をし、その思いを遂げるため次々と人を殺す、ガストン・ルルーの名作、『オペラ座の怪人』。その殺人劇の幕開けは、カルロッタの凄惨な死─。時をへだて、ここ日本で、あの悲劇が、再び演じられてしまうのか─。金田一ミステリーが英語になった。ハジメちゃんの国際デビュー。巻末単語解説つき。

『ぞうさんがっこうにいく─えいごえほん』 村上勉作 あかね書房 1994.6 1冊 26cm 1200円 Ⓘ4-251-09820-X

『ぞうさんのピクニック─えいごえほん』 村上勉作 あかね書房 1993.4 1冊 26cm 1200円 Ⓘ4-251-09819-6

『とべ！ アンパンマン─英語対訳つき 3』 やなせたかし作・絵, たまきゆりこ英語訳 フレーベル館 1991.12 47p 21×31cm 1300円 Ⓘ4-577-00669-3

『とべ！ アンパンマン─英語対訳つき 2』 やなせたかし作・絵, たまきゆりこ英語訳 フレーベル館 1991.11 47p 21×31cm 1300円 Ⓘ4-577-00668-5

[内容] アンパンマンはアンパンから生まれたスーパーマンです。メルヘンチックな性格のヒーローで、一種のパンの妖精です。正義のためにたたかうので、ときには深く傷つきますが、アンパンマンはジャムおじさんのおかげで何度でも再生します。アンパンマンとばいきんまんは、光と影のような永遠のライバルです。

『とべ！ アンパンマン─英語対訳つき 1』 やなせたかし作・絵, たまきゆりこ英語訳 フレーベル館 1991.3 47p 21×31cm 1300円 Ⓘ4-577-00667-7
[内容] アンパンマンはアンパンから生まれたスーパーマンです。メルヘンチックな性格のヒーローで、一種のパンの妖精です。正義のためにたたかうので、ときには深く傷つきますが、アンパンマンはジャムおじさんのおかげで何度でも再生します。アンパンマンとばいきんまんは、光と影のような永遠のライバルです。英語対訳つき。

『トビウオのぼうやはびょうきです─英語版』 いぬいとみこ作, 津田櫓冬絵, 木下友子訳 金の星社 1990.3 1冊 24×25cm 1500円 Ⓘ4-323-01236-5
[内容] サンゴ礁の美しい平和な海を、突然おそったおそろしい光。死の灰をうけた海の生物たちのかなしみを描いた「トビウオのぼうやはびょうきです」の英語版。

『わすれないで─第五福竜丸ものがたり 英語版』 赤坂三好文・絵, 木下友子訳 金の星社 1990.3 1冊 27×23cm 2000円 Ⓘ4-323-01237-3
[内容] 1954年3月、ビキニ環礁で、水爆実験にまきこまれたマグロ漁船、第5福竜丸。死の灰をあび、数奇な運命をたどった1せきの船の一生をたどり、核兵器と平和について考える絵本。

◆英語で読む昔話・名作

『転失気』 桂かい枝文, マスリラ絵 汐文社 2010.2 35p 27cm （桂かい枝の英語落語）〈英文併記〉 2000円 Ⓘ978-4-8113-8670-6 Ⓝ913.7

『猫の茶わん』 桂かい枝文, たごもりのりこ絵 汐文社 2010.2 35p 27cm （桂かい枝の英語落語）〈英文併記〉 2000円 Ⓘ978-4-8113-8668-3 Ⓝ913.7

『まんじゅうこわい』　桂かい枝文，大谷丈明絵　汐文社　2010.2　35p　27cm　〈桂かい枝の英語落語〉〈英文併記〉2000円　Ⓘ978-4-8113-8669-0　Ⓝ913.7

『CDで楽しむ　えいごよみきかせ絵本2』　鴻巣彩子監修，神戸万知著，西田ひかるよみきかせ　成美堂出版　2008.3　95p　26×21cm　〈付属資料：CD1，別冊1，本文：英文〉1400円　Ⓘ978-4-415-30127-3

目次　金たろう，三びきのくま，大きなかぶ，うらしまたろう，おやゆびひめ，かちかち山，いなかのねずみととかいのねずみ，北風とたいよう，ライオンとねずみ，かさじぞう

内容　本書は，よみきかせに最適な昔話・名作を，わかりやすい英語でまとめたものです。世界の名作，日本の昔話から10話を収録しています。聞いて，見て，読んで，英語にふれながら，個性あふれる絵とともに，お話の世界を想像してみてください。英語に親しんでいただくために，発音にも役立つCDを付けました。英語＝勉強ではなく，英語に慣れ親しむための1冊にしてみてはいかがでしょうか。

『CDで楽しむ　えいごよみきかせ絵本1』　鴻巣彩子監修，神戸万知著，久保純子よみきかせ　成美堂出版　2008.3　95p　26×21cm　〈付属資料：CD1，別冊1，本文：英文〉1400円　Ⓘ978-4-415-30126-6

目次　うさぎとかめ，おむすびころりん，はだかの王さま，ももたろう，三びきのこぶた，アリとキリギリス，シンデレラ，ねずみのよめいり，赤ずきんちゃん，十二支のはじまり

内容　本書は，よみきかせに最適な昔話・名作を，わかりやすい英語でまとめたものです。世界の名作，日本の昔話から10話を収録しています。聞いて，見て，読んで，英語にふれながら，個性あふれる絵とともに，お話の世界を想像してみてください。英語に親しんでいただくために，発音にも役立つCDを付けました。英語＝勉強ではなく，英語に慣れ親しむための1冊にしてみてはいかがでしょうか。

『にんじんとごぼうとだいこん―日本民話』　和歌山静子絵，デレック・ウェスマン訳　鈴木出版　2008.3　1冊（ページ付なし）23cm　（えいごのじかん）〈他言語標題：The carrot,the burdock root and the Japanese radish　英語併記〉1500円　Ⓘ978-4-7902-3204-9　Ⓝ726.6

『こどものための夏の夜のゆめ』　ロイス・バーデット著，鈴木扶佐子訳　アートデイズ　2007.6　65p　26cm　（シェイクスピアっておもしろい！）〈本文：日英両文〉1714円　Ⓘ978-4-86119-085-8

内容　『夏の夜のゆめ』は貴族の結婚を祝う余興のために書かれた戯曲と言われています。舞台はギリシャのアテネ。題名のMidsummerは夏至のころをさします。夏至も近いアテネの町では，まもなく公爵の結婚式が行われようとしています。折しも，貴族の若い男女四人が恋愛騒動を引き起こし周囲の者を悩ませています。同じ頃，アテネの森では職人たちが婚礼祝いの余興の準備に余念がありません。さらに深い森の中では，妖精の国王が夫婦喧嘩の真っ最中です。貴族，職人，妖精の三つの世界は，花の絞り汁がもたらす夢に操られ互いに交錯します。恋におちたり心変わりしたりの大狂騒の末に，ふたたび夢の力が作用して物語は大団円を迎えます。『夏の夜のゆめ』は全編に陽気な気分が溢れた華麗なファンタジーです。

『こどものためのハムレット』　ロイス・バーデット著，鈴木扶佐子訳　アートデイズ　2007.6　64p　26cm　（シェイクスピアっておもしろい！）1714円　Ⓘ978-4-86119-084-1

内容　舞台はデンマーク。快活で行動的だった王子，ハムレット。その王子の心は父王の死，母の再婚をきっかけに大きく揺らぎはじめます。新国王におさまった叔父に対する父の暗殺疑惑。そんな叔父と結婚した母への愛と憎しみ。ハムレットにとって世の中は不正と裏切りに満ち，信じられるものがなにひとつなくなります。果ては生きる価値さえも疑わしく感じられ，深い混迷状態に陥っていきます―。

『おむすびころりん』　平田昭吾翻案，高橋信也画　サンスポ開発　2006.8　24p　19×21cm　（世界の名作童話　動く絵本9）〈発売：産経新聞出版　付属資料：DVD1，本文：日英両文〉952円　Ⓘ4-902970-49-X

英語　　　　　　　　　　　　　　　　　　　　　　　　　　英語で読んでみよう

|内容| 「おむすびころりん」は、昔から、多くの地方で人々に語り継がれ、愛されるお話で、ころがるおむすびを中心に、リズミカルに進む物語です。

『西遊記』　平田昭吾翻案著作，大野豊画　サンスポ開発　2006.8　24p　19×21cm　（世界の名作童話 動く絵本 6）〈発売：産経新聞出版　付属資料：DVD1，本文：日英両文〉952円　⒤4-902970-46-5

|内容| 西遊記は、仏教の尊さを説きながらも、手に汗にぎる冒険の面白さと豊かな空想力で世界中の人々に読まれている中国の傑作小説です。

『しらゆきひめ』　平田昭吾翻案著作，高橋信也画　サンスポ開発　2006.8　24p　19×21cm　（世界の名作童話 動く絵本 8）〈発売：産経新聞出版　付属資料：DVD1，本文：日英両文〉952円　⒤4-902970-48-1

|内容| しらゆきひめは、グリム兄弟が各地に伝わる民話や伝承を集め出版した「グリム童話集」の中でもっとも親しまれているお話です。

『ねむりの森のひめ』　平田昭吾翻案，高橋信也画　サンスポ開発　2006.8　24p　19×21cm　（世界の名作童話 動く絵本 7）〈発売：産経新聞出版　付属資料：DVD1，本文：日英両文〉952円　⒤4-902970-47-3

|内容| ヨーロッパの各地で語られる、生まれたばかりの赤ちゃんが、呪いをかけられながい眠りにつくというお話で、「ねむりの森のひめ」はフランスの詩人シャルル・ペローが「ペロー童話」で発表したものです。

『アイヌとキツネ―英語版』　萱野茂作，石倉欣二絵，デボラ・デイビットソン，大脇徳芳英訳　アールアイシー出版　2006.2　33p　26cm　〈本文：英文，付属資料：CD1〉2300円　⒤4-902216-42-6

|内容| 原作はアイヌ民族にかたりつがれた昔話です。ある夜、キツネがアイヌにチャランケ（だんぱん）していました…。キツネのさけびを通して、自然の声に耳を傾ける姿勢を折った作品。付属の朗読CDには、カラフト・アイヌの伝統弦楽器奏者オキ氏による楽曲も収録しています。

『イソップ物語 うさぎとかめ』　インタープログ編　インタープログ　2004.3　31p　26cm　（リビングブックス）〈発売：ディー・アート　付属資料：CD-ROM1〉1280円　⒤4-88648-724-6

|内容| 本書は、子どもも大人も楽しめる、動く、そしておしゃべりする「生きている絵本」です。物語の中にはいりこんで、登場人物たちといっしょに素敵な世界を体験してください。「日本語」「英語」「スペイン語」の3つの言葉で読み書きされる物語を通じて、遊びながら自然に外国語に親しむこともできます。本書には、リビングブックス「イソップ物語 うさぎとかめ」を楽しんでいただくための使い方と英語の解説が載っています。3歳～10歳。

『おおかみと7ひきのこやぎ―The Wolf and the Seven Kids』　ルミコ・バーンズ指導・ナレーション，さいとうまり絵　学習研究社　2003.12　1冊　17×17cm　（CD English）〈付属資料：CD1，本文：日英両文〉880円　⒤4-05-201974-1

|内容| ベストセラーシリーズ「はじめてのめいさくしかけえほん」の英語版。ネイティヴスピーカーによる美しい発音の英語CDで、自然に英語にふれられます。

『さんびきのこぶた―The Three Little Pigs』　ルミコ・バーンズ指導・ナレーション，とりごえまり絵　学習研究社　2003.12　1冊　17×17cm　（CD English）〈付属資料：CD1，本文：日英両文〉880円　⒤4-05-201975-X

|内容| ベストセラーシリーズ「はじめてのめいさくしかけえほん」の英語版。ネイティヴスピーカーによる美しい発音の英語CDで、自然に英語にふれられます。

『ももたろう―Momotaro』　ルミコ・バーンズ指導・ナレーション，さいとうまり絵　学習研究社　2003.12　1冊　17×17cm　（CD English）〈付属資料：CD1，本文：日英両文〉880円　⒤4-05-201973-3

|内容| ベストセラーシリーズ「はじめてのめいさくしかけえほん」の英語版。ネイティヴスピーカーによる美しい発音の英語CDで、自然に英語にふれられます。

『英語で読み聞かせ せかいのおはなし 2』 ジェリー・ソーレス，久野レイ文，三省堂編修所編 三省堂 2003.11 79p 26×21cm〈付属資料：CD1〉2000円 ⓘ4-385-36162-2

|目次| 3びきのくま，金のおのと銀のおの，おおかみと7ひきの子やぎ，いなかのねずみと町のねずみ，ジャックと豆の木

|内容| 本書は，だれもが知っている昔ばなしを，リズム感のある英語で表現し，絵本としての魅力も備えているアンソロジー。すべてのおはなしをCDに収録。ネイティブ・スピーカーの臨場感ある読み聞かせが体験できる。五歳～小学校中学年向け。

『英語で読み聞かせ せかいのおはなし 1』 ジェリー・ソーレス，久野レイ文，三省堂編修所編 三省堂 2003.11 79p 26×21cm〈付属資料：CD1〉2000円 ⓘ4-385-36161-4

|目次| ブレーメンの音楽隊，北風と太陽，はだかの王さま，ライオンとねずみ，みにくいあひるの子

|内容| 本書は，だれもが知っている昔ばなしを，リズム感のある英語で表現し，絵本としての魅力も備えているアンソロジー。ネイティブ・スピーカーの臨場感ある読み聞かせが体験できる。五歳～小学校中学年向け。

『うたって！ よんで！ 英語だいすき！―「イエス，プリーズ」他3編』 阿部フォード恵子監修 ピアソン・エデュケーション 2003.3 4冊 24×19cm（ロングマンおはなしCD英語絵本シリーズ）〈付属資料：CD1〉 3600円 ⓘ4-89471-922-3

|目次| ABCチャンツ，おなかがすいた，イエス，プリーズ，新しいおうち，何ができるかな？

|内容| 本書は，「ロングマンおはなしCD英語絵本シリーズ」の中でも，初めて英語の絵本に触れる入門期の子どもたちや，英語学習の初期段階の子どもたちのために編まれた「はじめてコース」の一編で，子どもたちの身近なテーマを中心に，無理なく子どもたちが英語に親しむことができる短いストーリーの4冊の絵本で構成されています。またそれぞれの絵本には，子どもたちの興味を引きつけるさまざまな造本上の特別な工夫（フラップ，ポップアップなど）が施されていて，まさに「遊び感覚の英語の学習絵本」と言えます。

『くもんの読み聞かせえいごえほん 6』 田島信元監修 くもん出版 2003.3 48p 28×22cm〈付属資料：CD1〉1200円 ⓘ4-7743-0688-6

|目次| たなばたのおはなし，くまさん，さんびきのこぶた，1.2.3.4.5.パッパッ，み～つけた！

『くもんの読み聞かせえいごえほん 5』 田島信元監修 くもん出版 2003.3 48p 28×22cm〈付属資料：CD1〉1200円 ⓘ4-7743-0687-8

|目次| うらしまたろう，むすんでひらいて，赤ずきんちゃん，このぶた市場に行った，サンタさんへのてがみ

『くもんの読み聞かせえいごえほん 4』 田島信元監修 くもん出版 2003.3 48p 28×22cm〈付属資料：CD1〉1200円 ⓘ4-7743-0686-X

|目次| おだんごをどうぞ，頭かたひざポン！，おいしいおかゆ，親指どこ？，みんなおはよう

『うたって！ よんで！ 英語だいすき！―「ホー！ホー！ホー！」他3編』 阿部フォード恵子監修 ピアソン・エデュケーション 2002.12 5冊（セット） 29×22cm（ロングマンおはなしCD英語絵本シリーズ）〈付属資料：CD1〉3600円 ⓘ4-89471-915-0

|目次| 春の絵本（Springtime），夏の絵本（A Day at the Beach），秋の絵本（The Busy Ants），冬の絵本（Ho！Ho！Ho！），指導の手引き

|内容| 英語は始めてというお子さんも，さあ，今日から英語「楽習」！うたって！よんで！英語だいすき！子どもを引きつける「遊び感覚の英語楽習絵本が4冊」。それぞれの絵本には，子どもを夢中にさせる「しかけ」が満載。

『うたって！ よんで！ 英語だいすき！―「大きなかぶ」他3編』 外山節子監修 ピアソン・エデュケーション 2002.12 54p 25×19cm （ロングマンおはなしCD英語絵本シリーズ）〈付属資料：別冊4，CD1〉 3800円 ⓘ4-89471-916-9

[目次] 1 大きなかぶ，2 ゴールディロックスと3匹のくま，3 ジンジャーブレッドマン，4 3匹の子ぶた

『うたって！ よんで！ 英語だいすき！―「小さな赤いめんどり」他3編』 外山節子監修　ピアソン・エデュケーション　2002.12　54p　25×19cm　（ロングマンおはなしCD英語絵本シリーズ）〈付属資料：別冊4，CD1〉3800円　Ⓘ4-89471-917-7

[目次] 1 小さな赤いめんどり，2 うさぎとかめ，3 うさぎとかぶ，4 月が空に昇ったわけ

『たのしい英会話・日本むかし話　10　はなさかじいさん』 中山兼芳監修・指導，マリリン・キャンベル訳，内野花音絵　学習研究社　2002.2　32p　22×19cm〈付属資料：CD1〉1000円　Ⓘ4-05-201610-6

[内容] ストーリーを16の場面に区切り、会話のみで展開。古くから親しまれてきた勧善懲悪のお話です。無欲で愛情深い老夫婦と欲張り夫婦の対比がおもしろく、英会話の表現などにも違いが表れていることに注意してください。幼児から小学生向き。

『たのしい英会話・日本むかし話　9　おむすびころりん』 中山兼芳監修・指導，マリリン・キャンベル訳，喜屋武稔絵　学習研究社　2002.2　32p　22×19cm〈付属資料：CD1〉1000円　Ⓘ4-05-201609-2

[内容] ストーリーを16の場面に区切り、会話のみで展開。リズミカルな英語を随所にちりばめ、ネズミたちが穴の奥からうたうときや、おじいさんをもてなしてもちつき歌をうたう場面などがコミカルで楽しい。幼児から小学生向き。

『たのしい英会話・日本むかし話　8　かちかちやま』 中山兼芳監修・指導・訳，岩崎陽子絵　学習研究社　2002.2　32p　22×19cm〈付属資料：CD1〉1000円　Ⓘ4-05-201608-4

[内容] ストーリーを16の場面に区切り、会話のみで展開。外国人の目にはとても残酷な話。タヌキのやることもウサギの復讐も、煮たり焼いたり沈めたりのすさまじい場面が多い。英語は短い会話文が多いので覚えやすい。幼児から小学生向き。

『たのしい英会話・日本むかし話　7　うらしまたろう』 中山兼芳監修・指導，マリリン・キャンベル訳，伊藤英一絵　学習研究社　2002.2　32p　22×19cm〈付属資料：CD1〉1000円　Ⓘ4-05-201607-6

[内容] ストーリーを16の場面に区切り、会話のみで展開。命を救われたカメが恩返しをすることと、竜宮城で過ごした時間と地上での時間のずれを暗示させることが山場。感嘆、招待、お礼の英語を覚えることができる。幼児から小学生向き。

『たのしい英会話・日本むかし話　6　ねずみのよめいり』 中山兼芳監修・指導，マリリン・キャンベル訳，堀口ミネオ絵　学習研究社　2002.2　32p　22×19cm〈付属資料：CD1〉1000円　Ⓘ4-05-201606-8

[内容] ストーリーを16の場面に区切り、会話のみで展開。外の世界ばかり探していた愛娘のお婿さんは、実は自分の足元にいたというお話。婿探しの旅に出た父親ネズミと婿候補とのやりとりの表現に注意。幼児から小学生向き。

『たのしい英会話・日本むかし話　5　かもとりごんべえ』 中山兼芳監修・指導，マリリン・キャンベル訳，加藤英夫絵　学習研究社　2002.2　32p　22×19cm〈付属資料：CD1〉1000円　Ⓘ4-05-201605-X

[内容] ストーリーを16の場面に区切り、会話のみで展開。どんでんがえしの連続で、ストーリーの意外性もさることながら、テンポの速さが妙味。特に村人と権兵衛の間での会話の歯切れいい英語が印象的。幼児から小学生向き。

『たのしい英会話・日本むかし話　4　したきりすずめ』 中山兼芳監修・指導，ビル・ウィークス著，今井里砂絵　学習研究社　2002.2　32p　22×19cm〈付属資料：CD1〉1000円　Ⓘ4-05-201604-1

[内容] ストーリーを16の場面に区切り、会話のみで展開。やさしいおじいさんと意地悪なおばあさんの対比がおもしろく、雀のお

英語で読んでみよう　　　　　　　　　　　　　　　　　　　　　英語

宿探しからつづらをもらって帰るまで同じパターンで繰り返される英語は、応用範囲が広い。幼児から小学生向き。

『たのしい英会話・日本むかし話　3　さるかにかっせん』　中山兼芳監修・指導，ビル・ウィークス訳，中三川正康絵　学習研究社　2002.2　32p　22×19cm　〈付属資料：CD1〉　1000円　Ⓣ4-05-201603-3

[内容]ストーリーを16の場面に区切り、会話のみで展開。「早く芽を出せ柿の種…」などの英文は楽しくリズム感にあふれ、サルをこらしめるために助け合うときの言葉やサルの家のあちこちに隠れる場面でのやりとりを遊びにも使える。幼児から小学生向き。

『たのしい英会話・日本むかし話　2　かさじぞう』　中山兼芳監修・指導，ビル・ウィークス訳，清重伸之絵　学習研究社　2002.2　32p　22×19cm　〈付属資料：CD1〉　1000円　Ⓣ4-05-201602-5

[内容]ストーリーを16の場面に区切り、会話のみで展開。貧しいながらも互いに思いやり深い老夫婦の姿、地蔵に対する信仰心、地蔵たちとの心の交流が感動的に描かれ、感謝、詫び、祈りの言葉は日常にも応用できる。幼児から小学生向き。

『たのしい英会話・日本むかし話　1　ももたろう』　中山兼芳監修・指導，ビル・ウィークス訳，内海博絵　学習研究社　2002.2　32p　22×19cm　〈付属資料：CD1〉　1000円　Ⓣ4-05-201601-7

[内容]ストーリーを16の場面に区切り、会話のみで展開。この巻のお話では、ももたろうが道中、イヌ、サル、キジと交わす会話がポイント。繰り返しの多いそのリズミカルな英語は、子供たちも自然に覚え、全員一丸で鬼を陥落させるくだりも圧巻。幼児から小学生向き。

『くもんの読み聞かせえいごえほん　3』　田島信元監修　くもん出版　2001.11　48p　28×22cm　〈付属資料：CD1〉　1200円　Ⓣ4-7743-0481-6

[目次]北風と太陽，かがやけ星よ，かさじぞう，ねむっている，あいちゃんの　いちにち

『くもんの読み聞かせえいごえほん　2』　田島信元監修　くもん出版　2001.11　48p　28×22cm　〈付属資料：CD1〉　1200円　Ⓣ4-7743-0480-8

[目次]いちばんはだれ？十二支のはじまり，ロンドン橋，ブレーメンのおんがくたい，バラの花輪，どうぶつえんにいったよ

『くもんの読み聞かせえいごえほん　1』　田島信元監修　くもん出版　2001.11　48p　28×22cm　〈付属資料：CD1〉　1200円　Ⓣ4-7743-0479-4

[目次]だいこんとにんじんとごぼう，桑のやぶ，大きなかぶ，ハンプティダンプティ，おたんじょうびおめでとう

『おやゆび姫』　Alison Ainsworth再話，Jon Davis画　南雲堂フェニックス　1996.7　1冊　18cm　(レディバード英語絵本 6)〈書名：Thumbelina　本文は英語　付(1枚)：日本語訳 池田和子訳〉780円　Ⓣ4-88896-121-2

『白雪姫と7人のこびと』　Fran Hunia著，Brian Price Thomas画　南雲堂フェニックス　1996.7　1冊　18cm　(レディバード英語絵本 2)〈書名：Snow White and the seven dwarfs　本文は英語　付(1枚)：日本語訳 池田和子訳〉780円　Ⓣ4-88896-117-4

『シンデレラ』　Fran Hunia著，Brian Price Thomas画　南雲堂フェニックス　1996.7　1冊　18cm　(レディバード英語絵本 1)〈書名：Cinderella　本文は英語　付(1枚)：日本語訳 池田和子訳〉780円　Ⓣ4-88896-116-6

『長ぐつをはいた猫』　Fran Hunia著，Kathie Layfield画　南雲堂フェニックス　1996.7　1冊　18cm　(レディバード英語絵本 5)〈書名：Puss in boots　本文は英語　付(1枚)：日本語訳 池田和子訳〉780円　Ⓣ4-88896-120-4

『ねむり姫』　Alison Ainsworth再話，Angus McBride画　南雲堂フェニックス　1996.7　1冊　18cm　(レディバード英語絵本 3)〈書名：Sleeping beauty　本文は英語　付(1枚)：日本語

訳 池田和子訳〉780円 ④4-88896-118-2

『ロビンソン・クルーソー』 Daniel Defoe原作, Fran Hunia著, Robert Ayton画 南雲堂フェニックス 1996.7 1冊 18cm （レディバード英語絵本 4）〈書名：Robinson Crusoe 本文は英語 付(1枚)：日本語訳 池田和子訳〉780円 ④4-88896-119-0

『浦島太郎』 荒井良二絵, ケリー・ミューアー, 乾侑美子, 治田邦宏英文 あすなろ書房 1994.3 26p 28×22cm （英語で読む日本むかし話絵本 1）〈本文：英文, 付：日本語ノート〉2000円 ④4-7515-1531-4

『たにし長者』 ケリー・ミューアー, 乾侑美子, 治田邦宏文, 伊藤秀男絵 あすなろ書房 1994.3 1冊 28×22cm （英語で読む日本むかし話絵本 4）2000円 ④4-7515-1534-9

『鶴女房』 ケリー・ミューアー, 乾侑美子, 治田邦宏文, 永田萌絵 あすなろ書房 1994.3 1冊 28×22cm （英語で読む日本むかし話絵本 3）2000円 ④4-7515-1533-0

『雪女』 林静一絵, ケリー・ミューア, 乾侑美子, 治田邦宏英文 あすなろ書房 1994.3 26p 28×22cm （英語で読む日本むかし話絵本 2）〈本文：英文, 付：日本語ノート〉2000円 ④4-7515-1532-2

『ねずみの嫁入り』 はたこうしろう絵, ケリー・ミューアー, 乾侑美子, 治田邦宏英文 あすなろ書房 1994.2 1冊 28×22cm （英語で読む日本むかし話絵本 5）〈本文：英文, 付：日本語ノート〉2000円 ④4-7515-1535-7

『英語おはなしから箱』 アジソン・ウェスレイ・パブリッシャーズ・ジャパン 1992.10 9冊(セット) 29×22cm 〈発売：星雲社 付属資料：コンパクトディスク1〉8755円 ④4-7952-9615-4

『Peach Boy Taro and Others—英語で楽しく読める』 大川悦生文, ピーター・シュナイダー訳, ジェーン・シュナイダー絵 金の星社 1991.8 77p 21cm 1200円 ④4-323-01255-1
|目次| ももの子太郎, 絵すがたあねさま, かさじぞうさま
|内容| 日本むかし話を英語で読もう。小学校高学年から。

『あかずきん』 星山博之文, パメラ・ステフル訳, はっとりかずお絵 学習研究社 1990.3 71p 21cm （楽しい英語・名作童話 7）850円 ④4-05-104317-7

『おおかみと七ひきのこやぎ』 グリム原作, 長谷川彰文, パメラ・ステフル英訳, 松田辰彦絵 学習研究社 1990.3 71p 21cm （楽しい英語・名作童話 8）850円 ④4-05-104318-5
|内容| よく知っている昔話・名作童話を英文で読むことによって, 英文に対する抵抗感がなくなり, 英文の内容を推理・読解する力が, 知らず知らずにつく。

『シンデレラ』 桜井正明文, パメラ・ステフル訳, 市川ようこ絵 学習研究社 1990.3 71p 21cm （楽しい英語・名作童話 9）850円 ④4-05-104319-3

『にんぎょひめ』 アンデルセン原作, 桜井正明文, パメラ・ステフル英訳, はっとりかずお絵 学習研究社 1990.3 71p 21cm （楽しい英語・名作童話 10）850円 ④4-05-104320-7
|内容| よく知っている昔話・名作童話を英文で読むことによって, 英文に対する抵抗感がなくなり, 英文の内容を推理・読解する力が, 知らず知らずにつく。

『おむすびころりん』 鈴木良武文, 勝井千賀雄絵, パメラ・ステフル訳 学習研究社 1990.2 71p 21cm （楽しい英語・名作童話 6）850円 ④4-05-104210-3

『かさじぞう』 吉田喜昭文, 山田ゴロー絵, パメラ・ステフル訳 学習研究社 1990.2 71p 21cm （楽しい英語・名

英語で読んでみよう　　　　　　　　　　　　　　　　　　　英語

作童話 5）850円　ⓟ4-05-104209-X

『したきりすずめ』　おばらあやこ文，丹治みちお絵，パメラ・ステフル訳　学習研究社　1990.2　71p　21cm　（楽しい英語・名作童話 4）850円　ⓟ4-05-104208-1

『赤ずきんちゃん』　Sue Ullstein著，Kathie Layfield絵，うつみ宮土理訳　〔オールカラー版〕　南雲堂　1990.1　1冊　18cm　（南雲堂レディバード・リーダーズ Grade 2）600円　ⓟ4-523-80008-1

『アルプスの少女ハイジ』　Sue Ullstein著，Lynne Willey絵，うつみ宮土理訳　〔オールカラー版〕　南雲堂　1990.1　1冊　18cm　（南雲堂レディバード・リーダーズ Grade 3）600円　ⓟ4-523-80017-0

『大きなかぶ』　Sue Ullstein著，John Dyke絵，うつみ宮土理訳　〔オールカラー版〕　南雲堂　1990.1　1冊　18cm　（南雲堂レディバード・リーダーズ Grade 1）600円　ⓟ4-523-80003-0

『オズの魔法使い』　Sue Ullstein著，Brian Price Thomas絵，うつみ宮土理訳　〔オールカラー版〕　南雲堂　1990.1　1冊　18cm　（南雲堂レディバード・リーダーズ Grade 3）600円　ⓟ4-523-80018-9

『こびととくつ屋』　Sue Ullstein著，John Dyke絵，うつみ宮土理訳　〔オールカラー版〕　南雲堂　1990.1　1冊　19cm　（南雲堂レディバード・リーダーズ Grade 1）600円　ⓟ4-523-80005-7

『ゴルジロックスと三びきのくま』　Sue Ullstein著，John Dyke絵，うつみ宮土理訳　〔オールカラー版〕　南雲堂　1990.1　1冊　18cm　（南雲堂レディバード・リーダーズ Grade 1）600円　ⓟ4-523-80002-2

『三びきの子ぶた』　Sue Ullstein著，Kathie Layfield絵，うつみ宮土理訳　〔オールカラー版〕　南雲堂　1990.1　1冊　18cm　（南雲堂レディバード・リーダーズ Grade 2）600円　ⓟ4-523-80009-X

『ジャックと豆の木』　Sue Ullstein著，Brian Price Thomas絵，うつみ宮土理訳　〔オールカラー版〕　南雲堂　1990.1　1冊　18cm　（南雲堂レディバード・リーダーズ Grade 3）600円　ⓟ4-523-80014-6

『しょうがクッキー人間』　Sue Ullstein著，Brian Price Thomas絵，うつみ宮土理訳　〔オールカラー版〕　南雲堂　1990.1　1冊　18cm　（南雲堂レディバード・リーダーズ Grade 3）600円　ⓟ4-523-80016-2

『ずるいきつねと赤いめんどり』　Sue Ullstein著，John Dyke絵，うつみ宮土理訳　〔オールカラー版〕　南雲堂　1990.1　1冊　18cm　（南雲堂レディバード・リーダーズ Grade 1）600円　ⓟ4-523-80004-9

『ハーメルンの笛吹き』　Sue Ullstein著，Brian Price Thomas絵，うつみ宮土理訳　〔オールカラー版〕　南雲堂　1990.1　1冊　18cm　（南雲堂レディバード・リーダーズ Grade 3）600円　ⓟ4-523-80015-4

『ピーターとおおかみ』　Sue Ullstein著，Kathie Layfield絵，うつみ宮土理訳　〔オールカラー版〕　南雲堂　1990.1　1冊　18cm　（南雲堂レディバード・リーダーズ Grade 2）600円　ⓟ4-523-80011-1

『ヘンゼルとグレーテル』　Sue Ullstein著，Anna Dzierzek絵，うつみ宮土理訳　〔オールカラー版〕　南雲堂　1990.1　1冊　18cm　（南雲堂レディバード・リーダーズ Grade 1）600円　ⓟ4-523-80006-5

『町のねずみといなかのねずみ』　Sue Ullstein著，John Dyke絵，うつみ宮土

理訳 〔オールカラー版〕 南雲堂 1990.1 1冊 18cm （南雲堂レディバード・リーダーズ Grade 2） 600円 ⓘ4-523-80010-3

『魔法の石』 Sue Ullstein著, Martin Aitchison絵, うつみ宮土理訳 〔オールカラー版〕 南雲堂 1990.1 1冊 18cm （南雲堂レディバード・リーダーズ Grade 3） 600円 ⓘ4-523-80013-8

『みにくいあひるの子』 Sue Ullstein著, Stephen Holmes絵, うつみ宮土理訳 〔オールカラー版〕 南雲堂 1990.1 1冊 18cm （南雲堂レディバード・リーダーズ Grade 2） 600円 ⓘ4-523-80007-3

『ラプンツェル』 Sue Ullstein著, Kathie Layfield絵, うつみ宮土理訳 〔オールカラー版〕 南雲堂 1990.1 1冊 18cm （南雲堂レディバード・リーダーズ Grade 2） 600円 ⓘ4-523-80012-X

『わんぱくやぎ』 Sue Ullstein著, John Dyke絵, うつみ宮土理訳 〔オールカラー版〕 南雲堂 1990.1 1冊 18cm （南雲堂レディバード・リーダーズ Grade 1） 600円 ⓘ4-523-80001-4

その他の外国語

世界のことばと文字

『古代の文字―くさび形文字・ヒエログリフ』 町田和彦監修 ポプラ社 2011.3 55p 28×22cm （ふしぎ？ おどろき！文字の本 3） 3200円 Ⓣ978-4-591-12301-0
目次 第1章 文字と古代文明（くさび形文字，ヒエログリフ，インダス文字，甲骨文字，漢字の広がり），第2章 世界につたわり変化する文字（原シナイ文字，フェニキア文字，ギリシア文字，エトルリア文字，ラテン文字，グラゴール文字，アラム文字，ナバタイ文字，シリア文字，ブラーフミー文字）

『世界の文字―いろいろなアルファベット』 町田和彦監修 ポプラ社 2011.3 55p 28×22cm （ふしぎ？ おどろき！文字の本 2） 3200円 Ⓣ978-4-591-12300-3
目次 第1章 ヨーロッパ，アメリカ，オセアニアの文字（英語の文字，ヨーロッパのいろいろな言葉の文字，海をわたったラテン文字 ほか），第2章 アジアでつかわれるさまざまな文字（ヒンディー語の文字，インドでつかわれるそのほかの文字，シンハラ語の文字 ほか），第3章 中東，アフリカでつかわれる文字（アラビア語の文字，イスラム教とアラビア語，アラビア文字，ヘブライ語の文字 ほか）

『いのちの首かざり―絵本で楽しむ世界のことば』 縄文リー文，チーム・リー絵 川崎 てらいんく 2011.2 39p 22×22cm 〈本文：日本語・英語・フランス語・中国語・ドイツ語・ロシア語・韓国語〉 1500円 Ⓣ978-4-86261-083-6

『虹の下の縄文遺跡―絵本で楽しむ世界のことば』 縄文リー文，チーム・リー絵 川崎 てらいんく 2009.6 39p 22×22cm （ジョーモン・リー 6B）〈他言語標題：The Jomon remains under the rainbow, Les vestiges Jomon sous l'arc-en-ciel, A reliquia do periodo Jomon debaixo do arco-iris, Reliquias de Jo-Mon bajo el arco iris 英仏中葡西韓併記〉 1500円 Ⓣ978-4-86261-050-8 Ⓝ726.9

『和ポことばの絵本―日本語・ローマ字・ポルトガル語 日本語・ポルトガル語はじめの一歩』 第2版 アイピーシー・ワールド 2008.5 63p 28cm 〈他言語標題：Dicionario ilustrado ポルトガル語併記〉 1429円 Ⓣ978-4-901920-08-7 Ⓝ869.4

『いろんなことばであいさつしよう！』 こどもくらぶ編 旺文社 2008.3 39p 29cm （世界のことばあそび 4） 2500円 Ⓣ978-4-01-071058-6 Ⓝ809
目次 いろんな国のことばであいさつしよう！（おはよう，いってきます，こんにちは ほか），いろんな国のことばをおぼえよう！（はじめまして，ぼくは翔太です，おめでとう ほか），もっと知りたい！世界のあいさつことば（こんなときには，こんなあいさつ，すばらしい習慣）
内容 この本は，前半でいろいろな国の「おはよう」「こんばんは」などのあいさつを，後半では「ありがとう」「おめでとう」「がんばれ」といったコミュニケーションにつかうことばを，いろいろと紹介するよ。世界の国のことばをおぼえてこの本の題名のとおり，「いろんなことばであいさつしよう！」。この本は，世界のことばを紹介してあるだけではないんだ。それぞれの国で，どうしてそのことばをつかうのか？ どういうときに，どういうことばをつかうのか？ など世界の国のいろんな文化についてもかいてあるんだ。

その他の外国語　　　　　　　　　　　　　　　　　アジアのことばと文字

『エジプト学ノート―聖なる文字ヒエログリフを知る』　斎藤悠貴著，こどもくらぶ編　国立　今人舎（発売）2006.7　55p　27cm　1800円　①4-901088-43-2　Ⓝ894.2

『外国語にトライ！』　学習研究社　2005.3　48p　27cm　（好きからチャレンジ！　資格と検定の本 3）2800円　①4-05-202280-7　Ⓝ807

『ヒエログリフがわかる絵本』　大英博物館編，吉村作治監修，ニール・スペンサー文，クレア・ソーン絵，月森左知訳　大阪　創元社　2005.3　80p　20×20cm　1600円　①4-422-23019-0　Ⓝ894.2
　目次　第1章　王名と称号，第2章　称号，第3章　神と女神，第4章　供物，第5章　そのほかの一般的な慣用句と言葉
　内容　世界でもっとも美しい文字を知ろう！はじめて学ぶ人、はじめて間もない人のために、とても親切に書かれた本。

『子どもの写真で見る世界のあいさつことば―平和を考える3600秒』　稲葉茂勝著，こどもくらぶ編　国立　今人舎　2004.5　31p　22cm　1200円　①4-901088-27-0　Ⓝ809

『世界の文字の起源と日本の文字』　町田和彦監修・著　小峰書店　2004.4　47p　29×22cm　（世界の文字と言葉入門 1）3000円　①4-338-19701-3
　目次　1　文字って何だろう？（文字の歴史、現在の文字、文字と言葉は違う、文字があったり、なかったり），2　世界の文字を探検しよう（世界でいちばん古い文字を調べよう、漢字の歴史を調べよう、世界でいちばん多く使われている文字は何？、東南アジアの文字がABC!?、いろいろなアジアの文字はみんな兄弟、アラビア文字の歴史を調べよう、エチオピアの文字、アムハラ文字って？、モンゴルの文字が、中国で使われる？），3　日本の文字はこんなにすごい（日本の文字の歴史、日本の文字の特徴、ローマ字も日本の文字？）
　内容　シリーズの入門。世界のさまざまな文字に興味をもつきっかけをつかんでください。

『ヒエログリフ・暗号』　カレン・プライス・ホッセル著，吉村作治，山本博資監修，上田勢子訳　丸善　2004.3　128p　21cm　〈年表あり〉1600円　①4-621-07418-0　Ⓝ894.2

『チャレンジ！　ヒエログリフ―古代エジプト象形文字』　松本弥著　敦賀　弥呂久　2003.8　95p　21cm　〈年表あり〉1905円　①4-946482-16-4　Ⓝ894.2

『これって、なに？―子どものための5か国語絵単語帳』　チャレンジ日本委員会編　チャレンジ日本委員会　1995.3　168p　11×15cm　〈他言語標題：What is this？，Que e isso？，Que es esto？　英文・ポルトガル語・スペイン語・中文併記　索引あり〉

『にんげんが文字をつくってから』　シュザンヌ・ビュキエ文・構成，エレーヌ・ミュレー，クリスチアン・ライ・コン・プオック絵，あわづひろこ訳　リブリオ出版　1992.9　89p　26cm　2884円　①4-89784-318-9
　目次　話しことばから文字の発明へ、文字がないころは…、文字の誕生、4000年も前から学校と図書館があった、今日では…、現代の世界で広く使われている文字の分布、中国の民話　絹糸になったヒゲ、ロシアの民話　ヤガーばあさん、アラビアの民話　誇り高き羊飼い、インドの民話　日食が起こるわけ、ケルトの民話　ふしぎな黒猫ルペット
　内容　この本では、人類がはじめて文字をつくりだしてから現在までの文字の発展の歴史を、たいへんわかりやすく説明しています。

アジアのことばと文字

『ちゅうごくの十二支のものがたり―甲骨もじであそぶ』　おうようかりょう甲骨もじ、せきとみこお話　JULA出版局　2009.12　1冊（ページ付なし）19×19cm　〈構成：みかみまさこ〉1200円　①978-4-88284-242-2　Ⓝ821.2

子どもの本　国語・英語をまなぶ2000冊　265

アジアのことばと文字　　　　　　　　　　　　　　　　その他の外国語

『ベトナムのことば』　冨田健次監修，こどもくらぶ編・著　文研出版　2007.4　39p　29cm　（はじめての外国語　アジア編）〈付属資料：CD1枚（12cm）〉2500円　Ⓘ978-4-580-80003-8　Ⓝ829.37
[目次]　やってきましたベトナムのまち，ベトナムのあいさつをおぼえよう！，自己紹介をしよう！，ベトナムのお店を探検しよう！，ベトナムの自転車タクシー，シクロにのろう！，ともだちの家を見せてもらおう！，台所を見せてもらおう！，食事のことばとマナー，もっと知ろう！ベトナムの文化，ベトナムの小学校へいってみよう！，どんな勉強をしているのかな？，やってみよう！ベトナムのあそび，ベトナムのあそび，ベトナムのスポーツ，ベトナム文字をおぼえよう！，ベトナム文字で名前を書こう！，いろいろなベトナム語をおぼえよう！

『中国のことば』　西村成雄監修，こどもくらぶ編著　文研出版　2007.3　39p　29cm　（はじめての外国語　アジア編）〈付属資料：CD1枚（12cm）〉2500円　Ⓘ978-4-580-80001-4　Ⓝ827.8

『韓国のことば』　金碩熙監修，こどもくらぶ編著　文研出版　2007.2　39p　29cm　（はじめての外国語　アジア編）〈付属資料：CD1枚（12cm）〉2500円　Ⓘ978-4-580-80000-7　Ⓝ829.1
[目次]　やってきました韓国のまち，韓国のあいさつをおぼえよう！，自己紹介をしよう！，韓国のお店を探検しよう！，ソウルの地下鉄にのろう！，ともだちの家を見せてもらおう！，台所を見せてもらおう！，食事のことばとマナー，韓国の小学校へいってみよう！，どんな勉強をしているのかな？，やってみよう！韓国のあそび，韓国のスポーツ，ハングルをおぼえよう！，ハングルで名前を書こう！，いろいろな韓国語をおぼえよう！
[内容]　この本にはCDがついていて，韓国の人が話す本物の韓国語を聞くことができます。よく聞いてまねてみてください。また，CDには韓国のまちで聞こえるいろいろな音も入っています。耳をすまして，韓国の人たちのくらしを想像してみましょう。さあ，韓国語の旅に出発です。

『タイのことば』　宇戸清治監修，こどもくらぶ編・著　文研出版　2007.1　39p　29cm　（はじめての外国語　アジア編）〈付属資料：CD1枚（12cm）〉2500円　Ⓘ978-4-580-80002-1　Ⓝ829.36
[目次]　やってきましたタイのまち，タイのあいさつをおぼえよう！，自己紹介をしよう！，タイのお店を探検しよう！，タイのタクシー，トゥクトゥクにのろう！，ともだちの家を見せてもらおう！，台所を見せてもらおう！，食事のことばとマナー，タイの小学校へいってみよう！，どんな勉強をしているのかな？〔ほか〕
[内容]　世界には，日本語のほかに7000くらいのことばがあるといわれています。この本では，その中からタイ語を紹介します。そして，タイの人たちのくらしについて見ていきます。きっと，わくわくどきどきする発見があなたをまっているでしょう。この本にはCDがついていて，タイの人が話す本物のタイ語を聞くことができます。よく聞いてまねてみてください。また，CDにはタイのまちで聞こえるいろいろな音も入っています。

『アジア各国のABCとインドネシア語』　降幡正志監修，こどもくらぶ著　小峰書店　2004.4　47p　29×22cm　（世界の文字と言葉入門 4）　3000円　Ⓘ4-338-19704-8
[目次]　1　アジアのABCいろいろ（ABCが，アジアの文字!?，インドネシアのABCってどんなの？，昔はこんな文字を使っていた！，インドネシアの文字の歴史，ABCって何？，マレーシアのABC，フィリピンのABC，ベトナムのABC，日本のローマ字について知ろう？，インドネシアのABCを読んでみよう），2　かんたんなインドネシア語をおぼえよう（あいさつ言葉からはじめよう，自分のことを紹介しよう，インドネシアを探検しよう！，食べにいこう！，学校はどんなかな？，インドネシアのじゃんけんをしよう！），3　もっと知ろう！アジアのABCと，アジアの国々（0から10まで，数えてみよう，もっとインドネシア語をおぼえよう）
[内容]　アジアでも「ABC」が使われている…!?インドネシアのABCを紹介します。

『イスラム世界の文字とアラビア語』　八木久美子監修，こどもくらぶ著　小峰書店　2004.4　47p　29×22cm　（世界の文字と言葉入門 7）　3000円　Ⓘ4-338-19707-2
[目次]　1　アラビア文字基礎のキソ（アラビア文字はもようみたい，何が書いてあるのか

な?，アラビア文字の変身を見やぶろう!，アラビア文字のふしぎ，さあ読んでみよう，数字の祖先はアラビア数字!?，アラビア文字を書いてみよう)，2 かんたんなアラビア語をおぼえよう(アラビア語を学習するまえに知っておこう，アラビア語入門・あいさつ言葉から，アラビア語で自己紹介しよう，エジプトのまちを散歩しよう，エジプトの神秘を探検しよう)，3 もっと知ろう!アラビア語・アラビア文字の世界(イスラム教の戒律，ペルシア文字，ウルドゥー文字)
|内容| くねくねとした線，これも文字!?イスラム世界のアラビア文字を紹介します。

『インドの文字とヒンディー語』 町田和彦監修，こどもくらぶ著 小峰書店 2004.4 47p 29×22cm （世界の文字と言葉入門 6） 3000円 ①4-338-19706-4
|目次| 1 ナーガリー文字基礎のキソ(身近なところでインド系の文字をさがしてみよう，文字の旅，ナーガリー文字330音表，ナーガリー文字を書いてみよう，ナーガリー文字を発音してみよう，ナーガリー文字で日本語の50音，ナーガリー文字を書くときの約束)，2 ナーガリー文字でかんたんなヒンディー語をおぼえよう!(ヒンディー語を学習するまえに知っておくべきこと，あいさつをしよう，ヒンディー語で自己紹介!，インドのまちを探検しよう，ヒンディー語の疑問文をおぼえよう，インドの学校でみつけたヒンディー語)，3 もっと知ろう!ヒンディー語と南アジア(調べよう!インド基本データ，生活に使う言葉をおぼえよう)
|内容| 意外なところで日本の文字とつながりのある，インドのナーガリー文字を紹介します。

『タイの文字と言葉』 宇戸清治監修，こどもくぶ著 小峰書店 2004.4 47p 29×22cm （世界の文字と言葉入門 5） 3000円 ①4-338-19705-6
|目次| 1 タイ文字基礎のキソ(タイ文字って，どんな形?，タイ文字って，いくつあるの?，タイ文字を書いてみよう!，タイ文字のしくみ，タイ文字で書いた日本語を読んでみよう!，タイ文字で名前が書ける?，タイ文字を発音してみよう)，2 かんたんなタイ語をおぼえよう(あいさつの言葉，タイ語で自己紹介しよう，あつい国，タイにくらす人々のくふう，尊敬の心がたいせつ，タイの学校をのぞいてみよう，タイ語を覚えて，タイ料理を味わおう!，タイのスポーツ，お

どり，タイにも，じゃんけんとたこあげ?)，3 もっと知ろう!タイ文字・タイ語の世界(タイの暦ってどんなの?，もっとタイ語をおぼえよう!)
|内容| 東南アジアの多くの文字はみな兄弟。この本では，かわいらしいタイ文字を紹介します。

『中国の漢字と中国語』 小林二男監修，稲葉茂勝著 小峰書店 2004.4 47p 29×22cm （世界の文字と言葉入門 2） 3000円 ①4-338-19702-1
|目次| 1 漢字の話(身近なところで中国の漢字をさがそう，中国，日本の略字の秘密をさぐろう，中国と日本，同じ漢字の「違う意味」をさがそう，同じ漢字でも，日本と中国では読み方が違う，中国語のふりがなはローマ字!?)，2 簡体字でかんたんな中国語をおぼえよう(中国語を学習するまえに知っておくべきこと，中国語にもっと興味をもとう，大都会上海と山水画の世界，中華料理の漢字をおぼえよう，中国の歌を中国語でうたおう，じゃんけんと漢字と中国では)，3 もっと知ろう!中国語いろいろ
|内容| 繁体字，簡体字って何でしょう？日本の漢字の祖先，中国の漢字を紹介します。

『朝鮮半島の文字「ハングル」と言葉』 野間秀樹監修，こどもくらぶ著 小峰書店 2004.4 47p 29×22cm （世界の文字と言葉入門 3） 3000円 ①4-338-19703-X
|目次| 1 ハングル基礎のキソ(身近なところでハングルをさがそう!何が書いてあるのかな?，ハングルの秘密を見やぶろう!，ハングルをつくる部品を調べよう，ハングル3000文字をつくる24の部品，ハングルを発音してみよう!，ハングルらしい発音に挑戦しよう)，2 かんたんな言葉をおぼえよう(あいさつ言葉からはじめよう，自己紹介しよう，韓国の家ってどんなの?，韓国のまちのようすを見てみよう，活気に満ちたソウルの市場にいってみよう，韓国料理を食べよう，韓国の学校はたいへんそう，韓国のスポーツ，朝鮮半島の音楽，昔といま，韓国の遊びはどんなかな)，3 もっと知ろう!ハングルいろいろ(生活に使う言葉をおぼえよう，数字をおぼえよう)
|内容| 日本のおとなり，朝鮮半島で使われている文字「ハングル」の秘密をときあかします。

『ハングルと韓国の伝統文化』 金順玉監

修，渡辺一夫，吉田忠正文・写真　ポプラ社　2003.4　47p　27cm　（韓国まるごと大百科　国際理解に役立つ　4）　2800円　Ⓘ4-591-07560-5,4-591-99490-2　Ⓝ829.11

目次　韓国のことば，韓国の伝統芸能，美術と伝統工芸，韓国の宗教

内容　ハングルの章は，だれでも楽しく学ぶことのできるハングル入門講座。伝統文化の章は歌やおどり，仮面劇などの伝統芸能，ポジャギや陶磁器などの伝統工芸，それに儒教や仏教，キリスト教など，人びとがあつい信仰をよせている宗教を紹介しています。

『もっと知ろうよ！　中国一漢字のふるさとの言葉と文化　2　中国のことばとくらし』　納村公子作・絵　汐文社　2003.3　47p　27cm　1800円　Ⓘ4-8113-7617-X　Ⓝ824

目次　1 ニーハオ！中国のお友だち，2 中国語の読みかた―中国のアイウエオ，3 音楽みたいな中国語，4 北京の小学校の1日，5 北京の街を散歩しよう，6 中国の遊びにチャレンジ！，7 ハオチー！おいしい食べ物いっぱい，8 楽しい中国のお正月―春節，9 都市・市街地の伝統的な家，10 農村のくらしと家

『もっと知ろうよ！　中国一漢字のふるさとの言葉と文化　1　漢字ってどこからきたの』　納村公子作・絵　汐文社　2003.2　47p　27cm　1800円　Ⓘ4-8113-7616-1　Ⓝ821.2

目次　孫悟空，あらわる，漢字って中国語？―名前を読んでみよう，漢字を中国語で読んでみよう，いちばん古い漢字，おもしろ中国語をおぼえよう，これが中国大陸だ―中国という国，みどりと英雄，昔の中国へ行く，文字の移り変わり，おなじ漢字はどういう意味に，漢詩を中国語でよんでみよう，悟空，新石器時代へタイムトラベル，漢字の神様，登場，妖怪vs悟空―漢字クイズ（字謎），妖怪に勝つ

『もっと知ろうよ！　ハングル―となりの国の言葉と文化　2　かぞえ方と発音』　金順玉文，池貴巳子イラスト　汐文社　2001.2　47p　27cm　1800円　Ⓘ4-8113-7361-8

目次　1 トケビの国だ―子音「カナダラ」をおぼえよう，2 これはたいへん！―母音「アヤオヨ」の練習，3 トケビの国へようこそ―子音と母音の組み合わせ，4 歌と踊りに仲間入り―ハングルの読みかた，5 トケビの動物園―パッチム（子音＋母音の下側にくっつく子音），6 遊園地でなにして遊ぶ？―パッチムの発音ルール，7 学校にやってきた―数のかぞえ方，8 昼休み―時間，曜日，9 力を合わせて，イチ，ニ，サン―日付と季節，10 時間よ，とまれ―過去・現在・未来，ハングルの50音表（日本のあいうえお，韓国・朝鮮のアイウエオ）

『もっと知ろうよ！　ハングル―となりの国の言葉と文化　1　あいさつと文字』　金順玉文，池貴巳子イラスト　汐文社　2000.11　47p　27cm　1800円　Ⓘ4-8113-7360-X

目次　1 トケビあらわる―あいさつ，2 キム先生，教えて！―ハングルで「あいうえお」，3 日本語とにている？―敬語と語順，4 トケビの秘密―漢字語とハングル，5 トケビ！泣かないで―はげます言葉とリズム，6 りっぱな狛犬―こそあど言葉，7 あъらの誕生日―お祝い・感謝の言葉，8 焼き肉たべたい―しかる・あやまるときの言葉，9 パレードがやってきた―ほめるときの言葉，10 トケビ国へ帰る―好き，きらいの言葉，ハングルの50音表（日本のあいうえお，韓国・朝鮮のアイウエオ）

『修学旅行のためのサポート中国語』　張暁衛ほか著　同学社　1997.8　63p　21cm　800円　Ⓘ4-8102-0257-7

欧米のことばと文字

『小学生も使えるエスペラント辞典　1　エスペラント―日本語』　大石陽著　新修版　八王子　小学生の辞書を作る会　2008.10　182p　15×21cm　〈日本エスペラント運動百周年記念事業委員会記念事業〉　1000円　Ⓝ899.13

『ことば―アメリカ・インディアンの絵文字と絵物語』　金石教子文・絵　開発社　2007.12　87p　23×23cm　〈英語併記〉　2000円　Ⓘ978-4-7591-0119-5　Ⓝ895.2

『もっと知ろうよ！ EU 3 EUの文化とことば』田中信世監修・編，山崎智嘉著，種田瑞子イラスト 汐文社 2005.10 48p 27cm 2000円 ⓘ4-8113-8014-2 Ⓝ302.3
目次 プロローグ ヨーロッパの歴史は戦争の歴史（どうして国と国は戦うのだろう？，EUの国々のちがいはなに？），第1部 EUってどんな文化、ことば？（EUの「ことば」はどうなるの？，英語ってどんなことば？，英語、ドイツ語、フランス語、スペイン語のちがいは？ ほか），第2部 EUの国々を知ろう！（チェコ―歴史・音楽・建築、文化豊かな国、スロバキア―農業国から工業国に発展する国、ハンガリー―大帝国の歴史を残す国 ほか）

『北ヨーロッパの文字と言葉』森信嘉監修・著 小峰書店 2005.4 47p 30cm （世界の文字と言葉入門 13）〈付属資料：CD1〉 3200円 ⓘ4-338-19713-7
目次 1 文字の基礎知識（身近なところでさがしてみよう、これがノルウェー語、アイスランド語の文字、遊んで読み書き完全マスター ほか），2 かんたんな言葉をおぼえよう（4つの言葉であいさつ、4つの言葉で自己紹介しよう、4つの国を見てみよう），3 もっと知ろう！ノルウェー語、アイスランド語（ノルウェー語、アイスランド語でかぞえよう、いろいろな言葉をおぼえよう、ノルウェー語、アイスランド語で日本を紹介しよう）
内容 北ヨーロッパ4か国で使われている、文字と言葉の同じところと違うところをさがしてみよう。

『スペイン・ポルトガルの文字と言葉』黒沢直俊監修 小峰書店 2005.4 47p 30cm （世界の文字と言葉入門 11）〈付属資料：CD1〉 3200円 ⓘ4-338-19711-0
目次 1 文字の基礎知識（身近なスペイン語、ポルトガル語の文字、これがスペイン語の文字、ポルトガル語の文字、遊んで読み書き完全マスター ほか），2 かんたんな言葉をおぼえよう（スペイン語、ポルトガル語であいさつ、スペイン語、ポルトガル語で自己紹介、スペインってどんなところ？ ほか），3 もっと知ろう！スペイン語、ポルトガル語（スペイン語、ポルトガル語でかぞえよう、いろいろな言葉をおぼえよう、スペイン語、ポルトガル語で日本を紹介しよう）

内容 大航海時代に、世界へ広がったスペイン・ポルトガルの文字と言葉って、どんなだろう。

『ドイツ・オランダの文字と言葉』成田節監修 小峰書店 2005.4 47p 30cm （世界の文字と言葉入門 12）〈付属資料：CD1〉 3200円 ⓘ4-338-19712-9
目次 1 文字の基礎知識（身近なところでさがしてみよう、これがドイツ語の文字、遊んで読み書き完全マスター ほか），2 かんたんな言葉をおぼえよう（ドイツ語、オランダ語であいさつ、ドイツ語、オランダ語で自己紹介、ドイツってどんなところ？ ほか），3 もっと知ろう！ドイツ語、オランダ語（ドイツ語、オランダ語でかぞえよう、いろいろな言葉をおぼえよう、ドイツ語とオランダ語で日本を紹介しよう）
内容 江戸時代から日本への影響が強かった、ドイツとオランダの文字と言葉を調べよう。

『フランス・イタリアの文字と言葉』富盛伸夫監修 小峰書店 2005.4 47p 30cm （世界の文字と言葉入門 10）〈付属資料：CD1〉 3200円 ⓘ4-338-19710-2
目次 1 文字の基礎知識（日本で見かけるフランスの文字とイタリアの文字、フレンチ・イタリアンレストランにいってみよう！、これがフランス語の文字、イタリア語の文字 ほか），2 かんたんな言葉をおぼえよう（フランス語、イタリア語であいさつ、フランス語、イタリア語で自己紹介、フランスってどんなところ？ ほか），3 もっと知ろう！フランス語、イタリア語（フランス語、イタリア語でかぞえよう、いろいろな言葉をおぼえよう、フランス語、イタリア語で日本を紹介しよう）
内容 フランス語とイタリア語が兄弟の言葉？どんな文字が使われているの？楽しく調べよう。

『ラテン文字と世界の言葉』町田和彦監修・著 小峰書店 2005.4 47p 29cm （世界の文字と言葉入門 16） 3200円 ⓘ4-338-19716-1,4-338-90033-4 Ⓝ892
目次 1 ラテン文字を知ろう！（ラテン文字の広がり、ラテン文字はどうやってできた？、ラテン文字の親戚キリール文字 ほか），2 世界の言葉を仲間分け（語族って何？、さらに細かく仲間分け！），3 「世界

共通語」について考えよう(「共通語」ってどんな言葉?，「共通語」って何語?，英語は「世界共通語」?)

内容 世界じゅうに広まっているラテン文字と、世界のいろいろな言葉についての総まとめをしよう。

『ロシアの文字と言葉』 中沢英彦監修 小峰書店 2005.4 47p 30cm （世界の文字と言葉入門 14）〈付属資料：CD1〉 3200円 ①4-338-19714-5

目次 1 ロシア語の文字の基礎知識（日本のなかで見られるロシア語の文字，これがキリール文字，キリール文字の歴史 ほか），2 かんたんな言葉をおぼえよう（ロシア語であいさつしよう，ロシア語で自己紹介しよう，ロシアのまちを探検しよう ほか），3 もっと知ろう！かんたんロシア語講座（ロシア語でかぞえよう，いろいろなロシア語をおぼえよう，ロシア語で日本を紹介しよう）

内容 ЯはRのまちがいではなく、ロシア語を表すキリール文字。ロシアの文字と言葉とは。

『ギリシアの文字と言葉』 岩崎務監修・著 小峰書店 2004.4 47p 29×22cm （世界の文字と言葉入門 8） 3000円 ①4-338-19708-0

目次 1 ギリシア文字基礎のキソ（日本のなかのギリシア文字，これがギリシア文字！，ギリシア文字はどこからきたの？，文字の形が変わってきた，ギリシア文字はいろんな文字につながっている，ギリシア文字を書いてみよう！，ギリシア文字で名刺をつくろう！ギリシア文字の記号って？，文字と数字が同じ!?，ギリシア文字の読み方と名前），2 かんたんなギリシア語をおぼえよう（あいさつ言葉からはじめよう，ギリシアの家をたずねてみよう！，まちのようすを見てみよう！，星空にもギリシア語？，オリンピック発祥の地、オリンピアの遺跡を探検しよう！），3 もっと知ろう！ギリシア語・ギリシア文字の世界（ギリシアの歴史を知ろう，オリンピックをもっと知ろう！）

内容 世界に広まるABCをたどっていくと…？ギリシア文字のルーツをさぐります。

書名索引

【あ】

- あいう(え)じてん …………………………… 3
- IQ国語クイズ&パズル(ワン・ステップ) …… 19
- あいさつ(大越和孝) …………………………… 127
- あいさつと敬語(日本話しことば協会) …… 127
- あいさつのことばと敬語 …………………… 126
- あいさつの方言大研究(面谷哲郎) ………… 122
- アイヌとキツネ(萱野茂) …………………… 257
- あいらんどけいさつ・ロコモコップ(宮島伸浩) ……………………………………………… 192
- あおいろねずみときいろねずみ(大江パトリシア) ……………………………………… 245
- あかずきん(星山博之) ……………………… 261
- 赤ずきんちゃん(Sue Ullstein) …………… 262
- 秋の名歌百選(藤森徳秋) …………………… 153
- 秋の名句と季語(藤森徳秋) ………………… 153
- アジア各国のABCとインドネシア語(降幡正志) ……………………………………… 266
- あそびうた(ジェリー・ソーレス) ………… 228
- あそびことば(羽鳥博愛) …………………… 221
- 遊びながら国語力up! おもしろ回文1000(言葉あそびを楽しむ会) ……………… 86
- 遊びの方言大集合(柳川創造) ……………… 123
- あそほう★おどろうラスカルENGLISH(泉忠司) ……………………………………… 194
- あそんで身につく日本語表現力(半沢幹一) ……………………………………… 84, 85
- 頭をひねってことば遊び(白石範孝) ……… 91
- 頭が良くなる小学生の国語速読法(新日本速読研究会) ………………………………… 135
- アタマが良くなる!! だじゃれクイズ(本郷陽二) …………………………………… 91
- 頭がよくなる必殺! 読書術(斎藤孝) …… 135
- あつがりパティ(上原エイミー) …………… 247
- あなうめで完成かみち作文(青木伸生) …… 171
- あなたがぼくのおかあさん?(P. D.イーストマン) ……………………………………… 244
- あなたのえほん(五味太郎) ………………… 253
- アニマルマニア(ながたみかこ) …………… 92
- あひるのたまご(さとうわきこ) …………… 250
- あめのひのえんそく(間瀬なおかた) ……… 249
- あめふり(さとうわきこ) …………………… 251
- アメリカンキッズ英語辞典(日本英語教育協会) ……………………………………… 189
- アメリカンキッズ和英辞典(日本英語教育協会) ……………………………………… 190
- アメリカンライフ(羽鳥博愛) ……………… 243
- ありがたいなら芋虫くじら(ながたみかこ) ……………………………………… 85
- ある朝、お城で目ざめたら(沢田暢) ……… 247
- アルクの2000語えいご絵じてん(久埜百合) ……………………………………… 183
- あるはクン・しいたちゃんの英語すき!すき!(大森淑子) …………………… 207, 208
- あるふぁべっと(ジョン・バーニンガム) …… 246
- アルファベット ……………………………… 215
- アルファベットABC26 ……………………… 217
- アルファベット絵本(児島なおみ) ………… 214
- アルファベットずかんABC(きたむらさとし) ………………………………………… 216
- アルファベットとローマ字 ………………… 217
- アルプスの少女ハイジ(Sue Ullstein) …… 262
- あんぽんたんのおもしろことばなんじゃらほい!(ひろかわさえこ) ………………… 93

【い】

- いきものイキイキ語源の話(木暮正夫) …… 102
- 生き物の方言大探検(渡辺一夫) …………… 123
- 意見発表トレーニング(生越嘉治) ………… 181
- 意見文・説明文を書こう(畑島喜久生) …… 168
- 石井式なるほど! 漢字ワールド(土屋秀宇) ……………………………………… 58
- イスラム世界の文字とアラビア語(八木久美子) ……………………………………… 266
- いそがしいよる(さとうわきこ) …………… 251
- イソップ物語 うさぎとかめ(インターブログ) ……………………………………… 257
- 1行読んでおぼえる小学生必修1006漢字(藁谷久三) …………………………………… 57
- 1行読んで書いておぼえる四字熟語(藁谷久三) …………………………………… 99
- 1日5分でじがかけるほん(あきやまかぜさぶろう) ……………………………… 51, 216
- 1日10題計算と漢字(学研) ………………… 77
- 1・2年生の書き順(東京ルリュール) ……… 82
- 1年生がぐんぐん伸びるお母さんの国語教室(山本正格) ……………………………… 21
- 1年生のカタカナ ……………………………… 51
- 一年生のかんじ ……………………………… 83
- 一年生の漢字 ………………………………… 83
- 1ねんせいのかん字あそび …………………… 67
- 1年生のかん字のかきかた …………………… 77
- 1ねん生のかんじ80 …………………………… 83
- 1年生のかん字80(グループ・コロンブス) … 53
- 1年生の漢字80字マスタープリント(高嶋和男) …………………………………… 74
- 一年生のドラえもん国語プリント(横山都美子) …………………………………… 29
- 1年生のひらがな ……………………………… 51
- 1年生のひらがな・カタカナのかきかた …… 51
- 1ねんのかんじドリルじてん ………………… 82

【い】つづき

いつでも本はそばにいる（朝の読書推進協議会）	135
犬も歩けば…（吉川豊）	109
いのちの首かざり（縄文リー）	264
いま、この本（杉並区立中央図書館）	136
今すぐ作家になれる楽しい文章教室	164
今どきことわざランド（高嶋和男）	116
いよのおもしろ方言集（長谷川孝士）	122
イラストことわざ辞典（金田一春彦）	112
イラストで学ぶ日常英単語 トムソンピクチャーディクショナリー（ハインリー）	219
イラスト版気持ちが伝わる言葉の使い方（花田修一）	125
イラスト版ロジカル・コミュニケーション（つくば言語技術教育研究所）	178
いろ（シアン・タッカー）	247
いろ（ジョン・バーニンガム）	246
いろいろなことばを書こう（続木湖山）	176
いろいろな人との会話と敬語	126
いろのほん（アナエル・ドゥナ）	204
色や様子を表す漢字	56
いろんな国のオノマトペ（こどもくらぶ）	86
いろんなことばであいさつしよう！（こどもくらぶ）	264
インタビュー（菊池省三）	182
インドの文字とヒンディー語（町田和彦）	267

【う】

ウイニングステップ小学4年国語（日能研教務部）	26
ウイニングステップ小学5年国語（日能研教務部）	26
ウイニングステップ小学6年国語（日能研教務部）	26
上から読んでも下から読んでもまさかサカサマ回文ゲーム（ながたみかこ）	88
うたおう！ マザーグース	228
歌って書ける小学漢字1006	63
歌って書けるひらがな・カタカナ	50
うたって！ よんで！ 英語だいすき！（阿部フォード恵子）	258
うたって！ よんで！ 英語だいすき！（外山節子）	258, 259
歌でおぼえるえいかいわ	238
歌でおぼえるえいたんご	221
歌と絵でつづる「超早おぼえ」百人一首（佐藤天彦）	160
歌とゲームでことば遊び（白石範孝）	91
ウッサとまほうのことば（いとうひろみ）	197
生まれることば死ぬことば（湯浅茂雄）	45
浦島太郎（荒井良二）	261
うるとら漢字クイズ（小野寺紳）	67

【え】

英語あそび（田中ひろし）	225
えいご絵じてん123（村上勉）	186
英語を「じゅげむ」みたいにおぼえちゃおう！（斎藤孝）	224
英語をつかって遊ぼう	243
英語おはなしから箱	261
英語をはなそう（Peter Ujlaki）	236
英語が大好きになっちゃう本（鈴木佑治）	192
英語がへっちゃらになっちゃう本（三枝幸夫）	204
英語圏の文字と言葉（高橋作太郎）	196
えいご大好き！ ママとキッズのはじめてのフォニックス（ジュミック今井）	210
英語ってこんなにかんたん（桑原功次）	239
英語であそぼう！ 小学生のよくわかる英語（土屋修）	226
英語で言えるかな（石原真弓）	230
英語で動こう 直感力アップゲーム（田島信元）	223
英語で占い（菊地康）	200
英語で知ろう 単語力アップゲーム（田島信元）	223
英語でスタート（新田等）	213
英語でダッシュ（北村豊太郎）	212, 213
英語でたのしく（Peter Ujlaki）	213
英語で伝えよう 表現力アップゲーム（田島信元）	223
英語でできる国際交流アイディア集（高橋作太郎）	241, 242
えいごでなあに？（アンジェラ・ウィルクス）	208
えいごでなんていうの？	199
えいごで日記（能島久美江）	218
英語ではじめよう国際理解（樋口忠彦）	241
英語でバトル!!（菊地康）	200
えいごではなそう（五味太郎）	238
英語で話そう！ 雨の日、晴れの日	238
英語で話そう！ いただきます！	238
英語で話そう コミュニケーション力アップゲーム（田島信元）（講談社）	223
英語ではなそう楽しい一日（講談社）	233
英語で話そう！ 動物大すき！	239
英語で話そう！ わたしの家	239
英語で話そう！ わたしの1日	239
英語で話そう！ わたしの休日	238
英語で話そう！ わたしの友だち	239
英語で話そう！ わたしの町	239
英語で読み聞かせ せかいのおはなし（ジェリー・ソーレス）	258

英語で読みとろう 判断力アップゲーム(田島信元) ……… 223
えいごとなかよし(山下明子) ……… 202
英語となかよし(フォニックス英語研究会) ……… 211
英語なんてカンタンだ!(斎藤孝) ……… 193
英語のあそびうた(広瀬量平) ……… 227
えいごのうた(小川恵子) ……… 227
えいごのうた&ダンスえほん ……… 226
えいごのえじてんABC(米山永一) ……… 183
えいごのくにへでかけよう(わだことみ) ……… 183
英語のゲーム 音であそぼう(下薫) ……… 223
英語のゲーム 文字であそぼう(下薫) ……… 223
英語ノート(文部科学省) ……… 210
英語のひみつ(高峰至) ……… 208
英語ペーパーチャレラン(伊藤亮介) ……… 200, 201
英語らくらく学習王国 入門編(吉井淳二) ……… 208
英才を育てるための小学校「国語」副読本(石井公一郎) ……… 27
英才児をつくる国語頭脳ドリル(園田達彦) ……… 23
英単語(メイ・コン) ……… 221
ABC ……… 216
ABCあそび(中山兼芳) ……… 214
ABCあそび(羽鳥博愛) ……… 215
ABCえじてん(あべつせこ) ……… 216
ABCおけいこ ……… 217
ABCことばあそび(宮前一広) ……… 217
ABCことばあそびワーク(宮前一広) ……… 217
ABCブック ……… 215
ABCと123(松崎博) ……… 215
ABCノートプラスアルファベット・ポスター(児童英語研究グループ) ……… 217
ABCのほん(アナエル・ドゥナ) ……… 215
ABCパズルブック(あおやまみなみ) ……… 217
ABCパズルワーク(宮前一広) ……… 217
ABCブック(ほんまちひろ) ……… 215
ABCもじあそびワーク(宮前一広) ……… 217
ABCもじのおけいこ(宮前一広) ……… 217
ABCワーク(児童英語研究グループ) ……… 217
英和えじてん(外山節子) ……… 189
英和じてん絵本(アン・ヘリング) ……… 189
絵を見てまなぶ小学上級生の英語学習(土屋修) ……… 209
絵を見てまなぶ小学生の英会話(土屋修) ……… 238
絵を見てまなぶ小学生の英語(英語教育研究会) ……… 209
絵を見てまなぶ小学生のやさしい英語(土屋修) ……… 208
絵を見てまなぶやさしい基本文型(土屋修) ……… 209
絵が字になった(下村昇) ……… 66
エジプト学ノート(斎藤悠貴) ……… 265
絵で見るスキット英会話(坂巻潤子) ……… 238
絵で見るたのしい古典(萩原昌好) ……… 159

絵でわかる英語じてん ……… 187
絵でわかる「漢字使い分け」(どりむ社) ……… 53
絵でわかるかんたんかんじ200(武蔵野市帰国・外国人教育相談室教材開発グループ) ……… 36
絵でわかるかんたん論語(根本浩) ……… 162
絵でわかる「慣用句」(どりむ社) ……… 104
絵でわかる「語源」(どりむ社) ……… 101
絵でわかる「ことわざ」(どりむ社) ……… 105
絵でわかる小学生の英会話(学研教育出版) ……… 229
絵でわかる小学生の英単語(学研教育出版) ……… 217
絵でわかる楽しい英語辞典 ……… 188, 189
絵でわかる「百人一首」(どりむ社) ……… 159
絵でわかる「四字熟語」(どりむ社) ……… 94
絵とCDで楽しく学べる小学生の英会話レッスン(マスミ・オーマンディ) ……… 233
えとじのたまごとじ(横山ふさ子) ……… 90
絵日記のかき方おしえてよ(太田昭臣) ……… 156
NHK「英語であそぼ」クリスのまほうえほん ……… 204
NHK「英語であそぼ」ゲームブック ……… 215
NHK英語であそぼ JBのひみつ(かめだますを) ……… 198
NHKえいごであそぼ はじめての英語ワークえほん DVDつき(えいごであそぼプラネット編集部) ……… 210
NHKおじゃる丸ことわざ辞典(藤田隆美) ……… 111
NHK21世紀に残したいふるさと日本のことば(NHK放送文化研究所) ……… 120
NHKわかる国語読み書きのツボ(飯間浩明) ……… 28
えほんで楽しむ英語の世界(リーパーすみ子) ……… 200
えもじとかんじ ……… 44
エリックと英語でうたおう!(エリック・ジェイコブセン) ……… 227
エリート英語(永野順一) ……… 197〜199
えんぴつで書いて読む日本の童話(西本鶏介) ……… 130
えんぴつで書いて読む日本の名作(西本鶏介) ……… 130
えんぴつ文字練習帳(日本書写能力検定委員会) ……… 177

【お】

おうち(シアン・タッカー) ……… 247
旺文社小学漢字新辞典(旺文社) ……… 11
旺文社小学国語新辞典(旺文社) ……… 7
旺文社のわくわく夏休みドリル(小山恵美子) ……… 27

おうふ　　　　　　　　書名索引

旺文社標準漢和辞典(遠藤哲夫) ……………… 14
旺文社わくわく総復習ドリル(中村享史) ……… 27
応用自在漢字読み書きの特訓 …………………… 81
応用自在高学年用小学国語(学習研究社) …… 34
応用自在ジュニア版4・5年用国語(学習研究社) …………………………………………… 35
応用自在新問題集小学国語(学習研究社) …… 36
応用自在長文読解の特訓小学国語 …………… 134
お江戸決まり文句(杉山亮) ………………… 112
お江戸はやくちことば(杉山亮) ……………… 93
おおかみと7ひきのこやぎ(ルミコ・バーンズ) ………………………………………… 257
おおかみと七ひきのこやぎ(グリム) ………… 261
大きい犬…小さい犬(P. D. イーストマン) … 243
大きくなったら、なにになる?(沢田暢) …… 248
おおきさ(シアン・タッカー) ……………… 247
大きなかぶ(Sue Ullstein) …………………… 262
大きな字で書くかんじれんしゅうちょう(笠間友季恵) …………………………………… 73
大喜利ドリル(中根ケンイチ) ………………… 85
おかいもの(シアン・タッカー) …………… 247
おきてよおきてよ きょうりゅうのあかちゃん(はたはつね) …………………………… 247
沖縄の方言(井上史雄) ……………………… 120
奥の細道を読もう(藤井圀彦) ………………… 159
おくのほそ道の世界(横井博) ………………… 159
おじいさんのランプ(新美南吉) ……………… 133
おじいちゃんとぼく ………………………… 163
おじいちゃんの日本語教室(柴田武) ………… 43
おしゃべりアンパンマンえいごであそぼう(やなせたかし) ………………………………… 225
おしゃべりイングリッシュ(若竹孝行) ……… 193
おしゃべりレオくんやってきた!(オパール・ダン) ……………………………………… 246
おしゃれなだじゃれ(しばはら・ち) ………… 92
オズの魔法使い(Sue Ullstein) ……………… 262
オズワルドのびっくりバースデイ(ダン・ヤッカリーノ) ………………………………… 246
おそと(シアン・タッカー) ………………… 247
恐れ入谷の鬼子母神(ながたみかこ) ………… 85
オッキーとなかよし3人組(げんかともあき) …………………………………………… 195
おと(シアン・タッカー) …………………… 247
お父さんが教える読書感想文の書きかた(赤木かん子) ……………………………………… 138
おとうさんのて(いのうえたかお) ………… 248
おとをあらわすことば(青木伸生) …………… 47
音と絵で覚える子ども英語絵じてん(久埜百合) …………………………………………… 187
大人も子供も漫画でおぼえるトラミの英語+英会話(中津路子) …………………………… 213
音のでるえいごのえほん(和田ことみ) …… 200
おばあちゃんとぼくと(インタープログ) … 246
おばけがヒュードロ熟語の話(木暮正夫) …… 99

おばけもビックリ語源の話(木暮正夫) …… 102
オペラでたのしむ名作文学(中野京子) …… 131
おぼえておきたい漢字熟語事典(北山竜) …… 98
おぼえておきたいきまりことば(慣用句)事典(内田玉男) …………………………… 116
おむすびころりん(鈴木良武) ……………… 261
おむすびころりん(平田昭吾) ……………… 256
おもしろかいわ(羽鳥博愛) ………………… 236
おもしろからだことば(石津ちひろ) …… 92, 93
おもしろ漢字クイズ館(栗岩英雄) …………… 68
おもしろ漢字塾(Willこども知育研究所) … 53
おもしろ漢字パズル(漢字パズル研究会) … 59, 62
おもしろ国語まんが館(有馬佳代子) ………… 21
おもしろことばのせかい・ていねいなことば(長崎武昭) ………………………… 127, 128
おもしろことわざまんが館(やまだ三平) … 116
おもちゃ(シアン・タッカー) ……………… 247
親子であそぶはじめてのえいご絵じてん(三省堂編修所) ……………………………… 187
親子で遊ぼう クイズ・日本語の学校(坂梨隆三) …………………………………………… 43
親子で遊ぼう! 小学生の英語パズル(英語パズル研究会) …………………………… 225
親子で遊ぼう! 小学生の漢字パズル(漢字パズル研究会) ………………………………… 61
親子であそぼう! ノリノリ英語ゲーム(松崎博) ………………………………………… 224
親子でうたう英語うたの絵じてん(三省堂編修所) …………………………………… 227, 228
親子で育てる「じぶん表現力」ワークブック(JAMネットワーク) …………………… 178
親子で楽しむ英会話(池田和子) …………… 236
親子で楽しむ季節のことば(千代里) ………… 40
親子で楽しむこども英語塾(ミサコ・ロックス!) ………………………………………… 190
親子で楽しむこどもことわざ塾(西田知己) …………………………………………… 105
親子で楽しむこども短歌教室(米川千嘉子) …………………………………………… 147
親子で楽しむこども短歌塾(松平盟子) …… 147
親子で楽しむこども俳句教室(仙田洋子) … 146
親子で楽しむこども俳句塾(大高翔) ……… 147
親子で楽しむ小学生英語(尾崎哲夫) ……… 200
親子で挑戦!! おもしろ英語パズル(英語パズル研究会) ………………………………… 223
親子で挑戦! おもしろ「ことわざ」パズル(学習パズル研究会) ………………………… 109
親子で挑戦!! 難読漢字おもしろパズル(漢字パズル研究会) …………………………… 58
親子で挑戦!! はじめての漢字パズル(漢字パズル研究会) …………………………… 60
親子でできる! 英語のゲーム(ジオス出版) ……………………………………………… 225
親子でとりくむ読書感想文(村上淳子) …… 138

親子ではじめる英会話絵じてん(A.G.ウェインライト) ……………… 230
親子ではじめる漢字まるごと音読帳 2時間目(吉本笑子) ……………… 73
親子でまなぶ英会話レッスン(デイビッド・セイン) ……………… 231
親子で学ぶ小学漢字(北原照久) ……………… 70
親子で学ぶ日本語ドリル言葉をみがく(高木健三郎) ……………… 50
親子でやる斎藤式まとめ力をつけながら読むイソップ(斎藤孝) ……………… 128
親子で読むはじめての論語(佐久協) ……………… 162
親と子のための沖縄古典文学(平山良明) ……………… 159
親野智可等の楽勉カルタブック クイズ漢字(親野智可等) ……………… 55
親野智可等の楽勉カルタブック ことわざ(親野智可等) ……………… 106
おやゆび姫(Alison Ainsworth) ……………… 260
オールカラー英語ものしり図鑑(ジャン=クロード・コルベイユ) ……………… 184
オールカラー学習漢字新辞典(加納喜光) ……………… 12
オールカラー名文・名句でおぼえる小学校の漢字1006字(笹原宏之) ……………… 55
お笑い天国!! ダジャレの神様(小野寺ぴりり紳) ……………… 91
音読・朗読・暗唱・群読(工藤直子) ……………… 180
音筆でたのしく学ぶはじめての英語(高橋作太郎) ……………… 194

【か】

海外に住むバイリンガル児童のためのにほんご1ねんせい(Michiyo Fuchs-Shimizu) ……………… 36
外交官が書いた小学生の英会話(さえぐさ・あつお) ……………… 235
外国語にトライ! ……………… 265
外国のことわざ(北村孝一) ……………… 110
解説と解答(四谷大塚進学教室) ……………… 34, 35
海ぞくの冒険 ……………… 245
書いて覚える小学1・2・3年生の漢字440(藤井浩治) ……………… 71
書いて覚える小学4・5・6年生の漢字566(藤井浩治) ……………… 71
書いてみようらくらく作文(武良竜彦) ……………… 166
貝の火(宮沢賢治) ……………… 254
外来語・カタカナ語おもしろイラスト事典(桐生りか) ……………… 2
外来語ふるさとたんけん(浜憲治) ……………… 47
会話ゲーム(松崎博) ……………… 235
会話トレーニング(ながたみかこ) ……………… 127
カウントダウン・カレンダー国語と算数(学研) ……………… 27

顔のことわざ探偵団(国松俊英) ……………… 114
書き方クイズの王様(石黒奈美) ……………… 54
書きこみ式 漢字学習じてん(三省堂編修所) ……………… 17, 18
かきじゅんがわかる一年生のかんじ(滝原愛治) ……………… 60
書き順のたのしいおぼえかた(下村昇) ……………… 66
かく(青木伸生) ……………… 131
学習国語新辞典(金田一京助) ……………… 8
学習自在小学高学年用国語(旺文社) ……………… 36
学習自在問題集小学高学年用国語(旺文社) ……………… 36
学習新漢字辞典(小林信明) ……………… 14
学習新国語辞典(馬淵和夫) ……………… 9
学習に役立つことわざ事典(仲野和正) ……………… 116
学習に役立つ ホームページガイド(藤川博樹) ……………… 20
学習まんがことわざ(前沢明) ……………… 113
学習漫画 よくわかる百人一首(山口仲美) ……………… 161
学習まんが四字熟語(前沢明) ……………… 97
学生ことわざ辞典(教学研究社編集部) ……………… 116
学生の面白学習漢字パズル(楢岡完治) ……………… 62
書く力をつける(樋口裕一) ……………… 132
学力チェックテスト ……………… 31, 32
陰山メソッド徹底反復学年別読み書き計算プリント(陰山英男) ……………… 26
陰山メソッド徹底反復「こくご・さんすうプリント」(陰山英男) ……………… 27
陰山メソッド徹底反復熟語プリント(陰山英男) ……………… 99
陰山流・日本語トレーニングあなうめ作文(陰山英男) ……………… 172
陰山流・日本語トレーニング 百ます書き取り(陰山英男) ……………… 133
書ける子を育てる親子作文ワーク(山口紀生) ……………… 172
かさじぞう(吉田喜昭) ……………… 261
かず(シアン・タッカー) ……………… 247
かず(ジョン・バーニンガム) ……………… 246
数を使ったことば(飯田朝子) ……………… 118
かずのかずかず熟語の話(木暮正夫) ……………… 98
かぞえ方絵事典(村越正則) ……………… 118
かぞえることば(青木伸生) ……………… 46
カタカナ(栗岩英雄) ……………… 51
カタカナ語おもしろ辞典(村石利夫) ……………… 4
カタカナ語・外来語事典(桐生りか) ……………… 2
カタカナ語・擬音語・擬態語クイズ(北原保雄) ……………… 40
カタカナことば(平出彰) ……………… 50
形クイズの王様(阪田敦子) ……………… 54
学研現代標準国語辞典(林義雄) ……………… 9
学校では教えないカタカナ語6000(講談社+カタカナ語研究プロジェクト) ……………… 45
学校なぞなぞ大図鑑(横山験也) ……………… 61

子どもの本 国語・英語をまなぶ2000冊 277

かつこ　　　　　　書名索引

学校放送作り方・伝え方（向後友恵） ……… 179
必ず書けるあなうめ読書感想文（青木伸生） ……………………………………… 139
かなリンゴ（富永直久） ……………… 50
かなは漢字の子ども（続木湖山） …… 176
鹿沼の方言となまりことば（安野静治） … 123
からだことば絵事典（ことばと遊ぶ会） … 89
からだノビノビ語源の話（木暮正夫） … 102
変わる学力活用力をつける！算数・国語（坪田耕三） ……………………………… 24
考える力を育てる国語王（啓進塾） …… 23
考える力をつける（樋口裕一） ……… 172
考える力をのばす！読解力アップゲーム（青木伸生） ……………………………… 129
考える力をのばす！読解力アップゲーム（青山由紀） ……………………………… 129
考える力をのばす！読解力アップゲーム（桂聖） ………………………………… 130
考える力をのばす！読解力アップゲーム（白石範孝） ……………………………… 129
考える力をのばす！読解力アップゲーム（二瓶弘行） ……………………………… 129
考える力がつく国語なぞペー（高浜正伸） … 25
考える力がつくフォトリーディング（山口佐貴子） ………………………………… 129
漢検合格体験記（日本漢字教育振興会） … 56
漢検のひみつ（大岩ピュン） ………… 56
韓国のことば（金碩煕） ……………… 266
かんじ（旺文社） ……………………… 78
漢字（旺文社） ………………………… 78
漢字（関口シュン） …………………… 62
漢字（名冨さおり） …………………… 64
漢字王挑戦クイズ（大上和博） ……… 63
漢字をくみあわせる（下村昇） ……… 98
漢字おしえておかあさん ……………… 66
漢字おぼえかたワーク（帆足文宏） … 76, 77
漢字書き取り帳（学習指導会） ……… 78
漢字書き取り練習帳（川嶋優） ……… 82
漢字がたのしくなる本（宮下久夫） …………………………… 68〜70, 75, 81〜83
漢字教室（川嶋優） ……………… 82, 83
漢字クイズ（北原保雄） ……………… 55
漢字クイズ絵本（ばばゆうじ） …… 59, 60
漢字クイズの王様（梅沢実） ………… 54
漢字九九（学研） ……………………… 78
漢字くん（このみひかる） …………… 66
漢字実戦力トレーニング（出口汪） … 73
かん字じてん（おのつよし） ………… 16
漢字じてん（北山竜） ………………… 16
漢字事典（北山竜） …………………… 16
漢字事典（竹中らんこ） ……………… 15
漢字事典（田代しんたろう） ………… 15
漢字・熟語を使い分ける ……………… 60
漢字大研究（高橋美和子） …………… 69

漢字だいすき（鈴木悦夫） …………… 67
かんじ・だいすきプリント（髙嶋喩） … 79
漢字使いわけ大疑問？（若林富男） … 65
漢字であそぼう（吉永幸司） ………… 58
漢字とことば ………………………… 58
漢字と熟語（井関義久） ……………… 63
漢字トレーニング ……………………… 81
漢字なりたち辞典（教育社） ………… 16
漢字のおこり（下村昇） ……………… 66
漢字のおぼえ方（まんが塾太郎） …… 66
漢字の書き方高学年（続木湖山） …… 176
漢字の書き方辞典（続木湖山） ……… 176
漢字の書き方低学年（続木湖山） …… 176
漢字の書きじゅんがわかる …………… 64
漢字の（要）step 1 マスターブック（進学教室サピックス小学部） ……………… 70
漢字の大常識（黒沢弘光） …………… 59
漢字の達人（石田佐久馬） …………… 66
漢字の点や画（続木湖山） …………… 176
漢字の話（下村昇） …………………… 66
漢字のひみつ（飯塚よし照） ………… 68
かん字の本（花田修一） ……………… 63
漢字の本（下村昇） ……………… 61, 62
漢字の本（花田修一） ………………… 63
漢字の森（吉田瑞穂） ………………… 59
漢字のよみかた（下村昇） …………… 67
漢字のランドセル（井上洋一） ……… 67
漢字のランドセル（恩田方子） ……… 67
漢字のランドセル（木下ひさし） …… 67
漢字のランドセル（清水真知子） …… 67
漢字のランドセル（立尾保子） ……… 67
漢字のランドセル（宮津大蔵） ……… 67
漢字博士（あきびんご） ……………… 71
漢字パズルで頭の体操（本間正夫） … 61
漢字ペーパーチャレラン（伊藤亮介） … 76
かん字ポスターノート（新学習指導研究会） ……………………………………… 83
漢字マスター365日毎日できる！（日能研通信教育部） ……………………………… 79
かん字マスター365日毎日できる！2年（日能研通信教育部） …………………… 79
漢字マスター1095題 ……………… 79, 80
漢字まちがいさがしチャレンジブック（漢字パズル研究会） …………………… 59
漢字漫画（大竹誠） …………………… 53
漢字力テスト（桐杏学園） …………… 81
漢字レモン（富永直久） ……………… 68
漢字練習ノート（下村昇） ………… 75, 76
漢字はことばだ（下村昇） …………… 67
漢字はどうできたの（続木湖山） …… 177
完成語句文法 ………………………… 119
感想文書けちゃった！（水野寿美子） … 140
関東の方言（井上史雄） ……………… 121
漢ビュー太君の漢字絵事典（下村昇） … 16〜28

漢文を学ぶ(栗田亘) ……………… 163, 164
慣用句なんてこわくない！(前沢明) ……… 116
慣用句びっくりことば事典 ……………… 115

【き】

きいて、しゃべって、おぼえる英語(英語教材研究会) ……………… 202
ききくらべよう日本の方言(佐藤亮一) … 123
きく(加賀美久男) ……………………… 179
キクタンキッズ(キッズ英語編集部) …… 218
岸本プリント1ねんのこくご(岸本裕史) … 34
岸本プリント2年の国語(岸本裕史) …… 34
岸本プリント3年の国語(岸本裕史) …… 33
記述作文教室 ……………………………… 175
記述のキソ(丸山あきら) ……………… 32
季節の英語イベントアイディア集(アルクキッズ英語編集部) ……………… 193
基礎から発展まるわかり小4国語(学研) … 25
基礎から発展まるわかり小5国語(学研) … 26
基礎から発展まるわかり小6国語(学研) … 26
北ヨーロッパの文字と言葉(森信嘉) … 269
キッズえいごデビュー(坂巻潤子) …… 206
キッズクラウン英和・和英辞典(下薫) … 185
キッズクラウンはじめて書く英単語(下薫) ……………………………… 219
キッズクラウンはじめて書くABC(下薫) … 216
キッズクラウン和英辞典(下薫) ……… 190
希望をつなぐ七色通信(安達知子) …… 104
きほんのあいさつ(ながたみかこ) … 127
きみにも読書感想文がかけるよ(文芸教育研究協議会) ……………… 142
気持ちを上手に伝える(金田一春彦) … 42
きもちをつたえることば(アリキ) …… 235
キャンプへ行こう ……………………… 245
九州の方言(井上史雄) ……………… 121
教科書にでてくる詩のわかる本(畑島喜久生) ……………… 145, 146
きょうから日記を書いてみよう(向後千春) ……………………………… 155
教室で・家庭でできる漢字学習&クイズ(田中清之助) ……………… 62
教室ですぐに役立つ『英語ワークシート&クラフト集』(アルクキッズ英語編集部) ……………………………… 211
教室で楽しく使える日記のほん(日本作文の会) ……………… 156, 157
今日もいいあんべえ(西脇いね) …… 122
きらいですき(みやもとただお) …… 249
キラキラ読書クラブ子どもの本〈644冊〉ガイド(キラキラ読書クラブ) …… 136
ギリシアの文字と言葉(岩崎務) …… 270
きるもの(シアン・タッカー) ……… 247

記録文・報道文を書こう(畑島喜久生) … 169
記録・報告のまとめ方(TOSS) ……… 154
近畿の方言(井上史雄) ……………… 121
金田一先生と学ぶ小学生のための国語教室(金田一秀穂) ……………… 23
金田一先生と学ぶ小学生のためのまんがことわざ大辞典(金田一秀穂) …… 104
金田一先生と学ぶ小学生のためのまんが＋学年別ドリル漢字教室(金田一秀穂) … 71
金田一先生と学ぶ小学生のためのまんが四字熟語大辞典(金田一秀穂) ……… 94
金田一先生の使ってのばそう日本語力(金田一秀穂) ……………… 40, 41

【く】

クイズ漢字熟語(草野公平) …………… 97
クイズきまりことば(よこたとくお) … 113
クイズことわざ(内田玉男) …………… 113
クイズでちょうせん！ 漢字検定(井美健夫) ……………………………… 65
クイズでわかる方言しらべ事典(杉本つとむ) ……………………………… 122
クイズにほん語の大冒険(池田修) …… 38
クイズの王様(田近洵一) ……………… 87
クーちゃんとテクテク わくわく英語(角野栄子) ……………… 253, 254
くつくつくつだれのくつ(直江みちる) … 248
クボジュンのえいごっこ(久保純子) … 196
くまさんくまさんなにみてるの?(ビル・マーチン) ……………………… 245
くまのプーさん はじめての英語絵じてん … 183
くまのプーさん ハッピーバースデー、ママ(学研教育出版) ……………… 244
くまのプーさん プーさんとはちみつ(学研教育出版) ……………… 244
公文式国語の「方法」(村田一夫) …… 132
くもん式の新漢字おけいこ(原ゆたか) … 83
くもんの学習小学漢字字典(和泉新) …… 9
くもんの学習小学国語辞典(村石昭三) …… 6
くもんのかんじ集中がくしゅう ……… 81
くもんの漢字集中学習 ………………… 81
くもんのグリーン英和辞典(高橋潔) … 189
くもんのことばと文ぼう集中がくしゅう … 24
くもんのことばと文ぼう集中学習 …… 24
くもんのことばと文法集中学習 … 23, 24
くもんの小学1年の総復習ドリル ……… 28
くもんの小学2年の総復習ドリル ……… 28
くもんの小学3年の総復習ドリル ……… 28
くもんの小学4年の総復習ドリル ……… 28
くもんの小学5年の総復習ドリル ……… 28
くもんの小学6年の総復習ドリル ……… 28

くもん　書名索引

くもんの小学ドリル ………………… 36
くもんのはじめての英会話じてん ……… 234
くもんの読み聞かせえいごえほん（田島信元） ……………………………… 258, 260
クラウン学習国語百科辞典（金田一春彦） … 8
暮らしと文化の漢字 ……………… 56, 57
くらしに役立つ国語（大南英明） ……… 19
クラスup問題集国語長文読解 …………… 133
くらべてみよう、言葉と発音（風間伸次郎） ……………………………………… 41
くらべてみよう、文のしくみ（風間伸次郎） ……………………………………… 118
ぐりとぐら（中川李枝子） …………… 252
ぐりとぐらとくるりくら（中川李枝子） … 252
ぐりとぐらのいちねんかん（中川李枝子）… 252
ぐりとぐらのうたうた12つき（中川李枝子） …………………………………… 252
ぐりとぐらのえんそく（中川李枝子） … 253
ぐりとぐらのおおそうじ（中川李枝子） … 253
ぐりとぐらのおきゃくさま（中川李枝子）… 252
くるくる英単語（ダイヤルブック制作委員会） …………………………………… 218
グループでおぼえることわざ（三省堂編修所） …………………………………… 112
グループでおぼえる四字熟語（三省堂編修所） …………………………………… 97
クレヨンしんちゃんの漢字おもしろクイズブック（りんりん舎） ……………… 59
クレヨンしんちゃんの漢字ドリルブック1年生（臼井儀人） ………………………… 74
クレヨンしんちゃんの漢字ドリルブック2年生（臼井儀人） ………………………… 73
クレヨンしんちゃんのまんがかん字じてん（永野重史） ………………………… 15
クレヨンしんちゃんのまんがことばことわざ辞典（永野重史） ………………… 113
クレヨンしんちゃんのまんがことわざクイズブック（永野重史） ……………… 110
クレヨンしんちゃんのまんが四字熟語辞典（臼井儀人） ………………………… 95
黒魔女さんの小説教室（石崎洋司） …… 143
ぐんぐんのびる漢字（教育図書研究会） … 78

【け】

敬語クイズ（北原保雄） ……………… 125
敬語の5分類とその使い方 …………… 126
啓明舎が紡ぐ小学国語ことばの学習（啓明舎教材開発室） …………………… 26
啓明舎が紡ぐ小学国語読解の応用 …… 134
啓明舎が紡ぐ小学国語読解の完成 …… 134
啓明舎が紡ぐ小学国語読解の基礎（啓明舎教材開発室） …………………… 134

決定版！超カンタン速読入門（寺田昌嗣）… 135
ゲームでおぼえる1年生のかん字（このみひかる） ………………………………… 68
ゲームでおぼえる2年生のかん字（このみひかる） ………………………………… 68
ゲームでおぼえる3年生のかん字（このみひかる） ………………………………… 68
ゲームとクイズで敬語のまとめ（蒲谷宏）… 126
ケロ吉くんの楽しい川柳入門（北野邦生）… 151
ケロロ軍曹の漢字ドリル（藁谷友紀） … 70
虔十公園林（宮沢賢治） ……………… 254
現代語・新語・古語と辞典（金田一春彦）… 42
現代の日本文化を話そう（桑原功次） … 240
現代用語学習辞典（現代用語学習研究会） … 3
現代用語の基礎知識 学習版（現代用語検定協会） ……………………………… 1
検定クイズ100四字熟語（検定クイズ研究会） ……………………………………… 94

【こ】

語彙力アップおもしろ言葉がいっぱい！（ながたみかこ） ……………………… 90, 91
合格をめざす漢字1031題（小林公夫） … 78
合格最速チェック国語（学研） ……… 30
こうすればきれいな字が書ける（青山浩之） ……………………………………… 175
こうすれば発表がうまくなる（池上彰）… 180
攻略おもしろダジャレ360連発（土門トキオ） ……………………………………… 91
攻略！日本全国おもしろ方言ダジャレ400（土門トキオ） …………………… 89
声を知る（赤木かん子） ……………… 178
こえでおぼえる一年生のかん字の本（min） ……………………………………… 52
声に出してことば遊び（白石範孝） …… 91
声に出して楽しんで読もう（小森茂） … 180, 181
声に出すえいご絵本（和田秀樹） …… 199
声に出そうはじめての漢詩（全国漢文教育学会） ………………………………… 163
こくご（旺文社） ……………………… 31
国語（学研） …………………………… 31
国語（鈴木寛一） ……………………… 19
国語（旺文社） ………………………… 31
国語（四谷大塚進学教室） …………… 35
こくご絵じてん（西条正晴） ………… 2
国語学習クイズ ……………………… 20
国語 漢字・熟語650（学研） ………… 99
国語 慣用句・ことわざ224（学研） … 117
国語 敬語・言葉のきまり（学研） …… 50
国語・算数攻略満点！学習クイズ王国（横山験也） ……………………………… 34
国語算数ハイレベルテキスト ……… 24, 25

280

国語算数発展ワーク ………………… 25, 26	ことば遊び絵事典（ことばと遊ぶ会）……… 89
国語 小4（学研）………………………… 25	ことばあそびをしよう（村田栄一）……… 91
国語 小5（学研）………………………… 25	ことばあそびだニャン（小島貞二）……… 93
国語 小6（学研）………………………… 25	ことばあそびだワン（小島貞二）………… 93
国語だいすき（荒木茂）………………… 33	ことば遊びチャレンジ20（工藤直子）…… 92
国語・短文づくり（学習指導会）……… 173	ことば遊びネタのタネ（しばはら・ち）…… 86, 88
国語でかつやくパソコン大王（中川一史）…… 20	ことばあつめ（加賀美久男）……………… 46
国語と算数（教育文化研究会）………… 34	ことばをあつめよう（吉永幸司）………… 89
国語読解力がメキメキ身につく本（宮川俊彦）……………………………………… 131	言葉をふやす（白石範孝）……………… 133
	ことば観察にゅうもん（米川明彦）……… 38
国語なんてカンタンだ！（斎藤孝）…… 19	言葉づかい（敬語力）トレーニング（生越嘉治）……………………………………… 127
こくごに強くなる日本語練習（横山験也）…… 21	
国語に強くなる日本語練習（横山験也）… 20, 21	ことばづかい大研究（浜祥子）………… 179
国語脳ドリル 作文王（工藤順一）…… 171, 172	コトバッジョの秘密の旅（安達知子）… 117
国語脳ドリル 辞書引き王（深谷圭助）…… 5	言葉ってなに？（影浦峡）……………… 41
国語の教科書は、なぜたて書きなの？（高岡昌江）…………………………………… 20	ことばとかんじ（栗岩英雄）……………… 49
	ことばと文章にトライ！………………… 42
こくごの図鑑（青山由紀）………………… 1	ことばのきまり（日本話しことば協会）…… 44
国語のセンスをきたえよう！ 最強ギャグ大百科1000（国語力向上委員会「キッズランゲージ・ステーション」）…………… 89	ことばのきまり大研究（笠原秀）……… 48
	ことばの達人（石田佐久馬）…………… 46
	言葉の力がつく（日能研）……………… 41
こくごの力（光村図書出版部）………… 31	ことばの使い方じてん（藤井囹彦）……… 4
国語のなぞ（青木伸生）………………… 19	ことばの使い方辞典（藤井囹彦）……… 3, 4
国語のふしぎおもしろ百科……………… 2	ことばの使い方辞典………………………… 4
国語の窓（宮腰賢）……………………… 21	ことばのはじめことばのふるさと（飛田良文）……………………………………… 45
国語プリント（麦の芽編集委員会）…… 35	
国語文章読解小4（学研）……………… 134	ことばの不思議ベスト20（森山卓郎）…… 43
国語文章読解小5（学研）……………… 133	ことばの森（吉田瑞穂）………………… 42
国語文章読解小6（学研）……………… 133	ことば・文トレーニング………………… 35
国語文章問題元祖マンガ攻略法（織田圭介）…………………………………… 134	言葉力1200（中学受験専門塾アクセス国語指導室）……………………………… 50
国語ベストチェック（日能研教務部）…… 28	言葉力ドリル（中学受験専門塾アクセス国語指導室）……………………………… 49
国語ものしり大図鑑………………………… 3	
国語 四字熟語162（学研）……………… 99	子ども英語絵じてん ハロー！ みんなで英語（行広豪三）……………………… 187
国際理解に役立つ 英語で広がるわたしたちの世界（吉村峰子）…………… 242, 243	
	こども英語学習トランプ 動詞（山口俊治）…… 222
語源ことばのはじめビジュアル事典（沖森卓也）…………………………… 100, 101	こども英語学習トランプ 名詞（山口俊治）…… 222
	こども英語辞典…………………………… 185
語源辞典（川嶋優）……………………… 102	こども英辞典（EDP）…………………… 185
こころにズッキン熟語の話（木暮正夫）…… 98	子どもが夢中になる「ことわざ」のお話100（福井栄一）……………………… 104
こころにピカッと語源の話（木暮正夫）…… 102	
故事成語ものがたり（笠原秀）………… 114	子どもが喜ぶことわざのお話（福井栄一）…… 108
五七五でみにつく1年生のかん字（田中保成）……………………………………… 72	こどもからはじめる英語科学的上達法（ATR人間情報科学研究所）…………… 196
五七五でみにつく2年生のかん字（田中保成）……………………………………… 72	こどもかんじてん（江川玟成）………… 14
	子ども漢字百景（卯月啓子）…………… 59
五七五でみにつく3年生の漢字（田中保成）… 72	こども語源じてん（山口佳紀）………… 101
五七五でみにつく4年生の漢字（田中保成）… 72	子どもことわざ辞典（庄司和晃）……… 113
五七五でみにつく5年生の漢字（田中保成）… 72	子どもことわざ新聞（庄司和晃）……… 112
五七五でみにつく6年生の漢字（田中保成）… 72	子どもでもかんたん！「名言・格言」がわかる本（国語学習研究会）………… 109
古代の文字（町田和彦）………………… 264	
ごちそうパクパク語源の話（木暮正夫）…… 102	こどもと遊ぶ英語「ミュージック・ボックス」（Susannah Malpas）………… 228
古典から現代まで126の文学………… 131, 132	
ことば（金石教子）……………………… 268	

子どもの本 国語・英語をまなぶ2000冊　**281**

こども

こどもといっしょにたのしくえいごレッスン 英語でよむ絵本 Happy Birthday（まきたみのる） …… 196
子どもと英語であそびなさい（戸張郁子） …… 224
子どもとおとなのことば語源辞典（東京私立学校言語研究会） …… 102
子どもと話す文学ってなに？（蜷川泰司） …… 129
子どもにおくるいっさつの本（鈴木喜代春） …… 136
こどもにほんごじてん（江川玟成） …… 3
子どもにもかんたん！ ニュースに出てくる時事用語がわかる本（コスモピア） …… 43
子どもにもかんたん！「四字熟語」がわかる本（国語教育研究会） …… 96
こどもの音読・ことば（杉田博之） …… 182
子どもの「考える力」を伸ばす国語練習帳（工藤順一） …… 27
子どもの「敬語」（沢昭子） …… 127
子どものことば（吉岡たすく） …… 43
子どもの写真で見る世界のあいさつことば（稲葉茂勝） …… 265
コドモの常識ものしり事典（荒俣宏） …… 38
子どものための英語検定試験（永野順一） …… 213
子供のための英語で自己表現ワーク（宮清子） …… 210
子どものための作文の本（ながたみかこ） …… 164, 165
こどものためのそうさくえいごげき（柚木圭） …… 199
こどものための夏の夜のゆめ（ロイス・バーデット） …… 256
子供のための「発表力」トレーニング・プリント（八幡紕芦史） …… 181
こどものためのハムレット（ロイス・バーデット） …… 256
子どものための文法の本（ながたみかこ） …… 118
こどもの日常英単語 …… 221
子どもの本棚（京都市伏見中央図書館） …… 137
こども俳句歳時記（柳川創造） …… 152
こども論語塾（安岡定子） …… 162, 163
こども和英じてん（田上善浩） …… 190
ことりのうち（さとうわきこ） …… 251
ことわざ（高橋由美子） …… 114
ことわざ（倉島節尚） …… 107
ことわざ（山内ジョージ） …… 115
ことわざあそび（瀬川康男） …… 116
ことわざ絵事典（ことばと遊ぶ会） …… 107
ことわざ・格言・慣用句（日本話しことば協会） …… 113
ことわざ・漢字遊びの王様（田近洵一） …… 86
ことわざ・慣用句クイズ（北原保雄） …… 105, 106
ことわざ・慣用句・故事成語を楽しむ14のアイデア（青山由紀） …… 158
ことわざ・慣用句のひみつ（井関義久） …… 107
ことわざ・故事成語・慣用句（井関義久） …… 112

ことわざ辞典（川嶋優） …… 112
ことわざ辞典（時田昌瑞） …… 110
ことわざ大発見（川路一清） …… 116
ことわざで遊ぶ（伊藤高雄） …… 110
ことわざとことば遊び（金田一春彦） …… 109
ことわざなんてこわくない！（前沢明） …… 115
ことわざなんでも事典（国松俊英） …… 115
ことわざにうそはない？（木下哲生） …… 114
ことわざに学ぶ生き方（荒井洌） …… 117
ことわざに学ぶ生き方（稲垣友美） …… 117
ことわざの大常識（江口尚純） …… 110
ことわざの探検（時田昌瑞） …… 111
ことわざの秘密（武田勝昭） …… 111
ことわざひろば（篠原良隆） …… 111
ことわざプリント（大達和彦） …… 117
ことわざまんが（藤井ひろし） …… 107
五年生の漢字（成美堂出版編集部） …… 81
5年生の漢字185字マスタープリント（高嶋和男） …… 74
5年の漢字ドリル辞典 …… 81
この漢字どっちを使うの？ 同音同訓異字（高村忠範） …… 56, 57
この中学英単語、知ってる？（中学英単語を覚える会） …… 220
コピーして使える楽しい漢字クイズ＆パズル＆ゲーム（田中清之助） …… 66
こびととくつ屋（Sue Ullstein） …… 262
ごめんそうめんひやそうめん（ながたみかこ） …… 85
ゴルジロックスと三びきのくま（Sue Ullstein） …… 262
ゴールデンカブのえいごことばえほん（バーバラ・ニクラウス） …… 221
これ一冊で満点!! 難関中学に合格する漢字（針谷雅英） …… 73
これ英語でなんていうの？（門井幸子） …… 221
これって、なに？（チャレンジ日本委員会） …… 265
これできみも読書感想文の名人だ（宮川俊彦） …… 140
これなら使える敬語13場面（蒲谷宏） …… 127
これなんてよむ？（砂山恵美子） …… 52
5・6年生の書き順（東京ルリユール） …… 81
5・6年の作文（漆原ともよし） …… 171
5・6年の読書感想文（野上具行） …… 143
金色のガッシュ!!と覚える英会話100日100フレーズ（雷句誠） …… 232
こんなにあった！ 国語力が身につくことわざ1000（学習国語研究会） …… 104
こんなにあった！ 国語力が身につく四字熟語1000（学習国語研究会） …… 95

書名索引　　　　しつさ

【さ】

さあ出発！ トイ・ストーリー ………… 195
最強作文術（直井明子） ………………… 164
最強の国語力（斎藤孝） ………………… 28
さいしょの英単語333 …………… 218, 219
さいしょの英単語1000 …………………… 219
最新 記号の図鑑（村越愛策） …………… 42
斎藤孝とつくる本 いますぐ書けちゃう作文力（斎藤孝） ……………………… 165
斎藤孝の朝読おすすめガイド10＋100（斎藤孝） …………………………………… 136
斎藤孝の親子で読む百人一首（斎藤孝） … 160
斎藤孝のドラえもん読み解きクイズ（斎藤孝） …………………………………… 130
斎藤孝の日本語プリント 百人一首編（斎藤孝） …………………………………… 161
斎藤孝の日本語プリント 四字熟語編（斎藤孝） …………………………………… 99
西遊記（平田昭吾） ……………………… 257
魚（さかな）を水に入れましょう（ヘレン・バーマー） ………………………… 244
作文を書こう（岡田邦子） ……………… 167
作文を書こう（三島幸枝） ……………… 167
作文がすきになるじてん ………………… 168
作文が好きになる事典 …………………… 168
作文がすらすら書けちゃう本（宮川俊彦） … 167
作文がどんどん書ける作文名人になれちゃう本（宮川俊彦） ……………………… 166
作文事典（高橋謙三） …………………… 170
作文ダイキライ（清水義範） …………… 166
作文なんてカンタンだ！（斎藤孝） …… 165
作文の書き方おしえてよ（漆原ともよし） … 168
作文の達人（石田佐久馬） ……………… 167
さくぶんはなまるべんきょう（木俣敏） … 174
作文力・学力の超基礎 書く力をつける（樋口裕一） ……………………… 172, 173
作文わくわく教室（植垣一彦） ………… 170
作家事典 ………………………………… 132
雑歌百選（藤森徳秋） …………………… 153
佐藤さんちのゲラゲラ英会話（ぼーぐなんイングリッシュ・スクール） ………… 237
ザ・読書感想文（宮川俊彦） ……… 140, 141
さぬきのおもしろ国語集（香川県方言研究同好会） ………………………………… 124
さぬきのおもしろ方言集（香川県方言研究同好会） ………………………………… 123
サバイバルイングリッシュ（海外子女教育振興財団） …………………………………… 210
サムソン先生のダジャレ英語学習帳（よしながこうたく） ……………………… 190

サラダを作って国語力をきたえよう（井上浩子） …………………………………… 20
さわって！ あそんで！ みんなの漢字（大塚ゆうこ） ………………………………… 53
3語でできる！ 小学校の教室英語フレーズ集（吉田研作） ……………………… 195
算数・国語総復習ドリル（学研） …… 32, 33
三省堂学習漢字図解辞典（三省堂編修所） … 16
三省堂現代学習国語辞典（三省堂編修所） … 8
三省堂こどもかんじじてん（川嶋優） …… 13
三省堂こども漢字じてん（神鳥武彦） …… 18
三省堂こどもこくごじてん（三省堂編修所） … 8
三省堂こどもことわざじてん（三省堂編修所） ………………………………… 110
三省堂例解小学漢字辞典（月本雅幸） … 9, 10
三省堂例解小学漢字辞典（林四郎） ……… 9
三省堂例解小学国語辞典（田近洵一） …… 6, 7
三省堂例解小学ことわざ辞典（川嶋優） … 104
三省堂 例解小学ことわざ辞典（川嶋優） … 104
サンタがくれたふしぎ時計（松崎博） …… 192
三年生の漢字（成美堂出版編集部） …… 80
3年生の漢字200字マスタープリント（高嶋和寿） …………………………………… 74
3年生の漢字の書き方 ……………………… 77
3年のかん字ドリルじてん ……………… 82
さんびきのこぶた（ルミコ・バーンズ） … 257
三びきの子ぶた（Sue Ullstein） ……… 262
3・4年生の書き順（東京ルリユール） …… 82
3・4年生の漢字（学習パズル研究会） …… 52

【し】

詩をつくってみよう ……………………… 146
詩をつくろう（石毛拓郎） ……………… 146
詩を読もう ……………………………… 146
詩が大すき（阿部洋子） ………………… 144
詩が大すきになる ………………………… 144
四季のことば絵事典（荒尾禎秀） ……… 147
試験に強くなる漢字熟語事典（楠高治） … 98
試験に役立つまんがことわざ・慣用句事典（国広功） ………………………………… 112
試験に役立つまんが四字熟語事典（国広功） … 97
辞書びきえほん 漢字（陰山英男） ……… 53
辞書びきえほん ことわざ（陰山英男） … 106
辞書引き学習自学ドリル（深谷圭助） …… 6
辞書引き術とノート術（深谷圭助） ……… 5
辞書引き名人（深谷圭助） ………………… 5
しずくちゃんかん字の学校（ぎぼりつこ） … 56
したきりすずめ（おばらあやこ） ……… 262
10歳からはじめる漢字939字予習ブック（藁谷久三） ………………………………… 74

子どもの本 国語・英語をまなぶ2000冊　283

しつさ　　　　　書名索引

10歳で中学英語がマスターできる ‥‥‥‥ 208
10才までに身につけておきたい表現力アップのための仲間のことば1000（卯月啓子） ‥‥‥‥‥‥‥‥‥‥‥‥‥‥‥‥ 49
知っているときっと役に立つからだの慣用句クイズ141（波多野総一郎） ‥‥‥‥ 111
知っているときっと役に立つ古典学習クイズ55（杉浦重成） ‥‥‥‥‥‥‥‥‥ 157
知っているときっと役に立つ四字熟語クイズ109（大原綾子） ‥‥‥‥‥‥‥‥ 96
知っておきたい慣用句（五十嵐清治） ‥‥‥ 103
知っておきたい慣用句（面谷哲郎） ‥‥‥‥ 103
知っておきたい敬語9場面（蒲谷宏） ‥‥‥ 126
知っておきたいことわざ（三省堂編修所） ‥‥ 111
知っておきたい日本の名作文学・文学者（井関義久） ‥‥‥‥‥‥‥‥‥‥‥‥‥ 131
知っておきたい反対語・同意語（三省堂編修所） ‥‥‥‥‥‥‥‥‥‥‥‥‥‥‥ 46
知っておきたい四字熟語（桐生りか） ‥‥ 94, 95
知っておきたい四字熟語（三省堂編修所） ‥ 96, 97
知ってびっくり！ ことばのはじまり物語（汐見稔幸） ‥‥‥‥‥‥‥‥‥‥‥‥ 101
10分間家庭学習プリント（ピタゴラスの会） ‥‥‥‥‥‥‥‥‥‥‥‥‥‥‥‥ 31
実力アップ国語パワーシート（荒木茂） ‥‥ 34
CDをききながらつくろう！ シールでつくろう！ 英語の絵じてん（ルミコ・バーンズ） ‥‥‥‥‥‥‥‥‥‥‥‥‥‥‥ 186
CDで楽しむ えいごよみきかせ絵本（鴻巣彩子） ‥‥‥‥‥‥‥‥‥‥‥‥‥‥ 256
CDとイラストで楽しく学ぶ らくらくマイイングリッシュ ‥‥‥‥‥‥‥‥‥‥ 207
辞典・資料がよくわかる事典（深谷圭助） ‥‥‥ 5
児童英検クリアもんだいしゅう（中村彰伸） ‥‥‥‥‥‥‥‥‥‥‥‥‥‥‥‥‥ 213
児童英検3級スーパードリル（松崎博） ‥‥ 212
児童英検チャレンジ問題集（OBSエディタ） ‥‥‥‥‥‥‥‥‥‥‥‥‥‥‥‥‥ 213
児童英語教室（北村豊太郎） ‥‥‥‥ 212, 213
シナモンえいごえほん ‥‥‥‥‥‥‥‥‥ 194
しの書き方おしえてよ（小海永二） ‥‥‥‥ 144
詩の書き方おしえてよ（小海永二） ‥‥‥‥ 144
しましまのクリスタ（大江パトリシア） ‥‥ 245
写真で読み解くことわざ大辞典（倉島節尚） ‥‥‥‥‥‥‥‥‥‥‥‥‥‥‥‥‥ 103
ジャックと豆の木（Sue Ullstein） ‥‥‥‥ 262
しゃれの王様（田近洵一） ‥‥‥‥‥‥‥‥ 87
ジャンプ英和辞典（五島正一郎） ‥‥‥‥‥ 189
修学旅行のためのサポート中国語（張暁衛） ‥‥‥‥‥‥‥‥‥‥‥‥‥‥‥‥‥ 268
14ひきのあさごはん（いわむらかずお） ‥‥ 251
14ひきのおつきみ（いわむらかずお） ‥‥‥ 251
14ひきのかぼちゃ（いわむらかずお） ‥‥‥ 252
14ひきのぴくにっく（いわむらかずお） ‥‥ 252
14ひきのひっこし（いわむらかずお） ‥‥‥ 252

熟語クイズの王様（赤堀貴彦） ‥‥‥‥‥‥ 94
熟語で覚える漢字力560（中学受験専門塾アクセス国語指導室） ‥‥‥‥‥‥‥‥ 99
熟語のひみつ大研究（神林京子） ‥‥‥‥‥ 97
宿題に役だつ作文の書き方 ‥‥‥‥‥‥‥ 167
出題頻度順問題集語句・文法問題ランキング（日能研教務部） ‥‥‥‥‥‥‥‥ 119
出題頻度順問題集説明文ランキング（日能研教務部） ‥‥‥‥‥‥‥‥‥‥‥‥ 154
出題頻度順問題集物語文ランキング（日能研教務部） ‥‥‥‥‥‥‥‥‥‥‥‥ 144
首都圏小学生の英会話スクールガイド（晶文社出版編集部） ‥‥‥‥‥‥‥‥‥ 236
ジュニア・アンカー漢和辞典（藤堂明保） ‥‥ 15
ジュニアのための万葉集（根本浩） ‥‥‥‥ 157
ジュニア版 写真で見る俳句歳時記 秋（長谷川秀一） ‥‥‥‥‥‥‥‥‥‥‥‥ 148
ジュニア版 写真で見る俳句歳時記 新年・総索引（長谷川秀一） ‥‥‥‥‥‥‥ 148
ジュニア版 写真で見る俳句歳時記 夏（長谷川秀一） ‥‥‥‥‥‥‥‥‥‥ 148, 149
ジュニア版 写真で見る俳句歳時記 春（長谷川秀一） ‥‥‥‥‥‥‥‥‥‥‥‥ 149
ジュニア版 写真で見る俳句歳時記 冬（長谷川秀一） ‥‥‥‥‥‥‥‥‥‥‥‥ 148
ジュニア文学名作図書館 ‥‥‥‥‥‥‥‥ 132
じゅもんでおぼえる漢字読み書き練習帳（白石範孝） ‥‥‥‥‥‥‥‥‥‥‥‥ 75
ジュリーさんのゼロからの英語ワークブック（ジュリー・ソルマーク） ‥‥‥‥ 213
準備いらずのクイック漢字遊び（山口理） ‥‥ 55
準備いらずのクイックことば遊び（山口理） ‥‥‥‥‥‥‥‥‥‥‥‥‥‥‥‥‥ 91
小学1年こくご（学研） ‥‥‥‥‥‥‥‥‥ 23
小学1年生これだけ英単語英会話（こどもくらぶ） ‥‥‥‥‥‥‥‥‥‥‥‥‥ 192
小学1年のかんじ ‥‥‥‥‥‥‥‥‥‥‥‥ 75
小学1年の国語実力アップテスト（白石範孝） ‥‥‥‥‥‥‥‥‥‥‥‥‥‥‥‥ 29
小学1年のさく文（福山憲市） ‥‥‥‥‥‥ 172
小学1年の長文読解（学研教育出版） ‥‥‥ 132
小学1年のひらがな・カタカナ（学研教育出版） ‥‥‥‥‥‥‥‥‥‥‥‥‥‥‥ 50
小学1年わかるわかるテスト（朋友出版システム学習研究会） ‥‥‥‥‥‥‥‥ 32
小学えいご大型絵本（直山木綿子） ‥‥‥‥ 191
小学英語これだけ！ ノート（安河内哲也） ‥‥ 210
小学漢字学習辞典（下村昇） ‥‥‥‥‥‥‥ 10
小学漢字学習辞典（石井勲） ‥‥‥‥‥‥‥ 16
小学漢字学習辞典（山田勝美） ‥‥‥‥‥‥ 13
小学漢字辞典（進藤英幸） ‥‥‥‥‥‥‥‥ 12
小学漢字1006（学研） ‥‥‥‥‥‥‥‥‥‥ 63
小学漢字1006字の書き方辞典（卯月啓子） ‥ 12
小学漢字1006字の正しい書き方（旺文社） ‥‥‥‥‥‥‥‥‥‥‥‥‥‥ 53, 62, 83

284

書名	頁
小学漢字の字典(栗岩英雄)	12
しょうがくかんじのたつじんもんだいしゅう(旺文社)	80
小学かん字のたつじんもんだいしゅう(旺文社)	80
小学漢字のたつじん問題集(旺文社)	80
小学漢字の達人問題集(旺文社)	80
小学漢字らくらくマスター(金平正)	76
小学国語 新しい詩・短歌・俳句の解き方(桐杏学園)	134
小学国語 新しい長文問題の解き方(桐杏学園)	134
小学国語 新しい文法・語句の解き方(桐杏学園)	119
小学国語学習辞典(石井庄司)	8
小学国語学習辞典(下村昇)	7
小学国語漢字の正しい書き方ドリル(旺文社)	72
小学国語漢字の正しい読み書きドリル(旺文社)	72, 73
小学国語 クイズ漢字チャンピオン(鈴木成一)	63
小学国語 クイズことばの達人(総合学習指導研究会)	43
小学国語辞典(柴田武)	8
小学5年生これだけ英単語英会話(こどもくらぶ)	192
小学5年生の漢字(浜西正人)	80
小学5年総復習ドリル	31
小学5年の国語実力アップテスト(白石範孝)	29
小学5年わかるわかるテスト(朋友出版システム学習研究会)	32
小学3年国語(学研)	23
小学3年生これだけ英単語英会話(こどもくらぶ)	192
小学3年生の漢字(浜西正人)	80
小学3年の漢字	77
小学3年の国語実力アップテスト(白石範孝)	29
小学3年の作文(福山憲市)	172
小学3年の長文読解(学研教育出版)	132
小学3年のもっと漢字力(学研教育出版)	70
小学3年わかるわかるテスト(朋友出版システム学習研究会)	32
小学事典	3
小学自由自在 漢字字典(小学教育研究会)	11
小学上級生の英語学習(土屋修)	208
小学新漢字辞典(甲斐睦朗)	11
小学新国語辞典(甲斐睦朗)	7
小学生が作ったコミュニケーション大事典(北九州市香月小学校平成17年度6年1組34名)	178
小学生からの英語絵辞典(山田雄一郎)	183
小学生からの英語は絶対、勉強するな!(鄭讃容)	193
小学生からの漢詩教室(三羽邦美)	163, 164
小学生からのことわざ教室(よこたきよし)	103
小学生漢字の達人になる辞典(川嶋優)	14
小学生ことばの達人になる辞典(川嶋優)	3
小学生で1945字も漢字が読めちゃう本(加納喜光)	66
小学生に役立つ! 表現力アップ事典(コズモワールド)	177
小学生の英会話日常生活はかせ(作田喜久子)	233
小学生の英会話はかせ(作田喜久子)	237
小学生の英語ABC	208
小学生の英語レッスン 絵で見て学ぼう英会話(五島正一郎)	235
小学生の英単語レッスン これ英語でなんていうの(五島正一郎)	220
小学生の絵でみる漢字字典(学研辞典編集部)	19
小学生の漢字辞典(川嶋優)	14
小学生の漢字はかせ(藤堂明保)	66
小学生の漢字早わかり辞典(三省堂編修所)	15
小学生のことばあつめ学習辞典(三省堂編修所)	3
小学生のことわざ絵事典(どりむ社編集部)	109
小学生の新・国語練習帳作文が書ける。(工藤順一)	173
小学生の新レインボー漢字書き方辞典(氷田光風)	12
小学生の新レインボー漢字つかい方辞典(加納喜光)	11
小学生の新レインボーことばの結びつき辞典(金田一秀穂)	1
小学生の新レインボー作文教室(金田一春彦)	166
小学生の新レインボー「熟語」辞典(学研辞典編集部)	96
小学生の新レインボー方言辞典(金田一春彦)	122
小学生のための英会話365日(ハヒョンジュ)	232
小学生のための英単語365日(ハヒョンジュ)	219
小学生のための英文法365日(ハヒョンジュ)	219
小学生のための漢字をおぼえる辞典(川嶋優)	10
小学生のための「正しい日本語」トレーニング(生越嘉治)	44
小学生のための「正しい日本語」トレーニング 上級編(生越嘉治)	44

しょう　書名索引

小学生のためのはじめての英習字(むさし書房編集部) ………… 216
小学生のための表現力アップ教室(井出一雄) ………… 177
小学生のための「文章の書き方」トレーニング(生越嘉治) ………… 166
小学生のためのマインドマップで作文すらすらワーク ………… 171
小学生のための論語(斎藤孝) ………… 162
小学生の読書・作文が好きになる漢字・ことばはかせ(今村久二) ………… 41
小学生のまんがカタカナ語辞典(学研辞典編集室) ………… 1
小学生のまんが漢字辞典(加納喜光) ………… 13
小学生のまんが慣用句辞典(金田一秀穂) ………… 108
小学生のまんが敬語辞典(山本真吾) ………… 125
小学生のまんが語源辞典(金田一春彦) ………… 102
小学生のまんが言葉のきまり辞典(金田一秀穂) ………… 117
小学生のまんがことばの使い分け辞典(金田一秀穂) ………… 2
小学生のまんがことわざ辞典(金田一春彦) ………… 109
小学生のまんが俳句辞典(藤井圀彦) ………… 148
小学生のまんが百人一首辞典(神作光一) ………… 161
小学生のまんが方言辞典(金田一春彦) ………… 120
小学生のまんが四字熟語辞典(金田一春彦) ………… 96
小学生の名作ガイドはかせ(宮津大蔵) ………… 130
小学生のやさしい英会話レッスン(桑原功次) ………… 231
小学生のやさしい俳句(醍醐育宏) ………… 152
小学生のよくわかる英語(土屋修) ………… 224, 225
小学生の四字熟語絵事典(どりむ社編集部) ………… 96
小学生84人のわくわく読書体験 ………… 135
小学生も使えるエスペラント辞典(大石陽) ………… 268
小学生用　英語はともだち(樋口忠彦) ………… 209
しょうがクッキー人間(Sue Ullstein) ………… 262
小学2年国語(学研) ………… 23
小学2年生これだけ英単語英会話(こどもくらぶ) ………… 192
小学2年のかん字(笹間俊彦) ………… 75
小学2年の国語実力アップテスト(白石範孝) ………… 29
小学2年の作文(福山憲市) ………… 172
小学2年の長文読解(学研教育出版) ………… 132
小学2年のもっと漢字力(学研教育出版) ………… 70
小学2年わかるわかるテスト(朋友出版システム学習研究会) ………… 32
小学4年生これだけ英単語英会話(こどもくらぶ) ………… 192
小学4年生の漢字(浜西正人) ………… 80
小学4年総復習ドリル(学研) ………… 31

小学4年の国語実力アップテスト(白石範孝) ………… 29
小学4年わかるわかるテスト(朋友出版システム学習研究会) ………… 32
小学6年生これだけ英単語英会話(こどもくらぶ) ………… 192
小学6年総復習ドリル(学研) ………… 31
小学6年の国語実力アップテスト(白石範孝) ………… 28
小学6年わかるわかるテスト(朋友出版システム学習研究会) ………… 32
小学校新しい国語(東京書籍) ………… 30
小学校1・2年生の読書感想文(立原えりか) ………… 140
小学校3・4年生の読書感想文(立原えりか) ………… 139
小学校5・6年生の読書感想文(立原えりか) ………… 139
小学校学習漢字1006字がすべて書ける漢字童話(井上憲雄) ………… 71
小学校学習漢字1006字がすべて読める漢字童話(井上憲雄) ………… 55
小学校国語(光村教育図書株式会社) ………… 30
小学校の「漢字」を5時間で攻略する本(向山洋一) ………… 77
小学校の「国語・読解問題」を9つのコツで完全攻略(向山洋一) ………… 133
小学校の「作文」を26のスキルで完全克服(向山洋一) ………… 172
小学校の「全漢字1006」を完全攻略(向山洋一) ………… 75
笑撃度200%!! ことばあそび大百科(ながたみかこ) ………… 85
常識のことわざ探偵団(国松俊英) ………… 115
じょうずな話し方・聞き方おしえてよ(畑島喜久生) ………… 178
じょうずに話せ、発表できる(若林富男) ………… 180
小中学生のための文章道場(沼田芳夫) ………… 167
小中学生のための墨場必携(筒井茂徳) ………… 176
常用漢字ミラクルマスター辞典(加納喜光) ………… 15
常用漢字読み書き辞典(氷田光風) ………… 11
植物や自然の漢字 ………… 57
白石先生のきれいなカタカナれんしゅうドリル(白石範孝) ………… 51
白石先生のきれいなひらがなれんしゅうドリル(白石範孝) ………… 51
白川静さんに学ぶ漢字絵本(はまむらゆう) ………… 52
白川静式小学校漢字字典(小寺誠) ………… 10
白川静博士の漢字の世界へ(福井県教育委員会) ………… 52
調べ学習にやくだつ もののかぞえ方絵辞典(村越正則) ………… 118
しらゆきひめ(平田昭吾) ………… 257

286

白雪姫と7人のこびと(Fran Hunia) ………… 260	
しりとり(加賀美久男) ………………………… 93	
しりとり英語 for fun!(デイヴィッド・セイン) …………………………………… 224	
しりとり・ことば遊び歌の王様(田近洵一) …………………………………………… 87	
しろこいくろこい(山本正格) ………………… 51	
新・一年生のかん字(友野一) ………………… 69	
新エリア学習事典 ………………………………… 3	
新・奥の細道を読もう(藤井圀彦) ………… 158	
「新」漢字のおぼえ方(漢字塾太郎) …… 56, 57	
新国語例解辞典(外山映次) …………………… 9	
新・ことばのきまり(大越和孝) ……………… 48	
新・ことばのきまり(成家亘宏) ……………… 48	
新・ことばのきまり(藤井圀彦) ……………… 48	
新・こどもの本と読書の事典(黒沢浩) … 135	
新・五年生の漢字(友野一) …………………… 69	
新作文だいすき書き方プリント(酒井英克) …………………………………………… 171	
新・三年生の漢字(友野一) …………………… 69	
新小学国語長文の研究(学習能率総合研究所国語部会) ………………………… 134	
シンデレラ(Fran Hunia) …………………… 260	
シンデレラ(桜井正明) ……………………… 261	
新・二年生のかん字(友野一) ………………… 69	
シーン別英語絵事典(PHP研究所) ……… 185	
新・四年生の漢字(友野一) …………………… 69	
新レインボーかんじ絵じてん …………………… 13	
新レインボー漢字早おぼえ字典(藤堂明保) …………………………………………… 11	
新レインボーことわざ絵じてん …………… 111	
新レインボーことわざ辞典(学研辞典編集部) ……………………………………… 112	
新レインボー写真でわかることわざ辞典 …… 106	
新レインボー写真でわかる四字熟語辞典 …… 94	
新レインボー小学漢字辞典(加納喜光) …… 10	
新レインボー小学国語辞典(金田一春彦) …… 7	
新レインボーにほんご絵じてん ………………… 2	
新・レッツ・プレイEnglish!!(永野順一) … 203	
新・六年生の漢字(友野一) …………………… 69	

【す】

すいかのたね(さとうわきこ) …………… 251	
すいすいマークで100点 小学5年国語(下村哲夫) ……………………………………… 31	
すいすいマークで100点 小学6年国語(下村哲夫) ……………………………………… 31	
スイスイ! ラクラク!! 読書感想文(成美堂出版編集部) ……………………………… 138	
水仙月の四日(宮沢賢治) …………………… 255	
数字のことわざ探偵団(国松俊英) ……… 115	
すうじのほん(アナエル・ドゥナ) ……… 205	

好きこそ物の…(吉川豊) …………………… 108	
杉淵式9マス漢字パドル(杉淵鉄良) ……… 74	
スキャリーおじさんのおおきなことばえほん(リチャード・スキャリー) ……… 192	
すぐ書ける読書感想文(あさのあつこ) …… 139	
すぐできる! はじめての英会話(学習研究社) ……………………………………… 233	
すぐに役立つ小学生の英語事典(てのり文庫編集委員会) ………………………… 188	
スティーブのレストラン(NOVA) ……… 195	
素敵な漢字(五味太郎) ………………………… 56	
スヌーピーと音読するフォニックス式こども英単語(牧野武彦) …………………… 218	
すばらしい方言の世界(渡辺一夫) ……… 123	
スピーチ(菊池省三) ………………………… 180	
スペイン・ポルトガルの文字と言葉(黒沢直俊) ……………………………………… 269	
すべての学力の基礎作文力をつける(樋口裕一) …………………………………… 171	
スーホの白い馬(大塚勇三) ………………… 252	
スラスラ書ける読書感想文(上条晴夫) …… 139	
すらすら作文が書ける ………………………… 168	
ずるいきつねと赤いめんどり(Sue Ullstein) …………………………………… 262	

【せ】

精解の国語(萩原直三) ………………………… 31	
せいかつ文をかこう(畑島喜久生) ……… 169	
生活文を書こう(畑島喜久生) ……………… 169	
生活文・手紙を書こう(畑島喜久生) …… 169	
セイン カミュの遊ぶだけで英語が話せる本(セイン・カミュ) ……………………… 231	
世界に広がる日本の文字と言葉(町田和彦) …………………………………………… 41	
世界のことばと日本語(金田一春彦) ……… 42	
世界のことわざ(こどもくらぶ) ………… 107	
世界のなぞなぞ(こどもくらぶ) …………… 87	
世界の早口ことば・数え歌・回文(こどもくらぶ) ……………………………………… 86	
世界の名作文学案内(三木卓) ……………… 131	
世界の文字(町田和彦) ……………………… 264	
世界の文字と日本の文字(金田一春彦) …… 42	
世界の文字とローマ字(日本のローマ字社) …………………………………………… 215	
世界の文字の起源と日本の文字(町田和彦) …………………………………………… 265	
セサミストリート英語大辞典(リンダ・ヘイワード) ………………………………… 188	
セサミストリートABCかきかたブック(五島正一郎) ………………………………… 214	
セサミストリートABC迷路ブック(Nuts) …… 225	

セサミストリートのえいご絵じてん(トム・リー) ………… 188
説明・スピーチの仕方(TOSS) ………… 181
説明文を読もう ………… 154
説明文に強くなる(白石範孝) ………… 154
説明文や生活文を書いてみよう ………… 154
全国方言たんけん(山口一夫) ………… 123
ぜんまいざむらいことば免許皆伝(m&k) ………… 89

【そ】

ぞうさんがっこうにいく(村上勉) ………… 255
ぞうさんがみえるよ(NOVA) ………… 195
ぞうさんのピクニック(村上勉) ………… 255
素読・暗唱のための言葉集(まほろば教育事業団) ………… 180
そりあそび(さとうわきこ) ………… 250
それいけ、わんちゃん!(P.D.イーストマン) ………… 244

【た】

大逆転の中学受験国語(山本ヒサオ') ………… 22
タイのことば(宇戸清治) ………… 266
タイの文字と言葉(宇戸清治) ………… 267
たいへんなひるね(さとうわきこ) ………… 251
武田双雲・双竜の母が教えるどんな子でも字がきれいになる本(武田双葉) ………… 175
足し算英語 for fun!(デイヴィッド・セイン) ………… 200
だじゃれ家族ドビンソン(おだ辰夫) ………… 91
だじゃれギャグ全百科(嵩瀬ひろし) ………… 91
だジャレ大問題(このみひかる) ………… 85
ダジャレの王様(キャイ～ン) ………… 90
ダジャレの缶ヅメ(よねこ) ………… 90
ダジャレの宝島(マギー審司) ………… 90
正しく書く読む小中学漢字(主婦の友社) ………… 57
たった3語で話せる! はじめての英会話(大門久美子) ………… 230
たにし長者(ケリー・ミューアー) ………… 261
たのしい英会話・日本むかし話(中山兼芳) ………… 259, 260
たのしいえいごずかん(村田さち子) ………… 185
たのしい英単語 ………… 222
たのしい漢字(塚本馨三) ………… 68
楽しい漢字教室(石井勲) ………… 62, 70
楽しいことば絵本(村名昭三) ………… 45
たのしい こどもの にほんご(山田伸子) ………… 47
たのしい作文(日本作文の会) ………… 170
楽しい調べ学習(山本捷子) ………… 21

たのしいどくしょかんそうぶんのかきかた(日本作文の会) ………… 142
たのしいどくしょかんそう文の書きかた(日本作文の会) ………… 142
楽しい読書かんそう文の書き方(日本作文の会) ………… 142
楽しい読書感想文の書き方(日本作文の会) ………… 141
楽しい読書のための本(水野寿美子) ………… 135
楽しい日記と手紙の書き方(亀村五郎) ………… 156
楽しいローマ字(田中博史) ………… 213, 214
楽しく歌える英語のうた(伊勢誠) ………… 227
楽しくおぼえる国語のまとめ(学習指導会) ………… 35
たのしく書ける読書かんそう文(板橋清) ………… 142, 143
楽しく考える長文読解(学習指導会) ………… 134
楽しく考える長文読解(しどう会LEF) ………… 134
楽しく考える長文読解(学習指導会) ………… 134, 135
楽しく力がつく作文ワーク(野口芳宏) ………… 174
楽しくできる! 小学生の漢字パズル1・2・3年生(漢字パズル研究会) ………… 58
楽しくできる! 小学生の漢字パズル4・5・6年生(漢字パズル研究会) ………… 57
楽しくできる! 小学生の国語クロスワードパズル(学習クロスワード研究会) ………… 88
楽しくはじめる児童英検ゴールド(日本英語検定協会) ………… 209
たのしく学ぶことわざ辞典(林四郎) ………… 112
楽しくまなぶ小学生の英会話(河上源一) ………… 237
楽しくまなぶ小学生の英会話(小笠原八重) ………… 234
楽しくまなぶ小学生の英語ABC(河上源一) ………… 208
楽しくまなぶ小学生の英単語(安吉逸季) ………… 220
楽しく学べる国語学習ワークシート(滝井章) ………… 30
たのしく学べることわざの本(児童憲章愛の会) ………… 114
楽しく学べる小学1年の漢字(川嶋優) ………… 79
楽しく学べる小学2年の漢字(川嶋優) ………… 79
楽しく学べる小学3年の漢字(川嶋優) ………… 79
楽しく学べる小学4年の漢字(川嶋優) ………… 79
楽しく学べる小学5年の漢字(川嶋優) ………… 79
楽しく学べる小学6年の漢字(川嶋優) ………… 79
たのしくみにつく!! 漢字の力(漢字指導法研究会(国字研)) ………… 74
たのしくみにつく!! 漢字の力(紺屋昌夫) ………… 74, 75
たのしくみにつく!! 漢字の力(田村利樹) ………… 75
食べ物の漢字 ………… 57
食べ物の漢字大研究(五十嵐清治) ………… 65
食べもののことわざ探偵団(国松俊英) ………… 114
玉川こども・きょういく百科(小原哲郎) ………… 3, 187
だるまちゃんとうさぎちゃん(加古里子) ………… 249
だるまちゃんとかみなりちゃん(加古里子) ………… 250

書名索引　　　　　　　ちゅう

だるまちゃんとだいこくちゃん（加古里子）
　　　　　　　　　　　　　　　　　　　　250
だるまちゃんとてんぐちゃん（加古里子）…… 250
だるまちゃんとてんじんちゃん（加古里子）
　　　　　　　　　　　　　　　　　　　　250
だるまちゃんととらのこちゃん（加古里子）
　　　　　　　　　　　　　　　　　　　　250
だれかしら（多田ヒロシ）　　　　　　　　　249
だれかなぁ？（みやにしたつや）　　　　　　248
だれにもすかれるあいさつことばの事典（北
　川幸比古）　　　　　　　　　　　　　　　128
だれのおうち（シアン・タッカー）　　　　　247
短歌・俳句（中村幸弘）　　　　　　　　　　147
短歌・俳句・近代詩・漢詩を楽しむ18のア
　イデア（工藤直子）　　　　　　　　　　　158
短歌・俳句・川柳をつくってみよう　　　　　151
短歌・俳句・川柳を読もう　　　　　　　　　151
短歌・俳句・川柳が大すき（宮崎楢昭）　　　151
たんごあそび（羽鳥博愛）　　　　　　　　　221

【ち】

力をつけるくもんの小学ドリル　　　　　　　83
地球村のエイズHIV/AIDSの問題（吉村峰
　子）　　　　　　　　　　　　　　　　　　240
地球村のお茶文化（吉村峰子）　　　　　　　241
地球村の環境の未来（吉村峰子）　　　　　　240
地球村の子どものけんり（吉村峰子）　　　　240
地球村の平和の願い（吉村峰子）　　　　　　240
知識が増える辞書引き術（深谷圭助）　　　　　5
ちびまる子ちゃん小学1年生総復習ドリル
　（青山由紀）　　　　　　　　　　　　　　21
ちびまる子ちゃん小学2年生総復習ドリル
　（青山由紀）　　　　　　　　　　　　　　21
ちびまる子ちゃんの暗誦百人一首（さくら
　ももこ）　　　　　　　　　　　　　　　　161
ちびまる子ちゃんの英語教室（さくらもも
　こ）　　　　　　　　　　　　　　　　　　195
ちびまる子ちゃんの音読暗誦教室（斎藤孝）
　　　　　　　　　　　　　　　　　　　　181
ちびまる子ちゃんのかん字じてん（さくら
　ももこ）　　　　　　　　　　　　　　　　14
ちびまる子ちゃんの漢字辞典（さくらもも
　こ）　　　　　　　　　　　　　　　　12, 14
ちびまる子ちゃんの慣用句教室（川嶋優）　　111
ちびまる子ちゃんの敬語教室（さくらもも
　こ）　　　　　　　　　　　　　　　　　　127
ちびまる子ちゃんの語源教室（荒尾禎秀）　　101
ちびまる子ちゃんのことわざ教室（さくら
　ももこ）　　　　　　　　　　　　　　　　112
ちびまる子ちゃんの作文教室（さくらもも
　こ）　　　　　　　　　　　　　　　　　　165

ちびまる子ちゃんの続ことわざ教室（さく
　らももこ）　　　　　　　　　　　　　　　106
ちびまる子ちゃんの短歌教室（さくらもも
　こ）　　　　　　　　　　　　　　　　　　148
ちびまる子ちゃんの似たもの漢字使い分け
　教室（さくらももこ）　　　　　　　　　　59
ちびまる子ちゃんの俳句教室（さくらもも
　こ）　　　　　　　　　　　　　　　　　　149
ちびまる子ちゃんの表現力をつけることば
　教室（さくらももこ）　　　　　　　　　　39
ちびまる子ちゃんの四字熟語教室（さくら
　ももこ）　　　　　　　　　　　　　　　　96
地名の漢字大研究（五十嵐清治）　　　　　　65
地名や人名を表す漢字　　　　　　　　　　　57
チャレンジ！ オリンピッククロスワード王
　（横山験也）　　　　　　　　　　　　　　86
チャレンジ！ 学校ダジャレ王（夢現舎）　　　86
チャレンジ！ 漢字遊び（神林京子）　　　　　70
チャレンジ！ ことば遊び（面谷哲郎）　　　　93
チャレンジ！ ことわざ大王101（横山験也）
　　　　　　　　　　　　　　　　　　　　109
チャレンジ辞書引き道場 はじめての辞書引
　きワーク（深谷圭助）　　　　　　　　　　　5
チャレンジ小学漢字辞典（湊吉正）　　　　　10
チャレンジ小学国語辞典（湊吉正）　　　　　　7
チャレンジ！ ヒエログリフ（松本弥）　　　265
ちゃんと国語 小学3年問題集　　　　　　　　28
ちゃんと国語 小学4年問題集　　　　　　　　28
中学合格特訓問題集国語（学習指導会）　　　35
中学さきどり！ ENGLISH スタンダード　　211
中学さきどり！ ENGLISH ハイレベル　　　211
中学受験お母さんが教える国語（早川尚子）
　　　　　　　　　　　　　　　　　　　　25
中学受験必ず出てくる国語のテーマ（小泉
　浩明）　　　　　　　　　　　　　　　　　24
中学受験国語合格パズル（合格パズル研究
　会）　　　　　　　　　　　　　　　　23, 24
中学受験ことわざ合格パズル（やまじもと
　ひろ）　　　　　　　　　　　　　　　　　117
中学受験つがわ式ラクラク漢字記憶ドリル
　（津川博義）　　　　　　　　　　　　　　75
中学入試を制する国語の「読みテク」トレー
　ニング説明文・論説文（早瀬律子）　　　　154
中学入試漢字で書けないと×になる社会科
　用語1000（学研）　　　　　　　　　　　　74
中学入試合格力問題国語（旺文社）　　　　　23
中学入試国語記述のコツのコツ（松永暢史）
　　　　　　　　　　　　　　　　　　　　22
〈中学入試〉国語授業の実況中継（和田吉
　弘）　　　　　　　　　　　　　　　　　　34
中学入試国語選択問題ウラのウラ（松永暢
　史）　　　　　　　　　　　　　　　　　　25
中学入試国語の合格テクニック（山内正）　　22
中学入試国語のつまずきを基礎からしっか
　り「文章読解」（学研）　　　　　　　　　133

子どもの本 国語・英語をまなぶ2000冊　289

ちゅう　　　　　　　書名索引

中学入試精選問題・わかる国語（日置英剛） …… 34
中学入試でる順 漢字3500（旺文社） …… 73
中学入試でる順 国語長文読解75（旺文社） …… 133
中学入試でる順 ことばの問題3000（旺文社） …… 49
中学入試でる順ポケでる 国語漢字・熟語（旺文社） …… 73
中学入試でる順ポケでる 国語慣用句・ことわざ（旺文社） …… 117
中学入試でる順ポケでる 国語四字熟語、反対語・類義語（旺文社） …… 99
中学入試にでる漢字読み・書きパズル（日能研） …… 73
中学入試にでることわざ慣用句四字熟語400（日能研） …… 117
中学入試の最重要問題国語「漢字」（学研教育出版） …… 71
中学入試の最重要問題国語「言葉」（学研教育出版） …… 21
中学入試まんが攻略bon！ 漢字・語句（まつもとよしひろ） …… 74
中学入試まんが攻略bon！ 慣用句・ことわざ（まつもとよしひろ） …… 117
中学入試まんが攻略bon！ 言葉のきまり・敬語（まつもとよしひろ） …… 49
中学入試まんが攻略bon！ 四字熟語（まつもとよしひろ） …… 99
中国からやってきた故事・名言 …… 116
中国・四国の方言（井上史雄） …… 121
中国の漢字と中国語（小林二男） …… 267
中国のことば（西村成雄） …… 266
ちゅうごくの十二支のものがたり（おうようかりょう） …… 265
中部の方言（井上史雄） …… 121
注文の多い料理店（宮沢賢治） …… 252
超ウケる！ ダジャレIQクイズ（土門トキオ） …… 90
超サ・カ・サ・マ!! メチャウケ回文大全集（ながたみかこ） …… 86
朝鮮半島の文字「ハングル」と言葉（野間秀樹） …… 267
超バカウケ!! かえってきたダジャレ王（小野寺ぴりり紳） …… 90
超バカウケ!! ダジャレ王の逆襲（小野寺ぴりり紳） …… 92
超ばかうけ!! ダジャレクイズ（ながたみかこ） …… 85
超バカウケ!! 必殺ダジャレ王（小西ぶん） …… 93
長文読解力テスト …… 135
チョークで書いてみよう（続木湖山） …… 177
ちょっとのコツでじがじょうずにかけるほん（清水雅滋） …… 176

【つ】

使ってみたくなる言い回し1000（深谷圭助） …… 41
月人石（乾千恵） …… 176
月夜のでんしんばしら（宮沢賢治） …… 254
作ってみようらくらく短歌（今野寿美） …… 150
作ってみようらくらく俳句（辻桃子） …… 150
筑波大学附属小学校白石先生の国語図解で文章読解（白石範孝） …… 132
つたえあうことば（アリキ） …… 235
つみきのいえ（Kunio Kato） …… 248
つよしくんゆきちゃんのはじめての国語じてん（林四郎） …… 9
つよしクンゆきチャンのはじめてのことば百科じてん（日本語文型教育研究会） …… 3
鶴女房（ケリー・ミューアー） …… 261

【て】

ディズニー英語ポストカードブック …… 195
ディベート（菊池省三） …… 182
ディベートをたのしもう（伊藤園子） …… 182
ディベート訓練のすすめ（武長脩行） …… 182
手紙を書いてみよう（続木湖山） …… 177
手紙を書こう！（山崎順子） …… 154, 155
手紙・せつめい文をかこう（畑島喜久生） …… 169
手紙・はがきの書き方（TOSS） …… 156
できたてピカピカ熟語の話（木暮正夫） …… 98
できるかなABCパズル …… 216
出口の小学国語 レベル別問題集（出口汪） …… 22
徹底反復新漢字100日プリント（学力の基礎をきたえどの子も伸ばす研究会） …… 70, 71
徹底反復新・漢字プリント（陰山英男） …… 75
徹底反復たかし式かんじれんしゅうちょう（高嶋喩） …… 76
徹底反復たかし式文章がきれいに書ける視写プリント（高嶋喩） …… 134
てのっぴい博士の漢字クイズ事典（金平正） …… 69
てのっぴい博士の漢字クイズ事典（北島春信） …… 69
てのっぴい博士の漢字クイズ事典（田中清之助） …… 68, 69
テーマ別特訓ノート漢字（学研） …… 75
テーマ別特訓ノート言葉（学研） …… 25
転失気（桂かい枝） …… 255
でんしゃでいこう でんしゃでかえろう（間瀬なおかた） …… 249

伝統的な言語文化ワーク(大森修) ‥‥‥‥ 23
電話・メール・手紙のことばと敬語 ‥‥‥‥ 126

【と】

ドイツ・オランダの文字と言葉(成田節) ‥‥ 269
同級生が選んだ朝の読書のおすすめガイド
　(青い鳥文庫ファンクラブ) ‥‥‥‥‥‥ 136
トゥースフェアリーの大冒険(パトリック・
　ハーラン) ‥‥‥‥‥‥‥‥‥‥‥‥‥ 246
東大脳ドリルこくご(高浜正伸) ‥‥‥‥ 21, 22
どうぶつ(シアン・タッカー) ‥‥‥‥‥‥ 247
動物園であっちこっちどっち?(沢田暢) ‥‥ 248
動物・魚の漢字事典(海城文也) ‥‥‥‥‥ 15
どうぶつゾロゾロ熟語の話(木暮正夫) ‥‥‥ 98
動物の漢字 ‥‥‥‥‥‥‥‥‥‥‥‥‥‥ 57
動物のことわざ探偵団(国松俊英) ‥‥‥‥ 114
どうわでおぼえるえいご(トミー植松) ‥‥ 200
読書を楽しもう(水野寿美子) ‥‥‥‥‥‥ 135
読書感想文を書こう(金久慎一) ‥‥‥‥‥ 140
読書感想文を書こう(吉田幸雄) ‥‥‥‥‥ 140
読書感想文おたすけブック(宮川俊彦) ‥‥ 139
読書感想文書くときブック(宮川俊彦) ‥‥ 138
読書感想文からオトナの世界が見える(恩
　田ひさとし) ‥‥‥‥‥‥‥‥‥‥‥‥ 138
読書かんそう文 3・4年生(藤井圀彦) ‥‥ 140
読書感想文 5・6年生(松田正子) ‥‥‥‥ 140
読書かんそう文のかきかた(紺野順子) ‥‥ 138
読書感想文の書き方(笠原良郎) ‥‥‥‥‥ 138
読書感想文の書き方(依田逸夫) ‥‥‥‥‥ 138
読書かんそう文の書き方おしえてよ(野上
　員行) ‥‥‥‥‥‥‥‥‥‥‥‥‥‥‥ 141
読書感想文の書き方おしえてよ(野上員行)
　‥‥‥‥‥‥‥‥‥‥‥‥‥‥‥‥‥‥ 141
読書感想文のじょうずな書き方(立原えり
　か) ‥‥‥‥‥‥‥‥‥‥‥‥‥‥‥‥ 139
どくしょかんそう文の本(大橋富貴子) ‥‥ 141
読書感想文の本(大橋富貴子) ‥‥‥‥‥‥ 142
ドクタースランプ アラレちゃんの私案小学
　校英語教科書(鳥山明) ‥‥‥‥‥‥‥ 202
ドクタースランプ アラレちゃんの小学生か
　らはじめるこれだけ英語(鳥山明) ‥‥‥ 204
ドクタースランプ アラレちゃんの小学生か
　らはじめる続これだけ英語(鳥山明) ‥‥ 204
とさのおもしろ方言集(高知県方言研究同
　好会) ‥‥‥‥‥‥‥‥‥‥‥‥‥‥‥ 122
読解問題でねらわれる! 定番作品120(中
　学受験専門塾アクセス国語指導室) ‥‥‥ 133
読解力がつく ‥‥‥‥‥‥‥‥‥‥‥‥ 130
とっちゃまんの読書感想文書き方ブック(宮
　川俊彦) ‥‥‥‥‥‥‥‥‥‥‥‥‥‥ 139
ととのいました!(Wコロン) ‥‥‥‥‥‥ 84

どの本よもうかな?(日本子どもの本研究
　会) ‥‥‥‥‥‥‥‥‥‥‥‥‥‥‥‥ 137
トビウオのぼうやはびょうきです(いぬい
　とみこ) ‥‥‥‥‥‥‥‥‥‥‥‥‥‥ 255
飛びこめ! ファインディング・ニモ ‥‥‥ 231
とべ! アンパンマン(やなせたかし) ‥‥ 255
ともだち英語Eメール&手紙の文例集(ヴォ
　リューム・エイト) ‥‥‥‥‥‥‥‥‥ 218
友だちにつたえよう(吉永幸司) ‥‥‥‥‥ 89
ドラえもん英語学習辞典(五島正一郎) ‥‥ 186
ドラえもん英語図解辞典(五島正一郎) ‥‥ 185
ドラえもん入門ABC英語辞典(五島正一
　郎) ‥‥‥‥‥‥‥‥‥‥‥‥‥‥‥‥ 186
ドラえもんのおもしろ国語クイズ館(栗岩
　英雄) ‥‥‥‥‥‥‥‥‥‥‥‥‥‥‥ 21
ドラえもんのかん字じてん(栗岩英雄) ‥‥ 18
ドラえもんの漢字辞典(栗岩英雄) ‥‥‥‥ 18
ドラえもんの漢字達人クイズ(方倉陽二) ‥ 66
ドラえもんのクイズ! 語源まんが事典(方
　倉陽二) ‥‥‥‥‥‥‥‥‥‥‥‥‥‥ 102
ドラえもんのことわざ辞典(栗岩英雄) ‥‥ 113
ドラえもんの小学一年生こくご ‥‥‥‥‥ 29
ドラえもんのなぞなぞ英単語(ヨシダ忠) ‥ 222
ドラえもんはじめてのえいかいわ(藤子・
　F・不二雄) ‥‥‥‥‥‥‥‥‥‥‥‥ 231
ドラえもんのまんがで覚える英語辞典(五
　島正一郎) ‥‥‥‥‥‥‥‥‥‥‥‥‥ 188
ドラえもんらくらく英会話コミック 入門編
　(藤子・F・不二雄) ‥‥‥‥‥‥ 234, 235
鳥のことわざ探偵団(国松俊英) ‥‥‥‥‥ 115
ドリルの王様 アルファベットから英単語
　へ ‥‥‥‥‥‥‥‥‥‥‥‥‥‥‥‥ 210
ドリルの王様 英単語から文へ ‥‥‥‥‥ 210
ドリルの王様 3年のローマ字 ‥‥‥‥‥ 216
ドリルの王様 カタカナからことばへ ‥‥‥ 51
ドリルの王様 ひらがなからことばへ ‥‥‥ 51
どれにしようかな ‥‥‥‥‥‥‥‥‥‥ 136
トロッコ 蜘蛛の糸 ‥‥‥‥‥‥‥‥‥ 133
どろんこおおそうじ(さとうわきこ) ‥‥‥ 251
ドン・ガバチョとえいごであそぼう ‥‥‥ 226
どんぐりと山猫(宮沢賢治) ‥‥‥‥‥‥‥ 254
飛んで火に入ることわざばなし(福井栄一)
　‥‥‥‥‥‥‥‥‥‥‥‥‥‥‥‥‥‥ 106
どんどこよもう(中西摂) ‥‥‥‥‥‥‥ 180
どんないろかな?(NOVA) ‥‥‥‥‥‥ 195

【な】

長ぐつをはいた猫(Fran Hunia) ‥‥‥‥ 260
なぜなに1年生国語 ‥‥‥‥‥‥‥‥‥‥ 21
なぜなに大語源(笠原秀) ‥‥‥‥‥‥‥ 103
なぞなぞの王様(田近洵一) ‥‥‥‥‥‥‥ 88
なぞなぞパワーのヒミツ(このみひかる) ‥ 92

なつの　　　　　書名索引

夏の名歌百選(藤森徳秋) ・・・・・・・・・・・・ 153
夏の名句と季語(藤森徳秋) ・・・・・・・・・・ 153
夏休み「1学期復習完成」ドリル(学研) ・・・・・・ 29
夏休み絵日記のじょうずな書きかた(沢井佳子) ・・・・・・・・・・・・・・・・・・・・・・ 155
夏休みくもんの1学期の復習ドリル ・・・・・・ 30
夏休みドリル(長嶋清) ・・・・・・・・・・・ 22, 23
夏休みの読書感想文(井沢忠夫) ・・・・・・ 143
ななみちゃんの漢字えほん(正村史郎) ・・・ 54
なにがみえるかな？(NOVA) ・・・・・・・・・・ 196
なめとこ山の熊(宮沢賢治) ・・・・・・・・・・ 254
なりたちのよくわかる漢字事典(柴田武) ・・ 18
なるほど！ ことわざじてん(ことばハウス) ・・・・・・・・・・・・・・・・・・・・・・・・・ 104
なるほど方言学入門(佐藤亮一) ・・・・・・・ 123
なるほど！ 四字熟語じてん(ことばハウス) ・・・・・・・・・・・・・・・・・・・・・・・・・・ 94
難関中学の国語これだけやればラクラク合格!!(小林公夫) ・・・・・・・・・・・・・・・・・ 24

【に】

苦手な「作文」がミルミルうまくなる本(向山洋一) ・・・・・・・・・・・・・・・・・・・・ 173
二字熟語なんてこわくない！(川村晃生) ・・・ 97
虹の下の縄文遺跡(縄文リー) ・・・・・・・・・ 264
21世紀こども英語館 ・・・・・・・・・・・・・・ 188
21世紀の学力 作文力をつける(樋口裕一) ・・ 173
にせニセことわざずかん(荒井良二) ・・・・ 109
似たもの言葉を学ぼう(ながたみかこ) ・・・・ 39
日記・かんさつ文をかこう(畑島喜久生) ・・ 169
日記・記録文を書こう(畑島喜久生) ・・・・・ 169
にっぽんのかみさまのおはなし(いずもいあき) ・・・・・・・・・・・・・・・・・・・・・・・・ 254
2年生のかん字あそび ・・・・・・・・・・・・・・ 67
2年生のかん字の書き方 ・・・・・・・・・・・・ 77
2年生の漢字160字マスタープリント(高嶋和男) ・・・・・・・・・・・・・・・・・・・・・・・・ 74
2年のかん字ドリルじてん ・・・・・・・・・・・ 82
日本一わかりやすい小学生の国語「ことば」(青木邦容) ・・・・・・・・・・・・・・・・・・・ 23
日本語を楽しもう(永井順国) ・・・・・・・・・ 43
日本語・作文強化プリント(内藤俊昭) ・・・ 172
日本語なぞ解きの旅(赤木かん子) ・・・・・・ 40
日本語にはどうして敬語が多いの?(浅田秀子) ・・・・・・・・・・・・・・・・・・・・・・・・ 127
日本語の大常識(金田一秀穂) ・・・・・・・・・ 41
日本語のルーツをさぐったら…(あべせいや) ・・・・・・・・・・・・・・・・・・・・・・・・・・ 45
日本語力アップ！ 深谷式辞書引き(大門久美子) ・・・・・・・・・・・・・・・・・・・・・・・・ 4
日本語は世界一むずかしいことば?(吉田智行) ・・・・・・・・・・・・・・・・・・・・・・・・ 45

日本語はどこからきたのか(大野晋) ・・・・・ 48
日本人を育む小学国語読本(土屋道雄) ・・・ 129
日本人は文字をどのように利用してきたのだろう(PHP研究所) ・・・・・・・・・・・・・・ 45
日本全国のことば遊び(白石範孝) ・・・・・・ 92
日本の文学(西本鶏介) ・・・・・・・・・・・・・ 129
日本の文豪(長尾剛) ・・・・・・・・・・・・・・ 128
日本の方言、世界の方言(井上史雄) ・・・・ 119
日本の名作文学案内(三木卓) ・・・・・・・・ 131
日本の文字(町田和彦) ・・・・・・・・・・・・・ 38
日本の文字の誕生(町田和彦) ・・・・・・・・・ 42
日本の文字のふしぎふしぎ(古藤友子) ・・・ 46
日本のローマ字と点字(川村大) ・・・・・・・ 214
日本文学のうつりかわり(井関義久) ・・・・ 131
日本列島方言じまん(五十嵐清治) ・・・・・・ 123
入学準備〜小学1年のひらがな・カタカナ ・・ 50
入学前の…中1英語マスターブック(永野順一) ・・・・・・・・・・・・・・・・・・・・・・・・ 207
New漢字字典(村石昭三) ・・・・・・・・・・・ 12
ニューコース小5国語(学研) ・・・・・・・・・ 35
ニューコース小6国語(学研) ・・・・・・・・・ 35
ニューコース問題集(学研) ・・・・・・・・・・ 30
にんぎょひめ(アンデルセン) ・・・・・・・・ 261
にんげんが文字をつくってから(シュザンヌ・ビュキエ) ・・・・・・・・・・・・・・・・・ 265
にんじんとごぼうとだいこん(和歌山静子) ・・・・・・・・・・・・・・・・・・・・・・・・・・ 256

【ね】

猫の茶わん(桂かい枝) ・・・・・・・・・・・・・ 255
ねずみの嫁入り(はたこうしろう) ・・・・・・ 261
ねむりの森のひめ(平田昭吾) ・・・・・・・・・ 257
ねむり姫(Alison Ainsworth) ・・・・・・・・ 260
根本式語呂あわせでおぼえる難読漢字(根本浩) ・・・・・・・・・・・・・・・・・・・・・・・・ 58
ねんてん先生の俳句の学校(坪内稔典) ・・・ 146

【の】

NOVAうさぎ ほのぼのバイリンガルえほん(NOVA) ・・・・・・・・・・・・・・・・・・・ 198
脳トレ！ パットブック(加賀城匡貴) ・・・・ 24
脳力アップドリル(川島隆太) ・・・・・・ 28, 29
のりもの(シアン・タッカー) ・・・・・・・・ 247

【は】

俳句を読もう(藤井圀彦) ・・・・・・・・・・・ 151

292

はんく

俳句・季語入門（石田郷子）・・・・・・・・・・・・・・・ 149
俳句・短歌がわかる ・・・・・・・・・・・・・・・・・・・・・・ 151
俳句の鑑賞とつくり方 ・・・・・・・・・・・・・・・・・・・・ 153
ハイトップもんだいしゅう（旺文社）・・・・・・ 35, 82
ハイトップ問題集（旺文社）・・・・・・・・・・・・ 35, 82
爆発 ダジャレじてん（『こどもくらぶ』）・・・・ 93
はじめておぼえるえいごのたんご（下薫）・・・・ 220
はじめてであうえいごのじてん（ベティ・ルート）・・・・・・・・・・・・・・・・・・・・・・・・・・・・・・・・・・ 188
はじめてであう短歌の本（桜井信夫）・・・・ 151, 152
はじめてであう俳句の本（桜井信夫）・・・・・・・・ 152
はじめての論語（全国漢文教育学会）・・・・・・・・ 162
はじめてのアルファベット練習ノート（国際語学社編集部）・・・・・・・・・・・・・・・・・・・・・・・・・・ 216
はじめての英会話 ・・・・・・・・・・・・・・・・・・ 236, 237
はじめての英会話レッスン（マスミ・オーマンディ）・・・・・・・・・・・・・・・・・・・・・・・・・・・・・・・ 231
はじめてのえいご（アンジェラ・ウィルクス）・・・・・・・・・・・・・・・・・・・・・・・・・・・・・・・・・・・ 209
はじめての英語 ・・・・・・・・・・・・・・・・・・・・・・・・ 209
はじめての英語（早見優）・・・・・・・・・・・・・・・・ 192
「はじめての英語」基本セット ・・・・・・・・・・・・ 201
はじめての英語の歌（大野恵美）・・・・・・・・・・・ 226
はじめての英語パズル（英語パズル研究会）・・・・・・・・・・・・・・・・・・・・・・・・・・・・・・・・・・・・・・・ 221
はじめての英語問題集 小学生用（児童英語研究グループ）・・・・・・・・・・・・・・・・・・・・・・・・・・ 212
はじめてのABC ・・・・・・・・・・・・・・・・・・・・・・・ 216
はじめてのABC（あおやまみなみ）・・・・・・・・ 217
はじめてのABC辞典（桑原文子）・・・・・・・・・・ 186
はじめてのABCワーク（宮前一広）・・・・・・・・ 217
はじめての英和じてん（日本公文教育研究会教務部英語教材チーム）・・・・・・・・・・・・・・・・ 189
はじめてのおるすばん（しみずみちを）・・・・・・ 249
はじめてのかきかた（関岡松籟）・・・・・・・・・・・ 177
はじめての学習かん字じてん ・・・・・・・・・・・・・・ 19
はじめての漢字えほん（後藤範行）・・・・・・・・・・ 52
はじめての漢字じてん（林四郎）・・・・・・・・・・・・ 13
はじめてのこくご（柚木利志）・・・・・・・・・・・・・ 171
はじめての辞書引きワーク（深谷圭助）・・・・・・・・ 5
はじめての筆記体（児童英語研究グループ）・・・・・・・・・・・・・・・・・・・・・・・・・・・・・・・・・・・・・・・ 216
はじめてのフォニックス（ジオス出版）・・・・・・ 201
はじめてのブロック体（児童英語研究グループ）・・・・・・・・・・・・・・・・・・・・・・・・・・・・・・・・・・・・ 216
はじめてのヘボン式ローマ字（児童英語研究グループ）・・・・・・・・・・・・・・・・・・・・・・・・・・・・ 214
はじめてのボキャブラリー ・・・・・・・・・・・・・・・ 220
はじめてのローマ字（児童英語研究グループ）・・・・・・・・・・・・・・・・・・・・・・・・・・・・・・・・・・・・・・ 216
はじめての和英じてん（くもん出版編集部）・・・・・・・・・・・・・・・・・・・・・・・・・・・・・・・・・・・・・・・ 189
はじめての和英じてん（田上善浩）・・・・・・・・・ 190
はじめまして（新沢としひこ）・・・・・・・・・・・・・ 249
パズルで特訓！ 1年生の漢字（本堂寛）・・・・・・ 65

パズルで特訓！ 2年生の漢字（本堂寛）・・・・・・ 64
パズルで特訓！ 3年生の漢字（本堂寛）・・・・・・ 64
パズルで特訓！ 4年生の漢字（本堂寛）・・・・・・ 64
パズルで特訓！ 5年生の漢字（本堂寛）・・・・・・ 64
パズルで特訓！ 6年生の漢字（本堂寛）・・・・・・ 64
パズルとめいろでことば遊び（白石範孝）・・・・ 92
パソコンで楽しい総合学習（苅宿俊文）・・・・・・・・ 6
発音が身につくしりとり英語（いなばしげかつ）・・・・・・・・・・・・・・・・・・・・・・・・・・・・・・・・・・ 222
発達障害児のためのことばの練習帳季節のもんだい（コロロ発達療育センター）・・・・・・ 36
発達障害児のためのことばの練習帳しつもん文（コロロ発達療育センター）・・・・・・・・・ 36
発表・討論チャンピオン（中川一史）・・・・・・・ 181
話し合い（説得力）トレーニング（生越嘉治）・・・・・・・・・・・・・・・・・・・・・・・・・・・・・・・・・・・ 182
話し合い・討論の仕方（TOSS）・・・・・・・・・・・ 182
話し合い・発表会・インタビュー・放送のことばと敬語 ・・・・・・・・・・・・・・・・・・・・・・・・・・・ 126
話しことばのひみつ（斎藤美津子）・・・・・・・・・ 179
話してみようよ！（鶴田洋子）・・・・・・・・・・・・・ 179
話してみようよもっと！（鶴田洋子）・・・・・・・ 178
"話しベタ"克服言葉・あそびアイデア集（子どもの表現研究会）・・・・・・・・・・・・・・・・・・・・・ 178
はなす（大越和彦）・・・・・・・・・・・・・・・・・・・・・ 179
羽をパタパタさせなさい（P. D. イーストマン）・・・・・・・・・・・・・・・・・・・・・・・・・・・・・・・・・・・ 244
パノラマ絵びきかん字じてん（加納喜光）・・・・ 13
パパ歌って！ 英語のうた（おかみさと）・・・・・ 226
ばばばあちゃんのマフラー（さとうわきこ）・・・・・・・・・・・・・・・・・・・・・・・・・・・・・・・・・・・・・・・ 251
ハピえいご（日本放送協会）・・・・・・・・・・・・・・ 209
パフォーマンス（菊池省三）・・・・・・・・・・・・・・ 178
ハーメルンの笛吹き（Sue Ullstein）・・・・・・・・ 262
早おぼえ慣用句（国語基礎学力研究会）・・・・・・ 114
早おぼえことわざ（泉宜宏）・・・・・・・・・・・・・・ 115
早おぼえ試験によくでる漢字熟語（国語基礎学力研究会）・・・・・・・・・・・・・・・・・・・・・・・・・・・ 97
早おぼえ四字熟語（津田貞一）・・・・・・・・・・・・・ 98
早ね早おき朝5分ドリル（陰山英男）・・ 73, 132, 133
はらぺこあおむし（エリック・カール）・・・・・・ 245
ハリー君とおばけやしき（インタープログ）・・・・・・・・・・・・・・・・・・・・・・・・・・・・・・・・・・・・・・・ 246
ハリー博士のえいご聞き取り特訓教室（金森強）・・・・・・・・・・・・・・・・・・・・・・・・・・・・・・・・・ 197
はるがきた（山本正格）・・・・・・・・・・・・・・・・・・・ 49
春の名歌百選（藤森徳秋）・・・・・・・・・・・・・・・・ 153
春の名句と季語（藤森徳秋）・・・・・・・・・・・・・・ 153
ハロー！ イングリッシュたのしい英会話 ・・・・ 238
ハローキティのはじめてのえいご絵じてん（守誠）・・・・・・・・・・・・・・・・・・・・・・・・・・・・・・・ 185
ハロー、バイリンガル・キッズ！（永野順一）・・・・・・・・・・・・・・・・・・・・・・・・・・・・・・・・・・ 237
ハロー！ マリオ ・・・・・・・・・・・・・・・・・・・・・・・ 226
ハングルと韓国の伝統文化（金順玉）・・・・・・・ 267

はんた　　　　　　　　書名索引

反対語・対照語事典（高村忠範） ………… 2
はんたいことば（ジョン・バーニンガム） …… 246
はんたいことばのほん（アナエル・ドゥナ） ………… 205
はんたいのことば（二瓶弘行） ………… 47

【ひ】

ヒエログリフ・暗号（カレン・プライス・ホッセル） ………… 265
ヒエログリフがわかる絵本（大英博物館） … 265
ひかりの素足（宮沢賢治） ………… 255
樋口裕一のカンペキ国語塾（樋口裕一） … 24
樋口裕一のカンペキ作文塾（樋口裕一） … 165
ひげうさぎ先生のだれでも書ける文章教室（ひげうさぎ） ………… 172
ピーターとおおかみ（Sue Ullstein） ………… 262
ビーチャム・ベアーの英絵辞典（津田直美） ………… 187
人に関する漢字 ………… 57
一房の葡萄（有島武郎） ………… 133
ひと目でわかる方言大辞典（篠崎晃一） … 119
ひとりでできる単語ゲーム（松崎博） ………… 220
ひとりぼっちのパイナップル（大江パトリシア） ………… 247
100点ドリル ………… 36, 83
「百人一首」かるた大会で勝つための本（カルチャーランド） ………… 160
百人一首の大常識（栗栖良紀） ………… 161
百句おぼえて俳句名人（向山洋一） ………… 147
ぴょこたんのはじめてのかんじ（このみひかる） ………… 68
ひらがな・カタカナ（吉永幸司） ………… 50
ひらがなカタカナかんじマスター365日毎日できる！（日能研通信教育部） ………… 51
ひらがなのおけいこ（木山稔） ………… 51
ひらひらきらり（はせみつこ） ………… 90
ひろしまのおもしろ方言集（広島県方言研究同好会） ………… 122

【ふ】

50イングリッシュキッズ（サムパク） ………… 198
フィンガーフォニックス（スー・ロイド） … 205, 206
ふくしま式「本当の国語力」が身につく問題集（福嶋隆史） ………… 22
ふしぎがいっぱい漢字のなりたち（海城文也） ………… 65
ふしぎの国のアリス（平田昭吾） ………… 245
フシギ読み漢字（加納喜光） ………… 58

部首遊び　漢字マル秘マンガ超記憶法（マンガ塾太郎） ………… 67
部首でおぼえる漢字プリント（深谷圭助） … 73
部首でわかる漢字早おぼえ（マンガ塾太郎） ………… 68
双子の星（宮沢賢治） ………… 254
筆はどうできてるの（続木湖山） ………… 177
ぶぶチャチャイングリッシュ ………… 202
冬の名歌百選（藤森徳秋） ………… 153
冬の名句と季語（藤森徳秋） ………… 154
フランス・イタリアの文字と言葉（富盛伸夫） ………… 269
ブルくんとかなちゃん（ふくざわゆみこ） … 250
ふるさとをよむ俳句（飯田竜太） ………… 151
文英堂小学漢字辞典（鎌田正） ………… 12
文英堂小学国語辞典（時枝誠記） ………… 8, 9
文学作品にでることば（井関義久） ………… 131
文ちゃんの百人一首（保泉益夫） ………… 160
ブンブンどりむ楽勝！　ミラクル作文術（斎藤孝） ………… 165
文法力がつく ………… 118

【へ】

ベトナムのことば（冨田健次） ………… 266
ベネッセ新修漢和辞典（新田大作） ………… 12
ベネッセ新修国語辞典（中道真木男） ………… 8
ベネッセ表現読解国語辞典（沖森卓也） ………… 8
変化する日本語（町田和彦） ………… 42
ヘンゼルとグレーテル（Sue Ullstein） ………… 262
へんとつくりってなに？（下村昇） ………… 67

【ほ】

ポイントはいつも3つ！　読みとる力書く力トレーニング（斎藤孝） ………… 133
方言をしらべよう ………… 124, 125
方言と地図（冬野いちこ） ………… 119
方言なぞなぞあそび（川崎洋） ………… 122
方言のいろいろ（金田一春彦） ………… 120
方言の絵事典（真田信治） ………… 120
方言の原っぱ（川崎洋） ………… 125
方言はまほうのことば！（彦坂佳宣） ………… 123
報道文・感想文を書こう（畑島喜久生） … 169
ぼくもわたしもことば博士（河野順子） … 46
ぼくもわたしもバイリンガル（ひきまのりこ） ………… 195
ポケモンえいごじてん（ウィン・グン） … 184
ポケモンえいごであそぶモン！（小学館ホームパル） ………… 224
ポケモンとえいかいわ（ウィングン） ………… 231

294

ぽちぽちいこか(マイク・セイラー) ………… 243
北海道・東北の方言(井上史雄) ………… 121
本選び術 ………………………… 137, 138
本をもっと楽しむ本(塩谷京子) ………… 129
ほんとうの「国語力」が身につく教科書 … 24
ほんとうの「国語力」が身につくドリル … 23, 24
本とともだち(「読書ガイドブック」編集委員会) ……………………………… 136
本・ほん(福島市立図書館児童書担当) …… 136
ほん・本・ごほん(東京都立多摩図書館) …… 136
本もマンガも読む時代(百瀬昭次) ………… 132
本はこころのともだち(朝の読書推進協議会) ………………………………… 135

【ま】

まえだまえだのめざせ！ 漢字博士1006(学研教育出版) ……………………… 73
まえだまえだのめざせ！ 言葉王250(学研教育出版) ……………………… 49
まこちゃんとチューリップ(かなざわあつこ) ………………………………… 225
マザーグースとあそぼうよ(Kiddy CAT編集部) ……………………………… 229
まじめにふまじめかいけつゾロリおやじギャグ大百科(原ゆたか) …………… 91
マゼコゼ大王のさがしもの(萩原昌好) …… 55
まちがいさがし(このみひかる) ………… 114
まちがいだらけの言葉づかい ……………… 47
間違いやすい日本語1000(曽根脩) ……… 49
まちがえやすい漢字の読み書き(三省堂編修所) ………………………………… 63
まちがえやすい敬語(ながたみかこ) …… 127
まちがえやすい同音同訓異義のことば(三省堂編修所) ……………………… 43
まちがえやすい日本語クイズ(北原保雄) … 39, 40
町のねずみといなかのねずみ(Sue Ullstein) …………………………… 262
マックスのわくわくスクール(キャンベルのりこ) ……………………………… 233
マックスのわくわくハウスへようこそ(キャンベルのりこ) ………………… 234
マックスのわくわくフレンズ(キャンベルのりこ) ……………………………… 233
まとめてよぶことば(二瓶弘行) ………… 46
まとめと応用 小学国語(学習研究社) …… 34
マナーをしることば(アリキ) ………… 236
マナちゃんのカタカナ英語アドベンチャー(斎藤郁郎) ………………………… 196
魔法の石(Sue Ullstein) ………………… 263
魔法の地図で世界旅行(沢田暢) ………… 248
魔法のラップ英会話(English House) … 232

ママ歌って！ 英語のうた(岡美里) …… 226
ママ教えて苦手な国語(針谷雅英) ……… 26
ママとキッズのはじめての英語(長尾和夫) ……………………………… 194
豆しばカードブック 英会話 …………… 230
豆しばカードブック 百人一首(学研教育出版) ………………………………… 159
豆しばれんしゅう帳 1年生のかん字(学研教育出版) ……………………… 52
豆しばれんしゅう帳 2年生のかん字(学研教育出版) ……………………… 52
マメタロウのABCランド ことばと文(旺文社) ……………………………… 211, 212
マメタロウのABCランド リスニング(旺文社) ………………………………… 212
マヨケチャ(久埜百合) ………………… 203
マヨケチャ プレイランド(久埜百合) … 202
マヨケチャ レストラン(久埜百合) …… 202
マリさんの英語(鷲田マリ) …………… 234
丸まる要点ノート国語(学研) ………… 29
まんが外来語なんでも事典(江川清) …… 3
まんが慣用句なんでも事典(山田繁雄) … 114
まんが語源なんでも事典(山田繁雄) … 102
まんがことわざ事典(相田克太) ……… 116
まんがことわざなんでも事典(内田玉男) … 115
まんがことわざ100事典(田森庸介) … 115
まんが超速理解ことわざ(内山博仁) … 117
まんが超速理解四字熟語(大平靖彦) … 100
まんが de English(Jerry Zhou) ……… 200
まんがで覚えることわざ(三省堂編修所) … 107
まんがで覚える天下無敵の四字熟語(金英) ……………………………… 95
マンガでおぼえるはじめて英会話(タカクボジュン) ……………………… 233
まんがで覚える反対語・同意語(三省堂編修所) ………………………………… 40
まんがで覚える百人一首(三省堂編修所) … 160
まんがで覚える四字熟語(三省堂編修所) … 95
まんがで学習 おもしろ野鳥俳句50(小林清之介) ……………………………… 150
まんがで楽しくおぼえるかん字(成美堂出版編集部) ………………………… 62
まんがで楽しくおぼえる漢字(成美堂出版編集部) ………………………………… 62
まんがで学ぶ漢字あそび(白石範孝) …… 58
まんがで学ぶ慣用句(山口理) ………… 104
まんがで学ぶ敬語(長谷法弘) ………… 125
まんがで学ぶ語源(山口理) …………… 101
まんがで学ぶ故事成語(八木章好) …… 104
まんがで学ぶことばあそび(青山由紀) … 88
まんがで学ぶことわざ(青山由紀) …… 107
マンガで学ぶ小学生英語ドリル(石崎秀穂) ……………………………… 209
まんがで学ぶ同音異字(山口理) ……… 39
まんがで学ぶ俳句・短歌(白石範孝) … 147

まんか

書名索引

まんがで学ぶ百人一首(小尾真) ………… 161
まんがで学ぶ方言(竹田晃子) …………… 119
まんがで学ぶ四字熟語(山口理) …………… 96
マンガでわかる小学生のかんじじてん(梅沢実) ……………………………………… 12
マンガでわかる小学生のことわざじてん(梅沢実) …………………………………… 108
マンガでわかる小学生のはじめての英語(中山兼芳) ………………………………… 196
まんがとカメラで歩く奥の細道(伊東章夫) ……………………………………… 158
まんが難読漢字なんでも事典(高橋秀治) … 15
まんが俳句なんでも事典(石塚修) ……… 151
まんが方言なんでも事典(三井はるみ) … 122
まんが四字熟語なんでも事典(関口たか広) ………………………………………… 98
まんが四字熟語100事典(松本好博) ……… 98
まんじゅうこわい(桂かい枝) …………… 256

【み】

MIKAのイケてる英会話 ………………… 234
「見たこと作文」実践ネタ集(上条晴夫) … 168
ミッキーマウスクラブハウス ミニーのピクニック(学研教育出版) ………………… 244
みつけた！ みぢかな英単語(学習研究社) … 219
光村漢字学習辞典(飛田多喜雄) ………… 13
光村国語学習辞典(飛田多喜雄) ………… 9
みておぼえるはじめてのかんじ絵じてん(高橋久子) …………………………………… 12
みにくいあひるの子(Sue Ullstein) ……… 263
みぶりでえいごがはなせるよ(尾崎真吾) … 237
耳から覚える英会話はじめの一歩(御園和夫) …………………………………………… 236
宮川式10分作文発展プリント(宮川俊彦) … 172
宮川式10分作文らくらくプリント(宮川俊彦) ………………………………………… 172
みんなあつまれ！ はじめての子どもえいご(粕谷恭子) …………………………… 199
みんなが知りたい！ いろんな「熟語」がわかる本(国語教育研究会) …………… 95
みんなが知りたい！ 「いろんな方言」がわかる本(ペンハウス) ………………… 119
みんなが知りたい！ 「ことわざ」がわかる本(国語学習研究会) ………………… 108
みんなでグルグル回文あそび(ながたみかこ) ………………………………………… 84, 86
みんなでできる単語ゲーム(松崎博) …… 221
みんなで話そう(山本名嘉子) …………… 178
みんなでびっくり！ 変身ことば(ながたみかこ) …………………………………… 84, 85
みんなでLet's Go 入門編(仲田利津子) … 203

みんなでワイワイ早口ことば(ながたみかこ) ………………………………………… 89, 90
みんなの英語(児童英語研究グループ) …… 204
みんなのえいご日記ドリル(石原真弓) …… 222
みんなのえほん(五味太郎) ……………… 253
みんなのたあ坊の菜根譚(辻信太郎) …… 252
みんな本を読んで大きくなった(朝の読書推進協議会) ………………………………… 135
みんなまちがえる漢字が読める本(加納喜光) ……………………………………… 61

【む】

昔ながらの日本文化を話そう(桑原功次) … 240
虫・鳥・植物の漢字事典(海城文也) ……… 15
虫のことわざ探偵団(国松俊英) ………… 114
ムーミンえいごじてん(かさいたかゆき) … 187

【め】

名作で楽しく学べる昔のことば絵事典(広瀬唯二) …………………………………… 157
メイシーちゃんのえいごがいっぱい！(ルーシー・カズンズ) ……………………… 184
名探偵コナンえいごで推理ブック(青山剛昌) ………………………………………… 193
名探偵コナン推理ファイル(青山剛昌) …… 37
名探偵コナン わかる！できる！話せる！アメリカ英会話探検ノート(青山剛昌) … 232
迷路ゲーム・ブックえいごでパズル(横山験也) …………………………………… 225
目からうろこ 小学生の「にほんご」大疑問100(日本語を考える会) ……………… 44
めざせ！ 回文の達人(ながたみかこ) …… 88
目も手も足もよくしゃべる(五味太郎) …… 39

【も】

もじ(二瓶弘行) …………………………… 47
文字であそぼう(吉永幸司) ……………… 89
文字と言葉のパズル(秋山仁) …………… 90
文字と文章(井関義久) …………………… 44
もじもじさんのことば劇場(西村敏雄) …… 38
もっと知ろうよ！ EU(田中信世) ……… 269
もっと知ろうよ！ 中国(納村公子) ……… 268
もっと知ろうよ！ ハングル(金順玉) …… 268
もっと、はなせたらな〜(すずきのぞみ) … 230
物語を読もう ……………………………… 143
物語が大すき(桑野徳隆) ………………… 143

物語・感想文を書こう(畑島喜久生) ……… 170
物語・随筆・説話・伝統芸能を楽しむ16の
　アイデア(青山由紀) …………………… 158
物語文に強くなる(白石範孝) …… 143, 144
物語や感想文を書いてみよう ………… 143
もののかぞえ方絵事典(村越正則) …… 117
ももたろう(ルミコ・バーンズ) ……… 257
森大衛のなるほど書道入門(森大衛) … 175, 176

【や】

やさしいイングリッシュ ……………… 208
やさしいEnglish(Peter Ujlaki) ……… 203
やさしい英会話(木村光雄) …………… 238
やさしい基本文型(土屋修) …………… 208
やさしい作文(日本作文の会) …… 174, 175
やさしい詩(日本作文の会) ……… 144, 145
やさしくてよくわかる俳句の作り方(小林
　清之介) …………………………………… 152
弥次さん喜多さんのお笑いにほんご塾(斎
　藤孝) ……………………………………… 90
やまのぼり(さとうわきこ) …………… 251
山盛りの十七文字(藤原和好) ………… 148

【ゆ】

雪女(林静一) …………………………… 261
ゆきのひのころわん(間所ひさこ) …… 249
雪渡り(宮沢賢治) ……………………… 254
ゆっくり学ぶ子のための国語(江口季好) … 36
ゆびさしキッズ！えいご(ロビソンこと
　み) ………………………………… 199, 200

【よ】

洋一・真理子のザ★宿題 国語の達人(遠藤
　真理子) …………………………………… 21
幼児から小学生まで使える！『英語のゲー
　ム＆クラフト集』(アルクキッズ英語編集
　部) ………………………………………… 223
幼児からの英語 ABCドリル(児童英語研究
　グループ) ………………………………… 211
よくわかる1ねんのこくご(国語基礎学力研
　究会) ……………………………………… 33
よくわかる2年の国語(国語基礎学力研究
　会) ………………………………………… 33
よくわかる3年の国語(国語基礎学力研究
　会) ………………………………………… 33
よくわかる慣用句(山口仲美) ………… 109
よくわかることわざ(山口仲美) ……… 113
よくわかる・力のつく・覚える漢字120日(桐
　杏学園) …………………………………… 77
よくわかる四字熟語(山口仲美) ……… 97
「ヨコミネ式」一生使える国語力が身につく
　自学自習ノート(横峯吉文) …………… 21
四字熟語なんてこわくない！(前沢明) … 99
四字熟語の大常識(日本語表現研究会) … 96
四字熟語100 ……………………………… 98
四字熟語プリント(大達和彦) ………… 99
四字熟語問題集(国語問題研究会) …… 100
四字熟語ワンダーランド(藤井圀彦) … 96
よだかの星(宮沢賢治) ………………… 254
四年生の漢字(成美堂出版編集部) …… 80
4年生の漢字200字マスタープリント(高嶋
　和男) ……………………………………… 74
4年生までに身につけたい言葉力(学研教育
　出版) ……………………………………… 49
4年生までに身につけたい言葉力1100(中学
　受験専門塾アクセス国語指導室) …… 49
4年のかん字ドリルじてん ……………… 82
読み方クイズの王様(大野桂子) ……… 54
読む・書く力を鍛える日本語トレーニング・
　プリント(高浜正伸) …………………… 49
ヨムヨム王国(斎藤次郎) ……………… 137
読める・読めない漢字とあそぶ(加納喜光)
　 …………………………………………… 55
4科総まとめ(桐杏学園) ………………… 34
4コマまんがでわかることわざ150(よだひ
　でき) ……………………………………… 108
45日で合格圏 国語(桐杏学園) ………… 34
よんでみよう1ねんせい(杉並区立中央図書
　館) ………………………………………… 136
読んでみようわくわく短歌(今野寿美) … 150
読んでみようわくわく俳句(辻桃子) … 150

【ら】

楽あれば…(吉川豊) …………………… 108
落語とお笑いのことば遊び(白石範孝) … 92
らくてんドリル(学研) ………………… 78
らくらくおぼえる漢字書き取りノート(川
　嶋優) ……………………………………… 79
らくらく漢字ワーク(荒木茂) ………… 80
ラテン文字と世界の言葉(町田和彦) … 269
ラプンツェル(Sue Ullstein) ………… 263

【り】

リトルスター英絵辞典(島岡丘) ……… 188
リトルスター英会話辞典(島岡丘) …… 237

りとる　　　　　　　　　　書名索引

リトル・マーメイド（学研教育出版） ……… 243
リロ＆スティッチ（学研教育出版） ……… 244

【る】

類語事典（高村忠範） ……………………… 1
ルック・ブック（こうだてつひろ） ……… 223

【れ】

例解学習漢字辞典（藤堂明保） ……… 9, 11
例解学習国語辞典（金田一京助） ……… 6, 8
例解学習国語辞典 第9版・例解学習漢字辞典 第7版 二冊セット（金田一京助） ……… 1
例解学習ことわざ辞典（小学館国語辞典編集部） ……………………………………… 111
例解学習類語辞典（深谷圭助） ……………… 1
例解こども漢字じてん（神島武彦） ……… 13
例解新漢和辞典（山田俊雄） ……………… 15
レインボー英会話辞典（羽島博愛） ……… 232
レインボー英語図解百科 ………………… 188
レインボー英語の音じてん（西久保弘道） … 185
レインボー英和辞典（羽鳥博愛） ………… 189
レインボー英和・和英辞典（羽鳥博愛） … 187
レインボーマジックが英語で楽しく学べる解説book（大石由紀） ………………… 192
レインボー和英辞典（羽鳥博愛） ………… 190
レッツ・トライ・イングリッシュ！（トミー植松） ………………………………… 190, 191
レッツ・プレイEnglish!!（永野順一） … 207

【ろ】

朗読をたのしもう（松丸春生） …………… 181
六年生の漢字（成美堂出版編集部） ……… 81
6年生の漢字181字マスタープリント（高嶋和男） ……………………………………… 74
6年の漢字ドリル辞典 ……………………… 82
ロシアの文字と言葉（中沢英彦） ………… 270
ロビンソン・クルーソー（Daniel Defoe）… 261
ローマ字おけいこ ………………………… 216
ローマ字ってなんだ（日本のローマ字社） … 215
ローマ字で遊ぼう（日本のローマ字社） … 215
ロングマンピクチャー・ディクショナリー（Julie Ashworth） ………………………… 186
論理エンジン（出口汪） ……………… 22, 25

【わ】

和英えじてん（外山節子） ………………… 190
和英じてん絵本（アン・ヘリング） ……… 190
は・を・へ（大越和孝） …………………… 46
和歌・俳句と百人一首（井関義久） ……… 150
わかる！ できる！英語（成田市立成田小学校） ……………………………………… 211
わかる！ できる！ 応用自在国語（学研） … 29
わかる！ できる！ 応用自在問題集国語（学研） ……………………………………… 29
わかる！ できる！ 国語（白石範孝） …… 29
わくわく英語ドリル（ズゥニィズ） ……… 209
わくわくABC ……………………………… 214
わくわくことば挑戦ことわざ（三省堂編修所） ……………………………………… 112
わくわくことば挑戦四字熟語（三省堂編修所） ………………………………………… 97
わくわく100点ドリル 小学1年かんじ（中村和弘） ……………………………………… 76
わくわく100点ドリル 小学1年ことばとぶんしょう（中村和弘） …………………… 28
わくわく100点ドリル 小学2年漢字（中村和弘） ……………………………………… 76
わくわく100点ドリル 小学2年ことばと文しょう（中村和弘） ……………………… 28
わくわく100点ドリル 小学3年漢字（中村和弘） ……………………………………… 76
わくわく100点ドリル 小学3年ことばと文章（中村和弘） …………………………… 28
わくわく100点ドリル 小学4年漢字（中村和弘） ……………………………………… 77
わくわく100点ドリル 小学5年漢字（中村和弘） ……………………………………… 77
わくわく100点ドリル 小学6年漢字（中村和弘） ……………………………………… 77
わくわくまんてんドリル国語（教育文化研究会） ………………………………………… 32
禍を転じて…（吉川豊） …………………… 108
わざわざことわざ ことわざ事典（国松俊英） ……………………………………… 105
わすれないで（赤坂三好） ………………… 255
わだことみのえいごグッドモーニング（わだことみ） ………………………………… 234
わだことみのえいごでダンス（わだことみ） ……………………………………… 202
わたしたちの歳時記 ……………………… 152
「和」の名前絵事典（三宮庄二） ………… 101
和ポことばの絵本 ………………………… 264
笑い話・落語の王様（田近洵一） ………… 87
笑う門には…（吉川豊） …………………… 109

298

わらえる!! やくだつ?? ことわざ大全集(ながたみかこ)	103
ワールドマーケットへ行こう!(沢田暢)	248
わんぱくやぎ(Sue Ullstein)	263

【ABC】

ABCD English	204
Ang kanji ay kaibigan 80 kanjis(東京外国語大学多言語・多文化教育研究センター)	37
Ang kanji ay kaibigan 160 kanjis(東京外国語大学多言語・多文化教育研究センター)	37
Ang kanji ay kaibigan 200 kanjis(東京外国語大学多言語・多文化教育研究センター)	37
Big Kids(チュルドレンズ・イングリッシュ・ワークショップ)	204, 205
BINGO!(Ken Methold)	206
Bop'n Pop English 幼児・小学低学年からのはじめての英語(永野光一)	201
Have fun! 学校の1日(下薫)	194
Hello! 学校・ともだち(WILLこども知育研究所)	197
HELLO FRIENDS(飯高治子)	229
Let's go! 自然・生きもの(WILLこども知育研究所)	197
Let's try! 学校の行事(下薫)	194
Let's Explore English! はじめて英単語じてん みぢかなもの(学研辞典編集部)	185
Let's Explore English! はじめて英単語じてん ものごとのうごき(学研辞典編集部)	184
Let's Explore English! はじめて英単語じてん ものごとのようす(学研辞典編集部)	184
Look look cat(松下ちよし)	225
Meu amigo kanji 160 kanjis(東京外国語大学多言語・多文化教育研究センター)	37
Meu amigo kanji 80 kanjis(東京外国語大学多言語・多文化教育研究センター)	37
Meu amigo kanji 200 kanjis(東京外国語大学多言語・多文化教育研究センター)	37
Mi amigo kanji 80 kanjis(東京外国語大学多言語・多文化教育研究センター)	37
Mi amigo kanji 160 kanjis(東京外国語大学多言語・多文化教育研究センター)	37
Mi amigo kanji 200 kanjis(東京外国語大学多言語・多文化教育研究センター)	37
New ABC of ENGLISH(飯塚佐一)	198, 219, 232
THE NEW KINDAICHI FILES(天城征丸)	255
Peach Boy Taro and Others(大川悦生)	261
Thank you! 家・かぞく(Willこども知育研究所)	197
This is me! ぼく・わたし(WILLこども知育研究所)	197
Wonderful! 町・人びと(WILLこども知育研究所)	198
WORD BOOK(久埜百合)	221

事項名索引

事項名索引　　　　　　　　ことは

【あ】

あいうえお　→かなから始める 50
あいさつ　→正しい敬語・あいさつ 125
アジア　→アジアのことばと文字 265
遊ぶ　→ことばで遊ぶ 84
遊ぶ（英語）　→英語で遊ぼう 222
アメリカ　→欧米のことばと文字 268
アラビア　→アジアのことばと文字 265
アルファベット　→ABCから始めよう 213
暗唱　→朗読・発表をする 180
イスラム　→アジアのことばと文字 265
イタリア　→欧米のことばと文字 268
インタビュー　→話し合いをしよう 182
インド　→アジアのことばと文字 265
インドネシア　→アジアのことばと文字 265
歌う（英語）　→英語で歌おう 226
英会話　→英語で話そう 229
英検　→はじめてまなぶ英語 190
英語　→はじめてまなぶ英語 190
英作文　→英語ということば 217
英単語　→英語ということば 217
ABC　→ABCから始めよう 213
英文法　→英語ということば 217
英訳版
　　→英語で読む日本の絵本・物語 247
　　→英語で読む昔話・名作 255
英和辞典　→英和辞典 189
エジプト　→世界のことばと文字 264
エスペラント　→欧米のことばと文字 268
絵日記　→日記・手紙文を読む・書く 154
愛媛　→方言を知る 119
絵本（英語）
　　→英語で読む絵本・物語 243
　　→英語で読む日本の絵本・物語 247
絵文字
　　→ことば・文字 37
　　→欧米のことばと文字 268
欧米　→欧米のことばと文字 268
沖縄　→方言を知る 119
奥の細道　→古文・古典を読む 157
オランダ　→欧米のことばと文字 268
音読　→朗読・発表をする 180

【か】

外国在住者教育　→日本語に慣れない人に 36
外国人教育　→日本語に慣れない人に 36
回文　→ことばで遊ぶ 84

会話　→話す・聞く 177
会話（英語）　→英語で話そう 229
香川　→方言を知る 119
書き方（漢字）　→漢字を知る 52
書き順　→漢字を知る 52
書く　→読む・書く 128
書く（英語）　→英語ということば 217
画数　→漢字を知る 52
かぞえ方　→ことば・文のしくみ 117
カタカナ　→かなから始める 50
漢検　→漢字を知る 52
韓国　→アジアのことばと文字 265
漢詩　→漢文・漢詩を読む 163
漢字
　　→漢字を知る 52
　　→アジアのことばと文字 265
漢字辞典　→漢和辞典・漢字辞典 9
感想文　→感想文を書く 138
関東地方　→方言を知る 119
漢文　→漢文・漢詩を読む 163
慣用句　→ことわざを知る 103
漢和辞典　→漢和辞典・漢字辞典 9
聞く　→話す・聞く 177
季語　→短歌・俳句を読む・作る 146
決まり文句　→ことわざを知る 103
九州地方　→方言を知る 119
ギリシャ　→欧米のことばと文字 268
キリル文字　→欧米のことばと文字 268
記録文　→説明文を読む・書く 154
近畿地方　→方言を知る 119
クロスワード　→ことばで遊ぶ 84
群読　→朗読・発表をする 180
敬語　→正しい敬語・あいさつ 125
ゲーム　→ことばで遊ぶ 84
ゲーム（英語）　→英語で遊ぼう 222
言語　→ことば・文字 37
言語（アジア）　→アジアのことばと文字 265
言語（欧米）　→欧米のことばと文字 268
言語（世界）　→世界のことばと文字 264
高知　→方言を知る 119
国語　→国語教科全般 19
国語辞典　→国語辞典 6
国際交流　→英語で国際理解 239
国際理解　→英語で国際理解 239
語源　→語源を調べる 100
故事成語　→ことわざを知る 103
古代文字　→世界のことばと文字 264
古典　→古文・古典を読む 157
古典（中国）　→中国古典を知る 162
ことば　→ことば・文字 37
ことば（アジア）　→アジアのことばと文字 ... 265
ことば（アラビア）　→アジアのことばと文字 ... 265
ことば（イタリア）　→欧米のことばと文字 ... 268
ことば（インド）　→アジアのことばと文字 ... 265

子どもの本 国語・英語をまなぶ2000冊　　303

ことば

ことば(インドネシア) →アジアのことばと文字	265
ことば(英語) →英語ということば	217
ことば(欧米) →欧米のことばと文字	268
ことば(オランダ) →欧米のことばと文字	268
ことば(韓国) →アジアのことばと文字	265
ことば(ギリシャ) →欧米のことばと文字	268
ことば(スペイン) →欧米のことばと文字	268
ことば(世界) →世界のことばと文字	264
ことば(タイ) →アジアのことばと文字	265
ことば(中国) →アジアのことばと文字	265
ことば(ドイツ) →欧米のことばと文字	268
ことば(フランス) →欧米のことばと文字	268
ことば(ベトナム) →アジアのことばと文字	265
ことば(ポルトガル) →世界のことばと文字	264
→欧米のことばと文字	268
ことば(ヨーロッパ) →欧米のことばと文字	268
ことば(ロシア) →欧米のことばと文字	268
ことばあそび →ことばで遊ぶ	84
ことばのきまり →ことば・文のしくみ	117
ことわざ →ことわざを知る	103
古文 →古文・古典を読む	157
コミュニケーション →話す・聞く	177

【さ】

歳時記 →短歌・俳句を読む・作る	146
作文 →文章を書く―作文	164
作文(英語) →英語ということば	217
詩 →詩を読む・書く	144
四国地方 →方言を知る	119
辞典 →辞書・辞典	1
辞典(英語) →英語の辞書・辞典	183
辞典(英和) →英和辞典	189
辞典(漢字) →漢和辞典・漢字辞典	9
辞典(国語) →国語辞典	6
辞典(和英) →和英辞典	189
児童英検 →はじめてまなぶ英語	190
習字 →文字を書く―書写	175
熟語 →熟語を知る	94
障害児教育 →ゆっくりがいい人に	36
小説 →物語を読む・書く	143
書写 →文字を書く―書写	175
書道 →文字を書く―書写	175
しりとり →ことばで遊ぶ	84
しりとり(英語) →英語で遊ぼう	222
図鑑 →辞書・辞典	1
図鑑(英語) →英語の辞書・辞典	183
スピーチ →朗読・発表をする	180
スペイン →欧米のことばと文字	268
生活文 →説明文を読む・書く	154

世界 →世界のことばと文字	264
説明文 →説明文を読む・書く	154
川柳 →短歌・俳句を読む・作る	146
速読 →読書をしよう	135

【た】

タイ →アジアのことばと文字	265
だじゃれ →ことばで遊ぶ	84
短歌 →短歌・俳句を読む・作る	146
千葉 →方言を知る	119
中国 →アジアのことばと文字	265
中国古典 →中国古典を知る	162
中国地方 →方言を知る	119
中部地方 →方言を知る	119
ディベート →話し合いをしよう	182
手紙文 →日記・手紙文を読む・書く	154
ドイツ →欧米のことばと文字	268
東北地方 →方言を知る	119
討論 →話し合いをしよう	182
読書 →読書をしよう	135
栃木 →方言を知る	119
読解力 →読む・書く	128

【な】

ナーガリー文字 →アジアのことばと文字	265
なぞなぞ →ことばで遊ぶ	84
日記 →日記・手紙文を読む・書く	154
日本語 →ことば・文字	37

【は】

俳句 →短歌・俳句を読む・作る	146
バイリンガル →日本語に慣れない人に	36
→はじめてまなぶ英語	190
パズル →ことばで遊ぶ	84
パズル(英語) →英語で遊ぼう	222
発達障害 →ゆっくりがいい人に	36
発表 →朗読・発表をする	180
話し合い →話し合いをしよう	182
話す →話す・聞く	177
話す(英語) →英語で話そう	229
早口ことば →ことばで遊ぶ	84
ハングル →アジアのことばと文字	265
ヒエログリフ →世界のことばと文字	264
筆順 →漢字を知る	52

百人一首
　→短歌・俳句を読む・作る 146
　→百人一首を味わう 159
百科　→辞書・辞典 1
百科（英語）　→英語の辞書・辞典 183
表現力　→話す・聞く 177
ひらがな　→かなから始める 50
広島　→方言を知る 119
ヒンディー語　→アジアのことばと文字 ... 265
部首　→漢字を知る 52
ブックガイド　→本を探す 136
フランス　→欧米のことばと文字 268
文学案内　→読む・書く 128
文章　→文章を書く─作文 164
文のしくみ　→ことば・文のしくみ 117
文法　→ことば・文のしくみ 117
文法（英語）　→英語ということば 217
ベトナム　→アジアのことばと文字 265
方言　→方言を知る 119
北陸地方　→方言を知る 119
北海道地方　→方言を知る 119
ポルトガル
　→世界のことばと文字 264
　→欧米のことばと文字 268

【ま】

マザーグース　→英語で歌おう 226
万葉集　→古文・古典を読む 157
昔話（英語）　→英語で読む昔話・名作 ... 255
名作（英語）　→英語で読む昔話・名作 ... 255
名作案内　→読む・書く 128
文字
　→ことば・文字 37
　→文字を書く─書写 175
文字（アジア）　→アジアのことばと文字 ... 265
文字（アラビア）　→アジアのことばと文字 ... 265
文字（イタリア）　→欧米のことばと文字 ... 268
文字（インド）　→アジアのことばと文字 ... 265
文字（インドネシア）　→アジアのことばと文
　字 265
文字（英語）　→ABCから始めよう 213
文字（エジプト）　→世界のことばと文字 ... 264
文字（欧米）　→欧米のことばと文字 ... 268
文字（オランダ）　→欧米のことばと文字 ... 268
文字（韓国）　→アジアのことばと文字 ... 265
文字（ギリシャ）　→欧米のことばと文字 ... 268
文字（スペイン）　→欧米のことばと文字 ... 268
文字（世界）　→世界のことばと文字 ... 264
文字（タイ）　→アジアのことばと文字 ... 265
文字（中国）　→アジアのことばと文字 ... 265
文字（ドイツ）　→欧米のことばと文字 ... 268

文字（フランス）　→欧米のことばと文字 ... 268
文字（ベトナム）　→アジアのことばと文字 ... 265
文字（ポルトガル）　→欧米のことばと文字 ... 268
文字（ヨーロッパ）　→欧米のことばと文字 ... 268
文字（ラテン）　→欧米のことばと文字 ... 268
文字（ロシア）　→欧米のことばと文字 ... 268
物語　→物語を読む・書く 143
物語（英語）
　→英語で読む絵本・物語 243
　→英語で読む日本の絵本・物語 247

【や】

四字熟語　→熟語を知る 94
読み方（漢字）　→漢字を知る 52
読む　→読む・書く 128
読む（英語）
　→英語で読む絵本・物語 243
　→英語で読む日本の絵本・物語 247
　→英語で読む昔話・名作 255
ヨーロッパ　→欧米のことばと文字 268

【ら】

落語（英語）　→英語で読む昔話・名作 ... 255
ラテン　→欧米のことばと文字 268
朗読　→朗読・発表をする 180
ロシア　→欧米のことばと文字 268
ローマ字　→ABCから始めよう 213
論語　→中国古典を知る 162
論説文　→説明文を読む・書く 154

【わ】

和英辞典　→和英辞典 189

子どもの本 国語・英語をまなぶ2000冊

2011年8月25日 第1刷発行

発 行 者／大高利夫
編集・発行／日外アソシエーツ株式会社
　　　　　〒143-8550 東京都大田区大森北1-23-8 第3下川ビル
　　　　　電話(03)3763-5241(代表)　FAX(03)3764-0845
　　　　　URL http://www.nichigai.co.jp/
発 売 元／株式会社紀伊國屋書店
　　　　　〒163-8636 東京都新宿区新宿3-17-7
　　　　　電話(03)3354-0131(代表)
　　　　　ホールセール部(営業) 電話(03)6910-0519

電算漢字処理／日外アソシエーツ株式会社
印刷・製本／光写真印刷株式会社

不許複製・禁無断転載　　《中性紙H-三菱書籍用紙イエロー使用》
《落丁・乱丁本はお取り替えいたします》
ISBN978-4-8169-2330-2　　Printed in Japan,2011

本書はディジタルデータでご利用いただくことができます。詳細はお問い合わせください。

子どもの本シリーズ

児童書を分野ごとにガイドするシリーズ。子どもたちにも理解できる表現を使った見出しのもとに関連の図書を一覧。基本的な書誌事項と内容紹介がわかる。図書館での選書にはもちろん、総合的な学習・調べ学習にも役立つ。

子どもの本　科学を楽しむ3000冊
A5・410頁　定価7,980円(本体7,600円)　2010.8刊

子どもの本　歴史にふれる2000冊
A5・300頁　定価7,980円(本体7,600円)　2010.8刊

子どもの本　伝記を調べる2000冊
A5・320頁　定価6,930円(本体6,600円)　2009.8刊

子どもの本　社会がわかる2000冊
A5・350頁　定価6,930円(本体6,600円)　2009.8刊

子どもたちに読ませたい日本／世界の名作

子どもの本　日本の名作童話6000
A5・390頁　定価4,935円(本体4,700円)　2005.2刊

子どもの本　現代日本の創作5000
A5・560頁　定価4,935円(本体4,700円)　2005.8刊

子どもの本　世界の児童文学7000
A5・570頁　定価4,935円(本体4,700円)　2005.8刊

読んでおきたい名著案内
教科書掲載作品　小・中学校編　[増刷出来]

A5・700頁　定価9,800円(本体9,333円)　2008.12刊

1949年～2006年までに、小・中学校の国語教科書に掲載された全作品(小説・詩・戯曲・随筆・評論・古文など)を作家ごとに一覧できる作品目録。作品が掲載された教科書名のほか、その作品が収録されている一般図書も掲載。

データベースカンパニー
日外アソシエーツ　〒143-8550　東京都大田区大森北1-23-8
TEL.(03)3763-5241　FAX.(03)3764-0845　http://www.nichigai.co.jp/